世界传世藏书

【图文珍藏版】

心理学全书

刘凯 ⊙ 主编

第六册

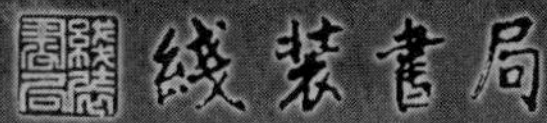

线装书局

五、特异行为的心理透视

疯狂购物也是病

现代女性大多数都有购物的嗜好，然而有的女性表现得特别疯狂。专家将这类有疯狂购物癖好的人称为“购物癖”患者。据研究，“购物癖”患者一般有以下典型症状：当不购物时，人会感到浑身无力、高兴不起来，总有一种说不明白的“不满足感”；当购物癖发作时，人还会变得焦虑不安、无所适从。但是一旦步入商场等能够进行购买活动的地方，这些人就会变得兴奋起来，对周围的一件件商品显示出极大的热情，甚至不顾自己的经济承受能力买下自己喜欢的所有商品。然而，在回到家后，她们又会有新的“不满足感”。如此恶性循环，情绪变得更加恶劣。

最近一次关于国内消费的调查结果显示，在极端情绪下消费的女性高达46. 1%。而早在3年前，美国加利福尼亚州立大学在一次类似的调查中也发现了相同的问题。这次调查还发现，男性情绪化消费的比例也达到了17. 4%，但购物狂多数依然是女性。

美国加利福尼亚州立大学

女性一般都有购物嗜好，这种嗜好进一步发展就可能成瘾，变成一种强迫性的购物行为。虽然有购物癖的人也知道强迫性购物结局并不美妙，比如，房间里堆满了大量无用的商品，最后负债累累，但是她们还是忍不住要疯狂购物。女性强迫性购物有一个特点：她们在抑郁、焦虑、疲惫和有负罪感之时会更加疯狂地购物。

大多数购物上瘾者起初都是为了平衡一下情绪，而后逐渐变成了一种习惯性的强迫行为。还有的人认为工作就是为了赚钱，赚钱就是为了享受，所以在有了条件后，

他们往往难以控制欲望。而放纵欲望，或者因为种种压力而逃避到欲望里，也是形成疯狂购物的一个心理原因。

为了平衡情绪或缓解压力去疯狂购物，或许能在买东西的过程当中感到快乐，很多人说："去大肆采购一番，然后想尽办法把钱花光，心情也就好了。"但这并不是宣泄无奈的最佳方式，购物也不应该被拿来当作"心药"。

事实上，购物癖患者每次买完东西后都会感到非常后悔，物品一旦到手就失去了吸引他们的魅力。长此以往，购物癖患者会掉入自卑的恶性循环中去。而这时他们除了再通过购物来发泄这种压抑的情绪之外，无法再用别的外在的物质刺激来填补内心的空虚。

有购物癖的人在生活中往往心理素质比较差，容易紧张和焦虑，而每次看到自己买了很多根本用不着的东西后，他们的心情会更加郁闷。

疯狂购物还容易让人在面对生活中的压力时产生逃避心理。购物癖患者到商场购物时，常常感觉商场给他们提供了展示自我的舞台，他们会受到服务员的重视，服务员都会关注他们、赞美他们，对他们的能力给予肯定，使他们暂时逃离生活。但是一旦离开了商场这个特定的环境，就会别的什么也不能激发他们的工作、生活热情，反而会平添更多的烦恼。

有购物癖的人并不都是有较高收入者，相反，绝大多数人往往经济条件并不好，而因疯狂购物使他们浪费了大量的金钱，所以这类人往往会破坏自己原本幸福美满的生活。大部分有购物癖的人，都因沉溺此恶习而受苦，他们的家人也同样受煎熬。购物只能缓冲现实中的压力，如果问题的根源解决不了，可能会产生更大的压力，还可能带来经济负担。

在某电视台做编导的王小姐平时工作很忙，虽然收入不错，但是很少有可以自由支配的时间。所以一旦哪天不用工作，她就会抓紧时间去逛商场，将上千元的毛衣、皮鞋、外套提回家。虽然衣橱已塞得满满当当了，但她还是很高兴，觉得这是对自己前一段辛苦劳作的犒赏。

刚工作不久的小谷尽管挣钱不多，但她有时也能把几千元钱在几个小时内花完，虽然买回的东西多是没用的首饰和衣服，有时还可能花几百元买支口红送人。

文文说她和丈夫发生矛盾后，多数时候都是花钱消气。想和朋友说，又觉得大家都有压力，因此不愿把自己的不快带给朋友；想和父母说，又不愿让他们担心；想和丈夫讲，急性子的她和慢性子的他是越讲越生气，一时半会儿根本讲不通，还会徒增更多的烦恼。如果用家里的东西来发泄，有些是爱情纪念品，舍不得破坏，而且最后的"战场"还得自己来打扫。说来说去也只有让自己的不满发泄到外界才能两全其美。

于是，她生气时就会出去逛，平时想吃的甜点放松地吃，平时想买的衣服放开地买，平时舍不得去玩的地方尽情地玩……总而言之，只要能让自己的情绪发泄出去，做什么都行！等到钱花得差不多了，自己的情绪也慢慢平息了。但事后，再看那些买来的东西，她常常会心疼：当时怎么就下得了狠心呢？

具有购物狂心理的人有时候会一反常态地出手阔绰，不仅无节制地消费，甚至有人会做出到大街上撒钱的疯狂举动。

疯狂购物是一种非理性的表达，偶尔一次还可以，但是一旦形成了恶性循环，后果将不堪设想。所以选择这种满足方法时，一定要有个限度，对自己的购物需求要有准确判断。不要一旦自己不高兴、空虚或工作中遇到挫折时就去购物，以免陷入恶性循环中，永远也找不到解决问题的真正方法。

专家建议：人们可以用改变购物模式的方法矫正购物狂热行为。

绝不在生气的时候进行购物，因为在这个时候购物只是为了发泄怒气。

别在悲伤的时候进行购物，因为情绪波动会抑制人的判断能力。

不要在怀旧的情绪中买东西。

不要为了赶时髦买东西。

不要把购物当成一种消遣。有许多漂亮的公园可以用于消磨时间，你可以去风格独特的街道散步，或者培养一些业余爱好。但是，不要把你的空闲时间用于逛商业街。

按你的购物清单进行购买。只在你确实需要购买东西的时候才去买东西，即使去也不要做过多的闲逛。如果发现自己有超出清单进行购物的冲动，应当尽快离开。

将你全部的信用卡从你的皮夹子中拿走，只留一张信用卡。清理那些由特殊商业部门发行的信用卡，你只需要一张卡，能用于急需就够了。如果你真想做到不负债，就必须清理可有可无的信用卡，只保留一张。

制定用现金购买一切物品的政策，如果你没有现金，就不要购买。当你去商业街的时候，不要带信用卡，只带少量的现金，足够买你计划购买的东西、一杯咖啡加上打一个电话的钱就够了。

在任何地方，一旦有购物的意图，就可以运用“替换法”。方法很简单，那就是你买一样东西就必须丢掉另一样东西。如果你买新衬衫，你的旧衬衫之中的一件就必须丢掉；买了新的钻孔机，那么，旧的那个就应该捐给慈善机构；买一套新盘子，就应将旧盘子抛弃；如果你买新的灯具，已经拥有的那一个就必须淘汰。

当你想买东西时，先问你自己：“为了买这件物品我要放弃什么，食物还是一罐煤气？我为什么买这件东西？我真需要它吗？这件物品在我从现在开始到未来 3 个月的购物优先权列表上占据什么位置？这在我从现在开始到未来两年的个人重大财产表上

占据什么位置？我现在已经有多少这种东西？一个人需要多少？”稍做休息后，别买任何东西就离开商店。如果1个小时后你还想买这样东西，就应用“替换法”：你打算用这样东西换掉什么？你打算扔掉什么为这样东西腾地方？

购物确实能带来快乐，但无论是释放压力、消磨时间还是排遣寂寞，消费都不是根本办法。建立可信赖的人际关系、进行适量的运动、养成良好的生活情趣等才是解决个人心理不畅的正道。

吸毒者的心理剖析

在生活中，我们都有可能发现一个特殊的群体，他们嗜毒成性，债台高筑，极度消沉。他们在吸毒的时候可以忘却尘世的一切纷扰，过后又会陷入深深的忏悔和痛苦。

吸毒过去一直被认为是道德或法律问题。但随着心理科学的发展，人们开始从精神卫生角度探讨这一问题，认为有些对吸毒缺乏自制力的人可能是源于心理上的病态，而非仅仅由于缺乏道德观念。吸毒者大致可分为3种类型：

消遣性吸毒，是指偶然地、有限地使用某种毒品。

毒品滥用，意为过量服用某种毒品。

毒品依赖，是指毒瘾已经养成，吸毒者已经在生理、心理上“被钓上了钩”，并主动地寻找毒品。

染上吸毒嗜好的原因有社会因素和心理因素两大方面。受环境的影响是吸毒的主要原因，有些成瘾者是由于医生经常给其使用某种物质而引起的依赖，如给癌症患者反复使用吗啡止痛，会引起其对吗啡类毒品的依赖等。少数成瘾者是因各种原因被人引诱、强迫使用后而上瘾的。

从心理学的角度而言，染毒往往是出于好奇心。因为新鲜好奇，听别人说吸食之后会产生美妙的感觉，所以禁不住也想试一试，从而沾上了吸毒行为。调查资料显示，初中生开始吸毒，多数是由好奇心引起的。同时有些吸毒者为了娱乐和消遣，把吸食毒品当作吸烟、喝酒一样，用来满足消遣和享乐的需要。有些青少年会在社交场合或者是单独休闲环境下把吸毒当作一种精神上的享受。由于青少年的虚荣心理，为了自我显示，他们把吸毒看作是一种“高贵的”气派。当然从众心理作祟也是一个重要原因。所谓“从众”，就是人家怎么干，自己就跟着人家怎么干。青少年喜欢从众，看到朋友在吸毒，自己也就跟着吸了。有一位中学生谈到他开始吸毒的行为时说：“我原来就吸烟。有一天，一个朋友给我一支烟，我看它不像烟，就问朋友是什么。他说，你吸吧，反正比你吸的那种烟要好多了。我想，反正都是烟，吸就吸吧！就这样，吸了没几支就上了瘾，再也戒不掉了。”还有一部分人吸毒是为了摆脱烦恼和忧愁。有些青少年碰到挫折，处于焦虑不安的心境，为了消除内心的烦恼和忧愁，就通过吸毒寻求暂时的解脱。

毒品是一种很特殊的麻醉心灵的东西。吸毒者在吸食毒品的过程中会产生一种虚幻的、舒坦的感受，似乎一切烦恼和忧愁都能够解脱。愉快的幻觉和短时间的欢乐效果，使吸毒者进入了飘飘欲仙的欣慰状态。这种感受和体验进而会牢牢地吸引青少年，使青少年无法摆脱继续达到这种状态的需要，这就是吸毒者对毒品的心理依赖性。

当吸毒者误入歧途、开始吸毒时，他们的人格心理也开始扭曲、变态。吸毒青少年的主要人格特征包括：缺乏自尊心、自信心，常自我蔑视、自我嘲笑、自暴自弃，对生活持得过且过的态度；情绪消极，喜怒无常，有时狂妄自负、忘乎一切，有时焦急紧张、恐慌不安，稍遇不顺心的事就暴跳如雷、怒火大发；经常寻求高强度的感官刺激，特别对宣扬色情、暴力和恐怖的书刊、音像制品津津乐道，百般效仿；常多日闭门不出、沉默寡言，或借故寻求僻静独处的生活环境；对外界议论敏感、多疑，心胸狭窄，报复心重；听不得别人的批评意见，一旦被触及"痛处"就常伺机报复；歪曲辨别是非的客观标准，不承认美好的事物、优良的传统、能催人奋进的价值观念，认为"人活着就是为自己，为吃喝玩乐"；对现实不满，对社会的强化管理不满，并经常借故发泄，有较强的逆反心理和冒险性；对同事或家人感情冷漠，思想疏远、关系紧张，不关心别人，不愿帮助别人；常同情和支持有偏激行为的人和事，宽容这类人的缺点和错误，有较强的虚荣心，爱面子；轻视他人的合法权益，藐视国家的法律法规和政策，对自己的违法犯罪行为心存侥幸。

总之，人一旦沾上毒品就足以毁灭自我，这种毁灭不仅仅是对身体的摧残，更是对心灵的创伤。因此，为了使自己的生活美好一些，每个人都应尽量避免这种祸害人的东西。而对于身边的吸毒者，则要表示一份关心，劝慰他们早日摆脱毒品的阴影。

解析网络成瘾

2004 年 3 月某报一个大大的标题令人触目惊心："妈妈，我让网吧给害了！"该报道讲述了浙江省某市一位 16 岁少年因迷恋上网无法自拔，无奈之下 3 次自杀，妈妈悲痛欲绝却又无可奈何……

一个名叫王力的高一学生，因为迷恋上网学习成绩下降，继而旷课、逃学，最终患上了精神分裂症，被送进精神病医院治疗。经过 20 多天的治疗，王力的病情才有所好转。

据校方介绍，王力于 2002 年上高一后，成绩一般，经常旷课、逃学。后来学校了解到，王力学习成绩下降、旷课的原因是沉迷于上网打网络游戏。2003 年，由于学习成绩差，王力不得不留级。但留级后，王力依然热衷于上网，而且还是经常旷课、逃学。学校为此多次对王力本人进行教育，并多次通知家长进行配合教育，王力也多次写下保证书，但结果还是一切照旧。2004 年开学后，王力到学校上了几节课后又不上了。2004 年 3 月中旬，王力的父亲来到学校，要求退注册费和寄宿费，学校这才知道王力在精神上出了问题。

负责治疗王力的张医生指出，王力患的是精神分裂症，主要原因是上网成瘾，导致学习成绩下降，并形成了巨大的精神压力所致。

随着家用电脑的普及和网民数量的增多，一种新的疾病——网络性心理障碍引起了全世界医学界和心理学界的关注。心理学专家对众多网民的心态进行过分析，对技术的迷信和对速度的崇拜助长着上网的欲望，这是一类网民上网的动力；将上网当成一种时髦，身着名牌，远离江湖，隐居网络，成了许多人逃避现实生活的一种手段。

患有某种程度的网络心理障碍的这部分人在网上其乐无穷的冲浪体验中逐渐形成了一种对网络的依赖心理，随着上网时间的不断延长，这种依赖越来越强烈，最终患上了“互联网成瘾综合征”。患者因为缺乏社会沟通和人际交流，将网络世界当作现实生活，脱离社会生活，与他人没有共同语言，从而出现了孤独不安、情绪低落、思维迟钝、自我评价降低等症状，严重者甚至有自杀倾向和行为，如本文开头的那位少年。

当网络依赖失控、对人产生负面影响的时候，我们就应把它当作心理上的一种障碍来看待。有关研究表明，我国有 5%~10%的互联网使用者存在网络依赖倾向，其中青少年中存在网络依赖倾向的约占 7%。与很多国家相比，我国中学生中使用互联网的人数比例较高、时间较长，平均每周使用时间为 8. 98 小时，假期则高达 21. 34 小时。

网络世界形形色色，把生活需要转移至寄托于网络虚拟空间的事件确实存在，所以，目前就有了很多现代化的新词：网瘾、网恋、网络同居、网婚、网络综合征，更为严重的就是网络犯罪。

美国和欧洲的社会学家及心理学家一致认为，上网成瘾是一种危害不亚于酗酒和赌博成性的心理疾病。

目前，“因特网中毒”已成为日益严重的社会问题。上网成瘾者常因担心电子邮件是否已送达而睡不着觉，一上网就废寝忘食，严重影响了身体健康，打乱了正常的生活秩序。有人发展到每天起床后便莫名其妙地情绪低落、思维迟缓、头昏眼花、双手颤抖和食欲不振。更有甚者，一旦停止上网就会出现急性戒断综合征，甚至采取自残或自杀手段，很是危害个人和社会安全。有研究显示，长时间上网会使大脑中的一种叫多巴胺的化学物质水平升高，这种类似于肾上腺素的物质短时间内会令人高度兴奋，但其后则会令人更加颓废、消沉。据统计，网络心理障碍者的年龄介于 15~45 岁，男性患者占总发病人数的98．5%，其中20~30岁的单身男性为易患人群。有关专家还认为，上网成瘾也是婚姻破裂、对子女疏于管教、人际关系紧张等社会问题的诱因之一。

网络成瘾还会影响公司职员的工作效率。一项对全美前1000家大公司的调查显示，超过55%的管理人员认为，很多雇员会把上班时间用在与工作无关的网络活动上。纽约一家公司暗中统计了本公司职员上班时间的网络活动，发现其中仅有23%是真正与工作相关的。而由于上班时间在网上漫游而被辞退的雇员更是不断增加。

网络成瘾还可能导致家庭破裂。匹兹堡大学心理学教授金波利·杨在过去3年中亲自访谈了数百名网络成瘾患者，她发现一个患有网络成瘾的丈夫，每天和他心爱的计算机在一起的时间远比和他亲爱的妻子在一起的时间要长。更糟糕的是，他已爱上了他的“网上情人”，正准备带上他的电脑与妻子离婚。

长期以来，网瘾已成为危害人类的大恶魔，有无数人正深陷网络的虚拟世界中无法自拔，从而使得如何戒除网瘾成了全社会关注的话题。于是有关专家据此开出了“药方”：

不要把上网作为逃避现实生活问题或者消极情绪的工具

请注意：借网消愁愁更愁。理由之一，当你几小时后下网的时候，问题仍然在那儿，“逃得过初一，逃不过十五”。理由之二，你的上网行为在你不知不觉中已经得到了强化，容易形成网瘾而难以改正。

上网之前先制定目标

每次花2分钟时间想一想你要上网干什么，把具体要完成的任务列在纸上。不要认为这2分钟是多余的，它可以为你省10个2分钟，甚至100个2分钟。

上网之前先限定时间

看一看你列在纸上的任务，用1分钟估计一下大概需要多长时间。假设你估计要用40分钟，就把小闹钟定到20分钟，到时候看看你进展到哪里了。如果嫌用闹钟麻烦，则可以在电脑中安装一个定时提醒的小软件，在上网的同时打开，这样你就能有效控制你的上网时间了。

以后在网上的高科技海洋中遨游的时候，不要忘记以上几个提醒。这样，你的灵魂才不会在茫茫无边的虚拟空间中迷失方向。

开灯睡眠的心理成因

生活中，我们常常看到一部分婴儿在夜晚时因害怕而啼哭，只有开灯的时候，他们才会甜甜地睡去。其实这种害怕黑暗的情形不仅仅发生在婴儿身上，许多成年人也有同样的问题，他们在夜间会将房间布置得灯火通明，然后才安心地睡去。这种病症

被称之为“开灯睡眠癖”。

开灯睡眠癖是指在夜晚睡觉时必须开灯，且在睡眠状态下也不能熄灯，从而形成了对灯光的依赖。

开灯睡眠癖是一种不良嗜好，其病理实质是对黑暗的恐惧。这种对黑暗的恐惧大半是从幼年期开始的。因为在此期间，儿童们好奇心很强，喜欢听有关鬼、神的故事。而这类故事的背景、内容及人物的出现，又常常是在晚间或平常人所看不到的黑暗中，以显示其生动性和神秘性。久而久之，儿童们便将对妖魔鬼怪的恐惧与黑暗联系在了一起，形成了对灯光的依赖，导致不敢关灯睡觉，这是开灯睡眠的一个主要原因。其次，在某一黑暗的情境中意外遭遇到可怕的事情，或在黑夜做了一个噩梦，这些恐怖的经历如果未能及时排遣，也可能造成对黑暗的恐惧。

有位21岁的男大学生，夜间无论何时都不敢走进屋内的地下室。白天他无所谓，但一到晚上就控制不住，他自己也承认毫无道理。后来发展到不敢关灯睡眠，即使跟别人同住一室他也要开灯。而一关灯，他就吓得哇哇大叫，闹得同屋的人莫名其妙。一次，父亲强迫他去地下室，他竟昏倒在石阶上。带他看过心理医生后大家才知道，原来在幼年时，一次他在邻家听小朋友讲了一个有关鬼怪的故事，描写一位巨人，专吃10岁以下男孩的心，喝他们的血，挖他们的眼。听完故事后他满怀恐惧蹒跚归家，当时天色已黑，只有些许星光照路。而他所在之处虽然离家很近，但是中间却有一条荒僻山道。正在这时，他突然发现一个巨人向他走来，他顿时两腿发软，昏倒在地。实际上，他所遇见的是一个农民，农民由城内归来，背着箩筐，所以在黑暗中显得特别巨大。再加上这位农民喝了几杯酒，步履踉跄，因而看起来更像一个张牙舞爪的巨人。他的昏倒并未惊动这位农民，他在地上昏睡了足足半个小时，才被家人发现抱回家。但从此他便对黑暗产生了极大的恐惧，夜晚不敢关灯睡觉。再后来，他又听说某家住宅的地下室里，一对男女因做了丑事被人发现，结果女的羞愤自杀。不道德的行为和罪恶的感觉以及黑暗、地下室联系在一起，更使他产生了对黑暗的恐惧。

那么，如何矫治开灯睡眠癖这种严重的心理问题呢？从心理学的角度而言，可以采用两种方式解决问题：

一是可采用认知领悟疗法。对患者进行辩证唯物主义和无神论的教育，说明鬼怪并不存在，其对鬼怪的惧怕而产生的对黑暗的恐惧只不过是一种幼年时期的幼稚情绪反映，从而使患者从认识上减轻对黑暗的恐惧。如上例，应向患者说明那天晚上他所碰到的并非巨人，而是某位活生生的农民，并在说明教育之后重演那天晚上的一幕，以从认知上、潜意识里消除患者的恐惧。

二是可采用系统脱敏疗法。根据患者对黑暗的恐惧程度建立一个恐怖等级表，然

后按照从轻到重的顺序，依次对其进行系统脱敏训练，不断强化，直到其能关灯睡眠为止。例如，对上例患者，可先由数人一起关灯谈话，到数人一起关灯静坐，再到两人一起关灯睡眠，再到一人关灯静坐……最后一人关灯睡眠，从而根治这种心理障碍。

抑制不住的恐慌

恐惧症又称恐惧性神经症，是以恐惧症状为主要临床表现的神经症。恐惧对象有特殊环境、人物或特定事物，每当接触这些恐惧对象的时候，患者就会立即产生强烈紧张的内心体验。这种恐惧的强烈程度与引发恐惧的情境通常都很不相称，令人难以理解。如果对下列7条问题中的2条以上持肯定回答，那么就可能患有恐惧症：乘坐公共汽车或者地铁时，是否会有焦虑不安、紧张恐惧、孤立无援的感觉？乘坐飞机时，是否会担心飞机掉下来自己被摔死？对商店、广场、摩天大楼等人群聚集的地方是否有害怕的感觉？小时候看到别人被刺伤，是否从此以后就对剪刀有了恐惧心理？是否极度害怕自己的皮肤和动物接触，怕被染上疾病？在公共场合被人注意的时候是否感到害怕？在公众面前讲话时，是否有谨慎紧张、大汗淋漓、口干舌燥的感觉？

恐惧症患者神志清醒，常常明知自己的恐惧是不切实际的，因为引起恐惧反应的事物或情境实际上对自己往往并无威胁或伤害，也知道其他人并不会因这些事物或情境而感到恐惧。因此这种恐惧是不合理的，是一种异常的表现。但是一旦患者遇到类似情境，就会反复出现恐惧情绪，不能自我控制，并且产生回避行为。而脱离该情境，症状就会逐渐缓和消失。

一般来说女性比男性胆小，所以恐惧症患者女性多于男性。恐惧症多发生于青少年或成年早期，而且发病较急，往往在某一事物或情境面前有过一次焦虑和恐惧发作以后，该事物或情境就会成为恐惧的对象。

很多患者的恐惧症是因为潜意识里的自卑所致，尤其是患社交恐惧症的人。根据国外调查，恐惧症患者的父母或同胞患神经症的较多，所以遗传因素是恐惧症的发病原因之一。恐惧症患者的性格特点常偏于高度内向，表现为胆小、怕事、害羞及依赖性强。另外，强烈的精神刺激也会诱发恐惧症，如夫妻分离、亲人死亡、意外事件、恐吓事件等。

赵婷今年14岁，某校初二学生。每当春天百花盛开时，她的情绪就会非常低落。而究其原因，就要追溯到她很小的时候了。那还是在赵婷7个月时，她母亲抱着她去亲戚家参加婚礼。刚进新房，院里就响起了鞭炮声。一只小花猫蹿上桌子，把插着花的花瓶碰倒并摔碎在了地上。赵婷见此情景非常害怕，大哭起来。10个月时，奶奶抱她在院子里玩，一走近院里种的牡丹花她就大哭起来，怎么哄也不行，而抱她离开花，

她就不哭了。1岁时，家人又带她去串门，发现她一看见别人家床单上的花卉图案和花瓶里插的花就放声大哭。家里人这才意识到赵婷怕花，但并未对此多加重视。

但是，随着年龄的增长，她对花的惧怕程度不但没减轻，反而更加严重了。4岁时，她和村里的一群孩子跟在出殡的队伍后面看热闹。当她发现棺材上的大白花和人们佩戴的小白花时，立刻转身没命地往家里跑，跑到家里已经面无血色了。奶奶焦急地问她："发生了什么事?"她惊恐异常地答道："花追我来了！花张着嘴追我来了!"逗得全家人哄然大笑。6岁时，她上了学前班，刚一去就赶上欢度国庆节，排演文艺节目。她们班女同学的节目是手持纸花跳舞，这下可触犯了她的忌讳，说什么她也不肯参加排演。以后她又渐渐发展到了只要是花就害怕的地步，无论是布上、纸上的花卉图案，还是纸花、塑料花、鲜花，她都怕得不得了。近几年，城市绿化有了进展，很多街旁绿地上栽种了各种鲜花，令人赏心悦目。可这对赵婷来说却非常可怕，她在上学的路上，为了躲开那些"可怕"的鲜花，竟不得不绕道走未种花的偏僻路。时间一长，同学们都知道她怕花，于是常开玩笑似的故意往她身上扔花，吓得她面色苍白、手脚冰凉，甚至上课时也不能集中注意力听老师讲课，而总是东张西望，唯恐窗外有人把花扔进来掉在她身上。在她的心里，花是那么可怕，使得她生活不宁、成绩下降。

案例中赵婷表现出来的症状是典型的恐惧症。对付这种病，企图用"这些害怕是没有道理的"这一类话去克服害怕的情绪是不可能的，唯一的办法就是让当事人接受心理治疗。

心理医生治疗恐惧症有许多种方法，常用的有认知疗法、行为疗法和强迫疗法。认知疗法对患者的刺激强度最弱，强迫疗法最强。

认知疗法是通过解释、疏导，告诉患者他之所以对某种物体、情境或人恐惧，是由他自己的主观意念所致。所以，要消除恐惧症，就要勇敢地面对引起恐惧的事物，学会控制、调节自己的害怕情绪。

行为疗法主要采用系统脱敏法。其基本原则是交互抑制，即在引发焦虑的刺激物出现的同时，让患者做出抑制焦虑的反应，这样其恐惧感就会削弱，最终切断刺激物同焦虑反应间的联系。

强迫疗法实际上是行为疗法的一种，又称为满灌法。医生会让患者直接面对患者恐惧的对象，利用巨大的心理刺激对患者进行强迫治疗。这种方法必须由富有经验的心理医生在对患者做出谨慎的评估后进行，因为强迫疗法对患者的心理刺激非常强烈，容易使患者产生其他心理疾病，但是疗效非常显著。

此外，催眠疗法和药物疗法也经常用于治疗恐惧症。精神分析师会将患者催眠，挖掘患者心灵或记忆深处的东西，研究患者是否经历过某种窘迫的事件，从而试图寻找到患者发病的根源。这种疗法时间长，花费也比较大。药物疗法是比较常用的，但是不如心理疗法能够根除恐惧症。

“乘车恐惧症”的心理治疗

在生活中，有些人害怕乘坐某种交通工具，如飞机、汽车或轮船等。他们不是简单地害怕晕车、呕吐，而是有一种更深层次的恐惧心理，这就是“乘车恐惧症”。

乘车恐惧症是指对乘坐汽车或乘车经过某一特定区域时所产生的一种紧张、恐惧、焦虑情绪，以致害怕乘车的现象。关于乘车恐惧症的病因，至今尚不太清楚。但诸多看法认为，乘车恐惧与患者过去的某一特定经历有关，而对这一特定经历的条件反射可能是诱发乘车恐惧的病理机制。条件反射学说认为，当患者遭遇到与其发病有关的某一事件时，这一事件即成为恐惧性刺激，而当时情景中另一些并非恐惧的刺激（无关刺激）也同时作用于患者的大脑皮层，从而使两者作为一种混合刺激物对患者形成条件反射，故而今后凡遇到这种情景，即便是只有无关刺激，也能引起了强烈的恐惧情绪。如患者经历了一次车祸，车祸才是导致其恐惧的条件刺激，而类似的汽车则是无关刺激。但由于这一恐怖情景的泛化，类似的汽车也成了恐惧源，时间久了则会引起患者严重的病理反应，正如“一次出车祸，十年怕坐车”那样。美国心理学家华生曾做过一个实验，他采取一些手段使一个 4 岁的孩子对兔子害怕，结果很快这个孩子就害怕起一切有毛的东西，例如狗、长毛绒玩具，甚至长着胡子的人等。

小欣是北京某高中的一名高一学生，她家离学校不太远，每天只需乘半小时的公共汽车。近半年从家到学校，从学校到家，她早已习惯。有一天，她放学回家，像往常那样登上了回家的公共汽车。汽车突然遇到红灯紧急刹车，乘客们在惯性的作用下被晃得东倒西歪。小欣也在惯性的作用下向前猛冲，正好碰到前面一个衣着脏破、满身酸汗气的醉汉身上。当时小欣被吓了一大跳，并有一种恶心欲逃的感觉。从那之后，她只要一上公共汽车心里就紧张，感到恶心、心跳。几次发作后，她开始害怕乘车。无奈之下，她只好步行，但又不堪长时间以这种方式去上学。

父母见女儿这样，十分心疼，父亲曾多次陪着她乘车去学校。奇怪的是，只要父亲陪着，她乘车就没有什么异常的感受，但一旦她独自乘车，恶心、心跳加速等症状就会再次发作。父母感到不可思议，陪女儿来到心理诊所寻求帮助。

心理医师详细询问了小欣的发病经过后认为，小欣起病于刹车时的冲撞，病情发展于心理对此的严重性想象，再加上她自己有意回避，导致了恐惧感越来越重，还伴有严重的心理焦虑，从而引发了乘车恐惧症。

对乘车恐惧的治疗一般采用行为疗法，据专家介绍，使用该疗法治疗各种恐惧症的治愈率在90%以上。在进行治疗时，应先弄清患者产生恐惧的病因，尤其是发病的情景，并详细了解其个性特点、精神刺激因素，然后用适当的方法治疗，如系统脱敏疗法、满灌疗法。如对小欣的治疗就可采用满灌疗法。

下面我们以对小欣的治疗为例展开讨论。

首先，心理医师围绕“乘车与回避乘车”的利与弊对小欣进行心理疏导。心理医师对小欣说：“当你回避乘车的想法变成现实以后，这在心理上是一个大的倒退。如果今后想再去乘车，怕的感觉会更加严重。也许你以为自己的害怕与乘车有关，其实不然，这是心理问题，是自己在吓自己。相反，如果在事情发生后，你能及时认识到这只是一次偶然的事件，并迅速壮起胆量，坚持继续乘车，即使一开始有些紧张不安、心里不好受，但扛过去就会习惯，那么以后乘车就容易多了。”

接着，在小欣的认识初步提高后，心理医师即决定让她乘车进行练习。为了使练习取得较好的效果，心理医师反复做工作，让她克服不适感，说明只要忍耐些把第一次练习坚持下来，以后的练习就好办了。

第二天早晨，心理医师带领小欣来到公共汽车站。为了使首次练习取得成功，心理医师同意和小欣一同乘车。两人上车后，医师让小欣坐在车的另一边座位上，并讲明彼此不要说话。公共汽车开动后，小欣开始紧张起来，只见她双手微微颤抖、呼吸急促、头上渐渐冒出虚汗，想要站起来坐到医师旁边，但又双脚发软，无法动弹；她想叫司机停车让自己下去，但又不好意思开口。她两眼直盯着心理医师，可心理医师却没有理会她，只是用手势示意让她继续坚持，不要因害怕和不适而放弃努力。就这样，他们总算坐到了站。

下车后，小欣气喘吁吁，头上大汗淋漓。心理医师则趁机鼓励她说：“今天你的第一次练习完成得不错，总算能够坚持下来了，现在你还觉得乘车有危险吗？”为了打消小欣的恐惧感，心理医师继续向她解释，“刚才在公共汽车上，我看出你在乘车时确实十分难受。实践证明，你在紧张时忍耐住不舒服的感觉，焦虑、恐惧症状实际上就迅速减轻了。但是，如果你在半路上真的逃下公共汽车，那样的话以后你就更不敢乘车了。”

两天以后，心理医师又带着小欣进行第二次练习。但这次，心理医师没有同她一起乘车，而是让小欣独自从起点站乘到终点，并开导她说：“有人陪你容易使你产生依赖心理，你现在开始要锻炼独自乘车的胆量。如果能闯过这一关，你害怕乘车的心理就会消除，以后就又能独立乘车上学了。希望你今天能坚持完成这一练习。”

在医师的鼓励下，小欣独自上了驶往学校方向的公共汽车。在汽车行驶的过程中，她虽然又出现了紧张害怕的心理感受，但她也发现不适感比第一次有所减轻。她不停地鼓励自己："坚持，再坚持！车上有这么多人，其实乘车并没有什么危险，我已经不是一个小孩子了，不应该害怕！"就这样，1个小时后，公共汽车到达了终点站。小欣下车后，做了几次深呼吸，感觉良好，就又乘上了返程的公共汽车……

心理医师对小欣的成功进行了赞扬，并告诫她以后每天要继续坚持练习，不可因懈怠而半途而废。小欣牢记心理医师的话，每天坚持乘车上学，半个月后她再也不为害怕乘车而烦恼了。

为了更快速有效地治疗乘车恐惧，还可以采用疏导疗法、松弛疗法、药物疗法等。

畸形心理下的"恋物癖"

恋物癖是指经常反复地收集异性使用过的物品，并将此物品作为性兴奋与满足的唯一手段的现象。患者大多数为男性，也有女性患者，多为异性恋者，偶尔也可以在同性恋者中见到。

温勇出生于干部家庭，是独生子。其父严厉而专横，在家说一不二，全家人都得顺着他，否则就要遭到责骂，甚至殴打。因此，温勇自幼胆小，性格内向，寡言少语，喜欢与小女孩玩耍。一次在给小女孩系鞋带时，那双红色的高跟鞋马上带他进入了一个五彩世界，他感觉心里特别愉快。上初中以后，他经常借故接触女生，并情不自禁地寻找机会看女孩子的红色高跟鞋。高中毕业考进大学后，他学习成绩挺好，对红色高跟鞋的依恋也与日俱增。他自己内心对此非常苦恼，但由于对所学的专业有兴趣，加之学习紧张，他的注意力暂时还放在学习上，这种心理也还未表现得太突出。但大学毕业到了工作单位后，8小时工作之外便无所事事，寂寞无聊之时，他时常回忆小时候和女孩们一块玩耍的愉快经历。每当这个时候，他心里便涌上一股想触摸女性鞋子的强烈念头。

从此以后，每当出门看到年轻女性的红色高跟鞋他便激动不安，常不能控制地设法去触摸。有时在商店看到，他便痴痴地呆看许久，内心则激动不已，觉得浑身舒服。由于怕被别人讥笑，他只好将这种冲动压抑在心里。但有时他感觉自己无法控制这种冲动，便在上班时痴痴地看女同事穿的漂亮鞋子，弄得女同事一见他就躲得远远的。尽管他在单位表现积极，工作认真，业绩也很好，但单位同事对他的评价却并不高，领导也为此找他谈了几次话。

随着时间的流逝，他内心的这种欲望变得愈来愈强烈，在对女性衣饰的迷恋不断增强的情况下，他邪念萌生。他心想：要是抢一些鞋子，放在宿舍里，就不用上街去看了，岂不更好？既可随时取出抚摸，又可捧在手中嗅闻，不出屋门就能享受女人的温情和香气。于是，有一次他抢了一位年轻女孩穿在脚上的鞋。看到女孩倒在地上惊魂未定的样子，他心里有些懊悔，但又觉得很满足、很痛快。

后来，单位同事给他介绍了女朋友，尽管他为此兴奋了几天，但他发现触摸女友的红色高跟鞋并不能找到往日那种既刺激又兴奋的感觉，所以他仍控制不了自己想触摸其他不认识的异性的红色高跟鞋的欲念。于是，他“恶习不改”。女朋友发现了他的这种癖好后，被吓跑了。他心里虽然有所懊悔，但仍忍不住这种念头。他的这些异常行为在同事间也引起了种种非议。经过一番理性的思考，在强烈的懊悔和痛苦情绪的支配下，温勇终于鼓起勇气，决心求治。

对于像温勇这样的患者，可成为他们的恋物种类很多，包括身体的各部分以及身上各种无生命的物品。常见的异常恋物可分为两类：一类为器物，包括衣着及随身所带物品，如内衣、内裤、手套、鞋袜、手帕、裙子、外衣、发卡、项链，以及雕像、画像等；一类为身体各部分及有关物体，包括正常的部分如头发、脚、手、乳房、臀和非正常部分如跛足、斜眼、麻面、六指等。广义的恋物癖还包括某些视觉性和嗅觉性对象异常，如情景恋和臭恋。前者在某一特定场合会产生性兴奋反应，后者则多在闻到异性体臭时产生性兴奋反应。

恋物癖的产生，大致有以下几个方面的原因：

许多患者的恋物癖行为与青春期的社会文化环境影响和性经历有关。在初、高中阶段，男女接触较少，特别是在初中阶段，男女生连话都很少讲，这样便使得一些青少年将自身的性冲动转向了一些异性的象征物。

恋物癖患者一般都有性心理发育异常的特点，其中有些患者性格内向，在两性关系中往往扮演不成功的男性角色。而由此产生的内心冲突引起了其强烈的焦虑，并进而使其通过心理防御机制将性冲动目标转移到了女性用品上。

大部分患者恋物癖行为的产生，最初是与某种偶然事件联系在一起的，但经过几次反复后，便成了一种病态的条件反射。如某男青年一次在地上躺着时，一位风韵十足的女性将一只脚放在了他身上。这一偶然的动作竟激发起他的性欲，以致该男子成了一个终身的恋足癖者。

此外，性知识缺乏、好奇和意识方面的某些问题也是形成恋物癖的原因。

恋物癖是一种典型的性变态现象，虽说恋物癖患者并非全是道德败坏、流氓成性之人，但这种恋物行为有违正常的社会习俗，有碍社会道德的正常发展和个人的心身健康。

前文案例中的温勇喜欢和女孩一起玩，尤其对女孩的红色高跟鞋感兴趣，以至于他走在街上就总注意女人的红色高跟鞋，还会有性冲动。这是因为温勇在青春发育期时对性有着极大的兴趣，但无法通过正常的渠道排解，所以只好压抑。同时，他的家庭富裕但缺乏温馨，和父母没有交流，这更使得他因在青春期得不到正确、健康的性启蒙教育而容易出现错误的性经历，从而对以后的生活产生了极坏的影响。

患者欲克服这种有违伦理道德的恋物情结，必须积极投入与异性间的交往，走正常的性宣泄途径。具体解决方法有：降低体内的雄性激素水平，让性欲降低到可以控制的水平，遏止自己走向性变态；建立理性的生活态度，树立正确的人生观，积极投身学习、工作和社交活动，充分发掘自己的潜能，争取实现自我的价值，寻找更高层次的心理满足；避免接触淫秽色情物品，培养广泛兴趣，陶冶情操，正确对待自己的性渴求、性欲望；树立正确的恋爱、家庭、婚姻道德观；重塑性格，促进人格成熟。社会应对这些高危人群实施监控，并应及早干预，及早帮他们求助心理医生，以防患于未然。

心理饥饿引发“暴食症”

世事有法度，不吃是病，狂吃也是病。诚然，美食是每个民族和时代都不能缺少和拒绝的文化。但是，有人因为心理的痛苦和生活的压力，依赖暴饮暴食来排遣现实问题，却使美食成了健康杀手。暴饮暴食不仅使人食之无味，而且涉及心理和生理的双重伤害，所以，为了健康，我们应告别暴饮暴食。

爱吃零食是许多女孩子的共同特点。闲暇时，一包包、一袋袋各种各样的零食的确会让人惬意无比，女孩子偶尔满足一下食欲也无伤大雅。然而这种“爱好”若是过了头，整天不停地抓着东西往嘴里塞，疯狂暴食，那就有些不正常了。尤其当这种贪吃现象与心情变化联系在一起时，就更应该考虑是不是存在某种心理障碍，患上了暴食症。

张洁是一名大学生，最近她就出现了这种暴饮暴食而不能自制的毛病。她每天都要去商店买一大堆零食，无论在寝室、教室还是半路上，她都吃个不停、嚼个不停。一走进食堂就更无法遏制食欲，凡是食堂卖的食品她都要吃一遍，吃了饺子想吃包子，吃了包子想吃烙饼，看到小点心又要吃小点心，非要吃到胃被撑得难受才肯罢休。如果想吃的东西没吃到，她就会没心思上课或上自习，晚上连觉都睡不好。

由于不断地暴食，她的身体明显发胖，变得越来越臃肿。张洁苦恼不已，一再发誓再不吃零食，再不滥吃了。但一走进商店或食堂她就又无法控制自己，尤其是心情不好时就吃得更凶。但由于吃多了消化系统负担很重，所以她老是昏昏欲睡，上课打不起精神，晚上也不想上自习，而是早早就睡觉了，这使得她的学习成绩直线下降。为此，她内心十分痛苦，几乎对自己失去了信心，苦闷之中她对生活多了一些失望。

其实张洁的病因来自幼年。她很小时，被寄养在奶奶家，奶奶同叔叔、婶婶住在一起。叔叔有一个比她小 1 岁的女儿，她与堂妹一起睡，一起玩耍。随着年龄的增长，她渐渐发现周围的人都特别喜欢堂妹，在众人面前人们总是夸奖堂妹长得漂亮、逗人喜爱，有好吃的、好玩的东西也都愿送给堂妹，却常常把她冷落在一边。

她的父母每隔一段时间会到她奶奶家看她一次，每次来都会给堂妹带漂亮的衣服或其他礼物。堂妹虽然年纪较张洁小，但个子却比她高，因此她常常是捡堂妹穿剩下的衣服来穿。这一切深深地刺伤了她幼小的心灵，她恨堂妹，恨周围的人，更恨自己的父母，认为连自己的父母都嫌她长得丑而不喜欢她，不给她买漂亮衣服和玩具，让她穿堂妹穿过的衣服，进而又恨父母为什么将她生得这么丑。

从那时起，张洁的心里就产生了一种报复的念头。这显然是她对幼时被人歧视的一种补偿，但最后，她却养成了这样一种习惯——喜欢用无节制地进食来排解内心的苦闷。

张洁的做法当然是错误的甚至是幼稚的，然而，当今社会上又有多少人没在幼稚着呢?

因为失恋，柳红开始了暴饮暴食的生活。她不能停止吃东西，一不吃东西，她心里的痛苦就好像不能忍受。本来她就不是身材很好的女人，这样暴饮暴食的生活使她每次都吃到不能再吃，只能倒头大睡，所以她的身材更加臃肿了。

开始的时候她没在意，心里只关心怎么度过这段最难熬的失恋。她心想只要让自己的心不再为这件事痛苦，什么代价都可以付出。但有一天，当她洗完澡站在镜子前，忽然在镜子里看到了一个臃肿衰老的女人，满身都是赘肉，皮肤松弛。

她也曾想过控制，可暴饮暴食已经成了习惯，每次想控制一下的时候，一想起镜子里的身体，她就觉得自己没什么希望了，于是就又放弃了控制的努力。

就这样每天她带着沉甸甸的胃和自己肥胖的肚腩来去，更是一点信心都没有了，活得越来越像一个没有性别的饕餮动物。

因为心里痛苦或者压力过大而依赖暴饮暴食解决内心问题，这是一种嗜吃症，是女性中常见的心理疾病。嗜吃带来的问题是肥胖，而这会使得女性在两性婚恋领域失去竞争优势，并给自己带来更大的心理压力，从而更加依赖食物生活，并变相地产生了更加压抑的问题。

暴食症可能是由于女性的生活习惯和身体机能的特点造成的。这种问题在广泛的女性群体中有各种程度的发病状况。要解决这个问题，一方面要求助心理医生，另一方面还是要靠自我救治。因为这些问题的根本原因是社会生活的压力所致，如果作为个体不能对抗压力，不能正确对待自己的生活，就不能得到根本的解决。

心理引导

首先应当确认你的生活习惯中是否存在这种不良倾向，甚至已经构成了心理病症、造成了生理影响。如果确认，那么你就该认识到这不仅是一种不良的生活习惯，而且是会愈演愈烈的恶性循环，将会对你的身体和生活造成更严重的影响。

从心理治疗的角度讲，在你有了一个正确的认识后，应当果断地给自己心理暗示，比如面对过量的食物时，你应该想，第一，你的身体并不需要这么多的营养；第二，你的胃口其实并没有获得享受，这样过量进食是一种受罪。

援助

出现暴食症的女人大多性格孤僻、内向，容易产生抑郁、紧张情绪。所以在面对你的问题时，你最好向信任的人求援。寻找一个你最信任的朋友或亲人，将你的情况和盘托出，和她（他）谈论你的感受，请她（他）帮助你、监督你改善这种状况。

患暴食症的女人特别喜欢躲避别人的视线，要克服这种不良的习惯。你最好找一个人和你同住，让你的生活时时都在别人的关注之下，这对你是一个非常好的监督。

运动

食欲可以通过运动来有效地克服。尤其是不正常的食欲，有时是因为生活慵懒、身体机能不健康造成的，所以健康的生活习惯，尤其是舒缓、适度的运动可以让你远离食欲的困扰。同时运动还可以让人心情舒畅，性情变得开朗活泼，大大缓解暴食症。

恋爱

女人都说，恋爱时最容易减肥，因为那时候人会处于一种不自觉的亢奋状态，每日睡眠时间减少，也不会有很强烈的食欲。有的人还很形象地描述那种感觉是“皮肤下的每根毛细血管都活跃着”。恋爱时，由于精神系统的活跃，造成新陈代谢加快，整个身体机能也处于一种相对亢奋的状态。所以在这种状态下，人可以有效地克制食欲。

选择朋友

学会选择朋友是非常重要的。如果身边只有一些重视外表的朋友，这样的友谊是不会长久的。多结交几个有思想的朋友，他们会给你带来意想不到的快乐，并会在你控制不住自己食欲的时候对你发出忠告。

正确认识饮食

饮食是人们赖以生存的基本需求。每个人每天都必须摄入一定的食物来维持自己的需要。所以，要把吃饭当成是一种很正常的事情。

“强迫症”引发反复的强迫性行为

强迫症是一种常见的精神疾病，患者会在主观上感到有种不可抗拒和被迫无奈的观念、情绪、意向或行为上的存在。

晶晶今年 14 岁，是一名中学生，有些胆小、害羞。她本来是一名成绩优秀的好学

生，朋友也很多，家庭条件也还不错，一直生活得很幸福。但很长一段时间以来她都被一种怪癖困扰着，这不仅影响到了她的生活和学习，还让她陷入了极度紧张的状态。

刚开始，她认为自己手上有灰土、细菌等，故每天洗手几十次，后来逐渐发展到无数次，明知无此必要，但她就是控制不住。她还反复擤鼻涕，强令母亲给自己洗衣服，晒干后仍需再洗一次。此外，她还总是害怕书中有脏东西，以至于不敢看书，以致学习成绩也明显下降。

最近，她开始不敢在厕所内系裤带，因为她怕脏东西被系在裤内。另外，她还怕空气中的灰尘，甚至有时别人在擦地或脱衣服时，她也认为脏东西会飞到自己身边来。对此，她非常苦恼，出现了明显的焦虑症状，甚至开始悲观厌世，继之表现为强迫性疑虑，整日陷入了精神紧张状态，乃至不能坚持上学。

晶晶的清洗症状出现在两年前。那时有一次她去同学家玩，刚开门就见一条狗突然猛扑过来，两只前爪搭在她的双肩上。她当即被惊吓得高声惨叫，此后就表现出精神不振的状态，还时常发呆、觉得很孤独、入睡困难、多梦等。继之，她感觉袖筒和前胸部有灰，便不时地用手拍打。两个月后她认为手上也有了灰土、细菌等，于是便开始了不断的清洗行为。

晶晶的症状即是强迫清洗，俗称洁癖，属于强迫症的最常见临床表现，占了强迫症患者的一半。强迫症一般包括强迫观念，如强迫怀疑，以及强迫行为，如强迫清洗。和有严重洁癖的人生活，家人会忍无可忍，患者本人也觉得痛苦不堪，因为他们能察觉自身的问题，却无法自我摆脱，因而活在长期的、慢性的焦虑中，有人甚至曾因不堪煎熬而自杀以寻求解脱。

强迫症的特点是有意识的自我强迫和反强迫并存，二者强烈冲突使病人感到焦虑和痛苦。病人体验到观念或冲动来源于自我，但违反自己的意愿，虽极力抵抗，却无法控制。

强迫症的临床表现分为强迫观念和强迫行为两种。

强迫观念是在脑海中反复出现一些思想、观念、冲动，患者明知这些东西不应该出现，但是却无法摆脱，并为此十分苦恼不安。如对自己言行的正确性产生怀疑的强迫性怀疑；反复对已经发生过的事件、说过的话、做过的事进行强迫性回忆；脑海中反复出现从一个观念联想到另外一个观念的强迫性联想；对日常生活中的一些现象刨根究底的强迫性穷思竭虑；对一些事物出现担心或厌恶，或担心自己愿会对别人出现不理智行为的强迫性情绪；反复体验到要做某种违背自己愿望的强迫性冲动等。

强迫行为是指反复出现刻板行为或仪式性动作，它一般继发于强迫思维，是为了减轻强迫思维时的内心痛苦的结果。患者知道那些反复出现的想法或行为是没有必要的，甚至觉得荒谬可笑，但就是控制不住，为此内心很苦恼。国外有专家对 70 例强迫症患者的症状进行分析发现，强迫性清洗的出现率为 85%，如洗手、洗澡、刷牙等；重复性仪式动作的出现率为 51%，如重复进门与出门、起立与坐下、重复词句、重复阅读；强迫性检查行为出现率为 46%。其他症状的出现率分别为：强迫性计数为 18%，强迫性整理或排列为 17%，强迫性收藏行为为 11%，多虑为 13%，害怕伤害自己或别人为 4%。

需要指出的是，像反复检查门锁这种强迫心理现象在大多数人身上都曾发生过，如果强迫行为只是轻微的或暂时性的，当事人不觉得痛苦，也不影响正常生活和工作，就不算病态，也不需要治疗。但如果强迫行为每天出现数次，且干扰了正常的工作和生活，就可能是患了强迫症，就需要治疗了。

据心理学研究，强迫症与遗传有较密切的关系。在调查中发现，强迫症患者的父母中有约 5%~7%的人患有强迫症，远高于普通人群。另外，由于遗传同时还影响一个人的人格特征，而人格特征又在强迫症的发病中起一定作用，因此可以确定强迫症与遗传有关。

此外，精神分析学家认为，强迫症是强迫性人格的进一步发展。行为学家则认为，强迫症的产生是由于刺激反应出现过多重复导致焦虑，使中枢神经系统兴奋和抑制失调，从而导致异常习惯的形成，病理性认识和反射的建立使冲动、思维和行动拘泥于固定的行为学习模式。

心理社会因素也是引起强迫症的重要原因，尤其对于正处于发育期的青少年来说，这一因素体现得更为明显。这一时期的青少年生理发育迅速，在竞争激烈的社会交往中出现的不适应现象可引起强迫症状的产生。而工作紧张、家庭不和睦及夫妻生活不尽如人意等也可使患者长期紧张不安，最后诱发强迫症的出现，其症状的内容与患者面临的心理及社会因素的内容有一定的联系。另外，意外事故、家人死亡及受到重大打击等也会使患者焦虑不安、紧张、恐惧，从而诱发强迫症的产生，该患者症状的表现形式与其精神创伤有直接的联系。

强迫症并非无药可救，心理专家提示治疗该症的关键在于患者能否勇敢理智地面对它、战胜它。在日常生活中，患者不妨深层解剖自己，从起因入手，采取顺其自然、凡事不追求完美、多参加集体活动等方法来适时宣泄心中的紧张和焦虑心情，想办法转移自己的注意力。

当出现不可克制的强迫现象时，家人要帮助患者用意念努力对抗强迫现象，使患者紧张恐惧的心情放松，告诉患者这种行为没有任何意义，并分散患者的注意力。当然，做到这点是非常不容易的，要有毅力。经过反复训练，多数患者的强迫现象会逐渐消失。

对单纯用意念不能对抗的强迫现象，可以采用“行为对抗疗法”帮助矫正。对抗疗法基本上是一种操作性条件反射过程，它把对抗刺激与强迫行为反复多次结合，从而形成一种新的条件反射，使之与原来的强迫行为相对抗，进而消除患者原有的错误行为。

对于严重的强迫症患者，应采用药物治疗。由于强迫症状影响了日常生活，因此必须进行药物治疗。

神秘的“社交恐惧症”

有些人内心渴望同他人交往，以获得精神上的满足，但在实际生活中与别人打交道时却充满了恐惧，这就是社交恐惧症。社交恐惧症通常起病于青少年时期，男女都可能出现。青少年渴望友谊，希望广交朋友，但有些青少年一到具体交往时，如找人交谈或者别人与自己打交道时，就会出现恐惧反应。表现为不敢见人、和陌生人交谈会面红耳赤、神经会处于一种非常紧张的状态。它往往会泛化，严重者拒绝与任何人发生社交关系，只想把自己孤立起来。显然，这会对人的日常工作和学习造成极大妨碍。

“社交恐惧症”也被称作“社交焦虑障碍”，它是以害怕与人交往或当众说话、担心在别人面前出丑或者处于尴尬境况而尽力回避社交活动为主要症状表现的一种恐惧感。恐惧的对象可以是某个人或某些人，可包括除了某些特别熟悉的亲友之外的所有人。

社交恐惧症是由于害怕别人给予不好的评价使自己感到发窘、狼狈不堪，从而从行为上表现出避开与他人的接触和交谈，而不是害怕无法离开某处。社交恐惧症患者害怕的社交情境往往不易回避，因此该症对个人生活的影响往往非常明显。通过下面的案例我们将能更清晰地认识它：

小羽是一个懂事、听话的女孩，个性比较内向、敏感。两年前读高中时，有一天路上与老师相遇，她感到紧张，没有抬头和老师说话，便低着头匆匆走过。旁边有一同学看到了这一情形，对她说：“你怎么不和老师说话，老师直用眼看你呢。”小羽听后深感内疚，第 2 天到学校时，不敢抬头看那位老师的眼睛。后来她的症状逐渐加重，连别的老师的眼睛也不敢直视了，进而发展到连普通人的眼睛也不敢看。偶尔与别人目光相遇，她便会感到特别紧张，心跳加快，全身冒汗，并认为自己的表情肯定很尴尬，会引起别人的耻笑。从此，在路上骑自行车或走路时，她总是低着头，唯恐看到别人的目光。由于紧张、心情不安，小羽上课无法专心听讲，学习成绩下降，结果没有考上大学。后来她的症状更加严重，以致都不敢出门。她为此感到非常痛苦，不得不求助于心理医生。

大多数人在众人面前发言、面对老师或领导时都会有些紧张，这是一种正常的现象。但是上述案例中，小羽的紧张已经超出了正常的范围，她在感到紧张的同时还有心跳加快、出汗症状，且会回避别人的目光，回避接触人。她害怕与别人对视，恐惧自己会有丢脸的言谈举止或表情尴尬，并且已经达到了社交恐惧的程度。

多数社交恐惧症患者起病于青少年，常为逐渐起病，无明显诱因，也有的是在一次羞辱的社交经历之后急性起病。

社交恐惧症的特点是强迫性的恐怖情绪，患者会想象出恐惧对象自己吓唬自己。

某大学有一女生性格内向，自尊心强，处事谨小慎微。她总以为别人时刻在注意她、评价她，因而总担心自己会出什么差错，让人瞧不起。后来，她爱上了某男生，但又不敢表露，还怕别人知道这个秘密。一次，有同学开玩笑说："我知道你爱上他了，你别藏在心里！"她一听就心里发慌，担心别人对她评头论足。此后，她见人就躲闪，一有人与她聊天她就面红耳赤、心慌意乱、语无伦次，以至于最后见人就害怕。

社交恐惧症是后天形成的条件（制约）反射，可分为两种情况：一是"直接经验"。有道是"一朝被蛇咬，十年怕井绳"，青少年在交往过程中屡遭挫折、失败，就会形成一种心理上的打击或"威胁"，在情绪上产生种种不愉快的甚至痛苦的体验，久而久之，就会不自觉地形成一种紧张、不安、焦急、忧虑、恐惧等情绪状态。这种状态一旦定型下来，形成固定的心理结构，就会使人在以后遇到新的类似刺激情境时便旧病发作，产生恐惧感。二是"间接经验"，如看到别人或听到别人在某种交往情境中遭受挫折、陷入窘境，或受到难堪的讥笑、拒绝，自己就会感到痛苦、羞耻、害怕，甚至通过电影、电视、小说、广播、报刊等途径也可以得到这种经验。他们会不自觉地依据间接经验来预测自己会在特定社交场合遭受令人难堪的对待，于是便紧张不安、焦虑恐惧。这种情绪状态一旦泛化，就导致了社交恐惧症。

社交恐惧症是一种因心理因素造成的心因性疾病，只要积极治疗，就是可以治愈的。

改善自己的性格

害怕社交的人多半比较内向，所以应注意锻炼自己的性格。多参加体育、文艺等集体活动，尝试主动与同伴和陌生人交往，在交往的实际过程中逐渐去掉羞怯、恐惧感，使自己成为开朗、乐观、豁达的人。

消除自卑，树立自信

对自己应有正确的认识，过于自尊和盲目自卑都没有必要，事事处处得体、求全责备也是没有必要的。可以暗示自己“我只不过是集体中的一分子，谁也不会专门盯住我、注意我一个人的”，从而摆脱那种过多考虑别人评价的思维方式。要记住：我并不比别人差，别人也不过如此。以此来增强自信。

转移刺激

即暂时转移能引起社交恐惧症的外界刺激，因为外界刺激总会在一段时间内消失，而其条件反射在头脑中的痕迹也会逐渐淡漠，有时还可完全消除。

掌握知识

尽管都懂得开展社交的主要意义，但是对于相当一部分人来说，其对有关社交的知识、技巧和艺术，以及相关的社会学、心理学和传播学知识却掌握得不够。所以应全面地掌握有关知识，真正明白道理，这对消除社交恐惧是大有裨益的。

系统脱敏疗法

一般做法是：先用轻微的、较弱的刺激，然后逐渐增强刺激的强度，使行为失常的患者没有焦虑不安反应，并逐渐适应，最后达到矫正其失常行为的目的。可引导青少年患者先与家人接触，再与亲朋好友接触，然后再与一般熟人接触，最后与陌生人接触，这样一步步地引导脱敏，并通过奖励、表扬使其正常行为得以巩固。

六、克服生活中的不良心理

虚荣心理

有一只老鼠生下了一个漂亮的女儿，老鼠总想把女儿嫁给一个有权势的人。它看到太阳魅力非凡，就巴结太阳说：“太阳啊！你多么伟大、能干，万物没有你简直就无法生存，你娶我的漂亮女儿做妻子吧！”太阳客气地回答：“我不行，因为乌云能遮住我，把你的女儿嫁给乌云吧！”老鼠又去找乌云，老鼠对它说：“你娶了我的女儿吧，你有这样神通广大的本领，我真敬慕你。”乌云说：“不行，我没什么本领，我比不上风，风一吹，我就被吹跑了。”老鼠一听，原来风比乌云更有本领，于是找到风，对它说：“风啊！我可找到你了，听说你很有本领、有权威，我愿将我美丽的女儿嫁给你。”风一听这无头无尾的话，紧锁双眉说：“谁稀罕你的女儿，你去找墙吧，他比我行！”老鼠一听，又决定去找墙。墙偷偷地说：“我倒是怕你们这些老鼠，你们一打洞，我可就危险了。我不配做你的女婿。”老鼠一想：墙怕老鼠，老鼠又怕谁呢？它忽然想起了祖宗的古训，猫是老鼠的天敌，每一个老鼠生来都会本能地害怕猫。

于是就赶紧去找猫，点头哈腰地说：“猫大哥，我总算找到你了，你聪明、能干，

有本事、有权威，做我的女婿吧！”猫一听，倒是爽快地答应了：“太好了，就把你女儿嫁给我吧！最好今晚就成亲。”

老鼠一听这么豪爽的话，开心极了，猫大哥真不愧是有魄力、有作为的男子汉，这下总算给女儿找到如意郎君了。于是喜滋滋地跑回家去，大声对女儿说道：“我终于给你找到好靠山了，猫大哥最显赫、最有权势，你能享福了！”当晚就把女儿打扮起来，请来了一群老鼠仪仗队，打着灯笼、凉伞、旗子，敲着锣鼓，一路上吹吹打打，把女儿用花轿送到了新郎的住地。猫一看，老鼠新娘来了，等轿子刚进门，还未等新娘下轿就扑了上去，一口将可爱的新娘吞进肚里去了。

其实在我们的现实生活中这种情况并不是没有的，许多人因追求华而不实的东西变得虚荣，也因此为日后的悲剧埋下了祸根。我们的社会一直以来似乎并不严重谴责虚荣，仿佛人人爱慕虚荣，无须谴责，好像这是理所应当的事情。甚至有人觉得，如果一个人不虚荣，那他就一定很虚伪。事实上，许多悲剧的问题皆源于此。

虚荣的心理是我们每个人都有的，无数的文学作品和影视剧之中都会有对此种心态的描写和演绎。但是我们未必能真正地了解这种心理，下面我们就对这种心理进行全面而详细的讲述。

简单来说，虚荣心理就是使用某种虚假的并且不恰当的方式来保护自己自尊心不受伤害的一种消极的心理状态，是为了博得没有实质的荣誉感和引起他人关注而表现出来的一种不正当的非常态的社会情感。如果用比较文艺的说法就是，所谓的虚荣心理就是那些被扭曲之后的自尊心。人们在虚荣心的掌控下，成了虚荣的奴隶，在无意识中做了很多蠢事。往往只追求面子上的好看，不顾现实的条件，最后造成了不可弥补的伤害。个人是这样，而一个国家也是这样，如果不注重人民生活质量的提高，只追求表面上的繁荣，花大笔金钱做一些无意义的事，还美其名曰“形象工程”。这是非常可笑的。另外，在强烈的虚荣心指使下，有时会产生可怕的动机，带来非常严重的后果。其实，虚荣心的产生与人的需要有关。人类的需要分生理需要、安全需要、归属和爱的需要、尊重的需要和自我实现的需要。其中尊重的需要包括成就、力量、名誉、地位、声望等方面。一个人的需要应当与自己的现实情况相符合，否则就要通过不适当的手段来获得满足，在条件不具备的情况下，达到自尊心的满足就产生了虚荣心。因此，有的人说虚荣心是一种歪曲了的自尊心，是有一定道理的。所以我们应该正确认识虚荣，也要正确认识我们的自尊心。

在现实的社会生活中，人们产生虚荣心的原因又是什么呢？这与人们本身的诉求和他们所追求的东西有很大关系。美国著名心理学家马斯洛很早就提出，作为人类来说，我们的诉求或者说我们的需要并不是只有一种，而是有很多种类型的，其中包括生理需要、安全需要、社交需要（这其中又包含爱与被爱的需要，归属与领导需要）、自尊需要和自我实现需要。其中自我实现的需要是超越性的，追求真、善、美，将最终导向完美人格的塑造，高峰体验代表了人的这种最佳状态，此外还有其他的动机和需要等等不一而足。但是当一个人的诉求和需要远远超出了它自己的承受极限，而且自身的能力也根本不足以满足这些诉求和需要时，那么它就会试图用一些非正常的或者说不恰当的手段来满足这些诉求和需要，借以满足自己的自尊心。所谓虚荣心理就是在这个时候产生的。那些虚荣的人在虚荣心理的驱使下，有时候甚至会丧失了自我，只听从虚荣心理的指示。他们往往只求一时门面上的漂亮，而完全不顾及自己的在现实中所具备的条件，这样做，最后只能对自己、对他人、对社会造成不同程度的危害。更有甚者，有些人就是因为可怕的虚荣心理作怪，产生了犯罪的动机，这当然会带来非常严重的，难以弥补的后果。虚荣心理，第一个字是在于“虚”。没错，虚荣者的内心其实也是空虚的。他们用虚荣心所获得的外部荣誉与他们同样因虚荣心而产生的内心的空虚感总是在不断地争斗：在他们还没有满足自己的虚荣心理时，会因为自己的现状尚不如他人而感到万分痛苦；而在他们满足了自己的虚荣心时，却又害怕自己可能会因为真相败露而受到惩罚。也就是说，不论是否得到满足，只要一个人染上了虚荣心理的毒，他的心灵永远都是痛苦的，完全体会不到任何一种常人的幸福。虚荣心理大部分人多多少少都会有一些，这也是正常的现象，就像每一个人都会感冒一样，但从统计数据上显示的总体看来，女性的虚荣心普遍要比男性强一些。甚至有一些少女为了满足她们在物质生活上的追求而用自己的青春作为赌注和代价，这种情况在我们的生活中是屡见不鲜的，当然，这也是非常值得我们和整个社会深思的。虚荣心理施加在女性同胞身上的痛苦总是会比男性大一些。

很早以前，村里有一个女孩叫苏菲亚，长得好看又善良，一双美丽的大眼睛，辫子粗又长。同时，她也是一个非常爱美，非常会打扮自己的孩子，这在村里可不多见。

每当春天降临人间的时候，苏菲亚总会从田野里采来好多鲜花，装点在自己的房间里，土坯做的墙壁在她的装扮下，显得比皇宫都要华丽；夏天来了，她会在花丛中捕捉许多花蝴蝶，夹在笔记本里做成标本，闲暇时翻开来笑嘻嘻地看；秋天，她还会到自家后面的园子里捡拾枫树上凋零的落叶，那些枫叶火红一片，像一个个写满梦想的青春请柬；冬天如约而至，她会和弟弟一起，在自家篱笆围成的院子里堆一个雪人，还会用菜窖里的胡萝卜给雪人装上一个漂亮的鼻子。

所有的这些事，都是发生苏菲亚小时候的事情了，等到苏菲亚长大后上了中学，家里人开始发现她变了，以前那个天真无邪的“小苏菲亚”不见了，取而代之的是一个淑女一般文静而且多愁善感的女孩。可能是青春期的缘故吧，爸妈们只好无奈地这样设想。

到了城镇里上学之后，她和同学们逛了几次街，然后，苏菲亚就再也没有去过任何一条街道，除了不得已路过之外，她也会尽量强迫自己目视前方，从不左顾右盼。其实，她并不是害羞，而是怕街道两旁橱窗里的时尚服装伤了自己的自尊。

每当周末回家休息，回到她的家乡，这个小小的、安静的村庄。苏菲亚向父母索要生活费时，逐渐加重了“力度”。由一开始的十美元，变成了现在的三十美元，这已经让父母很难承担了，但她甚至还嫌不够。父母问她，怎么了，孩子？学校里的伙食涨价了吗？

每当听到父母关心的询问，苏菲亚竟然会莫名地对着父母大发雷霆。

苏菲亚像那个年纪的大部分女孩子一样，她开始学着打扮自己，但是她把自己打扮得过于成熟，打扮的方式也过于繁复，时常会在镜子前花掉一上午的时候，再用半个晚上的时间卸妆。她把自己弄得像一个过早开放的交际花。几个室友私下里也不禁谈到她，总说她变了。别的室友围了一条苏格兰格子的围巾，她也会买一条；别的室友新添了一双长筒的靴子，她也会给自己添一双；别的同学定做了一条连衣裙，为了买到相同的款式，她会跑遍好几条街。

她最恐惧的就是别人喊她“土包子”，如果有人敢这么叫她，她一定会不惜一切代价地和那个人拼命地。不过幸运的是，其实她身边并没有那种不善良的人。她也一点都不像来自农村的人。可是她却不知道，她从一个“土包子”蜕变成一个“水晶包”，她的父母在背后付出了多少心血和汗水。父亲在镇上的建筑工地上做瓦工，磕磕碰碰的，身上的伤长年不断；母亲在饮料厂给人洗药材，遇见一些过敏的药材，往往两只眼睛都肿得眯成一条线……可以说，她是在用父母的心血和苦累来编织自己虚荣的面具。简直就是和那些剥削她父母的资本家一样，是吸血鬼！

然而这还不是最重要的，身为学生的她，连学习成绩也一落千丈，由当初进班时的第一名，滑落到中等偏下。甚至出现过不及格。

在一次放学后，席拉老师特意把苏菲亚喊到了自己家里，给她讲了这样一则古老的寓言：

在古时候，有一匹小马立下志愿，要做一匹驰骋天下的千里马。做千里马的第一条就是要比速度，然而，这匹小马始终落在别人的后面。几次失败以后，小马泪流满面跑到妈妈那里，把自己的苦衷说给了妈妈听。

小马的妈妈让小马按照比赛时候的样子跑一遍给自己看，小马准备了一个漂亮的起跑姿势，然后每一步都很有规律地奔跑着。

妈妈笑得前仰后合，妈妈说：“孩子，一匹太在乎自己奔跑姿势的马是跑不快的。

如果想成为千里马，你必须抛弃那些无用的姿势，你的心里只有奔跑，不停地奔跑，你的眼里只有你前方的目标，我们的意义在于奔跑，而不是表演！”

后来，小马按照妈妈的吩咐，刻苦练习，摒弃恶习，日后终于成为一匹迅如疾风的千里马。

这个简单的寓言很快就讲完了，随后，希拉老师从兜里掏出一大沓零钱给苏菲亚说，这是你的父亲给你送来的生活费，你不在寝室，我替你代收了，我闻了一下，上面充满了扑鼻的砖瓦的味道和药材的香味……

苏菲亚控制不住自己了，一下扑在了父亲送来的那些零钱上，第一次哭得这么伤心，这么懊悔。

后来，苏菲亚谨记着席拉老师的故事，一改往常的陋习，考上了一所著名的大学，经过十年的奋斗和积淀之后，她成了文学院最年轻的博士生导师。

苏菲亚后来每次给自己的学生们讲第一堂语言修辞课时，都会说这样一句有感而发的话与大家共勉：

一匹正在忙着追赶春天的烈马，哪顾得上其蹄声是否抑扬顿挫呢？不管是华尔兹、伦巴，还是探戈，所有的节拍对于它来说都将是沉重的枷锁。因此，最先到达春天的烈马，都是不懂音乐、不懂优美姿态的，直奔真正目标的马！

我们都知道，人类的虚荣心理是一直伴随着人类的生存发展而同时存在的，甚至可以这样说，虚荣心理这种东西在我们人类的身上，是非常顽固的。或者说，这种心理本来就是我们人类心理的一部分。从古到今，虽然许许多多的宗教家、哲学家都曾提出严重的警告，还施加以道德上的压迫攻击，然而却都没用任何作用。如果要想从本质上解决让人头疼的人类的虚荣心理问题，其解决的关键并不是在于如何将它破坏、毁灭，而是在于如何改善它，利用它、诱导它带领我们走向积极的方面去。大禹治水，导不如疏。手枪可以杀人也可以救人，关键在于你怎样使用。在不久以前的边远山区，有这样一位年轻的猎人，他天天都出去打兔子，却总是空手而归。时间一长，妻子也瞧不起他：“你要能打到兔子，那就成癞蛤蟆吃上天鹅肉了。”猎人听妻子的话后异常地生气，他决心有天要妻子刮目相看。

打定主意后，猎人对妻子说：“今天，我要打不着一只兔子，就不回来见你。”妻子皱了皱眉，说：“不是我记错的话，这句话你说过一千次了，还不是照样空手回来了。”

猎人像往常一样，来到他经常打猎的山脚下，只见一只兔子在匆忙逃跑的过程中，一下子失足掉进一个枯井里，枯井并不深，兔子就是跳不出来，见到这种情况，猎人喜出望外，便不假思索地下到枯井里，用一根绳子拴住兔子的脖子，提起来，高兴地往家里跑。到了村边，他突然想起什么大事一样，立即停住脚，他想，不能这样回去，妻子看了，该说是捉的，不是打的。到时候又要瞧不起自己了。

于是，猎人就把那只捕获的兔子吊在大树上，用枪瞄准兔子，“咚”的一声枪响，兔子一下子掉到地上，打了一个滚，起来就蹿，一会儿就跑没影了。

猎人站在那里想了半天也没明白这是怎么回事，直到他跑到树下检查了一下现场的痕迹，才发现他刚才那一枪没打着兔子，却打断了拴兔子的绳子，猎人叹息一声，明明到手的兔子却叫它跑了，又要回家被老婆笑话了。他回去和妻子一说，妻子并没有笑话他，而是耐心地和他交流了怎样从这件事里获取教训。后来他们过的日子和和美美，十分幸福。

虚荣，并不会让你得到更多的东西，反而会使你已经得到的东西丢失或者有所减弱。人有的时候还是真实一点比较好，踏踏实实地做人，老老实实做事。这样才更容易抓住机遇，走向成功。即使不成功，你也会像那个猎人后来一样，过上平静而幸福的生活。

在我们的现实生活中，到底应该怎样去面对以及克服虚荣心理呢？有如下的几个方法可供参考。

第一，正确看待荣辱。

世间万物无不有一个度的限制，人有人的人格，国家有国家的国格。每个人都要做到最基本的自尊与自重，如果自己都不尊重自己，你还准备让谁来尊重你自己呢？要知道，如果你的尊严都是别人给你的，那就不能被叫作尊严。但要以人格的要求为本，人起码要诚实、正直，决不能为了一时的心理满足，不惜用一切来换取。

第二，正确看待成败。

人生在世当然需要有一定的荣誉与身份，这是我们心灵上的必需品，更是物质生活的基础。每个人都应该珍惜并且爱护自己和他人的荣誉与地位，这是最起码的自尊与尊重，但是，这种追求必须与个人的社会角色及个人能力保持一致才可以。甚至可以说宁可没有追求，也不能追求错误的东西，千万不能“打肿脸充胖子”，追求超出自己能力极限的东西，过分地追求荣誉，追名逐利，为了显示自己，不择手段。这样并不能真正达到你原来的目标，反而只会使自己的人格在这个缓慢的过程中受到扭曲。同时我们也应该正确看待失败与挫折，“失败乃成功之母”，“只有一种失败，那就是半途而废。”我们必须在一次失败中总结出经验教训，从挫折中悟出人生的真理，这样才会避免下次的错误，只有这样的失败才是成功之母，才不会让我们陷入失败的马太效应中。

第三，正确看待自己的能力。

一个人要能正确地评价自己的能力，看到自己的成绩，也能看到自己的不足；经常地对自己进行检讨，也要经常地对自己的进步做出奖励，承认自己与他人的差距，取长补短，这样才能不断取得进步。

第四，正确对待社会评价体系。

虚荣心理实际上与自尊心的关系非常密切，我们说过，虚荣心本身就是一种被严重扭曲了的自尊心的外在表现，而自尊心是与我们周围的社会舆论密切相关的。不管什么事都要有自己的主观见解，千万不能别人说什么就是什么。要学会独立思考，不要让别人的思想在你的头脑里信马由缰。只要你拥有自己独特的正确的认识，不被身边的和社会上的舆论所左右，所引导，那么，你都不会在人生中留有遗憾。

第五，正确把握与人对比的尺度、方向、范围和程度。

从现实角度上来说，我们应该较多放眼在一个人的社会价值上的比较，而不是一个人的自我价值上的比较，例如，你可以比较一下，一个人在学校里或者工作上的地位、他在其中的作用与贡献，而不是只看到他个人工资的收入、福利待遇的高低、所付出的辛苦之类。从覆盖的方向上说，我们要立足于健康的比较而抛弃病态的比较，例如说，我们可以比较实际的业绩，比较我们的干劲，比较我们精神专注的程度，而不是贪图那些虚名，例如，嫉妒他人那么能表现自己，并因此获得了那么多不属于他的东西。亲爱的朋友，你要明白，那些都只是虚名而已，就好像天边的浮云一样。从比较的程度上来说，我们应该在我们个人的实力上把握好比较的分寸，能力一般的最好就不要和能力比你强的太多的人相比较。这是我们必须承认的客观的现实。这就像拳击比赛和举重比赛一样，都是要按照体重分别进行的。并不是说明你不够优秀，而是我们的先天条件就是如此。

第六，为自己树立一个正面的榜样人物，并且学会完善自我。

我们可以从名人传记、名人名言中，从现实生活中，以那些脚踏实地、不图虚名、努力进取的革命领袖以及英雄人物、社会名流、学术专家为榜样，努力完善人格，做一个解放思想的人，一个实事求是的人，一个有道德的人，一个脱离了低级趣味的人，一个有益于人民的人。

总之，在我们充满诱惑也充满压力的现实生活中，摆脱虚荣心的方法有很多，在现实中我们要善于学习和把握克服虚荣心的各种方法，成为一个身心健康的人。

第七，正确面对自我缺点，对自我进行约束

假如你已经出现了例如自夸自大、吹牛说谎、嫉妒他人等等消极的心态与行为，应该立即采用各种心理训练的方法对自己的行为和心态进行彻底的纠正，对这些不良的虚荣行为进行自我心理辅导。其实这就像是我们生病的时候要让自己吃药一样，也就是说当这些病态的心态行为将要出现或已经出现时，你应该保持警觉，立即给自己施加一定的心理暗示。举例来说，你可以用套在手腕上的皮筋反弹自己，抽打自己，以达到警示自己与干预自己的作用。这样持之以恒，那些虚荣的行为就可以逐渐消退，但这种方法必须要用本人的强大的毅力与非常坚定的信念才能看到比较好的效果。

举世闻名的大导演史蒂文·斯皮尔伯格，是少数在世时就被推崇为大师的导演，而且他还是以拍摄商业片为主的。这与他惊人的才华有关，但是在他取得了这么大的成功，几乎实现了人生的意义之后，还是毅然决定回到加州大学修完当年还没有读完的电影系学分。

史蒂文·斯皮尔伯格

那还是在 1965 年的时候，史蒂文·斯皮尔伯格在加大电影系二年级时拍了一部 22 分钟的短片，参加亚特兰大电影节，好莱坞的投资者看了，马上与他签约，斯皮尔伯格因此辍学，到好莱坞发展。事实证明这一步是对的，如果他当年不把握机会，坚持要完成学业，他或许成不了大师。

但一眨眼，将近四十年的时间像讲故事一样过去了，斯皮尔伯格虽然已经功成名就，受到万众敬仰。他还是很介意年轻时的学业没有完成。夜深人静时，斯皮尔伯格总听到一个声音对他说：今天你是好莱坞权力最大的人，你的名字是年轻人的名气、金钱的保证，但那又怎样呢？你曾经背弃过自己的承诺，无论再有钱、名气再大，你的品格还有个小小的污点，因为你曾经当过逃兵。

斯皮尔伯格毅然回到大学，用假名重新注册插班，用假名考试交卷，只有几个教授知道他的身份，他的功课与其他学生一起送交校外的学者审阅。课程要求学生交电影实习作业，斯皮尔伯格在《辛德勒的名单》中选取了 12 分钟的影片，还交了《大白鲨》和《第三类接触》的片段。大学电影系助理教授凯利客观地为他进行总评分，给他的成绩是一个“良”，评语是“该学生对音响、灯光、剪接和剧本管理颇有驾驭力”。

这位《侏罗纪公园》的版权所有者还要修一门叫野生生物学的专业课程。教授评价他精于恐龙知识，上课谦卑有礼，除了有一天在课堂上把一只脚搁在书桌上。他向老师道歉，解释是前一天与儿子一起玩滑板扭伤了腿。教授提醒班上其他学生，不要对这个天王级的同学有什么崇拜的眼光，只把他当普通人。学生做到了，没有向他索取签名，但在毕业典礼的那天，他们告诉父母：我与史蒂文·斯皮尔伯格同一年毕业。

在一个虚荣的世界，有太多人相信“成功人士”不一定要念完大学，甚至以此为

真理，并以盖茨为例，说什么盖茨也没有读完哈佛大学之类的谬论。盖茨的成功在于他的勤奋与聪明，在于他的人生智慧。这个世界上从来没有人是因为退学而成功的，现在没有，以后也不会有。一个人没有完成他的学业，是毕生的心理创伤，即使缝合了，也还在心头留下疤痕。何况，学生生活是人的一生中最美好的一段时间。不信的话你尽可以向别人打听，有谁不怀念那段青春美好的日子？终有一天，我们都会为年轻时一项未完的工作，或辜负了的一个人而感到遗憾，醒悟一切名誉和财富都不能补偿。这样的遗憾，像风湿症，通常都是在中年以后发作，而且越来越严重。斯皮尔伯格不惜代价，治好了他心理上的“风湿症”，从这里可以看出来，他是一个真正有智慧的人，也难怪他取得了那么了不起的成绩。

自卑心理

所谓的自卑心理，其实是有一个前提的，那就是人的自尊，人类大部分的自我认知心理实际上都是自尊的变形。当一个人的自尊需要得不到满足，又不能正确、恰当、真实地分析自己时，就非常容易产生自卑心理。因为种种原因，一个人的自卑心理形成之后，往往就会从怀疑自己的能力到发展成为不能表现自己的能力，从心理上认为自己不行发展成为真的不行，从怯于与人交往到孤独地自我封闭。本来经过努力可以达到的目标，也会认为“我不行”而放弃追求。人类的心理是非常玄妙的东西，很多时候，一个简单的念头，却可以改变你的一生。那些自卑的人就是很好的例子，他们看不到人生的光华和希望，也领略不到生活的乐趣，更没想过去憧憬那美好的明天。他们把自己想的一无是处，还没开战，就急着认输。这样的心态绝对是不成熟，不理智，也不健康的。所以说人们要对自己自信，自信往往是战胜人生困难的最好武器。只要人有了自信，就好像轮船有了动力，会乘风破浪向前进。

很多人都无法想象，中央电视台著名节目主持人，特约评论员白岩松先生，在年轻的时候就曾非常自卑。他从他的家乡，一个北方小镇，考进了首都北京的大学，上学的第一天，邻桌的女同学好意问他：“你从哪里来？”而这个问题却正是他最忌讳的，因为在他不成熟的逻辑里，出生于小城镇，就意味着没见过世面。就因为这个女同学的问话，他竟然一个学期都不敢和女同学说话！很长一段时间，自卑的阴影占据着他的心灵，每次照相，他都要下意识地戴上一个大墨镜，用以掩饰自己的自卑，让自己觉得舒服一些。

同样是中央电视台著名节目主持人张越，当年也曾为自己的肥胖而自卑。当然她现在更胖了，但是这胖也成了自己的特色。大约 20 年前，她来到北京上大学，总是疑心同学们暗地里嘲笑她胖，她因此不敢穿裙子，不敢上体育课。大学毕业时，她差点领不到毕业证，不是因为功课，而是因为她不敢参加体育长跑测试！老师说："只要你跑了，不管多慢，都算你及格。"可她就是不跑，因为害怕别人看到自己肥胖的身体跑步时的样子，她甚至连向老师解释的勇气都没有。

已经宣布退出歌坛的亚洲娱乐天后，以特立独行和自信著称的王菲也说过，其实她也曾非常自卑，因为她觉得自己不聪明，18 岁时勉强考上一个不出名的大学，而且没有去读，到现在也没有一个正经学历。她觉得自己没有毅力，减肥通常不超过一周就打退堂鼓，明知抽烟不好，却总也戒不掉。她觉得自己不擅长交际，尤其不会讲话，不善于和媒体沟通，因此总给人耍大牌的感觉。但是也正是因为她如此地与众不同，反而增添了她的个人魅力。

德国著名的哲学家尼采出生在一个牧师之家，自幼性情孤僻，多愁善感，纤弱的身体使他总是有一种自卑感。他曾狂热地追求过一个美丽的姑娘，但因为表达感情时太笨拙，最终没有成功，这使他更加自卑。因此，他一生都是在追寻一种强有力的人生哲学，来弥补自己内心深处的自卑。当然他这样做也为他后来走向精神崩溃埋下了伏笔。

但是，我们都知道，就是这些自卑的人，这些和你我一样备受自卑折磨的人，他们后来都大获成功了。白岩松、张越成了中央电视台著名节目主持人，经常对着全国几亿电视观众侃侃而谈。其中白岩松现在更是中央台里一员大将，一面旗帜。而那位曾以外貌自卑的张越，还是第一个完全靠才气、靠本事，不仅丝毫没有凭借外貌，而且克服了外貌的缺陷，走进中央电视台的主持人。王菲如今被称为亚洲天后，拥有无数"粉丝"，不管是唱歌演戏都很成功，所到之处万人追捧。尼采成了著名哲学家，他打破了以往哲学演变的逻辑秩序，凭自己的灵感做出独到的理解，写了许多文笔优美、寓意隽永的著作。

可以这样说，我们每一个人都曾自卑过，一点都不自卑的人很可能会是另一种不正常的心理。所以不要对我们自己的"自卑"而感到自卑。但是，我们真的了解自卑心理吗？心理学中的自卑到底是怎样的呢？下面我们就对自卑心理及其调适方法进行全面而详细的讲述。

自卑就是对自己或者我们的事物不及别人的事物好的不满足感。人天生都喜欢有自豪感，而不喜欢有自卑感，自豪感就是我或者我们的事物比别人的事物好的满足感。所以不满足是人的本性。德国哲学家黑格尔说："自卑往往伴随着懈怠。"通俗说来，自卑就是一个人对自己的能力、品质等做出不恰当的偏低的评价，与骄傲的心理相对，自卑者经常会感觉自己处处不如别人、对生活丧失信心、对任何事情都会感到悲观失望等等。自卑无疑是一种消极的心理状态中比较严重的一种，但同时也是一种比较普遍的负面情绪，是阻碍你实现理想或完成某种愿望的巨大心灵屏障。在现实生活的人际交往中，拥有自卑心理的人其实非常想得到别人对他的肯定，但与此同时他又害怕别人的轻视和拒绝，所以他就会很敏感地把别人正常的冷淡态度归咎为自己的错误。自卑的根本原因并不是他对自己的看轻，反而正是因为他过分的自尊，对自己的要求过高，而且为了保护其脆弱的尊严表现出来一种非常强硬的态度，让人无法接近，自己也更不会去主动接近别人。

在我们的现实生活中，造成自卑心理的形成原因比较宽泛，又都因人而异，但是大体上可以简单地分为以下两种情况：

一种是由于当事人客观存在的某种缺陷以及所遇到的长期性的挫折而引起自卑。比如说五官畸形、天生残疾、长得难看、身材超重、口吃等很难改变的生理缺陷，也有农村户口、家庭贫穷、没有学历等社会环境方面的缺陷，内向、偏执、羞涩、孤僻等个性上的缺陷，还有感情失败，工作不顺心、当众出丑、被人戏耍等等生活上的挫折等。

还有一种自卑就是比较严重的心理疾病了，自卑者存在一种强烈的自己处处不如别人的主观感觉，而且这种主观感觉与真实的情况根本不相符合。

自卑心理或许很多人都有，但是如果是上述那种觉得自己处处不如别人的非常强烈的主观感觉，那么这种情况是最需要纠正的，其实也是比较容易得到纠正的。

第一，正确认识自己，努力培养自信。这个世界上没有一个人是完美的。不消说是我们这些现实生活中的人，就是电影银幕上的虚构人物，都没有在各个方面都是完美的。“金无足赤，人无完人”，每个人都有他自己独特的优点和缺点。有他所擅长的地方，也就有他所不及的地方。比如说我们都知道“小巨人”姚明打篮球非常厉害，但是如果让他做针线活儿，那他肯定是不如一个普通的老奶奶了。一定要善于从自己身上发现长处，肯定自己做出来的成绩，也不要把别人看得都是那么完美，反倒把自己看得一无是处，没有人是完美的，你要明白他人也会有他人的不足。只是你们的不足不一样，而且很可能他的不足比你的要严重得多。或者你可以试着这样做一下：经常回忆那些经过你自己的努力奋斗，最终获得成功的事情；然后对另外那些做得不是很好的事情，则需要对自己进行不断积极的自我暗示。这一点可以参考催眠治疗方面的权威书籍（如《催眠术大全集》等）。另外还应该注意的是，要处处留心，及时发现他人对自己的好的、正面的积极的评价。

其实在我们东方文化中，只要你不是一个万夫所指的千古罪人，是不会有人对你做出低于你真实情况的评价的。了解、赏识甚至是对你感到折服的人总是会有的，关键在于你要自己用心地寻找、发现，并且及时把你发现的好评价作为自我评价的基础，

这样就可以增强你正面的自信心理。但是对于天生的、自身的一些生理上的缺陷，比如说高矮胖瘦、相貌丑等等没有办法的事情，就算你自卑，你痛苦，你羡慕嫉妒恨，那也是完全没用的，你还倒不如充分发展和发挥自己在其他方面的优点来弥补这些无法改变的缺陷。改变我们所能改变的，接受我们所不能改变的，以一颗平静的心去面对生活。

要知道，在生物学领域里有个叫作“生理补偿”的概念，具体定义是说如果一个人失明之后，他的耳朵就会特别灵敏，如果腿残废了，手臂就会变得特别强壮。人们好像不论在什么状态下，都可以将自己的能力从一种方式转化成另一种方式。所以你完全可以这样暗示自己：“虽然我的眼睛不如你们，但是我的耳朵听得更远，更清晰，我对音乐敏感到你们根本无法理解的高度；我并不比你差，反而在听觉上或者说在音乐上，你们远远不如我。”即使是一个身体非常健康的人，假如他的头脑空虚，人云亦云，没有自己的思考，并且偏执成性，坚持着自己幼稚的世界观，那他虽然表现得和我们常人一样，但他实质上只不过是一具行尸走肉而不自知。一个真正的不健全的人，只要你的内心世界丰富而善良，充满了理性的光辉，那就像是在阴暗背景下的一道阳光，你会更加夺目耀眼，更能得到人们的爱戴与尊敬。

在美国有一个很特别的人，他的名字叫肯尼，他生下来就是一个下肢畸形的婴儿，不得不做两次手术。两次手术之后小肯尼成了高位截肢的残疾人。这时候他才一岁半。摆在他面前的将是怎样艰难的人生道路呀！

让人根本没想到的是，过了许多年以后，出现在人们面前的肯尼，竟是一个性格活泼、精神乐观、顽强进取的英俊少年。肯尼从不把自己看成是残疾人，也从不会感到自卑，更不会陷入自哀自怜的怪圈里，他习惯以手代足，不仅生活上努力做到自理，而且和健全的孩子一样，上学、逛公园、攀高梯、溜滑板。对未来，肯尼有许多美丽的幻想，想当总统，想当摄影师，也想当汽车司机。总之，他总是使自己和健全的孩子一样，没有丝毫的自卑、怯懦。

第二，锻炼自己的心理承受能力。你最好可以加强一下心理素质上的培养，锻炼自己的心理承受能力，打个比方来说，比如说为情报部分做间谍的特工人员，最重要的素质应该是什么呢？并不是他的技术能力，而是他的心理承受能力。这非常重要，如果心理承受能力不行，就算技术水平再高，承受不了压力，也是完全没用的。我们普通人的心理承受能力都是有限度的，也是很容易就崩溃的。每年的自杀统计报表就在显示着这一点。当然，我们都听说过有一些人，从出生到死去都是那么坚强，甚至一生都没有掉过一滴泪水。但是那只是他表现出来的外部模样而已，事实上，他和你我一样，会感到同样的痛苦，伪装并不会使他的痛苦减轻一分，但是因为长期接受磨

难，可能他已经对痛苦感到麻木。这实际上是一种对自己心理承受能力过分地培养了，我们一般人只要做到正常范围内的承受能力就可以了。不要因为偶尔的一次失败，或者某些必然的失败而感到一蹶不振，或者因自己在某一个方面的过失或者不擅长而全盘否定自己。这不仅是不理智的行为，而且也是不健康的态度。

第三，努力形成正面积极的良好性格。想要彻底改变内向、沉默、孤僻、恐惧交流等性格方面的严重缺陷，并且逐渐培养出一个正面积极的良好性格，并不是一件容易的事情。然而这也是我们必须做的事情，可以试着一点点来，不要着急。首先你不能凡事只会想到自己的优点和长处，以及自己在这方面所付出的努力，也要看见别人的付出，并且你不能对别人要求过于严格，并不是所有人都必须按照同一个标准去生活，那是不现实的，而且也是非常病态的。就算你在自己所熟悉的某一个方面有一定的杰出的见解，有着明显的过人之处，也不应该、更不能够因此而看不起别人。

那些有一些不良怪癖的人更要努力改变自己的生活习惯，要明白自己的很多看法其实是不对的，也是不理智的行为。要尽力使自己成为一个可以受到别人欢迎的人。不过千万要记住，正如性格本身并不是在一两天之内就能形成的，而是需要相当漫长的一段时间塑造而成的，如风吹流沙、水滴石穿一般。改变性格缺陷也永远都不会一朝一夕就能有所成就，假如你真的想彻底改变自己的性格，那你一定要有一种近乎顽固的决心、一份坚韧不拔的毅力、一种持之以恒的行动。这样你才能真正地成功！

第四，在把自己和他人进行对比的时候要摆正自己的心态。拥有严重自卑心理的人总是会用别人的长处和自己的短处比，而这样的结果当然只能会导致你越比越泄气，贬低、否定自己，陷入无限的失落感与挫败感的炼狱之中。其实这并不是什么大不了的事，这种事情本身就是自卑症的表现形式之一。尺有所短，寸有所长。“光年”是最大的长度单位，但是如果用这个单位来度量人类的身高却是完全不适合的，甚至可以说，在测量身高的时候，这么长的长度单位是没有用武之地的，是废物。但是到了天文学领域里，它就可以大展宏图。每一个人都不可能在每一件事上面都强过别人。打个简单的比方，奥运会从来没有，也永远不会发生一个人独揽整个奥运会所有金牌的情况。那根本是违反逻辑的事情，是完全没有一点点可能的事情。何况，就算你在某些方面强过了一部分人，你也不可能是全世界最强的人。但是不要因此而陷入悲观里，与此同时，我们还应该明白另一个道理，那就是我们不会事事都比别人强，所以，我们也不会事事不如别人。所以，一定要摆正自己的心态。

第五，不要施加给自己过多的压力，凡事要量力而行。人之所以痛苦，在于追求错误的东西。想要从根本上防止和战胜使人丧失斗志、备受折磨的自卑心理，应该留意的是，不要对自己提出太高的、过分的要求。在选定奋斗目标时，除了要考虑其价值和考量你自身愿望的迫切程度外，还要考虑让那个目标得以实现的可能性。如果什么都不管不顾，一味追求那些不切实际的东西，首先你仍然是追求不到，只会使自己越来越陷入自卑的陷阱里，永远承受着这种痛苦的折磨。

想从自卑中走出来并不难，一定要能够正确地认识自己，能全面地看待他人和自己，就会感觉自己没那么差，自卑很可能是因为自己感觉状态不是最佳或太在乎他人的看法或想法。实际上，他人的看法或想法往往存在片面性。有时候，他人的话语也许只是不过脑子的废话，不用太往心里去。只要将做不好的事，反复多做几次，你就会慢慢熟悉，事情能完成得很好，多给自己鼓励，相信自己有这个能力。

1900 年 7 月，林德曼独自驾着一叶小舟驶进了波涛汹涌的大西洋，他在进行一项历史上从未有过的心理学实验，预备付出的代价是自己的生命。林德曼认为，一个人要对自己抱有信心，就能保持精神和肌体的健康。当时，德国举国上下都关注着独舟横渡大西洋的悲壮冒险，已经有一百多名勇士相继驾舟均遭失败，无人生还。林德曼推断，这些遭遇者首先不是从肉体上败下来的，主要是死于精神崩溃、恐慌与绝望。为了验证自己的观点，他不顾亲友的反对，亲自进行了实验。在航行中，林德曼遇到难以想象的困难，多次濒临灭亡，他眼前甚至出现了幻觉，运动感觉也处于麻痹状态，有时真有绝望之感。但是只要这个念头一出现，他马上就大声自责：懦夫！你想重蹈覆辙，葬身此地吗？不，我一定能成功！终于，他胜利渡过了大西洋。

一个人的成败和他的自信心是息息相关的。如果一个人时刻对自己有自信，能够坚定不移地去做自己心中认定的事情，那么即使他才能平平，也可以取得一些成果。人永远不要一遇到困难就退缩，那样的话迎接你的只能是一个又一个的、没完没了的失败。人的一生中要遇到很多很多的，难以想象的困难，我们自己必须想尽办法去克服这些困难，一次一次地战斗，一次一次地努力。这样才能获得一次一次的胜利。相信以我们自己的能力一定能战胜困难，因为人本来就一定会战胜自然！这就是人类来到世界的意义！你来了，你战斗，你胜利！多给自己一些鼓励，让大家一起为你鼓劲，战胜自卑，振作精神，勇敢地去奋斗。

空虚心理

空虚，又是我们常见的一个词，很多年轻人甚至经常把这个词挂在嘴边。在 20 世纪末，这个词甚至一度成为流行语。然而其中不乏有人根本不清楚空虚的具体含义，只是人云亦云，实际上这也是一种空虚。

一般情况下，空虚指的是那种百无聊赖、闲散寂寞、无事可做、缺乏兴趣的消极心态，也就是人们常说的“没劲儿”或者“没意思”或者“无聊”，是一种心灵得不

到充实的外在表现。实际上，空虚心理应该归纳为一种社会性疾病，它的存在极为普遍，而且这么常见的心理疾病，其源头也只有社会能够造成，社会性疾病，就是社会得了病，而社会病的患者，实际上是社会病态的一种体现。当一个社会失去了明显的精神支柱或者社会价值的突然大幅度多元化，从而导致人们无所适从，不知道怎样生活，或者是在一个人的个人价值被外部因素无情地抹杀时，就非常容易出现这种不良心理状态。它往往都是集中发生在社会上的某一个相对集中的时期，然后成规模地发生。一般来说，虽然空虚的人很多，但这种空虚心理并不是非常严重的心理问题。可以通过自我适度调节，或者等待时间慢慢将之抚平。然而凡事都有例外，这种心理也对有些人的生活产生了不可估量的负面影响，极端者甚至会产生各种破罐破摔的邪念，所以有些人竟然因此走上了犯罪的道路，造成了不可弥补的损失。

在现实生活中，那些心灵空虚的人们往往都是不思进取，没有能为之奋斗的人生目标和理想，理所当然的，他们也就难以获得奋斗的乐趣和成功时的那种透彻的愉悦。他们全部都游手好闲，无所事事，或者说干脆一不做二不休，放任自流，自甘堕落。常常会觉得自己的生活既无聊又寂寞难忍、认为整个世界都没有什么存在的意义，悲观地认为人生是一场徒劳的旅程。就此陷入自哀自怜的状态中，他们的心灵也就同时变得更加空乏虚无，因此而感到痛苦无比。在这种痛苦的驱使下，心理空虚的人常常会四处寻求刺激，比如比较常见的抽烟、喝酒、蹦迪、赌博、闹事等等对人对己全无好处的事，他们却能以此来排遣一些寂寞，暂时打发在他们心理上变得无限漫长的时间。在最严重的情况下，那些空虚者甚至会去偷、会去抢、会去耍流氓等等，就此走上了法律和道德的不归路。这是我们不得不留心，并且时刻警惕的。通常让人们陷入空虚心理的有两种情况：

当一个人给自己定下人生目标时不考虑自身能力，而且目标本身也不切实际，难免就会遭受现实的打击。觉得自己一无所成，做什么都觉得没有太大意义。有的人目标过于空乏高远，给自己定的目标本来就有很大的执行难度，同时却又摆出不屑于追求的姿态，当这个目标无法实现的时候，心中饱受煎熬。这时的人就会真切地感觉自己受尽苦难与折磨，觉得在这个世界上没有什么可以做好的事情。心灵也随之踏入虚无空荡的境界中，自此一蹶不振，玩世不恭，自暴自弃。

有些人，物质生活的条件过于优越，大大凌驾于普通人的生活水平之上，也就是所谓的那批“先富起来”的人。他们完全没有生活方面的顾虑，经济上的量入为出与他们毫无关系。在社会上呼风唤雨，人民群众根本不被他们放在眼里。这类人一般都习惯了满足与享受，习惯了索取，习惯了生活比别人更加优越，如果别人生活过得好一点点，他都看不进去，就好像是一辆公交车，当一个人挤上了公交车之后，他就不喜欢再有更多的人上来了。这是另外一种社会性的心理隐疾，暂且不谈。这种人往往都是看不到或懒得思考人生的意义所在，根本没有也不想有什么积极的生活目的，因为他们自认为什么都有了，相信钱可以买来一切。所以他们就整日安逸奢靡、无聊度日、不劳而获、无所事事，时常觉得空虚。

针对第二种人来说，有一种专门的、适合的疗法，那就是“日行一善”。这是很好地克服钱太多所导致的空虚的心理疗法。每天做一点好事，这样就可以让自己慢慢地体会生存的意义，通过与人的交流，也就明白这个世界上还有那么多的人仍然无法保证自己的温饱，也就不会再那么目空一切了。大家都是平等地来到世界上，可是人和人之间的生活差距就像天堂和地狱之间一样。等你明白了这些，也就从而可以悟到一些有关人生的道理了。

毕竟每个人产生空虚心理的原因都不可能是一样的，心理学家认为，只要了解到具体案例里导致其空虚心理产生的原因，再通过患者自身的努力和心理调适，精神空虚完全是可以克服的问题。具体如下：

第一，给自己树立正面、积极、健康的“三观”。“三观”是一个哲学界争论不休的问题，它们分别是人生观、世界观和价值观。这个在学界从来没有统一的说法，落实到我们每个人的身上，自然也就会出现很大的区别。其中，心理空虚的人都会觉得自己已经“看破红尘”，总是觉得人生不过如此，荒谬地认为人生无非是生下来，活下去，死掉了。人生观是指一个人在面对自己整个生命及整个生命的过程时所持有的最基本的态度准则，是一个原则性的问题。它的一点微小的变化都会直接影响着一个人在这个世界上的生活状况和境遇。如果人生是大海，人生观就是那条船，它是一切的基础。一个人只要拥有着积极、奋斗、敢于争取的正面的健康的人生观，就算时运不济，饱受命运的戏弄与凌辱，他仍然可以坚强地活下去，并早晚有一天会改变这曾伤害过自己的一切。但是与之相反，如果一个人不具有积极正确的人生观，即便他的生活顺风顺水，家境富裕，终其一生，他也不会觉得人生有什么太大的意义，并且还会把这种不良的思想言传身教给周围的人，造成了社会上的不良风气。

第二，为自己培养一个高尚的情操，同时学会劳逸结合。有些人家财万贯，家里的钱数都数不清，花也花不完，甚至连自己都懒得去思考这些钱都是怎么赚来的，只是不停地感到空虚和无聊，并且在他们的“贵族圈子”里，这种空虚被认为是一种高贵的特征，是一种带有堕落意味的精神层面的雅致生活。但是与此同时，他们却往往会妄想使用很多低层次的生理或物质方面的刺激来满足自己的精神需要。而这样做只会让他们觉得更加的空虚，彻骨的空虚，直至绝望。培养自己一些真正高雅的情怀，提升自己的精神境界，积极乐观地笑对生活，在日常生活中也是可以寻找到精神层面

的乐趣的，但是低层次的物质生活却不可以。我们应该多用一些有意义的活动和健康的生活习惯充实自己，这样做不仅有助于消除空虚，同时还会给我们带来其他更多的好处，比如一个好的身体，拥有一个健康的、精力充沛的身体才是真正的家财万贯。我们还应该戒掉一些坏习惯，比如在休息的时候，尽量不要去酒吧、迪厅这些让人精神麻醉，让人陷入堕落的地方，你可以回到家里，好好休息，看看书，打理花草，或者直接去野外郊游、登山，参加各种体育锻炼，可以是单人的，也可以呼朋唤友。你也可以试着做几天义工，为社会做些力所能及的事情。不要觉得那是丢人的事，恰恰相反，那是非常伟大的行为。给社会一个微笑，社会也会给你一点善意。

第三，让自己拥有梦想，为自己建立一个目标。希望是最美好的东西，梦想是最迷人的东西。有了希望，有了梦想，黑夜就不再漫长，我们的生活就不再空虚，就会充实，就会体现美丽的光彩。

在很久很久以前，小溪旁大山的峭壁上有一块巨大的石头，千百年来和同伴一起被大山父亲紧紧地搂在怀里一刻也没放松。它越来越不满意这每天看着日出日落，听着水流潺潺，迎寒送暑，花开花落，一成不变的单调生活。

一天，巨石见到小溪里的鱼儿成群结队地从大海旅行归来，尽管它们一个个疲惫不堪，伤痕累累，但它们见到大海的那种兴奋与骄傲，让石头深受感染，鱼儿们谈到大海的宽广与美丽、深邃与多变让它充满向往。它立志一定要去看一看大海的日出日落与山里的有什么不同，立志要亲耳听一听海风的呼啸与海浪的咆哮，立志要亲身体验投入大海的浪漫与自豪！

巨石的心思没有能瞒过父亲，父亲摸着它的头说："孩子，你知道你离开父亲的后果有多严重吗？当年你的哥哥就是向往山外的生活离开了我的怀抱，一去就再也没有回来！千百年来，凡是离开父亲怀抱的，不是消失得无影无踪、杳无音信，就是至今还躺在山的脚下。受着无尽的折磨与煎熬！只要我一松手，你的命运也会跟它们一样，从此浪迹天涯，永世都不能与家人团聚。尽管你历经磨难，九死一生，但也不一定能实现你心中的理想。你可要三思而行啊！"巨石坚定地说："只要是能过上自由的生活，只要是经过了竭尽全力的奋斗，即使实现不了心中的理想，即使万劫不复，我也无怨无悔！"父亲没有再说一句话，悄悄地松开了搂抱着巨石的双手。

一天，乌云翻滚，大雨倾盆，一道刺眼的闪电击中了巨石，伴随着轰隆隆的雷声巨石离开了父亲的怀抱，咕噜噜地滚下山崖，跌进了山脚下的小溪里。巨石感到自己的身体已经被跌得四分五裂，到处都在撕心裂肺地疼痛！可还没等到它看一下伤势，咆哮的山洪就推着它跌跌撞撞地往下游奔去。

不久河道变得越来越宽敞，水流也慢慢地变缓，石头的脚步也跟着慢了下来。终于它再也走不动了，静静地躺在了水底。水底的它再也不是原来的那块巨石了，不仅锋利的棱角变得圆溜了起来。身体也只剩下了几斤重。它变成了一块小石头！

小石头在水底一躺就是多少年，每天任凭水流不断地冲刷着自己的身体，眼看着身边的“鹅卵石”一个个被人装上大卡车运走，而它却被人从鹅卵石里清了出来扔在了一边。它感受到了前所未有的孤单与寂寞，第一次尝到了被人遗弃的滋味！

石头没有灰心丧气，它牢记父亲说的话：“有了自己的目标，除了要百折不挠、坚忍不拔，脚踏实地地努力，还要耐得住寂寞与孤独，甚至要能够忍受被人误解与遗弃的痛苦！赞美与鲜花会使你迷失自我，半途而废，前功尽弃，永远也达不到自己的目标！”小石头一遍遍地回忆着父亲的话，耐心地静静地躺在水底养精蓄锐，等待再一次起程的机会。

就这样小石头一次次地抓住洪水到来的机会，不断朝大海的方向前进，经过无数次的等待与前进，经过无数次的碰撞与冲击，小石头的身体不断地分裂变小，等到它历尽艰辛来到海边的时候，它已经变成了一粒沙子！

大海张开双臂热情地将这位历尽艰辛、矢志不移的强者揽入了宽广的怀抱。小沙子随着潮起潮落在蔚蓝的海水里自由自在地畅游，它感到无比的幸福、自豪与骄傲。虽然它由一个体形魁梧的大汉变成了一粒微不足道的小沙子，但它毕竟经过自己的艰苦努力和借助别人的帮助，抓住一次次有利的时机，实现了自己的理想——看到了大海！

这就是梦想与目标的伟大之处，选择好你的梦想，然后就朝着自己的目标起航。一个人的所谓的心理空虚往往都是在胸无大志、毫无追求、也没有理想的情况下发生的。或者是在总是觉得自己的生活没有什么太大的意义时，逐渐形成的。也可能是因为所制定的理想本身就不切实际，超过了人类能力的极限，即便是十分优秀的人才都无法完成。那么这样制定理想的结果就只会使你自己的理想难以实现而已。正因如此，对自己生活的目标做出调整，对自己的理想进行校正。建立出一个真正符合自己的、切实可行的理想（哪怕这个理想对他人来说是非常可笑的，也没有关系）是非常有必要的。有很多人就是因为给自己树立了一个不符合自己实际情况的目标，而当他们在追寻这个目标的漫长的奋斗过程中，就会自然而然地开始觉得这个目标并没有什么太大的意义或者这个目标本身是莫名其妙的，从而导致产生了空乏、无聊、没有目标、否定一切的不良心态。所以你需要根据个人的具体情况，给自己找到一个真正适合你自己的定位。山鹰翱翔于九天之上，但如果是在大海里它还不如一只小虾，人也是一样，选好自己的定位非常重要。另外还应该根据这个定位制定出长期的规划和短期的小目标，两相结合，用长期的规划激励着短期的目标，用实现一个一个短期的目标来最终完成长期的规划，完全可以用这样有益社会、有益自我的方式来充实你的生活内容，你就再也不会觉得自己的工作和生活枯燥乏味了。一切都是你为了实现既定目标所必须要做的事情，甚至你的目标也完全可以是："拥有快乐幸福的生活"，这样你的生活肯定会越来越好。空虚的人并不是没有力量，也并不是没有能力的人，他们只是像一些没有舵手的龙舟，徒有力量，却没有方向。但是只要一个人有了坚定的目标，就有了他愿意为之奉献、奋斗的方向，有了精神上的追求和需要，"空虚"这个隐形的健康杀手就会反被人们所杀掉！人也就很难再有惹人反感、被社会歧视的空虚感了。

第四，要学会转移目标，摆脱空虚。在日常生活和工作中，当你遇见了无法解决的难题或者你的目标受到了非常巨大的阻碍，而且基本上是属于不可能解决的问题，比如让你一天之内拉到一万个客户。这种状态我们可以称之为人生的困境。如果真是遇见了这样的难题，其实反而更好解决。你可以试着通过绘画、音乐、书法、写作、读书、雕刻、摄影等诸如此类的艺术上的手段，使你被困扰而不得解脱的心境平静一下，使你从那个无法解决的困境里暂时逃脱，最终使你从那恼人的空虚状态下完全解放出来。当人们产生了新的志趣以后，很自然地就会产生一些截然不同的全新的追求，这样一来，你也就逐渐完成了对生活内容的调整，并从那种惹人反感的空虚状态中解放出来，真正体会到生活的美好、人生的意义。

第五，学会从知识中吸取力量。不管一个人是否空虚，他都应该读书、学习，而对于空虚的人来说，读几本好书、不断地学习、获取知识，得到智慧的供给，更加是填补空虚的好办法。另外，有很大一部分人的空虚心理和缺少必要的心理知识和社会知识是有着必然的联系的。知识是整个人类集体智慧的结晶，是全人类经验的总结，是幸福和创造的源泉。不仅如此，读书、学习甚至还可以直接帮助人们寻找到解决问题的计划和具体方法，读书、学习的过程不仅使人彻底从寂寞和空虚中解脱出来，读书、学习之后获取的知识也会让我们更好地面对生活。一个人拥有的知识越多，他的心灵也就会越充实，他的生活也就自然而然地更加丰富多彩。

车尔尼雪夫斯基生于1828年，是俄国杰出的革命民主主义者、伟大的无产阶级革命作家、一生为真理而奔走呼号的战斗者。他除了写有著名长篇小说《怎么办?》以外，还著有许多有关社会、自然和文艺理论的论文。

1828年7月24日，车尔尼雪夫斯基出生在伏尔加河边美丽的萨拉托夫城。他的父亲是一位平民出身的牧师，很有学问。家里有一个藏书丰富的图书室，车尔尼雪夫斯基一有空就到这里来。

7岁的车尔尼雪夫斯基，读书简直入了迷，他经常一面吃饭，一面看书。有一天早晨，妈妈看到孩子好长时间没从厨房里出来，心想这孩子到底吃了些什么？于是，他母亲悄悄地走到厨房门前，只看到小车尔尼雪夫斯基正在那里为一篇小说中的人物而哭泣流泪。妈妈喊来了他的父亲，又拿了很多他平时喜欢读的书哄他，他才擦擦眼泪继续吃饭。

车尔尼雪夫斯基

车尔尼雪夫斯基最喜欢俄国大诗人普希金和莱蒙托夫的诗，喜欢英国作家狄更斯和法国女作家乔治·桑的小说，还读了许多社会科学方面的书籍。由于他坚持不懈的努力，10 岁时，就已赶上了 15 岁中学生的水平。

他 14 岁的时候，以优异的成绩考取了萨拉托夫的教会中学。那里的教师多是一些不学无术的人，除了讲些老掉牙的教材外，不能给学生提供任何新鲜有用的知识。车尔尼雪夫斯基十分不满。有一次，老师布置写作文，他不受老师的限制，很快写出了一篇关于学习方法的文章。他说："知识就像一座有无数宝藏的大山，越往深处发掘，越能得到更多的东西。尤其是青少年，更应该在知识的园地里不屈不挠地耕耘。"文章写成之后，学生们争相传阅，这在他的心灵里，点燃了更旺盛的求知之火。

16 岁时，车尔尼雪夫斯基已经通晓 7 种外语，大量阅读了俄国民主主义者别林斯基和赫尔岑的文章。第二年，他中学毕业后，又考入彼得堡大学文史系。

在大学读书的那几年里，车尔尼雪夫斯基更加卖力，更加勤奋，读书常常是通宵达旦，被老师和同学戏谑地称为"伏尔加河边的读书迷"，这也是他最终能成为著名文学家的根本原因。对于我们每一个人来说，只要努力学习，总会有所回报的。

第六，从工作中充实自我。人类的工作和劳动不仅是人类社会活动的基本，是人类创造价值的核心方式，更是人们用以摆脱空虚的极好的治疗措施。因为在一个人的精力全部集中到了他的工作和劳动中的时候，就自然而然地产生一种忘我的力量，忘记个人的荣辱。并从其所做的工作中看到了自身的社会价值，使自己的人生充满希望并且得以解除不良心态的困扰。一个人只要有一个自己喜欢的、合适的工作，能够勇敢地面对问题、面对现实、面对挫折、面对不公，这样就不会被面前的困难所吓倒，更不会被沮丧和空虚的不良心态所长期困扰，并且能够从这样的挫折和失败中得到教训，得到人生的经验，铺好成功的基石，最终可以战胜空虚心理，重塑健康的自我。

第七，争取得到家人、朋友等的支持。一个篱笆三个桩，一个好汉三个帮。当人在独自一人的状态下，由于空虚心理或者某些方面的不得意、碰壁，还有挫折而表现

出心烦意乱的情况时，就会特别需要有人能给他力量，给予他同情、理解、支持。而一个人只有在获得别人的支持时，才不会觉得自己孤立无援。多交一些朋友，多和志趣高远的朋友交流，并且从好朋友那里获得真诚的勉励和实际的帮助，这是获得社会支持的重要方面，是我们民族的优良传统，也是我们这个社会走向和谐的助推器，当然亲人之间的相互扶持、相互理解、相互帮助也都是必不可少的。

自私心理

哈利和朋友被困在沙漠，后来哈利发现了满满一杯水，是先给朋友，还是留给自己慢慢救命?

哈利没有把水分给朋友，他竭尽全力向沙漠深处跑去，想独享比黄金还要贵重的水，但朋友在后面使劲追赶。哈利踉踉跄跄，慌不择路，又要护住杯中的水，累得够呛，朋友也气喘吁吁。跑了很久，最后是哈利一不小心，一杯水全泼到了黄沙里。结果两人一滴水也没喝进嘴，筋疲力尽，求生的勇气全无，很快两人都被黄沙埋葬。

也许，很多人会自觉或不自觉地选择哈利的做法。其实把半杯水给别人，同时也救了自己。倘若把上半杯给别人，还给了自己成功的最大机会，还可能使自己成为上帝一样的恩人。

在我们身边的日常生活中，经常可以看见一些自私的人，而且相信你也会有过这种经历：你的朋友特意把你约出来，只是为了讨论某某人多么自私自利，实际上，自私是一种较为普遍的非常态的心理现象。

从造词法的角度上来看，“自”指的是自我，“私”指的是利己，两者合起来“自私”指的就是一个人在只以自己为中心的前提下，过分考虑自己的利益，不管在什么事面前，第一时间想到的都是他自己，完全地只顾及他自己个人的利益，一点也不顾及他人、集体、国家和社会的公益。我国古代有一句话来形容这种人，叫作“拔一毛利天下而不为”，我们的社会上也经常有类似于自私自利、损人利己、损公肥私等等不良的现象。值得我们思考的是，对于这种现象，有人嗤之以鼻，不屑为伍，但也不乏人心向往之，恨自己为什么不能像那些人一样贪污腐败，尽享奢华。一定要注意，后者是非常严重的、需要矫正的病态自私心理。自私其实也和其他良好或不良的心理状态一样，都有着程度上的轻重不同，但即使是轻微一点的自私往往也很容易惹人反感。自私表现为：计较自己个人的得失、常常存有私心杂念、没有公德心，对他人的苦难毫不关心；而严重的自私则非常可怕了，比如那些为了达到个人的某些肮脏的低层次欲望，他们铤而走险、贪赃枉法、藐视群众、侵吞公款、愚弄人民、污染环境、造谣抵赖、草菅人命。这甚至都已经超越了普通的犯罪分子的定义了。自私使他们成了罪人，成了这个社会的病灶。自私之心是所有邪恶的源头，贪婪、报复、嫉妒、吝啬、虚荣等等一系列病态社会心理从根本上讲都是自私心理的一些外在表现形式。

从前有两个十分吝啬的人，巧合的是，他们一个叫吝先生，一个叫啬先生。有一天，吝先生到县城办事，恰好在路上遇到了啬先生，两个人互相打招呼有说有笑并结为了好朋友，在分手时，相约在中秋节到子虚亭饮酒赏月，互叙友情，并约定吝先生备酒，啬先生备菜。

中秋节很快就到了，两人按约定的时辰准时来到子虚亭。见面时双方都是两手空空的，在石桌两旁相视而坐，大家不禁哈哈大笑起来。为了打破尴尬的局面，吝先生首先站起来，用手作酒杯状，遥指天空，大声说道："月光如水水如酒，请啬先生开怀畅饮。"啬先生也不甘示弱，伸出两只手指作筷子状，指着荷塘里的水深情地说："池中有鱼鱼是菜，请吝先生大饱口福。"

两人"酒"来"菜"往，互敬互让，风雅非凡，好不热闹。啬先生手起嘴动，咂得啧啧作响，并连声说："真是好酒，杜康也得逊色几分。"吝先生也把两个指头往嘴里送，自夸起来："确实是好菜，山珍海味也难相比。"

这对小气鬼在亭子里的荒唐举动，引来不少过路的人驻足观看。其中有人认识这两个有名的小气鬼，便风趣地挖苦说："今天两位仁兄赏月，喝的是吝啬酒，吃的是吝啬菜，你们活着是吝啬汉，死了就是吝啬鬼。"

除了一些例外的情况以外，做人还是不要太过吝啬为好，尤其是对待你的朋友，如果真的是经济上有困难，你可以直接和朋友说，这样并不会遭到别人的轻视，反而会得到人们热情的帮助。只有以诚相待的人才能赢得大家的尊重。吝啬实际上也不能给我们带来更多的财富，财富是要靠努力去争取才能得来的，一个人不去努力奋斗，就算为人再吝啬、再节省，早晚也会坐吃山空。

这是一个发生在欧洲的故事，有这样一个吝啬的人，名叫艾波，他经常拖欠他手下的劳工法尼的工资。有一天，法尼找艾波要工资，艾波却假惺惺地说："我也没有钱了，怎么办，我现在吃饭都成问题了！"法尼知道艾波在骗人，可他不敢说，只好走了。

法尼前脚刚一走，艾波就悠闲地拿着猎枪出去休闲打猎了。在打猎时，他看见树那边有火，就爬上树，偷听那些人的谈话。一个神仙说："一个叫艾波的人总是拖欠长工法尼的工资，我们是不是应该把这袋金子丢到法尼家屋顶的洞去，帮他解决眼前的困难？"另一个同意了，于是决定明天晚上由天使把金子丢在法尼家。艾波听了很高兴，便急急忙忙跑到法尼家，说："对不起，我不应该拖欠你的工资，所以我把我自己的房子给你！"法尼听了，就让一家老小搬着衣服去了艾波家。艾波在法尼家等了很久，可仍不见天使把金子丢下来，很生气，自己赔了夫人又折兵，什么都没得到。

其实，事情的真实过程是，天使那天真的来到了法尼家里，可是他看见屋里住的并不是法尼而是艾波，他当然也就不丢了，天使帮助的是一个人，而不是一个房子。何况艾波这样的人，不惩罚他就已经算是宽恕了。于是天使转身离开。

所有一毛不拔的人在最后都将会一无所有，这是无数的历史经验所证明的事实，只有那些心地善良、勤劳肯干的人才会最终得到财富。做人要厚道，最好在自己能力允许范围内大方一点，很多事其实不必计较那么多，你在计较上面所花费的精力可能已经超过了它本身的价值，这就是一种很不理智的得不偿失的做法了。而且一个大方的人，自然也会结识很多朋友，有了人脉，有了别人的帮助，再加上自己的努力，当然也就会有着源源不断的财富。

洛姆是附近方圆百里有名的吝啬鬼，他的故事说起来简直就和笑话一样，一点都不次于世界文学经典形象中的“四大吝啬鬼”。比如他天天在学盲文，朋友不解地问洛姆：“你眼睛好好的，干吗要学盲文呢？”洛姆回答：“我不过是想晚上看书时能节省点儿电。”

每天洛姆还会做一个同样的工作，那就是致信给报社编辑部说：“如果你们再继续刊登《吝啬鬼的故事》的话，我将不再订阅你们的报纸。因为我的邻居对这篇连载极感兴趣，他每天都要向我借阅，我又不好意思不借给他。”

洛姆的衣袋里总是放满了各种各样的旧信封、草纸、香烟壳等物，别人问他这是做什么用的，洛姆解释说：“我同朋友在一起吃东西，在吃完算账的时候，一面嘴里说‘我来！我来！’一面就从口袋里拿这些旧信封啦，碎纸啦……一件一件拿出来，等到掏完的时候，朋友已经算过账付过钱了。”

一个慈善单位的筹款委员不清楚状况，竟然请洛姆捐款：“你是位富翁，做一点善事简直是轻而易举。”“你不了解我的内情”，洛姆说，“我九十一岁的老母亲已在医院里住了五年；女儿寡居无助，还要养育五个幼儿；两个兄弟又欠了政府一大笔税款。”

募捐者一听，连连道歉说：“我真不知道你有这么多负担。”“不，”洛姆说，“我只是想告诉你，我一分钱都不给他们，怎么会给你们呢！”募捐专员一听此言，都快傻掉了。

还有一天，洛姆的亲戚来到他家做客。正好外面来了一个卖熟牛肉的，洛姆亲戚对他说：“给我买斤牛肉吧，在你家净吃豆腐。”洛姆过意不去，只好出去买牛肉。

不一会儿，听外面传来讨价还价的声音：“三块一斤行不行？”

“不行！”

“五块一斤行不行？”

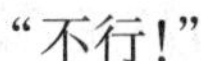

“不行！”

“七块一斤总行了吧！”

“不行不行，一百块也不行！”

洛姆回来对他亲戚说：“不知怎么的，他就是不肯卖给我。”他亲戚只好自认倒霉。晚上洛姆的妻子训斥他：“你是傻了吧，三块一斤不行，还要七块？”

洛姆说：“哪儿呀，我是拿砖头和他换呢！”

洛姆早晨醒来时，发现自己的太太去世了。起初，他吓得脸色惨白，随即，却穿着短裤往楼下跑去，并大声叫着：“阿里！阿里！”阿里是他家的女佣，正在厨房准备早餐，听见主人叫唤，忙问：“先生，什么事啊？”洛姆回答：“今早少煮一个鸡蛋！”

洛姆到晚年患了重病，医生开药说要用人参，洛姆说：“我买不起人参，听天由命好了。”医生改口说：“那用熟地也可以。”他还是摇头：“熟地也很贵，买不起，我死了算了。”医生对这个要钱不要命的家伙实在没办法，便随口说：“另外有个方子，用干狗屎调红糖一两冲服，也可以治你的病。”洛姆一听，一跃而起，急问：“不放糖可以吗？”

当然，洛姆的故事我们可以当笑话看。但是并不应该笑笑就算了，我们应该明白吝啬者在生活中是多么可笑和可悲。吝啬者往往金钱、财富都不缺，不然也不能称为吝啬了。一个经济条件不好的人，适当节省，是正常的，也是值得称赞的行为。然而那些吝啬鬼虽然富有，但他的灵魂、他的精神却日趋贫穷。吝啬果真能给吝啬者带来愉快吗？答案当然是不可能。其实吝啬者的生活是最不安宁的，他们整天想着挣钱，最担心的是丢钱，唯恐盗贼将他的金钱全部偷走，唯恐一场大火将其财产全部都吞噬掉，唯恐自己的亲人将它全部挥霍掉，因而整天提心吊胆、坐立不安，当然永远不会是愉快的。就这样在无聊的恐惧中度过自己那空虚的一生。

这样吝啬的自私鬼在我们的生活中实在是少见，那么生活中的自私心理有哪些基本特点呢？

第一，深层次性。在即将探讨自私的时候，我们必须明白一点，所谓的自私，是一种几乎算是人类本能性的与生俱来的深层次欲望，这是一种深层次的心理活动。也就是说，你可能根本就无法发现自己正在进行自私的行为，因为你已经被你潜意识里的自私所操纵了。它就像一只邪恶的野兽，蛰伏在我们每一个人的心灵深处，随时准备择人而噬。人类生来就有许多各种方面的诉求，比如说生理方面的诉求、物质方面的诉求、精神方面的诉求、社交方面的诉求等等，不一而足。这些诉求之间也是有着一个递进着的、有层次的关系。每满足一层，人类就会自动追求下层，在诉求不能得到满足时，人就必然感到痛苦不堪，这是写在我们基因里的东西，以人类目前的技术

手段和认识水平都无法对之进行根本性的改变。但是，事物都是有着互为辩证的两个方面，诉求同时也是人类各种行为的原始性的第一推动力，几乎可以这样说，人类的所有行为都是为了满足其行为所相对应的诉求。但是，人的欲望是没有疆域的，如果这个世界上会有什么东西能比宇宙更加无限，那就只能是人类那永不满足的心。正是因为这个原因，人的欲望和需要，都必须得到控制，不能任其无限发展，人类所有的诉求，都必须要受到社会规范、道德伦理、法律法规的严格制约，假如完全不顾及社会条件和时代条件，完全不顾及千百年来人类为了更好的未来而自我约束的道德评价体系和社会法制，不顾及与你同时代的千千万万的其他和你一模一样的个人，而只是一味地想要满足自己的各种低级的私欲、无尽的贪念、肮脏的企图的人，就是具有严重自私心理的人。但是通常来说，自私的心理实际上一般是隐藏在个人的需求结构之中的，你可以唤醒它，也可以为了他人，也为了自己，让它继续昏睡下去。

第二，下意识性。我们在前文已经提到了，自私心理有几个非常顽固的地方，那就是我们每个人都有，它就好像是我们人类身体的一部分，而且是人类与生俱来的，被深深地写在基因里的性格。而这一点也就正好造成了自私心理的隐藏性。自私心理往往隐藏得非常深，它的存在与表现便常常不会被个人所意识到。也就是说，很多有自私行为的人甚至根本意识不到他实际上是在做一件自私的事，还以为这一切都是理所应得的，相反的是，在他侵占了别人的利益时往往竟然是心安理得的。其实，我们生活中经常会遇见这种人，有的时候会产生一种和他们无法交流的感觉。

第三，隐秘性。不知道大家有没有这样的经历：有一种自私的人往往是这样的，他们因其自私自利的行为而引起身边人的公愤，但他们就好像已经养成了习惯似的，完全不当回事，有种死猪不怕开水烫的“英雄气概”。但是与此同时，他们为了逃避舆论谴责和进一步可能发生的社会惩罚，便会暗中改变方针，他们常常口唱高调，故做一种姿态，然后再偷偷摸摸地占别人的便宜，在自己布下的谎言和假象之中，将其内心本来那自私的本性，隐藏在别人、也隐藏在自己的视线里。好像根本没有这回事一样，即使满肚子男盗女娼，却仍旧满嘴仁义道德，像是滚刀肉一样，任谁拿他也没有办法，而被他侵犯利益的人往往哑巴吃黄连，有苦吐不出。这样的例子在工作和生活中实在是太多太多，不胜枚举，比如明明是多吃多占，吃拿卡要，占地卖房，公款吃喝，利用职务谋取巨大私利，却把这一切根本都是法律所不允许的犯罪说成是他的工作需要。还展现出一副不胜其烦、深恶痛绝的欺骗性的丑恶嘴脸，“我也不想做这样的事，我也非常讨厌这些不公正，可是我又有什么办法呢？规矩就是这个样子的，我也不喜欢每天都在饭店吃大鱼大肉啊！我是多么怀念在家吃清淡蔬菜的日子啊！”分明是损害他人的利益来满足自己的需求，却说自己其实是在替别人着想才这么做的，自己这么做也很为难云云。自私心理属于一种不能见光的病态行为，在东方文化中，很少会有人主动承认自己的自私之心，而自私之人更是要常常以各种花样百出的手段掩饰自己的丑陋面目，所以自私就更加具有隐秘性。这种隐秘性是针对他自己，也是针对他人来说的。

分析自私行为的病因必须从客观方面与主观方面这两大方向同时着手。首先，从客观方面来讲，我们中国是一个人口超限、自然资源与社会资源又都十分有限的国家（自然资源包括耕地、物产、山林、淡水、消费物资等；社会资源包括财富、权力、信息与社会关系等等）。两种极端情况同时发生，就更加深了两种情况各自的严重程度。从理论上来讲，如果是在正常的社会秩序中，任何的个人或群落、集团都需要有与之相配的一定的资源。但在现实环境中，由于各种复杂的原因，比如历史原因、国际原因、经济原因、政治原因等等，我们不得不承认的是，就目前来说，我国各项资源的数量、类型、方式在占有和配置方面确实都存在非常多、非常严重的不平衡与不合理之处，而资源分配的垄断性仍然非常顽固。没有资源，就无法生存，资源是每个人都必须获取的，而对于一个集体就更加重要，这样的结果就是，缺乏资源的一方不得不以某种非常态的、非正当的，或者干脆说就是违法的方式去换取资源。

另外还有一点不容忽视的是，畸形文化的常年沉积，社会监管力度不严，也是非常客观存在的原因。我们再从主观方面来说，一个人的各类诉求若是脱离了社会规范及传统制度成为不合理的诉求，在这种情况下，可能人就会倾向于自私。国外有关专家的最新研究已经表明，一个人的自我敏感性、价值观取向等等都与社会行为有着非常紧密的内在联系。而学术界所常说的社会行为，实际上就是指包括帮助他人、爱护他人、捐款、献血、做义工等等在内的一切有益于社会的自发性的、主动的个体行为。所谓的自我敏感性，它的定义是指一个人不仅时刻关心他自己的问题，时常都会觉得需要他人的协助，以及真的得到了来自他人的协助后，自体所产生的心理感受。这种自我敏感性一旦达到了一定的高度，就可以进一步地外化为对他人的敏感性，但是，这种情况下，自我敏感性也非常可能成为一种只顾自己、不管他人死活的倾向。而自私自利之人往往都是自我敏感性极高，以自我为中心，对社会对他人极度依赖与索取，但同时并不重视那些热情帮助他的人。认为别人为他做什么都是正常的，如果别人不为他做什么，那才是咄咄怪事。希望大家都不要成为这种不具备社会价值取向，对他人与社会缺乏责任感的人。

自私心理是需要我们重视的心理状态，所以应该采取一定的方法进行调适。首先你可以试着多做利他行为。一个想要改变自私心态的人，其实有一个非常简单易行的方法，那就是利他行为。例如关心和帮助他人，给希望工程捐款，为他人排忧解难等。

还有一些自私心特别重的人，可以从让座、借东西给他人这些小事情做起，循序渐进，这样以后才能做大一点的好事。多做好事，可在行为中纠正过去那些不正常的心态，从他人的赞许中得到利他的乐趣，通过做好事，让自己得到教育和升华，使自己的灵魂得到净化。我们还可以对自己进行回避性训练。这是心理学上以操作性反射原理为基础，以负强化为手段而进行的一种常用的自我训练方法。通俗地说，凡下决心改正自私心态的人，只要意识到自私的念头或行为，就可用缚在手腕上的一根橡皮弹环弹击自己，这样就可以从痛觉中意识到自私是不好的，促使自己纠正。这是辅助的方法。主要还是要调整心态，“攻心为上”，比如使用内省法。这是构造心理学派主张的方法，是指通过内省，即用自我观察的陈述方法来研究自身的心理现象。研究明白了自己的想法，也就会更好地控制它。自私常常表现为一种下意识的心理倾向，如果准备克服自己的自私心理，就必须要经常对自己的心态与行为进行自我观察。在进行自我观察时要有一定的客观标准，就是一定要遵守社会公德与社会规范。而要反省自己的过错，就必须加强学习，更新自己的世界观，强化社会价值取向，向毫不利己、专门利人的模范学习，对照社会榜样与模范寻找差距。并从自己自私行为的不良后果中看危害找问题，总结改正错误的方式方法，最后得以完全攻克。

从前，有个非常富有、非常快乐的男孩叫菲比，他一个人住在一间小屋子里，并且拥有一座村庄里最美丽的花园。小菲比有很多的朋友，其中有一个磨坊主叫罗恩。罗恩是个很富有的人，他总是自称是小菲比最忠厚的朋友，因此他每次到小菲比的花园来时，都以好朋友的身份拎走一大篮子美丽的鲜花，在水果成熟的季节还拿走许多水果。

罗恩经常说：“真正的朋友就该分享一切。”但是，他从来没有给过小菲比什么。冬天的时候，小菲比的花园枯萎了。“忠实的”磨坊主朋友却没去看望过孤独、寒冷、饥饿的菲比。

罗恩在家里的时候，又摆出一副诚恳的表情对他的家人说：“冬天去看小菲比是不恰当的，人们经受困难的时候心情烦躁，这时候必须让他们拥有一份宁静，去打扰他们是不好的。而春天来到的时候就不一样了，小菲比花园里的花都开放了，我去他那采回一大篮子鲜花，我会让他多么高兴啊！”

然而孩子总是能一语道破天机，磨坊主天真无邪的儿子问他：“爸爸，为什么不让小菲比到咱们家来呢？我会把我的好吃的、好玩的分给他一半。”谁想到磨坊主却被儿子的话气坏了，他怒斥这个什么都不懂的孩子，他说：“如果小菲比来到我们家，看到了我们烧得暖烘烘的火炉、我们丰盛的晚饭，以及我们甜美的红葡萄酒，他就会心生妒意，而忌妒则是友谊的大敌。你还小，怎么会懂得这些道理！”

磨坊主的论调无疑是自私者的堂而皇之之词。说得再好听，也不会把别人骗到，连自欺欺人都算不上，顶多是一种“自娱自乐”。

我们如果想真正地快乐，获取更大的成功，拥有美好的人生，守护忠诚的友谊，我们必须要先打破自私的樊篱，走出自私的灰暗，寻找生命中那一份与人分享的蓝天。赠人玫瑰，手有余香。请放心，敞开你的胸怀，包括你自己在内，没有任何人会吃亏的。

洛雷斯是一个有名的大富翁。他有美丽的洋房和大片的花园。但他也有一个令自己头痛的问题：这么多的财富肯定有好多人在打自己的主意。怎么办呢？于是洛雷斯让仆人在房子周围建了很高的围墙，洛雷斯认为有了围墙就等于有了部分保障，至少可以对那些不法分子起到威慑作用，可是围墙建成不久就出了事。

春天一到，花园里鲜花怒放，阵阵花香飘过围墙，令全镇的人都很神往。几个好奇的孩子想院子肯定种着奇花异草，听说有一种长着大眼睛的花还会给孩子唱歌呢。于是孩子们打起主意，决心探个究竟。

朦胧的夜晚，孩子们搭起人梯跳到院子里，他们在花丛中寻找着，踏坏了许多鲜花和嫩草。后来，他们被仆人发现，赶出了院子。洛雷斯大为恼火，他把这事讲给朋友听。朋友笑着说：“为何不把围墙拆了呢？”洛雷斯说：“那样我会丢失好多的财产！”朋友笑了，说：“有围墙又怎样？连一群孩子都拦不住，何况身手不凡的大盗呢！”

洛雷斯终于听从了朋友的劝告，彻底拆掉了围墙。于是，孩子们首先冲人花园。他们仔细寻找那些神花，结果，根本没有什么奇花异草。洛雷斯的朋友把孩子们请到客厅，并让他们美餐了一顿后给了孩子们一包种子，他对孩子们说：“在花园中种下你们心中的神花吧！”孩子们高兴得跳起来，然后跑到花园里。

因为洛雷斯拆掉了围墙，全镇的人都可以欣赏到花园的美丽。洛雷斯得到了全镇人的爱戴和敬仰。

一天，一伙大盗闯入洛雷斯的家，准备将他家洗劫一空，刚闯入花园不远就被守护神花的孩子发现。小杰克跑到房子里报告情况，小詹森跑去镇上通知大人们。结果大盗们被及时赶到的居民和洛雷斯的佣人们捆绑起来。

庆功宴上，洛雷斯对所有人说：“我要感谢你们，你们使我懂得了一个伟大的道理——这个世上只有敞开的花园最安全最美丽。”洛雷斯的话博得了所有人最热烈的掌声。

分享并不意味着失去，独占也不意味着拥有，懂得分享的人生，可以让我们收获更多。

对于整个世界来说，你可能只是一个微不足道的小人物，但对于某些人来说，也许你就是他的全部、他的整个世界。

雪花纷纷扬扬，像飘洒到人间的精灵。在一个寒冷的冬日，一对老夫妇互相搀扶着走进了快餐店，像是从岁月的长长久久中走出来。在这个到处都是年轻人的地方，他们看起来有点格格不入。餐厅里的客人羡慕地望着他们，甚至一些人在窃窃私语："看，那对老人一定在一起生活了好多年，也许60年，或者都已经过了钻石婚了。"

瘦小的老头径直走到点餐台点好餐。他点了一个汉堡、一包薯条还有一份饮料，一切都是一份。老人拿着托盘走回他们的座位，他撕下汉堡包装纸，然后很认真地把汉堡切成了大小相等的两份，一份放在自己面前，一份放在妻子面前。之后他又把薯条分成了两份，一份留给自己，一份给了妻子。最后老头把吸管插进杯子里，吸了一口饮料，然后看了老妇人一眼，老妇人没有吃桌上的东西，只是抿了一口饮料。

老头拿起汉堡咬了一口，这时餐厅里的人忍不住悄悄议论起来。他们在说："他们一定很穷，只能买得起一份套餐。"

就当老头拿起一根薯条要往嘴里放的时候，一个小伙子站了起来，他径直走到老夫妇的餐桌。他很有礼貌地说，他愿意为他们再买一份套餐。老头委婉地拒绝了，说他们这样很好，他们已经习惯一起分享任何东西。

餐厅里的人注意到，桌子上的东西老妇人一口都没吃，她只是静静地坐在那里看着丈夫吃，偶尔喝一口饮料。那个小伙子实在看不下去了，忍不住又走了过去，说他愿意给他们买点其他什么吃的东西。这次是老妇人拒绝的，她也说他们习惯了一起分享任何东西。

老头吃完了，利落地擦了擦嘴。那个小伙子简直无法忍受了，他再次走到他们的餐桌前提出帮他们买点吃的，结果又遭到了拒绝。最后他问老妇人："为什么您不吃东西呢？您不是说你们总是一起分享任何东西吗？可为什么他在吃，而您却看着呢？难道您是在等什么东西吗？"老妇人笑了一下说："我在等假牙。我们共用一副。"

小伙子怔住了，餐厅此时都弥漫着无言的感动。

摒除自私的心理，学会分享，这样就可以破除人与人之间的冷漠。把自己的胸怀打开，主动与人分享，你就能够体会到更多的快乐、温情和成功。

再以一个故事论证。乔治起先不过是英国一家手工作坊的小业主，按照马克思资本积累原理，他完全有可能转化为大资本家。但是很不幸，一场经济危机使他陷入了困境，产品卖不出去，资金周转不开，物价暴涨，他面临破产的威胁。友人劝他赶快裁员，以减轻负担。乔治思考良久，准备采用友人的建议。

消息不知怎么传到了老乔治的耳朵里。第二天清晨，老乔治来到办公室，勒令他收回成命。乔治不服，老乔治便现场解除了乔治的职务，中午，老乔治走进了工人餐厅，看见大家一脸憔悴、苍白，碗里是白水煮的青菜和几片豆腐，老乔治立刻从街上的小餐馆花三英镑买回两碗红烧肉，端进餐厅，哽咽着说："兄弟们受苦了。现在，我已解除了他的职务，从今以后，每天中午我和你们一起吃饭——当然，价值三英镑的红烧肉必不可少！"工人们欢呼起来。

那时候，三英镑是个不小的数目——可以供老乔治夫妇一天的基本生活。

每天三英镑，所带来的效益却是无法计算的，因为工人们心存感激，便拼命干活，努力降低成本，竟然使这个手工作坊慢慢过了难关，发展壮大，最终成为全英一家著名的电器公司，拥有资产过千万。

老乔治朴素的语言和行为，是深谙经营之道的，从小事做起，从最打动人心的角度入手，他创造了一个奇迹。

浮躁心理

曾经有这样一个故事：有一天，年轻的儿子烦闷地对父亲说："我要离开这家破公司，我恨这个公司！"父亲开始顺着儿子的意思，温和地建议道："我举双手赞成你！一定要给公司点儿颜色看看。不过你现在离开还不是最好的时机。"儿子问："为什么？"

父亲非常严肃地说："孩子，你要明白，如果你现在走，公司的损失并不大。你应该趁着在公司的机会拼命地去为自己拉一些客户，成为公司独当一面的人物，然后带着这些客户突然离开公司，公司才会受到重大损失。"

儿子觉得自己的父亲说得既诚恳又非常智慧。于是他下定决心要给这家单位一点颜色看看。他努力工作，事遂所愿，半年多的努力工作后，他有了许多的忠实客户。这时父亲问儿子："现在是时机了，要跳就赶快行动。"

儿子这时候心态已经非常平和，他淡然笑道："老总跟我长谈过，准备升我做总经理助理，我暂时没有离开的打算了。"其实，这才是父亲的初衷。故事中的老爸没有长篇大论地去劝导儿子，反而激励他去做出更大的业绩，从而磨炼了他的耐性，同时也成就了他的成功，所以这个老爸是睿智的。

由此可见，其实在我们的生活和工作中，永远都不要与生活中那些苍白的部分去斗气，不要因为那些苍白的部分而变得烦躁不已，那只会让人得不偿失，而且绝不是一个智慧的选择。最好的办法是自己争气，想办法去做好你每一天中的每一件事。只要你这样去做了，那么就会在知识、智慧和实力上，使自己每一天都能有所成长，使自己在每一天的激励中逐渐强大。斗气不如争气，浮躁不如发展壮大自己，完成自我

的辉煌。

其实，在我们的现实生活中，我们经常会听见有人批评某人太过“浮躁”，这个词也一度成为流行词汇。用来形容某种心理，实际上形容得未必准确，不过是人云亦云罢了。所谓浮躁，是指轻浮、不安分、脾气大、做事无耐心、见异思迁、总是想投机取巧、不劳而获、成天无所事事等不良情绪体验。目前，浮躁心理是一种普遍的社会性不良心理现象。有心神不宁、焦躁不安、盲动等特征。

究其根本，浮躁心理的产生有社会和个人两大方面的原因，首要的就是社会原因。目前我国正处在社会变革时期，原有社会制度和结构都受到前所未有的巨大冲击，每个人都面临一个重新定位的问题，感到很难把握自己的未来。并且怀疑自己的过去，于是患得患失、焦躁不安、迫不及待等就不可避免地成为一种全社会共有的心态。

首先，激烈的竞争与工作压力是浮躁产生的土壤，是浮躁的直接原因。竞争促使优化，优化意味着给个人更多的要求。人们不能坐以待毙，不能守株待兔，不能坐享其成，凡事都要靠自己的双手去争取、去获得。这是个很现实的问题。所以，冷漠也好，残酷也罢，都是浮躁的心态所导致的不良后果。另外，高科技和信息产业的发展也很容易导致人们浮躁的心态，是浮躁心理的诱因。因为高科技强调一个快字，人们没有办法再像过去一样，一壶酒，几碟菜，海阔天空地聊半天。人们追求速度、效率和解决方法的捷径。这其实无可厚非，然而在追求这些的同时，人们往往忽略了耐心和等待，甚至投机取巧，不惜代价。忘了什么才是最重要的东西，最后导致的就是人与人之间的交流越来越少，变得越来越自我和独立，造成了一定程度上人与人之间的不和谐因素，这些都可以归为浮躁的心态所致。

另外，由以上两种原因诱发出了新的畸形快餐文化。而畸形快餐文化也正是为浮躁者准备，并且诱发更多的浮躁现象的因素。太多理财投资类书，太少净化心灵的读物。总是出现各种畅销读物、排行榜、音乐小说。费尽心思，用各种新奇的标题、离奇的情节、夸张的形式、炫目的色彩来掠夺本已无太多抵抗力的人们的精力。人们在物欲涌动的今天，对这些快餐文化变得束手无策，只能选择默默地接受。这确实是非常被动的事。

还有个人原因也是非常重要的。个人攀比是产生浮躁的直接原因。我国的改革开放政策允许一部分人先富起来，这是国家的大方向，然而有的人较早获得成功，也肯定会有一些人迟迟没有什么进步，于是攀比在所难免，这种落差也确实不好克服，往往就会造成浮躁心理。浮躁的心态总是会使人失去对自我的准确定位，使人随波逐流、盲目行动，与我们国家一直所倡导的艰苦创业、脚踏实地、励精图治、公平竞争的精神相对立，对社会和个人都非常有害，必须克服。

弗兰克·狄福是一个历史上的知名人物，他被誉为20世纪80年代美国最著名的运动作家。他曾经为《运动画报》执笔达二十七年之久，先后得过六次运动作家奖，完成了十本著作，达到了人生的巅峰。然而弗兰克·狄福却在年过50岁以后，一手推翻了多年来在运动界所累积的声誉，改任《国家报》的总编辑。理由是，他觉得自己不能总待在自己成绩斐然的地方，他应该进入一个全新的领域。

弗兰克·狄福拥有着一般人难以望其项背的骄人的成就，可他却从未因此而洋洋得意、骄傲自满，并没有任何因成绩而浮躁的行为与心理，反而更加鞭策自己必须不断地再突破和创新。一个追求真正成功的人有这样一个特点，只是把眼前取得的成就看作是对过去的一个总结而已，在这一点上居里夫人堪称典范。

大科学家居里夫人的朋友到她家中做客。他惊讶地发现居里夫人的小女儿手里正在玩的竟然是英国皇家学会最近授予居里夫人的一枚金质奖章。那可是至高的荣誉，一般人想看都看不到的。他大吃一惊，忙问："居里夫人，能得到一枚英国皇家学会颁发的奖章，那可是极高的荣誉，你怎么能让孩子随便拿着玩呢?"居里夫人说："我只是想让孩子从小就知道，荣誉只是玩具，只能看看而已，决不能永远守着它，否则将一事无成。"

正是因为居里夫人有这样的境界，有这样的个人修养，对这些身外之物看得很开，不骄傲、不浮躁、不断进取，一心扑在了她的科学研究上，所以，她才能不断取得举世瞩目的新成就。她作为一名大科学家，发现了很多改变世界的科学奇迹，但是她从来不为自己取得的成绩沾沾自喜，也从来不曾为研究中的失败和打击而感到意志消沉。她和丈夫共同发现了镭元素，然后她又独自发现了氧化镭，并分离出镭的单体，为科学研究和医疗事业做出了我们常人难以想象的贡献，她的工作，实际上相当于开辟了一个全新的世界。所以她也成为迄今为止全世界唯一两次获得诺贝尔物理学奖的女性。

浮躁心理既然有原因，那么我们就可以针对其发生原因进行相应的调适。这样做其实并不难，现在就从调整你内在生活做起，每天都要抽出点时间进行静思。这种练习能使你的精神活动放慢。一旦你可以放慢你自己内在混乱状态的活动速度，你的外在生活也就会自然而然，由内而外地慢了下来。尝试以下的方法，看你是否能够得到一种内心的平静：首先你要建立一个完善的自我意识。一个人常常静思，可以更加客观地了解自己的意识和思想。当然，你可千万不必为此在大峡谷面壁几天，那是电影中的情节，其实静思并没有时间和地点的要求，散步时、购物时，你要做的也只是经常想一想自己在做什么，为了什么，自己的价值何在？在日常生活中，熟练掌握这种静思可以让你跳出成堆的文件和应酬，不要把自己忘掉了。没有这种发自内心的自我意识，我们中的多数人也会在某些时候随波逐流，从来也不会去考虑自己生活的目的。

如果你仔细回忆，就会发现在刚刚过去的一年中，无论是约会、购物、应酬，甚至是换工作、换住址这些生活中的琐事，往往达到目的了很快内心也会感到失落和空虚。那么你会仍旧忙忙碌碌，完全没有意识到内心深处真正的渴望，整个人空空荡荡，只有永无止境的疲惫和困惑。

在这种情况下，一定要寻求合适的静思方式。值得提出的是，不管你选择何种静思的方式，这不重要，重要的是一定要坚持到底。静思就似一部灵魂吸尘器，只要你能够经常使用，你将受益无穷。逐渐地，你会发现外部世界其实根本无法左右你的意识，因为你的内心深处已经建筑起了一个坚实的基础，那就是自我意识。不管你走到哪里，你会发现那个真实的“你”永远和你在一起。鼓励你，帮助你。

静思的时候需要注意集中精力。有一个简便的方法，你可以把思维集中在两眼的中间位置，想象你窥见你自己灵魂的中心，中心被白色的光所包围，倾听灵魂深处发出的声音。当你坐在那里的时候，你可以同时想象很多事情。在这个时候，你的心也许是朵缓慢开放的鲜花。你还可以在自己的想象中到达你所期望到达的一个安静的所在，给你自己建造出一个空间，那是一片远离了人群的白色海滩，或者是一座山中的小木屋。你还可以试着用默念祷文的方式来集中精力。这个没有那么神秘，其实任何你认为重要的词语都可以当作祷文，像“爱”“平静”，这样的简单词语可以，以至像“呼”“息”都可以。如果你心里可以不断重复同一句祷文，你也就可以借此使思维活动集中起来，或者使杂乱无章的思绪从头脑中清除出去。这是很多宗教人士运用的方法，反复在心里默念不仅可以帮助你减轻心灵的重负，而且还有助于你达到更高层次的自我意识。在这个时候，就要坚守自我意识。当你努力练习“静思”一段日子后，你就自然而然地开始感受到每天都有自我意识了。这个时候你会突然发现每天的大部分时间，你都很机械地生活着，完全意识不到你自己每时每刻在想些什么，即使偶尔你会有自我意识觉醒的短暂时刻，就是这一段短暂的自我意识也会改变你的生活。很可能你过去曾经有过某种被朋友抛弃了的感觉，这种旧时的感觉，当你决定是否再接受一个新的社交活动邀请时就会出现在你的头脑中。你其实完全可以把这种念头归纳为“恐惧”或“感到被丢弃”，或归入其他任何一个合适的方面。

另外，你应该养成安静生活的习惯。以前那种常有的寂静太美妙了，它把你与外部世界联系在一起，其实这一点在你不断遭受到外界噪音刺激时是无法做到的。所以在有机会的时候，你不妨试一试。不要一钻进汽车，就不由自主地把收音机打开，要把你所有的注意力集中在驾驶汽车上；安静地驾驶，想想手放在坚硬、光滑的方向盘上的感觉，坐在方向盘前座位上的感觉，当你的脚掌踩在刹车闸上的感觉，密切注意你前面的路。我们往往都只是以为自己在看着前面的路，然而事实上，我们也许只是心不在焉地边看边想着如何去餐馆买今天的晚饭等琐碎之事。放松自己，拒绝浮躁的侵袭。

猜疑心理

芳芳总觉得大家都在故意与自己作对。就先说说老师吧，明明自己个头很矮，视力又不是很好，可老师偏偏把自己的座位调到后4排，这分明是不重视自己。还有朋友小云，她怎么能和其他同学一起去逛街而不叫上自己呢？再有就是班上的男生李强，每天都在盯着自己看，然后就和其他男生在一起讨论什么，难道他们在说自己的坏话吗？

这一切都让芳芳觉得很生气，很伤心。芳芳是个15岁的女孩，只有一个叫小云的朋友，因为，她老是觉得同学们都在用"异样"的眼光注视着自己，所以，她干脆和别人划清界限，可是现在连小云都在疏远自己了，芳芳怎么能不难过呢？

芳芳的学习成绩一直不错，老师挺喜欢她的，还经常当着同学们的面表扬她。可是最近芳芳有一门功课的成绩稍微有点下降了，老师似乎就不太喜欢自己，这不，把她的座位换到了后面，只有那些调皮捣蛋的学生才会在后面坐的。芳芳就是这么想的。她自从坐在后面后，再也没有专心听过一节课，心里总在自怨自艾。就这样，学习成绩下降得很快，芳芳想，这下完了，以后只能永远在后面"坚守岗位"了。

课间时，芳芳还是坐在自己的位置上，她可不想和别人一起到教室外面去玩，因为，大家可能也不欢迎她。就在这个时候，讨厌的李强走了过来，问了她一道数学题，芳芳的数学成绩向来不错，她起初不想帮李强解答的，可是李强却在那里不停地请求，芳芳只好答应帮他解答了，许诺放学后把解题过程告诉他。可当芳芳好不容易把这道题解出来的时候，李强却说，自己已经想出结果了，谢谢她的帮忙。芳芳觉得这不是在把自己当猴来耍吗？越想越气，越气越想，眼泪就像断了线的珠子一般流个不停。

芳芳把自己关在了房间里面，再也不想去上学了，她觉得大家都在和她作对，她告诉妈妈必须帮她转学，要不然再也不去上学了。这可急坏了妈妈。妈妈把芳芳的情况告诉了老师，这时，老师才明白芳芳最近为什么如此反常了。

这天老师带着小云、李强一起来到芳芳家。芳芳看到这三个人，很惊讶也很生气，难道他们是来看自己的笑话的吗？芳芳拒不和他们见面、说话。老师无奈，只好给芳芳留下了一封信。信是这样写的："芳芳，老师没有注意到你是个敏感的女孩，没有注意到你最近的情绪变化。对不起，这是我的疏忽。老师把你换到后面去坐，主要想让你帮助一下你的同桌，因为你的学习很好。可是没有明白地告诉你原因，让你误以为老师不喜欢你了。"

“你的好朋友小云也没有和你疏远，是你自己不愿意理她的，她总是和大家说，你是个很容易相处的女孩，希望大家和你做好朋友。那天她和别人去逛街，那是因为她要替你挑选生日礼物。另外，李强那天的确是诚心请教你问题的，可是他自己也解出了那道题，所以就没有等你的答案，他的确不是和你开玩笑的。芳芳，其实大家都很喜欢你，不要在自己的小世界里面待着，走出来吧，我们都在等着你，期待你回到我们当中来。”

原来是自己的多疑、敏感错怪了大家，原来是这样呀。芳芳捧着信哭了，她心里面已经下了决心，明天去学校时，要向大家道歉，并告诉大家，我也要和你们做朋友！

芳芳出现的多疑、敏感等现象其实与其处于青春期有关，青春期是儿童到成人的过渡时期。矛盾、敏感、多疑是处于青春期的孩子突出的心理特点。有很多特别的心理问题集中出现在孩子的这一阶段。也有很多孩子，就因为在青春期走错了几步，导致走错了整个人生，由于此期间的孩子在生理和心理上发生的巨大变化，他们最容易产生各种心理障碍。而同时，这又是人在成长过程中最关键的一个阶段。所以我们不得不注意。

青少年自我意识增强，特别珍视自我形象，很关心外界对自己的评价。有的人比较敏感和多疑，看到别人在一起说话，就怀疑是背后议论自己，心里感到紧张和不安。还有另一种情况，就是确实周围的人都不喜欢你。如果真是这样，家长和老师就要告诫孩子不要紧张和焦虑，应该冷静地从自己的为人态度、性格特征、思想方法等方面找原因。要鼓励孩子与同学们沟通，请他们帮自己找找原因。只要态度诚恳，相信总会有愿意伸出友谊之手的同学。

除了这些常规的方法以外，还可以通过让孩子进行体育运动来舒缓孩子的那些不良情绪。适度的体育运动能加强新陈代谢，疏泄负性心理能量。换言之，一个人长期不参与体育锻炼，其心情就会越来越糟。另外我们知道，运动最主要的效果还是有助于增强体质，产生积极的心理感受，能较快地提高情绪、消除青春期引起的一系列生理和心理症状。

中国人很多都读过《三国演义》，而读过《三国演义》的人都知道曹操多疑，书中一回罗贯中是这样写道的：曹操刺杀董卓不成，单骑逃出洛阳，飞奔谯郡，路经中牟县时被擒，县令陈宫慕曹操忠义，乃弃官与之一起逃亡。两人行至成皋，投曹父故人吕伯奢家中求宿，受到热情款待，吕伯奢并亲往西村沽酒，然曹操闻堂后有磨刀之声，疑其图己，遂与陈宫将吕家8人全部杀死，其实吕家磨刀只是为了杀猪款客。操与陈宫无法，只好逃走，途中与沽酒而归的吕伯奢相遇，曹操害怕暴露真相，干脆连吕伯奢也杀了。陈官惊问其故，操曰：“宁叫我负天下人，休叫天下人负我！”

曹操因为多疑，将热情款待自己的吕伯奢一家全部屠杀，再说出“宁叫我负天下人，休叫天下人负我!”之后，作者罗贯中给了他一个评价为“设心狠毒非良士，操卓原来一路人”，而本来仰慕曹操而不惜弃官同他一同出逃的伙伴陈官也终于明白：“我将谓曹操是好人，弃官跟他，原来是个狼心之徒!”

猜疑心理是一种非常不健康的心理，它是由主观推测而对他人产生不信任感的复杂情绪体验。猜疑心重的人往往整天都疑神疑鬼、无中生有，每每看到别人议论什么，就认为人家是在讲自己的坏话。更可怕的是，那些总是猜忌成癖的人，往往捕风捉影、节外生枝、说三道四、挑起事端，这样造成的结果只能是自寻烦恼，害人害己。猜疑心理是人际关系的蛀虫，这样既会损害你正常的人际交往，又十分影响你个人的身心健康。要想了解猜疑心理，先要知道猜疑心理的产生原因：最主要的来源就是一个人错误的思维定式。那些喜欢猜疑的人，总是以某一假想目标为起点，凡事都是用自己的一套思维方式，依据自己的认识和理解程度进行循环思考。这样就很危险了，这种思考从假想目标开始，又回到假想目标上来，如蚕吐丝做茧，把自己包在里面，死死束缚住，这样遭殃的就只会是自己。

有一些人会比较容易受流言蜚语的影响。听信谣言，也会产生猜疑心理。在团队中相互间缺乏信任。一个人对别人越缺乏信任，产生猜疑心理的可能性也就越大。另外有一些人具有不良的心理品质。猜疑心理重的人通常也是狭隘自私、自尊心过强、嫉妒心强烈的人。不管怎样，都会对自己造成不良的影响。

既然猜疑心重这么有害，我们当然要对其进行调理。首先，你应该培养理性的思维，防止感情用事，猜疑者在消极的自我暗示心理下，就会觉得自己的猜疑顺理成章、天衣无缝。我国自古就流传有“疑人偷斧”的故事，这就是一个非常典型的例子。因此在现实中，我们遇事要保持冷静，多观察、分析和思考，克服那种当局者迷的认知错误。这是消除自己猜疑心的重要途径。

除此之外，还应该学会培养自信心，我们每个人都应当看到自己的长处，相信自己的长处，相信自己会与周围人处理好人际关系，会给你身边的人留下一个良好的印象。当我们充满信心地进行工作和生活时，就完全不必担心自己的行为，也完全不必随便怀疑别人是否会挑剔、为难自己。自信心培养起来之后就应注意加强交流，拉近心理距离。要做到人与人的交流是心与心的交流，其实并不是容易的事。了解是信任的基础，不了解，是无法信任的。信任是感情的纽带和猜疑的坟墓。在与他人交流的时候，应该注意加强互相的交流、相互了解、相互信任，这样在情感上才能产生共鸣，才会有效地消除猜疑。

在这一切准备好之后，最好还能学会自我安慰。自我安慰，是对自己的一次精神

抚摸与放松，一个人在生活中，难免会遭到别人的非议和流言，也难免与他人产生误会，这其实没有什么值得大惊小怪的。在一些生活细节上不必斤斤计较，完全可以糊涂些，这样并不会失去什么，却能使你避免自己烦恼。如果觉得别人怀疑自己，应当安慰自己不必为别人的闲言碎语所困扰，不要太过在意别人的议论，做好自己。

孤僻心理

我们每一个人都是独身一人来到这个世界上，又将独身一人离开，所以，人实际上是很难不孤独的，孤独也是非常常见的心理状态。但是当孤独上升为孤僻的时候，就要注意了，孤僻和孤独是不一样的，孤僻心理是指因缺乏与人的交流才自然而然地产生的孤单、寂寞的情绪体验。在现实生活中，那些孤僻的人一般都属于内向型性格，主要表现在不愿与他人接触，待人冷漠，对其身边周围的人常常会有厌烦、鄙视或戒备心理。猜疑心较强也是这种人的特征之一。另外还容易神经过敏，办事喜欢独来独往，但也免不了被孤独、寂寞和空虚等心态所困扰。在辨识孤僻形态的时候，要注意，心理上的孤僻绝对不等于一个人独处。那些孤僻的人不管是身处人群，还是独居一室，都保持着同样的孤僻和冷漠。和他身边是否有人根本没有关系，孤僻往往会使人产生狂躁感、挫折感，令人心灰意冷，严重的还会厌世轻生，或者其他极端行为。孤僻心理是非常不健康的，也是非常危险的，它往往源于多种情况，人在青年时期会有一些共同的心理特点，使孤僻心理在青年人中比较多见。青年人正处在生命发展过程中的准成熟状态，他们的世界观和人生观刚开始建立，但是，他们却已经自认为长大成人，常常委屈地感到自己不被理解，有一种莫名其妙的孤独感。这种孤独感演化下去就会变成孤僻。还有一些就是因为交往挫折，这种挫折往往伴随着青年时期发生。有些人本来就缺乏必要的社会交际能力，在人际交往中遭到拒绝或打击，自尊心也不可避免地受到伤害，于是把自己封闭起来。越不与人接触，社会交往能力就自然越得不到锻炼，结果就越孤僻，让自己越来越痛苦。

其实，一个有强烈事业心的人，一般都不会孤僻。孤僻与空虚往往都会联系在一起，而且内向型性格的人容易孤僻，因为他们的自我中心观念比较强，内心深处有比较强烈的抗拒感，他们自身就生活在自己的世界里，往往对外界事物和周围人群表现得很淡漠。

在种种情况中最棘手的就是幼年的创伤经验。父母离婚、父母的粗暴对待、伙伴欺负等不良刺激，使儿童过早地接受了烦恼、忧虑、焦虑不安的不良情绪体验，这些都会使他们产生消极心境，进而变得畏畏缩缩、过分敏感、自卑冷漠，以至于不相信任何人，最终形成孤僻的性格。

孤僻心理对人大大有害，必须调试！那么如何消除孤僻心理呢？应注意先做到以下几点，首先你要完善你的个性品质，一个孤寂封闭的性格，往往都是在生活环境中反复强化逐渐形成的。那些具有自我封闭性格的人，往往都是那种兴趣狭窄、清高孤傲，难以融入集体的人。要努力克服孤傲的心理、增加心理透明度，用一种开放的心态主动与人交往，吸纳别人的长处，享受、体会人际交往的情意和欢乐，这样才会增强你自己的能力，同时才能正确评价自己和他人。作为一个孤僻者，一般不能正确地评价自己，很可能总认为自己不如人，怕被别人讥讽、拒绝，从而把自己紧紧地包裹起来，保护着自己那脆弱的自尊心，要么就是相反地自命不凡，认为不值得和别人交往，这都是错误的认知。孤僻者需要正确地认识别人和自己，多与别人沟通感情、交流思想，享受你和朋友间的友谊与温暖，那是人类最宝贵的情感。还应该正确认识孤僻的危害，并且敞开你闭锁的心灵，追求人生的乐趣、摆脱孤僻烦扰，得到一个满意的人生，树立坚定的事业心和奋斗目标也可以增加你的动力。因为一个有所爱、有所追求的人，不会孤寂；一个为事业忙碌的人，也不会孤僻。因此，要树立坚定的事业心和奋斗目标，为之努力拼搏，孤僻自然会被热情所埋没。你还可以试着培养健康的情趣。要知道，健康的生活情趣好处多多，尤其是可以有效消除孤僻心理。利用闲暇潜心钻研一门学问，或者干脆学习民用技术，提高自己，或写写日记、听听音乐、练练书法，或种草养花养宠物等等，都有利于消除孤僻，同时可以增加你个人的魅力。

除此之外，还应该学习交往技巧，这才是摆脱孤僻的最好办法。你可以多看一些关于交往的书籍，学习交往的技巧，同时应多参加一些正当、良好的社交活动，在各种社会活动中逐步培养自己开朗的性格。这时候要注意，敢于与别人交往，别人也许就等着与你交往呢，虚心听取别人的意见，同时要有与任何人成为朋友的愿望。这可以让你快乐很多，这样，在每一次交往中都会有所收获，纠正你个人认识上的偏差，还能丰富你的知识经验、并且获得友谊、愉悦身心，重新树立你在大家心目中的形象，何乐不为呢。

羞怯心理

我们常常会说某一家的小孩比较害羞，但是害羞和羞怯还是有区别的，羞怯既指害羞，也指胆怯。人们总以为那些只是未成年人的心理或心理特征，在随着孩子的年龄和阅历的不断增长，会自然地克服它。然而事实不容乐观，根据斯坦福大学的心理学家所做的调查，在抽样调查的一万多名成人中，约40%有不同程度的羞怯心理，且男女人数比例基本持平。几乎所有的人都有或曾经有过某种程度的羞涩和胆怯，不过有些人表现得特别严重。羞怯心理较重的人在人际交往中表现为：话未开口脸先红、

话语低沉心发跳，遇到困难，宁可憋在肚子里，也不好意思向他人请教。羞怯心理会影响人的正常交往，不利于发展自己的聪明才智和适应社会环境。

羞怯心理对人际关系有很大的不良影响，羞怯心理的产生可以概括为很多方面的原因，首先是青春期生理变化引起的感应性反应。人在青春期生理、心理发育最旺盛，激素分泌较多，这是一个生理学上的问题，外界刺激时就会突然打破体内的平衡而变得紧张，表现为冒汗、脸红、心慌等感应性反应，是比较正常的现象。然后就是自卑心理的影响。具有羞怯心理的人羞于与他人交往，特别是不敢和陌生人、刚认识的人交往，是因为对自己的信心不足，害怕出错所导致的。另外成长中的环境影响也至关重要。如果一个人在童年、少年期交往中曾经受到过他人的训斥、嘲笑或戏弄，心里往往就会形成严重的阴影，以后进入类似环境或新环境就会出现胆怯，这是比较特殊的情况。

羞怯心理其实是比较常见的，不必太过在意，但是如果过于严重，有时确实误事。所以，我们还是有必要将之克服。对此，美国著名心理学家班杜拉指出：羞怯起因于许多事情，但克服羞怯的方法却只有一个，那就是将羞怯表现在行为中。那么具体应该怎样做呢？

你可以试着主动把你的不安告诉别人。诉说是人类的一种心理释放，能让你心理上舒服一些，而且往往还能获得他人的劝慰和帮助，你的信心和勇气将会随之大增。或者可以做一些克服羞怯的运动。例如：将两脚平稳地站立，然后轻轻地把脚跟提起，坚持几秒钟后放下，每次反复做30下，每天这样做二三次体操，就可以帮助你消除心神不定的感觉。与别人相处的时候，不论是正式与非正式的聚会，开始时不妨手里握住一样东西。比如一本书、一块纸巾等，当你手里握着这些东西，对于害羞的人来说，往往会感到舒服而且有安全感，羞怯感也就不那么严重了。

学会毫无畏惧地专心看着别人，这是非常容易的。当然，对于一位害羞的人，开始这样做比较困难，但是，你必须要学，如果你总是回避别人的视线，总是不看人，而只是盯着一件家具或远处的墙角，难道不是显得很幼稚吗？难道你和对方不是处在一个同等的地位吗？有什么不能在一起说的？为什么不拿出点勇气来，大胆而自信地看着别人呢？难道你是害怕他吗？问清楚这些问题，也许你的问题也就迎刃而解了，你还可以在平时多读些课外书籍、报纸杂志，开阔自己的视野，丰富自己的阅历。这样在经过一段时间后，你就会发现，在社交场合你可以毫无困难地表达你的意见。这将会有力地帮助你树立自信，克服羞怯。因为你整个人已经变了，更加有能力，更加有气质。

除了大方向以外，还有一些小细节可以注意，在平时参加社会活动时，你应该尽量坐在社交场合的中心位置，有意地把自己暴露在公众面前。害羞的人参加社交活动总喜欢坐在角落里，这样做是因为他们不想别人注意他，想自己躲起来。诚然，这样做确实不容易引起别人的注意，也不会被人发现，但你也就同时失去了别人认识你的机会，于是就只会造成一种结果，那就是少了许多给他人一些注意你和接触你的机会。

在和别人说话的时候，声音可以适当地大些。说话声音大并且有条理、有见地，往往会让你吸引到人们更多的注意力。而那些害羞的人则不一样，他们在社交场合中讲话总是模糊不清，并且还把声音压得很低。这样提高他的声调不仅可以使更多的人听到他说的内容，还会使人觉得自己有一种自我实现感，进而会增强继续讲下去的信心和勇气。还有，在别人和你讲话的时候，你的眼睛最好看着对方。这是对人的礼貌，但是害羞的人常常忘了这种起码的礼貌。当然了，初次开始练习，你要注意，不要眼睛瞪着人家看，那会让人感到非常不适，但与此同时，你应该要让对方明白你是在专心听他讲话，而不是在想别的事情。当你看着对方的时候也会使你相信，他重视你的反应。另外在和别人讲话时，当别人没有正面回答你的话，那么你就再说一遍。害羞的人总是喜欢给自己找理由，认为别人对自己的话可能没兴趣，所以害羞的人要想办法向大家证实自己的存在时，当别人因为未知原因没有回答你的话，你可以不厌其烦地再说一遍。这样你早晚会得到答复的。然后在你向别人说话的过程中，即使别人从中间插嘴，你也要记得把话说完。确实，人们在说话的时候，常常会遇到别人插嘴的情况，从而话题被打断，甚至最后把话题遗忘，这是一种常见的情况，你完全没有必要为此感到害羞，要知道在大部分情况下，别人之所以插嘴是表示他们对你说的话感兴趣，是在鼓励你把话题继续说下去。所以，不要以话题被打断为由就此不讲，这样只会妨碍你的思想或感情表达，妨碍你的发挥。

完美主义

在很久以前，在一个现在已经不存在的国度里，有一个国王，他拥有着无穷无尽的财富，但总是觉得不满足、不快乐，连他自己都不知道这是为什么。他去哪里都受到人们的关注，但他总是觉得还缺少什么。

有一天，国王醒得特别早，又没什么事做，就在宫里四处走走。突然，他听到一阵歌声，寻声找去，他发现有一个仆人正在唱歌，那位仆人的脸上洋溢着快乐。

国王感到很奇怪，叫来那个仆人，问他为什么那么快乐。

那个仆人回答说："国王陛下，我只不过是一个仆人。但是我的收入足够让我的妻儿过上快乐的生活，我的需求不太多，只要有一间屋子可以遮风挡雨和有食物可以果腹。我的妻儿是我努力工作的动力，他们对我的微薄收入很满足，我快乐，因为我全家是快乐的。”

国王叫那个仆人出去，叫丞相进来。他跟丞相说了自己的苦恼，并讲了那位仆人的故事。他希望丞相能为他讲清楚，为什么他作为一切荣华富贵拥有了的国王，却比不上他的一个仆人快乐呢？

丞相听完，说：“尊贵的陛下，我相信那位仆人肯定还没有变成追求完美族的人。”

“完美族，确切地说，那是什么？”

丞相说：“您明天把99枚金币装入一个袋子里，把袋子放在那个仆人门前的台阶上，这样很快就会知道‘完美族’是什么意思。”

那天傍晚，国王叫人在那个仆人门口放了一个装有99枚金币的袋子。

仆人出门的时候，看到了放在台阶上的袋子。他把袋子拿进屋里放在桌上打开后，顿时惊喜地叫起来：“啊，一袋金币，那么多。”他简直不敢相信，他叫来他的妻子，叫她看看那些金币。

仆人把金币倒在桌上，数了一遍，发现是99枚，有点奇怪为什么不是100枚。于是他又数了几遍，都是99枚。仆人想，为什么不是100枚呢？他开始到处寻找，在房子里找，在院子里找，找了好几个小时，就是找不到那枚丢失的金币。最后，他决定不找了，决定自己去赚足第100枚金币。

第二天，那个仆人起床的时候心情非常不好，他因为起得迟对妻儿大嚷大叫，却没有想到他是因为花了大半个晚上的时间来想怎样赚取足够的钱去买第100枚金币才起得迟的。他像往常一样去上班，但是他上班时的心情没有以前那样好了，他不再快乐地唱歌了，他做事情的时候总阴沉着脸。

看到那个仆人的态度转变得这么厉害，国王非常想不通，便马上叫丞相来，跟丞相说了那个仆人的变化。国王说：“真的让人不能相信，昨天还在快乐地唱歌，对自己的生活那么知足的人，今天就变成了那个样子，他得到金币之后应该比昨天更加高兴才对啊？”

丞相听了国王的话，回答说：“可是，国王陛下，现在那个仆人已经是‘完美族’的成员了。‘完美族’指的是那些即使拥有一切也不会满足的人，他们总是努力工作，追求完美，努力赚取第100枚金币。”

我们知道，这个世界其实是不完美的，但是追求完美其实是一种普遍的心态，这种心态并不能说是错误的。但世间万物有个度，如果追求完美过于僵硬、不懂得变通，就成了过分的完美主义者。那些完美主义者在日常生活中会显得格格不入，做出很多会人无法理解的事情来。完美主义者不愿意去冒险，生怕任何微小的瑕疵损害了自己的形象；他们不能尝试任何新的东西，理由同上；他们神经紧张得连一般工作都不能胜任，长期可能转变为精神病；他们会因为有些事情还不完善而茶饭不香，甚至失眠；总是对自己诸多苛求，毫无生活乐趣；对别人也吹毛求疵，一个小毛病都不肯放过，所以他们的人际关系往往十分糟糕。

心理学研究已经明确证明，完美主义者与他们可能获得成功的机会恰恰成反比。也就是说，越是追求完美，结果往往就越难堪。在一开始的时候，他们往往都会担心失败、辗转不安，于是妨碍了全力以赴去取得成功，一开始就已经落后；在之后遭到失败，他们就异常焦虑、沮丧和压抑，而且展现出来的失落是常人的好几倍。他们想尽快从失败的境遇中逃避开去，但他们并不能真正在失败中总结教训，他们想的只是如何避免尴尬。完美主义者不管做什么事，都背负着如此沉重的精神包袱，是根本无法取得事业上的成功的，而且，他们往往在家庭、人际关系等方面也很不如意，这都是对人过于苛刻所致。

克隆羊多利出生的那一年，美国一家著名的报社顺势做了一项民意调查："你愿不愿意用克隆的方法获得一个完美无缺的孩子?"

克隆羊多利

民意调查的结果还是比较让人放心的，只有6%的极少部分人欣然应允，76%的人则毫不动心："我不要破坏自然。"有对夫妇回答："我们领养了4个孩子，他们有着不同的肤色和家庭背景。不要说'完美'，他们在相貌上、智力上都和完美有太大的距离。其中两个孩子，因为智力的障碍，需要长期耐心地辅导。但是，要是有人用完美的克隆儿和我们的孩子交换，我们只有一个回答：'不!"'

接受"不完美"，如同接受不同的色彩。有不同的色彩，才有可能拥有多彩的人生。而且，生活中的几个"不完美"的斑点，正是让人谦卑、同情和珍惜的原因。这也是这个世界得以延续的本质性的问题，假设这个世界一切都已完美，不需要我们任何的努力，那么这个世界也就同时失去了希望，你除了无聊以外将没有别的感受了。

下面就是一个关于“完美”的悲剧。一个台湾的医生，在家门口附近开了一所私人医院。因为他的医术高超，又勤恳努力，到了不惑之年已是腰缠万贯，与他结交的也都是上层名流，门前常常是车水马龙。他实在是一个完美的人，而且他自觉自己拥有着一个完美的家庭：有一个儿子和三个女儿。儿子是一表人才，眉清目秀，女儿则是婷婷如花。医生有个习惯，晚饭后散步，而且只要儿子陪同。每次散步，都是和独子广谈人生。他指点了江山，又指点自己盛名在外的医院，然后语重心长地对儿子说：“你要壮志在胸，切不可耽误。你的完美人生，我已经给你画好了蓝图：进最好的学校，然后进最好的医学院，然后到国外读书，回来后当第一流的医生！”

这样的散步，从儿子小学到中学毕业，果真功效非凡。儿子不仅听话乖顺，从不打弹弓扔石子，而且的确聪明过人，一直没有让家人尝过第三名的耻辱。进了台湾最好的医学院以后，他更是面目灿烂彬彬有礼，孜孜不倦加捷报频频，交往的都是未来的俊杰。

可是到了大学就出现了问题，台湾有一项规定是每一个男儿都必须服兵役一年。本来也没什么大不了的，可是对于被儿子未来的绚丽映得满眼通红的爸爸来说，这实在是一件重大损失。为了让儿子逃避兵役，他仓促奔走，频频拜见，不过还是丧气而归。

儿子出门上小岛服役的时候，医生劝慰自己：就算是完美人生中减去一年吧！他送儿子送到十里长亭，殷殷叮咛：“儿子，训练结束后你一定要找个墙角苦背英文单词。记住啊！”

儿子走的那一年，日子比一个世纪还长，医生给人看病的时候甚至精力有些不能集中。但是岁月毕竟如流水，看似不动其实在淌，转眼就逼近了期满的时限。突然有一天，有人送来了一个晴天霹雳的消息：医生的儿子不幸在军营身亡！

身亡的事情一直是个谜。军营上上下下地调查，只查出一次小小的口角。换了别人，睡一觉就忘了。可是医生儿子，偏偏眼睛盯着这件小事，忘记了远大前程，他一时隐忍不下，愤然举枪自饮。

一向生活完美无缺的医生如何承受得了这样的打击！他于是更加仓促奔跑，愤愤拜见，非要查出“迫害”的线索不可。几年下来，他业务荒疏，服务下降。钱囊也日渐干枯了。他自己更是销魂落魄，眼神黯黄，日渐衰老。终于有一天，他不得不把医院的招牌摘了下来。家门前的罗雀景致，他也无心理会了。又一年的冬天，郁闷已久的医生在家突发雷霆，砸碎了金贵的玻璃柜。老伴颤颤地将碎物拾到房外，可是转眼却被反锁在外。老伴顿觉不妙，奋力砸门，但是为时晚矣，只见火光如柱，又闻惨叫人声……

这是近十年前发生的一个真实的事件。当时的报纸大幅报道，引起了社会上的广泛讨论。可是现在细想起来，难道这样的悲剧，不是依然在悄悄地酝酿，慢慢地发酵、升温，时时都有可能重演吗？

我们可以试想一下，要是医生的儿子并不聪敏过人，甚至“不幸”天性调皮捣蛋、忤逆难管，哪天医生要是遇上某个病人，那人或因儿女不顺操心过度，或因自己的旅途艰难险阻，从而得了高血压或是肺气肿，医生肯定会生出深切的同情和感慨。他为人治病的同时，也会传递理解的温暖。

每一件事都要做得比别人强，让自己的生活完美无缺，没有缺点，事事都追求完美，万事都要拼命做好，表面上这确是一件好事，但它却将使你自己陷入一种生活的瘫痪。从某种程度上来讲，等待尽善尽美实际上就是一种非常懒惰的行为，一个人在为自己制定一些尽善尽美的标准时，本身就已经意味着不会去尝试任何事情，因为只有尽善尽美的时候才能执行，没有尽善尽美，当然就不去执行。不只是人类，在这个世界上的任何一个人都不可能完美，但需要不断追求，不断追求完美。但是在追求过程中，人们需要走出完美的误区，去善待你身边的人，善待你自己，认识到自己的短处，不走极端，从而获得轻松快乐的每一天，获得成功的人生。

这就如同生过病的人，才会对生命产生一种特别的敬意。因为懂得，所以慈悲。

一个绝对完美的爱人就像“完美”本身一样，只是一个概念，而并不真实存在，几乎每一个人在内心深处都会有一种追求完美的冲动，这种强烈的追求会使人充满理想，但一旦这种强烈的追求破灭，也会使人绝望。

你是一个追求完美的人吗？当然，尽管你可能不承认，但你要知道，这个世界上没有一件事会是十全十美的，它们或多或少都有瑕疵，而且基本上不会太少，作为这个世界上的一员，我们人类也是如此。凡事只能尽最大的努力使它更完美一些而已。如果采取一种务实的态度，就会活得更快乐！

在我们的现实生活中，经常可以看见这样的情况，有很多人忙忙碌碌地过了一辈子，可是到了最后却什么都没有做好，什么也没有留下，这种情况的深层次原因就在于非要等到所有情况都完美时，才肯动手去做，然而所有的事情都不是，也永远都不会是绝对完美的。一些人就这样在等待完美中耗尽他永远无法完美的一生。这是多么可悲，并且让旁人都觉得难过的事情。

下面让我们一起再看一个关于追求完美的故事：有一天，一个不知名的小城市里来了一位老人。这老人一看便知是来自远方的旅人，因为长期行走，鞋破了好几个洞。他背着一个破旧不堪的包袱，他脸上布满了风沙，老人的外表虽然狼狈，却有着一双炯炯有神的眼睛，不论是行走或躺卧，他有一个特点，就是他总会仔细观察着来来往

往的每一个人。

老人的外貌与双眼组合成了一个极不协调的画面，吸引了所有人的目光，人们窃窃地说他不是普通的旅人，他一定是一个特殊的寻找者。

但是，老人到底在寻找什么呢?

一些好奇的年轻人忍不住问他："您究竟在寻找什么呢?"老人说："我像你们这个年龄的时候就发誓要寻找到一个完美的女人，娶她为妻。于是我从自己的家乡开始寻找，一个城市又一个城市，一个村落又一个村落，但一直到现在都没有找到一个完美的女人。"

"您找了多长时间呢?"一个年轻人问道。

"找了六十多年了。"老人说。

"难道长达六十年的时间都没有找到过完美的女人吗?会不会这个世界上根本就没有完美的女人呢?"

"有的!这个世界上真的有完美的女人，你要相信我，我在三十年前曾经找到过。"老人斩钉截铁地说。

"那么，您为什么不娶她为妻呢?"

"在六十年前的一个清晨，我真的遇到了一个最完美的女人，她的身上散发出非凡的光彩，就好像仙女下凡一般，她温柔而善解人意，她细腻而体贴，她善良而纯净，她天真而庄严，她……"

老人边说边陷入深深的回忆里。

年轻人更着急了："那么，您为何不娶她为妻呢?"

老人忧伤地流下眼泪："我立刻就向她求婚了，但是她不肯嫁给我。"

"为什么?为什么?"

"唉，因为她也在寻找这个世界上最完美的男人呀!"

在这个世界里，完美本来是一件好事，是人们追求的目标，虽然从没有人达到过完美的境界，却可以作为我们努力的标杆，一个度量衡。但是，如果我们错误地追求它，过分地要求完美，这时候的完美往往就成了一件可怕的事物，假如说你每做一件事都要求完美无缺，那就会很自然地因心理负担的增加而不快乐，要知道，人生的各种不幸皆由追求完美而导致。当一个人要求别人对他好一点时，缺点便显现无遗。完美是一座心中的高山，你可以在内心中向往它、塑造它、赞美它，但你绝对不能把它当作一种现实存在的，能摸得着的东西，因为这样只会使你陷入无法自拔的矛盾之中，永不停歇的苦痛之中。

生活中许多人就像这位老人一样，也许不一定终身都在寻找一位最完美的伴侣，那只是一个比喻，也可能是在寻找一份完美的工作，或者要寻找一种完美的生活，然而日子就在这种寻找中如白驹过隙般流走了。你知道吗？你什么时候开始寻找，完美也就从什么时候永远和你说再见。

苛求完美、过分计较细节，最大的危险就是反而会让我们忘了最开始的，也是最重要的本来目的。

在我们身边，还有一些人因为苛求自己在职位上尽忠职守，而忘了继续追求成长，奠定升迁的根基；有人因为要求自己做全天下最体贴的父母，而忘了培养孩子一个独立的人格；有人因为苛求自己做一个完美的配偶而对伴侣的出轨百般包容；有人因为苛求自己符合完美的媳妇形象，而忽略了她这辈子重要的责任是活出自己。

完美可能是有很多种样子，但绝对不是讨好、不是低声下气、不是满足所有人的要求，更不是作践自己，委曲求全。那种姿态叫作卑微和丧失尊严，一旦有了那种行为，反而是永远失去了成为完美的机会。

在现实生活中，与其将力求完美的目标扩大，不如脚步放缓、心境放宽。与其强迫自己忘我地牺牲来满足别人，不如反过来在满足自己的需求中兼顾他人。

更重要的是，在这人生中所有必须付出的努力之前，应该先确定自己的目标在哪里，别一味追求那张完美的面具。那些只是虚假而轻飘的东西，就好像天上的浮云一样。完美与缺憾并不是对立的，而是一种相互依附、共生共存的关系，完美并不是一点缺憾都没有，有时候，有了些许缺憾才更完美。

从前，有一个很小的小孩子，他还很小时，就已经养成了一个坏毛病，那就是好吃懒做。孩子的父亲时时刻刻都指望他能改掉这个不良习惯。然而那个孩子一点也没有改正自己缺点的意思。

父亲不得不随时随地提防自己的孩子，就像防范小偷一样。担心他会把家里的钱或值钱的东西偷到外面去换好吃的小食品，这让这位父亲更加觉得自己每天都活得很累很辛苦。不过说来也怪，这孩子虽说好吃懒做，却从没偷过家里的钱，也没有听说过他在外面偷过左邻右舍的东西。他弄钱的办法完全是一种正当的手段。比如说你给他钱买酒，他会少买一点酒，然后把剩余的钱一股脑儿买了吃的。无论是买油盐还是买酱醋，他总会用相同的办法省出钱来满足他那张不争气的嘴，有的时候父亲也拿他没办法，毕竟是亲生骨肉，有时候看他那副样子真是又好气又好笑，爱不得，恨不得。

为了使孩子懒惰的习性不再滋长，父亲还是下定了决心，给孩子一些力所能及的事做，然后再照样付给他一定的酬劳，以此来锻炼他。但是这里包括一个原则：少给钱多办事。尽管如此，孩子依然我行我素，把父亲的话当作耳旁风。

有一回，父亲实在气急了，扔了一分钱给孩子，让他去买油。父亲心想，我看你个小混蛋难道还会把钱掰成两半一半买油一半买吃的不成？

孩子也没多说话，按照他一贯的性格，磨磨蹭蹭地来到了店里，售货员给他装满了油，把瓶子递给他，手却不缩回去。孩子知道售货员要的是钱，就装模作样地在自己浑身摸了一遍，然后苦着脸告诉售货员说钱掉了。售货员其实也认识这个好吃懒做的小家伙，只好无奈地摇了摇头，把瓶子里的油倒出来，把空瓶子还给了孩子。

于是这孩子嘴里咂着一粒糖，双手抱着那个油瓶子，兴致勃勃地回到家里。一进门，父亲劈头就问，油呢？让你买的油呢？

孩子举了举那个瓶子。

瓶子壁上附的油正慢慢流回瓶底里，差不多有一小勺。

父亲勃然大怒，这点怎么能吃？

孩子说，一分钱当然只能买到这么多啦。

其实这个被认为是过于懒散和贪嘴的孩子身上有生意人最完美的素质，但也有生意人最致命的弱点。一般情况下，财富往往都是如此积累的，也是这么消失的。商业本质其实说穿了也就是这样，有利润时可以攫取作为收入，无利润的时候才能真正体现出“一文价钱，一文货”的平衡原理。转而再讨论这个父亲，这个父亲有了这么一个调皮又可爱的孩子，却还觉得不满，仍然想要改变，和孩子说话的语气也有些粗暴，是不是有点太追求完美了呢？这样做恐怕只会适得其反。

有句谚语这样说：缺陷也是完美的一部分。在我国古代的知识分子圈子里，收藏一些有缺陷的文物往往会更加彰显其个人孤高的艺术品位。

值得赞赏的是，为拥有更多而去努力总是好的，对整个人类的历史也有着非常积极的推动作用，但我们不应该为了荣华和富贵，或者仅仅是虚无缥缈的完美感，为了达到一个根本没有意义的数字，而舍弃我们很多的时间，放弃我们的欢乐，更不要因此而失去了那些靠近我们心灵的最珍贵的东西。那些欢乐，那些时间。

过于追求完美的心理状态必须要得到及时有效的调整，这样可以给别人少带来一些麻烦，给自己减轻痛苦，还可以挽回一些面子。

首先你应该先学会接受“瑕疵”，你要明白，这个世界上，没有“瑕疵”的事物是根本不存在的，瑕疵是事物的另一面而已，盲目地追求一个虚幻的境界只能是徒劳的，没有意义的。任何人的生活都不可能一帆风顺，当你遇到挫折，处于低谷时，自信和乐观就显得特别重要，那将能拯救你，千万不可自暴自弃。要学会换个角度审视问题，正因为生活中有种种让你感到沮丧、绝望的问题，你才会付出更多的努力，加倍的勤奋，只有如此，你才更懂得珍惜你所得到的，即便是事情不尽如人意，哪怕是遭遇失败，这些经历和成功一样构成你丰富的人生体验。人是最公平的动物，只有经受住失败的悲哀才能达到成功的巅峰。没有人能随随便便成功，万万不要为了一件事未做到尽善尽美的程度而伤害自己，那是不理智的行为。

对不完美的接受，实际上是一个世界观的问题，而正确认知自我就是人生观的问题，一个人生活在这个世界上，往往认识世界并不是最重要的，最重要的是认识自己。既不要把自己的能力估计得太高，更不必要低估自己的能力，实事求是，才能尽善尽美。如果事事要求完美，将成为你做事的障碍。永远也无法达到完美，你必须要在自己的长处上培养自尊、自豪和工作兴趣，不要在自己的短处上去与人竞争。这样是注定失败的。

这里还有一些窍门，比如你可以给自己设定一个短期的合理目标，其实当你不再追求虚无的完美，而只是希望表现良好时，往往会的取得出乎意料最佳成绩。找到一件自己完全有能力做好的事，但也别是特别简单的事，然后努力去把它做好。这样你的心情就会轻松自然，以后做事也就会更加有信心，总会感到自己更有创造力和更有成效。你的生活也会因此而丰实起来，变得富有色彩。最后，也许你就能达到另一种意义上的完美。

不过，对于现在还在被完美主义困扰的人，当务之急还是要学会放松和排解不快情绪。完美主义者长期受困于这两种情绪之中，情绪的过分紧张和焦虑，将不可避免地影响一个人解决问题的能力；而生活中总是难免会遇到一些始料不及的事，即便你再小心翼翼也没用。所以你要学会调节自己的情绪，保持每一天生活的规律和每一晚睡眠的充足，以饱满的精神状态面对并解决问题。这样才能真正地摆脱这种状态的纠缠。

嫉妒心理

果戈理在《肖像》中讲述了一个耐人寻味的故事：年轻的恰尔特柯夫是个有才能的前途远大的画家。他的教授曾告诫他：要珍惜自己的才能，不要随波逐流，不要只知道怎样设法去吸引人们的注意……可是，他没有战胜自己，没有经受住外界的诱惑，在金钱和虚荣面前他失去了方向。为了迎合上流社会仕女们的心理，就违反生活的真实，尽力把肖像画成她们自己希望的样子。于是，他的名声大噪，求画者一个个都称他是稀世奇才。他变得富裕起来，但他的画笔却冷淡了、迟钝了。正当盛年，他的才华就已经凋谢。这时，美术学院请他去评判一件新作。这是一幅真正的杰作！作者是他熟悉的朋友。他战栗了！他想起自己也曾有过的才能……他心中充满了恼恨，充满了嫉妒，这股嫉妒之火在他的心中越烧越烈。他决心用自己巨大家财去高价收买艺苑中的精品，然后把它们一一扯成碎片。在一次这样的嫉妒之心的疯狂发作中，他结束

了自己的一生。

恰尔特柯夫年轻有才华，因为没有战胜自己性格的缺点，为金钱和虚荣所迷惑，而且不能正确认识到自己的嫉妒之心，最终落得悲惨的结局，令人惋惜和感叹。

果戈理

有句电影台词这样说道："每一个人都会变得歹毒，只要你尝试过什么叫嫉妒。"的确，这是在文艺作品中非常常见的心理状态，甚至是很多作品的主题。但是我们这里所讲述的嫉妒，一般是指个人在意识到自己对某种利益的占有受到威胁时，或者是潜在的利益和潜在的威胁，因而产生出的一种不良的情绪体验。嫉妒心理经常会与不满、怨恨、烦恼、恐惧等各种消极情绪联系在一起，这样就会构成嫉妒心理的独特情绪。但是嫉妒也分很多种类，不同的嫉妒心理有不同的嫉妒内容，在名誉、地位、钱财、爱情这四个人生的大方面表现得尤为突出。还有一种比较极端的嫉妒者，凡是别人所有的，都在其嫉妒之内，因而陷入无尽的痛苦之中。

嫉妒心理非常好分辨，有一些比较显著的特性，比如进攻性，古希腊斯葛多派的哲学家认为："嫉妒是对别人幸运的一种烦恼。"嫉妒心理的攻击目的在于颠倒被攻击者的形象。嫉妒心理一般还带有强烈的指向性。

嫉妒心理的指向性往往产生于自身同时代、同一部门、同一水平的人中间，而且和对方是否是自己身边的人并没有关系。因为曾经"平起平坐"或"不如"自己的人，如今超过了自己，于是就会产生强烈的抵触和对抗。

嫉妒还具有一定的发泄性和伪装性，大多数嫉妒者都伴随着发泄性行为。比如言语上的冷嘲热讽、行为上的冷淡、身体攻击等，也就是说，是把嫉妒心理表现出来。同时，嫉妒心理被大多数人所不齿，往往会使嫉妒者千方百计地进行伪装，企图让人察觉不出来他的嫉妒。其实，这也就从一方面证明了，嫉妒其实是人类的一种普遍情绪，关键在于你怎样去处理。实际上，嫉妒并不完全是负面的情感，轻微的嫉妒使人意识到一种压力，同时会产生出一种向他人学习并超越的动力，可以促使人去拼搏、去奋斗、去争取成功。我们应该将嫉妒的消极心理转为竞争的积极心理，以自己之优势胜过对方之劣势，这样才是智慧的选择。但是，如果面对嫉妒导致的焦虑和敌意，并且切实地觉得别人使自己难堪，由此而产生痛苦，甚至还会向他人发出攻击性的言行，这样长此以往，就会成为个人成长和人际交往中的障碍，严重者还会导致悲剧的发生。

嫉妒心理不会凭空出现，它是有生长的土壤的。在文艺作品中也常常会提到一个嫉妒的人到底是在嫉妒什么，而在我们现实中，嫉妒的心理产生主要有两个原因：人往往会因为自己的需要得不到满足而产生嫉妒心理。

另外，在与他人比较来确定自身价值的过程中也容易产生嫉妒。如果别人所具有的价值比重开始增加，就会觉得自己的价值在下降，从而就会产生一种情绪体验。这种体验让人非常痛苦。尤其是比较对象和自己不分上下或不如自己时，这种强烈的负面情绪很容易转化为对别人的不满或嫉恨，内在的心理在行为上表现出从对立的立场上寻找对方的不足，或者是认为对方之所以成功只是由于外部原因，而不是其自身的能力。所以会通过诋毁对方达到自我心理上的暂时平衡。即使是控制自己不表现出上述行为，但是原来轻松无拘无束的交往气氛也就会因此变得剑拔弩张。因嫉妒引起的人际关系疏远、紧张乃至冲突的事例数不胜数。

嫉妒是人类的毒瘤，不仅毒害自己，也影响他人，所以做出调适就是非常重要的了，首先你应该充分认识嫉妒心理的危害性。嫉妒是社会生活的腐蚀剂，是毒药，它腐蚀人的品质、损害人的事业、形象和身心健康。一个成熟的人，必须要克服偏激、增强自信，待人力求不受个人心境、情绪的干扰。然后还要调整自我价值的确认方式。简单地与别人比较往往会导致片面的看法。有科学研究表明，自我价值确认倾向于社会标准（通过周围人、社会流行观念等），就会特别容易引发嫉妒；一个人越是以自己的思考、以自己内在的准则为参照，就越会减少嫉妒。其实，海阔天空，在社会上能够体现出个人价值的方面很多，而每个人的优势和劣势又不尽相同。所以说，如果单一用一个标准衡量人的价值是不准确的。在漫长的人生中，更重要的事是不断超越自己，而不是超过别人。只想着超过别人，是没有意义的事。遇事要想得简单一些，人生总有不如意之事，家家都有本难念的经。如果正处在愤怒、兴奋或消极的状态下，能较平静、客观地面对现实，这样就可以达到克服嫉妒的目标。

最后，你还可以试着进行自我驱除。嫉妒实际上是一种突出自我的表现。无论你遇见的是什么事，首先考虑到的是自身的得失，因而引起一系列的不良后果。如果出现嫉妒心理的苗头时，应该马上进行自我约束，摆正你自己的位置，努力驱除嫉妒心态，这样你就会有一个比较好的心态，嫉妒也就无法找上门来。

悲观心理

在很久以前的美国，有两位住在乡下的陶瓷艺人，一位叫戴姆勒，另一位叫戴维森。他们听说城里人喜欢用陶罐，于是便决定将自己烧制的最好的陶罐卖到华盛顿哥

伦比亚特区。经过十多年的反复试验，他们终于烧制出了他们认为最好的陶罐。他们幻想着，全华盛顿哥伦比亚特区人马上就能用上他们的陶罐，而他们也能因此过上富裕的生活，为此他们兴奋不已。他们雇了一艘轮船，准备将所有的陶罐都运到华盛顿哥伦比亚特区去。

没想到，轮船中途遇到了强烈风暴，等风暴过后，轮船靠岸，陶罐却全部成了碎片，他们的富翁梦也随着陶罐一起破碎了。戴姆勒提议，先去酒店住上一晚，来一趟城里不容易，不如休息一晚后，明天再在城里四处走走，好好见识见识。而戴维森则捶胸顿足地痛哭了一番后，问戴姆勒："你还有心思去城里四处走走，难道你就不心疼我们辛辛苦苦烧出来的那些陶罐？"戴姆勒心平气和地说："我们失去了那些陶罐，本来就够不幸的了，现在，如果我们还因此而不快乐，那不是更加不幸？"

戴维森觉得戴姆勒的话有道理，于是跟着戴姆勒去城里好好地玩了几天。他们意外地发现，城里人用来装饰墙面的东西很像他们烧制陶罐的材料，于是，他们索性将那些陶罐的碎片全部砸碎，做成马赛克出售给城里的建筑工地，结果他们不但没有因为陶罐的破碎而亏本，反而因为出售马赛克而大赚了一笔。

古人说："哀莫大于心死。"又说："兵强于心而不强于力。"这些都说明了心态对人生的极端重要的决定性的意义。可以说，良好的心态是决定人们走向成功的关键。悲观与乐观相对，悲观是一种看法，也是一种世界观。其实我们人人都会有一点悲观情绪，只是程度不同而已。这是很正常的事情，然而如果悲观太甚，就会遇到麻烦了。有的人长时间感到悲伤、忧郁，有很凄凉和痛苦的感觉，表现为常常焦虑不安、唉声叹气。他们感到处处不如意，遇到亲友、同事不想打招呼，对什么事情，什么工作都提不起兴趣，而且一见到别人高兴、嬉笑，自己就会觉得更加痛苦，而且自卑感相当严重，这是一种潜在的嫉妒。严重者甚至对生活和前途失去信心，有自杀的念头和行动。这种程度严重的悲观心理，已经妨碍了其正常生活、工作和学习，所以必须加以克服。

他们为何会如此悲观厌世呢？他们大多经历过一些悲惨的事，比如生活不幸、工作困难、事业挫折等明显的精神创伤，如果在具体事情上说，可能是亲人死亡、失恋、考试失败、失业、生活困难、工作条件不满意等等。在调试悲观心理时，可以从这几个方面着手：

对付悲观，首先要改善你自己的情绪，一个人情绪不佳时人生态度往往较为消极，如果你的心境得到了宽松或改善，会同时改善一个人对整个人生的态度。远离悲观的困扰。

有一个小窍门就是，也许你无法改变自己的世界观，但是你可以先试着放松自己的表情，作为一个悲观者，他的面部常常是呆板甚至是哭丧的，实际上面部肌肉也总是在与大脑做交流，如果有一个轻松的表情，还可以反过来会刺激我们的大脑以更积极、更愉快的方式进行思考。这就是我们身体上的小窍门了。

世界冠军摩拉里是一个具有乐观心态的人。早在少不更事、守着电视看奥运竞赛的年纪，他的心中就充满了梦想，梦想着即将到来的成功。1984 年，一个机会出现了。他在自己擅长的游泳项目中，成为全世界最优秀的游泳者，但在洛杉矶奥运会上，他却只拿了亚军，冠军的梦想并没有实现。摩拉里重新回到梦想中，回到游泳池里，又开始投入到实际的训练中。这一次目标是 1988 年韩国汉城奥运金牌。没想到，他的梦想在奥运预选赛时就烟消云散，他竟然被淘汰了。

跟大多数人一样，摩拉里变得很沮丧。之后他便把这份梦想深埋心中，跑到康乃尔的律师学校读书。有三年的时间，他很少游泳。可是心中始终有股烈焰，他无法抑制这份渴望。离 1992 年巴塞罗那奥运会比赛不到一年的时间了，摩拉里决定孤注一掷。在这项属于年轻人的游泳赛中，他算是高龄，简直就像是拿着枪矛戳风车的现代唐·吉诃德，他想赢得百米蝶泳冠军的想法简直愚不可及。

对摩拉里而言，这也是一段悲伤艰难的时刻，因为他的母亲因癌症而离世了。母亲将无法和他一起分享胜利的成果，可是追悼母亲的精神加强了他的决心和意志。令人惊讶的是，摩拉里不仅成为美国代表队成员，还赢得了初赛。他的成绩比世界纪录慢了一秒多，在竞赛中他势必要创造一个奇迹。加强想象，增加意象训练，不停地训练，他在心中仔细规划赛程。直到后来，不用一分钟，他就能将比赛从头到尾，像透彻水晶般仔细看过一遍。他的速度会占尽优势，他希望能超越自己的竞争者，一路领先。预先想象了赛程，他就开始游了，而且最终他成功了。那一天，他真的站在领奖台上，颈上挂着令人骄傲的金牌。凭着他的积极心态，摩拉里将梦想化为现实，美梦成真。

还应该学会幽默，学会换一个角度看待问题，幽默其实就是用幽默的角度来看待世界，那么很多事就都变轻松了。一个悲观者往往不善幽默，可以多看看喜剧、小品，学会欣赏幽默，到自己也能时不时幽默一下时，消极的人生态度可能已出现了转机。人类是因为笑容而美丽，而不是因为美丽而微笑。

另外，你还可以与乐观者为伍，和乐观者交朋友。歌词里唱“快乐会传染”，的确如此，在乐观者的队伍中，乐观的人生态度是会相互影响的。但有一点遗憾的是，悲观者一般都倾向于与悲观者相处，而实际上当悲观者与乐观者交往时，同样也是可以找到很多共同语言的。

最后，劝诫多从正面积极的观点思考问题。

从前有两个重病人，同住在一家大医院的小病房里。房间很小，只有一扇窗户可以看见外面的世界。其中一个人，在他的治疗中，被允许在下午坐在床上一个小时（有仪器从他的肺中抽取液体）。他的床靠着窗口，但另外一个人终日都得平躺在床上。

每当下午，睡在窗旁的那个人在那个小时内坐起的时候，都会描绘窗外的景致给另一个人听——从窗口向外看可以看到公园里的湖，湖内有鸭子和天鹅，孩子们在那儿撒面包屑、放模型船，年轻的恋人在树下携手散步，在鲜花盛开、绿草如茵的池边人们玩球嬉戏，后头一排树顶上则是美丽的天空。另一个人倾听着，享受每一分钟，他听见一个孩子差点跌倒湖里，一个美丽的女孩穿着漂亮的夏装……他朋友的述说几乎使他感觉自己在亲眼目睹着外面发生的一切。

然而，在一个天气晴朗的午后，他心想：为什么睡在窗边的人可以独享看外头的权利呢？为什么我没有这样的机会？他觉得不是滋味，他越这么想，就越想换位子。他一定得换才行！有天夜里他盯着天花板瞧，另一个人忽然惊醒了，拼命地咳嗽，一直想用手按铃叫护士来，但这个人只是旁观而没有帮忙——直到感觉同伴的呼吸已经停止了。第二天早上，护士来的时候那人已经死了，他们静静地抬走他的尸体。过了一段时间后，剩下的这个病人问，他是否能换到靠窗户的那张床上。他们搬动了他，帮他换位子，使他觉得很舒服。他们走了以后，他用手肘撑起自己，吃力地往窗外看……窗外只有一堵空白的墙。

生活有的时候是单调的，只有乐观的心态才能让生活充满阳光，那位病友善意地描绘着并不存在的窗外的美景，把对于生活美好、积极、乐观的心态传递给他。如果每个人都有面对病痛和寂寞的那种乐观淡定的心境，那么就能很快感觉到人生其实可以这样美丽。

处在不利境遇中的人，会对生活有更多更深刻的体验。在遭遇巨大的挫折和打击时，生活像是被阴云笼罩的世界。但是只要心存希望，终会再见阳光。即使处于绝境当中，仍然可以保持心境的快乐，保持一种幸福的感觉。这和在废园中仍然可以快乐地享受鲜花之美一样。无论在什么情况下，我们都可以选择快乐的生活、思考，享受积极、乐观的心态带来的幸福感。

那些嘻嘻哈哈的乐天派想的往往比事实要好，面对死神的威胁仍镇定自若，往往就是这点信心和勇气使他们挺过来了。因为尽管患的都是不治之症，乐观的心态却甚至能减少不必要的恶性病变，减少或消除复发的可能性，这都是有明确的科学数据为信据的。悲观、忧郁和消极的思维方式极大地削弱了人体内的免疫功能，而且效果很明显，这样一来就会造成心理缺陷的恶性循环，使病人开始钻牛角尖，悲观厌世、破罐子破摔，根本不会珍重自己的身体，最终导致悲剧的发生。

报复心理

从前有两个年轻人，都喜欢武术，他们为了学功夫，就结伴一起去找一个武艺高强的人拜师学艺。当找到人，拜了师后，师父对这两个徒弟都非常照顾，耐心地教导他们每一样功夫。两个年轻人不论是在拳脚对打，还是在刀枪棍棒上总是不分上下，因为师父是用平等的方式，传授他们两人的功夫。这两个徒弟，也不辜负师父的期望，认真地苦练，而且两人也都对师父非常尊敬。

到后来，师父年纪渐渐大了，患了风湿病，必须有人常常帮他按摩，才可以血气通顺。所以，两个徒弟一个人各负责一只脚的按摩。在开始的时候，两个人也都很细心地替师父按摩，可是，日子久了，就显出两个人的成绩不同。成绩较差的师弟这个时候就嫉妒师兄比他按摩的效果强，成绩较好的师兄也因为骄傲而轻视师弟，后来两个人都暗地里斗来斗去。

两人的关系越来越差，师兄弟越来越不和，他们两人单独在的时候不能好好地相处，后来甚至于在和师父说话的时候，两个人也会互相对骂。师父从中调解、劝和丝毫不起作用。于是，两人因为“恨”的关系，就产生了迫害对方的行为。

有一天，师兄回家探望亲人时，师弟乘机把师兄负责按摩的那只脚折断了，为的就是报复师兄的骄傲。等到师兄回来了，看见他负责按摩的师父的左脚，竟然被师弟折断了，他就非常生气地说：岂有此理！你自己做得不好，不知道反省，反而破坏人家的成绩。于是，一气之下，师兄也将师父的右脚折断了，为的是报复师弟的嫉妒。这其中最无辜可怜的当然是老师父了，因为两个徒弟不能和睦相处，所以最终让老师父忍无可忍，把他们一一逐出师门。两个人一个因为嫉妒，一个为了骄傲，两人竟然把师父的两只脚都折断，用来报复对方，这不得不让人感叹。

影视剧中经常会有“报仇”的情节，这种事情在我们的日常生活中其实不多，但是这种心理是非常常见的。其实我们所谓的报复心理，在学术上特指当人们受到强烈破坏性刺激后产生的某种与对方行为相对抗的以牙还牙的反应性反抗心理，一种要让人付出代价的心态。

不可否认，报复心理其实是有一定的积极意义的，它往往可以变成个人或群体进步的动力，促使自己由弱小变得强大，比如以前常常提到的国仇家恨等等。但无论如何，报复心理是具有破坏性的，是一种非常不健康的扭曲心理，是小肚鸡肠、道德修养差的表现。有报复心理，自然也就会有报复行为。报复心理不仅会对报复对象造成这样或那样的伤害，而且还大大有害自己的心理健康，对人对己、对身对心，都没有一点好处。而且有报复心理的人，容易误解别人的意思，对别人总是怀有一种戒备和防范心理，很难与人好好相处。有时报复了别人，自己的良心也会感到非常不安，甚至自责自惩。这种人自我意识卑劣、行为极端、瞧不起别人，也不愿与人相交，但是同时也非常自卑。因此这种人往往没有良好的人际关系。而没有良好的人际关系，就让这种心理愈演愈烈。

实际上，究其本质，报复心理是自卑心理的极端表现。为了维持心理平衡，当一个人无法从行动上去实现某种欲望，于是便从心理上自我发泄，甚至埋怨整个社会对自己不公平，对比自己地位高的和曾经给自己带来不幸的人，都会怀有一种惩治的心理，把自己当成了人间的法官，有时甚至会采取侮辱、诽谤，侵犯人权、违法乱纪等过激行为。严重情况下，会愤世嫉俗、玩世不恭，甚至对社会都深怀敌意。这样演化下去就是非常危险的了。

这种危险不是个人的危险，严重的甚至会仇恨整个国家，如袭击美国的那些恐怖分子，对美国社会造成了极恶劣的影响。那么，在现实中，人们又应该如何克服这种害人不浅、严重的报复心理呢?

首先，你要认识到报复心理和行为的危害性。作为一个实施报复者，短暂的快意之后，到头来是众叛亲离，还要整天担心遭到别人的报复，如果情节严重，也必将受到法律的严惩。被报复者，虽然得到了大家的同情和帮助，但曾经所承受的伤害是一个永远的心理阴影。所以说，报复行为的最终结果只能是两败俱伤，不会出现任何一个胜利者。报复的心理是万万要不得的，它会让你的内心越来越狭隘，身心疲惫。

你应该学会换位思考。其实很多事情上发生的误会，并不是有多大分歧，只是大家的观点不同而已，在生活中与他人发生矛盾冲突在所难免，这种事必须要有心理准备，不能回避，也不能“以暴抑暴”。学会换位思考，这样一来，就可以尽量减少矛盾的产生，减少报复心理对你的折磨。

最后，也是升华的一点就是，要学会宽容、感动与关爱。世界上没有完美的东西，有阳光就会有阴影，但是宽容、感动和关爱，是永远存在的、人类最美好的品质，我们要学会用辩证的眼光看待这个世界。不要仇视他人，去发现别人的优点，去发现别人善良的地方，试着从小事里学会感动。你就会知道别人没有想象的那么可恶，社会也没有想象的那么昏暗。

逆反心理

这个心理也是非常普遍的现象，而且不分社会制度和社会现状，是基于人类本质的一种心理，经常会被人提到。苏联心理学家普拉图诺夫在《趣味心理学》一书的前言中，特意提醒读者请勿先阅读第八章第五节的故事。而现实中，大多数读者却采取了与告诫相反的态度，首先翻看了那些内容，有的人说这是好奇心，其实，这就是逆反心理在作怪。好奇心往往都在逆反心理的概念之内，我们所谓的逆反心理，就是指人们出于维护自尊的目的，对他人的要求偏偏不予理睬，人们常与要求者对着干、“顶牛”，别人说左，你就偏偏要说右。而且这样做并没有任何原因，只是为逆反而逆反。常做出以反常的心理状态来显示自己的非凡的行为。

其实在不同年龄段的人中，都会有不同程度的逆反心理，他们的逆反心理的表现也各有不同。但是其中青少年逆反心理尤为严重，经过多年的观察，青少年的逆反心理通常表现为：经常性地对宣传做不认同、不信任的反向思考；对先进人物、榜样无端怀疑，甚至根本否定；对不良倾向持认同感，大声喝彩；对思想教育蔑视和对抗。其实，这种逆反心理不是一无是处的，往往还有很多积极的意义在里面，但是一定要经过深思熟虑，而不是因为逆反而逆反，形成逆反心理的原因众多。最直接的就是强烈的好奇心。尤其是当某事物被禁止时，尤其是在不加任何解释的情况下，最容易引起人们的好奇心和探索欲望，于是逆反行为就出现了。无怪有人说，最好的宣传是禁止。

但是也有一部分人的原因是不良的精神刺激。有的人遭受过种种挫折，受到了不良精神刺激，这样一来，他们的逆反心理就会变得越发严重。比如，有的人因为经过多次失恋，便认为人世间没有真正的爱情，如果谁说爱情美，他们就会大加否定，甚至大打出手，非常失态。还有的人是源于自我肯定的心理需求。对于青少年尤其如此。他们正处于性格形成和自我认识的时期，这是非常特殊的时期，他们经常通过否定权威和标新立异满足自我肯定的心理需求。作为青年人往往不会满足于适应社会，他们往往还暗中希望社会承认他们的价值和地位，但是却不表现出来。因此他们往往有意采取逆反行为，这样做完全是为了引起别人的注意。另外人的性格往往都是在教育中培养出来的，施教者的不足很可能也会造成青少年的逆反心理。施教者的可信任度、教育手段、方法、地点的不适当，将会非常容易引发受教者的逆反心理和反抗行为。这种逆反心理是非常不好控制的。但不管怎样，逆反心理作为一种异常的心理状态，需要进行一定的调适，在现实中，逆反心理虽然算不上一种变态心理，但往往会带有变态心理的某些特征，比如说会使人（尤其是青少年）出现多疑、冷漠、偏执、不合群等等病态的性格，使之信念动摇、意志衰退、工作消极、学习被动、生活萎靡等，如果任其进一步发展还可能使人出现犯罪心理。因此这是非常有必要施以防治的。那么，在现实中，对于这种逆反心理应该做出怎样的调适呢？首先，第一个问题，你必须正确认识到你自己，并且努力升华自我，提倡自我教育，要求人们（尤其是青少年）学会把自己作为教育对象，经常思考自己的价值和定位、主动设计自己，并自觉能动

地以实际行为努力完善或造就自己。如果这太难，你可以换一种办法，你可以不知道你是谁，但你首先要知道自己不是谁。然后再开始进一步的自我完善，丰富人生阅历是克服逆反心理的根本道理。广泛的阅读和见识能使我们避免固执和偏激；一个见多识广的人，自然就会很理智地处理问题，而不会只是一味逆反。换句话说，一味逆反往往是少见识的表现。另外还应该运用社会力量，提高素质培养，要注意的是，把对青少年的思想情操等各方面的培养与经济文化活动以及社会道德风尚联系起来，用这样的方法可以提高其心理适应能力，使他们更好地适应社会，不致迷失人生的方向。

挫折心理

那是1938年的一个飘雪的寒冬，一个热情奔放、创意无限的十六岁少年来到了法国首都巴黎，那是全世界艺术的殿堂、时尚的发源地、思想的风向标。他之所以来到这样一个地方，当然不是想当一名普通的游客，他雄心勃勃地要在这里实现自己的梦想：当一名要让全世界的人都为他喝彩的伟大的舞蹈家。

但事情当然不会像少年想象中的那样简单。在寻找工作的那段日子里，他几乎跑遍了整个巴黎，包括巴黎广袤的市郊。可因为他除了热情奔放、创意无限以外，并没有别的特长，或者说，没有能让他安身立命的资本。所以他很难找到挣钱的机会。本就不多的金钱也在一个一个日子的交替中全都花光了。在这种走投无路、欲哭无泪的情况下，他猛然想起了自己跟父亲学的裁缝手艺，冷静之后，他极不情愿地去了一家裁缝店，心想，那就委屈自己一下吧！但裁缝店老板却告诉他，店里并不缺少人手。原来连委屈的机会都不给我？他苦苦哀求老板收下他，老板说："收下你可以，但你的工资只能按学徒工的一半去计算，而且店里还要经常加班，活很累的，你如果能答应这些条件，就留下来干吧！"

事已至此，少年不想回家去，就硬着头皮答应了裁缝店老板的苛刻条件。

可两个月还没干到底，少年就觉得难以忍受了，他不知这样干下去，什么时候才能实现自己的明星梦。他带着绝望的心情，冒昧地给当时人称"芭蕾音乐之父"的布德里教授写了一封信，把自己的苦闷告诉他，请求他无论如何帮帮自己。

信写好后，他又犹豫了，如果教授不理睬他，自己以后可该怎么办呢？

但是最后，对梦想的渴望促使他还是把信寄给了布德里教授，之后，他每天都在焦急地等着教授的回信。

布德里教授是个非常平易近人的人，他很快就给少年回了信。教授在信中指出，学习舞蹈不仅仅需要极好的天赋，更重要的是需要金钱做后盾，如果你的家庭条件不是很好，就不要硬往这条路上挤了，那样，会毁了自己一生的。

教授还对他说："如果你十分喜欢舞蹈这门艺术，可以先找一种适合自己的工作干，解决生存问题才是你目前最要紧的，等以后时机成熟了，再去学你热爱的舞蹈也不迟。"

虽然教授说得不错，但那毕竟是纸上谈兵，少年对前途仍然十分迷茫。

在一个夜晚，他独自一人去了一家酒吧，以期喝酒能解忧愁，也就是这个夜晚，少年偶尔遇到了一个彻底改变了他的命运的人。正当少年喝得醉眼蒙眬时，一个很绅士的中年男子偕夫人走了过来，盯着他一直看，少年问那男子："我的样子一定很滑稽，是吗？"少年哪里知道，这名男子是一位伯爵，他对少年的话并不反感，而是"呵呵"地笑着，说："孩子，你喝多了，还是回家去吧，你的父母一定在家等急了。"

少年很粗暴地拒绝了男子的好意，说："我没有家，我愿意喝多少，碍你什么事了呢？"

这时，伯爵的夫人走到少年跟前，好奇地摸着他身上的衣服，露出了赞叹的眼神，很有兴趣问他："孩子，你身上的衣服是从哪里买来的，很时尚！"

少年答道："这样的衣服还用去买吗？我随手就做得来的。"

伯爵夫人顿时发出惊讶的声音："孩子，如果这衣服是你自己设计和裁剪的，我可以肯定地说，用不了多久，你就会成为服装界的佼佼者，不仅可以家财万贯，而且会成为全世界都羡慕的人！"

伯爵夫人的话，使少年的酒意一下子全醒了。在夫人说完此番话的那一刻，少年猛然醒悟了，他回味着夫人的话，觉得她说得太对了，他在想，其实最适合自己的事情，还是做裁缝，那不仅是自己最熟悉的行当，也能解决自己目前最紧迫的生存问题。

就在那一刻，少年决定：当一名优秀的裁缝，让自己亲手做的衣服，以自己的名字命名，让全世界的人都知道自己。让全世界的人都为他的服装喝彩！

还有更让他惊喜的事情在后面呢，伯爵夫人问他："愿不愿意让我来帮你介绍一家时装店呢？那可是全巴黎最有名的服装店哟。"

仅仅十年之后，当时那个狂热的少年舞蹈迷，已经摇身一变，成了举世闻名的服装设计巨匠。同他的梦想一样，服装也是一门艺术种类，他的名字和那些伟大的舞者一样永远地载入了人类文明的辉煌史册中。

他就是皮尔·卡丹，既是一个品牌，又是一个了不起的人。

在人生中，难免遇到各种实际意义上的挫折，但挫折同时又是一种情绪状态，它的定义是指人们在某种动机的推动下，为实现目标而采取行动的过程中，由于遇到无法逾越的阻碍和干扰，使个人需要不能满足，动机无法实现而产生的紧张、消极的情绪反应。挫折往往会包含三个方面的含义：首先是挫折认知，也就是对挫折情境的知

觉、认识和评价。然后是挫折情境，即对人们有目的、有动机的活动造成障碍或干扰的情绪状态或条件，可以由人、物或自然、社会环境构成。再然后是挫折的反应，即挫折感，指个体在挫折情境下所产生的烦恼、焦虑、困惑、愤怒等负面情绪体验。这三者缺一不可，只有这样才是完整的挫折。能够明确认识什么是挫折，正面地看待挫折，对于改变人的行为、提高人的积极性非常有意义。

挫折心理和其他心理状态还是有所区别的，造成挫折心理的原因有内在和外在两种，而内在原因和外在原因也可以解释为个人的生理条件与动机的冲突。个人的生理条件指个人具有的智力、能力、容貌、身材以及生理上的缺陷疾病所带来的种种限制；动机的冲突指个人在日常生活中，同时产生的两个或两个以上的想法，也就是动机无法同时获得满足，因为这种矛盾而产生的难以抉择的心理状态。其实在一个人经受过重大的挫折后，不论是因为外在原因还是内在原因，都会有愤怒、压抑或焦虑等情绪反应，这是很自然的，也是很难克制的情况。这些情绪反应往往将同时引起人们生理上的变化，如血压升高、胃液分泌减少等，长此以往，将会导致心身疾病，如高血压、胃溃疡及偏头痛等。从心理问题诱发生理疾病，这是非常可怕的。而外在原因又可以简单地分为实质环境与社会环境。实质环境是指当你的个人能力无法克服外部自然环境限制，比如天灾人祸、衰老疾病、交通不便等；而社会环境就比较复杂一点，是指一个人在整个社会生活中所遭受到的政治、经济、风俗习惯等等人为限制，后者往往是非常痛苦的感受。

挫折心理其实是被逼无奈的心理，是谁也不喜欢的状态，而且克服起来也不是很容易的，需要很多办法来辅助，以下这些可以作为参考。

首先，我们应该对我们的挫折有一个正确的认知。挫折反应的性质及程度，主要取决于我们对挫折的认知。挫折一方面有可能使人失望、痛苦、忧郁、不安；但是挫折还有另一方面，它将给人以教益和磨炼，使人变得更加聪明、坚强和成熟，下次再遇见问题的时候也会更加灵活，可以促进人们心理过程的发展和提高。我们对挫折的认知其实就决定了我们对待挫折的态度。摆在我们面前的挫折，到底是一次挫折还是一次磨炼，完全在于你自己的认知。但是调整一个人长久以来的认知并不是一件容易的事，我们必须坚持不懈才能达到成功。

正确认识了挫折，当遇见挫折的时候就不会那么惊慌，甚至可以吸收挫折中的经验。在我们的生活中，没有人有足够的情感和精力，既抗拒不可避免的事实，又能够重新创造一种新的生活。每个人只是在两个中选择一个。其实，我们并非无所选择，我们既可以抗拒挫折而被它折断，也可以在那些不可避免的暴风雨中弯下身子。就像成功学大师戴尔·卡耐基所说的："我们应该像常青树一样学习怎样去适应，怎样弯下它们的枝条，怎样适应那些不可避免的情况，去学会吸收挫折，而不是去反抗生命中的不顺。”

最后，我们应该树立起自信心，并且善于调整自己的情绪，这样才是一个成熟的人。正所谓：天无绝人之路，塞翁失马焉知非福。在我们现实的生活中，其实不管是碰到了什么样的挫折，我们都应该树立自信心。一个人没有了自信，就像是灵魂没有了骨骼。只有一个人充满自信，才不会因为一时的失败而惊慌失措、一蹶不振。才会相信你自己，才会做出自己的选择。自信重要，但是调整更重要，要调整个人抱负，使之与自己的实际情况相符。要知道，那些不切实际的生活目标是永远不会实现的，它们只会使我们饱受挫折。所以，我们既要注意不应该盲目地自信，盲目地对自我评价过高，还要注意的是，不能在经受较多失败经历之后，对成功不再抱希望，萎靡不振、自暴自弃地消极度日。

美国宾夕法尼亚州匹兹堡有一个女人已经 34 岁了，过着平静、舒适的中产阶层的家庭生活。但是，她突然连遭四重厄运的打击。丈夫在一次事故中丧生，留下两个小孩。没过多久，一个女儿被烤面包的油脂烫伤了脸，医生告诉她孩子脸上的伤疤终生难消，母亲为此伤透了心。她在一家小商店找了份工作，可没过多久，这家商店就倒闭了。丈夫给她留下一份小额保险，但是她耽误了最后一次保费的续交期，因此保险公司拒绝支付保险费。

一连串的不幸让女人近于绝望。她左思右想，为了自救，她决定再做一次努力，尽力拿到保险补偿。在此之前，她一直与保险公司的下级员工打交道。当她想面见经理时，一位接待员告诉她经理出去了。她站在办公室门口无所适从，就在这时，接待员离开了办公桌。

机会来了，她毫不犹豫地走进里面的办公室。结果，她看见经理独自一人在那里。经理很有礼貌地问候了她，她受到了鼓励，镇静地讲述了索赔时碰到的难题。经理派人取来她的档案，经过再三思索，决定应当以德为先，给予赔偿，虽然从法律上讲公司没有承担赔偿的义务。工作人员按照经理的决定为她办理了赔偿手续。

但是，由此引发的好运并没有到此中止。经理尚未结婚，对这位年轻的寡妇一见倾心，他给她打了电话。几星期后，他为寡妇推荐了一位医生，医生为她的女儿治好了病，脸上的伤疤被清除干净。经理又通过在一家大百货公司工作的朋友给她安排了一份工作，这份工作比以前那份工作好多了。不久，经理正式向她求婚。几个月后，他们结为夫妻，而且生活相当美满。

你可以客观地对自己进行分析，了解自己的优势和劣势，接纳自己的现状，并且为自己制定一个切合实际的目标。这样你就会很快地摆脱挫折带给你的痛苦和迷茫，抖擞精神，重新上路。

有一位年轻的电台播音员，他刚刚在台里崭露头角的时候，突然被解雇。他当时懊恼万分，可是他回家时，却兴高采烈地对他的妻子宣布："亲爱的，这下子我有机会开创自己的事业了。"

生命中最大的危机常常就是最大的转机。年轻的电台播音员一开始就有正确的心态，而他也的确开始了他个人新的事业。他自己做了一个节目，事实证明，这是一个成功的出击，终于，他成了五六十年代美国家喻户晓的电视红星——亚特·林克勒特。

其实，做人就应该这样，在人生风平浪静时应保持谨慎，在大风大浪时应保持镇静。因为在人生漫长的旅途中，难以完全避免地会出现崎岖和坎坷。此时正是一个开始崭新的生活的机遇。

英国史学家卡莱尔经过多年的艰辛耕耘，终于完成了法国大革命历史的全部文稿。他将这本巨著的底稿全部托付给自己最信赖的朋友米尔，请米尔提出宝贵的意见，以使文稿更臻完善。

隔了几天，米尔脸色苍白、上气不接下气地跑来，万般无奈地向卡莱尔道出一个悲惨的消息：《法国大革命史》的底稿，除了少数几张散页外，已经全被他家里的女佣当作废纸，丢进火炉里化为灰烬了。

卡莱尔在突如其来的打击面前异常沮丧。当初他每写完一章，便随手把原来的笔记、草稿撕得粉碎。他呕心沥血撰写的这部《法国大革命史》，竟没有留下任何可以寻回的记录。但是，卡莱尔还是重新振作起来。他平静地说："这一切就像我把笔记簿拿给小学老师批改时，老师对我说：'不行！孩子，你一定要写得更好些！"'他又买了一大沓稿纸，开始了又一次呕心沥血的写作。我们现在读到的《法国大革命史》，便是卡莱尔第二次写作的成果。

卡莱尔的精神让人感动，也让人领悟到这样一个道理：只要保持精神的镇静和坚定，不因一时的挫折而丧失斗志，以勇气、决心和乐观的心境面对突如其来的灾祸，那么一切都可以重新再来。

黎明前的黑夜最令人绝望，小鸡啄破蛋壳前的一瞬也最容易窒息。当种种厄运、种种不幸、种种挫折困扰你时，请千万不要气馁，不要放弃。永不放弃——坏事是好事的开端，失败是成功的前奏，一切皆有可能。勇敢面对厄运，危险中处处隐藏着机会。别让机会擦肩而过。

从前，在广阔无垠的澳大利亚草原上，有很多兔子，但也有很多狼。澳大利亚人为了能吃到更多兔子肉，他们想出了一条"妙计"：将所有的狼杀死，给兔子提供一个完全和平安宁的生存环境。于是，他们展开了一系列的捕狼计划，只要看到狼，就把它们杀死。

这样，不到半年，草原上的狼已经寥寥无几了，兔子因为失去了天敌而生活得无忧无虑，它们大量地繁殖，数量激增到以前的十几倍。人们在兴奋之余却碰到了前所未有的难题——大量的兔子开始得病，它们看起来软弱无力，一个个失去了以前的活蹦乱跳劲儿，而且大量的死亡，同时，由于兔子太多，草原上的草开始变得枯黄、衰败。这些自作主张的人们，最后只好把狼请了回来。有了狼的草原重新恢复了生机，草长得茂盛，兔子们也活蹦乱跳起来了。

狼群对于兔子来说，是巨大的威胁和挑战，然而，正因为有着随时被吃掉的危机感，兔子才保持警惕，不断奔跑、跳跃，从而保持着坚强的生命力。没有了狼，兔子反而因为失去生命的活力而愈发衰弱，直至死去。

嘉比利的父亲是一家工厂的老板，嘉比利还在上大学的时候，每到周末或寒暑假，他都会到父母的工厂上班，因为他必须用他的工资来抵消父母为他垫付的学费和伙食费。在工厂里，嘉比利像别人一样，排队、打卡、上下班，工资还会按他完成的量及质来结算，这就是嘉比利的真实生活。

嘉比利曾因上班晚了两分钟而被扣除当月奖金的一半。当嘉比利终于念完大学，满心欢喜地以为自己可以接手父母的工厂时，没想到，父亲不仅没有把工厂交给他，反而对他要求更加严厉。不仅不给他一分钱，反而定期向他索要生活费，嘉比利终于被逼出了家门。

嘉比利想贷款做生意，可是父亲却拒绝做他的担保人。没有贷款，他只能去打工。刚开始，他不熟悉公司里复杂的人际关系，很快就被人挤了出来。失业后，他就用自己积累的一点儿钱开了家小店。

小店的生意不错，很快嘉比利又开了一家自己的公司，小公司慢慢地变成了大公司。正当嘉比利有些得意的时候，他的公司却因为各种原因倒闭了。受到这样的重挫，嘉比利连跳楼的想法都有了。

正在这时，父亲主动找到了嘉比利，让他回去接管自己的工厂。父亲的举动让他觉得很奇怪，他问道："我现在一无所有，还是一个失败的人，你怎么要我去管理你的工厂呢？"

父亲却说："虽然你和从前一样，依旧没有钱，但是你却有了一段宝贵的经历，这才是我所看中的。"父亲继续说，"如果几年前把工厂交给你，你一定不会珍惜，而且很有可能现在倒闭的就是我的工厂了，但是现在，你一定会很珍惜这个机会的。"接手了父母的工厂之后，嘉比利果然不负众望，把父亲的这家规模不大的工厂变成了一家在全国都有名的大公司。现在的嘉比利，资产过亿，但是他仍旧保持着节俭的作风，

谨慎从事，公司的负债率几乎为零。

在成功的道路上，挫折如同一块大石头，处理得不好，它就会变成你人生前进道路上的拦路虎，成为真正的绊脚石。你若把挫折化为动力，它会给你无穷的力量，磨炼你的毅力，助你成功。

人生中，有甘甜与幸福，也会有痛苦与挫折。像远行的人，会走过绿荫清爽的小道，也可能走入荆棘丛生的树林。挫折考验了我们，当不小心被荆棘割伤，又或是跌倒摔伤时，它给我们经验，告诉我们如何避免下一次的跌倒或受伤，让我们更自信更勇敢，我们无须就此放弃旅途，相反，我们可以走更远。

在美国的一座山丘上，有一间不含任何有毒物、完全以自然物质搭建而成的房子，里面的人需要由人工灌注氧气才能存活，并只能以传真与外界联络。

住在这间房子里的主人叫辛蒂。1985 年，辛蒂在医科大学念书，在科研中因接触杀虫剂使自己的免疫系统遭到破坏。她对香水、洗发水及日常生活接触的化学物质一律过敏，连空气也可能使她支气管发炎。这种“多重化学物质过敏症”是一种慢性病，目前尚无药可医。

患病头几年，辛蒂因这一灾难所承受的痛苦是令人难以想象的。1989 年，她的丈夫吉姆用钢和玻璃为她盖了一个无毒的空间，一个足以逃避所有威胁的“世外桃源”。辛蒂所有吃的、喝的都得经过选择与处理，她平时只能喝蒸馏水，食物中不能有任何化学成分。8 年来，35 岁的辛蒂没有见到一棵花草，听不见悠扬的声音，感觉不到阳光、流水。她躲在无任何饰物的小屋里，饱尝孤独之余，还不能放声地大哭。因为她的眼泪跟汗一样，可能成为威胁自己的毒素。

坚强的辛蒂并不在痛苦中自暴自弃，她不仅为自己，也为所有化学污染物的牺牲者争取权益而奋战。1986 年，辛蒂创立“环境接触研究网”，致力于此类病变的研究。1994 年再与另一组织合作，另创“化学伤害资讯网”，帮助人们免受化学物质的伤害。目前这一“资讯网”已有 5000 多名来自 32 个国家的会员，不仅发行刊物，还得到美国上院、欧盟及联合国支持。生活在这寂静的无毒世界里，辛蒂却感到很充实。因为不能流泪，她选择了微笑。

有人说，生活像一面镜子，当对着镜子里的人笑时，镜子里的人也对你笑。我们何不打开自己的心，用那坚忍不拔的斗志，去挑战生活中的种种困境，用明媚如阳光般的笑脸，去面对生活，让生命泛出光彩，也让自己走向一片美好的天地呢？走过苦痛与挫折，用爱与热情去面对生活，化挫折为动力，生活依然充满着鲜丽的光彩。

有这么一个年轻人，在路上与他在求学时期的老师巧遇，老师关心地询问年轻人的近况，年轻人将自己从离开学校到进入目前的公司之后，所有遭遇的不顺利情形，一五一十地对老师尽情倾诉。

老师耐心地听着年轻人的抱怨，好不容易等到年轻人告一段落，才点点头说："看来，你的状况似乎不是十分理想。不过，重要的是，你有没有想过要改变这种现状，让自己过得好一点呢?"

年轻人急忙回答："我当然想要过得更好呀！老师，有什么诀窍吗?"

老师神秘地笑了笑："的确有诀窍，你明天晚上若是有空，到这个地址来找我！"说着，老师递了张名片给年轻人。

第二天晚上，年轻人来到老师的住处，那是在市郊的一处简陋平房。老师看到年轻人，高兴地在屋外摆了两张凉椅，要年轻人坐下来陪他聊天、看星星。老师扯东道西地和年轻人聊了半晌，年轻人毛躁起来，急着要老师告诉他，如何方能使自己过得更好。老师微笑着指着天上的星星说："你可以数得清天上有多少颗星星吗?"年轻人抓了抓头："当然数不清了，可这和我有什么关系?"

老师望着年轻人，语重心长地说："孩子，在白天，我们所能看到最远的东西，是太阳。但在夜里，我们却可以见到数不清的星星。我知道你的处境不顺利，但若是年轻时便一帆风顺，终其一生，也只不过看到一个太阳。重要的是，当你的人生进入黑夜时，你是否能看到更远、更多的星星?"

假如没有了太阳，那么有着灿烂的群星也是很不错的。在漫长的人生中，总有不得不进入黑夜的时候，假如仅仅因为见不到太阳而哭泣，那么那些漫天群星的灿烂就会被忽略掉。那是非常可惜的，非常不值得的。人只有在挫折中总结经验教训，学会自我心理调节，发现那些灿烂的群星，这样所有的不快就会是暂时的情感，它们都将伴随新局面的到来烟消云散，就像天上的浮云一样。

狭隘心理

过去有两户人家紧邻而居，王家的人，和乐相融，天天过着幸福美满的生活，而田家的人，三天一大吵，五天一小吵，搞得鸡犬不宁，无法过日子。

有一天，田家的人实在是无法忍受了就跑来问王家的人说："你们一家人为什么从来都不吵架，全家人能够和睦相处呢?"

"因为我们一家人都认为自己是做错了事的坏人，所以能够相互忍耐，相安无事。而你们一家人自以为自己是好人，因此争论不休，大打出手。"王家的人微笑地回答道。

"这是什么道理呢?"

"譬如这里放着一个茶杯，一个人不小心把它打破了。打破杯子的人不肯认错，还

理直气壮地大骂：‘是谁把茶杯摆在这里的?’摆杯子的人也不甘示弱地反驳：‘是我摆的，你为什么不小心把它打破了?’两个人彼此不肯退让，都自认为自己是好人，僵持不下，这种情况当然会吵架了。反过来，打破杯子的人如果能够道歉说：‘对不起，是我疏忽打坏了杯子。’对方一听也马上回答说：‘这不应该怪你，是我不应该把茶杯放那里。’彼此肯坦白承认自己的过失，互相礼让，不为小事计较，怎样会吵架呢?”

常会听到这样一种说法，就是某某心胸狭隘，这种说法无疑是带有贬义的。而在现实生活中，我们所讲的狭隘心理是一种心胸狭窄的心理和人格上的缺陷。一个狭隘的人常常表现为：吝啬小气，斤斤计较，吃不得亏，会想方设法弥补“损失”；而且还无法容忍他人正确的批评，根本无法承受到一点点委屈和无意的伤害，否则便耿耿于怀、伺机报复；这样的人人际交往面也很窄，往往只是追求少数朋友间的“哥们义气”，总是和与自己意见一致或不超过自己的人交往，他们气量狭小，无法和那些与自己意见有分歧或比自己强的人正常相处。

狭隘心理其实不算少见，我们或多或少都见过这样的人，其实这也是一个人的整体素质的表现，因为我们可以透过他的现状来了解他的过去。狭隘心理这种不健康的状态主要是由认识水平不足造成的。确实，在生活中，有些人就是阅历浅、经验少，经历的事情不多，他们容易把事情想得过于困难、复杂，加之对自己的能力估计不足，有时候又会把事情想得过于简单，而自己又做不到，所以这两方面都让他感到对事情无能为力，完不成任务，因此也就特别容易紧张、焦虑、心胸狭隘。另外，家庭因素也是不可忽略的。家庭不良因素的影响与狭隘的产生有很大关系，甚至有一些人的狭隘心理完完全全就是其父母的翻版。另外，优越的生活环境、溺爱的不良教育法等等都会使子女骄傲、任性、自私，受不了半点委屈，容不下他人，十分猖狂，也十分狭隘。

狭隘心理对人对己都没有好处，有百害而无一利，必须将其克服。那么如何克服不良的心胸狭隘呢?

要一步一步来，不要急。首先，要给自己树立一个正确的人生观。其实人活在世，都想体现自己的价值，想要充分地挖掘生命的潜能，为社会做出贡献，给后人留下一些有价值的东西。如果一个人能把眼光放在大事上，为自己确立一个积极的、远大的生活目标，自然就不会去过分计较一时一地的得失，眼光就从狭隘的个人圈子里放出去。抛开自我的中心，不再过分专注于你自己，自然也就不再会遇事斤斤计较。一个心底无私的人，看什么都是宽广的。

接下来就是要正确处理你身边的人际关系，主要是培养一个集体主义精神和高尚的情感，进行正当友好的人际交往。在与人相处的时候应表现热情、直率，在团体中团结互助，融小我于大我之中，让自己成为集体的一部分。随着交往的增多，可加深彼此了解与沟通，更透彻地了解别人与自己，开阔你的心胸。如果认识不到这一点，不愿结交意见相歧或强于自己的人，那你就只能永远留在你的小圈子里。

用积极的态度应对你遇到的挫折。困难和挫折我们谁都不喜欢，但是却又是在所难免的。一味地焦虑、忧愁是不能解决任何问题的，而且对身心健康有害。我们必须学会以解决问题的方式积极应对挫折：在遇到挫折的时候，冷静分析其中的原因，仔细思考应该如何解决，选择最好的方法，然后制订计划贯彻执行。

打开你的眼睛，开阔你的视野，拓宽你的心胸，其实在闲暇的时候，你可以试着走出校园、家门，到大自然中去领略它的博大、美丽。大自然会让你感到自己的渺小，使你培养出对大自然的敬畏，让你的心胸和大自然一般广博，这有利于人们走出狭隘的内心世界。

美国曾经有一所著名大学的社会学教授做了这样一个实验：

他要求学生们在下面的三种情况下，选择其中的一种，对其进行捐助。一是非洲中部遭遇严重旱灾，许多人正面临死亡的威胁。二是大学中一名成绩优异的学生，因为无力负担学费，已处于无法继续学习的困境。三是购置一台复印机，放在系办公室里供学生们使用。

学生们以不记名的方式选择，结果有百分之八十五选择捐钱买复印机；有百分之十二的学生选择捐钱资助成绩优异的学生完成学业；只有百分之三的学生，选择捐钱援助非洲的难民。

这个实验一方面说明每个学生都不同程度地关心他人的困难，愿意给予帮助；另一方面说明大多数学生更关心与自己切身利益相关的事情。

无私奉献是高尚的，但是，更关心自己切身利益的选择，也有积极因素。明白人性的这个狭隘的特点并妥善地加以引导，可以成全许多有益的事情。

一趟客运列车，曾为冬天乘客不肯随手关门而大伤脑筋，于是在每节车厢里贴了一张告示：“为了大家的舒适，请随手关门。”告示贴出后，情况虽有所改变，但收效不是很大。后来，列车长想出一个新的方法，将告示改写成：“为了您自己的舒适，请随手关门。”从此以后，车门基本上都关好了。

一个人如果希望别人好好对待自己，那有一个百试不爽的办法，就是你自己首先好好对待别人。这是一个非常简单的道理，你自己是怎样对待别人，别人也就会反过来怎样对待你。人和人之间，往往就是这种镜子一样的关系，有句话说赠人玫瑰，手有余香。帮助别人，就是帮助自己，即使不是直接地帮助自己，也是间接地帮助自己。

当然，最重要，也是最好的办法就是丰富你的业余文化生活，拓宽兴趣范围，多参加各种文娱、体育活动，不管在什么情况下都是好处多多的。让自己时刻都能感受到生活、学习中的新鲜和刺激，同时感受到生活中无处不在的美好，从而在健康向上的氛围中增强精神寄托，消除不良的心理压力。

懒惰心理

有一对并不富裕的夫妇晚年得子，十分高兴。他们当时都已经六十多岁，把这个孩子当成了上天的礼物，视为掌上明珠，什么事都不让他做。但是由于他们过分的宠爱，儿子长大以后连起码的生活也不能自理。

有一天，夫妇要出一趟远门，办一件很重要的事情，他们担心没人做饭，没人喂饭，他们的儿子会饿死，便想出了一个聪明的办法：临行前烙了一张中间带眼儿的大饼，套在儿子的脖子上，告诉他想吃的时候就咬一口。

可是，没过几天，他们的儿子把套在他脖子前面能够得着的饼全吃了，然后等着别人来帮他把后面的拉过来再吃。就这样，一整天过去了，家里没有来人，两天过去了，家里还是没有来人……第五天的时候，他实在是饿得不行了，连喊救命的力气都没有了，可家里还是没有来人。这时候的他，因为太饿，已经没有力气去把后面的饼拉过来了。等他们出门回来时，大饼只吃了不到一半，他们的儿子竟活活饿死了。

回到我们的现实生活中，你可能会感觉这样的故事简直匪夷所思，但是故事只是一个象征，类似上面故事里的现象难道还少吗？不会转圈吃饼和孩子生活不能自理并没有什么本质上的区别，只是两个说法而已，在我们对着这个故事哈哈大笑的同时，是不是也应该反思一下呢？特别是如今大多数家庭都是独生子女，父母、爷爷奶奶、外公外婆都把孩子视为宝贝，六个大人围着一个孩子转，孩子想自立都没机会了。孩子的日常生活严重依赖亲人，这样很自然地就造成了孩子长大以后生活自理能力极差。

类似这种严重影响人们成长与发展的懒惰、依赖心理如果得不到及时矫正，不仅会导致人们的心理畸形，引发各种心理疾病，而且还会削弱人们在生活中的抗磨难能力，也不会受到别人的尊重。“明日复明日，明日何其多”，只要地球还在，明天就没有尽头，懒惰也将毫无止境，往往在老了之后才后悔自己当年没有勤奋。而勤快的人，说到做到，只要是想做的事，他们马上会采取行动，所以他们自然就可以成就一生的辉煌事业。现在开始，养成勤劳的习惯还不晚，但是想要养成懒惰的习惯，那么什么时候都太早了！

其实在现实的生活与工作当中，很多的灾难与不幸并不是天有不测风云，而是因为我们自己的懒惰和其他各种拖沓的不良习惯造成的。举手之劳的事情却不愿为之，日积月累，小事变成大事，就注定要为此付出沉重的代价。

不要埋怨命运，命运都是靠我们自己来掌握的，只要你选择的是勤劳就可以得到幸福，而如果你选择了懒惰，那么你也就当然永远无法摆脱厄运的追杀。

在很久很久以前，大森林里有一只小麻雀，它非常懒惰，什么都不想去做，每天就躺在爸爸妈妈给他建好的巢穴里，张大嘴巴等爸爸妈妈给它找吃的。那个时候它还太小了，爸爸妈妈也担心它太容易被人猎杀，就代替它去找食物。然而，它渐渐长大了，却还是和小时候一模一样，什么事都不做。

爸爸妈妈怎么劝它，它也不听，无奈之下，只好任它去了。直到有一天，爸爸妈妈也因为年老体衰去世了。家里就剩小麻雀一个了，它饿得没法只好自己去找吃的。它每天飞出去胡乱找点吃的，填饱肚子就回去睡觉了，什么也不干。邻居喜鹊大哥也过来劝它说，趁现在天气暖和，多找点吃的储备起来，以防过冬。可是小麻雀不听，它对喜鹊大哥说："我不要！现在天气这么热，在家歇凉多舒服呀。"喜鹊大哥看它不领自己的一片好心，只好自己忙去了。

和我们人类一样，动物世界的时间过得也很快，一转眼就到了秋天。喜鹊大哥又来喊小麻雀，和它一起去准备吃的。这回小麻雀又说："不急，不急。冬天还没到，我还想多睡会。"没办法，喜鹊大哥只好随它去了。北风"呼呼"地吹，很快冬天到了。小麻雀缩着身子，在光秃秃的大地上艰难地找吃的。它心里还在嘲笑喜鹊大哥："喜鹊大哥真笨！现在还不是可以找到吃的。像我，多聪明呀！想玩就玩，想睡就睡。不是也没有饿着吗?"

风不再吹了，天地间顿时寂静下来。可是这个时候却下起了雪！小麻雀望着天空中飘下的大片雪花，不禁缩紧了身子。雪已经下了一天一夜，小麻雀又冷又饿。可是到处都是白茫茫一片，又下这么大的雪，去哪里找吃的呀！小麻雀这才想起了喜鹊大哥好心对他说的话，心里实在太后悔了，可是现在说什么都已经来不及了，因为时间是不会倒流的。

大雪在连续地下了三天三夜后，终于停了下来！次日清晨，喜鹊大哥在小麻雀的巢穴中，发现了它冰冷的尸体。原来，小麻雀竟然是被活活饿死的。

这个故事其实告诉我们一个非常简单的道理：懒惰是人生成功和幸福的最大的敌人之一，而且它不像其他的敌人那么明目张胆地毁灭我们，而是一点一点地腐蚀着我们的生活，直到一切都不可挽回！所以，现在是时候应该清醒一下了，不要等到像那只小麻雀一样看见大雪纷飞才知道哭泣。那是没有任何意义的。

与懒惰相反的是勤劳，勤劳精神是我国一直强调的传统美德，也可以说是我们国家长久以来都保持繁荣昌盛的主要原因之一，在个人生存和发展中也起着重要作用。古人云："一生之计在于勤。"勤劳是中华民族自古以来十分重视的一种美德，勤劳是人立身修德最基础的要求，也是其他美德形成、完善的原动力。

在很久以前，有一个偏僻的小村庄，那里住着一位勤劳而认真的农夫，虽然他只有很小的一块田地，但是他对那块田地却异常珍惜，一直都在非常认真地耕种。有一年，他的收成很不好，到了春耕的时候只剩下一小袋种子，他视如珍宝。播种的当天，天刚一亮，他就从床上爬起来，来到了他那块田里。

他非常小心地播种着，生怕遗失了每一粒种子。到了正午时分，太阳毒辣辣地烘烤着他的脊背，他感到很疲乏，便停下来在树旁休息。当他坐下的时候，一把种子突然从袋子里洒了出来，掉到了树干下的一个树洞里。虽然只是一点种子，但对这个农夫来讲，每一粒种子都是宝贵的，丢失了都是损失。

农夫心疼死了，他赶紧拿起了铲子，开始挖这株树的树根。天气越来越热，汗水沿着他的脊背和眉毛滴了下来，但他还是不停地挖。当他终于挖到种子时，他发现它们掉在了一个被埋着的盒子上面。他捡起了种子，又顺便打开了那个盒子，在打开的那一刻，他惊呆了，原来盒子里装满了黄金，那些宝贝足够让他过完下半辈子。

从此以后，这个原本贫穷的勤劳农夫终于变成了一个富有的人，当人们对他说："你真是世界上最幸运的人。"他却笑着说："不错，我是很幸运，但这些都源于我的辛勤劳作和对种子的珍惜。一个人拥有勤劳的品格才是最大的幸运。"

这个小故事告诉我们勤劳和认真所能带来的好处远远超过我们的想象。回到我们的现实生活中，意外的报酬也和故事中一样，往往都是源于辛勤的劳作。无所事事的人永远也不会幸运，因为他们把时间都浪费在没有前途的事情上了。只有通过劳动，人们才能够磨炼意志、锤炼品性，养成热爱劳动、勤劳认真的美德。必须懂得，集体主义思想、勇敢坚强的意志、忠诚老实的人生态度、谦虚谨慎的品德、艰苦朴素的作风等优秀品质都只能从劳动中培养。劳动是检验一个人的重要方式之一，看一个人在劳动中的表现，也就能明白一个人的性格。在人们辛勤劳动、开拓进取与创造中使人类道德水平不断提高。

历史前进的根本动力是生产力。是生产力的改变才促使我们整个人类的发展，否则我们还是处在茹毛饮血的蛮荒时代，要知道，生产力就是劳动的能力，辛勤的劳动是推动历史的车轮滚滚向前的动力。很明显，如果没有人类的勤劳，就不会有历史的前进，也就不会有人类美好的今天，更不会有人类注定更加美好的明天与未来。

忧郁心理

忧郁心理并不少见，尤其是一些文艺作品，甚至作为一种美学趣味来进行欣赏。但是在我们现实生活中，就不那么优美了，在我们身边，不乏郁郁寡欢的人，他们其

实非常痛苦。忧郁心理是一种情绪低落、遇事多虑甚至焦虑的心理现象，是急躁的一种极端的表现。如果遇事过分小心谨慎，往往就会寸步难行、丧失机遇，没有斗志、疑而不决，这样持续下去，后果往往都会不堪设想。忧郁心理的最大危害是影响领导者果断决策，而领导如果忧郁，团队也就丧失了希望。犹豫不决不等于深谋远虑，特别是在当下的信息社会中，千变万化，不抓住机遇及时决策，就会耽误很多大事。忧郁心理严重的情况还会转化为忧郁症，那是一种涉及生理、心理、情绪和思想的疾病。非常严重但又非常普遍，平均每四个人就有一个患有此症。最可怕的是，这种疾病没有得到应有的重视。这不仅影响人们正常的生活，也会影响人与人之间的感情和对事情的看法。忧郁症和暂时性的心情沮丧有着本质上的区别，如果不接受有效治疗，这个症状会持续数周、数月，乃至数年之久，成为健康的杀手。忧郁症的症状可表现为时常感到悲伤和空虚；对各种文化体育活动都提不起兴趣；感觉没有价值感；食欲减退，体重减轻；失眠或嗜睡，难以集中注意力；易疲劳；严重的甚至有死亡或自杀的念头。

忧郁症是一个复合型的疾病，病例并不一定同时符合上述的所有症状。如果有三条以上就应该加以小心了。

忧郁症是必须接受治疗的，就像生理疾病必须接受治疗一样。但是造成忧郁症的原因很多，如失去挚爱或遭受失败等。在很多已知的病例中，大脑显像技术的研究已经明确指出，忧郁症患者负责情绪、睡眠、思考、食欲和行为调节的中枢神经回路无法正常地进行运转，整体机制出现了问题，而最重要的神经传送素，也就是沟通神经细胞的化学元素也因为此症失去原有的平衡。一般认为血清素和去甲肾上腺素都是导致忧郁症至关重要的因素。有科学研究明确指出，这两种化学元素都会影响和左右一个人的情绪。还有一种观点，认为容易感到忧郁的原因可能是基因引起的，与一个人的心理因素和所处的外在环境（如失去挚爱或生活状态的重大改变）相互发生影响，另外，中风、心脏病或癌症等生理疾病也可能引发忧郁症的症状，需要人们注意。

以下只是简单地介绍一些忧郁心理的防治方法，严重者必须到医院接受治疗。患有抑郁症的人，首先应该从饮食上有所注意：饮食是疾病最好的医生。患有忧郁症的人要多吃维生素 B 含量丰富的食物，如粗粮和鱼类。另外，忧郁症患者经常服用一定剂量的复合维生素 B 对治疗该病很有好处。这些都是人体特别容易缺乏的维生素种类，因为人们所吃的食物实际上是往往很难满足人体需要的，如果一个人再因为忧郁而进行节食，情况就会更加严重。维生素疗法则不一样，这种疗法无毒无害，而且在短期内即可见效。忧郁症患者还应该多吃一些钙类食品，如黄豆及豆制品、红枣、柿子、韭菜、芹菜、蒜苗、鱼、虾、牛奶等等，它们都有非常好的治疗效果。尤其要记住忌食酒类及咖啡等刺激性食品。

如果是轻微的忧郁症，可以在咨询医生后对自己进行一定的调节。以下是几种简单的方法，但是只能作为辅助疗法。其实不管是什么病症，都不可讳疾忌医。忧郁症严重时将会引起脑内病变，一定要重视。

如果病症不重，可以用一些小窍门对自己进行调节，比如你可以为自己制定一些简单的任务，并且去完成它。即使是你自己觉得没有兴趣和缺乏动机，每天也应该完成一些自己制定的简单任务，哪怕是打个电话或者是写封信。任何小事都可以，但是不要无事可做，虽然你可能觉得这样做很无聊，但是请把它看作是良好感觉的一个开端。有了这个开端，之后的调节才会更有效果。然后你可以试着把自己每天的活动都写到日记中，对自己做一个审视。把自己的那些不健康的、消极的思想记录下来，如"我是个失败者"或者是"没有人喜欢我"。同时，你要认识到这些都是一些反常的思想，是不健康的想法，而事情实际上不是那个样子的，你要运用你的理智去克服它们。一旦这些思想全部暴露出来，就必须马上将它否定，进而树立积极的信念。这样一来，在每一天结束后，你都把自己一天所做的事情记录下来。把它变成一个习惯，每天都按照这些活动带给你的快乐程度把它们排列出来，这样你的生活也就有一种一目了然的感觉了，这对你有意识地计划做更多自己喜欢的事情有着非常大的帮助。这样做的话还可以慢慢控制自己的行为，在潜移默化中让自己生活在自己美好的计划里。何乐而不为？

患者还应该进行更多的户外运动，生命在于运动。早有科学家发现，有氧舞蹈是摆脱轻微忧郁或其他负面情绪的最佳方式之一。让人获得身心两方面的健康。一个人如果能经常地有意识地多做一些身体方面的锻炼，即使仅是散步或者是游泳之类的简单锻炼，并不需要太多技巧。有实验明确显示，在人类进行锻炼的过程中，体内会产生自然的抗忧郁激素。对忧郁有着强大的治疗作用。人在忧郁的时候，生理处于低活动状态，而人在进行运动时则可提升身体的活动量。在进行运动的过程中，还可以多与他人进行沟通，人生一世，一定要信任自己的密友和家人，把自己的感受告诉他们，还可以对他们大哭一场。哭泣是人类特有的行为，能缓解人的心理压力和生理疲劳。心理学家曾给一些成年人测验血压，然后按正常血压和高血压编成两组，分别询问他们是否哭泣过，结果87%的血压正常的人都说他们偶尔有过哭泣，而那些高血压患者却大多数回答说从不流泪。这是一次著名的实验，它证明了让人类情感抒发出来肯定比深深埋在心里更健康。当别人对你进行安慰的同时，也能根据对你的了解给你一些普通的建议和良好的建议，哪怕仅仅是几句刺激的话也可能让你从迷雾中走出来。千万不要把自己一个人闷在屋子里。

还有一种办法比较适合朋友不多的人，那就是你可以善待自己或享受一番，让自己感受到快乐。一个人老老实实地待在家里胡思乱想或看电视，这样的行为听上去就非常沮丧，也真的会使你更加沮丧。具体的方法有泡热水澡、品尝美食、欣赏音乐等等。还可以给自己送礼物，这是比较常用的方式，买一些自己一直喜欢的东西，大采购或只是逛逛街也很不错，经常逛街还可以锻炼身体。女性朋友在情绪低落时，可以穿得更加鲜艳明亮，再加上化妆和新换的发型，让自己更加美丽动人，这样会使坏心情因打扮而分散，精神也会由衷感到振作。

如果这些办法还不能让你感到快乐，你可以试着助人为乐，因为可能因为你已经拥有得太多了，再多的拥有也不会让你更加快乐。这时候分享就变得更加重要。一个忧郁的人之所以总是低沉不振，主要原因是不断想到自己不快的事，所谓“人之所以痛苦，就是因为记性太好”。一个人如果能够经常设身处地同情别人的痛苦，可以达到转移注意力的目的。经科学研究数据统计，如果想解脱抑郁，担任义工是非常可行的方法。这样做不仅改善自己的心情，也会对社会做出自己一份小小的贡献。比如去孤儿院、敬老院等等需要帮助的场所，无私地将你的爱心奉献出去，别人一定会感受到的。在别人感激和温暖的目光中，你会肯定自己的价值，更记得要喜欢你自己，因为你可以给人带来帮助。

偏见心理

在西周时期，周武王的弟弟周公旦是一位辅佐君王的奇才。武王死后，成王年幼无知，由周公旦摄政。而成王的三位叔叔——管叔、蔡叔、霍叔，却企图阴谋陷害周公旦。他们散布流言，说周公旦图谋不轨。成王渐渐地对周公旦产生了偏见，故意冷落周公旦，有时还故意含沙射影地针对周公旦。周公旦为避开谗言，避开这股浑水，于是隐居起来，不再过问政事，后来管叔、蔡叔谋反，事情败露，才使成王懊悔不已，亲自迎接周公旦归来。成王自愧几乎错识了贤才。

周公旦

西汉末年，王莽篡权之前，曾经极力伪装自己。他装作谦恭，礼贤下士，经常把家中的马匹、衣服和银两拿出来救济百姓，以至家中的钱财所剩无几；同时，他还常常在汉平帝面前坦言自己克己奉公，诚实待人。当他获得汉平帝的信任而大权在握时，便露出狰狞面目，专断朝政，

最后亲自杀害了汉平帝，篡权自立，对百姓施予暴政，成了一代暴君。

前事不忘，后事之师。从上面的两个典故里可以看出来，有时候我们总是习惯带着偏见去看问题，从个人利益的角度去看问题和衡量别人。我们每天都是在用这样一个受到偏见和固执熏染的心，去看待周围的人和事及周围的世界。长此以往，我们看到的，就不再是真实的客观世界，而只是我们内心的投影。

一个人的心善良得如若天堂，那么在他看来，他的周边亦是天堂。一个人的心恶如地狱，那么他的周边亦是地狱。心是个住宅，心里住满了天使，则周边的人亦是天使；心里住满了魔鬼，则周边的人亦像是魔鬼。

在美国西部有这样一个城镇，老镇长经常在公路旁迎候到访的旅客。一天，一个陌生的年轻人来到这个小镇，见到老镇长，问道："老人家，我想找个地方定居，请问这是个什么样的城镇？住在这里的都是些什么样的人？"

老镇长看着眼前的年轻人，说："那你刚迁离的那个地方，住的又是哪一类人呢？"

年轻人答道："噢，我真不想提起他们了。他们都是些自私自利、毫不友善的人。我跟他们住在一起，简直毫无快乐而言，所以才外迁呢。"

老镇长就对他说："年轻的朋友啊，恐怕要让你失望了。其实这里的人和你说的没两样，你还是找别的地方居住吧！"

那个年轻人悻悻地走后，又来了另一位年轻人，他向老镇长提出了同样的一个问题。老镇长又依旧问了他同样的问题："你刚迁离的地方，住的又是哪一类人呢？"

这个年轻人答道："在我原先住的地方，人们都十分友善，积极乐观，愿意帮助别人。我在那里度过了一段非常美好的时光。我其实一点也不愿意离开那里，但父母希望我能开阔视野，日后有更大的发展空间。"

老镇长听到年轻人这样说，非常高兴，向他伸出手来，说："欢迎你！这里住的都是你说的那类人。你会喜欢这里的，你会在这里有一段难忘的好时光。"

历史上有过很多智者和先贤，他们的眼睛总是雪亮的，看人、看问题都很准确，很恰当。然而，生活中却不一样，还有另外一群人，虽然并没有戴太阳镜或茶色眼镜，看人却总是带有"颜色"，常常加入自己的主观情感成分。

从心理学角度讲，带着偏见心理来看人、看问题，就是用有色眼光看人，也就是带着固有的感情色彩，带着成见去看别人。虽然这是识人中的大忌，但用有色眼光去看人，在古今中外的历史上都是屡见不鲜的。但是一般来说，关于识人方面轻视别人的例子最集中地体现在对没有出名的"小人物"上。然而，大家好像忽略了，名人不也都是从小人物里走出来的吗，下面就有关于这种情况的真实案例：法国有一位著名的天才数学家伽罗华 17 岁时把关于高次方程代数解法的文章送到法兰西科学院，却没有受到重视。20 岁时，他第三次将论文寄出，审稿人波松院士看过之后的结论是："完全不可理解！"苏格兰科学家贝尔想发明电话，他将自己的想法说给一位有名的电报技师，那技师认为贝尔的想法是天大的笑话，还讥讽地说道："正常人的胆囊是附在肝脏上的，而你的身体却在胆囊里，少见！少见！"好在贝尔并没有相信这家伙的一派胡言，凭着高度的自信将实验坚持了下去，并最终取得了成功。

学术上的门户之见，也是一种用有色眼光看人的行为。而且很多情况下比我们日常生活中的还要严重，还要恶劣。下面就又是一个这样的例子。

在二十世纪三十年代，英国皇家学会为研究碰撞问题而悬赏征文。来自荷兰的惠更斯文章最好，可是，就因为他不是英国人，竟然被扣发了文章。后来，他的论文在法国出版，他本人也当上了法国科学院院长，为法国在科学上赶超英国发挥了非常重要的作用。他论文的出版，不仅使法国的科技更加强盛，而且使英国本来可以更快发展的速度降了下来。

用陈旧、过时甚至是封建的眼光看人是另一种表现形式。辩证唯物主义告诉我们，世界上任何事物都是在发展变化的，没有绝对的静止。一个人最初的工作可能简单、平凡，但这并不妨碍他将来工作的重要性。没有人能够预知自己的未来，所以，看人时也不要以对方现在的状态而故作聪明地评价他的将来。同样的道理，故友相见，也不要凭借原来的印象来评价对方，说不定对方已由当年的环卫工人成长为显赫一方的企业家呢！这在现代社会并没有什么不可能的，为人处世，须得小心。再说，即使对方还是环卫工人，难道就不值得你尊敬吗？如果总是习惯用有色眼光看人，会让我们犯下许许多多的错误，从而影响我们正常的良好的人际关系。而且更可怕的是，这些影响往往都是无形的，很难察觉到你对别人造成了多大的困扰，因为别人未必会直接跟你说，很可能表面与你相处融洽，心里却埋着仇恨。这可是非常危险的。所以，我们一定要摘下这副糟糕的眼镜，就事论事，有一说一，以眼前论眼前，凭事实说话，对别人做出客观评价，这样才能避免那些尴尬与误会，创造更和谐、更诚恳的人际环境。这样做对我们的身心健康和未来的发展规划都有着非常积极的意义。

自负心理

牛顿是经典力学理论的集大成者。早在牛顿发现万有引力定律以前，已经有许多科学家严肃认真地考虑过这个问题。比如开普勒就认识到，要维持行星沿椭圆轨道运动必定有一种力在起作用，他认为这种力类似磁力，就像磁石吸铁一样。1659 年，惠更斯从研究摆的运动中发现，保持物体沿圆周轨道运动需要一种向心力。胡克等人认为是引力，并且试图推倒引力和距离的关系。

牛顿系统地总结了伽利略、开普勒和惠更斯等人的研究成果，得到了著名的万有引力定律和牛顿运动三定律。在牛顿之前，培根、达·芬奇等人都研究过光学现象。

真正的科学家不可能是不谦虚的，因为他做出的事情越多，他就看得越清楚：还有更多的事情没有做。

牛顿发现的折射定律是人们很早就认识的光学定律之一。近代科学兴起的时候，伽利略靠望远镜发现了“新宇宙”，震惊了世界。牛顿以及跟他差不多同时代的胡克、惠更斯等人，也像伽利略、笛卡儿等前辈一样，用浓厚的兴趣和热情对光学进行研究，结果发现白光是由各种不同颜色的光组成的，这是第一大贡献。为了制造望远镜，他自己设计了研磨抛光机，实验各种研磨材料。公元1668年，他制成了第一架反射望远镜样机，这是第二大贡献。牛顿还提出了光的“微粒说”，认为光是由微粒形成的，并且走的是最快速的直线运动路径。他的“微粒说”与后来惠更斯的“波动说”构成了关于光的两大基本理论。

在牛顿的全部科学贡献中，数学成就占有突出的地位。他数学生涯中的第一项创造性成果就是发现了二项式定理。据牛顿本人回忆，那是在1664年和1665年间的冬天，他在研读沃利斯博士的《无穷算术》时，试图修改求圆面积的级数时发现了这一定理。牛顿研究广泛，他除了在数学、光学、力学等方面做出卓越贡献外，还花费大量精力进行了化学实验。他常常六个星期一直停留在实验室，不分昼夜地工作。

如此伟大、如此勤奋的人，却谦虚地说：“如果说我看得远，那是因为我站在巨人的肩上。”

在这个强调个性的年代，自负的人并不罕见，但是仍然经常会引发别人的反感，自负心理通常会看不起别人，总觉得自己各方面都比别人强很多，这种人总是固执己见、唯我独尊，自己认为是对的就一定是对的，而且总是将自己的观点强加在别人身上，甚至在明知别人正确时，也不愿意改变自己的态度或接受别人的观点。

自视过高是自负者最显著的特点，这种人总是认为自己非常了不起，别人全都不行。一件事之所以不好，都是因为是别人做而不是自己做的。认为自己是天才，很少去关心别人，与他人关系比较疏远，觉得别人和他无法沟通。这种人时时事事都从自己的利益出发，从不顾及别人，当对别人没有需要的时候，对人没有丝毫的热情，似乎人人都应为他服务，因为他比所有人都强，但是实际上他只会落得个门庭冷落。

另外，有一些自负的人会表现为过度防卫，有明显的嫉妒心。这种人的自尊心极强，当别人取得一些成绩时，会由于自负心理诱发出嫉妒心理，极力去排斥他人、打击比自己强的人，甚至想办法改变别人的成功。然而当别人遭遇失败时，他却是最高兴的人，幸灾乐祸，不会向别人伸出援助之手。非常可怜，也非常可恨。

其实，自负心理不是一朝一夕养成的，其中的根源性问题往往是来自过分娇宠的家庭教育，对于每一个人来说，家庭教育都是影响终身的，也是一个人自负心理产生的第一根源。尤其对于心理还不成熟的青少年儿童来说，他们的自我评价一般情况下都是优先取决于周围的人对他们的看法，而在这个体系里，家庭则是他们自我评价的第一参考系。父母亲对其进行的夸赞、宠爱、表扬，经常会使他们觉得自己“相当了不起”“非常厉害”，自己处处比别人强，处处比别人优秀，久而久之，就成为人的性格的一部分了。

片面的自我认识也是在自负者中非常常见的，自负者通常都会缩小自己的短处，并且对自己的长处进行夸大，从量的方面增加自己的自负心理。自负者往往都是缺乏自知之明的，同时把自己的长处看得过于突出，对自己的能力评价高出自己的实际水平，对别人的能力评价低于实际水平，这样自然就会产生自负心理。而当一个人只能看到自己的优点，却无法看到自己的缺点时，长此以往，就会产生一种自负的个性。这种人往往好大喜功，取得一点微不足道的成绩就会认为自己了不起，成功的时候完全归因于自己的主观能力，而不去想其他原因，但是当他遭遇失败的时候则完全归咎于客观条件的不合作，这种人总是过于自恋和过于以自我为中心，把自己的举手投足都看得至关重要，与众不同。

自负心理的产生和这种人在生活中一直处于优势的环境有关。所有人的认识都来源于其自身的人生经验，生活中遭受过许多挫折和打击的人，很少有人会有自负的心理，反观那些生活中一帆风顺的人，则很容易养成自负的性格。因为遭遇过挫折，才会明白怎么样做人。

情感上的原因在这里也起着非常重要的作用，一些人的自尊心特别强烈，超出了一般的范畴，为了保护自尊心，在交往挫折面前，常常会产生两种既相反又相通的自我保护心理。首先是自卑心理，通过自我隔绝，避免自尊心的受损；然后就是我们提到的自负心理，他们通过对自我的无限放大，获得自卑不足的补偿。比如说，在现实生活中就有一些家庭经济条件不很好的学生，往往很自卑，因为害怕被经济条件优越的同学看不起，就摆出一副清高的模样，在表面上摆出看不起这些同学的样子。这种自负心理是自尊心过于强烈的表现。

事物都有其两面性，其实自负也有其积极的意义所在。尤其对青少年来说，在一个适当的范围内，自负可以激发他们的斗志，激发他们的潜能。树立胜利的信心，坚定战胜困难的决心，使他们能勇往直前。但是，自负又必须建立在客观现实的基础上，脱离实际的自负是非常可悲的，不但不能帮助人们成就事业，反而会严重地影响自己的学习、生活、工作和人际交往，长此以往还会影响心理健康和人格的健全。

自负心理有好有坏，为了不让它向坏的方面发展，我们还是要对它进行适度的调试。首先眼光要放得尽量长远，要以发展的眼光看待自负，既要看到自己的短处，也要看到自己的长处，既要看到过去，又要看到自己的现在和将来，辉煌的过去可能标志着你曾经是个英雄，但它并不代表着现在你还是一个英雄。

在各种方法里，接受批评是根治自负的最佳办法，自负者都有一个致命的弱点，那就是他们总是不愿意改变自己的态度或是不愿接受别人的观点，接受批评也就是针对这一特质所提出的方法。它并不是让自负者完全服从于他人，只不过是要求他们能够接受别人的正确观点，明白什么叫求同存异，通过接受别人的批评，改变过去唯我独尊的形象。

从前有一个满怀失望的年轻人千里迢迢来到法六寺，年轻人找到住持方丈后说："我一心一意要学丹青，而且从小天赋过人，但是至今没有找到一个能令我满意的老师，这是为什么呢？"

住持听后笑了笑，然后问他："你走南闯北十几年，真的没能找到一个老师吗？"年轻人深深地叹了口气说："是啊，现在有许多人都是徒有虚名啊，我拜访过许多不同的名人，也见过他们的画，但是他们有的画技甚至都还不如我呢！"

住持听了，淡淡一笑说："老僧虽然不懂丹青，但是也颇爱收集一些名家精品。既然施主的画技不比那些名家逊色，那就烦请施主为老僧留下一幅墨宝吧！"年轻人应允。住持便吩咐一个小和尚取来了笔墨砚和一沓宣纸。年轻人问住持想要什么类型的画，说自己都会画。住持开口说道："老僧的最大嗜好，就是爱品饮茶，尤其是喜爱那些造型流畅，风格古朴的茶具，施主可否为我画一个茶杯和一个茶壶？"年轻人听了，马上就说："这还不容易吗？"

年轻人于是调了一砚浓墨，铺开宣纸，寥寥数笔，就画出一个倾斜的水壶和一个造型非常古朴典雅的茶杯。画中的那水壶的壶嘴正徐徐吐出一脉茶水来，注入到了那茶杯中去。画完后，年轻人非常自信地问住持："这幅画您还满意吗？"住持微微一笑，摇了摇头。年轻人急了，问其原因。住持说："你画得确实不错，只是把茶壶和茶杯放错位置了。应该是茶杯在上、茶壶在下呀！"

年轻人听了，笑道："大师，为何如此糊涂了？"

住持听了，又微微一笑，说："原来你是懂得这个道理的啊！你渴望自己的杯子里能注入那些丹青高手的茶水，但是你却总把自己的杯子放得比那些茶壶还要高，如此一来，那些茶水怎么能注入你的杯子里呢？如果你把自己放低，谦虚一点，那么你就能得到一脉流水，才能真正学到自己想要的东西。"

年轻人思忖良久，终于恍然大悟。从此他学会了放低自己，虚心拜访各类名师，吸纳别人的智慧和经验，最终成为一代名师。

自负的人应该试着与人平等相处，自负者有一种特别让人反感的特质，就是他们总是视自己为上帝，无论在观念上还是行动上都经常无理地要求别人无条件地服从于自己。而所谓平等的相处就是要求自负者以一个普通社会成员的身份与别人平等交往，明白大家都是一样的人，只有平等相处才会获得别人的尊重，创造健康和谐的社会环境。

苏东坡小时候，在书房门上贴了一副对联：

识遍天下字

读尽人间书

应该说，苏东坡的雄心壮志无可厚非。但是“天下字”多如牛毛，你能“识遍”吗？“人间书”汗牛充栋，你能“读尽”吗？未免有点儿“狂”啊！

这事被一位老者知道了。一天，他拿来一本小书，向苏东坡请教。苏东坡接过小书一看，有许多字并不认识，这本小书也没见过，不禁十分羞愧。老人取回小书，盯着这副对联看了好一会儿，不禁摇摇头走开了。

苏东坡看在眼里，觉得自己的这副对联确实狂了一点，很不应该，于是拿起笔来，在开头多添了两个字：

发愤识遍天下字

立志读尽人间书

这一改，没有了原先的“狂”气，变成了努力的方向。从此以后，苏东坡变得谦逊起来，孜孜不倦地识字、读书，终于成为一代大诗人、大文豪。仅仅加了几个字而已吗？不是的，这是一种态度的问题。是摒弃了自负，留下了谦虚。

中国伟大的哲学家、思想家、儒家学派的创始人孔子就在谦虚方面给我们树立了很好的榜样。他在30岁时，拜乐工师襄子为师，学习弹琴。

一天，夕阳已经西下，天色渐渐暗了下来。孔子依然毕恭毕敬地盘坐着，一遍又一遍地弹奏着同一首曲子，兴致勃勃，丝毫没有厌倦的样子。他的老师师襄子对他说：“这首曲子你已经练了足足10天了，可以再学一首新的曲子了！”

孔子站起身来，认真地说：“我虽然练了这么长的时间，可只学会了曲谱，还没有真正弄懂其中的技巧啊！”

几天过后，师襄子看到孔子的指法更加熟练，乐曲也弹奏得更加和谐悦耳，便说：“你已经掌握了弹奏的技巧，可以再学一首新的曲子了！”可孔子又说：“我虽然掌握了这首曲子的弹奏技巧，可还没有真正领会这首曲子的思想感情！”

又过了些时日，师襄子来到孔子家里听他弹琴。一曲终了，师襄子已经完全被孔子那洋溢着激情的弹奏所吸引，听得出神入味。曲毕，才深深吸了一口气说：“你已经弹奏出了曲子的思想感情，可以再学一首新的曲子了。”可是，孔子还是像第一次那样认真地回答说：“我虽然弹得像点样子了，可我还没有体会出作曲者是一位怎样的人啊！”说完，他又像开始学习时那样，一点儿也没有厌倦，毕恭毕敬地盘坐下来，一个音符一个音符地弹奏起来。

不知又过了多少日子，孔子又邀请师襄子来验听曲子。孔子弹完后，师襄子对他说：“功到自然成，这次你应该知道作曲者是谁了吧！”孔子眼睛一亮，兴奋地说：“我已经知道作曲者了。此人魁梧的身躯，黝黑的脸庞，两眼仰望天空，一心要感化四方。此曲非文王莫属，不知对否，还请老师指教。”师襄子脸上浮起了微笑，激动地说：“你说得很对，我的老师讲过，这首曲子的名字就叫‘文王操’。只有像你这样勤学苦练才能达到如此境界啊！”

在谦虚的推动下，孔子不断进步，不断完善，最终成就了自己。孔子的事迹告诉我们：“只有知不满，方能进而学。”谦虚是未来的开始，更是我们进步的动力，只要你谦虚地面对自己的成就，不断以知识充实自我，那你就可以不断进步、趋向完美。

因此，我们在成长中要时刻保持谦虚的心态，在谦虚中完善自己。一个人只有谦虚，才会觉出自己的不足，才会不断地追求新的知识，取得进步。谦虚是不断奋发向上的动力，是进取和成功的必要前提。谦虚地面对一切，才能使自己不断进步。

虚伪心理

在大森林里有一只叫声很难听的喜鹊，不管到了哪里，都会先做一番这样的自我介绍：“不好意思，我这个人说话就是这么直，我就是直筒子性格，心直口快，爱讲真话，从来就不怕得罪人。”

他倒还真没撒谎，每当这只叫声难听的喜鹊碰到了让它不顺眼的事情，总爱叽叽喳喳一通，指责一气。比如说吧，要是他见了猪，他要斥责：“光吃不干的懒家伙，等着被杀了吃肉吧！”见了狗，他也要嘲讽：“尾巴卷上天的东西，吃你主子的剩饭吧！”见了驴，他还要戏谑：“蠢货，驴脾气，一根筋，推磨还要蒙眼。”就连见了和自己属于同类的麻雀，他也要讥笑：“小不点儿，能把人吵死。”……这么说来，这个森林里还真没有什么他能看得顺眼的事了。

不过，故事的转折点很快就来了，那天乌鸦总管大人下来巡视山林。喜鹊一听到了这个消息，赶忙飞向前，笑脸相迎，喋喋不休地恭维乌鸦：“总管大人，我们太想念您了。见到了您，真幸运。总管大人，您的羽毛真美，你是天下最漂亮的鸟。总管大人，您的歌儿真好听，您堪称鸟王国的最佳歌星。”

乌鸦总管走后，一群鸟民围拢上来，七嘴八舌质问喜鹊：“爱讲真话的先生，今天怎么不讲真话了?”“乌鸦的羽毛真美吗?”“乌鸦的歌儿真好听吗?”喜鹊窘态百出，支支吾吾，答不出一句话来。公正的猫头鹰出来替喜鹊做了回答。“喜鹊先生，恕我直言。你的所谓直筒子性格，爱讲真话，有对象哇！在和自己无利害关系者的面前，你什么都敢说，什么都能说；一旦到了关乎自己利害的对象面前，你就不敢讲真话了。”

故事里喜鹊可笑而可悲，他这种做法就是典型的“见人说人话，见鬼说鬼话”，这是一种彻头彻尾的虚伪，最后只能落得名声扫地，沦为人前笑柄。

人们都尊敬君子，在东方文化里，我们崇尚君子的行为。而在西方其实也是一样，只不过他们将之称为“绅士精神”。然而，在现实生活中有一个特别让人不解的现象，那就是：做一个真正的君子竟然往往会让人生厌。这是因为，君子必须真诚，说真话，而说真话往往会刺到人的痛处。这时，人们又想到了一条妙计，那就是学习阿谀奉承、溜须拍马、天花乱坠的谎话来欺骗别人，这就是虚伪，这就是欺骗。

简单地说，虚伪就是不真实、不实在，弄虚作假。虚伪就是口是心非、表里不一、口蜜腹剑。朋友想要请客，心中明明高兴得要死，嘴上却说：“多不好意思啊，总让你破费”；学校号召为灾区捐款，心中明明一百个不乐意，嘴上却说：“灾区人民太苦了，这钱我早就想捐了！应该早点搞这个活动”；领导提出了一项决策，明明心里持不同意见，嘴上却说：“这是多么英明的决定啊!”；挨了领导批评，被罚了款，明明心里很不舒服，甚至可以认定领导是错的，但嘴上却说：“多亏领导的帮助，要不我不会对错误认识这么深刻。”一个领导或是同事能力不强，心中明明瞧不起他，嘴上却说：“你能力很强，水平真高”；朋友找你去帮忙，明明心中不想去，嘴上却说：“就这点小事，我一定帮你办到”……细心的人可以发现，每个例子中都运用了“……明明……却……”的句式。像这种生活中比比皆是、数不胜数的例子，就是虚伪的表现。虚伪的实质，就是一种对他人、对自己的欺骗。

或者也可以这么说，当你的言行举止与你自身的主观意愿相违背时，就可以说是一种虚伪。是广义上的欺骗。在现实生活中，我们身边确实有很多很多虚伪的人。如果扪心自问，我们自己难道就从来没有虚伪过吗？那么，问题就来了，人为什么会虚伪？虚荣心理、功利心理和对别人极度不信任的心理是导致虚伪产生的最主要的原因。

虚荣到底是什么？我们前面已经讨论过了，虚荣就是一种虚无缥缈的荣耀、荣誉。是实际上不存在的身外之物，它本来是用来满足我们没能实现梦想中状态的心理，结果却让人们疲于满足这种心理而已。是心理学世界中的无限循环的困境怪圈。在残酷的现实中，找不到能够满足虚荣心的东西，也就是说，真的东西永远是残酷的，会伤害到那颗虚荣的心。这时，虚荣的人往往就会想到一条妙计，那就是用一些虚假的东西来满足自己的虚荣心，这些假东西就是虚伪。从众心理、攀比心理等也都是造成人性虚伪的原因。在我们的生活中，虚伪好像是无可厚非的，是被社会所允许的，这是多么荒诞的事，却又是多么真实的情况！因为从现实生活中我们似乎并不能找出因为虚伪而产生的危害。而且，现在虚伪的人太多太多了，我们每天都生活在这种人身边，说不定，在别人眼中，我们也正是那种虚伪的人。大多数人认为虚伪只不过从道德上说不过去，实际并没有多大的危害。或者有人感叹：不虚伪可怎么活啊！可是，这种想法是错的。因为，一个人活在天地间，不管他自己虚伪不虚伪，他都永远不愿意和一个很虚伪的人做朋友！虚伪会让你活得很累，因为你每天都要为自己编织各种各样的谎言，你就这样生活在谎言组成的弥天大网之中；虚伪会让你身心疲惫，撒了一个谎之后，还要再想一个谎言去圆上一个谎；虚伪会让你感到迷茫，感到人生的荒诞，还会迫使你不得不去思考社会的阴暗面。因为你并不知道别人是不是也很虚伪，你不知道他们说的那些东西有哪些可以相信。

总之，虚伪心理是我们人性中最丑恶的弱点，它像黑暗里的一只虫子，一点点地、慢慢地吞噬着人的灵魂，夺走人的快乐和幸福。

逃避心理

一位名叫拉尼卡的女孩儿刚毕业不久，她到公司报到的第一天，人力资源部的经理负责接待。看到外形俊朗、浑身洋溢着无限热情的经理，拉尼卡的心里如惊鸿飞过，这个人正是拉尼卡一直以来心目中白马王子的最佳人选。

在拉尼卡上班后，经理对她好像也多多少少有那么一点特别的照顾。果然，工作中他总是会创造一切条件来帮助拉尼卡，加上拉尼卡自己的聪颖，很快在几个新人中脱颖而出。

在那个难忘的圣诞夜，经理约拉尼卡喝咖啡。在咖啡香中，拉尼卡很想让他知道自己已经悄悄地爱上了他，可话出口后，却只是感谢他近半年对自己的帮助。倒是经理大方地说，帮助她是因为喜欢她。一种甜蜜而幸福的感觉在拉尼卡心里荡漾开来。

有了这样的心思和感觉，拉尼卡对他的任何消息都特别关注起来，陆续从别人的口中得知，他的家境很优越，父亲是一家上市公司的董事长，母亲是这个城市著名的外科大夫，据说他们对未来的儿媳要求特别高，不仅要漂亮而且必须有自己的事业。知道了这些后，拉尼卡心里立刻少了从前的从容。和他相比自己有什么呢？父母都是小镇的普通工人，培养出一个大学生女儿是他们最大的成就。两家的差距实在是太大。而自己本身呢，没有那种摄人魂魄的惊艳，事业更无从说起。

原来爱情的门槛竟然会这么高，简单的幸福却如此困难，她注定迈不过。拉尼卡庆幸自己并没有答应他什么，否则一场爱情必定会中途夭折。

拉尼卡平常就很有想法，她不是那种肤浅的女孩儿，她思量再三终于打定主意该怎么做。她开始有意逃避他的目光和追寻，把自己更多地交给了工作，她相信很快就会有那么一天，用自己出色的事业来打动他和他父母的心，她相信自己有这个能力。她相信自己的努力可以换回所有她所欠缺的东西。而他依然一心一意地追求她，可没想到她竟然一直回避着他，她把自己的精力和时间更多地奉献给了工作，每天忙忙碌碌，几乎没有休息的时间。

然而，就在三个月后她惊奇地发现，一块儿进公司来的另一个女孩苏珊竟然开始疯狂地追求他。谁都知道这个名叫苏珊的女孩来自贫穷的村里，父母都是半辈子没走出过山里的农民，为了让两个弟妹继续受教育，苏珊只能在这个城市里维持最低的生活水准。况且苏珊长得也非常一般，仅仅算是刚达到了不难看的程度而已，所以拉尼卡其实并没太把苏珊这个对手放在心上。

有一次公司举办一个庆祝酒会，经理打电话让拉尼卡一定要去参加。可为了一单业务，拉尼卡却选择了陪客户吃饭，据说酒会上他找不到她有些失态，喝了很多酒，最后是苏珊强行拉走了快要醉倒的他……

那段时间拉尼卡发现，他和苏珊的感情居然会骤然紧密起来，她不知道原因，但她的心里如刀绞一般地疼。但值得安慰的是半年后因为工作出色，她被任命为部门经理，成为公司里有史以来最年轻的女性中层管理者。

拉尼卡终于有了跨过那道爱情门槛的勇气，她终于有了这个勇气！她第一时间就去找他，和他分享了这个好消息，并且对他表白其实一直爱着他。他习惯性地深情地看着她，却摇头说："这一切都太晚了。"拉尼卡一听此言，她那颗热情的心瞬间就沉到海底。拉尼卡第一次知道了他和苏珊的故事。原来那夜醉酒后，他被苏珊送回公寓，苏珊是一个敢于追求爱情和幸福的女孩，大胆向他表白了自己炙热的爱情，他真的被这个不起眼的女孩感动了。而且半年来苏珊的纯朴善良和对爱情的执着同样也打动了他苛刻的父母。

就在那一瞬间，拉尼卡付出了失去幸福的代价才明白了一个道理，王子娶过灰姑娘，公主也嫁过普通小伙子，爱情原来没设门槛，而所谓的门槛不过是自己给自己设置的一道屏障。

消极的回避让故事的主角失去了一段完美的爱情，难免令人扼腕叹息，我们的女主角并非没有实力，也并不是不肯付出努力，她仅仅是因为缺乏面对的勇气而已，自作聪明地想要转移战线，用工作上的出色来换回自己的爱情，而不是直接去争取自己

的幸福，所以机遇转移到了别人身上也是非常正常的。要知道，在现实生活中，我们每一个人的人生本来就是一场又一场面对许许多多、各种各样困难的漫长的战斗！只有坚持的人才可能胜利。只有勇敢者才会活得精彩！想要拥有那种值得喝彩的人生吗？那你就要在艰难困苦中依然能够昂首挺胸。早一些懂得挫折和门槛是人生的正常待遇，幸福是我们奋勇争取才能获得的战利品！当挫折与门槛到来时，应该毫不犹豫，勇敢面对。而不是逃避！任何的逃避方式都是逃避。不要逃避，直面它，看着它，然后击败它。这样，你一定会比别人更早地坚强起来、成熟起来，以后的人生便会少一些那种毫无益处的悲哀气氛，给自己的人生添加一份壮丽的色彩！

逃避心理其实就是我们常说的回避心理，也就是指当自己与社会及他人发生矛盾及冲突时，往往不能自觉地解决所发生的冲突和矛盾，不想着去积极地解决问题，反而是躲避矛盾和冲突的心理现象。这样的心理会让人产生一时的轻松，但是却无法从根本上解决问题。所以是一种不良的心态。

有这么两个年轻人，一个叫卢卡，一个叫杰克，他们俩是非常要好的好朋友，几乎形影不离。所以他们连找工作都要一起找，功夫不负有心人，他们一起找到了一份不错的工作，两人对待工作都很努力，有一次，当卢卡把瓷器递给杰克的时候，杰克一下没接住，瓷器掉在地上，成为碎片。他们都知道瓷器打碎了意味着什么，没了工作不说，可能还要背负沉重的债务！果然，老板对他们进行了十分严厉的批评。在他们等待处理的过程中，卢卡避开杰克，一个人走到老板的办公室，对老板说："老板，不是我的错，是杰克一个人不小心弄坏的。"

紧接着，老板又把杰克叫到了他的办公室，杰克把事情的原委告诉了老板，最后他说："这事情是我们失职，我愿意承担所有的责任。另外，据我所知，卢卡的家庭条件不好，请求老板酌情考虑对他不要惩罚，我会尽全力弥补我们所造成的损失。"

在之后的几天里，他们就在静静等待处理的结果。终于有一天，老板把他们一起叫到办公室，对他说："公司一直对你们很器重，想从你们两个当中选择一个人来担任客户经理，没想到出了这样一件事。不过也好，这会让我们更清楚，哪一个人是合格的人选，我们决定请杰克担任公司的客户部经理，但是杰克一个月的工资要扣除，作为瓷器的赔偿，至于卢卡，你从明天开始就不要来上班了。"

实际上，瓷器的主人早就已经看到了他们传递的过程。他早在瓷器刚破碎的时候，就去和老板说过了。老板借这个机会也就可以非常清楚地认识自己手下员工的品质如何，一个勇于承担责任的人无疑是非常值得信任的，在责任面前，千万不要想去逃避，勇敢面对，就一定有意外的收获。选择逃避，只会对自己和别人造成损失。

逃避心理自有其形成的因素，主要分为主观因素和客观因素。主观因素包括过分自信，甚至自负。或者处于长期孤独而又优越的环境，长辈们过分的夸赞和保护，使许多独生子女非常自信，有时甚至是盲目的自信，它强烈地影响了青年学生正确地认识自我，所以当他们解决不了问题却又不愿表现出自己的无能，只好用逃避，不去面对的方式来进行掩盖，好像什么都没发生过。另外，当今社会的需求日益增长，但是人们却得不到满足。从零点到最高点，往往是一个快速上升阶段。这时的人生需求包括生理、心理、求知等多方面的内容，但是外界对青年学生的不理解和不支持，使他们的正常需求得不到满足，青春期的冲动，渴望爆发，又没有爆发的时间和场合，回避心理便自然产生了。

形成逃避心理的客观因素有时候比主观因素更加重要，最常见的就是家庭教育的失误。在家庭教育中，可以分为两个阶段，就是过分溺爱和过分严厉。在孩子很小的时候过分溺爱，可是等孩子大了，又过分严厉，做父母的不能把握恰当的度，久而久之，孩子往往封闭自己，回避现实，与家长之间形成了代沟和隔膜。这样的教育无疑是呆板的，管理方式单调。现在我国的学校教育过于模式化，更多的是侧重知识的传授，但是却缺乏对孩子智能的开发，在传授知识中形式单一，特别是学生进入中学阶段之后，应试就成了学生在学校中的唯一目标、也是学校办学的目标，从初中直到高中，全都是围绕着中考、高考开设课程，课程内容单调，教材也多半是定理、公式，缺乏形象化内容，所有的学习，都只是为了那两次考试的成绩而已。而且某些教师教学水平较低，责任心较差，甚至素质低下，课堂气氛投入缺乏活力，教师管理也多半以抓学习为主，他们也认为学校生活就是学习教材，准备应考。在这种单调生活和沉重的压力下，青年学生不断增强的心理和思想需求得不到满足，自然而然地就会厌倦学校生活，他们没有对策，只能产生逃避的心理。

逃避心理经常出现在还在学习阶段的学生身上，在这个非常重要的人生阶段上，进行调适是非常必要的，你可以试着为自己做对了某件事而感到自豪。只要你以成败为衡量标准，总可以把做成某件事看作自我价值的提高，自己能力的提升，并因此自豪。你还可以努力选择并尝试一些新鲜的事物，即使你仍留恋着熟悉的事物。尽力结识更多的新朋友，更多地将自己置身于一些新的环境，尝试一些新的变换的工作，邀请一些观点不同、性格不一的人到家里来做客，开阔你的眼界。不要再费心去为你做的每一件事找借口。这是逃避的典型现象，戒除此现象将会有极大的效果。尤其是当别人问你为什么要这样做或那样做时，你并不一定要说出可信的理由，以使别人满意。其实，不管你决定做任何事情的理由都很简单——因为你想这样做，如此而已。

在我们漫长的人生道路上，不论是谁，痛苦和挫折都是不可避免的，是一定会发生的，是人生的一部分。完全享乐，没有任何痛苦的人生，是不现实的，只能出现在传说之中罢了。既然无法避免，那么我们是消极地继续想方设法去逃避还是转过身来，不做命运的逃兵，勇敢地面对痛苦、迎接苦难，看着它，然后战胜它？这个看似不用思考的选择对你整个人生是黯淡还是辉煌起着决定性的作用。对于那些还在不断成长中的孩子们，我们应该对他们敞开心扉，坦诚相告：在你的整个人生旅程中，肌肤之痛远远不会只是打针吃药，人生中将会遇到的坎坷和挫折也永远不只会是孩童蹒跚学步时的磕碰摔倒。在以后的日子中，谁也不知道自己将来到底会经受怎么样的灾难与痛苦。为人父母的，虽然我们并没有必要刻意去安排让孩子吃一些不必要的苦作为训练，那是很幼稚、不科学甚至是心理不成熟的教育法，但我们仍然要教给孩子如何面对挫折和痛苦，面对肉体的痛、人生的艰难。这是非常重要的，就像要对即将上场的运动员讲好动作要领，并且让他知道失误所造成的后果。实际上，细心的父母只要能善用孩子在生活中碰到的那些小小的挫折，只要能利用这些小小的不如意，就可以很好地让孩子懂得幸福快乐的人生必须具备的健康心态。这样做比空讲道理要更有效，留给孩子的印象也会更加深刻。

谁能数清楚人生中一共有多少错误呢？当我们面对错误的时候又该怎么办呢？有很多人第一时间就想到了逃避。这个答案可以说是非常可笑的。要知道，逃避本身就已经是人生中的重大错误之一。在通往成功的路上，如果你总是遇到事情就选择用逃避的方式来保护自己，或许只能说明一个问题：你还没有勇气面对和挑战现实生活中所遇到的种种灾难和不幸。

不妨试着冒点风险，勇于面对那些灾难和不幸，使你解脱日复一日的单调与痛苦的生活。不一定是要你做出多么惊人的举动，只要是小小的改变就会给你带来巨大的惊喜，比如上班时不一定非得要乘坐同一种方式的交通工具，每天早餐不一定总是要吃同样的东西等。你运用自己的创意，充分发挥自己的想象力，在这时，你就会发现，你原来设想的计划几乎都是可以实现的。这个世界上没有做不成的事。

最后一点，就是可以试着去接触那些你认为使得你对未知惧怕的人。在遇见这样的人时，你可以主动同他们谈话，向他们明确表示，你打算尝试新的事物，你可以观察他们有什么反应。你会发现，他们的怀疑态度正是你担忧的因素之一，但是你总是在这些否定态度面前陷入了惰性。觉得不用思考，他们一定是如何如何，这实际是非常消极的想法。会让你失去很多机会。既然现在你可以正视这种态度，那么你便可以发表你自己的看法，摆脱他们的控制。再没有什么东西比封闭的头脑更能扼杀思想了。只要挣脱了这个束缚，你会发现你拥有了更广阔的天空。

1944 年是一个风雨飘摇的年份，第二次世界大战进入了最关键的转折点。艾森豪威尔将军正指挥他麾下的英美联合部队准备横渡英吉利海峡，强行登录法国诺曼底，展开和德国法西斯战争的新阶段。

此次的抢滩登陆事关重大，是整个战局的关键性动作。英美两国之间精诚合作，不分你我，几乎为这场战役投入了举国上下的人力物力，然而人算不如天算，就在一切准备就绪、蓄势待发的时候，英吉利海峡却突然风云变色、巨浪滔天，数千艘船舰只好退回海湾，等待海上恢复平静。

这么一等，结果坏了，整个部队足足等了四天，天空像是被闪电劈开了一道裂缝，倾盆大雨连绵不绝，数十万名军人被困在船上，进退两难，每日所消耗的经费、物资，实在不容小觑。

正当以优秀军人气质著称的艾森豪威尔总司令苦思对策时，气象专家送来最新的报告，资料中显示天气即将出现好转，狂风暴雨将在三个小时之后停止。艾森豪威尔明白这是千载难逢的好机会，可以攻敌人于不备，只是这当中也暗藏危机，万一气候不如预期中这么快好转，很可能就全军覆没了。

艾森豪威尔将军经过长期而慎重的考虑之后，在日志中写下："我决定在此时此地发动进攻，是根据所得到最好的情报做出的决定……如果事后有人谴责这次的行动或追究责任，那么，一切责任应该由我一个人承担。"然后，他斩钉截铁地向陆、海、空三军下达了横渡英吉利海峡的命令。

艾森豪威尔

艾森豪威尔仿佛受到了幸运女神的眷顾，上帝也仿佛在帮助执行正义的人。倾盆大雨竟然真的在三个小时后停止了，海上恢复一片风平浪静，英美联军终于顺利地登上诺曼底，掌握了这场战争得胜的关键。

真正的英雄其实并不一定在于他的功绩有多么伟大，而在于他有没有面对的勇气。面对困难，面对失败。只要勇敢地去面对，你也可以成为你自己的英雄。生活中的很多人，可以面对困难，却不敢面对失败，这是非常普遍的情况，你应该明白一件事，失败只是可惜而已，一点也不可耻，况且只要你不被失败所打倒，那么失败永远都只是一时的，伴随而来的责任却是一世的，只有当你勇于承担、面对时，责任才有可能有光荣完成的一天。

因为家境贫寒，他年仅20岁就辍学踏入社会。那时正逢经济萧条时期，要想找份工作非常艰难。一家知名医药企业刚刚贴出招聘科员的告示，就引来了数十名应聘者，

他也在求职大军之列。

招聘者被一一编了号，他排在 50 多号。求职者相继沮丧地从招聘室走出来，说："条件很苛刻，没有大学文凭，没有两年以上的从业经验，一概不收！"门外的应聘者一听，呼啦一下走了不少人。他也不符合应聘条件，可他没走。

不久，又有几名应聘者走出办公室："年龄要 25 周岁以上！"

应聘者又散去了不少，但他继续耐心地排队等待。后面的应聘者问："看你 25 不到吧？"他点头。那人又道："肯定也会被淘汰的，不如走掉算了！"他笑着说："机会难得，即便是不符合条件，也应该试一试！"

结果，他的人生就因"试一试"的勇气而改观。各方面都不符合条件的他，虽然未被招聘为科员，但招聘主管因他形象不错口齿伶俐，破格录用他作了一名药品推销员。参加工作以后，这位没有社会背景和学历的青年，凭借着这份敢于尝试的勇气，一边卖药一边考公务员，短短 10 年，就从普通的卖药仔，一路飙升为香港政要。

1998 年亚洲金融危机中，他敢于动用外汇金融储备干预股市，以过人的胆识、智慧及谋略捍卫了香港的金融体系。他就是香港特区现任行政长官曾荫权。

后来，在很多场合，他都被问道：成功是不是靠运气？曾荫权就说："从前人们都说从尖沙咀坐船到中环几乎是不可能的，因为水流湍急，会把你带向大海。我不相信，试过一次，意外地发现，虽然坐船到不了中环，但却可以到湾仔或西环，同样是很好的落脚点啊！凡事不要先断定结果，不要逃避，只要你有心尝试，只要你充满勇气，不管是否如你所愿，生活总会给你惊喜！"

的确，逃避心理所带给我们的只能是故步自封，停滞不前。勇敢面对，迎难而上，接受挑战，才是正确的选择。

攀比心理

从前有一个山民，以采樵为生，日月辛苦，仍改变不了穷困的生活。他在佛前也不知烧了多少炷高香，祈求大运降临，脱离苦海。

真是佛祖慈悲，一天他在山坳里竟然挖出了一个一百多斤的金罗汉！

转眼间，他荣华富贵加身，又是买房又是置地。宾朋亲友一时竟多出好几倍，大家都向他祝贺，目光里满是羡慕。

可山民只高兴了一阵，继而犯起愁来，食不知味，睡不安稳。

"偌大的家产，就是贼偷，也一时不能偷光啊！你愁什么呀？"他老婆劝了几次没效果，不由得高声埋怨。

"妇道人家哪里知道，怕人偷只是原因之一！"

那山民叹口气，说了半句便将脑袋埋在了臂弯里，又变成了一只闷葫芦。

“十八罗汉我只挖到一个，其他十七个不知在什么地方。要是那十七个罗汉一齐归我所有，那就满足了。”

知足常乐，放下心中的名、利、财等欲望，人生之快乐必将永远陪伴左右。

有一个大国的国王，名叫察微。有一次，在空闲的日子里，察微王穿着粗布衣服，去巡视民情。他看到一个老头正在愁眉苦脸地补鞋，就开玩笑地问他说：“天下的人，你认为谁是最快乐的？”

老头儿不假思索地回答：“当然是国王最快乐了，难道是我这老头儿呀？”

察微王问：“他怎么快乐呢？”

老头儿回答道：“百官尊奉，万民贡献，想要什么，就能有什么，这当然很快乐了。哪像我整天要为别人补鞋子这么辛苦。”

察微王说：“那倒如你讲的。”

他便请老头儿喝葡萄酒，老头儿醉得毫无知觉。察微王让人把他扛进宫中，对宫中的人说：“这个补鞋的老头儿说做国王最快乐。我今天和他开个玩笑，让他穿上国王的衣服，听理政事，你们配合点。”

宫中的人说：“好！”

老头儿酒醒过来，侍候的宫女假意上前说道：“大王醉酒，各种事情积压下许多，应该去理政事了。”

众人把老头儿带到百官面前，宰相催促他处理政事，他懵懵懂懂，东西不分。史官记下他的过失，大臣又提出意见。他整日坐着，身体酸痛，连吃饭都觉得没味道，也就一天天瘦了下来。

宫女假意地问道：“大王为什么不高兴呀？”

老头儿回答道：“我梦见我是一个补鞋的老头儿，辛辛苦苦，想找碗饭吃，也很艰难，因此心中发愁。”

众人莫不暗暗好笑。夜里，老头儿翻来覆去睡不着觉，说道：“我究竟是一个补鞋的老头呢？还是一个真正的国王？要真是国王，皮肤怎么这么粗？要是个补鞋的老头又怎么会在王宫里？是我的心在乱想，还是眼睛看错了？一身两处，不知哪处是真的？”

王后见状，于是吩咐宫女上来酒菜，让老头儿喝葡萄酒。

老头儿又醉得不知人事，大家给他穿上原来的衣服，把他送回原来的破床上。老头儿酒醒过来，看见自己的破烂屋子，还有身上的破旧衣服，都和原来一样，全身关节疼痛，好像挨了打似的。

几天之后，察微王又去看老头儿。老头儿说："上次喝了你的酒，就醉得不晓人事，到现在才醒过来。我梦见我做了国王，和大臣们一起商议政事。史官记下了我的过失，大臣们又批评我，我心里真是惊惶忧虑，全身关节疼痛，比挨了打还痛苦。做梦都如此，不知道真正做了国王会怎么样？上次说的那些话错了。"

听完这些，察微王很有感触地对那老头说："莫羡王孙乐，王孙苦难言；安贫以守道，知足即是福。"

补鞋的老头儿羡慕国王的生活，以为锦衣玉食、万民朝拜就是一种快乐，岂不知国王也有国王的苦恼，布衣也有布衣的乐趣。其实，不要总是和别人进行比较，每天粗茶淡饭，过着自在的生活，才是一种真正的快乐。

攀比的心理在我们的生活中越来越多见，当发生在孩子身上时会比较明显，但是实际上，成年人并不比孩子更能克服这种心理。只是成年人更懂得隐藏。攀比心理在心理学上被界定为中性略偏阴性的心理特征，也就是指个体发现自身与参照个体发生偏差时产生负面情绪的心理过程。通常来说，那些产生攀比心理的个体与被选作为参照的个体之间往往具有极大的相似性，也正是这种相似才产生痛苦，导致自己被尊重的需要被自己过分夸大，虚荣动机大幅增强，甚至产生极端的心理障碍。根据攀比心理所产生的作用不同，攀比心理分为正性攀比和负性攀比，其中正性攀比是指正面的积极的比较，也就是在理性意识驱使下的正当竞争，这种攀比有着一定的积极意义，往往能够引发个体积极的竞争欲望，产生克服困难的动力。反之，负性攀比指的就是那些消极的、伴随有情绪性心理障碍的比较，会使一个人的个体陷入思维的死角，产生巨大的精神压力和某种极端的自我肯定或者否定。这种攀比会使人充满痛苦。负性攀比最大的问题在于缺乏对自己和周围环境的理性分析，只是一味地沉溺于攀比中无法自拔，对人对己都没有好处。

负性的攀比心理是人们最好加以克服的，或者也可以把它转变成正性的攀比心理，这一切主要在于个人的选择和所运用的方法。

建议大家先进行自我调节，自我调节是指个体通过将自己对行为的计划和预期与行为的现实成果加以对比和评价，从内而外，调节自身行为的一系列过程。有关教育专家指出，攀比心理的主动引导与规避，主要通过合理的自我调节实现负性攀比到正性攀比的转化，从而帮助人们建立一个正确的比较观念，摆脱外界和自身压力的束缚，找到前进的动力，首先，可以通过自我暗示，增强自己的心理承受能力，自我暗示其实就是自我肯定，是指通过对个体预期目标积极的叙述，实现头脑中坚定而持久的积极认知，成为我们思维的一部分，让我们摆脱陈旧的、否定性的消极思维模式。自我暗示其实是一种非常简便，也是一种强有力的心理调节技巧，可以在一个比较短的时间内改变一个人的生活态度和心理预期，并且增强个体的心理承受能力。具体表现为带有鼓励性质的语言、符号以及动作。还应该增强自身实力，克服负性攀比。

我们每一个人的自信心是建立在强大的学习实力基础之上的，有了能力，自然也就有了自信。自信不够，那就让自己有更大的能力。负性攀比的产生往往是因为个体自身的实力与期望值达不到均衡水平，导致自信心的缺失，从而产生憎恨、抱怨等情绪。因此，在生活中，积极建立起相关的知识网络，尽快地查缺补漏，用行动弥补失落，巩固并增强自己的学习实力，才能战胜负性攀比造成的心理障碍，继而获得成功。

贪婪心理

南朝梁代人鱼弘，追随萧衍南征北战，功不可没。后来，萧衍当了皇帝，赐给鱼弘 15 顷田，一座山林，8 万棵林木，但鱼弘却郁郁寡欢，终日不露笑脸。鱼弘的妻子深感不安，于是直言相问："你是不是因为皇帝给你封赏少而不高兴?"

鱼弘沉吟半晌说："一个君主，论功要平，惩罚要当，这是常理。我随皇帝转战各地，出生入死，俸禄应该不止于此。"他的妻子说："我知道你的功劳不小，但你不应该是那种贪得财富、追求显达的人，因为这不应该是你的为人之道呀!"这些道理，鱼弘自然听不进去。

鱼弘担任郡守仍嫌官小，财产不多仍感不足，仗着自己受到梁武帝的宠信，竟公开勒索钱财，并且大言不惭地对人说："我做郡守，郡中有四尽：水中鱼鳖尽，山中獐鹿尽，田中米谷尽，村里人口尽。人生在世，就是要快活享乐，作郡守不享乐，什么时候富贵享乐?"

他让下官到民间敲诈勒索，让民工到深山里砍来高贵的树木，运来高级的花岗石，在一块风水宝地上建造豪华郡守府。他的车马服饰不用一般布匹，而用丝绸锦缎，生活奢侈，荒淫无耻，有侍妾百余人。因为生活糜烂、纵欲过度，没几个春秋，他便一命呜呼。

人们常常说某一个人过于贪婪，"贪"指爱财，"婪"指爱食，"贪婪"合起来就是指一个人贪得无厌，也就是对和自己的力量不相称的某一目标进行过分地追求。也不顾自己是否承受得起，这是一种明显的病态心理，这和欲望不同，人有欲望是很正常的，贪欲与人类正常的欲望相比，贪婪永远都没有感到满足的时候，反而是愈满足，想要的就越多。其实，在我国对欲望的理解是非常人性化的，人之求利，情理之常，但是如果一个人什么都想要，而且想无本万利，无视等价交换，想把一切都归纳到自己名下，鲸吞社会与他人财产，就是反常，就是有害、甚至是有罪了。一个贪婪的人，早晚都会出事。

有些人认为社会就是为自己而存在的，天下之物都必须为自己所拥有。太阳都要围着他转，这种错误的价值观使得他们贪婪成性，不贪不行。其实贪婪并不是天生的，那些贪婪的人，在初次伸出黑手时，多有惧怕心理。但是一旦得手，便会被兴奋冲昏了理智，每一次侥幸过关时他都会产生一种行为的强化作用，不停地催化着欲望，不断刺激着那颗贪婪的心。使其越发膨胀，不可收拾。其中不乏有一些人原来家境贫寒，或者生活中有一段坎坷的经历，他们觉得社会对自己不公平，如果没有得到改善，就会不停抱怨，但是一旦其地位、身份上升，就会利用手中的权力向社会索取不义之财，以补偿自己过去的不足，这是一种补偿性的心理行为。这些人在搜刮的时候往往十分疯狂，因为他们在潜意识里认为这些都是他们应得的。还有一些人存在着一定的攀比心理，只要是看别人过得比自己好一些，物质生活比自己富裕，就会更贪婪地索取不属于自己的东西，这一切都是为了达到他们的心理平衡。

犹太人帕霍姆已经很富有了，但仍然不知满足。为了得到更多的土地，他去向巴什基尔人买地。巴什基尔人首领告诉他："我们卖地不是一亩一亩地卖，而是一天一天地卖，在这一天时间里你能圈多大一块地，它就都是你的了。但是如果日落之前你不能回到起点，你就一寸土地也得不到。"

这天早晨，帕霍姆和一些巴什基尔人来到一个小山岗。帕霍姆出发了，他大步往前走着，觉得每块地都很好，丢掉可惜，就一直向前走去。抬头看看太阳，已到中午，天变得燥热起来。他边吃干粮边继续前进。天气热极了，但他仍然没有停止自己的脚步，心里想：辛苦一时，享用一世，再往前走几步吧！

又走出了很远很远，他抬头望望太阳，已经到了下午。"可是前边的那块地看起来很不错，把它也圈进来吧！"于是，他又继续前行。

终于，他不得不往回返了，可是回来的路上，他越走越吃力，但为了在太阳落山之前赶回去，仍然不断地加快步伐，就在太阳即将沉入地平线的一刹那，他离出发点只有不到一米的距离了，于是他使出最后的力气向前冲去。就在这时，他两腿一软，扑倒在地。仆人跑过来想把他扶起来，却发现他大口大口地吐着血，不一会儿就停止了呼吸！天气太热，仆人无法将他的遗体运回去，只好在附近的树林边上挖了一个坑，把帕霍姆埋葬了。帕霍姆圈到了望不到边际的一大片土地，最后需要的只有比他身体稍大点儿的一小块。

不要贪得无厌、不知满足，否则可能会毁掉自己。的确，一个人正是由于种种不健康的贪念，最后变成一个恶魔，一个欲望的奴隶，正如莎士比亚所言：贪欲永远无底，占有的已经太多，仍渴求更多的东西。贪婪的人往往表现为无满足性。一个贪婪的人，他的欲望仿佛是没有止境的，人心不足蛇吞象。俄国作家普希金在其作品《渔夫与金鱼》中就描写了一个十分贪婪的老太婆，和这个老太婆一样，有贪婪病态心理的人，在对待金钱、权力、女色、美食、财产等方面永远是贪得无厌的。如广州民航局售票员易芳利用职务之便，伪造机票，贪污公款几万元，她尝到甜头后，变本加厉，在短短两年时间内，伪造3. 73万余张机票，贪污人民币313万余元，等于一架“波音737”飞机在天空中白白地飞行一年。

贪婪的人，都是利欲熏心的，甚至是明目张胆的。古代有一则寓言叫“齐人盗金”，说的是古代齐国有一个十分贪婪的人，一天他走过集市，看见摊子上摆着待出售的黄金，于是拿起一块就走，被人捉住后，他说：“吾不见人，徒见金。”为了满足自己的一己私欲，有贪婪心理的人甚至会丧失理智，不顾社会道德允许的底线，不顾法律的阻止！他们疯狂地贪污，无耻地索要，对百姓丧心病狂地搜刮，用种种借口挪用公款大吃大喝，公款私用。

贪婪还往往伴随着侥幸的特征。贪婪的人，他们个个心存侥幸心理，认为自己不会被发现，不会被绳之以法。因为这些都是他们应得的东西，他们偶尔侥幸逃脱了监督与检查，甚至会洋洋得意，自认为手段高明，本事通天，结果只会在这堕落的泥淖里越陷越深，不能自已。说到这里，可以提一下，意志薄弱也是贪婪的特征。那些贪婪的人往往不能很好地控制自己的行为，尤其是在金钱与物质面前，几乎不能控制自己的行为，成为自己欲望的奴隶。他们知道贪婪之心没有好处，而且其中有的人在谋得了不义之财后，确实也曾想过要金盆洗手，但也只是想想而已，并不会收手。在物质的诱惑面前，仍然感到犹豫不决，把后悔与迟疑置于脑后，再一次伸出他们罪恶的贪婪之手。

有一句话是这么说的：没吃饱，人只有一个烦恼；吃饱了，人就有无数个烦恼。最初，人的欲望其实是小而卑微、合乎实际的，并没什么大不了的，但是人们却经不住外界的诱惑、旁人的劝说以及周围的衬对……这些就像是在往打气筒里打气，把那个名叫欲望的胎，一点点撑大了，鼓鼓的，让人看着感觉饱胀。于是，无数个烦恼也就产生了。而且终于会有膨胀到极限，爆炸的那一天。

“针大的洞，斗大的风。”这是一句古老而幽默的谚语，用这句话来形容人的欲望，其实是再恰当不过了。欲望是我们暗藏于内心里的一粒酵母，在灌满忌妒、虚荣和贪婪等的恶臭的大酱缸里，发酵变化，小小的一粒，一点点变大，大如斗，大如牛，大到人神齐惊惧。最后变得非常畸形可怕，伤害自己，并且伤害别人。

爱斯基摩人有他们独特的捕狼方法。每到寒冷的冬季，他们会在锋利的刀刃上涂上一层新鲜的动物血，等血冻起来以后，他们再涂上第二层血。当第二层血冻起来以后，再涂第三层……这样，刀刃就全部被冻血包裹住。

接着，爱斯基摩人把尖刀牢牢地反插在地上，当狼闻着血腥味找到这把尖刀时，它们会急不可耐地舔食尖刀上的冻血。融化的血液会散发出强烈的血腥味，在血腥味的刺激下，它们也会越舔越快，在不知不觉中所有包裹在尖刀外面的血都被舔得一干二净，锋利的刀刃就完全露出来了。

但这时候的狼已经嗜血如狂了，它们只会继续猛舔刀锋，对被刀锋划开的舌头它们根本不会有任何疼痛的感觉。在冰天雪地的夜晚，狼根本不知道它舔食的其实就是自己的鲜血。它们只是变得更加贪婪，血液流通得也更快、更多，最后倒在雪地上。

其实，真正置狼于死地的，不是那把尖刀，而是狼的贪欲。如果狼肯在舔舐了刀子外层的鲜血而停下来，那么他们并不会被刀子划开舌头，也不至于因此送命。

吮血是狼的本能，而人也同样具有各种欲望，欲望是一把双刃剑，它可以合理地将人引向好的一面，也可以将人引向无边的地狱，人可以有欲望，但不能“贪”，是否能理智地掌握好这个度，结局大不相同。

贪婪有其存在的客观原因，分析如下：首当其冲的是社会病态文化的消极影响。中国古代就有“马无夜草不肥，人无横财不富”“饿死胆小的，撑死胆大的”的说法，这其实是非常不健康的社会风气，也反映了长久以来不劳而获的投机心理，这种说法宣扬的不是正常的勤劳致富而是谋取不义之财。受这种错误观念的影响，我们自古以来，社会上就存在一些不务正业，靠贪污、行骗过活的不法分子。这是客观的现实，而且这些人的所作所为也会对其他人造成影响。

社会舆论对人的性格也会有一定的误导作用。在我国改革开放初期，社会上的舆论媒介详尽地报道“万元户”的收入与成果，但是却忽略了报道万元户是如何通过艰辛的劳动致富的，这样的后果就是激发了社会各阶层人员的致富攀比心理，某些人为了钱而不择手段。当然，除此之外，还有不少人通过另谋职业、业务进修、加班加点等方式来增加自己的收入，但是那些利用职务、权力、岗位、行业之便，用非法手段谋取私利的也大有人在，而且人数多到无法统计，这就是误导极大地刺激了这些人的贪婪之心，让他们陷入到了疯狂之中。社会上的控制不严也助长了这一势头。在改革开放之后，我们为了搞活经济，各地政策以放宽为主的较多，在促进经济发展的同时也造成了很多弊端。一些地方开始搞有奖募捐、有奖销售活动，明显带有赌博性质的游戏机房也悄然登场，疯狂的赌徒们在赌局中一夜之间输赢达几百万元，简直耸人听闻，而在边境地区则毒品贸易猖獗，甚至有持枪贩毒的亡命之徒。沿海地区的海上走私活动异常频繁。内地一些不法分子哄抢国家矿山资源、铁道运输物资，割断通讯电缆，制造伪劣产品坑害顾客，拐卖妇女儿童等等，这些超过人们忍耐底线的违法行为，却让这些不法分子尝到了甜头，他们就像一些舔过了鲜血的狼，就此陷入了疯狂。而在社会控制不严的情况下，他们屡屡作案。其实客观地讲，目前在一些地区最先致富的人，其中就不乏使用不法手段的，实际上这又刺激了附近地区人们的贪婪之心，使他们蠢蠢欲动。

除了社会方面的原因外，个人主观原因往往才是真正的主要原因。贪婪的人往往都具有错误的价值观念，他们对世界的认识发生了偏差，他们认为社会是为自己而存在，这种人内心里其实就是极端的个人主义，认为人生就是能多赚一点是一点。他们的行为本身也对自己的心理产生了强化作用。

贪婪首先害的是社会，然后社会自然也不会放过你。所以一定需要调适这种不良的心态。

东晋的时候，吴隐之经旧邻韩康伯的推荐，开始出任“辅国功曹”。随后官职不断升迁，并历任卫将军主簿、晋陵太守、左卫将军、广州刺史、太常、中领军等职。然而他却没让生活随着他官职的升迁而奢华，依然过着清贫的日子。下属们都有些不解，有人曾经问他：“你寒窗苦读，有了今天的地位就不想改善自己的生活，你不觉得有点吃亏吗?”

吴隐之则说：“一个人读书做官，如果只为了贪取富贵，他的人生理想就十分低俗，人生也就无味。读书做官对这些人而言便是件坏事，是促其堕落的平台，又有什么值得称道呢？我不想成为这种人。”

吴隐之每月领到俸禄，第一件事便是接济贫穷的亲友和乡邻。他的家人起初并不赞成，常常责备他：“你不贪不占，这在做官的人中已是很难得。我们家也不富裕，倘若再将辛苦所得的俸禄白白送给别人，当官还不如做百姓呢!”

吴隐之为了让家人理解自己，耐心做他们的工作，劝诫他们说：“戒除贪心不是件容易的事，这需要时时刻刻地努力。我也担心自己一旦富裕起来，就开始追求享受了，现在清苦一些是好事啊!”

一次，吴隐之和随从出去办事，天下起雨来。吴隐之看见一个书生抱着蓑衣在雨中行走，十分奇怪，便主动上前问他说：“蓑衣可以遮挡风雨，你为什么不用呢?”书生说：“蓑衣是我在路上拣到的，如果失主心疼蓑衣，那么我披在身上就不合适了，所以只好抱着。”吴隐之深受触动，他说：“你能做到这样，我也自愧不如啊!”他把书生请回府中，托人保媒将女儿许配给了他。

吴隐之清廉有德，朝廷对他屡有褒奖，十分信任。当富庶的广州地区的官吏贪污丑闻不断时，朝廷任命吴隐之为广州刺史，在当时来说就是广州地区的最高官员。朝中大臣在推荐吴隐之时说：“一个人如果能做到不贪，那么任何东西都无法诱惑他。这样才能保持公正，让人信服，使社会风气发生大的改变。吴隐之有许多贪取的机会，他都经受住了考验，这是其他人不可比拟的。”吴隐之在广州任上，严惩了一大批贪官污吏和不法商人，使当地习俗日趋淳朴，官吏奉公守法。

吴隐之之所以能够做到不贪、受人尊重，很大的功劳应记在他有一颗无欲之心。

贪婪是一种类似疾病的不健康心态，不是人类的天性，也不是遗传所致，而是一个人在他后天所处的社会环境中受病态文化的影响所形成的，是随着自私、不满足的价值观而出现的不正常的行为表现。如果想要改正，并非没有办法，完全可以进行自我调适，这里有几个方法可供大家参考。首先是最常提到的知足常乐法，在我们的现实生活中，一个人对生活的期望不要过高，这虽然并不是很好的鼓励机制，但却是对付贪婪的好办法。虽然我们每一个人都会有些需求与欲望，但这些要求与其本人的能力及社会条件相符合才行。我们每个人的生活都不是一成不变的，都是有失望，也有精彩。可能某一个人的物质财产比较丰富，但是他的精神世界却可能比别人空乏；可能一个人有很丰富的经历，但他的知识未必扎实。所以，人是不能攀比的，俗话说“人比人，气死人”，“尺有所短，寸有所长”，人与人之间其实没有什么高低贵贱。

从前，有一个天使，他专门给人间送信，但是他送信的时候在人间睡着了。醒来后，他发现翅膀被偷走了。没有翅膀的天使，能力比普通人还要小。他又冷又饿，来到一户人家门口。

“我是天使，请把门打开。”

这家人打开门，看到天使被雨淋了，衣服皱巴巴的，却问：“你给我们带来了什么礼物?”

天使回答：“我的翅膀丢了，回不到天堂去，没有礼物。”

“没有翅膀和礼物的天使不算天使!”这家人把门关上了。

他敲第二家、第三家的门，都遭到拒绝。

天使没办法，只好蹲在村口哭。一个牧羊人看他可怜，把他带回了家。

天使吃饱了饭，穿上了暖和的衣服，开始对牧羊人述说自己的遭遇。

牧羊人说：“即使你不是天使，我也会给你一顿饭吃的。如果你没有别的事做，就留下来和我一起牧羊吧!”

天使在人间的确不会什么手艺，便开始牧羊。天使每天梳理一些羊毛留下，日积月累，他为自己织了一对羊毛的翅膀，在牧羊人目瞪口呆的注视下飞走了。

过了几天，天使来答谢牧羊人，问他要什么。

牧羊人说：“让我增加100只羊吧!”

羊群增加了100只，牧羊人比过去更累了。他找到天使，请他把羊收回去，为自己盖一间大房子。牧羊人在大房子里住着，发现到处是灰尘，打扫不过来。

于是他用房子换了一匹马。牧羊人骑在马背上，但不知要到何处去，就把马还给天使。

天使问："你还要什么？"

牧羊人说："什么也不要了。"

天使说："人从来就有很多愿望，你难道没有吗？"

牧羊人说："愿望实现之后，我才知道我不需要这些东西，它成了我的累赘。"

天使说："我送你一件无价之宝，那就是性格。你想有什么样的性格？"

牧羊人说："我已经有了这样的性格，那就是知足。"

如果有了这样的性格，不管你现在过的是什么样的生活，你都将像活在天堂上一样，快乐、自得。但是如果总是不知足，就是生活在天堂上，还是会找出各种各样的毛病来，徒增烦恼。

贪婪的对立面就是满足，学会了满足，也就不会贪婪了。还有一种小技巧，就是格言自警法。古往今来，很多名人和智者对贪婪的人都是非常鄙视的。他们撰文作诗，鞭挞或讽刺那些向国家和人民索取财物的不义行为。我们可以多多阅读这类名言警句，用以自省。

逞能心理

这是一个前几年的故事，说起来像是笑话，但确实是真实发生过的。有一个博士被分到一家研究所，成为研究所里学历最高的人，博士自己感觉得意，总认为自己是高人一等。

有一天，他到单位后面的小池塘去钓鱼，正好正、副所长在他的一左一右，也在钓鱼。他只是微微点了点头，这两个本科生，有啥好聊的呢？

不一会儿，正所长放下钓竿，伸伸懒腰，蹭蹭蹭地从水面上如飞地走到对面上厕所。

博士眼睛睁得老大，眼珠都快掉下来了。水上漂？不会吧？这可是一个很深的池塘啊！

正所长上完厕所回来的时候，同样也是蹭蹭蹭地从水上回来了。

怎么回事？博士又不好去询问，自己可是无所不知的博士呐！

过了一阵，副所长也站起来，往前走几步，蹭蹭蹭地走过水面去厕所。这下子博士更是差点昏了过去：不会吧，难道我堂堂博士到了一个江湖高手集中的地方？

这个时候博士也内急了。池塘两边有围墙，要到对面厕所非得绕十分钟的路。而回单位又太远，怎么办？

博士还是不愿意去问两位所长，憋了半天后，于是自己也起身往水里跨——我自己过去看看，本科生能过的水面，我博士生怎么可能过不了！

只听“咚”的一声，博士栽到了水里。

好在两位所长都识水性，及时将他救了出来，问他为什么要下水，他没有回答，却终于开口问了那个让他不解的问题：“为什么你们可以走过去呢？”

两所长相视一笑：“这池塘里有两排木桩子，由于这两天下雨涨水正好在水面下。我们都知道这木桩的位置，所以可以踩着桩子过去。你怎么不问一声呢？”

博士的脸红透了，恨不能再次跳进池塘里。

就算你在某一方面确实有着过人之处，也不可能在所有方面都做得很好。人生是有限的，而知识却往往是没有尽头的。所以对自己并不熟悉的领域，一定不要逞能，如果非要逞能，不但不会让你达到逞能的目的，获得别人的佩服，反而可能使你成为笑柄。

一个人来到这个世界上，都想有尊严、有理想地活下去，想要干一番大事业，总会想把自己的理想付诸现实，所以人们有时候也难免卖弄一下自己的知识储备，炫耀一点自己的才能，偶尔地、不冒犯地逞能，偶尔露出一点“峥嵘”，这是完全可以理解的，也是我们东方文化中比较能够接受的。但是，如果一个人恣意地放任自我，恣意地逞能，恣意地逞强，超越了那个物极必反的度，那就万万不可了，不仅我们自己不要成为这种人，即使是你身边的朋友是这样的人，你都要多加小心，说不上什么时候，这种人就会给自己惹上一身麻烦，甚至还可能牵连到身边的人。

造成这种情况是有其深层次的原因在里面的，因为如果一个人过于逞能，当然就会使人产生一种只有自己才行，其他人统统不行的感觉。他就可能成为一个目中无人、藐视一切权威、藐视一切规则的人，而这样做的结果除了孤立自我，脱离群众以外，还有可能遇到更多不可预料的困境。

另外值得我们注意的是，假设一个人无论是在大事小事、公事私事，还是国事家事等几乎所有的方面都过于逞能，过分强调自己，处处表现自我、突出自我的话，这就意味着他实际上已经在无形之中从许多方面都“剥夺”了其他人施展才华、能力的机会，掠夺了他人的无形资源。这其实是一种不正当的竞争方式，而且对自己也并没有什么明显的好处，这样做最直接的后果就是会明显增加了他与其他人之间产生矛盾、冲突的可能性。而照这样发展下去，这种人的最后结果只有一种：处处碰壁，走到哪里，被人讨嫌到哪里，成了众矢之的。

在中国古代的时候有一个皇帝，叫作吴王，有一天，他坐着大船去游山玩水，他在途中攀登上了一座猴山。一群猴子看见了他，都被吓坏了，惊慌地四散逃跑，躲在荆棘丛中了；唯独有一只猴子和其他的猴子表现完全不同，不仅没有躲起来，反而洋洋得意地跳来跳去，故意在吴王面前卖弄它的灵巧。

吴王立刻拿起弓箭射它，那猴子非常敏捷地把空中的飞箭接住了。吴王气急败坏，下令左右的侍从一齐放箭，任那只猴子动作再灵敏，也被那密不透风的箭雨活活射死了。

吴王回过头对他的朋友颜不疑解释说："这只猴子夸耀自己的灵巧，仗恃自己的敏捷，在我面前表示骄傲，以至于这样死去了。警惕呀！不要拿你的地位去向别人炫耀呀！"

颜不疑当时就吓出了一身冷汗，按理说吴王身为天子，干吗要兴师动众地和一只猴子过不去呢？原来这是在暗示他说话要谨慎，行为要收敛。颜不疑终于也理解了吴王的用心，因为吴王既然会这么费心去做，当然也是出于善意，不然他贵为天子，有什么事还要绕圈子说吗？从此以后，颜不疑处处小心，终于度过了平静的一生。

回到我们身边的现实生活中，我们经常会遇见这样截然不同的两种人：有一种人很能干，但是，他总是要求自己不要过分露面，不要逞能，不管做什么事都刻意保持低调。而另外一种人就是不管什么事情，都要瞎逞能，都要显出一副自己比别人强的架势。虽然这种人不一定没有能力和才华，但是却往往过高地估计自己，本来还算有几分能力，却以为自己可以通天彻地了。凡事就喜欢逞能，认为没什么自己做不了的事情，甚至会去做一些力所不及的事，另外这种人一般都是经历少，受的挫折也很少，所以，这种人也很少会考虑后果。

如果一个人逞能得太过分了，就肯定会变得对什么事情都想插一脚，什么事情都觉得自己能干，什么都想大包大揽。甚至进一步地觉得什么事情都离不了自己。有些病态的人，甚至认为全世界都是以他为中心的，地球都是围绕着他转动的。而事实上，我们每一个人，包括我们的领导，我们的上级，大到国家的领导人，小到街边的小贩，我们每一个人的能力都是非常有限的，有自己的独特的长处和短处。这个世界上没有任何一个人是无所不能，无所不知的全才和通才。退一步来说，一个人逞能的时候，如果把事情办成了还好说，但是一旦办不成事，肯定会大大地降低你自身的人格魅力。而且会比同样没有成功，但是没有逞能的人，丢失更多的东西。如果在现实生活中，真有这么一个人，总是过分地逞能，过分地夸耀自己的能力，那么，他很可能就把那些幻想中的能力当成自己真正拥有的能力，于是就会对自己提出一些不切实际的、过高的期望，好高骛远、不自量力，经常口出狂言，小事不爱做，大事又做不来，变得虚荣心极强，却一事无成，最后成为一个只剩满口崇高理想的彻头彻尾的失败者。

要知道，世界上从来也没有绝对的顺风船，即使有，那航行也将变得非常无聊，

一旦这艘人生的小船在航行过程中发生搁浅、触礁甚至翻船的情况，一个逞能的人就会比一般人更难于接受现实对自己的惩罚。如果从心理学的角度上来分析，这种人就非常容易由一个极端走向另一个极端：失望、灰心、沮丧、意志衰退，甚至失去继续生活的勇气。最后变成严重的消极的病态心理。所以，不要瞎逞能，做事一定要量力而行。

崇拜心理

这是一个在现实生活中并不常见，但是你绝对有印象的故事，那种令人不禁扼腕叹息的悲剧故事：一位女孩又一次地陷入了一种绝望的情绪中不能自拔，想死又觉得对不起养育自己的父母，想活又提不起精神，一切的起因都源于那场摇滚音乐会。那是周末的晚上，好朋友雯雯来约她去听摇滚。她受母亲的影响，觉得摇滚不是“好东西”，便不同意去。可经不住好朋友的纠缠，就撒了个谎跑去，进了摇滚音乐会会场，起初，她觉得周围的人都有点“病”，神经兮兮的，头上扎根红布条，又喊又叫，慢慢地，她也坐不住了。她也和周围的人一样站了起来，随着台上的歌星一起唱，一起跳。她有了一种全新的感觉，她一下觉得心中升起一颗明星，她觉得自己属于这颗星。

后来的故事几乎千篇一律。她收集所有的歌带，把偶像的照片贴满整个屋子。她上课下课眼前总晃着那个影子。她疯了一样到处赶场。偶像在哪儿演出，她就系着红布条，举着写有偶像名字的红旗去哪儿助威。慢慢地，她功课落下来了，人瘦下来了，不能控制自己一刻不去想他。

终于，她做出了一个惊人的决定：放弃所有的一切，偷偷“借”了父母 1000 元钱，写了一封告别信，带着简单的行李出走了，去追随她的偶像去了。偶像总在人群的包围中，她始终只能远远地看着他。刚开始她觉得这样天天看见他、听见他的歌声也满足了。但一段时间之后，她觉得忍受不住了，她想彻底地拥有她的偶像，哪怕仅仅是一天，一个晚上，甚至一个小时。她住进偶像住的饭店，包了房间，打电话邀请偶像来“坐一坐、聊一聊”。偶像很绅士地谢绝她——一个小女孩的邀请，很兄长地问候她，希望她回家去。她依然不放弃，依然锲而不舍地每十分钟打一次电话，但接电话的再也不是偶像。第二天，她的房间里来了一位偶像的朋友。她哭了。她说：“我只想完全地拥有他一会儿，就一会儿。”偶像的朋友说：“这不可能，他要对你负责。他是为了你好。你回家去吧！你应该去上学，你慢慢会忘记的。”

偶像的朋友把她送回家，急疯了的父母如获至宝，对来人千谢万谢。他们没有责备女儿，反而更加爱护她，专门请了保姆在家照看“生病”的女儿，生怕女儿再次出走。可是她说：完了，全完了，完了，才知道什么叫完了……她觉得自己的生命随着偶像对自己的拒绝一起消失了。她觉得自己一无是处，她觉得自己毫无生存的价值。她每天都生活在自我否定和无尽的绝望中。

崇拜一个人竟然达到如此地步，已将“盲目”两字推至极限了。这个女孩才仅仅17岁，她真正的生命历程其实还没有完全开始，她正是应该拥有花一样绚丽多彩的生活，拥有朝阳一样辉煌的前程啊！拥有所有不再是17岁的人所艳羡却不得的，最宝贵的东西——年华！

在这个世界上，我们每个人都有自己独特的个性，有属于自己的美丽，一花一世界，一树一菩提。这是自然的规律，世界也正是因为这种多样化才变得丰富多彩，才变得繁荣昌盛。你不必，也不应该依附于明星，不必借助星的光辉照亮你的生命。就是你自己，也有很多方面要比你崇拜的明星更强，也许你唱歌没有明星好听，但是你的知识比他丰富，也许你长得并不像明星那么迷人，但是你是否知道那些明星日日夜夜地嫉妒着你们那花朵一样的年龄？喜欢一个明星是很正常的，因为“被人喜欢”本身就是他们的工作。但是不管怎样，都不要丢失你自己，不要空耗你的青春。为一个遥远的星浪费自己的精力，空耗生命中只有一回的青春，实在太不值得了。如果真的喜欢明星，可以把他当成你的目标，然后增强自己的能力，总有一天，你也会成为你自己的明星，这样不是更好吗？

从前有一只小麻雀，它特别喜欢美丽的空缺，所以总想学孔雀的样子。孔雀的步法是多么骄傲啊！孔雀高高地仰起头，抖开尾巴上美丽的羽毛，那开屏的样子是多么漂亮啊！“我也要像孔雀一样，”麻雀想，“那时候，所有的鸟赞美的一定会是我。”

麻雀伸长脖子，抬起头，深吸一口气让小胸脯鼓起来，伸开尾巴上的羽毛，也想来个“麻雀开屏”。麻雀学着孔雀的步法前前后后地踱着方步。可这些做法，使麻雀感到十分吃力，脖子和脚都很疼。最糟的是，其他的鸟——趾高气扬的黑乌鸦、时髦的金丝雀，还有蠢鸭子，全都嘲笑这只学孔雀的麻雀。不一会儿，麻雀就觉得受不了了。

“我不玩这个游戏了，”麻雀想，“我当孔雀也当够了，我还是当个麻雀吧！”但是当麻雀想象原来那个样子走路时，已经不可能了，它已经完全忘记了自己原先是怎样走路的了，所以它除了一步一步地跳，再没别的办法了。这就是我们现在看见的麻雀为什么只会一步一步地跳而不会慢慢散步的原因了。

在我国二十世纪八十年代的时候，因为多种原因，文学艺术特别盛行。几乎每一个学生都写诗。于是有一名酷爱文学的学生，苦心撰写了一篇小说，请一位著名作家指导，当时作家正好眼睛不适，于是学生便将作品读给作家听。读到最后一个字，学生停顿下来。作家问：“结束了吗？”学生听语气意犹未尽，心中暗喜，马上回答说：“没有啊，下部分更精彩。”

于是继续用自己的构思叙述下去。

又“念”了一会儿，作家又似乎难以割舍地问：“结束了吗？”

小说看来写得真不错，学生心中暗想着，于是他更兴奋，更激昂，更富于创作激情，不可遏止地一而再、再而三地接续、接续……最后，电话铃声骤然响起，打断了学生的思绪。

电话找作家有急事。作家匆匆准备出门。

“那么，没读完的小说呢？”学生问。

作家回答：“其实你的小说早该收笔，在我第一次询问你是否结束的时候，就应该结束，没必要画蛇添足，看来，你仍然还没能把握情节脉络，尤其是缺少决断。”

决断是当作家的根本，拖泥带水，如何打动读者？学生追悔莫及，自认为性格过于受外界左右，作品难以把握，放弃了当作家的梦想。

多年以后，这名年轻人事业有成，在一次高层次酒会里遇到了另一位非常有名的作家，在休息时间，两个人攀谈起来，年轻人忍不住羞愧地谈及那段往事。谁知这位家惊呼：“你的反应如此迅捷，思维如此敏锐，编造故事的能力如此出众，这些正是成为作家的天赋呀！还有什么比这个能力更重要的吗？搞什么精简？那些删除文字的工作是编辑的任务啊！只要你能正确运用这样的能力，你的作品一定能脱颖而出。”

权威的意见固然可以参考，但参考毕竟是参考，不能把人家经过短暂思考的几句话就当成了人间的真理，权威本来也是和你我一样的芸芸众生，只是他们通过一些恰当的或不恰当的手段得到了另外一些芸芸众生的推崇，权威说的话并不都是对的，他们也肯定不会在每一个方面都精通。比如一个权威的画家，如果他点评核物理学的某个理论性的知识点，你也要相信吗？要知道，不管别人说什么，做决定的还是自己。因为承受其后果的也是你自己，而不是那些权威，何况有一些权威的本身能力就值得商榷。要知道这些权威可能今天是权威，不代表永远是权威，而且权威有很多，很可能各执一词，自己专业范围内的问题互相之间还没有统一的观点呢，你到底该听信谁的呢？今天正确的权威不代表真理！崇拜和盲从他们，就和崇拜和盲从一个肤浅的歌星一样，没有本质上的区别。如果你多问几句，这是真的吗？也许连他自己也会吓一大跳，重新反思自己随口而出的话。相信自己的决断是正确的，你也就会实现自我突破，自我满足以及最终的自我成功。走出自己的一条路是面对权威做出的正确选择，他们的话只是一些路边的广告牌，你信也好，不信也罢，都应该在自己的脑子里过一遍，但不要把他们随意的几句玩笑当成了人生准则，要知道，只有独立的思考，才是实现自我价值的唯一出路。否则就只是遵从别人思想的奴隶，别人理论的试验品。

七、挤走错误观念，不为失误买单

在错误面前，我们要及时改正，从错误中吸取经验教训。这个简单的道理谁都知道，但却不是每个人都能做到。如果你总是被一些想法控制住，不能自由思考和行动，只知道懊恼，却不去审视那些想法的话，是否合理呢？那些看起来根本不会成功的人，为什么最终成了了不起的人物？为何那些原本可以获得成就的人，最后却只能灰头土脸地徘徊在不知所措里？……错误观念以及错误本身，都不可怕，可怕的是不知悔改；而不知悔改的人往往一辈子就栽在这错误上。

清除大脑里的错误信条

苗苗和家人计划今年利用休假时间带父母去度假，这个孝顺的女孩一直在筹划着这件事，为此，她加班加点为自己积攒了两个月的假期。但是，距离度假开始还有半个月的时候，苗苗患上了慢性肠胃炎，为了不耽误工作，她一边吃药一边坚持上班；一个星期后，苗苗的病情加重了，浑身无力的她这才被家人发现出异样并被送往医院检查。

医生建议苗苗卧床休息，不宜上班。这几天躺在病床上的苗苗后悔极了，眼看度假的时间就到了，可自己偏偏就这么不争气。她感到内疚、难过、心急如焚，因为她不想让父母失望，更不甘心这个筹划了几乎一整年的计划就这么泡汤了。

苗苗不能如期带父母去度假，心里难过、后悔很正常，但如此内疚和自责，甚至开始焦虑，其实没有必要。心理学家分析，造成苗苗出现此类情感体验的主要原因，源自她赋予自己的不合理信条，即我应该守信，取消约定这样的事不能做；孝顺父母就要不辜负他们，尽最大努力给他们最好的；无论什么时候都要以他人的感受为主。

这些信条稳稳地扎根在苗苗的心里，实践越是与之不符，内疚感就越强烈。因此，要想减轻这种负疚程度，改善情绪，最好的办法是去质疑并修正以上信条。当然，这并不是要求苗苗不去关注父母的感受，更不是要她做一个不孝顺的孩子，只不过是强调在突发事件面前，灵活应变也很重要。

心理学家阿尔伯特·艾利斯发现，人们天生就比较倾向于用不合理的、自我挫败的方法来思考。一个人如果坚持着某种不合理的思维方式或信条，往往会使自己遭受到不恰当的焦虑、愧疚等负面情绪的困扰。

许多不太合理的信条都有一个共同点，那就是专制、绝对。当我们说“这件事必须要这么做”或“就应该那样做”时，未免就带上了点霸道和专横的味道。这种近乎

“苛求”的心态其实是缺少灵活性的表现，而一旦“事与愿违”，当事人的内心势必要承受煎熬。比如，你要求自己“必须礼貌待人”（苛求观念围绕着你自身），当你一不小心触犯到他人时，你便会自责、愧疚；而你如果要求“别人不该对我无礼”（苛求观念围绕着他人），一旦有人做出对你无礼的举止，你便会愤怒。

所谓恐怖化，其实是一种灾难化的思维，即夸大生活事件的消极后果。有些令我们厌烦的、不如意的事情被恐怖化，在我们经历这些事情时，便会觉得它们真的非常恐怖了。比如，你粗心大意忘记了聚会时间，你不小心说了一句骂人的话等，这些都有可能使你觉得即将要面临一场灾难。

事实上，你只要在心情不好的时候，写下自己的想法，然后就能发现并辨别某些不合理观念的存在。这个世界随时随地都充满着不确定性，没有什么事情是“必须”“应该”的，固定不变的东西不存在，如果人们总是用一种极端的、非黑即白的态度审视世界，那最终饱受心理折磨的终将是人们自己。

正确看待你的缺陷

西奥多·罗斯福小时候胆子很小，稚嫩的小脸蛋上时常会出现惊恐的表情，呼吸的声音也如同大喘气一般。假如被老师叫起来回答问题，罗斯福会更加紧张，双腿不停地发抖，嘴唇也一直哆嗦，于是，每次无论是答题还是背课文，都是含含糊糊、断断续续的，然后再忐忑不安地坐下。而且，罗斯福还有一口大龅牙，这使得他的那些缺陷更加明显了。

在一般人眼中，像罗斯福这种长得不好看，又胆小脆弱的孩子应该是比较敏感的，会担心外界的评价，会害怕受人欺负，宁可自己一个人自怨自艾，独来独往，也不愿多与其他的小朋友来往。如果这样想，那你就错了。小罗斯福恰恰相反，他把自身的缺陷视为激励他不懈努力的动力，其他人的嘲笑或攻击都不能使他停止前进、失去自信和勇气。因为在罗斯福自己的眼里，他从来都不是弱者。在看到其他小朋友玩骑马游戏、做各种高难度的体育运动时，他也暗下决心要做到。

于是，他将自己大喘气的毛病变成了一种坚定而有力的声响，变缺陷为优势；为了克服胆小、紧张，他咬紧牙关，努力控制住嘴唇，不让它们动弹；为了让自己更加活泼一点，他主动与人打招呼和交流，而不是远远地避开；他还强迫自己挺直腰杆，让双腿不再颤抖。有心人，天不负。经过一段时间的努力，终于收到了效果，罗斯福渐渐改掉了那些不好的毛病，在体育运动方面，他还成了其他同学的榜样。

罗斯福能最终成为国家总统，也源于他总是能够正确看待自身缺陷，用要求一个健康人的标准去要求自己，而不是悲观消极地认为自己这辈子没救了；否则，美国历

史上就不会出现这么一位优秀的总统了。他用坚毅的精神来挑战困难，克服内心的恐惧；用一种探险的精神来鼓励自己从可怕的境地里脱身。当人们都认为他是个精力旺盛、有能力、有才华、有魄力的人时，谁能想到小时候的他竟也是那么胆小怯懦、身体羸弱呢？

可见，正确的观念确实非常重要，清楚地认识到自己的缺陷，却还能够用轻松的心态，积极的信念去完善自己，这不仅是一种建立自信的有效方式，更是决定一生命运的关键。也许世界上和罗斯福有类似童年的人很多，他们中间有一部分人颓废一生，也有一部分人像罗斯福一样最终找到了突破自我的方式，成为人生的赢家，而他们之间的区别其实就是他们看待自身缺陷的差别。

有句话说得好："上帝为你关上一扇门，却悄悄为你打开了一扇窗"。没有门，还有窗呢！如果你不想平庸一生，那就好好地利用这扇窗吧！

五大错误观念让你成不了富翁

王唐想自己创业，毕业已经五年的他一直在职场上跳来跳去，做过一个月的电话销售，一年后去地铁口摆过一个星期地摊，后来担心被朋友碰见，就干脆回家闭门看书，希望在书中找到"黄金屋"；没多久他又到酒吧做了半年服务生。接下来的两年时间里，王唐一边上班一边研究和思考，他从书店买了很多书籍回家，每天晚上都要读到凌晨。他把自己的目标写下来，尽量把自己想要的东西可视化，让它们对于自己更加有吸引力；平时看到有道理的句子或文章，他都会坚持摘录；还自己写日志……

但事实上，王唐的这种做法并没有多大用处，他的收入根本不足以支付房租和生活费，甚至两年下来，王唐每个月都要欠下一笔债务。现在债务越来越多，也没有人愿意借钱给他。所以，他感到苦恼和烦闷，更觉得迷茫，为什么自己那么努力地研究和思考，还大量阅读，却还是负债累累呢？究竟该做些什么才能为自己赢得价值？

收入来源于价值交换，收入的增长本质是你创造出了价值。案例中的王唐之所以一直找不到赚钱的方式，是因为他错误地以为，只要看书思考、大量阅读就可以赢得财富。有经验的创业家知道，如果你真想赚钱，那就得提供某种能够让他人心甘隋愿地掏出钱包来买的东西。而这种提供价值的行为可以是直接的，譬如销售某种有用的产品或服务；也可以是间接的，譬如提供一种免费的服务，借助这个途径将其转变为盈利。而不管怎么样，你都要为他人创造和传递价值。

诚然，一个人愿意努力突破自己内心的障碍是值得肯定的，但这并不一定能够带来外在的创富行动。也就是说，一个人如果整天待在家里看创业故事，却不知道用自己的双手双脚行动起来，这种仅仅停留在阅读、思考、计划等浅层表面的东西是不会给他带来支票的，即努力思考就能带来财富，这种想法是错误的。只有创造出价值，才会获得财富。

除此之外，还有一些错误观点，现总结如下：

1. 金钱无法带来幸福。不是金钱毁灭了幸福，而是那些拥有了金钱的人不知幸福为何物。我们常常听到坊间有“男人有钱之后就变坏”的说法，但你会发现一些既有钱又幸福的夫妻，男人用金钱来让心爱的人过上舒适的生活，没有过多忧虑，尽情享受人生的乐趣。当然，金钱并非越多越好，如何利用和分配才是决定幸福与否的关键。

2. 有金钱就有剥削。这是源自犹太基督教的观念，其实是自己不愿意行动的说辞，或者是给人负面压力，用以合理化自己对金钱的无知，同时也能够得到大多数正统思想派的认可。但实际上，并非所有赢得金钱的途径上都存在剥削。比如，买入股票时，你并不知道卖方的真实身份，况且对方是在评估股价将跌的前提下才决定出售，所以也就无关剥削。

3. 要先有钱才能赚钱。这显然是一种限制行为的错误观念，如果你同意，那就代表你认为那些贫困的、不富有的人根本没有资本去赚钱致富。贫穷的人一样有机会致富，并非必须以有钱为前提，只要遵循简单、人人都能办到的策略，谁都可以成为有钱人。

4. 须有好工作才有可能致富。所谓的好工作究竟是什么？对于上一辈而言，可能每个月都能有固定薪水入账，生活就能稳定，心也就能安定。但如果你想致富，情况就不一样了。当然，并不是说做着固定的工作，每个月领固定的工资就富不了，而是说致富是很难仅凭一份单纯的固定工资就能实现的。只要你相信，你的工作能力本身就是一笔宝贵的财富，如果可以好好利用，它将会为你赢得另一笔财富。

总之，勤奋工作，努力思考，这都没有错，但是聪明的人会将勤奋和努力与大脑智慧结合起来，再加上双手的行动，只有这样才能创造出更多的财富。

紧张是因为你太想成为……

广告创意部的钱经理自从接到了上级通知，说一个星期后今年公司最大合作方就会派人从美国专门赶过来审查他们的广告创意效果，如果对方觉得效果好，当场就可以和公司签订合作协议。

“小钱啊，咱们公司能不能一举拿下今年炙手可热的合约商，就全看你了！”汤经理的话一直萦绕在小钱的耳边。因为这次的广告创意是团队合作的成果，公司上层给了很高的评价，但最终通过对方的审核才是胜利。而这次PPT演示任务自然就落在了创意发起者小钱的身上，假如这些广告创意顺利过关，小钱就有望参与明年的职位晋升。他渴望这次升职的机会，并深感责任重大，否则不仅对不起整个团队的付出和心血，还影响公司的年度效益。

约好谈判的时间是周六上午九点。小钱事前做足了准备工作，每天在同事们都下班回家后，他就悄悄躲在公司会议大厅里面练习 PPT 演示。

然而，就在周六上午即将开始演示时，小钱却莫名地紧张起来，额头、手心都在冒汗。他发觉不对劲，想临时换人，但团队里的同事谁也不敢接招，更重要的是其他人并没有做这方面的准备。最后，小钱硬着头皮上台做演示，但断断续续的讲解和演示过程中的错误连连，让合作方代表的秘书都看不下去了，全程紧皱眉头。结果，这次合作告吹了，小钱受到公司的降职处分。

心理学家认为，紧张源于太想成为……。一个人太想成为自己或众人期待中的样子，这意味着他不喜欢他所是的，而渴望成为他所不是的，紧张就出现在这两者之间。如果你有一个目标要在未来得以实现，但它却反对你现在的样子，那必然要引起紧张。案例中的小钱就是背负了太多期望和压力，他渴望升职，也渴望成为大家心目中期待的样子，但目前的他却不够自信，而越是不自信，紧张感就越强烈。因此，在某种程度上，紧张意味着差距，是当下的自己与理想中的自己的差距。

事实上，紧张总是因为假设、未来存在的可能性；一般当下不会引起紧张，紧张的总是未来的东西，源自幻想。比如，小钱担心自己做不好，设想失败的局面，想着想着就害怕、紧张起来。草木不会紧张，桌椅不会紧张，因为它们不具备生命力和幻想能力。所以，紧张对于人类来说太正常不过，适度的紧张也许会提高你的工作效率，但过度紧张就有可能坏了你的好事。

要想缓解或克服这类紧张情绪，需要从其本源入手，即停止你对未来的、太想成为的模样的幻想，着眼于当下。那么，该如何做到这一点呢？

1. 要尽量多往好的方面想。这要求你保持积极向上的心态，设想事情正在一步步地朝你预计的方向发展，以此来进行心理暗示，告诉自己不必担忧，同时也可阻止你内心消极情绪的滋生。比如，会议正如你预期般顺利召开，你成功地向合作方展示了你们的创意 PPT，对方表示十分愿意签下合作协议等。

2. 回归实践。实践越多，你就越能游刃有余地处理紧急情况，自然就越来越自信。因此，平时要抓住一切机会去实践。

3. 不要太在乎别人的看法。造成紧张的另一大原因是因为你太在乎别人的看法了，担心自己表现不好，辜负他人期望或者受人议论。可实际情况有时并非如你所想的那样，因为大家其实都比较关注自己，所以，尽可能地把你的精力和注意力多用在解决问题、迎接挑战与备战上，这才是聪明的选择。

4. 关注当下。要想做好当下的事情，你就需要把眼光放在当下，那些过去的和未来的东西都不是重点，相信只要你做好了眼下该做的事，就自然而然地距离你预期中的目标更近了一步。而当你专注于手边的事情时，也就无暇紧张了。

高明应答的艺术

褚慧云在一家报社做秘书，勤快又能吃苦，行为举止大方得体，深得上司的喜欢，所以出席公共宴会、酒会，老板一般都会带上她。有一次，有人在舞会上向她敬酒，并主动与其攀谈，“听说你一边工作一边考雅思，现在上了多少回课了？感觉怎么样？”褚慧云答道：“嗯，大概上了一半的课程，感觉一般吧！”听了她的回答，对方礼貌地点点头，便再也没有和她说话了。

这个细节自然被褚慧云的上司看在眼里。回到公司后，老板把她叫到办公室，首先问她：“我上回交给你的任务完成得怎么样了？”褚慧云一听，心里一下子紧张起来，因为她还没有去跟踪进度，“唔……应该很快就可以完成了。”

“我说啊，今天在现场我都看到了。张老板问你雅思学得如何，你知道为什么在你回答完之后，人家没有接话吗？”

“我不知道啊！”

“那我告诉你，因为你的回答让他感觉你不想继续谈话。”

“不，不是这样的。”褚慧云连忙解释。

“我相信你，但作为你的上司，我不得不提醒你，回答问题也是一门艺术，如果你对它一窍不通，将来肯定要为此买单……还有啊，以后回答我的问题，最好不要说‘应该’、‘好像’之类的话，我想听到更确切一点的答案。”

走出上司办公室后，褚慧云很难过，但同时也感到庆幸。难过是因为受到批评，庆幸是因为老板没有因为她这次的失误而辞退她，并且学会了如何更好地回答别人的问题。

其实，生活里我们中间的有些人也会因为回答问题含糊其词而给上司留下了不好的印象，还会因为回答问题不冷不热给人一种拒绝交谈的错觉，于是错失了结交好友的机会，甚至因为与客户交流时避重就轻地解答提问而给人不真诚的感觉，进而流失客户……凡此种种都是因为没有回答好对方的问题。

问答是一种最基本的交流形式。日本沟通学专家樱井弘和内山辰美研究发现，回答问题的技巧并非天生，而是可以通过后天学习掌握的。只要学习与掌握相关技巧，并在生活和工作中多总结、多实践，人人都可以成为回答问题的高手，再也不必担心因为自己的失误而影响生活、人际和工作了。

1. 不要急于回答，先确定提问的内容。有些人喜欢迅速作答，看起来似乎反应敏捷，其实这样常常造成答非所问的局面。明确对方问话的内容，此时可以反问“您说的是?”或者“那您希望了解些什么呢?”不仅为自己整理思路赢得时间，还可以给对方沉稳冷静的感觉。

2. 回答简明。特别是在回答上司的问题时，最好以简明为主，说重点，讲明确。类似于“好像”“应该”“大约”之类表示不确定的词语最好避免使用。

3. 适当做具体的阐述。当你在提问一个人时，肯定也希望得到对方的重视，并且回答的内容越是具体，你越是能够感觉到对方的诚意和继续沟通的欲望，否则，你肯定不想再继续谈话了。比如，案例中张老板询问褚慧云学习雅思的近况，但褚慧云不懂得回答的技巧，结果说出来的话给人以一种敷衍之感，有点自知之明的人势必不会继续谈话。假如褚慧云把答案换成：“我已经去上了九堂课了，每个星期六晚上和星期日上午上课，一共要上 24 周。效果嘛，自我感觉还行，但这一切都得分数来说话，您说是吧?”这样回答的效果就很不一样。

4. 找准问题隐藏的本意。要想找准隐藏在问题里的本意，还需要充分利用谈话当中的非语言信息，让它们来帮助你更全面地了解对方的意图。

5. 积极作答。任何时候，积极地回答对方的提问都是有利的，不仅能够加深你们之间的关系，还可以推动谈话的进行。

6. 平时也要“备战”。如果平时没有良好的训练，关键时刻就不可能有出色的发挥，所以，无论你通过何种渠道，都应在平时注意训练自己稳妥地回答问题的技巧。

7. 机智应对某些特殊问题。假如某个问题你不明白，要坦白地告诉对方；如果某个问题你不想或不便作答，那就可以打个机智的擦边球；如果对方的问题里带有攻击意味，最忌讳的就是被情绪控制，然后和对方展开唇枪舌剑，最正确的做法是抛开情绪，弄清对方的真正意图，最后再客观地就事论事；当然，有些问题还会是你非常擅长的，比如是你的专业问题，已经被问过多次，这个时候也一定要耐心听对方问完再做回答。

掩饰错误才是你犯下的最大错误

1912 年，罗斯福在新泽西的某个小镇集会上向文化层次偏低的乡下人发表演讲。演讲中，他谈到女子也应该踊跃地参与到选举中去的话题。这个时候，人群中有人大喊：“先生，这句话的观点和您五年前的意见不是完全相悖的吗?”

罗斯福听到这个质疑之后，并没有觉得丢失颜面，更没有回避或掩饰，反而十分坦诚地说道：“对啊，五年前，我确实有过反对女子参与选举的主张，现在我已经深深

领悟到当时的主张是错误的。”诚恳的态度和忠实的回应，让提出质疑的人获得了满意的答复，其他观众也并未觉察出罗斯福的不安情绪。

无独有偶，英国前首相格莱斯顿曾应邀参加宴会，当时有一个傲慢的报社主笔意外获得这次与首相一起出席的机会。在宴会上，首先格莱斯顿对他很礼貌地说：“在几天前，我收到你寄来的一封信。”这位主笔听完之后稍显惊慌，连忙辩解道：“您确定是我写的吗？肯定不是，一定不是，顶多就是我那秘书写的，但绝对可以肯定那不是我写的。”

格莱斯顿听后，心里很不快，但他还是忍住了并十分平和地对主笔微微一笑，随后就走开了。就在宴会接近高潮时，格莱斯顿首相是全场观众关注和谈论的焦点，几乎每个人都想找机会和他套近乎。事实上，格莱斯顿对其他的所有想要接近他的人都十分随和、亲切，除了那位傲慢的主笔。

格莱斯顿

罗斯福之所以没有当众掩饰自己过往所犯的错误，并机智地给予质疑者一个满意的答复，是因为他知道，每个人在不同的阶段都会犯错，犯错不可怕，可怕的是明明知道自己错了，却还要千方百计地为自己掩饰。而第二则小故事里的傲慢主笔却不懂得这个道理，在宴会上夸夸其谈，故意掩饰自己的错误，结果错失了结交格莱斯顿首相的大好良机。

对于一个犯错者而言，只要能够意识到并及时纠正过错，那么这个错误于他（她）便是一个进步。以往企业在招聘人才时都比较忌讳求取者的失败经历，但现在不同了，企业接纳那些有过过错或失败经历的人，反而对那些夸夸其谈、刚愎自用的人比较介怀，因为一个足够优秀的职业经理人，他们曾经的致命错误就好比出天花，有了一次就几乎不会再有第二次。

心理学家指出，刚愎自用是一种病态心理，使人迷失心智、思维简单、固执、守旧。刚愎自闭的人中，一是目中无人、唯我独尊之人，他们自高自大，自我陶醉，盲目自我崇拜，在这类人的口中，使用频率最高的词句便是“你错了”。二是死要面子的人，他们在乎自己的面子胜过一切，自尊心也很强，除非是自己真的意识到错误，否则，别人指出来或在某件事的处理方式上提出建议，他们断然是不会接纳的。三是好大喜功之人，他们自我肯定、自我表彰，爱炫耀成绩，从来不会怀疑自己的能力，这类人如果犯了错误，通常都是能推脱就推脱。

再伟大的人也都有犯错的时候，重要的是知错改错，不掩饰，不推卸；刚愎自用百害而无一利，杜绝这种病态心理，因为掩饰错误实际上就是一错再错。

为何有人会一错再错

牛悦是一名普通大学大二的学生，大一暑假外出打工时，他结识了在酒吧里唱歌的吉他手洪涛。由于牛悦一直酷爱音乐，洪涛一首自弹自唱的《大约在冬季》让牛悦深深迷恋上了吉他。从此，牛悦就经常整夜待在酒吧，有时候俩人会一起演唱；甚至为了拥有一把属于自己的吉他，牛悦编造各种谎言，向乡下的父母要钱。

开学后，牛悦依然夜不归宿，有一次被学校发现并记过，可牛悦不仅不知道改错，还一错再错。后来，他干脆搬到洪涛租的房子里，誓与学校划清界限。没想到的是，一个多月后，牛悦和洪涛在超市抢劫被警察抓住，学校通知了牛悦的父母，同时也做出了开除牛悦的决定。

为什么牛悦会一错再错？难道他不知道逃学、夜不归宿是违反校规的吗？难道他不知道抢劫是触犯法律的吗？身为大学生，他肯定知道这些规矩，可他为何还要一错再错呢？

心理学实验中有这样一组实验：第一个实验中，研究者创造了一个情境，要求参与实验的人参加一个益智测试，测验完成后，参与实验的人会看到结果，最后他们可以自己决定是输入真实的分数，还是由自己确定的其他分数。其实，在测试开始之前，参与实验的人就已经被告知，假如他们的分数排在前二分之一，就有可能被抽中获得额外的高额奖金。所以，这些参加测试的人会有某种动机去输入一个高于真实状况的分数。结果，实验发现有大约70%的人都选择了比真实分数更高的分数。

随后，研究者又要求这些人做了一个词汇创造测试，试验者会看到一个单词，然后利用这个单词里的字母重新排列组合，组成具有实际意义的单词。这个结果也是由参与者自己汇报上去，换句话说，他们完全可以选择撒谎。结果，第一次测试中高估了自己分数的人，再次高估自己分数的百分比显然高于那些第一次诚实地汇报分数的人，心理学家将他们称为预防焦点的人，而其他的人就不存在这样的现象。也就是说，预防焦点的人会一错再错。

为了进一步证实该结论，研究者又做了第二个实验。该实验中探究者利用情境诱发试验者的行为，用强调损失来诱发预防焦点行为以及诱发促进焦点行为。结果发现，在诱发预防焦点的行为情境下，预防焦点的人还是倾向于连续高估自己的表现，但促进焦点的人就没有出现这种情况。

在心理学中，根据一个人做事的态度，把人分为预防焦点型和促进焦点型两类。

前者做事态度比较具有预防性，会尽力守住已有的而非追逐全新的；后者则倾向于冒险和尝鲜。实验说明，预防焦点的人会很容易在第一次犯错后，继续错下去，即一个人的错误行为能否得以顺利纠正或者这个人再次犯错的概率，与其人格特质息息相关。也就是说，预防焦点的人之所以会一错再错，是因为他们一旦做了一个决定，就会维持相同的状态；或者说，一旦他们做了一个比较不道德的行为，接下来就会倾向于继续去做这类不道德行为。

可见，预防焦点的人通常都比较固执，即使他们知道某些行为是错误的，也一样要维持起先的状态。这样看来，我们大概已知道为何案例中的牛悦同学会一错再错了。

决断力和冒险精神

太平洋汽船公司的总经理海涅斯曾在一家大公司谈生意，地点就在这家公司的总经理的办公室里。谈话中，那位总经理的助理研究员送来一份研究报告。海涅斯看完这份研究报告后，内心受到了冲击，他十分震惊地询问那位总经理："这份研究报告是刚才那位助理做的吗？"对方回答："对，当然是的。有什么问题吗？"

"太让我惊叹了！"海涅斯不由得发出由衷的赞叹。他发现，报告研究者对复杂问题做出了异常精确的分析，并且还设计了多种方案以及每一种方案的施行将可能带来的结果。所以，整个研究报告就如同玻璃一样清晰透明。

"这很让人吃惊，对吗？"看着海涅斯的惊讶表情，这位总经理继续说道，"他的头脑其实要比我好上几倍，几乎可以分析任何问题并且提出非常不错的解决方案；而且，他受过良好的教育，为人温文尔雅，人缘也很好。只可惜，他只能做我的助理。"

"既然他如此优秀，为什么你还这么认为？"海涅斯不禁产生一股惜才之情，很惊讶地追问。

"因为他没有决断问题的能力。好比他可以为我指引前方好几条不错的道路，还能把每条路将会产生的结果告诉我，但当我真正要求他自己去选择一条路时，他却只能犹豫不决，不知该如何是好。"

听了这些话，海涅斯也表示赞同。一个人如果只能看到前面不同方向的道路，却不具备选择道路的勇气，那他实际上也不会有什么大的作为。

华裔电脑名人王安在小的时候曾在一棵树下捡到一个鸟巢，里面有一只还没长翅膀的小鸟，他决定将小鸟带回家照顾。但走到家门口时，他想到母亲很反对在家里养小动物，几番犹豫不决之后，他决定将小鸟暂时放在门口，等和妈妈商量好了再回来将它带进屋去。但当他得到母亲的允许后出来取小鸟时，却怎么也找不着了，只看见墙角处有一只大猫正在意犹未尽地舔着嘴巴。这件事告诉王安，凡是自己决定的事情就不可以优柔寡断，犹豫或许会让你避免做错事，但同时也会让你失去取得成功的机会。

确实如此，在需要做决定的时候，如果你总是要等到十拿九稳时或积累了足够的资本时才敢做出决断，那你就会停滞不前，或者失去走向成功的关键机会。

案例中那位有才华的助理研究员，之所以不具备决断能力，除了性格上的软弱特质外，主要还是因为缺乏冒险精神，不敢坚持自己的意见，或者说他不愿意承担任何有风险的选择所带来的结果，久而久之，他就失去了决断的能力和勇气。

当然，一个人如果不具备准确的判断能力，却只仗着自己不怕风浪的冒险精神，那么，他所做的决断就是鲁莽的、错误的，也就不可能赢得目标。所以说，在机会或选择面前，理性的判断、果断的选择和冒险精神应当是统一的。

做出正确决定的心理技巧

罗斯福总统希望联邦最高法院中的审判官一职能够由塔夫脱担任，但塔夫脱似乎并不愿意。后来，罗斯福专门给他写了一封信。信的大致意思是：

我非常希望你能够接受审判官一职，但这件事最终该如何，还是要由你自己去决定和承担其责任。就好像没有人能够替我决定究竟是去前线，还是留在国内做海军副部长；是该去做副总统，还是继续做州长一样。因为无论如何，终究要做决定的那个人都是我们自己，没有人能够代替我们做决定。

看了罗斯福的信，塔夫脱最终接受了罗斯福的请求，决定担任审判官一职。

而罗斯福之所以会写这么一封信，是因为他相信请教别人有助于自己更好地解决问题，所以，他每次都会很认真地倾听顾问提出的意见。塔夫脱最终接受罗斯福的建议，或许是被他的诚意所感动，也或许是其他原因，但无论如何，事实已经证明，做出这个决定之后，塔夫脱也勇敢地担负起了责任。

历来的成功人士，他们都会经常征求身边人的意见，以便自己能够做出正确的决定；更重要的是，他们不会因为接受了别人的意见而回避自己做了决定之后应当承担的责任。

也许我们每个人都希望自己能够做出正确的决策，最大限度地避免犯错误。于是，有些人虽善于听取他人意见，却错误地认为，这是别人给的主意，结果如何都与自己无关；也有些人很容易被他人的意见左右，听来听去却丧失了主见，然后反过来怪罪对方把事情搞砸了；还有些人为了避免错误结果，一味地坚持自己所认为的正确观点，结果在糟糕的结局面前却把责任推卸给了那些不给自己提意见的人……凡此种种，都不是一个智者所为。

因此，要想做出正确的决定，适当地听取别人的建议很重要；但同时也不应该失去自己的立场，用辩证的眼光去看待建议和自己的想法，综合之后再做决定。当然，更重要的是，在你这样做出决定之后，不管结果如何，都不应该怪罪任何人，而是勇敢地去承担责任。

此外，心理学家建议，做正确决断的心理技巧还应当包括以下三种：

一是为自己留余地，切忌太过武断。任何时候都不要说太过自信的话，给自己留点余地，如果你可以坚持这项原则，那在今后的言谈中犯了一点小错误时，也不必将从前所说的尽数收回。

二是给自己充裕的时间。草率对决定一件事是不可取的，如果你暂时决定不了这件事，那就再等等，充分思考和判断后再做决定；而这段时间内，也不能任由焦虑情绪摆布，积极地去搜集相关材料，当你手中掌握的资料越多，就越容易做决定。

三是须有一种概括能力并用它来指引你做决定。对于某个问题，我们应当看清它的实质，看到它的概括性原则或目标；抓住问题的中心，整理清楚你的思路，之后再来做决定。

八、征服挫折，启动你的成功机制

人的一生总会遭遇这样那样的挫折或失败，就像由不同的音调构成的协奏曲一样，夹杂着不和谐的声音，却又令人着迷。当我们的需求得不到满足，某些障碍阻止了我们得到自己想要的东西时，我们便会体验到挫折感。相信没有人喜欢挫折，但偏偏人人都得去面对它；善于处理挫折的人总是要比不善于处理的人容易取得成功；挫折耐受力越低的人就越容易体验到挫折感。那么，有什么好的办法可以让我们强大到足以征服挫折呢？你一定想知道，那就看看下文吧！

切勿让消极想象力毁掉你的自信

有一个未婚女子，大约三十岁左右，她在一家缝纫厂上班，白天忙着工作，到了晚上就开始惆怅，永远把自己关在屋子里，足不出户。不少朋友约她出去逛街，她都一一拒绝，后来主动约她的人越来越少，最后，女子真的成了一个孤独的人。

她的烦恼其实和大多数爱美的女人一样，都是认为自己不够漂亮，但她却自认为“最难看”“最滑稽”，因为她有一个不同于其他女人的大鼻子和一张厚嘴唇，她称之为“大蒜鼻”和“香肠嘴”。她没事的时候经常想象着在自己与他人，尤其是异性交往时，人人都嘲笑她的“大蒜鼻”和“香肠嘴”，暗地里偷偷嘲讽，甚至把她当成“怪物”。这种想象的画面越来越清晰、生动，以至于她在现实生活中变得害怕出门与人见面，更不敢和厂里的同事正面相对；即使在家里，女子也一样缺乏安全感。

可是，该女子不知道的是，她的长相在大多数人的眼里并没有那样“恐怖”，大家也都没有如她想象中那样嫌弃她，一切糟糕的状况都是她用自己丰富的想象力“杜撰”出来的。也正是这个原因，导致她至今单身一人，家人无奈之余，只好带她寻求心理医生的帮助。而心理医生的建议是，要求她认清楚真实情况——她并不丑，只不过是内心的想象力破坏了她的自我意象，无形中给自己设置了一个悲惨的处境。也就是说，她的想象力已经在其身上建立了负面的自动失败机制，导致其一切认知都在围绕着失败运行。

几次谈话之后，再加上家人的帮助，该女子开始逐渐意识到自己的问题，并借助创造性想象重新建立了真实的自我意象，找回了自信。

心理学家研究发现，人们的行为、感受其实是自身形象和信念导致的结果。假如人们与自己相关的想法和心理意象受到扭曲，变得不切实际，那人们对所处环境的反应同样会变得扭曲和不切实际。案例中的女子正是如此。

事实上，人们无论是对于自己的相貌，还是事业（或工作）、生活，都有一种天生的“爱美”心理，一点点瑕疵都会被放大，而放大这些瑕疵的正是我们自己丰富的想象力。心理学家认为，人总是习惯根据自己想象中的信以为真的样子来感知和行事，也就是说，一个人会利用消极想象无限放大自身的某个缺陷以及外界对这一缺陷的反应，严重时还可能走上自杀之路。

反之，一个人如果能够充分运用积极的想象去修正对自身能力与机遇的理解，便极有可能做成一番使世人瞩目的事业。比如，心理学家就曾经用类似的方式来医治某些精神病患者，方法简单地说就是要求和引导患者想象自己是个正常人，便可使病情好转并缩短住院时间。这其实是利用了自我意象（即建立在自我意识上的个人形象，也指观念上的自我肖像）的作用。

如果你希望自己成功，那就想象自己正是一位成功人士，并在心中演练一切和成功人士相关的信息、行为、信念等。当然，这并非要求人们妄自尊大，做一些不恰当的幻想，只是借助积极思维找到真我。心理学家认为，绝大多数人都曾低估自己，看不清自己真正的价值，而对于这些人来说，放大优点比放大缺点要有用得多。

认定你想要的结果

美国著名的马术教练简·萨瓦曾于2000年作为美国马术奥运代表队成员，参加悉尼奥运会的马术比赛。当时她还不太自信，虽然有一匹好马扎帕特罗，但简·萨瓦同它还不太熟，要想建立亲密关系需要花一段时间，再加上扎帕特罗还比较年轻，并没有足够强壮的体魄去适应各种动作的要求。

在短暂的时间里，简除了努力和扎帕特罗建立亲密关系，一起进行刻苦的训练之外，还曾无数次设想她和扎帕特罗站在颁奖台上的场景。每当一天结束，她都会找一个安静的地方待一会儿，然后闭上眼睛、全身放松，想象着自己和扎帕特罗正以一个成功者的姿态绕着赛场一周。在这段想象的时间里，简要求自己完全抛开现实中的种种不足，这样就能阻止那些焦虑的情绪和不安感的出现。

结果，简与扎帕特罗在比赛那天一切顺利，公布比赛结果时的场景也确实如简设想的那样，他们以胜利者的姿态在赛场上绕了一周。

这则故事听起来似乎令人难以置信，即便很多人不会质疑这样的结果，但对于赢得胜利的原因，人们似乎更倾向于将其解释为巧合或运气。但事实上，简和扎帕特罗的刻苦训练确实是不容忽视的，只不过站在精神和心理层面上来说，正是那无数次的假想场面给予了简信心以及勇气。

简解释说，那是她在精神上想要的结果，而这个结果在无数次想象的过程中仿佛已经成真，在训练以及比赛时，她正是用这个结果来激励自己，帮助集中注意力——这是赢得比赛最重要的因素之一。可见，人们想要成功，就要集中精力于某个积极的结果（这个结果可以是在大脑中已生成的结论），而非任由想象力围绕着失败的画面展开，这是取得成功的关键。

在某种程度上，建立在自我意识上的个人形象，即自我意象也符合这个结论。无论在什么情况下，一个人如果在内心认定了一个结论，或者已经为自己树立了一个恰当的自我意象，那便等于成功了一半。现在，你也可以像简·萨瓦一样，找个安静的地点，闭上双眼开始练习：

1. 想象你坐在一块偌大的电影屏幕前，观看一部关于自己的电影。注意要让电影的画面清晰、生动而具体，关注周围的环境以及环境里的各种细节、场景、声音与物体。在这个过程中，环境中的细节尤为重要，因为这关系到你所营造的“实际经历”的实用性，细节越具体，就越等于亲身经历。因此，你不妨拿出纸和笔，将这部电影的具体情节简单地描绘出来。

2. 坚持每天花上三十分钟的时间来看这部电影。在这三十分钟内，你需要关注自己的行为和反应是否恰当，是否成功；并不需要去回想你昨天的一切表现，也不需要把希望寄托在明天，重点是现在坚持做好这个练习。

3. 要“看着”自己朝着那个认定的目标前进，让自己如你希望的那样去行动与感知，或者想象着自己已经达到了那个目标，已经成为那个期望中的人。比如，你生性内向，不善言辞，那就想象你正“看着”自己自由自在地、滔滔不绝地在与人交谈，言行举止大方得体，满怀自信和勇气。

4. 还可以对这部电影进行“编辑”。这包括“修改”影片中你的行为表现，使其完全符合期望和获得想要的体验，最好在十天之内完成“修改”工作。

5. 在接下来的时间里，要按照最终确定下来的电影版本，毫无更改地在你的大脑中反复“播放”。

让理性思维助你成功

袁某曾经是一名销售员，虽然颇有名气，但他始终感觉自己不开心，他讨厌上班下班来回挤公交，也不喜欢西装革履，那种上门推销或打电话推销的方式都令他烦透了。有一天，他忽然理性地意识到，不必为了谋生而一直去做自己并不喜欢的事情，并且清醒地知道谋生的路并非只有一条。

于是，袁某果断辞职，还想出了许多自己根本不想做的事情并把它们一一罗列在单子上，紧接着开始运用想象力进行“货比三家”，寻找自己想做，又不必去触及清单上任何一项的事情。最终，经过一系列对比，他决定从事邮购业务。

袁某发现自己曾经用以吸引客户的成功方法现在开始派上了用场，所以，他构思出了一项业务，即可以通过图书、手册与录节目等形式出版这些经验，然后借助广告或直接邮寄等形式把制作的产品出售给所在行业的其他员工；而他自己则可以留在办公室里工作，像获取订单、打印、分配送货等工作就由外部承包商来为他做。

早期袁某的尝试并不那么顺利，但他还是很乐观地采取了一系列纠正措施并最终取得了令很多人羡慕的成果。在这个过程里，他不仅成功创立了自己想要创办的业务，还制作了一系列函授课程、开设研讨班等，向很多人讲授自己的业务模式，激发了他们的兴趣。当然，他还撰写了一本专门介绍创业经验的书，并成为一名炙手可热的高薪顾问。而这一切，都没有与他曾列在单子上的任何一件不想做的事情相冲突。他把这一切的成功归因于自己的理性思维。

所谓理性思维，其实是一种有明确思维方向和充分思维依据，能够对事物或问题加以观察、比较、分析、综合、抽象、概括的思维方式，简单地说其实就是一种建立在证据与逻辑推理基础上的思维方式。比如，你今天买了一袋苹果，但吃起来却感觉很酸，并没有你期望中的香甜感，所以你去查找原因，发现只有少数情况下才会这样，你不会因此而给所有苹果的味道下结论。

事实上，理性思维存在于我们的生活中，却没有被更多的人发现和充分利用。世界上有多少和袁某一样的人呢？虽然人人都想获得一份属于自己的终身事业，但却很少有人能够像袁某一样。有时候成功看似触手可及，却最终与你失之交臂。也许你总是可以找出一大堆的理由来，而这些“理由”也正说明了你并未使用正确的理性思维来分析这一切，反而是那些潜藏在消极行为背后的信念在发挥作用。

要想根除这种信念，你得先问问自己为什么要根除它，是否有某种任务是你原本想要完成、某些时候你想要表达自己，却总会因为感觉“我做不到的”或“我没有这个能力”而止步不前？那么，你为何要相信自己做不到，而不是去相信自己能够做到呢？

向自己提出这四个问题并以事实为依据，认真、谨慎地回答它们：

1. 这种信念的产生是否有其合理的原因？

2. 我固守这些信念会不会犯错？

3. 在类似条件下，假设别人就是我，那我是否会对别人产生一样的评价？

4. 假如这种信念并没有其合理的理由让我固守它，那我又何必一定要表现得或感受得如同它就真实地存在一样呢？

让这一信念激起你的怒火。曾有一位著名的企业家，一次他在旅行途中住进了一家旅馆，可是他忽然发现自己身上没有烟了。于是，他从床上爬了起来，准备出门买烟。就在那一刻，他忽然停了下来，愕然地问自己：我究竟在做什么？一个拥有千万资产的企业家竟然为了一包烟，要在深夜驾车去两公里外的便利店，简直是无法想象！于是，他转身回到床上，埋头大睡。从此以后，他成功戒掉了顽固的烟瘾，做到了以前他一直认为不可能实现的事情。也许这对于很多长期以来戒烟不成功的朋友们来说，不失为一剂良方。

唤醒你对成功的深深渴望。将你的新目标在脑子里来回查看，认真分析它们，假如可以产生足够的内心感受或情感，便会产生新的思想和想法，进而将以往消极的信念一举推翻。

清楚你想要的是什么，而并非那些不想要的。知道你想要什么，才能创建清晰的目标，才能集中精力去实现，这是理性思维的关键部分。

无法立即解决的问题就放一放，不要让它激发你的负面情绪。

不妨时刻保持警惕。密切关注你手头上的任务，关注自己正在做什么以及周围正悄悄地发生着什么，以便搜集到足以让你对当前环境了如指掌的信息，学会做自己的事并按照最为理想的假设采取行动，结果将水到渠成。

不必在乎过去的失败

“我活到现在有过失败，但还没遇到什么过不去的坎儿。”47岁的杨女士这样说。

“我这辈子算是玩完了!”同样是47岁的邹先生却这么说。

原来，今年47岁的杨女士是一家小型旅馆的老板娘，十年前，她还在北京某知名大学任外文系副教授，也算是学院里公认的“素颜美女”。但她却不顾父母的反对，毅然坚持和前夫下海经商，他们贷款三千万元做了一笔所谓的大生意，可生意最后却赔了，他们欠下了近一千万元的债务。

当时她还天真地以为，只要自己不在困难时期抛弃另一半，他们肯定会有“重新再来”的机会。但真相是，前夫在那个时候抛弃了她，还给她留下了将近一半的债务。这次经历让她清醒了，不再做下海经商的梦，更重要的是，这件事让她看清了自己曾托付一生的人的真实嘴脸。

后来，杨女士辗转做起了旅馆生意。五年时间，她成功地开了两家属于自己的小旅馆，并汲取以往教训，不再贪图做“大生意”，而是将全部心思都花在这两家旅馆上。到了第七年，杨女士成功还完了债务。就在前年，杨女士结识了同样有离异经历的德国华人，俩人一见如故。组建了家庭。

而六年前邹先生还是一位开着豪车、住着别墅的企业主，可因为受人利用，与合伙人一起做一笔生意时亏损了五百多万。为了还债，他把豪车、别墅以及企业都折了现，却仍然无法还清所有债款。无奈之下，邹先生开始过上了东躲西藏的日子，一直到现在。

两个同年龄的人都有过挫折经历，前者经过努力成功地站了起来，而后者却就此垮下了。原因是什么？心理学家认为，不同的挫折商导致了不同的结果，前者挫折商高，面对困境成功超越；而后者挫折商比较低，反被挫折所吞噬。

首次提出挫折商概念的是美国职业培训大师保罗·斯托茨。他认为，以往人们熟知的情商、智商是衡量一个人素质的重要工具，而挫折商则是衡量一个人化解并超越挫折的能力的标准，其英文简称是AQ（Adversity Quotient），也是职场培训中的重要概念。

同样的挫折或困境，AQ较高的人就比AQ低的人更不容易产生挫败感；此外，AQ较低的人的心理机制属于应付机制，这类人往往习惯使用种种消极的心理防御机制来逃脱挫折；而高AQ者的心理机制则是应战机制，挫折会激发他们充分调动自身的种种资源和能量，并最终化解和超越挫折。

考察一个人的挫折商需要从以下四个层面来衡量，即控制、归因、延伸、忍耐力。

1. 控制，即一个人拥有的掌控局势的能力。斯托茨认为人的控制能力来自控制感，也就是一种“我感到自己在控制局势”的感觉。面临重大挫折，AQ较高的人会有强烈的控制感，当别人都认为“大势已去”时，他们仍然能透过种种消极因素看到积极的、可控制的地方，并不会轻言放弃。正如案例中的杨女士和邹先生，同样是欠下数额不菲的债款，前者认为命运依旧掌控在自己手中，而后者却陷入挫折的深渊，从此一蹶不振。这种控制感与个人的阅历并没有多大的关系，而是源自潜意识。

2. 归因，即是当挫折发生时，个体懂得去分析挫折发生的原因。AQ 较低的人倾向于消极分析，把原因归咎于外界或他人，即使是自我归因，也是消极的，因此产生强烈的无助感和挫败感。反而是高 AQ 的人会去主动承担责任并进行积极归因——我该为改善这一局面负责，因为外部因素往往是难以改变的，要想改变处境，唯有从自己做起。所以，能够做出积极的自我归因的人才是高 AQ 的人。

3. 延伸，即是遭遇挫折的个体是否会将这种糟糕的结局扩展到其他方面。AQ 高的人懂得将其控制在一定范围内，能够“就事论事”；但 AQ 较低的人则会将其扩展到生活的层层面面，一次挫折便足以摧毁他的整个生活。譬如你在公司受到了批评，AQ 低的人会把这种不满的情绪带回家，一味发泄而不是思考其中的原因；而 AQ 高的人就很会处理这种情绪，负自己该负的责任，不会将负面情绪转移给家人。

4. 忍耐力，即是个体对困境持续时间的长短。高 AQ 的人认为逆境以及造成逆境的原因只是暂时的，而低 AQ 的人则认为“我这辈子算是玩完了！”前者用积极的心态去为改变逆境做努力，而后者只会在逆境里消沉。但忍耐也不是盲目的，那种能够看到积极因素并深信自己能够渡过难关、掌控局势，为了扭转逆境而做出的忍耐才是值得提倡的。

创造性思维的秘诀

拿破仑·希尔在当年创作《思考致富》这本书时，出版商给了他很大的压力，即要求他在 24 小时内给这本书起一个恰当的名字。事实上，拿破仑在此之前已经想了好几个月了，当时他也已经完成了书稿并交给了出版商，可前前后后考量书名，却总不得要领。

于是，出版商才对他下了最后通牒——只剩下 24 个小时可考虑了，否则就只能采用出版商推荐的最佳书名了：《用好你的智商，获得你的钞票》。拿破仑对这个书名极度反感，颇似报纸上的新闻标题，如果真用了这个书名，“那就等于毁了我！”拿破仑这样想。

用了几个月都没有想出来的名字，现在只能用 24 个小时来思考，这有可能吗？拿破仑深知，如果继续按照以往的模式去思考，即有意识地思考标题，结局肯定一样。所以，拿破仑最后的选择是把整个问题交给潜意识，想出什么就是什么，随它去就是了。紧接着，拿破仑去小睡了一会，醒来后大脑里便出现了一个题目，即《思考致富》。但仔细分析不难发现，“思考致富”这四个字不过是对之前那个长标题的提炼，更加简洁和响亮。

类似的经历相信很多作家都曾有过，当人们故意“反其道而行”，即刻意脱离正常思维轨道去获取一些灵感时，才有可能获得意外收获。譬如，在打盹儿的时候，在与孩子们嬉闹的间隙，在饭后悠闲的步伐间，他们想要完成的章节、演讲主题等便会在不经意间获得。

也就是说，去做其他事情，并且使思维在不承受太大压力的情况下保持活跃，这是最容易产生好主意的方法。换句话说，当你解除了借助某种有意识的思考迫使答案出现的压力时，即转变有意识思维为无意识思维时，创造性思维才有机会一展身手。事实上，这种无意识思维的可贵之处在于，它并不仅仅存在于作家、艺术家、发明家等这些脑力劳动者身上，无论你是维修工人，还是坐在办公室里的白领，抑或是教师、学生、企业家、推销员等，都需要创造性思维的光顾，并且每个人身上都潜藏着这样的成功机制，只不过它需要被唤醒、释放、激励和巧妙利用。那么，我们该如何启动并巧妙利用这种机制呢？

1. 一旦做了决定，就集中精力去实施，而不是只想不做。世界上并没有一个完全正确或完全错误的决定，你可以随时去纠正它的不合理之处，想办法使它变得正确，但如果只想不做，就永远不可能获得想要的成功。

2. 要把注意力放在此时此刻。过多地忧虑过去和未来的人只会失去机会，你要养成“不会有意识地考虑明天”的习惯，因为创新机制只在当下起作用。你当然可以为明天计划，也可以从昨天里吸取教训，但不是活在未来和过去里，而是活在当下。

3. 尝试一次只做一件事。告诉自己：我一次只能做一件事。当你专注于某一件事情时，效率会大大提升，你的压力自然就降低了，这时创新机制才有可能启动。

4. 适当拖延也不是坏事。如果有一件事已经折磨了你很久，并在未来短时间内没有停止的迹象，那就暂时放弃吧，就像拿破仑·希尔一样，睡一觉再说，或者干脆到了明天再处理。好使自己有时间放松下来，给创新机制启动的机会。

5. 放松工作。前文已经就缓解压力提出了部分比较有用的心理策略，学会轻松地工作有助于创新思维的发挥。你只要每天尝试着坚持做一些放松练习，便能从心理和精神上为自己减压，摆脱那种过度紧张、焦虑的状态，因为它们会影响你的创新机制的运作。

细节值得你关注

威斯汀·豪斯是美国工程师、发明家，同时也是电工企业家，他在1869年获得了火车空气制动机的专利。在此之前，威斯汀·豪斯有一次搭乘火车外出，途中他所乘坐的火车骤然停下，他跳下去询问才知道，是两个火车头撞在了一起。当天的天气很好，并不存在影响视线的任何问题，可为什么还是不能避免碰撞呢？

"两列火车的司机其实都已经发现了，也已尽力让自己的车停下来，但动作还是慢了一步。"铁路上的人向他解释说。

"那为什么会这样呢？难道是制动机出现了问题？"威斯汀追问。

"当然不是制动机的问题，只是时间来不及了，司机没能一下子停住火车。"这个答案不是威斯汀想要的，于是，他陷入了深深的思考之中。

后来，他发现在那次事故中，真正的原因是从下达停车指令到制动机完全控制住车轮之间的时间太长。正因此，列车的司机才"来不及"停住。

威斯汀认为，假如司机能够自己来控制制动机的话，就能省去中间接收信号的时间，进而避免交通事故。就这样，威斯汀发明了空气制动机，不仅大大增强了火车行驶的安全系数，同时也提升了火车的速度。空气制动机的发明无疑为人类做出了重大贡献，而该发明之所以出现，则是源自威斯汀对生活细节的思考。

从这个例子中我们可以看到，善于积极思考和行动才会更容易地摘到成功的果实。当然，这并非要求我们一定得等到严重的后果发生了才去思考应对的办法，而是要在生活中养成关注细节、积极思考的习惯。并且这个例子启示我们，富有积极的创造性思维的人，他们大多对一些"小事"颇为关注，但他们从不会消极抱怨，而是从积极的方面训练自己的思维并使之富有创造性。在某种程度上，这些善于关注细节的人更善于思考，也更容易获得成功。

早在500多年前，一个名叫科尔蒂的阿拉伯牧羊人无意中发现，羊群中有一只羊异常兴奋。他觉得奇怪，便开始跟踪那只羊寻找原因。几天后，他发现这只羊经常去吃山坡上的一棵树的果子，吃后不久羊就兴奋了，活蹦乱跳。出于好奇，科尔蒂也摘下一颗品尝，结果他也变得兴奋了起来，精神特别好，还跟着那只羊一起欢舞。

于是，每次科尔蒂牧羊时都会到山坡上采摘树上的果实吃。有一次，一个欧洲传教士发现了科尔蒂和那棵结满红色果实的树，得知实情后，传教士也尝了一颗果实并采摘了一些带回住处。回去后，他将果实用水煮出了汁并细心品尝。虽然刚开始有点苦涩，但随之而来的是甘甜和全身心的清爽，整个人充满了活力。此后，这位传教士一边自己品尝，一边向周围的群众宣传。其实，这种果实便是今天备受欢迎的咖啡，传教士还向欧洲商人介绍，商人对此很感兴趣，并将咖啡树移植到本土大面积种植，引导人们消费。

多年之后，这位传教士依然深有感触，他说，一个人眼睛的大小并不能说明他能否有所发现，善于用眼睛观察才是关键所在；而对细微事物的仔细观察，才是生命、事业、艺术、科学获得成功的钥匙。有些差异似乎并不起眼，但善于观察和积极思考的人就能找出区别来并使其成为自己走向成功的关键。

当然，你并不需要去观察那些不重要的细节，而是要看到别人看不到的或早已习以为常的某些细节的重要性。从这些细节做起，自然就能做出一番常人无法企及的成就来。

你是如何应对挫折的

提及鹰，相信很多人都知道，鹰的视力很好，在天空翱翔的飒爽身姿以及它们那迅雷不及掩耳的捕猎速度，令人惊叹不已。实际上，却极少有人知道，在鹰的生命中充满了一次次艰难的蜕变，每一次成长都在饱受挫折之后。

鸟类中寿命最长的莫过于鹰了，它们一般可以活到70岁，在年满40岁时，它们的爪子开始老化，便无法再像“年轻”时那么迅猛地捕捉猎物了；而喙也会变长变弯，几乎要碰到胸部；翅膀更是变得沉重不堪，羽毛厚重，再也无法轻盈飞翔。

到了这个阶段，鹰就只有两种选择：要么等死，要么蜕变。要知道，蜕变是一个极其艰辛的过程，但大部分鹰都选择了为期150天的蜕变过程。在这段时间里，它们要承受地狱一般的痛苦：先要非常努力地飞到一座山顶上，并在悬崖上筑巢，然后就停留在那里，用自己的喙击打岩石，直到喙开始松动并脱落；最后，它们还要静静地等待全新的喙完全长出来。

这以后，鹰才可以拥有新的捕猎利器，可已老化的爪子却又成了一大阻碍。所以，它们还要用那全新的喙将爪子上的趾甲一个个地拔出来，等到全新的趾甲长出来以后，它们还要把翅膀上厚重的羽毛一根根地拔出，让新的羽毛长出来。等全新的羽毛都长好，这整个过程需要5个月的时间，这时候的鹰才真正完成了蜕变，重新搏击长空，继续捕猎。

无独有偶，蝴蝶的破茧而出也是一次蜕变的过程，它们可能会在破茧的途中被卡住，并得到好心人的“帮助”，但被“帮助”之后它们却无法再飞舞；反而是靠自己的力量破茧而出的蝴蝶才有可能获得飞舞的权利。这是真的，因为蝴蝶破茧时需要把体液挤到翅膀里，只有这样才能拥有飞舞的力量；如果有人看到挣扎的蝴蝶，顿生怜悯之心，拿起剪刀帮其剪开蝶蛹，那便剥夺了蝴蝶蜕变权利。

鹰用一种几乎自残的方式赢得了重生，而蝴蝶的破茧而出也是生命中必经的一段痛，可见，对于它们来说，没有痛苦就无法获得新生。当然，这也是自然界赋予一切生物的一道“指令”，总有一些看似残忍的经历才能让幸福离得更近。所谓挫折，不就是挡在幸福或成功之前的一道道沟壑吗？有人战胜并顺利逾越了过去，但也有人畏惧不前。前者积极乐观，后者消极悲悯。

生活中，人们总避免不了抱怨，但在遇到不顺或挫折时，你是否想过，也许这正是命运伸出的“援手”呢？挫败、不公、倒霉……有人将挫折视为成功的前奏，也有人将挫折看作辉煌的终结，如果你采用正确的方式对待它们，它们便会帮助你成为了不起的人；反之，它们就会将你击垮。

假如你抱怨生活不能温和地待你，总是让你经受磨难，那么，请你去看看那些比你更加不幸的人或物吧，或者去翻翻那些成功人士以往的经历，相信你会看清楚那些被光环掩盖住的心酸，那些悄悄躲在成功背后的失败历程。

曾有媒体报道过这么一则新闻：某个并不富有的男子在中了彩票之后，一夜暴富，但他却不知如何合理利用这些钱财，反而因为钱与家人、朋友断绝了往来，结果等他把那些钱挥霍一空、穷困潦倒时，家人却不计前嫌，重新接纳了他。这件事说明了两点：一是亲情无价；二是被幸运之神垂青的人，如果尚未做好成功的准备，再幸运也无济于事。

如果你现在正在经受挫折，那么，请你不要灰心丧气，让它们成为你进步的阶梯。在你获得幸福或成功之前，就让这挫折成为你修炼自己的小伙伴吧！当有一天回首这些痛苦与磨难时，相信你已经完全有理由变得更为自信和从容了。

成功路上必须修炼这三颗心

前段时间发生了一起令人震惊的复旦投毒案，后来，有不少心理学家曾就林某和黄某的性格做出分析，这里简单做下总结。林某的成长环境一直影响着他的性格生成，社会底层的生活使他有了挥之不去的自卑感，因此，遵循着“学而优则仕”的观念，他努力学习，成了复旦大学上海医学院的研究生，这是他力求用优异的成绩来超越自卑感的强有力行动。

此后，林某也不负众望，成为老师、同学以及父老乡亲们眼中的骄傲，按理说，林某的自卑感应该得以缓解了。但是，一件室友之间的摩擦小事竟然再次引爆了他的自卑感，成为他杀人的导火索。为什么他一定要和黄某过不去呢？据报道上提供的信息，饮水机费用平摊这件事深深刺痛了林某不堪一击的自尊心，他“被迫”去隔壁“借水”，还与黄某互删 QQ。心理学家分析，如果一个人童年时期就低人一等，那这种感觉将会伴随他一生，即使未来多么飞黄腾达也无法消除，除非这个人真正做到了大彻大悟。

此外，黄某的家庭背景似乎与林某类似，可俩人为何不是惺惺相惜呢？心理学家认为，如果一个人有了阴影，往往需要很长一段时间才能将其转化，否则，这个人就善于投射阴影并试图将其消灭。也就是说，正是类似的家庭背景、一样的性别、共同的学习经历，并且生活在同一个屋檐下，有着一样的目标，黄某才成了林某最为激烈的竞争对手，甚至是阴影；而面对如此对手，很难说林某没有产生强烈的妒忌心和恐惧心。这当然要比单纯地超越自卑来得更加艰难和痛苦。

当然，林某本质善良，只不过以往的经历造成了他的亲密感、奉献意识的缺失，缺乏对温情的感悟和体验，这也是他做出投毒行为的重要原因，再加上其本身学医，从事老鼠肝功能研究，日常实验就需要他“心狠手辣”一点。以上因素共同导致林某走上了“杀手”之路。

事实上，成功人士中不乏年少贫困者，但他们在成年后大多都能够完善自我，组建家庭，与家人、爱人建立亲密关系，生活、事业皆顺利。假如林某没有那脆弱的自卑感，或者在成长过程中逐渐克服和战胜了它，那接下来的一切悲剧或许都不会出现，数年后，林某也许还会作为一位成功者出现在医学界，为人类和社会贡献力量。只可惜他已经失去了从头再来的机会。

我们在为这两位不幸之人感到惋惜的同时，也可以看出，无论是普通人或是成功者，心理健康尤为重要。换句话说，如果你想有所作为（相信这个世界上没有人不想有所作为），那么，请你务必修炼自己的“三颗心”，即自卑心、妒忌心和恐惧心。

许多人都有一颗自卑的心，无非就是觉得自己在某些方面不如别人，觉得低人一等。自卑会让一个人变得意志消沉，失去最基本的自信，情绪低落，不善交流，顾影自怜，更是享受不到来自成功的喜悦与成就感。自卑心并不可怕，虽然它可以毁掉一个人，但同样也可以成为人生的助力。

人可以谦卑，但不应过分自卑，自卑的另一面是自信，克服自卑的最好方法就是建立自信。一方面，你要完善自己，比如正确看待失败、改变看待自己的心态、扬长避短；另一方面，你要从他人入手，以别人的评价和态度作为自我评价的参照，并用以调节自己的言行，比如得体的仪表、积极表现自己、乐于结交朋友等。你该知道，自信并不等同于自负、浮夸，所以，别给你的自卑找“不想张扬”之类的理由。

想必大多数人都知道妒忌是怎样的一种心理，其实妒忌你羡慕的人是一件再正常不过的事情，因为那些人做到了你想做的事，拥有着你想拥有的东西。但结果却只有两种，一种是你将妒忌转化成了前进的动力，把自己也变成了别人妒忌的对象；另外一种则是你没有将妒忌化作动力，那它最终很可能会给你带来灾难。可见，解救妒忌心的最好办法，就是通过正当的途径努力去做到你想做的事，得到你想得到的东西。

而恐惧之心原是一把双刃剑，它使人类远离战争、犯罪和杀戮；但恐惧作为一种

负面情绪状态，同时也给人类带来了恐慌和黑暗。可如果你想彻底清除恐惧之心，那结果将不堪设想。所以，我们唯一可以做的就是收集更多的“火把”，寻找更明亮的灯塔，为自己照亮前方的道路。

谁是“穿越玉米地”的赢家

美国哈佛大学每年都会有一群天之骄子毕业，开始踏入社会各谋其职。有一年，哈佛对这一年的毕业生做了一次关于人生目标的调查，结果是：有10%的人目标清晰，但都属于短期目标；有27%的人没有目标；60%的人目标模糊；只有剩下3%的人有着清晰而长远的目标。当然，这是一群无论从其自身的智力来看，还是从学历或环境条件分析，都相差无几的优秀学子，家长、学校、社会都对其抱有很大的期望。

25年之后，哈佛再次对这批当年的学子展开了调查。结果是：当年有着清晰但短暂目标的10%的人，他们的短期目标不断得以实现，成为社会各个领域内的专业人士，多半生活在社会的中上层；当年那群没有目标的27%的人如今过得并不怎么如意，他们学会了抱怨工作和生活；60%目标模糊的人25年后的工作和生活也算安稳，不过大多都没有做出特别的成就，处于社会的中下层；而当年有着清晰且长远目标的3%的人，他们在这25年之内始终朝着这个方向不懈前进，大多已成为社会各界的成功人士，其中自然也不乏行业领袖或是社会精英。

吴晓波曾在他的《穿越玉米地》一书中用一则寓言讲述了速度、效益和安全这三个要素在一个人成功路上的相互关联和作用。假设现在呈现在你面前的就是一块果实累累的玉米地，但其中也布满了大大小小、或明或暗的陷阱，你与你的对手们需要穿越它，做一场竞赛游戏，规则是：谁先抵达对岸的神秘地点，同时他的手里还有最多、最好的玉米并保证自己的安全，那么，谁就是最后的赢家。这里就涉及三个关键要素，即速度、效益与安全，要想成为“穿越玉米地”的最后赢家，就得平衡好这三者之间的关系。

关于这三者间的关系，相信每个人都有自己的选择，谁也无法给出一个最佳比例来，因为个人不同，个人所处的环境也不同，所以，如果仅就那些赢家们来说，每个人的成功都是不可复制的过程。在吴晓波看来，穿越玉米地的过程，其实就是创业决策的过程，并且我们每个人的一生其实都在“穿越玉米地”。

而无论你最后如何平衡这些关系，首当其冲需要解决的问题是——你为何要穿越这块玉米地，即确立人生的目标和获取“穿越”的动力。以上便是一个典型案例，事实上，在25年前他们都是从哈佛毕业的优秀学子，可以说起点基本一致，而在25年后唯一拉大他们之间差距的，就是当年的目标规划。当然，这中间还可能涉及一个人的努力程度。因此，人生目标的指引即便重要，也离不开这个过程中的个人奋斗，而在这奋斗的历程中，自然少不了“穿越”理念的指导。

《穿越玉米地》一书中有个叫大卫·奥格威的成功者，他创立了世界最大的广告公司之一——奥美公司，奥美有一套属于自己的成功理念，这不仅改变了人们以往对商品、广告的固有观念，还为客户提供了“穿越玉米地”的理论指导。

1. 要赢就得比竞争对手活得更久。

2. 不打无准备之仗。一个人的自信心不能是盲目的，如果想成为穿越玉米地的赢家，那在开始穿越之前就要具备必需的风险意识与各种条件。

3. 要和比自己强的对手比赛。俗话说“比上不足，比下有余”，如果一个人只跟比自己弱的对手比较，那就永远都得不到进步。

4. 懂得拒绝。要想摘到更多玉米，就要懂得取舍，奥格威曾拒绝过福特汽车提供的广告服务订单，因为他认为保持自己的咨询独立性比较重要。

5. 重视创新的价值。任何理论都不是一成不变的，唯有实践可以决定；而身为广告人，奥格威对自己的要求是严格的，广告本身也需要足够的创意。

6. 抓住最早的机会。奥格威深深懂得机会所带来的效益和抓住它所花的时间是成反比的，你越早抓住它，所耗费的时间与精力就越少，机会所产生的效益就越大。

7. 不引起公众的注意就能把产品推销掉的广告作品才是真正的佳作。虽然奥格威意识到这一点有点晚，但总算他明白了这一道理。

8. 要懂得在小事上让步于人。穿越玉米地的途中，不可能所有的人都意见一致，你也不可能得到所有人的支持，但无论如何，懂得在小事上让步于他人的人，在大问题上坚持主张时总会有人尊重他的意见。

9. 智商不是唯一因素。决定你能否成功穿越玉米地以及你赚得的财富数量的因素很多，并不是说你足够聪明就一定能够成功，因为有太多因素远比智商来得重要。

由将棋棋士看大局观

羽生善治是当下最优秀的日本将棋棋士，是羽生世代的代表人物，日本将棋史上首位获得七冠王的棋士，改写过将棋界多项历史纪录。据了解，羽生善治在七岁时就已接触将棋，并具备了一项特殊的技能，即在没有棋盘的情况下也能思考棋步。因为在其大脑中随时都可以浮现将棋棋盘并进行不断的演练。每一步的战术都了然于心。2012 年 8 月，羽生善治取得职业第 1200 胜，成为史上最年轻、历时最短、胜率却最高的将棋手。

在羽生善治辉煌荣耀的背后，其实还隐藏着一个重要“秘密”，那就是他的“大局观”。所谓大局观，其实就是看着眼前的局面来判断当下的形势，并知道该如何应对的一种能力，这需要足够的经验养成。比如此处是适合进攻，还是应该防守以及拉长赛程是否有利于占据优势等，这些都是由“大局观”来决定的，假如碰到比较复杂的情况，“大局观”还可以节省具体思考的时间，提高正确决断的效率。

事实上，大局观通俗地说就是凡事从长远考虑，用得失的辩证关系来看待一切问题。对于一位将棋棋士来说，大局观无疑是重要的，因为这关系到整局棋的胜负。但反过来想想，岂止是一局棋，俗话说“棋如人生”，每个人都不可能生来成功，无论是人生这局棋，还是职场这盘棋，都需要一套正确的“大局观”来引导我们思考，懂得进退，掌握先机，必要时省去那些无谓的烦琐思考，直接决断。

1. 不敢冒险才是最大的冒险行为。在棋盘上，不敢冒险的棋士将永远原地踏步。未来的一切都是未知的，谁也不能决定下一步，你也许出于安全的考虑，不肯迈出冒险的一步，但如果你不肯冒险，又怎么知道这一步的价值呢？

2. 若要冒险，应学会降低风险度。将棋界有这么一句话，“下手前要确认四个香车”。这四个香车一般都放在棋盘的四个角落，也就是说，确认这四个香车其实就是检视整盘棋，以此来降低风险。相信成功的人都有一颗敢于冒险的心，因为敢于挑战，才会有所进步。“四个香车”的说法就是在启示我们，即便人们很难不把眼光集中在对峙的棋子或对手刚刚下棋的地方，也一样要学会频繁地审视全局。

3. 该反省时反省，但不要后悔。做任何事，反省都是必要的，但反省完毕之后与其一直懊恼和痛悔，还不如把这时间花在提升自己的能力上，接受不可改变的事情，去做更优秀的自己。

4. 不能“悔棋”。在比赛上，每一步棋都在决定着胜负，而无论是棋场，还是运动场，抑或是职场、人生，失误都在所难免，但“悔棋”的念头是不能有的，因为这意味着“从头再来”。有“大局观”的棋手的每一步棋都是自己心中认定的最佳一步；失误了就总结经验，这才是进步。

5. 别在同一个地方摔倒两次。失败未必是最可怕的，在同一个地方摔倒多次才可怕。只要是比赛，就一定有胜有负，失败有其必然性，找到失败的原因，认识清楚问题所在，然后加以完善，这就是失败为胜利所准备的契机。

6. 准备充分，走得才远。将棋中的大局观是一种全面地把握整体、以鸟瞰的角度观察一切的视角。譬如，我们在分不清东西南北时，站在一定的高度便能够知晓该向左还是向右。只不过有些时候即便我们知道了“路线”，也未必清楚其中的具体细节，这就需要我们回到实际的路面上去勘测。而这种细节上的工作，往往就需要耐心细心了。

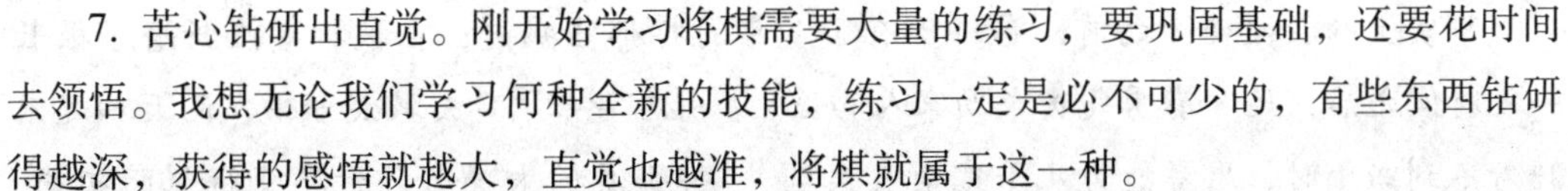

7. 苦心钻研出直觉。刚开始学习将棋需要大量的练习，要巩固基础，还要花时间去领悟。我想无论我们学习何种全新的技能，练习一定是必不可少的，有些东西钻研得越深，获得的感悟就越大，直觉也越准，将棋就属于这一种。

8. 筛选对自己有益的信息。在一场对局结束后，不妨回过头来将这局棋重新摆出来，一步一步地回顾其中的优点和缺点以及关键问题，以此来筛选出对自己有利的信息，同时还可以磨炼自己的直觉。

9. 贵在坚持。不管你踏入的是哪个行业，如果你的目标是成为其中的专业人士，那么一旦走进去，通常都会有种“跑马拉松”的感觉，因为你会发现脚下的路距离那个最初的目标还很远很远。如果好高骛远，也许你就轻易地放弃了；但假如能够脚踏实地走下去，此时你也就无暇顾及那远处的目标了，因为你只一个劲地向上爬、向前走，一步一个脚印，在不断地攻克了无数个小的阶段性目标后，距离最终的大目标也就会越来越近了。

九、生命的救赎

当越来越多的自杀新闻涌进我们的视野时，很多人在扼腕叹息的同时也深感生命的脆弱。心理、生理疾病可以引发自杀，学业压力也能引发自杀，恋情失败、求职受挫同样能够引发自杀，家庭纠纷、经济困难还能够引发自杀……中国人究竟怎么了？为什么这些常见的所谓挫折便能够如此轻易地夺走一个人的生命呢？心理学家认为，其主要根源还在于人们的心理素质。那么，究竟是什么样的心理困境造成了如此的悲剧呢？如果你的身边有自杀倾向的人，你该怎么去挽救他们的生命呢？如果你也曾经有过自杀的念头，请好好看一看本章。

摆脱抑郁并非只有自杀

2013 年年初，新闻报道了一个来自内蒙古的姑娘赛娜，在网上发表完最后一条微博后跳楼自杀。这个女孩出生于 1987 年，2009 年从北京对外经贸大学毕业，还获得了英语和商业的双学位；留学归来后，赛娜进入一家由意大利人开办的高级时装定制公司，业余时间也有不少爱好，比如品酒、参观画展、旅游等，偶尔也会去夜店跳跳舞。

这样的一个女孩，年轻、时尚、优秀、坚强、独立，在同学、同事和好友眼中，她更是大家一致羡慕的对象。然而，就在 2013 年春节之后，她被医生确诊为重度抑郁症患者，随后接受药物治疗。即便在患上抑郁症之后，她也能够在人前很好地控制自己的情绪，从来不愿在朋友面前表现出自己失控的一面。

事实上，在被确诊之前，赛娜已有了多年的抑郁症病史，在被抑郁症折磨了很长一段时间之后，她才有勇气去求助家人和医生。她曾感叹："失眠太可怕，两天加起来睡着不到四小时，思考能力几乎完全丧失。""抑郁真的太痛苦，世界变得黑暗扭曲，再努力也感受不到任何美好，想什么都想到死。""姥姥在叫我……实在熬不住了。"

赛娜的离开，不禁再次勾起人们的心中的往事。一年前，也就是2012年3月17日凌晨，一个微博名叫"走饭"的女孩也因为抑郁而结束了自己的生命。她留在网上的最后一条微博说："我有抑郁症，所以就去死一死，没什么重要的原因，大家不必在意我的离开。拜拜啦。"该微博曾引起强烈轰动，众多网友在纷纷转发的同时，也为这名90后女孩感到惋惜。

随后，大家纷纷翻出"走饭"以前发表的微博内容，发现这个浑身上下都散发着灵气的女孩一直活在孤独中，才气和灵气在微博的文字里展露无遗，但她的悲伤和孤独却不是一般人能够理解的。那些被她玩味的字字句句，已经暗示了她的绝望和"去死"的决心。

在生活节奏越来越快的现代社会里，抑郁症成为一种最为"流行"的心理障碍，也被称为第一号心灵隐形杀手。美国人曾经研究发现，18%的美国人在他们的一生中至少都要患一次抑郁症。这是一种由大脑某些生物指标改变而引发的疾病，患者通常有常人无法理解的痛苦，旁观者也无法感受其内心的绝望。

有人说抑郁症是一场精神重感冒，也有人说抑郁症才是真正的精神疾病。其实，抑郁属于正常的情绪范畴，在某些能够引起我们悲伤和痛苦的事件中，大多数人都有过抑郁的表现和体验，如悲观失落、丧失了兴趣、避免与任何人发生接触等。但抑郁的情绪和抑郁症是有区别的，带有抑郁情绪的当事人尚有足够的自尊和自信，即便处在抑郁的状态中，但依然有行为自制力，不会出现行为异常。

抑郁症会促使患者对周围环境难以做出客观、真实的判断，出现偏离社会常规的行为，譬如情绪持续低落，绝望，失去思考能力，并且不能应对正常的生活和工作，甚至还有自杀的念头。世界卫生组织的调查数据显示，全球大约有1. 21亿抑郁症患者。

关于抑郁症的病因至今尚不明确，我们很难准确地界定到底哪一类人比较容易患抑郁症。而美国心理学家史培勒做过一项调查，发现抑郁症往往会袭击那些最有作为、最有抱负、最有创意和责任心的人。

此外，抑郁症的出现与个人的性格也有很大关系，比如：追求完美主义，对自己的要求严格；性格内向、自卑，不善人际；经常自责；喜欢思考、极易走向极端；悲观、多愁善感；敏感、自尊心极强；意志力薄弱等。当然，也不排除遗传的影响，比如有直接血缘关系的人，或者血缘关系亲近。

另外，也有调查显示，女性患上抑郁症的概率几乎是男性的两倍，但男性在患上抑郁症之后通常不愿意寻求帮助，并将抑郁转化为敌意与愤怒的情绪，或者干脆利用酒精或毒品去麻醉自己。因此，男性抑郁症患者的自杀率会比女性高出四倍。

但无论如何，患上抑郁症之后的结果并非只有死。美国总统林肯在 26 岁时遭遇抑郁症，32 岁时再度发作，甚至在其担任总统期间也常常失眠，白天没有足够的精力工作，对生活充满了绝望。在被抑郁症困扰的过程中，他也产生过自杀的念头。当时心理医生的存在并不像今天这样普遍，但林肯却找到了一个对付抑郁症的方法，即剪报。

据说，他是把在报纸上看到的美国人对自己充满赞美和期望的溢美之词剪了下来，并随身携带，每当抑郁症状出现的时候，他就拿出来阅读，用它们来让自己振奋精神和缓解病情。久而久之，他成功地战胜了抑郁症。

和林肯有类似经历的还有英国首相丘吉尔。得知自己患上抑郁症之后，他非常幽默地称之为“黑狗”，并现身说法：当这只“黑狗”开始疯狂咬人时，千万不能对其置之不理，发现严重症状持续了数周并伴有自杀的念头时，就要立即去寻求帮助。后来，丘吉尔的抑郁症也被成功战胜了。

这两则故事给我们的启发是：抑郁症并没有人们想象得那么可怕，发现自己有抑郁的症状时，千万要留心，要为自己找到战胜它的方法，必要的时候要求助心理医生，积极接受治疗，而不是悲观地选择死亡。

下面是一位抑郁症患者张先生战胜病魔的真实经历。希望借助这则故事，帮助抑郁症患者纠正错误的观念，找到一条走出抑郁阴霾的光明之路。

第一阶段，患病与确诊。开始时，张某每天晚上都会失眠，每天晚上的睡眠时间随着时间的推移变得越来越少。他以为是因为工作压力的原因，于是去药店开了一瓶安眠药，但是服了药之后他依旧彻夜不眠。

半个月之后，身体终于在睡眠过少的情况下崩溃了，因此不得不辞职在家休养。本以为在家休息，补充睡眠，身体就会渐渐好起来，但未料到情况竟越来越糟了。他说，每次在身体乏力，困意袭来，大脑稍稍进入睡眠模式之际，便会奇怪地出现惊醒和心悸的症状。这使得他既困又累，却又无法进入睡眠状态；而伴随失眠同时出现的还有躯体上的各种症状，比如头晕、头疼、思维迟钝、难以集中精神等。

好在张先生本身就对抑郁症有所了解，以上症状在辞职后持续了半个月时，他决定去看心理医生。医生确诊张先生患上了抑郁症，中度偏重。此后，张先生就开始服药，起初，药效很明显，张先生的睡眠得到了很好的改善，每天晚上都能睡 4 到 5 个小时的时间；但是，行动力和思维、情绪却没有得到一丝改善。坚持服用药物两个月之后，医生决定给张先生换药，但效果和上次一样。

第二阶段，换医生，换药。张先生的心中再次充满了绝望，他不知道该怎么办。用药期间，他的睡眠质量确实得到了改善，但其他症状却并未得到缓解。而且，因为长期服用药物，张先生产生了抗体。而在最后一次的诊断中，医生将张先生诊断为重度抑郁，并建议他住院接受电击治疗。但张先生不能接受。绝望之中，他接受朋友的建议：换医生。

新的医生为张先生不仅开出了与之前完全不同的药物，还建议他接受心理治疗。但是，在服药期间，张先生再次感到了绝望，因为药物出现了比较严重的副作用，他开始有头晕、头痛、震颤、内热等症状，震颤最为严重的时候，他根本无法使用筷子进食，失去味觉，无法发声，腿脚发软……自杀的念头也几度跳出来，好在都被张先生仅存的一点理智堵了回去。

第三阶段，康复。半个月之后，也就是张先生服药的第二个星期，副作用开始慢慢减弱，药物开始起作用了：张先生的注意力可以集中起来并持续半个小时。这个小细节使得张先生和他的家人看到了希望的曙光。第二天，药效似乎比前一天要明显许多，第三天，药效就更加明显了……

就这样，张先生开始恢复以往的正常状态，可以集中注意力看电脑和看书，并且始终保持着头脑清醒的状态，行动力也得到了大大的提高，对事物的兴趣也渐渐增强了，愿意主动和人搭话，见到美食也有了食欲……张先生感觉自己像是“复活”了一样。

第四阶段，心理治疗，减少负面思维。与药物同时进行的其实还有心理方面的治疗，心理医生为张先生制定的方案是认知疗法，主要是通过纠正与改变以往负面思维的方式，达到减少负面思维的目的。

心理医生认为，抑郁属于一种情绪障碍，是一系列情绪失调的结果。抑郁会使人感到悲观、气馁，让人变得迟钝，对身边的所有事情都做出负面的、悲观的评估；在此基础上，抑郁症患者还会对未来下更为消极的负面定论。患者一旦对未来以及未来有可能发生的灾难出现毫无依据的担忧，焦虑就出现了，它令患者感到紧张和烦躁，甚至是恐惧。因此，要想彻底地治好抑郁症，患者就必须清除这种负面思维的影响。

实际上，抑郁症不但会使人自身感到消极、悲伤和退缩，也会令其对世界产生敌意。也就是说，负面思维针对的不仅仅是患者自己，还有患者身边的人与事。这也是各种负面情绪的源头，只不过有的人会将它们用自责的形式呈现出来，而有的人会选择用更为激烈的方式表达。心理医生建议，假如发现自己完全在悲伤、忧郁、愤怒和烦躁等负面情绪之间徘徊时，要意识到这是抑郁症的症状，但千万不要自责，尽最大的努力去抵制打算放弃的念头。

告知你身边的人，不要让自己活在孤独之中，要相信他们会理解和帮助你。建议在发觉自己逐渐变得抑郁时，要主动求医，确诊为抑郁症患者后要承认并面对现实，大可不必为此而感到羞耻。积极配合心理医生的治疗，严重时接受用药，通过努力，抑郁症就能够被顺利治愈。

张先生后来回忆自己的抑郁经历，他告诉心理医生："那是一场洗礼，我感觉像是梦一场，但又确确实实地获得了重生。"

可见，抑郁症完全可以治愈。患者要抱着这样的信念，相信自己一定可以成功战胜抑郁，千万不要放过任何一丝活下去的希望，告诉自己：这是我的情绪在感冒，而感冒肯定是可以治好的。况且有过与抑郁症抗争经历的人，都会在痊愈后感到生命倍加的可贵，就像张先生说的，是洗礼，好似一场梦，但收获到的东西却又是实实在在的。

总之，抑郁症是世界上的每个人都有可能患上的一种心理疾病，抑郁症并不能说明你品质低劣，或是心胸狭隘，更不能借此认为你精神有问题，它只是人类精神上的一个重感冒。因此，不要认为患上了抑郁症就会变得低人一等，更不要以为患上了抑郁症等于面对死亡。改变这种错误的认知，因为在某种意义上，抑郁症患者往往是十分优秀的。

青少年为何如此不惧死亡

案例一：

2013 年高考成绩揭晓的那天晚上，辽宁营口的某复读考生小张在出门去网吧查询分数之后，就再也没有回来。父母焦急万分，无奈之下报警。警方接到报警后，查到了火车站的监控，发现小张购买了一张开往沈阳的车票。五天之后，警方打电话告诉小张的父母，他们的儿子已经投河自杀，准考证和书包还在他的身上。据了解，遗体被打捞上来时，小张还穿着离开家时的衣服，书包中还装着两块大石头。当晚目击者还看到该考生将自家的钥匙挂在父母可以看到的地方，手机也没有带。

事实上，小张是个复读生，去年的高考分数是 447 分，可以上一个二本大学，但他坚决要上一所一本的重点大学，于是选择了复读。但是，小张的父母已经失业多年，一直在做小本生意，家里的经济并不宽裕，忙着做生意挣钱的父母，平时也很少过问儿子的学习情况。后来，母亲因为操劳过度而患上了严重的脊髓空洞症，在儿子高考前住院治疗，花了家里六万元的积蓄。但因为害怕影响儿子学习，直到高考结束后才将真相说出来。

此外，小张的表姐和表哥也是复读后才考上一本大学的，小张无疑对此次高考抱有非常高的期望，加上母亲病情的压力，家人猜测，孩子是因为高考失败，压力过大而选择自杀的。

但是，警方后来根据小张身份证的信息，发现从今年4月份开始，他总共上网180多次，还有几次是一整天都在上网的记录。按理说，高考前正是备考的时候，为什么儿子会如此频繁地上网呢？对此，小张的父母也觉得疑惑；更加令其母亲难过的是，在得知母亲做手术后，一向与母亲感情甚好的儿子，却始终都没有关心过她。回想起来，他们才意识到儿子在高考前后的情绪变化，但却因为忙于生意而忽略了。

案例二：

去年年初，某中学的一对小恋人相约跳崖，原因是父母和朋友都不理解他们。得知此事的是他们共同的好友徐某，他原本以为俩人是开玩笑，结果就在当晚，他们约徐某出去聚会，三个人一起吃烧烤、喝啤酒，席间这对恋人说了很多令徐某感到奇怪的话，预感到形势不妙，他借口出去解手，借路人的手机联系到了男方的父母。后来，他想方设法拖延时间，最后双方父母赶到现场，这才暂且避免了一场悲剧的发生。

但悲剧终究还是没有能够避免。这次事情之后，双方父母虽然都不再反对两人谈恋爱，但在学习方面，家长达成了共识，并提出了他们的条件：以学习为主，考上大学，上了大学之后，俩人就可以自由恋爱了。男方在这方面想得比较开，之后就把更多的精力都花在了学习上；但女孩却不能理解，尤其是感到男朋友越来越疏远自己时，她着急了并且无心学习。

就在周末的一个晚上，她约出了男孩，俩人在学校附近的一块草地上谈话，结果不欢而散，因为情绪过于激动，女孩在男孩走了之后，从包里拿出了事前准备好的一瓶安眠药，一口气将整瓶都吞了下去。然后，她很平静地打电话给男孩说自己服药了。大约几分钟之后，男孩返回原地，却找不到女孩，最后在河边发现了已经晕倒在地的女友。

一时之间，男孩乱了阵脚，等徐某赶到时，俩人决定将女孩送到最近的一家医院。但这家医院却没有采取任何急救措施，而是叫他们转院。就在转院的途中，女孩永远地停止了呼吸。

事实上，青少年自杀的实例几乎每天都见诸报端。作为一种既普遍又复杂的社会现象，哲学家认为，自杀是唯一的、真正的哲学问题，是对个体生存意义的否定，也是对个体所在社会的否定。青少年心理研究者则认为，青少年自杀的原因其实还在于他们所面临的社会压力超出了负荷；学校和家庭方面也没有进行必要的挫折教育与心理素质的培养，导致青少年在心理素质尚不成熟的情况下就面对了过大的压力。

心理学研究认为，青少年自杀是由于烦恼和苦闷发展到极端，产生恐惧心理，对生活丧失信心，对现实深感绝望的结果，自杀是他们最后的自我保护手段。这种行为始于心理挫折，在摆脱抑郁与心理冲突的过程中出现。如果按照心理类型来分类的话，可以分为心理满足型和心理解脱型。其心理历程为：由挫折产生虚无感，从虚无感演变为对现实的曲解，由此上升为对人和事的报复心理，直到产生绝望和自杀的强迫意念，最后出现自杀行为。

总结起来，心理学家认为，青少年自杀行为的主要原因有以下几点：

第一，人格上的缺陷。

1. 心理脆弱。心理学家认为，青少年自杀的主要原因还是心理问题，因为心理过于脆弱而难以应对各种挫折和打击，尚未经历世事，缺乏社会的磨炼，也没有足够坚强的意志力。研究发现，自杀者的最大的共通之处就是心理脆弱，同样的挫折和困境，在心理承受力弱的人眼中就会变成难以逾越的鸿沟。也有不少青少年一直生活在避风港中，对失败和挫折没有承受能力，一旦遇到困境，就会出现退缩和恐惧。当困境无法逃避，也不能克服时，矛头就会直指其本身。

2. 自卑心理。自卑的实质是消极、悲观，生理缺陷、外貌不好、家庭经济能力差、自身能力不如人等，这些均可导致自卑，主要表现为对自身价值的贬低。如果长期沉沦于强烈的自卑之中，就会导致心理失衡，出现自我否定、悲观厌世的情绪。当对现在和未来的一切都丧失信心、感到绝望时，就会导致自杀行为。

3. 抑郁情绪。青少年如果具有抑郁人格特质，在遭遇挫折时就很容易在心理上产生极大的起伏和波动，在行为活动上主要表现为反应迟钝、拒绝社交、食欲减退、失眠、噩梦、丧失学习和思考的能力、对一切事物都没有兴趣等。但以上表现持续的时间不会太长，当困境消失，这些症状也会随之消失。而少数性格孤僻、自尊心强、疑心重、心理承受力差的青少年就比较容易进入抑郁状态，并长期持续。

第二，社会环境因素。

社会竞争机制的引进，导致青少年的价值观、行为方式以及人际关系等都产生了强烈冲突，出现更多的心理挫折和心理障碍患者，自杀的隐患增加了；此外，现代科技的发达也使得青少年在接受外界信息方面更为方便和便捷，很多学生在这个过程中不可避免地要受到负面信息的影响，比如自杀事件、暴力事件，等等；当然，还有社会、媒体对升学的关注，对厌世自杀者的大肆渲染等，这些都在潜移默化地影响着青少年的心理和行为。因此，也有不少人称，自杀其实是可以“传染”的。

第三，家庭环境因素。

青少年的家庭环境严重影响着他们的心理健康，有些孩子从小就生活在单亲家庭中；有的孩子虽然家庭完整，但亲子关系紧张，和父母缺乏沟通；也有的孩子长年和父母分隔两地，早早地成了留守儿童；不少孩子因为父母过于严格的管教而产生叛逆心理，一旦双方发生冲突，他们就会选择逃避，离家出走……总之，不同的家庭结构和背景都是引发青少年心理问题的主要原因之一。如果能够得到及时的安慰、鼓励和理解，他们或许就会打开心结，迷途知返；如果得不到他们想要的理解，绝望的心境就会加重。

第四，生活中的突发事件也可引发自杀行为。

自杀行为出现之前，通常都有外部突发事件的刺激，譬如遭遇升学压力、情感纠葛、人际关系紧张、家庭不和、遭人威胁或误解等。心理学家认为，压力和情感纠葛是青少年自杀最为常见的原因。

家长和学校关心的、排在第一位的几乎都是成绩。很多家长也许认为，孩子还小，学习是最重要的，他们可以给孩子安排好一切，做孩子的避风港，因此认识不到对孩子也需要培养应对挫折的能力；老师们都看重学生在学校的考试排名，不少学校在学生上了高中之后就取消了体育课，让学生一门心思地学习。这些在无形之中就给青少年增加了升学压力，还剥夺了孩子们在成长过程中必须学会的应对挫折的能力。

而情感纠葛或许在这样的年龄并不适宜谈论，但确实有不少青少年经不住爱情浪潮的侵袭，当爱情像海潮一样涌来时，他们忘乎所以，热血沸腾，但当爱情的浪潮渐渐退去，他们就会感到绝望和消沉。可以说，过度认真的人总是拿得起、放不下，因为他们把爱情当作自己生活和生命的全部。

当然，除了以上因素，青少年自杀的原因还有很多，根据不同的个体可能有各种不同的诱因。

青少年时期是生理和心理发展的关键阶段，是情绪和行为容易出现问题的危险期。我们了解了青少年自杀的常见原因，也了解了容易导致自杀行为出现的一些问题，接下来就要想办法去帮助他们，家长、老师和同学要积极主动地伸出援手，尝试去引导他们发泄情绪并打消自杀的冲动。心理学家提出了以下几点建议：

1. 青少年身边的人要做好预防青少年自杀的工作。家长、老师和学生都应该了解一些有关自杀的基本常识，分辨出自杀危险系数较高的同学，及时发现自杀信号。心理学家认为，自杀的过程一般分为三个比较明显的阶段：

首先是自杀动机的形成阶段。在这个阶段之内，有自杀倾向的青少年会将自杀作为解决难题的唯一出路；

其次是矛盾的冲突阶段。有自杀倾向的青少年会出现自杀的意念，但求生的本能会促使他们陷入一种心理矛盾之中，比如，他们或许会在不经意间谈到和自杀相关的问题与细节，暗示自杀，或者是用自杀去威胁身边的人。细心观察，就会发现他们有直接的或间接的自杀意图，同时还伴随有情绪上的不稳定，对任何事都不再感兴趣；

最后是平静阶段。心理矛盾冲突结束，自杀者已经做好了自杀的决定，外表看上去很轻松，丝毫察觉不出他们有自杀的意图。因此，家长、老师和学生要密切关注，及时发现自杀的迹象，对有自杀倾向的青少年要给予关注和理解，竭尽全力帮助他们度过危险期。

2. 解除或减轻外界压力。青少年所承受的外界压力多半来自家庭和学校，而家庭的压力可以导致青少年出现情绪危机，例如家庭成员之间缺乏沟通和支持，尤其是关系紧张、家庭冲突等因素。有研究发现，至少有50%的青少年自杀都与家庭功能缺陷和家庭破裂有关系；并且父母的自杀行为也会对孩子造成极大的影响，自杀的概率大约是其他同龄人的九倍。

因此，家长要时刻谨记，不要给孩子太大的心理压力，为他们营造一个轻松、愉快的学习和成长环境至关重要；对他们的期望值应当保持适度，避免对分数和成绩的过度强化，鼓励他们全面发展，而非在学习这一棵树上吊死；家长在关注孩子学习成绩的同时，也要给予心理关注，以亲子关系和谐为主要目的，不要轻易贬低孩子。学校也要关心和了解学生的生活和学习状况，及时了解和发现他们的心理动向，帮助他们解决困难，唤起学生生存的欲望。

3. 重视心理辅导。家长和老师们在发现青少年有自杀倾向后，要给予及时的心理关注和辅导，还可以借助情感上的交流，使青少年相信家长和老师等身边的人是关心他们的，并且应当耐心倾听和提问。比如，了解他们的生活状况、心理障碍、情绪变化等，看看是否存在突发事件，帮助他们充分认识到自己内心的矛盾冲突，并要求他们积极参加体育锻炼，大胆地将自杀的念头说出来，坚持写日记、参加集体郊游活动等，必要的时候可以引导他们接受心理医生的治疗。

4. 增强心理耐挫力。当今社会中独生子女居多，即便不是独生子女，家长对孩子的关爱永远都不嫌多，但也正因为如此，很多孩子从小就娇生惯养，心理素质较差，尤其是那些在学习和生活上始终都一帆风顺的孩子，当遇到现实的困难和挫折时，往往脆弱得不堪一击，或者即使有勇气去面对困难，也不知道通过什么途径来解决问题。研究发现，青少年自杀与其性格有很大的关系，如果是性格内向、孤僻或具有抑郁人格的青少年，心理承受能力就比较弱，对负面事件的消极影响往往放大。

因此，家长和教师身为他们的教育者，必须及时地纠正孩子们的一些不良性格，教会他们合理宣泄情绪的技巧和途径，并建立起良好的自我防御机制。比如当遭遇挫折时，要懂得调整策略，或者是降低目标，或者是重新选择之后再做尝试和努力，也可以暂时放弃当前的目标，试着从其他方面努力来获得补偿等。此外，家长和教师还要尽力创造机会和条件培养孩子们独立解决问题的能力，不要剥夺他们在逆境中成长的机会，以便锻炼和提高他们在挫折面前的耐力和承受力。

关于提高青少年在挫折面前的耐力和承受力，心理学家建议家长和老师们要针对青少年开展挫折教育课。挫折教育课其实在国外是很流行的，一些学校和家庭都将其视为教育的关键环节。下面是英国和德国在挫折教育课方面的尝试：

英国顶级私立女子中学的“失败周”教育：“给孩子们失败的机会”，这是一句被英国家长经常挂在嘴边的话，如果孩子失败了，他们会给孩子再次尝试的机会，而不是指责、打骂，更不是索性帮孩子包办；在学校，教师也十分关注“挫折教育课”的成效。

英国牛津中学其实是英国顶级的私立女子中学，他们设计并推出了一套非常富有挑战性的数学试题，该试题的难度已经远远超出了在校生的学习能力，主要是依照循序渐进的方式，从简单的试题开始，直到超出学生们的能力范围。学校坦言，虽然中学内的大部分学生都非常的优秀，但那是一份不可能拿满分的试题，主要还是想告诉学生们，要摆脱完美主义思想，失败完全是可以被接受的，从小就要意识到“完美是求知的敌人”。

此后不久，英国的另外一所顶级女子学校也推出了类似的教育活动，即“失败周”。他们邀请了许多成功人士参与活动，并和学生们分享自己人生中的失败经历，主要是想教育学生们正确看待失败和挫折，因为失败与挫折并不可怕，关键是人们怎样去看待它们。

德国某小学开设死亡教育课：在德国柏林的一所小学中，教师们较早地给学生们呈现出人类的阴暗面——死亡。校方邀请了殡仪馆的工作人员来为孩子们讲课，主要描述人死的时候会发生的事情。讲述完毕，他们会要求学生们轮流扮演事件中的角色，甚至还模拟父母车祸身亡时的场景，教孩子们如何应对等。学校认为，通过类似的课程让孩子们尽早地体验到人世的阴暗面，包括突然成为孤儿时的感觉，帮助他们感受在遭遇不幸时候的复杂心境，有利于孩子们学会对情绪的控制。

另外，学校还会经常组织学生们去法庭上旁听，让他们了解社会的丑恶，不刻意要求学生们保持心灵上的纯洁，目的在于让孩子们对社会有深入的了解，防止进入社会后看到和感受到某些阴暗面时难以接受，产生挫折心理。

大学生自杀的背后

曾某就读于南宁某高校，今年19岁，读大二。从去年下半年开始，他就出现了自杀的念头，并有两次自杀失败的经历。第一次是被舍友及时发现并制止了，第二次是新学期刚开始时，曾某再次生出自杀的念头，并服用了大量安眠药，由于抢救及时，曾某脱离了生命危险。两度自杀的经历，引起了学校的高度重视，他们一方面积极地做曾某的思想工作，一方面找来了曾某的家人，并将情况告知了他的父母。后来在母亲的劝慰下，曾某决定接受心理医生的治疗。

在和心理医生谈话的过程中，曾某很配合地说出了自己以往的经历以及自己情绪和心理变化的过程。原来曾某出生在一个工人家庭，父母自小就对他和弟弟管教比较严格，不同的是，他的父母只是对他的生活要求比较严，对于学习则没有太高的要求。

在读高中之前，曾某的性格开朗而略带执着，成绩也很不错，和同学的关系也非常好；但是，进入高中之后，曾某就变得沉默寡言了，对学习和其他事情都没有什么兴趣，心情烦躁，学习成绩直线下降，和同学之间的关系也变得紧张起来。他表示自己长期以来都感到乏力，没有精神，有时候还会出现胸闷、气短、心悸等痛苦的躯体反应。

心理医生发现曾某的转变很可能是因为外界的某种刺激，于是，他引导曾某对高中生活进行回忆。最后，曾某说出了引发自己心理和性格变化的关键事件。原来，在曾某刚入校不久，其班主任就找他进行了一次谈话，要求曾某的父母帮他办一件私事。曾某回家后就将这件事告知了父母，并被一向正直严谨的父亲回绝了。

当曾某将父亲的意思转达给班主任后，不料竟遭到了班主任的报复。曾某觉得班主任自从那件事之后就开始处处为难他，即便当他取得好成绩时，班主任也会挑出他的缺陷大加批评；如果曾某考试成绩不佳，班主任更是点名批评。甚至，曾某认为自己不但被班主任刁难，还遭到了其他老师的一致攻击。

这令他的学习动力下降，变得胆战心惊，上课也难以专心听讲；即将升高三时，班里还传出了他的谣言，什么曾某和某某女生关系暧昧，思想不纯，手脚也不干净等。曾某此后就变得谨小慎微，再也不敢表现自己，在人多的地方恨不得自己隐身起来。

当这些消息被曾某的父亲得知后，他遭到了父亲的责骂，说他丢了曾家的脸，从此对曾某的管教就更加严格了。三年的高中生活，令曾某的性格彻底转变了，他再也找不到以前的自信和骄傲了，每时每刻都活在压抑之中。

高三整个学期，曾某就一直没有精神，经常失眠、做噩梦，有一回，他的脑海中忽然闪出了自杀的念头，但一闪而过之后，曾某就告诫自己不可以轻易放弃，要取得成就来证明自己，只有这样才能彻底消除那些误解和偏见。更重要的是，考上了大学，就可以离开这个令他压抑的地方了。

经过努力，曾某如愿以偿地上了外地的一所二本院校。但是，曾某还是开心不起来，他离开了那个令自己伤心的地方，却并没有摆脱思想上的负担。渐渐地，曾某被学习和人际关系等方面的压力压得喘不过气来，他的期末考试成绩总是不理想，和班里的不少同学也有过矛盾。后来，曾某再次出现了自杀的念头，并有了两次自杀失败的经历。

心理医生发现曾某在陈述以上事情时，表情单一，语速很慢，有时候还结结巴巴的，表述不怎么流畅，但他的思维和意识还是比较清晰的。后来，心理医生给出的诊断结果是，曾某因为长期遭受不公平待遇而出现严重精神创伤。

随后，心理医生根据各项测试结果以及曾某的反应，制定了一套以支持性为主的心理治疗方案。即首先让曾某把压抑在心中多年的愤懑情绪全部发泄出来，可以让家人做他的倾听者，然后家人和心理医生可以向曾某解释他出现以上种种心理和生理上的症状的主要原因，引导其正确认识社会与人际关系，纠正其以往的片面认识，全面而客观地待人接物；同时，心理医生也根据曾某的具体行为特征为其制定了一系列指导措施。后来，在家人的陪伴和鼓励下，加上老师和同学的关心，曾某的症状正在逐步缓解，重要的是，曾某现在已经没有了自杀的念头。

案例中的曾某无疑是幸运的，两度在鬼门关前徘徊，都被同学和亲友拉了回来。但是，如此幸运者却并不多，大多数有自杀倾向或自杀行为的几乎都是以告别人世的方式来结束痛苦。大学生自杀事件已经不再是什么新鲜事。

2011 年 10 月 23 日，华中科技大学的一名机械学博士坠楼身亡，一个星期之后，一个 22 岁的建筑系大四学生也跳楼自杀。关于华中科技大学学生跳楼自杀的新闻也随即在网上热传，引起大众的高度关注；在校学生和历届已经参加工作的校友听闻此消息后，感受到的不仅是极大的震撼，更对自杀者深深的惋惜。是什么让他们如此轻易地就舍弃了大好青春，如此轻视宝贵的生命呢？

不少高校教授和心理学家给出了答案：如今的大学生面临的不仅是学业，还有就业、人际关系和情感挫折等诸多问题，自杀事件的背后其实隐藏着大学生岌岌可危的心理问题和高校在生命教育方面的缺失。因此，目前亟待解决的是大学生们的心理问题。

其实，大学生也同样有青少年的心理特征，也会面临青少年所面临的心理问题，其自杀的心理过程也基本符合上一节中介绍的青少年自杀的心理过程。而不同的是，大学生遭受挫折的领域要比青少年广，所需要解决的问题也更为复杂。心理学家指出，大学生所面临的心理问题大致上可以归结为两大类，一类是人格顺应，一类是情绪的控制。

社会的要求和自我意识的发展引发个体与社会不断地产生矛盾冲突，比如学习、

恋情和就业，尤其是理想与现实之间的矛盾，而这些矛盾是否能够得到有效解决，将决定着他们能否顺利地实现自身人格发展；此外，情绪发展过程中容易出现的两极也需要进行良好的调控。

而大学生的自我意识较青少年等其他个体均要强烈，对未来和理想的憧憬促使其有更多的心理需求需要满足，比如自身价值的实现、被人尊重的心理需求、爱情和事业等。而在现实社会中，自我期望越高就越容易受到冲击。在诸多大学生自杀案例中，心理学家分析发现，对挫折的承受力是影响大学生出现自杀行为的重要因素之一。

总之，大学生作为一个特殊的群体，处在青年期，脑力劳动是他们最主要的活动，频繁而复杂地用脑使其心理变化和发展受到严重影响，加上内心世界相对复杂，心境、需求、思想以及价值观等也都呈现出与其他个体不同的特征。因而，自杀行为表现也具有不同的规律性，可见，在关注和干预大学生自杀问题时，最关键的还是应当由其心理机制入手。

心理学专家分析，大学生心理问题的产生是由多方面的因素共同造成的。

首先是没有采取正确的方式去处理各种压力。压力几乎是每个人都会面临的问题，但如果压力得不到及时而恰当的释放，精神就会长期处在一种高度紧张的状态之下，长此以往，引发心理疾病的概率非常高。大量事实证明，大学生情感危机是诱发其心理问题的重要因素，除此之外还有就业求职困境、人际关系、家庭背景等。有的是在一种挫折面前就崩溃了，而有的大学生则是因为同时面临了诸多困境，最终走向极端，引发悲剧。

其次是家庭背景。比如单亲家庭、家暴，尤其是父母对独生子女的教育不当，溺爱或管教过于严格，这些都会对孩子的成长产生不良影响。有的孩子在大学时还不能自理，不会洗衣服，不会处理人际关系，任性而自私，缺乏集体意识等；当然，也有不少大学生是因为家境困难，过于自卑，或者难以维持生计，在大学里感觉处处受挫，由此诱发心理障碍。

最后是角色转换与适应障碍频发。这种情况在大一新生中比较常见，也有的即便在大学毕业之际都难以成功完成角色转换和适应，导致一系列情绪和心理问题出现，比如情绪低落、焦虑、烦躁、抑郁、自卑，等等。

美国自杀协会主席希尼亚・帕佛认为，预防自杀的最佳办法是更为广泛地关注自杀的原因，然后从各种原因下手，而不是去注意自杀本身。调查也发现，绝大多数自杀者在自杀之前都会有意或无意表现出一些比较明显的异常行为，譬如生活规律紊乱、沉默寡言、情绪不稳定等，也就是严重而持续的心理能力丧失，这也是大学生自杀前的最大征兆。而这种心理能力丧失势必会在外部行为上表现出来，主要包括易出现感

情冲动、脾气暴躁、情绪不稳定、不合群、失眠、食欲下降等。

其中最易被察觉的自杀信号其实还是异常行为，比如，一个从来都不爱聊天的人，忽然找身边的人一一聊天，或者一个很少买花的人，忽然买了一束花，送给同宿舍最要好的室友，然后打电话给家人，说不管今后发生什么事情，都希望父母好好活着……这类异常行为如此突出，只要是稍微有点常识和敏感的人就应该意识到危机——这是一个有自杀意图的人在做最后的告别，或者是在向身边的人发出求救的信号。

专家提示，以下五种症状暗示大学生有心理问题：焦虑、冷漠、狭隘、自卑、狂妄自大。而衡量大学生心理健康是否存在问题，则有以下几个简易的标准：

1. 是否能够保持对学习或相关活动的兴趣、求知欲。

2. 是否能够成功调整情绪，保持良好心境，自信、愉快，对生活充满希望。

3. 是否能够保持一份正确的自我意识，接纳自我，对自己和周围世界的关系有自己的认识和体验。

4. 是否有良好的环境适应能力，比如正确认识环境和处理好个人与环境之间的关系等。

5. 是否有完整的、统一的人格品质，这是心理健康的一大指标，即气质、性格、能力、信念、理想、人生观等全面而平衡发展。

6. 人际关系良好，善于与人沟通。

7. 心理和行为特征符合年龄特征。当一个人的心理和行为特征时常出现偏离个体年龄特征的状况时，大多数都是心理不健康的表现。

正是由于自杀行为实施之前会出现一系列的异常表现，所以，自杀的预防也就具备了一定的依据。校方的教育工作者、心理咨询工作者，还有系、年级、班级干部等都是预防自杀行为的重要人员。校方可以组织培训，学习和了解大学生自杀前的征兆和表现等相关知识，以便能够及时发现身边有自杀倾向的学生，然后给予及时的关注和心理疏导。由此，心理学家提出了以下几项建议：

第一，校方应该加强大学生心理卫生教育。心理因素是导致大学生自杀行为的最主要因素，校方应该在大学生中进行各种心理卫生知识的宣传，达到有效预防自杀行为的目的。比如，开设大学生心理卫生课程，介绍相关心理知识，包括大学生心理特征、心理咨询等。帮助大学生了解、掌握人格顺应与情绪调控的基本规律和有效方式，传授一些心理适应技巧，尤其是情绪和压力的调节和释放技巧，使其更为关注自身心理健康问题，提高其应对挫折的承受力和耐力。

第二，加强校园精神文明建设，改善大学生的心理环境。校方应当大力开展各种文体活动，丰富大学生的课余文化生活，培养学生奋发向上、积极进取的精神面貌，开展各类学术活动，积极组织大学生参加社会实践，培养正确的价值观和人生观。还可以针对顺应人格发展和情绪调控，积极改善大学生的心理环境：

1. 给学生们提供一些表达和传递健康情绪的机会，使其不良情绪有个发泄的途径；

2. 为其创造认识和了解社会复杂性的机会，增强其心理耐挫力；

3. 建立并强化其健康心理防御机制，教会其自我保护的正确方式；

4. 定期开展生命教育课或以生命教育为主题的班会，可以通过讲述与生命相关的故事，让大家认识到生命的珍贵，轻视和轻易结束自己的生命，是对父母与其自身极度不负责的表现；

5. 积极开办各类讲座，要求大学生参与讨论。该类讲座主要针对大学生人际交往、情感挫折、恋爱关系、就业问题等方面进行宣讲和讨论，为大学生们解答心中的困惑。

第三，开设心理咨询机构。心理咨询可以帮助大学生摆脱各种心理困扰，避免负面情绪的长期积压。如果有心理困扰的大学生具备寻求心理咨询的意识，就能够解决很多潜在问题。教育者在平时的教导中要强化大学生勇于面对心理问题和敢于接受心理疏导的意识，即便是出现了自杀的念头，只要及时咨询、寻求帮助，通过心理治疗也能够帮助其消除自杀的念头。最终通过系统的治疗，恢复心理健康。

第四，预防自杀工作是一场持久战。大学生自杀预防工作重在坚持。心理学家建议，校方可以委任心理学专业工作者或者是接受过心理培训的教师，承担建立健全大学生心理档案的任务，从大学生的智能、情商、人格特征、气质类型等方面加以观测，最好从新生入学开始就建立档案，定期、持续观察并记录大学生行为和心理发展问题，必要的时候还可以进行心理测试，在严格保护个人隐私的前提下，及时对存在心理问题、心理障碍的学生进行心理疏导和治疗，避免悲剧发生。

中国式自杀高危人群

案例一：

中国式自杀汇总：

2007 年 6 月 19 日，在辽宁沈阳有一位年龄约在 44 岁左右的妇女企图在自家楼房上跳楼自杀，被赶到现场的营救人员救下。据了解，该妇女因为患有癌症，家里无力承担巨额医疗费，从而产生轻生的念头。

2008 年 3 月份，在河南郑州有一位中年妇女坐在高压电线上试图自杀，在紧急赶到现场的警方的耐心劝说下放弃了自杀。而她自杀的原因是因为家庭土地纠纷。

2009 年 7 月 7 日，在四川成都有一名男子把两岁左右的女儿倒挂在八楼的窗户外面，自己准备抱着女儿一起跳楼，所幸的是被及时赶来的营救人员成功救下。该男子因吸食毒品导致家庭破裂，一时想不开，就想和女儿一起自杀。

2010 年 8 月 9 日，在安徽合肥某小区，一位患有精神疾病的中年妇女站在 11 层大楼上跳了下去，但幸运的是，她最终坠落在营救人员安置好的救生气垫上了，没有生命危险。

2011 年 5 月 17 日，在吉林长春，一名 22 岁、身穿婚纱的年轻女子坐在七楼的窗沿上，试图自杀。而女子自杀的原因是感情受挫，和她相恋四年的男友在结婚前夕提出了分手，万念俱灰的她产生了轻生的念头。发现该女子自杀后，社区积极组织营救，女子最终被成功救下。

2012 年 5 月 10 日，在广州杨箕村，村民李某因为房屋拆迁的问题，一时想不开，跳楼身亡，她的儿子也因没有及时救下母亲而几欲轻生。

2012 年 8 月 14 日，在广东湛江，有一位轻生妇女因为家庭纠纷而亲手杀害了自己的侄子，事后她爬上天台，试图自杀，随后亲属及营救人员纷纷劝说，但该女子执意要自杀。最后，一名营救人员借机抱住其大腿，其家属也纷纷上前营救，女子最终被成功救下。

2012 年 10 月 8 日，在湖北武汉，有一个中年男子因经济纠纷而产生了轻生的念头，并骑在大桥的护栏上，试图跳江自杀。后来被及时赶到现场的营救人员救了下来。

2013 年 2 月 27 日，也是在湖北武汉的长江大桥上，两位年轻人先后跳江自杀，警方接到报警后立即展开搜索，但二人生存的希望渺茫。

2013 年 4 月 18 日，在山东青岛，有一位中年妇女准备从自家的窗口跳楼自杀，现场的亲人和营救人员劝说无效，后来她果断地从楼上纵身跳下，就在跳下的瞬间，屋内的丈夫用力抓住了她，营救人员也趁机死死地抓住了她的胳膊，楼下的一名邻居也使劲拖住了该妇女的双脚。最终，在大家的共同努力下，该妇女被成功解救。

2013 年 5 月 27 日，在陕西西安，一名男子全身上下只穿了一条短裤，他坐在电线杆上试图自杀，经及时赶到现场的民警劝说，男子愿意放弃自杀，但在爬下电线杆的途中，男子反悔了。后来，在其同乡的竭力安慰和劝解下，男子最终爬下电线杆并放弃了自杀。

案例二：

李某在 19 岁时就与丈夫结婚生子了，一起生活在一个小村庄里，丈夫是歌手，二人的生活一度幸福美满。但是，农村的日子并不怎么好过，结婚之后，他们渐渐感到生活的重压，丈夫为了养家糊口，也放弃了唱歌而专心务农。可日子依旧过得紧巴巴的，时常揭不开锅。后来，男方的父母相继生病，二人不但要养活两个孩子，还要负担两位老人的医药费，李某逐渐感到生活失去了希望。

在李某自杀的前几天，她和几个邻居在一起打麻将。临近中午时，李某因为玩得起劲而忘记了要为丈夫和孩子做饭，等到想起来的时候已经晚了。丈夫回家后非常生气，说了句让李某去死的气话。李某当即抓起窗台上的那瓶农药，毫不犹豫地喝了下去，然后平静地躺在床上等死。丈夫发现后立马将她送到了距离家仅有15分钟距离的小医院，经过医生的及时处理，李某脱离了危险。醒来后，李某还在念叨：我是真的想去死的。

第二天，李某就出院回家了。丈夫对她更好了，邻居们也纷纷送来了祝福和糖果。但李某知道，自杀并没有让她的生活出现任何实质性的改变，他们依然要过着经常揭不开锅的日子；而谈及她当初的自杀行为，李某说，农药真的很难喝，在医院的日子也不好受，更重要的是，自杀最对不起的是两个孩子，她不该那么意气用事和冲动。

事实上，李某的自杀之所以没有成功，是因为医院就在她家的附近。而且，她只知道自己自杀是因为感到生活没有了希望，却并不明白，自杀行为的产生是源自长期压抑的心理环境，和丈夫的争吵只是一根导火索。

有资料统计，在全世界每年100万自杀身亡的人群中，超过四分之一是来自于中国。我国平均每年有28. 7万人死于自杀，另有200万人自杀未遂。这就相当于平均两分钟就有一个人自杀身亡。不过，最新数据显示，中国农村平均每年有303047人属于自杀身亡。

其中，农村妇女高达173230人，在每10万农村妇女中就有38. 77人死于自杀；而在城市中，每10万妇女中有10. 65人自杀身亡。这就意味着在我国，农村妇女的自杀率要远远高于城市妇女的自杀率，同时也高于城市男性与农村男性的自杀率。可以说，农村妇女是我国自杀的高发人群。

心理学家认为，农村妇女自杀率偏高的原因主要包括伦理、经济以及心理等方面的原因。研究还发现，在自杀的农村妇女中，受教育程度、在家庭中的经济地位、家暴等因素也在其中起着不小的作用。可以说，生活中的应激事件是主要导火索，比如夫妻感情破裂、争吵、打架等，有些农村妇女会在一气之下做出自杀的极端行为。

心理学家经研究发现，容易出现自杀倾向或行为的农村妇女一般都具有下列人格特征：

一是情绪不稳定，喜怒无常型，遇到突发事件容易大喜大悲，经常因一念之差而做出错误决定；

二是多愁善感，有抑郁人格，依赖性比较强，缺乏决断力，不堪忍受压力和挫折，遇事容易冲动，常以自我为中心，嫉妒心强，善于展示自己的躯体不适感和情绪上的问题。有时候也会在某种特定场合表现出自己的消极言行；

三是心态消极型，对人对事常持消极心态，喜欢从阴暗面观察事物，对负面事件感到焦虑不安，缺乏自我纠错能力，在日常人际交往中就喜欢以死作为威胁。

以上三类人格的心理特征均容易引发自杀行为，而其早年的成长环境和后天所接受的教育是造成以上三类人格的主要原因；另一方面，农村妇女性格内向，社交圈狭窄，自我封闭意识强烈，对环境的适应力低下，心理耐挫力差，甚至患有抑郁和自闭症等心理疾病，这些都非常容易引发自杀行为。

一方面，加强中国农村妇女的心理救援工作，帮助她们走出自杀的误区。事实上，正如案例中的李某，自杀未遂后才后悔自己当初的冲动行为，很多农村妇女在实施自杀行为之后，都曾后悔过。她们有的被幸运地救下，而有的就只能彻底离开世界。

这种“冲动”的自杀行为实际上是农村妇女自杀事件最为普遍和主要的特征。无论是柔和温顺的女子，还是性情刚烈的女子，在特定事件的刺激之下，往往会在一气之下或万念俱灰的时候想到自杀。她们也许只是为了和丈夫或家人赌气，或者是为了威胁一下对方而选择自杀。殊不知，这种“冲动”式的自杀在给家人和社会带来冲击的同时，其实是以自己的性命为代价的！

可见，加强农村妇女的思想和心理教育迫在眉睫，定期、及时的心理辅导和救援工作是遏制其自杀行为的有效手段。心理学家建议，农村妇女应当重视心理健康，同时当地的政府机关和村委会也要积极行动起来，组织相关部门的工作人员对当地妇女进行心理辅导和教育，引导她们正确认识自身的心理状况，帮助她们答疑解惑，对有心理障碍的妇女要及时给予治疗，对有自杀倾向的妇女给予更多的心理关注，带领她们走出自杀的心理误区；并通过心理辅导和教育工作，培养其良好的心理素质，形成积极健康的生活态度，提高其心理承受力。

另一方面，要加大农村义务教育普及力度，提高农村妇女的思想文化素质。其实，在当今社会的农村地区，依旧有“重男轻女”的思想，认为女孩子读书没有大的用处等。正是这样的思想导致大多数生活在农村的女人们缺乏自我认知和自我保护的能力。她们要么无法接受完整的、正规的义务教育，要么从未踏进校园的大门。因此她们在面对难题或感到绝望时，只会采取最为偏激的手段来解决。如果提高了农村妇女的思想文化素质，强化了心理健康意识，她们就知道运用知识去武装自己的大脑，尝试拿起法律的武器来保护自己的权益。

十、幸福要自己酿造

无论财富、权力、地位、名气的差别，每个人都希望过幸福的生活。美丽的人生就像醇香的美酒，需要我们自己来酿造。打开心结，让我们为了明天而努力；释放潜能，让我们的人生有出彩的机会。内心强大可以创造财富；快乐人生也是可以练成的。

不完美也是一种美

完美其实是人类的一种错觉，世界上根本就不存在绝对完美的东西，一个人如果总是追求完美、追求极致，那他注定就是失败的。不管做什么，当我们用完美作为衡量的标准时，就注定会存在缺陷。

心理学家阿仑森曾经做过这样一个实验：在一场竞争尤为激烈的演讲会上，有四位演讲者，其中两位有很高的演讲水平，属于才华出众的一类；而另外两位则是相对平庸的演说家。

阿仑森

在演讲的过程中，一位才华出众的演讲者不小心将桌上的水杯打翻在地，水很快就流了一地，演讲台上原本很严肃的演讲者露出了窘迫的表情，随即向大家道歉；而另一位才华出众的人表现完美无缺，丝毫差错都没有出现，顺利做完了演讲；另外两位才能平庸的选手也出现了相似的现象，其中一个在演讲时打翻了桌子上的水杯，另一个平平淡淡地完成了演讲，没有出现错误。

等到演讲都结束了，实验者在听众中进行了一次“最受欢迎演说家”的评选。结果是：才华出众、在演讲时打翻了水杯的演讲家留给大家的印象最深，被评为“最受欢迎演说家”；才华出众、未犯任何错误的演说家得票数位居第二；才华平庸者中，那个同样打翻了水杯的演说家得票数居于第三位，才华平庸、没有犯错的演说家排在最后。

根据实验的结果，心理学家阿仑森总结说，完美的人因为距离感，使人有种望尘莫及之感，因而很难接近；假如优秀的人能够表现出平凡人的一面，比如犯错误，很快就拉近了他与大众的心理距离，人们总是喜欢那些有些特殊才能而又容易亲近的人。

人们愿意结识那些优秀的人，但往往又会因为他们表现得太过完美而令人敬而远之；从另一个角度来说，那些具有优势的人往往会给人一种心理上的压力，但一个小小的错误，就可以很快降低或消除这种心理压力，拉近双方的心理距离。

如果一个人太过完美，那他的身边要么全部都是完美的人，要么就没有人，完美有时就是一种缺陷，而不完美恰恰就是另外一种美。因为缺陷和错误是每个人都不可

避免的，更是人之常情，世界上没有绝对完美的人。

你是一个追求完美的人吗？回答之前，请先回答下面几个问题吧！

1. 你是不是有“非黑即白”的倾向，很少会注意到黑与白之间的灰色地带？

2. 你是不是常常因为现实没有达到自己的要求而难以完成某项任务？

3. 当你在努力地做一件事或完成一项任务时，会不会总是担心自己不擅长并因此而影响你的积极性？

4. 你是不是会过分纠结一些别人都很少在意的细节、规定或者是时间进度等问题呢？

5. 你是不是喜欢将“能否按照你的方式行事”作为决定是否与对方合作的一个先决条件？

如果以上五个问题的答案都是“是的”，那你就属于完美主义者，不要急着否定，再细细回想，你的情绪是不是莫名其妙地低落或感觉自己做得不够好？其实，这并不是“莫名其妙”的，而是有原因的，即你的完美主义要求给自己定的标准太高了，完美主义不但是你用来要求自己的标准，也是你衡量身边人的标准。所以，你一定经常感到挫败和痛苦，而你身边的人也一定认为你太挑剔了。

茱莉亚·卡梅隆曾经在《艺术家之路》一书中写道：“完美主义其实是导致你止步不前的障碍。它是一个怪圈——一个强迫你在所写所画所做的细节里不能自拔，丧失全局观念又使人精疲力竭的封闭式系统。”完美是一个人创造力、生产力和清醒头脑的最大敌人，人们在完美主义中步履维艰，有时会对自己产生怀疑，让身边的亲人、爱人、朋友感到困惑，也让追求完美的个人陷入情绪黑洞。所以，冲破完美主义的怪圈，在充满瑕疵的世界中寻找美好，人才会活得充实而充满惊喜。

要克服完美主义，不妨听听心理学家的建议，从以下心理技巧中找到最适合你的。

1. 运用“甜柠檬心理效应”暗示自己。

话说有一只狐狸到处寻找吃的东西，好不容易找到一架大大的葡萄，却因为够不着而吃不上，几经周折却始终没找到想吃的可口的食物。后来，它发现了一个柠檬，狐狸知道，柠檬属于柑橘类水果，闻起来芳香扑鼻，吃起来却酸涩味苦。但饥饿难耐的狐狸不得不吃下这个柠檬来充饥，于是，他只好自己安慰自己说：这正是我所寻找的，是我想吃的！这种自己安慰自己说柠檬是甜的，正是自己想要的心理安慰现象，后来被心理学家称为“甜柠檬心理效应”。

完美主义者要经常学习狐狸精神，用“甜柠檬心理效应”暗示自己，起到自我安慰的作用。

当完美主义者对目标有着过高的期待时，如果达不到这个标准，在要强的自尊心作用下，很难找到为自己开脱的理由。这时候“甜柠檬心理效应”会启示完美主义者回归现实，珍惜眼前，得到的就是最好的，其他的目标都是理想化的东西。这种把以前的目标价值贬低的做法，虽然会不同程度地失去完成预期目标的动力，但对于维护心理健康来说，是很有作用的，可以帮助多数失意者实现情绪上的软着陆，减少情绪上的大幅波动。

2. 分析完美和不完美的利弊。现在准备一张纸或一个本子，一支笔，然后把你追求完美的好处和坏处写下来，在写的过程中，你也许就会发现坏处远比好处多得多。明白了这一点之后，再好好分析这里面的好处和坏处，不妨对其中的好处做一个验证实验。将自己在各种情况下的标准分为三个等级，即高标准、中等标准、低标准，然后再试着将这些标准降低，观察自己的表现在降低标准之后会不会也跟着降低，结果将会令你吃惊——降低了标准之后，你的表现竟然比以往更好了。因为，你以往总是以为自己不行，认为失去那些标准之后自己就会失去方向，而事实上，完美主义的要求并不是成功的唯一基础。

3. 假设你已经放弃了追求完美。当一个人认为自己如果不去追求完美，就会变得不快乐，没有办法去享受生活时，这是完美强迫症的表现。要想祛除这种想法，最好是使用反完美主义法则，即假设你现在就是一个不追求完美的人。制订一个计划，包括很多日常琐事、生活中的娱乐项目、工作上的任务等，将你从这些事情中获得的满足程度用你自己的方式记录下来。首先估量一下自己完成以上活动的完美程度，用百分比记录下来；再衡量一下自己完成每项活动或任务之后的自我满意程度，同样用百分比记录下来；最后，把前后两次记录下来的百分比放在一起加以比较，进而找到“完美度”和“满意度”之间的关系，你会发现你先前在两者之间确立的关系被打破了。

紧接着，用你的不追求完美的心态去随性地做以上事情，看看自己在其中是不是会感到不快乐，你的满意程度会出现什么变化。

如果你还是不能坚定决心，那就去寻找吧，看看是否真的有臻于完美的事物存在，完美主义是否完全符合实际。比如，近距离观察别人的衣服，你会发现很多褶皱，有不少灰尘落在上面，但是远远看上去，这件衣服很好看，你甚至觉得很完美，与穿着这件衣服的人很搭配；转移视线，再观察另外一个人，这是一个年轻漂亮的女性，她的身材很好，尤其是那头秀发被巧妙地盘在脑后，看上去简直完美无瑕，很有气质，你赞叹她居然有如此高超的盘发技巧。但是现在，把距离拉近点（在不冒犯对方的前提下），再仔细观察她的头发是怎么盘起来的，忽然你发现在她那柔顺的发丝里面居然有几块白色的小东西——头皮屑，一时之间，你的完美主义塌陷了。也就是说，当你

仔细、细致地去看待一样事物时，完美是不存在的，任何完美的标准都会被否定掉。这种对完美的追求只会令你陷入失落，为什么不放弃呢？

4. 战胜恐惧感。心理学家认为，完美主义者在追求完美的同时，内心一直伴随着恐惧的影子。这是很多完美主义者不愿承认，也很难意识到的。想一想你为什么会追求完美，是不是有种力量在驱使你万事必须精雕细琢，而如果放弃了完美主义，便会感到担忧和恐惧，似乎天要塌下来了。

完美主义者之所以有着十分苛刻的行为模式，恐惧起到了很大一部分推动作用。强迫型拖延者就是完美主义的追随者，会在一切人或事上追求尽善尽美，因此在很多细节上都会花费很多的时间，结果导致拖延。比如，你每天上班前都要花好长的时间在镜子前观察自己的发型，拿着梳子或剪刀这里修理一下，那里再整理一下，结果不是迟到了，就是要提前好几个小时起床，有严重点的最后不得已减少自己的工作量，直到最后再也工作不下去，变成了废人。

这种恐惧源自不自信，总是盯着自己的短处，生怕被发现。其实，人人都很忙，他们根本无暇顾及你，你的完美或不完美，也许别人只是一眼带过，而你自己却要为此付出巨大的代价，想想真的很不值得。

5. 学会重视过程。也就是说，当你对一件事情开始做出评判时，用来衡量的标准是过程而非结果。完美主义者对结果是很看重的，所以转变这一观念尤为重要。

6. 敢于示弱，学会犯错。阿仑森实验已经告诉我们，一个有能力的人偶尔犯点小错，在人前示弱，会拉近人际关系。所以，展示你的脆弱，犯点小错，会有出乎意料的收获，你绝对不会被嘲笑，相反还会得到尊重，收获好感。

7. 让更多的色彩走进你的视线。世界上的颜色绝对不止黑和白两种，非黑即白的观点是典型的完美主义，所以从现在开始，你不妨给你的每一段关系，你所从事的每一项任务，你的每一个目标，包括你的衡量标准等，都增添除了黑与白之外的颜色，即接受复杂和混乱，轻松愉悦地去面对一切问题，不要自我设限，彩虹为何如此美丽？因为它是七彩的。孩子的世界为什么都很单纯、很快乐？因为他们总是能够看到彩虹。

这个世界上有太多的规则，远远超出“非黑即白”的标准，比如你能够保证你就是天下第一帅哥或第一美女吗？如果不是，你又敢说自己是天下第一丑男或第一丑女吗？肯定不是这样的。再比如一篇文章，你不可能要求里面的句句话都是经典，只要有一部分是精彩的，有经典的结论或观点，人们还是会喜欢的。所以，“非黑即白”的思维模式是荒谬的，你必须给自己增加更多的色彩。

8. 巧妙利用你的贪婪心。大多数的完美主义者都有好胜心理，总是希望在一切事情上自己都要成为佼佼者。所以，现在就充分利用这种好胜的贪婪心理，考虑一下，假如自己把标准降低一点，会不会更加成功呢？比如，你要写一篇专业研究论文，为了精益求精，一鸣惊人，你整整花了两年的时间，但是别人在这两年的时间里已经发表好几篇论文了，而且那些人与你的智力和能力水平都是不相上下的。你在这两年内只发表了一篇98分的论文，而别人发表的十篇80分的论文加起来已经有800分了，到底哪一个更成功？这样想，你就会甘愿降低标准，转变心态，提高了效率，也提升了满意度。

9. 学会倾诉。完美主义者多半都比较要强，在人前都会装出一副强者的样子，但其实私底下他们也有低落的时候，也有犯错误、出现失误的时候。因此，要想克服完美主义，就大胆地在外人面前倾诉你的低落吧，把你的小自卑、小失落找个要好的朋友说出来，不要做任何掩盖，并向对方请教解决办法。如果你还是担心对方会因为你的这些缺点而排斥你的话，那你就永远都摆脱不了完美主义的折磨。事实上，你只要去试一试，便会发现情况与你想象的完全不一样，对方非但不会排斥你，反而会更加愿意亲近你。

打破心结向前冲

如果人类目前正在面临一种疾病的威胁，相关专家预测这场疾病将会致使600余人死亡，目前有一种可行性方案，但他们采用了两种不同的文字描述方式：

第一种描述方式：这里有两种实施方案，A方案可以挽救200人；B方案有三分之一的可能挽救600人，三分之二的可能性是一个人都救不了。

第二种描述方式：这里有两种实施方案，C方案会导致400人死亡；D方案有三分之一的可能无一人死亡，三分之二的可能性导致600人无一人生还。

实际上，这两种情况是完全一样的，但是阅读了第一种描述方案的人选择的是A方案，阅读了第二种描述方式的人选择的是D方案。如果是你，你将会做何选择？

让我们来分析一下，挽救200人就相当于400人死亡；三分之一的可能性救活600人，和三分之一的可能性无一人死亡是一样的，而面对两种不同的描述方式，却出现了两种不同的选择。这两种表述方式改变的也仅仅是参照点，人们不愿冒险，于是选择A；在死亡和冒险面前，则更倾向于冒险，因为死亡是彻底的失去，于是选择D。

美国芝加哥大学经济学家塞勒曾经提出过一个问题：其一，假如现在你患上一种病，有一万分之一的可能性会猝死，而眼下有一种药，服用了以后，死亡率就会降到零，请问你愿意花多少钱来购买这样的药？其二，如果你的身体是健康的，现在有一家医药公司想找你来参加测试其新研制的一种药物，服用之后有一万分之一的可能性导致猝死，请问你又会要求医院用多少钱来补偿你？

在这项经济学的实验中，很多人说愿意花几百块钱来买药，可是即使那家医院愿意出资万元，也没有人愿意参加新药的测试实验。心理学家分析，这其实就是一种损失规避心理在起作用。因为患病后治愈，相对于基本健康的身体而言，是一种较为不敏感的获得，而对健康身体的负面刺激，尤其是增加死亡的概率，则是人们难以接受的巨大损失。可见，对损失所要求的补偿是远远高于为治病所愿意付出的代价的。

由此，塞勒提出了“心理账户”一说。举个简单的例子来说，面对同样的 100 块钱，工作挣来的和买彩票得来的或路上捡的（运气真好），即使是在同样的心理情境下产生的刺激效果也是不一样的：工作辛苦挣来的就不太舍得花，意外得来的就会很快被花掉。也就是说，同一数额的钱财在同一个消费者的心理上产生的刺激是不同的，我们需要给源自不同途径的钱财建立一套不同的心理账户体系。

说到这里，我们大多数人不难发现：很多人在损失或尚未得到时，总是会不甘心，愿意冒险一试；在收获的时候或者得到的瞬间，却总是小心翼翼，变得异常谨慎，不愿意冒半点风险。究其原因，其实是因为收获或得到时候的快乐感已远远低于损失或求而不得时候的痛苦了。

这不禁令我们联想到心理学中的另外一个心理效应——约拿情结。

约拿情结是我们每个人都存在的一种心理现象，这个概念来自《圣经》中的一则小故事。

圣经《旧约》中有一个人叫约拿，是亚米太的儿子，也是一名虔诚的基督徒。一天，耶和华神给他下达了一个神圣的使命：以神的旨意宣布赦免一座罪恶之城的毁灭惩罚，这座城叫尼尼微城。但面对这梦寐以求的使命，约拿开始害怕了，并最终选择乘船逃走。后来，耶和华神前去寻找他，惩戒了他，还让一条大鱼生吞了他，反复唤醒和犹豫不决之后，约拿终于悔改，答应去完成自己的使命。

事实上，耶和华神的使命一直是约拿求之不得的，而当使命真的降临在自己的身上时，约拿竟胆怯和谨慎起来。心理学家分析，这种类似的心理现象普遍存在于人类生活中的方方面面，并将其引申为面对渴望已久的东西时所产生的畏惧和矛盾心理。

1966 年美国心理学家马斯洛进行了深入研究，发现人类普遍存在这种心理：在面对自己时，很容易出现逃避成长、执迷不悟、拒绝承担伟大使命等心理及行为表现；而在面对他人时，如果对方比自己优秀，嫉妒多于羡慕，别人比自己差，会打心底感到得意和快活。心理学家马斯洛便借用《圣经》中的约拿的名字称之为“约拿情结”，认为约拿在荣誉面前恐惧是因为担心自己不行，刻意回避即将到来的成功，所以“约拿情结”又可以用来指那些渴望成长，却又因为某些内在阻碍而惧怕成长的人的一种心理现象。

每个人都渴望成长，提高自我，并在日常生活中和工作中实现自我价值，为梦想发挥最大潜能之后，充分享受收获的满足感和成就感。但实际上，很多人还是无法完成实现自我价值的梦想，并且始终不能充分表现并面对自己。而“约拿情结”正是阻碍我们实现自我的障碍之一，它往往导致我们没有勇气去做本来可以做得很好的事情，甚至去逃避，不愿去挖掘潜能，这主要表现在缺乏自信心与上进心等方面。

有心理学家分析说：人们常常会出现一种叫作“健康无意识”的心理机制，也就是说人们不但会压制那些可怕的、危险的、可憎的冲动，往往也会压制一些美好的、崇高的冲动。

其实人们的本性追求成长，渴望自我的实现，想要满足这种冲动，在这种冲动的作用下，我们大胆地追求自我，为目标和理想而奋斗，希望把最优秀、最完美的一面表现出来，得到大家的认可。但遗憾的是，事实告诉我们表现自我并不一定能得到欢迎，还是把真实的自己伪装起来比较好。

于是，我们渐渐像变色龙一样穿上了变色外衣，为迎合大众隐藏起自己的个性，为防止冒犯了别人而过分压制自己。我们往往在自以为很成熟的日子里回想，莫名其妙地觉得当初的自己怎么那样天真可笑，那样轻易就去相信一个人……现在，绝对不会了。其实不是你成熟了，而是你的“约拿情结”在岁月的打磨中越发严重了。

都说人要学会适应环境，如果改变不了环境那就改变自己。这是多么委屈的一句话，为了求得认可，人们不惜脱掉自己身上本有的刺。但实际情况是，即便你脱掉了身上所有的刺，也不一定会得到认可、获得成功。那些真正成功的人，之所以成功就在于他们在内在的本性和外在的环境发生冲突时，不会选择和强大的、无处不在的社会妥协，不会温顺谦恭，表示服从，更加不会放弃自己，而是以自己的方式去解决冲突，并始终坚持自己的理想和信念，如此，才会取得不同于常人的不凡成功。

人类从出生到老去，成长是一个必经的过程，也是人的本性，只是每个人的成长方式不同，最终生成的状态也不一样。如果想健康、快乐地生活，并发挥自身潜能、实现自我价值，那就冲破心理阻碍吧！让生命像花苞一样，在一种不受任何限制和束缚的条件下绽放。

角度决定世界的面目

1. 你的视网膜决定着你看到的世界

被誉为美国“钢铁大王”的安德鲁·卡内基先生很早之前就提出过一个观点，他认为，每个人的特质中都会有80%的长处，剩下的20%基本上都是短处。当一个人很清楚地知道自己的缺点是什么，却不去挖掘优点的时候，那他就很容易在身边的人身上发现和自己一样的缺点，而丝毫不能发现一丁点优点，这就使得他的人际关系变得紧张。在生活中也是如此，这类人很难发现美好，看见的也总是黑暗的东西。

而另一位成功大师，也就是美国现代成人教育之父，被誉为20世纪最伟大的心灵导师和成功学大师的戴尔·卡耐基先生，他在80年代前创业的时候就一直在强调，一个人要有好的心理状态，赢得别人的欢迎，培养欣赏自己的优点的能力是必不可少的，因为那些总是说别人很没礼貌、很凶的人，实际上自己也好不到哪里去。

之所以这两位大师都一致如此认为，就是因为这是人类普遍存在的一种心理现象，即当一个人自己拥有了一样东西或某种特征的时候，就会不知不觉间在平时比正常人要更加留心别人是否也同样具备这项特征。换句话说，一个人用什么样的眼光去看待这个世界，那他就会看到什么样的风景，心理学家称之为“视网膜心理效应”。

日常生活中，“视网膜效应”无处不在，如果你是一名教师，你会在大街上看见很多言行举止很不符合要求的学生；如果你是一名房产销售人员，你会在大街小巷注意随处可见的某个售房广告的宣传；如果你是一位记者，你就会更加地在意人群中那些最有可能成为爆料热点的事件；如果你爱吃蛋糕，那么大街上的蛋糕房你一家都不会错过；如果你今天穿了一件蓝色的外套，那么你也会发现路上穿蓝色外衣的人空前地多……

同样的道理，假如你是一个懂得欣赏自己的人，那么你也会发现你的周围其实有很多人都是值得你去欣赏的；如果你性情温顺，懂得享受生活，那么你也会发现很多性格好的同道之人，你们都一样觉得生活美好；假如你是一个性格暴躁的人，那么你就会说你找不到一个有耐心的人……

“视网膜效应”启示我们，你希望世界是什么样子，那就用什么样的眼光去审视这个世界。在一定程度上，人们看待世界的角度，往往取决于他们审视自己的视角，在关注自我的前提下，用自我的衡量标准去衡量他人与世界，已经不可避免。

为什么开朗大方的人永远比内向善感的人更快地融入群体和社会，这就是“视网膜效应”的影响力——只因关注点不一样，所以看见的世界就不一样。假如我们带着自我意识去看待一切时，其实看到的就是我们自己。所以，如果我们希望看到美好，看到健康，那就先做美好的自己，做健康的自己，这样才会看到最真实、最美好的风景。

2. 你的行动力影响着你的心理状况

一个人的行动力会对他造成多大的影响呢？如果你愿意把你的想法、计划、心事等写在一张纸上，然后你会发现一个很奇异的现象——你对待那些想法、计划、心事等的态度和感受会因为这张纸而发生转变。

俄亥俄州立大学心理学系教授 Richard Petty 认为，当人们把想法写下来并好好保存，之后对该想法的执行力会明显受到这张纸的影响。如果你把这张纸丢掉了，之后你对这个想法的态度也将发生转变。因此，心理学家建议，当我们有了不愉快的想法或情绪时，不妨将它们写下来，然后把那张纸揉碎或丢掉，这将会大大减轻我们的心理负担。

研究者针对该观点设计了一组实验。在第一个实验中，研究者们找来了 93 位西班牙的高中生，让他们参与一个有关“身材形象”的实验，每一个学生都需要在三分钟内把他们对自己的身材的评价写下来，好的评价或不好的都可以。三分钟之后，研究者要求学生们把他们写在纸上的内容回顾一下，然后要求其中一半的学生把纸条扔进教室外面的垃圾箱内，剩下的另外一半学生则主要检查内容中是否出现语法错误。

接下来，研究者发给大家每人一份评测表，对自己的身材的满意度做一次自我评估，比如自我感觉比较好的是什么，不好的又是什么；哪些比较吸引人，哪些不吸引人，等等。结果发现，那些被要求只检查拼写语法的学生们受到之前写下来的内容的影响，在做评测表时，写在纸条上的负面评价，在评测表中以相同的结果再次呈现出来。而被要求丢掉纸条的学生在做评测表时，均没有受到纸条上的内容的影响。

在第二个实验中，研究者把人数扩展到了 284 人，实验的类型与上次类似，但评价的对象是地中海型饮食。这是一种被大多数人认可的饮食方式，以强调大量摄取蔬果、坚果、糙米麦食物、橄榄油为主的一种健康饮食概念。研究者要求学生们把自己对地中海型饮食的评价写在一张纸条上，然后把大家分为三组，第一组的学生把纸条扔掉，第二组学生要把纸条放在他们的书桌上，而第三组学生则要把纸条放在各自的钱夹或上衣口袋中。随后，他们被要求填写一份表单——对地中海型饮食的评价以及是否会采用该饮食方式。

实验的结果是，把纸条放在书桌上所产生的影响力要比扔掉纸条的影响力更大，而把纸条放在皮夹或口袋中所产生的影响力要远远高于放在书桌上。也就是说，把纸条放在身上的学生，如果他们一开始就对地中海型饮食有比较正面的评价的话，那他们都会比较乐意接受和尝试地中海型饮食方式；假如一开始就带有负面评价的话，就不会接受这种饮食方式。

由此可见，把写有你的想法或评价的纸放在随身携带的钱夹或口袋中时，会增强想法或评价的力量，而且那张纸上的想法或评价也会变得更加关键和重要。

研究者随后在第三个实验中邀请了78位西班牙大学生，并要求他们用电脑上的文字编辑软件将自己的想法用打字的形式表达并记录下来。写完之后，研究者要求其中一部分学生将保存好的文件拖进电脑的回收站中，而另外一部分学生要把写好的文档保存在电脑的储存文件夹中，剩余的部分学生只要想象着自己已经把文档丢进了回收站或还留在电脑桌面上。

这次实验的结果是，对自己持有消极看法的学生，当他们把文档拖进回收站中之后，这些负面评价的影响力也随之大大减弱了，而把文档保存在电脑的储存文件夹中的做法却大大强化了这种负面评价，所产生的影响力要比前者大很多。但是，还有一组大学生只是运用想象力丢弃文档或保留在电脑桌面上，事实证明，这种想象力的运用不会带来任何影响力。

这一系列实验证明，当某个想法或计划被写在纸条上时，随身携带会起到强化的作用，而彻底丢弃会起到削弱的作用，全凭借想象力去强化或削弱基本上没有什么用。也就是说，当一个人对某个想法已经消失深信不疑时，那它就会真的消失，越是相信效果就越明显；但假如只是凭借想象力，就没有任何效果，即只有运用了真正的行动力时，那张纸条才会发挥出十分明显的威力。

人们如果有不开心的事情，想要减轻心理负担，不妨将它们写下来，然后将这张纸或这份文档丢进垃圾箱或拖进回收站中，虽然那些不好的情绪并不见得就完全消失了，但其象征意义已经完全不同了，至少我们可以暂时不用去理会它们了。这种做法看起来有点傻，但操作起来还真的会有奇迹发生。

总之，当你做了最好的自己，你就能够用这份美好去审视这个世界，看到别样的风景；当你发现自己被一些不愉悦的情绪困扰时，你大可运用你伟大的行动力，将它们统统赶出去。世界上最伟大的救世主其实就是我们自己，我们完全有能力决定开心还是悲伤，轻松或是负重，因为我们本身就是非常不错的心理医生。

让痛苦逼出最大的潜能

2012年10月6日，有名的韩裔美国短道速滑选手西蒙·赵，在一场新闻发布会上公布了一个秘密，他声称自己在教练全在硕的唆使下做了一件黑暗的事——在比赛前把加拿大对手奥利弗的冰刀弄弯了，导致对方放弃比赛。同时，他还联合其他13名队员集体向美国奥委会提出抗议，爆出全在硕“虐徒”一事，坚决抵制接受国家队的任何训练。这件事在当时引起了不小的反响，尤其是将全在硕这位教练推向了风口浪尖。

我们且不论全在硕威逼弟子在赛前弄弯对手的冰刀这件事，单就“虐徒”一事，西蒙·赵和他的队友们认为，教练经常对他们施以精神和身体上的双重虐待，在日常生活中，还时常以“不尊重”教练为由对运动员进行十分激烈的责骂和推打，甚至有队员披露说教练全在硕用“椅子和运动器械砸队员”“拿淋浴喷头朝他们身上浇水”“在电梯间敲打队员”等等。

即便队员受伤了，也要坚持接受训练，有时在训练中，教练还会时不时地蹦出一些带有辱骂性质的词汇，譬如责骂女队员“太肥了、恶心、赶紧减肥”等，结果造成很多女队员产生心理问题，不得不去寻求专业心理医师的帮助。这 14 位队员对他们的教练表示极大的不满，要求美国奥委会对此事展开调查。

在这件事上，韩国体育文化专家、知名经纪人宋青云表态说，“虐徒”一事是因为文化差异。他认为，在韩国体育界，类似于踢屁股、敲打等在外界看来比较严厉的方式，只是意在激发队员们的潜在能力，或许看上去有点极端，但在韩国人眼中，那是一种特殊的训练方式，并非是虐待或折磨人。

比如，韩国女子射箭队从 1998 年奥运会射箭男女团体被列为正式项目开始，蝉联了 6 届团体冠军。很多人都只看到那风光的表面，却不知道其风光的背后究竟付出了多少汗水，采取了多少不择手段的训练方式。

宋青云试图以此为例，向外界透露称：韩国女子队曾在 200 多米长的黑暗地下室内行走，当时随处都有可能出现恐怖场景，甚至还会有人假扮鬼魂出现，很多队员在她们的衣服里发现活蛇等，主要还是要训练她们处变不惊的心态和能力，因为射箭最讲究的就是过硬的心理素质，其他的训练方式是达不到这种效果的。

实际上，韩国这种极端的训练方式早在很久之前就出现过，比如射箭队员们被要求在乱坟岗上来回走动，目的就是训练胆识。同时韩国社会也普遍认为，青少年可以在体罚中学会什么是尊重和服从。“严师出高徒”的说法历来得到不少人的认可，但究竟是怎么样的严厉法，还有待商榷。

由此，很多心理学家展开了一系列的研究。严厉的教育和训练体制的目的无疑是想引发当事人身心上的痛苦，试图用这种痛苦去最大限度地激发出当事人的潜能。那这种方式真的可以达到预期的目的吗？

心理学家认为，人们最深的伤痛往往与其最大的天赋紧密联系在一起。当我们为自身的某些特质感到羞愧或难堪，并希望重塑或隐藏时，其实正是我们找到真我的关键。心理学家称之为“核心天赋”。

很早之前就有人说过，不见风雨，就不会有彩虹。或许在这句话的背后还隐含着更深层的含义，那就是痛苦是激发潜能的一个最重要的条件。当人们失去某个长期以来依靠的人或东西时，内心势必会产生极度痛苦之感，而这种痛苦往往会令一个安逸的人意识到危机，或者触动其内心深处最敏感的部位，进而鞭策其前行，最终被埋没的无限潜能爆发出来，取得成功。

而一个成功者再去回首那些往事时，虽然痛苦依旧清晰，但那却是自己最深刻的成长足迹。因而，很多人才想要用这种“痛苦激励”的方式去刺激潜能。所以，痛苦确实可以激发出被埋没的潜能，但要讲究正确的方式。

不过，我们反过来看，既然痛苦可以激发潜能，那么，不管是运动员，还是普通的平民百姓，其实每个人都在一生中有过或多或少的痛苦经历，这些非人为制造的痛苦会引导他们去发现自己内心深处最本质和最宝贵的特质，而它们恰恰也是造成人类痛苦的根源。

所以，很多时候，当我们为一些事情发出抱怨，感觉压力过大，烦恼太多时，何尝不是因为拥有强烈的激情；当有人总觉得自己不够强大，不够活跃，或意志力不够强时，在他们身上却有一种谦恭和优雅的特质，正因为这样才使得他们无法像其他人那样自由地展现自我；如果共同生活使人倍感痛苦，那么，在他们身上必定有愿为对方奉献的牺牲精神……心理学家认为，当一个人感到深深的伤痛时，那是他身上的天赋在起作用。

有个女孩患了癌症，与她相恋了两年的男友在得知这个消息后离开了她。她起初觉得很绝望，两样最重要的东西同时失去，那是怎样的一种痛！她也曾将整颗心和整个生命都投入到这段感情之中，当生命面临危机时，爱情也宣告结束，她几乎崩溃了，病情也随之急剧恶化。

后来，主治医师找来一位心理医生，她哭泣着说：“为什么我不能像他离开我那样潇洒？”然后她又像是喃喃自语似的诉说着他们的故事。心理医生说：“你知道吗？我在你的这段感情中看到一个美丽、优秀的你，而人们总是很善于利用你那颗柔软的心。所以他离开，你才会这么伤心和悲痛。”

女孩从来都没有听过这样的评价，她开始欣赏自己的这种品质，但这对她来说有什么用呢？如果没有这些特质，那就不用这么痛苦了，不是吗？它们像一个诅咒一样。这种矛盾的心理被心理医生视为核心天赋的主要特征，并由此展开了对女孩的心理疏导。反复下来，女孩终于重新认识了她性格中的敏感，它不再是一个性格上的缺陷，而是一种上天赋予的潜能，只不过它没有得到她以及她的男友的充分尊重。

人们总是善于利用那颗柔软而敏感的心。有句话说得好，你能够伤害到的人通常都是相信你的人，你利用的是别人对你的信任，你不尊重、不珍视，但这种信任的特质却是被伤害的那个人身上最核心的潜能。故事里的女孩最后在心理医生的帮助下，渐渐改变了心态，她不再为离开她的男友而感到伤心欲绝，而是开始积极配合医生的治疗，女孩的病情很快得以遏制。她说："即便我最终还是会被癌症夺走生命，但我发誓，在这段时间里我一定会活得很快乐！"

所以，人们如果在痛苦中看到自己身上未曾被发现的特质，欣赏并珍视它们，那就不会再遭受痛苦的折磨。核心天赋可以是一直被视为令人羞愧和恼怒的弱点，或者是人们一直不敢直接面对的最脆弱的地方。但它们却深嵌在人们的灵魂当中，成为灵魂的一部分，帮助人们拥有鲜活的生命力去追求，促进亲密关系的形成，同时还帮助人们表达真正的自我。只不过，这些天赋并非是通向幸福的光明大道，甚至还经常使人们陷入困境，人们也就不得不因此而变得挑剔、防御心强或者极其天真。

核心天赋常常使自己和自己关心的人都面临挑战，有时候它们向人们索取的其实是人们并不想给予的，假如遭到它们的背叛或拒绝，人们也许会陷入崩溃的境地。心理学家认为，这些核心天赋就像是一个圆心，在其外部围绕着一圈又一圈伪装的特质，这是人们为了远离真实的自己而穿上的保护衣。

虽然这些外环能够帮助人们远离真我、伤害以及被拒绝的危险，但这也在无形间让人越来越偏离自我，失去对灵魂的感知和对生活意义的正确解读。因而才有很多人感到孤独无助，甚至越发空虚。所以，生活中大部分人还是聪明地站在了距离核心天赋不太远的地方，这样既能感受到核心天赋带来的好处，同时也可以避开核心天赋产生的危险。

心理学家认为，运用核心天赋理论，能够将陷入悲痛中的人顺利解放出来。痛苦的经历或心理感受确实是激发潜能的一种方式，当人们处在痛苦的压力下时，应该试着静下心来去感受一下那个最真实的自我，挖掘出自己的核心天赋，学着欣赏的同时，理解它曾经带给自己的伤害，用宽容和勇敢尝试着去表现这种天赋。即便在欢快的喜悦中也不免存在不安和悲痛，但它们终究会在生活中将那些珍视和欣赏你的这种天赋的人吸引过来，或者最大限度地展现出自我的最佳水平。

创富心理简明修炼法

1. 创富心理是什么

随着社会的不断发展，尤其是生活在大城市中的高级白领，工作和生活的双重压力往往在其心理上产生影响，很多人开始变得不快乐，甚至是长时间烦闷，导致心理疾病的产生。心理学家认为，人们在追求生活和梦想的过程中，获得的财富往往是以

心理健康为代价的。而实际上，一个真正成功的人除了要具备一定的知识和才能之外，还要有健康的心理。

一个人真正意义上的富裕是物质和精神上的双重富裕。因而在心理学上，创富是一个自我实现的过程，也是一个获得智慧和自身关切、引导的过程。在这一过程中，人的意识、能力、心理、爱的情感等方面都会得到很大的提升和发展。在经济学中，创富是一种哲学，它包括一个人摆脱贫困、实现经济富裕的途径，也包括个人完善自我、实现人生价值的方式。所以，我们也可以这样说：一个真正拥有财富的人应该是物质和心理财富的结合，两者缺一不可。

近些年来，心理创富学风靡全球，最初由希尔博士创立，后来经过多位知名心理学家的研究和完善。

1882 年，在美国弗吉尼亚州蓝岭山中的一栋十分简单的木屋里，拿破仑·希尔诞生了。青年时代的希尔凭借当时从事新闻记者工作的收入，帮自己拿到了乔治市立大学的学位；同时，新闻记者的工作还为他开辟了另外一条人生之路。

当时，希尔在工作上有十分杰出的表现，田纳西州的参议员罗伯特·泰勒注意到了他，并礼聘他到自己的杂志社工作，主要负责撰写名人成功史。21 岁的希尔由此开始了访问名人和撰写其生平及成功史的历程。他访问的第一位名人是全美首富——钢铁业大王安德鲁·卡内基，而这次访问也为希尔的人生掀开了崭新的一页。

安德鲁·卡内基见到希尔的时候，似乎一下子就被眼前的这个对工作和生活充满热忱、对未来充满期望的小伙子吸引了。他不惜在百忙中抽出时间，接受希尔的访问。访问持续了三个小时，安德鲁·卡内基对希尔甚为欣赏，他认定希尔是其“衣钵传人”的最佳人选。

于是，他留希尔在他家中住了三天三夜，这期间安德鲁·卡内基给希尔讲述了自己的“自我创富学”的全部秘密。之后，希尔在安德鲁·卡内基的要求下，访问全美最富有、最具盛名的 500 多位人士，目的就是去验证其“自我创富”理论的正确性和可行性。安德鲁·卡内基是带着科学求证的精神，希望与希尔一起为“自我创富学”做注脚，将其系统化并且使之裨益后世。当然，这项任务是艰巨的，它必须得花 20 年的时间去完成。

在当时，安德鲁·卡内基虽然提出了这样一个要求，但却明确表态说自己不会给希尔任何经济上的资助，除了写信为其引荐这些名人之外。大部分人是不会接受这种要求的，但希尔毫不犹豫地就答应了，并保证自己一定会好好地去完成任务。这一结果更验证了安德鲁·卡内基没有看错人。

就这样，希尔在安德鲁·卡内基的引荐下，接触了不少名人，这些名人如安德鲁

·卡内基一样欣赏希尔，并给予了他非常高的评价。至此，希尔渐渐出名，不仅担任过大学顾问，还做过著名杂志的编辑。在一战时期，他正式步入政界；1937年，他的《心理创富法》诞生，这本书一经出版，立即在全球引起了轰动，大家纷纷竖起大拇指表示赞同，而希尔的事业也由此步入高峰阶段。

实际上，在安德鲁·卡内基的“自我创富”理论中，创富更倾向于经济哲学，不同于苏格拉底、柏拉图和西方传统思想史的哲学体系，而是帮助人们脱离贫困、获得充裕经济基础的一条途径，在此过程中帮助人们成功建立和完善自我人格。希尔受到该理论的启发，结合自己通过无数实践总结得出的经验，他认为，财富的真正拥有者应该具备一些普遍素质，并将这些素质总结如下：

1. 积极进取的人生态度；
2. 拥有一副强健的体魄；
3. 具备一种大无畏的精神；
4. 对未来的成就充满期望；
5. 良好的人际关系是基础；
6. 具备自信心以及深知如何去运用这宝贵的自信心；
7. 拥有分享精神，乐意与他人分享自己的成就；
8. 以一种博爱的精神去面对自己的工作和事业；
9. 有宽广的胸怀，容忍一切人或事；
10. 具有良好的自律性；
11. 拥有解读外界一切人和事的大智慧；
12. 至此，享有一份经济富足的生活。

在这些项目的罗列上，希尔的意思很明显，他意在告诉人们，在自我创富的过程中，人格的完善是基础，是本，而财富的获得是建立在人格完善的基础之上的，是末。或许在当今社会中，很少会有人去注重什么本，而总是喜欢舍本逐末，本末倒置。竞争的激烈性决定了人们不惜用尽一切手段去追名逐利，但事实上，由此而获得财富的人在精神上是空虚的，在心理上也是不健全的，并不能算得上是一个真正拥有财富的人。而希尔的用意正在于此，他希望用这套创富思想去影响那些还正在创富路上拼搏的人：想要获得财富，最好先完善自我，拥有一个健康的心理、一个完善的人格。

当然，在当今社会，绝大多数人都是在追求金钱上的成功，因为没有金钱，就没有办法去谈人格的完善。所以，我们应该努力赚钱，尽力给自己和家人一个经济充裕的生活空间。但不要为了挣钱而挣钱，更不能因为失去金钱而内心恐慌、焦虑、空虚，最终招致一身疾病，精神的富足和物质的充裕并不矛盾。

华人巨商李嘉诚出生在一个并不富裕的潮州家庭中，父亲李文是一位深受敬重的教师。1939 年，李文带着一家人去香港躲避战火，即便当时家徒四壁，他依旧坚持让身为长子的李嘉诚入学读书。但两年书还没读完，香港就沦陷了，父亲李文也在一年后病逝，年仅 14 岁的李嘉诚不得不担负起养家的重任。他做过推销员，因为勤奋好学，待人又诚恳，因而在他 20 岁的那年被提升为工厂的总经理。

1972 年，“长江实业”在香港正式上市了；1979 年晋升为地产界的“股王”。当年 10 月份，美国《时代周刊》对李嘉诚的身价做出评估——5 亿美元，并称其为“天之骄子”。

至此，李嘉诚获得了“香港地王”称号。他在内地不断投资，并乐善好施，中国政府将其视为“贵人”。1986 年，李嘉诚成为世界巨富之一，位于十大华人富豪之首，他在港控制公司的市值已经超过了 80 亿美元。

在香港扎稳根基之后，他又开始进军国际，不但买下了英国皮尔逊公司将近 5%的股份，还用不同的名义收购了加拿大赫斯基石油公司 57%的股份……直到 1988 年的春天，李嘉诚成功投标温哥华 86 年世博会的旧址，计划用 127 亿港元兴建令世界瞩目的“太平广场”，一时之间轰动了国际。

心理学家分析，在李嘉诚无数风光的背后，有一股原动力在持续地推动着他不断奋进，笑迎一个又一个挑战，越过一重又一重高峰，这股原动力就是“创富”。

李嘉诚

可以说，是父亲的离世开启了李嘉诚的创富之心，至亲之人的离开，对人的心理影响是巨大的。那会在潜意识中造成一种永久性的失落与哀伤，为了克服这种心理阴影，从失落与哀伤中走出来，人就会在潜意识中向这位逝去的亲人靠近，认同其意愿。李文曾在临终前告诉李嘉诚说，要光宗耀祖，出人头地，担负起养家的重任——这或许就是李嘉诚最初创富之心的来源。

李嘉诚在出名之后，得到了很多人的敬重，不仅仅因为他是富豪，更重要的是他有自己的人格魅力。他曾经说过这样一段话，大致意思如下：

一般情况下，凡事都得留个余地；另外一方面，对人要守信用，朋友之间应讲义气。今天看来，也许很多人未必相信。但我实在觉得“义”字是终身受用的，“恕”

字也非常重要，即宽恕别人。因为人就是人，不是神，难免有错，能够原谅时就原谅，能留余地最好不过了。

心理专家分析，李嘉诚的思想其实受其父影响比较深。在当时，父亲李文是潮州的一位备受乡人推崇的教师，喜读韩愈的诗文，认同儒家学说。而在父亲潜移默化的影响下，李嘉诚也喜好读古书，后被称为“儒商”，儒家思想在他从商的历程中处处可见。

总而言之，李嘉诚成功的背后不乏父亲儒家思想的影响。而在希尔的“创富学”中，更是将儒家思想的某些观点融入其间，比如善于宽恕他人、具有良好的人际关系等。

在今天看来，财富依旧是人们永恒不变的追求，但我们更要保持健康的心理和积极向上的心态。事实证明，拥有健康的心理和财富之间存在着如此直接的关系，它是赢得财富的基础。在李嘉诚的故事中，我们看到了完善人格的现实体现及其自我创富的实现历程。创富的过程其实就是一个力求在物质和心智方面都得以超越的过程，进而达到理想自我。

在这个过程中，个体的独特个性受到来自社会各个层面的影响，比如家庭环境、文化传统、社会阶层等。但不管如何，个体都要充分认识和理解自身的个性特征，扬长避短的同时，在创富的过程中不断地去完善自我。

在许多杰出人物的身上，几乎无一例外地存在着一些极其典型的因素，甚至有些还超越了那个时代应有的文化和精神。即便如此，在他们的个性、人格中依旧有缺陷存在，只不过，在创富的过程中，他们从未忘记过对自身人格的完善，让自己朝着一个健全人格的方向不断努力前进。

2. 创富心理练成法

在今天，对创富心理的研究已经日臻完善，创富心理也在逐渐走进我们的日常生活。富豪不是人人都能当的，但身为平凡的一员，在日常的生活中，在工作岗位上的正常社交，创富心理学已然渗透其中，成为人类衡量心理健康的标准。

心理学家认为，每个真正的自我都是具有磁性的，它对别人总是具有强大的影响力与感染力。为什么有的人被视为具有强大人格魅力的人？原因就是他们没有压抑真实的自我，而是自然地释放着真我的创造性和表现自我的勇气。

人是有无限潜能的，只是很少被挖掘，或受到压制。个性被压抑，常常使人难以表现内在的创造性自我，让真我在机遇面前总是有理由去拒绝表现，担心成为自己，并把那个真我深深锁在心底。这种压抑会表现为腼腆、羞怯、失眠、敌意、脾气暴躁、神经过敏、极度罪恶感、紧张、畏缩不前等。

如果在生活中，你有以上的某些症状，那便说明，你的个性已经遭到了压抑。也许这个世界上，备受压抑而遭受失败、挫折的人千千万，而你仅仅是其中一个，依然有必要想方设法去解除这种压抑，让那个真实的自我释放出来，不再谨小慎微，不再过分拘谨。要想练成创富心理，不妨做如下尝试：

第一步尝试如下（专门针对个性的释放）：

1. 在开口说话之前，不要思考太多，张开你的嘴巴说出来吧！

2. 放弃在行动之前做计划的习惯。虽然计划很重要，但在这项练习中，尽量停止你的事前计划，让你的行为在执行中得以纠正。也就是说，把计划放在你的行动中进行。

3. 别再否定或批评你自己。个性压抑的人经常会在事后沉浸在自我批判中，深感后悔，对某些言行予以否定，从现在起就别再做这种自我否定了。虽然适当地自我反省确实很重要，但过度的自我反省将会压抑你的个性，使你缺乏表现自己的勇气，对过去的频繁分析和无休止猜测只会让人变得自卑。所以，如果你有这方面的行为习惯，要从现在开始停下来。

4. 放声说吧！个性压抑的人几乎都有一个特征，那就是不敢大声说话，并且声音细小，生怕被别人关注。如果你想释放自我，打开压抑的锁，那就试着大点声音说话吧！声音只要比平时大一点，你也许就会感觉到一股自信的力量由体内升起，这是经过科学实验证实了的比较好的一个方法。

5. 坦率地表达自己的好恶爱憎情感。也许你不敢太过明显地表达自己的憎恨之情或厌恶之感，担心被轻视，担心被忽略，也担心被嘲笑……担心出现种种你不希望得到的结果。但越是如此，你就越是难以真正表达自己。与其这样，不如坦率一点，喜欢对方尽管说出来，不喜欢的也不要藏着掖着，觉得别人今天的穿戴很时尚，那就赶紧夸赞一番。你将会得到关注，别人也不会觉得怎么样，反而更加喜欢你的坦率个性。

第二步练习如下（专门针对全身肌肉的释放）：

1. 选好时间和环境。一般要求半个小时，在一个安静的、光线柔和的房间内，房子里最好还有一张舒适的床或者沙发。脱掉平日里穿的正装，换上一件比较宽松的衣服，躺在床上或沙发上。

2. 做深呼吸，连续三次，每次吸气后尽量忍住气，在“忍气”的过程中要全身放松，拳头握紧，让自己感到充分紧张，直到忍不住的时候才将气流缓缓地呼出去。此时你会感到“如释重负”，获得身心的解放。

3. 在上一环节中，要让自己尽可能地去感受紧张感和放松感之间的微妙区别，体会放松之后的美好感觉。

4. 如果有条件，可以依照身体部位逐一进行放松指令式催眠练习。比如，告诉你的脖子、肩膀、手臂、手指、躯干以及前额、眼睛、耳朵、嘴巴、鼻子等身体部位，渐次进入彻底放松状态。在这个过程中，要让自己充分感受到那份放松的快乐。

5. 然后，想象着，现在有一股暖流正从你的头顶，经过你的身体，直达脚趾。

6. 第 4 个环节的训练时间要尽量维持在六到七分钟，太短的话会影响你感受放松的效果。

第三步，大胆尝试未知。

这一步主要是要求当事人大胆地去做一些以前没有做过的事情，去尝试一下未知领域里面的东西。有把握的事情你做了，即便获得了成功，也不会有多大的喜悦；但未知的事情你如果敢于尝试，那实际上你就已经成功了，不管结果如何。压抑的人不敢创新，因为害怕那未知的事物会让自己产生挫败感，可殊不知，越是苟且偷安，害怕不稳定的未知因素，就越是脆弱，越是容易压抑自我。

其实，探索未知的过程，也是你发现新的自己的过程，在你积极地去尝试了一些新鲜事物的同时，一个全新的你也就形象鲜明了，并且带动你性格中的自信因子，获得成就的同时你也赢得了强大而健康的心理。

第四步，获取内心的安全感。

安全感对于现代人来说似乎越发重要了，人们在寻求安全感的过程中懂得了如何避免风险。但安全感一旦得到了，往往会使一个人逐渐失去冒险精神，在一片没有激情的世界里过着自足的安逸生活。

心理学家认为，安全感分为外界安全感和内心安全感两类。有的人追求的是外界的，比如金钱、名牌服饰、房子、车子等；而有的人则更注重内心的安全感，比如，对未来的自信心和期望，相信自己有能力处理好一切的自信心力。事实上，内心安全感要比外界安全感更可靠。

一个个性压抑的人在内心安全感上是有所欠缺的，因而，要着重训练自己的内心安全感。练习的办法很多，比如，你可以想象着假如有一天你失去了一切，衣服、房子、金钱，甚至你因为各种原因而流落他乡，此时的你会作何选择？是自怨自艾，自生自灭，还是振作起来，向当地居民寻求帮助？你会羞于自身的经历而封闭自己，还是广交朋友，重新为自己找到一块栖息之地呢？如果仅凭外界安全感，那你势必要自生自灭了。

最后，经常给自己积极的心理暗示。

在心理学中，心理暗示指的是用一种含蓄的、间接的方式，对人的心理与行为产生影响的方法。它往往能够使人在不知不觉中按照一定的方式去行动，去不加批判地接受一些观点和建议。

曾有一位求学者在考研时遇到了难题，那时候他选修的是俄语，但在考研时他发现自己报考的专业要求是英语。当时，这位求学者的俄语成绩很不错，恰恰就是英语不行，既没有什么基础，兴趣也不在上面。但是没办法，他还是硬着头皮去学英语了。在学习的过程中，他经常激励自己："我的英语基础几乎是零，就像一个初生的婴儿，可我掌握的是成年人的学习方式，多学一点，我就能多考一分！"结果，他就不断地用这样的自我暗示去激励自己，在一种十分轻松的心态下，花了两年时间学习他零基础的英语，结果，他如愿以偿地通过了考试，拿到了博士学位。

消除个性压抑的训练也可以运用类似的方法，给自己设定一种积极的精神力量或者一个美好的结果，再用积极的词汇不断地进行自我暗示。在这个过程中要注意，积极的暗示要讲究可行性，不要与心理产生矛盾，更不能和现实相抵触。

"乐观"是可以练成的

心态的积极或消极在很多人眼中似乎是天生的，并非后天养成的心理特征，所以就有人说他天生就是乐天派，而有些喜欢悲天悯人的人就会说他们天生就是个悲观主义者。事实并不完全如此。因为不管是乐观还是悲观，全在于一个人的选择。比如清晨起床，掀开窗帘看到新一天的太阳已经升起，大地上铺满阳光，此时你是快乐地送给自己一个微笑，以积极的心态迎接新的一天，还是焦躁不安地担心着即将到来的一天，陷入无边的不安之中，这就完全取决于你自己的选择了。所以，积极、乐观的心态并非全部都是天生的，消极、悲观的心态更不是与生俱来的。

心理学家研究发现，乐观的性情是可以通过一些心理技巧在后天训练而成的。这就需要那些心态悲观的人在平日里进行有意识的训练，主要从以下几个方面重点练习：

第一，要学会用微笑或者是积极的暗示来鼓励自己。就像清早起床后，你对着窗外的阳光深呼一口气，然后看着镜子中的自己说："美好的一天开始了！"当你带着积极、乐观的心情迎接新的一天时，这一天就不会很糟糕。因为心理学研究发现，如果一个人总是想着一些不好的事情，那它们就极有可能变成现实，这就是心理学中的"墨菲定律"。反之，如果你选择经常微笑，那些不好的念头和情绪一闪而过就行，不要用它们来折腾自己，久而久之，一切都会变得好起来。所以，积极的心理暗示会带给人们巨大的正能量。

第二，身处逆境中要善于发现潜藏的机遇。很多悲观的人一旦遭受挫折，就会万念俱灰，甚至一蹶不振，但乐观的人就不一样。好比同样是面对着半杯水，悲观的人会说："只剩下半杯了，怎么办?"而乐观的人会说："还有半杯水呢，还是有希望的。"可见，悲观与乐观的区别主要是在看待事物的态度上，乐观的人不是没有发现困境中的问题，只是他们永远都会给自己一个充满希望的暗示，保持积极向上的心态和斗志，相信自己有能力去应对各种挑战。譬如同时身陷困境的两个人，在能力相当的情况下，乐观的人要比悲观的人更加容易摆脱困境，这主要还是因为乐观者依然能够正常发挥能力，而悲观者就不一定了。

第三，多结交性情开朗的朋友。不善言谈的人如果一直处在一群喜欢嬉笑打闹的朋友圈中，也会在不知不觉中受到感染；如果一直与悲观的人打交道，势必会加重悲观、消极的心态，很难变得健谈和爱笑。因此，多结交一些乐观开朗的朋友其实也是你改变自己的一个重要环节。然后，你要学习他们身上的闪光点，他们为人处世的积极态度，或者在言语方面，也或者是在行为方面，之后，你也可以再去感染你周围的人。

第四，多投放点精力在你可掌控的事上。消极总是会令人变得优柔寡断，把过多的担忧放在还未发生的事情上面，并且将眼前该做的事情置之不理，这是在浪费时间，也是在自寻烦恼。所以，从现在开始就做出改变，把精力多投放在你可掌控的事情上，接受不可改变的现实，停止把自己想象成一个受害者的形象，将那些所谓的遭遇统统抛开，多想一些美好的事物，决定权始终在你自己的手上。

第五，多回味欢乐时光。悲观者往往很容易忽略生活中的欢乐，而对痛苦的感受总是特别敏感和记忆深刻，因此而错过了很多美好时光，但乐观的人却完全相反。所以，你应该多留意身边的美好，多关注发生在生活中的幸福之事，停下匆忙的脚步去回忆和品味过去的时光，从中捕捉欢乐的点滴，然后心存感恩。如果你这样做了，心态会很快得以纠正，变得积极、开朗起来，那些负面的消极情绪就自动离开了。

第六，学会接受人生中的变化无常。都说世事无常，这是自然规律，是不可改变的事实，如果你不能接受生命的变化，就无法保持一颗乐观的心。因为悲观主义者习惯于将消极的事情看作是永远不变的、个人的、遍布的因素，所以他们生活得快乐；乐观主义者是把消极的事情看成是非恒久不变的、非个人的、非遍布的因素，所以他们活得快乐。其中，恒久是指伴随一个人一生的事物，而个人是指和一个人紧密相连的事物，遍布则是指人生中的其他影响因素。接受变化，也接受当下的境况不会一直不变的规律，心情便会晴朗起来。

第七，要用爱去对待生活。我们每个人都需要爱，友情之爱、爱情之爱、亲情之爱，还包括宽容之爱、谅解之爱等，但是爱又是相互的，所以，你想得到爱，就必须要学会付出爱。爱是一种强大的力量，没有人会拒绝善意之爱，并且大家也都愿意用爱去回报那些曾给予自己爱的人，这个过程会令一个人变得善良和积极。一个人在给予他人爱的同时，自己也在变得乐观，也在收获一种珍贵的正能量，不管是在亲友之间，还是在爱人之间，爱都是能够抵御消极情绪的强大武器。

第八，客观看待人生的种种起伏变化。悲观者和乐观者其实在人生挫折方面，并不存在绝对的区别，乐观者也会遇到很多不顺，经历很多人生转变，但唯一不变的是，他们始终保持一颗积极向上的心。这是十分客观的现实，只不过悲观者可能会在处理挫折的方法和态度上与乐观者存在差异，乐观者能够很快从困境中走出来，而悲观者也许要花费更多的时间和精力。因此，当你认识到这一点之后，就不妨在困境中做好迎接最坏结果的准备，但同时也不要忘了期待最好的结果，这样一来，你才能既保持冷静，也能够做到以积极的心态应对挫折了。

第九，活在当下，不要庸人自扰。如果一个人总是活在过去的阴影中，或者总是将希望放在未来，那就永远都不会快乐，因为过去的已经回不来，未来的都是虚无的未知数，我们唯一可以把握的就是现在，只有活在当下的人才能创造出一个真正属于自己的未来。一个悲观主义者多半都是或者将自己放在过去无法自拔，或者寄希望于虚无缥缈的将来，对眼前的一切充耳不闻，视而不见，也就不能感悟人生，体验欢乐了。所以，乐观起来的一个重要法宝就是活在当下，不做庸人自扰的回忆者和畅想者，只需做好眼前之事。

第十八章　品味心理学

一、认清你自己

最好的镜子是你自己

爱因斯坦小时候和很多小孩子一样，是一个十分调皮贪玩的孩子，经常和一些坏孩子混在一起。他的父亲常常为此忧心忡忡，他想找一个办法让爱因斯坦变得好学起来。直到爱因斯坦 16 岁的那年秋天，一天上午，父亲将正要去河边钓鱼的爱因斯坦拦住，并给他讲了一个故事，正是这个故事改变了爱因斯坦的一生。故事是这样的：

爱因斯坦

“昨天，”爱因斯坦父亲说，“我和咱们的邻居约翰大叔去清扫南边工厂的一个大烟囱。那烟囱只有踩着里边的钢筋踏梯才能上去。你约翰大叔在前面，我在后面。我们抓着扶手，一阶一阶地爬了上去。下来时，你约翰大叔依旧走在前面，我还是跟在他的后面。后来，钻出烟囱，我发现了一件奇怪的事情：你约翰大叔的后背、脸上全都被烟囱里的烟灰涂黑了，而我身上竟连一点烟灰也没有。”

爱因斯坦的父亲微笑着继续说：“我看见你约翰大叔的模样，心想我肯定和他一样，脸脏得像个小丑，于是我就到附近的小河里去洗了又洗。而你约翰大叔呢，他看见我钻出烟囱时干干净净的模样，就以为他也和我一样干净，于是就只草草洗了洗手就大模大样上街了。结果，街上的人都笑痛了肚子，他们还以为你约翰大叔是个疯子呢。”

爱因斯坦听罢，忍不住和父亲一起大笑起来。父亲笑完了，郑重地对他说：“其

实，谁也不能做你的镜子，只有自己才是自己的镜子。拿别人做镜子，白痴或许会把自己照成天才的。”

爱因斯坦听了，顿时满脸愧色。

从此，爱因斯坦离开了那群顽皮的孩子。他时时用自己做镜子来审视和映照自己，终于映照出了他生命的熠熠光辉。

别人并不能映照出你自己，只有自己才是最明亮的镜子。

每个人的内心世界都有两面明镜，一面照他人，一面照自己。我们要学会反躬自省，每过一段时间就用照自己的那面镜子映照我们的心灵。这是成功人生的必然要求。我们来到这个世界上，每个人都有自己所扮演的角色和应当承担的责任与义务，所以我们每个人都要牢记自己的使命，摒弃缺点，不断进取，努力做最好的自己。

石头与陶罐

有一位陶工制作了一件精美的彩釉陶罐，为了确保安全，他把它放在了地下室里。

陶罐认为主人把自己放错了地方，整天唉声叹气地抱怨说：“我这么漂亮，这么精致，为什么不把我放到皇宫里作为收藏品呢？即使摆放到商店展出，也比待在这儿强啊！”

陶罐底下的石头听了忍不住劝它说：“这儿不是也挺好吗？我比你待的时间还久呢。”

陶罐听了讥讽石头说：“你算什么东西？只不过是一块垫脚石罢了，你有我这么漂亮的图案吗？和你在一起我真感到羞耻。”

石头争辩说：“我确实不如你漂亮好看，我生来就是做垫脚石的，但在完成本职任务方面，我不见得比你差……”

“住嘴！”陶罐愤怒地说，“你怎么敢和我相提并论！你等着吧，要不了多久，我就会被送到皇宫成为收藏品……”它越说越激动，不小心摇晃了一下，“哗啦”掉在地上，摔成了一堆碎片。

一年一年过去了，世界发生了许多变化，一个又一个王朝覆灭了，陶工的房子早已倒塌了，石头和那堆陶罐碎片被埋在了荒凉的泥土中。

许多年以后的一天，人们来到这里，掘开厚厚的堆积，发现了那块石头。

人们把石头上的泥土刷掉，石头便露出了晶莹的颜色。“啊，这块石头可是一块价值连城的宝玉呀！”一个人惊讶地说。

“谢谢你们！”石头兴奋地说，“我的朋友陶罐碎片就在我的旁边，请你们把它们也发掘出来吧，它们一定闷得够受了。”

人们把陶罐碎片捡起来，翻来覆去查看了一番，说：“这只是一堆普通的陶罐碎片，一点价值也没有。”说完就把这些陶罐碎片扔进了垃圾堆。

很多人心理问题的产生就是因为没有正确地认识自己，没有摆正自己的位置。社会是一个大舞台，要想在这个舞台上当一个好演员，就应当根据自己的素质、才能、兴趣和环境条件，选择适合自己的角色，这样才能体现出自己的价值。

沙子还是珍珠

有一个自以为是全才的女郎，毕业后屡屡碰壁，一直找不到理想的工作。她觉得自己怀才不遇，对社会非常失望，因为她感到，是因为没有伯乐来赏识她这匹“千里马”。

痛苦绝望之下，她来到大海边，打算就此结束自己的生命。

在她正要自杀的时候，正好有一个哈佛助理教授从这里走过，救了她。这位教授就问她为什么要走绝路，她说自己不能得到别人和社会的承认，没有人欣赏并且重用她……

教授从脚下的沙滩上捡起一粒沙子，让女郎看了看，然后就随便地扔在地上，对女郎说：“请你把我刚才扔在地上的那粒沙子捡起来。”

“这根本不可能！”女郎说。

教授没有说话．接着又从自己口袋里掏出一颗晶莹剔透的珍珠，随便扔在了地上，然后对女郎说：“你能不能把这颗珍珠捡起来呢?”

“这当然可以。”

“那你就应该明白是为什么了吧？你应该知道，现在你自己还不是一颗珍珠，所以你还不能苛求别人立即承认你，如果要别人承认，那你就要由沙子变成一颗珍珠才行。”

生活中，我们常常对自身价值的估量不是太高，就是太低，这真是令人感到遗憾的事。不适当的估计从心理学角度来讲都是非常态的，而且这种预计的结果，常常又会导致人们对生活、学习、工作等产生不良的心态。不是自感怀才不遇，与周围人格格不入，就是感到压力太大，跟不上时代的脚步。

恰当的自我认识造就美好的人生，当我们去抱怨现实对我们的不公之时，不妨先问一下自己到底是珍珠还是沙子。

拉比·苏西亚的眼泪

很多年前，有一位受人尊敬的犹太智者，名叫拉比·苏西亚，他是一位博学多才的学者和老师，在他弥留之际，很多学生聚集在他的床前，苏西亚掉下了眼泪。

他的学生不禁问他："老师. 您为什么哭泣?"

苏西亚回答说："如果上了天堂以后，天使问我：'为什么你不能像摩西一样?'我一定会肯定地回答他：'因为我本来就不是摩西。'

"如果天使再问我：'可是你也没有像艾利西（希伯来的大预言家）一样的丰功伟绩'，那我也可以肯定地回答：'因为我来到世上的任务和艾利西不同。'

"可是，有一个问题恐怕我会答不出来。我怕他问：'你为什么不能像拉比·苏西亚?'"

拉比·苏西亚去世200多年后，一位叫珍妮的美国小姑娘在她的人生中崭露头角。她以12岁的小小年纪，多次向世界网球冠军赛叩关。她在自己的青少年时期就已经跃升为第一级选手，她向许多实力极强的成人明星球员挑战，并获得胜利。

当有人问她是不是希望当第二个克莉丝·艾芙特时，珍妮回答说："不，我要当第一个珍妮。"这种当仁不让的自信心，和她在球场上的表现是一致的，因为她知道，成功的唯一途径，就是展现自我，而不是模仿别人，成为别人的影子。

每个人都有自己的角色和人生，只有当他演好自己的角色时，他才会拥有一个快乐的人生。如果你想让自己拥有快乐、幸福的人生，就要找到自己的角色，而不要去模仿别人。

火焰和木柴

一颗小煤球在温热的炉灰里，隐隐地闪出几丝红光。它不想在瓦灰色的炉灰中无声无息地熄灭，就尽量往炉灰的深处钻，以减少身上能量的释放。

到了吃饭的时间，人们又把一些干树枝和木柴塞进了渐渐冷却的炉子里。

火柴一划，盛着热汤的生铁锅底下的干柴堆冒出了火焰，快要熄灭的小煤球又复活了。炉子里一下子又填进这么多干柴，火焰这下可高兴了。它越烧越旺，把不流动的空气渐渐地从炉子里赶出去。顽皮的火焰不停地逗着木柴玩耍，它淘气地跳上跳下，燃烧得更加起劲了。

火舌顽强地穿透劈柴，喷射出许多焰火似的小星星。厨房里的暗影快活地跳起舞来，不停地在地上转来转去。调皮的火焰兴高采烈地发出呼呼声，它努力想穿过炉盖跑出来。炉子很快就呜呜地响起来，忽而活泼地吹几声口哨，忽而豪迈地发出一阵呼啸，歌儿唱得和谐而动听，使原来幽暗寒冷的厨房一下子变得既明亮又暖和了。

火焰看到木柴已乖乖地听从自己的指挥和调度，就得意忘形起来，狂妄自大的念头涨满了它的脑子，它不愿再待在炉子里，只觉得这地方太小、太挤了，再也容不下它这个了不起的人物了。

于是，骄傲自大的火焰发出了吱吱的威胁声，它把刺眼的小火星狠狠地射向炉膛四壁，企图冲出那讨厌的炉膛，到外面去展现一下自己的本事和才能。火焰东冲西撞，好不容易找到了一个缝隙，它兴奋异常，趾高气扬地向外冲去。

结果是可想而知，狂妄自大的火焰化作一缕青烟，消失得无影无踪了。可怜的火焰至死也不明白，离开了木柴的帮助它将一事无成。

自不量力，忘乎所以而不知“皮之不存，毛将焉附”的道理的人，最终是没有好结果的，这就是本则寓言要告诉我们的道理。

现实的社会中也不难发现类似寓言里的火苗般的人物，他们借助集体的力量，在某些方面取得了一定的成就，但是他们却误以为这些成绩全是自己的功劳，于是乎狂妄自大，自以为了不起，瞧不起周围的同事。有的没办法再与其他同事密切合作，友好相处，成了人人敬而远之的人物；有的草率地离开原单位，想到新的单位去展现自己的才能；还有的则干脆自起炉灶，想独立自主地发挥自己的本事。而现实的结果，却往往事与愿违．令他们后悔不已。

三个旅行者

一天傍晚，一家旅店住进了三个旅行者。

早上出门的时候，一个旅行者带了一把伞，另一个旅行者拿了一根拐杖，第三个旅行者什么也没有拿。晚上归来的时候，拿伞的旅行者淋得浑身是水，拿拐杖的旅行者跌得满身是伤，而第三个旅行者却安然无恙。于是前两个旅行者很纳闷，问第三个旅行者：“你怎么会没事呢?”

第三个旅行者没有回答，而是问拿伞的旅行者：“你为什么会淋湿而没有摔伤呢?”

拿伞的旅行者说：“当大雨来临的时候，我因为有了伞就大胆地在雨中走，却不知怎么淋湿了；当我走在泥泞坎坷的路上时，我因为没有拐杖，所以走得非常小心，专拣平稳的地方走，所以没摔伤。”

然后，他又问拿拐杖的旅行者：“你为什么没有淋湿却摔伤了呢?”

拿拐杖的说：“当大雨来临的时候，我因为没有带雨伞，便拣能躲雨的地方走，所

以没有淋湿；当我走在泥泞坎坷的路上时，我便拉着拐杖走，却不知为什么就跌伤了。”

第三个旅行者听后笑笑。说：“这就是我安然无恙的原因。当大雨来时我躲着走，当路不好时我小心地走，所以我没有淋湿也没有摔伤。你们的失误就在于你们有凭借的优势，认为有了优势便少了忧患，因此才会被雨淋，才会跌伤自己。”

许多时候，我们并不是跌倒在自己的缺陷上，而是跌倒在自己的优势上。因为我们常常警惕自己的不足，而把优势当成自己炫耀的资本。殊不知，一不小心，就会被它玩弄。

第二名同样精彩

在一部美国电影里有这么一段发人深省的情节。

那是1980年的一天，校园里正在进行一场激烈的足球比赛。有一支球队打得不错，学生啦啦队开始有韵律地喊着：

“我们第一名！我们第一名!”

教师莫里就坐在一旁，他对这加油声似乎颇感不解，就在学生们还喊着“我们第一名”时，莫里突然站起来大吼一声：

“第二名又有什么不好!”

学生们惊讶地望着他，停止了喊叫声。莫里坐了下来，面带微笑，状甚得意。

是的，第二名又有什么不好？然而，我们一生努力争取的却是第一名。有很多人在追求第一的激烈的角逐中迷失了自我，忘记了自己人生的目的，忘记了自己的成长。

事实上，获得第一名也不过是短暂的胜利。重要的不是你得到第几名，而是你从中学到一些什么。我们要有赢的决心，但同时更要把握自己，不要因为一心参与竞争而忘记了自身的成长。

第一名是胜利，第二名也同样精彩。我们每天都生活在竞争中，但是人生不是比赛。生活中还有很多有意义的事情等待我们去尝试，因此，我们不能在一味地争强好胜中忘掉了自我的真实目的。

“我会输给很多人”

有一位教授住在一个离郊区不远的街区，那里有很多卖小吃的商贩。一次，这位教授带孩子散步路过，看到四周小贩的生意极好，所有的椅子都坐满了人。

教授和孩子驻足围观，只见卖面的小贩把油面放进烫面用的竹捞子里，一把塞一个，仅在刹那之间就塞了十几把，然后他把叠成长串的竹捞子放进锅里烫。

接着他又以迅雷不及掩耳的速度，将十几个碗一字排开，放作料、盐、味精等，随后捞面、加汤，做好十几碗面的过程竟没用5分钟，而且还边煮边与顾客聊着天。

教授和孩子看呆了。

当他们从面摊离开的时候，孩子突然抬起头来说："爸爸，我猜如果你和卖面的比赛卖面，你一定输！"

对于孩子突如其来的谈话，教授莞尔一笑，坦然承认，自己一定会输给卖面的。教授说："不只会输，而且会输得很惨。我在这世界上是会输给很多人的。"

他们在豆浆店里看伙计揉面粉做油条，看油条在锅中胀大而充满神奇的美感，教授就对孩子说："爸爸比不上炸油条的人啊！"

他们在饺子馆，看见一个伙计包饺子如同变魔术一样，动作轻快，双手一捏，个个饺子大小如一，玲珑可爱，教授又对孩子说："爸爸比不上包饺子的人。"

正视自己的缺点，才能真正地认识自己。我们在看待周围的事物时，常常会觉得自己很了不起，并因此而骄傲自大，看不起别人。然而一旦我们将心头的高傲去掉，清楚地将自己与别人做一番比较，我们就会发现自己处处有不如别人的地方。

败笔和妙笔

杰克是一位年轻的画家。有一次他在画完一幅杰作后，拿到展厅去展出。为了能听取更多的意见，他特意在他的画作旁放上一支笔。这样一来，每一位观赏者，如果认为此画有败笔之处，都可以直接用笔在上面圈点。

当天晚上，杰克兴冲冲地去取画，却发现整个画面都被涂满了记号，没有一笔一画不被指责的。他十分懊丧，对这次的尝试深感失望。

他把他的遭遇告诉了一位朋友，朋友告诉他不妨换一种方式试试，于是，他临摹了同样一张画拿去展出。但是这一次，他要求每位观赏者将其最为欣赏的地方标上记号。

等到他再取回画时，结果发现画面也被涂遍了记号。一切曾被指责的地方，如今却都换上了赞美的标记。

"哦！"他不无感慨地说，"现在我终于发现了一个奥秘：无论做什么事情，不可能让所有的人都满意，因为，在一些人看来是丑恶的东西，在另一些人眼里或许是美好的。"

画展里的这种情况，我们在现实生活里常常会碰到。同样的事，同样的人，常常

会出现不同的待遇，产生不同的结果。仔细想想，这并不奇怪，因为人世间每一个人的眼光各不相同，理解事物的角度也不尽一样。所以遇事要用正确的思维方式，不要完全相信你听到的、看到的一切，也不要因为他人一时的批评而迷失自己。

我们无论做什么，一定要对自己有一个清楚的认识，要有自己的主见，不能因为别人一时的批评和议论而迷失自己，改变自己，失去自己的主见。

夸夸其谈的肖恩

肖恩是一个刚刚毕业的大学生，不但面貌英俊，而且热情开朗。他决定找一份与人交往的工作，以发挥自己的长处。很快，他就得到一个好机会——一家五星级宾馆正在招聘前台工作人员。

肖恩决定去试试。第二天清早他就去了那家宾馆，主持面试的经理接待了他。看得出来，经理对肖恩俊朗的外表和富有感染力的热情相当满意。他拿定主意，只要肖恩符合这项工作的几个关键指标的要求，就留下他。

他让肖恩坐在自己对面，并且开门见山地说：“我们宾馆经常接待外宾，所有前台人员必须会说四国语言，这一指标你能达到吗？”

“我在大学学的是外语，精通法语、德语、日语和阿拉伯语。我的外语成绩是相当优秀的，有时我提出的问题，教授们都支支吾吾答不上来。”肖恩回答说。事实上，肖恩的外语成绩并不突出，他是为了获取经理的信赖，自己标榜自己。显然，他低估了经理的智商。事实上，在肖恩提交自己的求职简历时，公司已经收集了有关的详细信息，其中包括肖恩的大学成绩单。

契诃夫

听了肖恩的回答，经理笑了一下，但显然不是赏识的笑容。接着他又问道：“做一名合格的前台人员，需要多方面的知识和能力，你……”经理的话还没说完，肖恩就抢先说：“我想我是不成问题的。我的接受能力和反应能力在我所认识的人中是最快的，做前台绝对是能够胜任的。”

听完他的回答，经理站了起来，严肃地对他说：“对于你今天的表现，我感到很遗憾，因为你没能实事求是地说明自己的能力。你的外语成绩并不优秀，平均成绩只有

70 分，而且法语还连续两个学期不及格；你的反应能力也很平庸，几次班上的活动你都险些出丑。年轻人，在你想要夸夸其谈时，最好给自己一个警告。因为你每夸夸其谈一次，诚实和谦逊都要被减去 10 分。”

俄国作家契诃夫曾说：“人应该谦虚，不要让自己的名字像水塘上的气泡那样一闪就过去了。”如果你认为自己拥有广博的知识、高超的技能、卓越的智慧，但如果没有谦虚镶边的话，你就不可能取得灿烂夺目的成就。你要永远记住：“伟人多谦逊，小人多骄傲。太阳穿一件朴素的光衣，白云却披了灿烂的裙裾。”

谦逊基于力量，自负基于无能。夸耀自己和自我表扬并不会为我们赢得好的机会。只会断送我们的前程。因为一个喜欢标榜自己的人，往往会失去朋友，没有人喜欢和一个自我表扬的人在一起；还会失去别人的信任，别人不但对你的能力产生怀疑，更严重的是你的品德和灵魂也会遭人批评。无疑，一个没有好人缘、不可信的人是永远也不会与成功邂逅的。

年少自负的富兰克林

富兰克林年轻时很自负，直到一个朋友的真诚劝告才让他幡然悔悟。

“富兰克林，像你这样是不行的。”那个朋友说，“当别人与你的意见不同时，你总是表现出一副强硬而又自以为是的样子。你这种态度令人觉得很难堪，以致别人懒得再听你的意见了。你的朋友们不同你在一处时，还觉得自在些。你好像无所不知、无所不晓，别人对你无话可讲了。的确，人人都懒得和你谈话，因为他们费了许多气力，反而觉得不愉快。你以这种态度来和别人交往，不虚心听取别人的意见，这样对你自己根本没有任何好处。你从别人那儿根本学不到一点东西，但是实际上你现在所知道的却很有限。”

富兰克林听了之后讪讪地站起身来，一边拍着身上的灰尘，一边说：“我很惭愧。不过，我也是很想进步的。”

“那么，你现在要明白的第一件事就是，你已经太蠢了，而且是愚蠢得没有自尊了。”

富兰克林受到了打击，不过他站起来的时候，他已经下决心把一切骄傲都踩在地下。他所需要的第二步，便是与自己做一次谈话。这一点他马上实行起来了。他现在要研究一个新的题目，那便是他自己。他曾经在印刷工厂学过制版，现在他要从一些似乎毫无希望的材料中，制造出一个新人来。

一个骄傲的人，结果总是在骄傲里毁灭自己。

富兰克林起初就是一个自负的青年，后来他却成了一个了不起的人，并且能让许多人都喜欢他。

他不仅作为科学家为当时的社会进步做出了贡献，更作为一名出色的政治家为美国的历史增添了一抹自己的色彩。大哲学家柏拉图曾做过这么一个形象的比喻：把我们所懂得的知识当作圆圈内的内容，那么圈外的广袤空间就是未知的世界。你所懂得的越少，圆的周长也就越小，那么你就感觉你不懂得的越少。于是自负便接踵而来，这正是对自己看不清的一个误区。

每一朵花都是美丽的

纽约市一所中学为了给贫困学生募捐，决定排演一出名为《圣诞前夜》的话剧。9岁的凯瑟琳很幸运地被老师选中扮演剧中的公主。接连几周，母亲都煞费苦心地跟她一道练习台词。可是，无论她在家里表现得多么自如，一站到舞台上，她头脑里的词句就全都没了影踪。最后，老师只好让别人替换了她。老师告诉凯瑟琳，她为这出戏补写了一个道白者的角色，请凯瑟琳调换一下角色。虽然她的语气挺亲切委婉，但还是深深地刺痛了凯瑟琳——尤其是看到自己的角色让给另一个女孩的时候。

那天凯瑟琳回家吃午饭时，没把发生的事情告诉母亲。然而，细心的母亲却察觉到她的不安，母亲没有再提议练台词，而是问她是否想到院子里走走。

那是一个明媚的春日，棚架上的蔷薇藤正泛出亮丽的新绿。凯瑟琳无意中瞥见母亲在一棵蒲公英前弯下腰。“我想我得把这些杂草统统拔掉，”她说着，用力将它们连根拔起，“从现在起，咱们这庭园里就只有蔷薇了。”

“可我喜欢蒲公英，”凯瑟琳抗议道，“所有的花儿都是美丽的，哪怕是蒲公英！”

母亲微笑着打量着她，“对呀，每一朵花儿都以自己的风姿给人愉悦，不是吗?”

凯瑟琳点点头，高兴自己战胜了母亲。

“对所有人来说也是如此，”母亲又补充道，“不可能人人都当公主，当不了公主并不值得羞愧。”

凯瑟琳想母亲猜到了自己的痛苦，她一边告诉母亲发生了什么事，一边失声哭泣起来。母亲听后释然一笑。

“但是，你将成为一个出色的道白者，”母亲说，“道白者的角色跟公主的角色一样重要。”

和百花一样，我们每个人都有各自的使命、个性和生活方式，我们每个人都要开出自己的花，完成自己的使命，这样整个世界才能和谐美丽。

以貌取人的哈佛校长

很久以前，哈佛的校长为一次错误判断，付出了很大的代价。

一对老夫妇，妇人穿着一套褪色的条纹棉布衣服，她的丈夫穿着便宜的粗布西装，也没有事先约好，就直接去拜访哈佛的校长。

校长的秘书在片刻间就断定这两个乡下人不可能与哈佛有业务来往。

老先生轻声地说："我们要见校长。"

秘书很礼貌地说："他整天都很忙。"

老妇人回答说："没关系，我们可以等。"

过了几个钟头，秘书一直不理他们，希望他们知难而退，自己走开。他们却一直在那里等。

秘书终于决定告知校长："也许他们跟您讲几句话就会离开。"

校长不耐烦地同意了。

校长很傲慢而且心不甘情不愿地面对这对夫妇。

老妇人告诉他："我们有一个儿子曾经在哈佛读过一年，他很喜欢哈佛，他在哈佛的生活很快乐。但是去年，他出了意外去世了。我丈夫和我想在校园里为他留一个纪念物。"

校长并没有感动，反而觉得很可笑，粗声地说："夫人，我们不能为每一位曾读过哈佛而后去世的人竖立雕像的。如果我们这样做，我们的校园看起来就会像陵园一样。"

老妇人说："不是，我们不是要竖立一座雕像，我们想要捐一栋大楼给哈佛。"

校长仔细地看了一下他们的条纹棉布衣服及便宜的粗布西装，然后吐出一口气说："你们知不知道建一栋大楼要花多少钱？我们学校的建筑物都超过了750万美元。"

这时，老妇人沉默了。校长很高兴，总算可以把他们打发了。

这位老妇人转向她丈夫说："只要750万就可以建一座大楼？我们为什么不建一座大学来纪念我们的儿子。"

就这样，斯坦福夫妇离开了哈佛，到了加州，创立了斯坦福大学，以此来纪念他们的儿子。

以貌取人的人其心理上一般都带有浓厚的优越感，正是这种优越感让他们显得不够谦恭。

骄傲与谦恭像水与火一样不相容，自大的人往往眼睛高过头顶，所以看问题也就不能接近真实。如果适当的谦恭能够得到如此巨大的财富支持，大概哈佛大学的校长肯定会放弃以貌取人的做法，因为由此带来的损失实在是太大了。

如此“自知”的老师

有一位老师，常常教导他的学生说，人贵有自知之明，做人就要做一个自知的人。唯有自知，方能知人。有个学生在课堂上提问道：“请问老师，您是否知道您自己呢?”

“是呀，我是否知道我自己呢?”老师想，“嗯，我回去后一定要好好观察、思考、了解一下我自己的个性，我自己的心灵。”

回到家里，老师拿来一面镜子，仔细观察自己的容貌、表情，然后再来分析自己的个性。首先，他看到了自己亮闪闪的秃顶。“嗯，不错，莎士比亚就有个亮闪闪的秃顶。”他想。

他看到了自己的鹰钩鼻。“嗯，英国大侦探福尔摩斯——世界级的聪明大师就有一个漂亮的鹰钩鼻。”他想。

他看到自己的大长脸。“嗨，伟大的林肯总统就有一张大长脸。”他想。

他发现自己个子矮小。“哈哈，拿破仑个子矮小，我也同样矮小。”他想。

他发现自己具有一双大撇撇脚。“呀，卓别林就有一双大撇撇脚!”他想。于是，他终于有了“自知”之明。

“古今中外名人、伟人、聪明人的特点集于我一身，我是一个不同于一般的人，我将前途无量。”第二天，他对他的学生说。

如此“自知”，还不如“无知”为妙。

尼采曾经说过：“聪明的人只要能认识自己，便什么也不会失去。”正确认识自己，才能使自己充满自信，才能使人生的航船不迷失方向。正确认识自己，才能正确确定人生的奋斗目标。只有有了正确的人生目标，并充满自信，为之奋斗终生，即使不成功，自己也会无怨无悔。

不能很好地认识自己的人，千万别忘了上帝为我们准备了另外一面镜子，这面镜子就是“反躬自省”，它可以映射出落在心灵上的尘埃，提醒我们“时时勤拂拭”，使我们认识真实的自己。

大师的底线

在一座深山中藏着一座千年古刹。有一位高僧隐居在此。

听到他的名声，人们都千里迢迢来寻找他，有的人想向大师求解人生迷津，有的

人想向大师学一些武功秘籍……

他们到达深山的时候，发现大师正从山谷里挑水出来。他挑得不多，两个木桶里的水都没有装满。

按他们的想象，大师应该能够挑很大的桶，而且装得满满的。

他们不解地问："大师，这是什么道理？"

大师说："挑水之道并不在于挑多，而在于挑得够用。一味贪多，适得其反。"众人越发不解。大师从他们中拉了一个人，让他重新从山谷里打了两满桶水。那人挑得非常吃力，摇摇晃晃，没走几步，就跌倒在地，水全都洒了，膝盖也摔破了。

"水洒了，岂不是还得回头再重挑一桶吗？膝盖破了，走路艰难，岂不是比刚才挑得更少吗？"大师说。

"那么大师。请问具体挑多少，怎么估计呢？"

大师笑道："你们看这个桶。"

众人望去，桶里画了一条线。

大师说："这条线是底线，水位绝对不能高于这条线，高于这条线就超过了自己的能力和需要。起初还需要画一条线，但挑水的次数多了以后就不用再看那条线了，凭感觉就知道是多是少。有这条线，可以提醒我们，凡事要尽力而为，也要量力而行。"

众人又问："那么底线应该定多低呢？"

大师说："一般来说，越低越好，因为低的日标容易实现，人的勇气不容易受到挫伤，相反会培养起更大的兴趣和热情，长此以往，循序渐进，自然会挑得更多、挑得更稳。"

无论是大师，还是普通人，在能力上都会有一个底线。如果超过了这个底线，去做力不能及的事，那么再强健的人也会摔跤。能认识自己底线所在的人，必然可以真实地面对自己。

朝三暮四的贾金斯

好多年前，有人要将一块木板钉在树上当搁板，贾金斯走过去管闲事，想要帮那个人一把。

那人说："你应该先把木板头部锯掉再钉上去。"于是，贾金斯找来锯子，但是还没有锯到两三下又撒手了，说要把锯子磨快些。

于是他又去找锉刀。接着又发现必须先在锉刀上安一个顺手的手柄。于是，他又去灌木丛中寻找小树，可砍树得先磨快斧头。

磨快斧头需将磨石固定好，这又免不了要制作支撑磨石的木条。制作木条少不了木匠用的长凳，可这没有一套齐全的工具是不行的。于是，贾金斯到村里去找他所需要的工具，然而这一走，就再也不见他回来了。

后来人们发现，贾金斯无论学什么都是半途而废。他曾经废寝忘食地攻读法语，但要真正掌握法语，必须首先对古法语有透彻的了解，而没有对拉丁语的全面掌握和理解，要想学好古法语是绝不可能的。

贾金斯进而发现，掌握拉丁语的唯一途径是学习梵文，因此便一头扎进梵文的学习之中，可这就更加旷日费时了。

贾金斯从未获得过什么学位，他所受过的教育也始终没有用武之地。但他的先辈为他留下了一些本钱。他拿出10万美元投资办了一家煤气厂，可造煤气所需的煤炭价钱昂贵，这使他大为亏本。于是，他以9万美元的售价把煤气厂转让出去，开办起煤矿来。可这一次又不走运，因为采矿机械的耗资高得惊人。因此，贾金斯把在矿里拥有的股份变卖成8万美元，转入了煤矿机器制造业。从那以后，他便像一个内行的滑冰者，在各种工业部门中滑进滑出，没完没了。

他恋爱过好几次，可是每一次都毫无结果。他对一位姑娘一见钟情，十分坦率地向她表露了心迹。为使自己配得上她，他开始在精神品德方面陶冶自己。他去一所星期日仍在上课的学校上了一个半月的课，但不久便自动逃遁了。两年后，当他认为问心无愧，可以启齿求婚之日，那位姑娘早已嫁给一个愚蠢的家伙。

不久他又如痴如醉地爱上了一位迷人的、有五个妹妹的姑娘。可是，当他上姑娘家时，却喜欢上了姑娘的二妹，不久又迷上了姑娘更小的妹妹。到最后一个也没成功。

贾金斯一直在困惑着，他之所以困惑，是因为他不知道自己的失败是朝三暮四所导致的。

每一天，我们都可能遇到对自己的人生和周围世界不满意的人，在这些人当中，有95%的人没有朝着一个方向努力。也就是说，这些人之所以整天抱怨，是因为他们每天都是漫无目的地活着，丝毫不清楚自己最适合做什么，该去做什么。

如果你想成功，那么你就必须克服朝三暮四的毛病，培养做事专一的品质。

这是哈佛心理学教授对学生们的告诫，他们认为意志力薄弱是导致人生以悲剧收场的主要原因。我们在阅读之余，能否也问一下自己：我是贾金斯这样的人吗？

二、勇敢面对挑战

最难说的字

赛西莉上大学一年级时，每月有5镑钱做生活费，这本该够用了，可是她却时常感到拮据。有时同学邀她参加聚会，她只好说“行”，即使那意味着第二天她的午饭没有着落，她也很难说“不”。

这天上午，她的姨妈邀请她陪她去某处吃午饭。实际上，此时的赛西莉只有20先令了，还得维持到月底呢，可是她觉得自己无法拒绝。

赛西莉知道一家合适的小咖啡馆，在那儿可以一人花3先令吃顿午饭。那样的话，她就可以剩下14先令用到月底了。

“哎，”姨妈说，“我们上哪儿去呢？午饭我从不吃得太多，一份就够了。咱们去一处好点儿的地方吧！”

赛西莉领着她朝那家小咖啡馆的方向走去，突然姨妈指着街对面的那家“典雅咖啡厅”说：“那儿不是挺好吗？那家咖啡厅看上去不错。”

“嗯，好吧，如果比起我们要去的地方您更喜欢的话。”赛西莉这样说了，她可不能说：“亲爱的姨妈，我的钱不够，不能带您去那豪华的地方，那儿太贵了，花钱很多的。”因为她在想：“或许买一份菜的钱还是够的。”

侍者拿来了菜单，姨妈看了一遍后说：“吃这份好吗？”

那是一道法式烹饪的鸡肉，是菜单上最贵的：7先令。赛西莉为自己点了最便宜的菜——只需3先令。这样，她用到月底的钱就还剩下10先令。不，9先令，因为她还得给侍者1先令小费。

“这位女士，您还想要什么吗？”侍者说，“我们有俄式鱼子酱。”“鱼子酱！”姨妈叫道：“啊！对——那种俄国进口的鱼子，棒极了！我可以要一些吗？”

赛西莉不好意思说：“哦，您不能，那样我用到月底的钱就只有5先令了。”

于是，姨妈要了一大份鱼子酱，还有一杯酒以及一份鸡肉。赛西莉只剩下4先令了，4先令够买一周的奶酪面包。可是，姨妈刚吃完鸡肉，又看见一个侍者端着奶油蛋糕走过。“嘿，”姨妈说，“那些蛋糕看上去非常好吃，我不能不吃，就吃一个小的。”

赛西莉只剩3先令了。

这时侍者又端来一些水果，她肯定该吃一些。当然，还得喝些咖啡，尤其是她们

在吃了这么好的午饭之后。没有啦！甚至准备给侍者的1先令也没有了。

账单拿来了：20先令。赛西莉在盘里放了20先令，没有侍者的小费。姨妈看了看钱，又看了看赛西莉。

“那是你全部的钱？”姨妈问。

“是的，姨妈。”

“你全用来招待我吃一顿美味的午饭，真是太好了，可是也太傻了。”

“啊不，姨妈。”

“你在大学学语言吗？”

“对。”

“在所有的语言当中，哪个字最难念？”

“我不知道。”

“就是‘不’这个字。随着你长大成人，你得学会说‘不’，即使是对非常亲近的人。我早就知道你没有足够的钱上这家餐馆，可是我想让你得个教训，所以我不停地点最贵的东西，并且注意着你的表情，可怜的孩子。”姨妈付了账，并给了赛西莉5镑钱做礼物。

“天啊！”姨妈说，“这顿午餐差点撑死你可怜的姨妈了，我通常的午饭只是一杯牛奶。”

有虚荣心的人是没有虚荣心的人的奴隶，因为他们力图博得后者的赞赏，这一点是毫无疑问的。

面子可以说是一种伪善的工具，在本质上是进一步培养人的虚荣心。一般来说爱面子、讲面子都是人的一种本能，属于正常的心理需求，也是合情合理、天经地义的事情。然而，凡事有度，如果过分地“爱面子”甚至达到了“活受罪”的程度，面子就会走向生活与人性的负面。而那些欲望很强的人，就使出十八般武艺将面子硬撑到底，结果得不偿失。所以，不要让面子讲过了头，否则自己的生活永远不会快乐。

演说家的畏惧

旧金山有一位检察官，他现在是一位繁忙的演说家。曾经的他工作表现杰出，被人看好为明日之星，因此常受到各种团体的邀请。但是他辞谢了好多组织的邀请。就如同大多数人一样，他畏惧演说。

他回忆道：“以前，即使是出席会议，我也总是坐在最远的角落，而且从来没有站起来说过一句话。”

他知道这个问题阻碍了他事业的发展，并常常令他因焦虑而失眠，他知道自己必须采取行动，解决这个沟通的问题。

有一天，这位检察官又接到他高中母校的演说邀请，他立刻发现这是一个绝佳的机会。因为，多年来的努力，使他与校方及毕业生都培养了很好的关系，再也没有比这些听众更值得他信任的了，而这会使他觉得容易放得开些。

于是，他同意前往演说，并尽可能地做好准备。他选择了一个自己最有研究，也是最关注的主题：检察官的工作。他以许多亲身经历为例子，因此不用写讲稿，更不用记忆。他只是走上学校礼堂的讲台向全校师生讲话，就如同跟一群老朋友谈话一般。

那是一场极为精彩的演说，从讲台上，他可以看到听众的眼神集中在他身上，他听到听众因他的笑话而发出的笑声，他可以感受到大家的温馨与支持。当他结束演说时，所有的学生都起立鼓掌。

那天的经历使这位检察官学到几项有关沟通的宝贵经验，那就是：开放与信任的气氛对沟通的重要性以及成功的沟通所带来的价值。他继续努力，后来成为演说界的名嘴，并且升任为主任检察官。

勇气与果敢是事业成功的脊梁，而与人沟通是成就辉煌人生的关键因素。可以说没有出色的沟通就不会有成功的可能。然而，要有卓越的讲话艺术，勇气是首要条件。没有勇气的支撑同样产生不了令人信服的演讲术。

学者马尔登曾说过：“人们的不安和多变的心理，是现代生活多发的现象。”他认为，恐惧是人生命情感中难解的症结之一。面对自然界和人类社会，生命的进程从来都不是一帆风顺、平安无事的，总会遭到各种各样、意想不到的挫折、失败和痛苦。当一个人预料将会有某种不良后果产生或受到威胁时，就会产生这种不愉快情绪，并为此感到紧张、不安、忧虑、烦恼、担心和恐惧。恐惧就是常常预感着某种不祥之事的来临。这种不祥的预感，会笼罩着一个人的生命，像云雾笼罩着爆发之前的火山一样。世界上没有永远的成功者，也没有永远的失败者。有人畏缩，得到的也会失去；有人勇敢，失去的也会得到。只要不断尝试、不断磨砺，我们就一定能战胜恐惧。只要告别恐惧，勇敢地朝前走，别人能做到的我们也能做到。畏惧是人生路上一道深深的壕沟，跨过去你就拥有了出路和希望。

超越自己，先从战胜心中的恐惧开始。

重要的一课

那天的风夹雪下得真狂，外面像是有无数发疯的怪兽在呼号厮打。雪恶狠狠地寻找袭击的对象，风呜咽着四处搜索，从屋顶、看不见缝隙的墙壁鼠叫似的“吱吱”而入。

大家都在喊冷，读书的心思似乎已被冻住了，屋子里响起跺脚声。

鼻头红红的布鲁斯老师挤进教室时，等待了许久的风席卷而入，墙壁上的“世界地图”一鼓一顿，开玩笑似的卷向空中，又一个跟头栽了下来。

往日很温和的布鲁斯先生一反常态，满脸的严肃庄重，甚至冷酷，一如室外的天气。

乱哄哄的教室静了下来，学生们惊异地望着布鲁斯先生。

“请同学们放好书本，我们到操场上去。”

“因为我们要在操场上立正 5 分钟。”

即使布鲁斯老师下了“不上这堂课，永远别上我的课”的恐吓之后，还是有几个娇滴滴的女生和几个很健壮的男生没有出教室。

操场在学校的东北角，北边是空旷的菜园，再北是一个水塘。

那天，操场、菜园和水塘被雪连成了一个整体。

矮了许多的篮球架被雪团打得“啪啪”作响，卷地而起的雪粒雪团呛得人睁不开眼、张不开口。脸上像有无数把细窄的刀在拉在划，厚实的衣服像铁甲冰块，脚像是踩在带冰碴的水里。

学生们挤在教室的屋檐下，不肯迈向操场半步。

布鲁斯先生没有说什么，面对学生们站定，脱下羽绒衣，线衣脱到一半，风雪帮他完成了另一半。“到操场上去，站好。”布鲁斯先生脸色苍白，一字一顿地对学生们说。

谁也没有吭声，学生们老老实实地到操场上排好了三列纵队。

消瘦的布鲁斯先生只穿了一件白衬衣，更显单薄。

学生们规规矩矩地站立着。

5 分钟过去了，布鲁斯先生平静地说：“解散。”

回到教室，布鲁斯先生说：“在教室时，我们都以为自己敌不过那场风雪。事实上，叫你们站半个小时，你们也顶得住，叫你们只穿一件衬衫，你们也顶得住。面对困难，许多人戴了放大镜，但和困难拼搏一番，你会觉得，困难不过如此……”

学生们很庆幸，自己没有缩在教室里，在那风雪交加的时候，在那个空旷的操场上，他们上了人生重要的一课。同时，也懂得了温室和风雪在个人成长中的意义。

学生们在风雪交加的时候，在那个空旷的操场上，学到了人生重要的一课，同时也让我们懂得了温室和风雪对个人成长的意义。

贝多芬以他那孤独痛苦，而又热烈追求的一生，给世界留下一句名言：“用痛苦换来欢乐。”它曾经鼓舞无数人奋起和自己的不幸进行斗争。

没有人生而刚毅，也没有人培养不出刚毅的性格。我们不要神化强者，以为自己成不了那种钢铁般坚强的人。其实，普通人所有的犹豫、顾虑、担忧、动摇、失望等，在一个强者的内心世界都可能出现。伽利略屈服过，哥白尼动摇过，奥斯特洛夫斯基想到过自杀，但这并不排除他们是坚强刚毅的人。刚毅的性格和懦弱的性格之间并没有千里鸿沟，刚毅的人不是没有软弱，只是他们能够战胜自己的软弱。只要加强锻炼，从多方面对软弱进行斗争，那你就可能成为坚强的人。

艾森豪威尔的经历

美国总统艾森豪威尔小时候有过这样一段经历：5岁的时候，有一天他去叔叔家玩。叔叔的房子后面养了一对大鹅，结果公鹅一见他就一边怪叫着一边向他扑来。他哪儿受得了这种惊吓，于是他拼命地跑开，向大人哭诉。

受了几次惊吓后，叔叔找了个旧扫帚交给他，然后指着大鹅对他说：“你一定能战胜它！”当鹅再次向他冲来时，他手里拿着扫帚，浑身不住地颤抖。猛然间，他鼓足勇气大吼一声，挥起扫帚向鹅冲去。鹅掉头便跑，他紧追不舍，最后狠狠地给了鹅一下，鹅惨叫着逃跑了。从那以后，鹅只要一见他，就会远远地躲开。

从此，他懂得了一个道理：只要勇敢迎战，就能战胜对手。

有一段时间，他每天放学回家的时候，都被一个与他年龄相仿、粗壮好斗的男孩追赶。一天，这一幕正好被他父亲看见，于是冲他大喊：“你干吗容忍那小子追得你满街跑？去把那小子给我赶走。”

于是，他不得不停下来，面对自己惧怕的对手。他开始猛烈地反击，这一招立刻把对手吓住了，慌忙夺路而逃。艾森豪威尔顿时勇气大增，一把将对手抓住，正颜厉色地警告他：“如果你再敢找我的麻烦，我就每天打你一顿。”

故事虽小，但意蕴隽永：别看有些人耀武扬威，其实不过是外强中干，唬人而已。

在学习和生活中，我们经常犯这样的错误：还没有真正与问题接触，就将其无端放大，以致很快心生恐惧、逃避，最终将自己打败。

实际上，问题绝大多数时候并不如我们想象的那样严重，只要我们撕破恐惧的面纱，就能很好地解决它。

第二次世界大战时期盟军著名将军巴顿曾经说过：“如果勇敢便是没有畏惧，那么我从来不曾见过一位勇敢的人。”即使再勇敢的人，也有畏惧的时候。

那么，怎样才能撕破恐惧的面纱，从恐惧中解放出来，培养真正的勇气呢？最有效的方法，莫过于强迫自己面对。

不要为自己上锁

魔术师乔尼有一手绝活，他能在极短的时间内打开无论多么复杂的锁，且从未失手过。他曾为自己定下一个富有挑战性的目标：要在60分钟之内，从任何锁中挣脱出来，条件是让他穿着特制的衣服进去，并且不能有人在旁边观看。

有一个英国小镇的居民，决定向伟大的乔尼挑战，有意给他难堪。他们特别打制了一个坚固的铁牢，配上一把看上去非常复杂的锁，请乔尼来看看能否从这里出去。

乔尼接受了这个挑战。他穿上特制的衣服，走进铁牢中，牢门“哐啷”一声关了起来，大家遵守规则转过身去不看他工作。乔尼从衣服中取出自己特制的工具，开始工作。

30分钟过去了，乔尼用耳朵紧贴着锁，专注地工作着；45分钟，1个小时过去了，乔尼头上开始冒汗。最后两个小时过去了，乔尼始终听不到期待中的锁簧弹开的声音。他筋疲力尽地将身体靠在门上坐下来，结果牢门却顺势而开，原来，牢门根本没有上锁，那把看似很厉害的锁只是个样子。

小镇居民成功地捉弄了这位逃生专家，门没有上锁，自然也就无法开锁，但乔尼心中的门却上了锁。

经验有时候会成为困扰我们进步的枷锁，很多先入为主的想法往往会束缚我们的思想和行动，因此，在做任何事情之前，我们都要提醒自己千万不要先把自己的心给锁上了。

勇敢的斯巴达人

很多年前，波斯王薛西斯一世率领强大的军队从东边向希腊进军，他们沿着海岸行进，几天之后就到达希腊。希腊由此而陷入危险困境之中。希腊人下定决心抵抗入侵者，保卫他们的领土和民众。

波斯军队从东边进入希腊只有一条道，那就是经由一个山和海之间的狭窄通道——瑟摩皮雷隘口。

守卫这个隘口的是斯巴达人——里欧尼达斯，他只有几千名士兵。波斯的军队比他们强大许多，但是他们充满信心。经过两天的攻击后，里欧尼达斯仍然守住隘口。

但是那天晚上，一个希腊人向敌军泄露了一个秘密：隘口不是唯一的通路。有一条长而弯曲的猎人步径可以通到山脊上的一条小路。

叛徒的计划得逞了。守卫那条秘密小径的人受到袭击，并且被击败。几个士兵及时逃出去报告里欧尼达斯。

面对如此严峻的形势，里欧尼达斯以大无畏的勇气制订了作战计划：他命令军队的大部分人悄悄从山里回到需要他们保护的城市，只留下他的300名斯巴达皇家卫兵保卫隘口。波斯人攻来了，斯巴达人坚守隘口，但是他们一个接一个倒下。当他们的矛断裂时，他们肩并肩站着，以他们的剑、匕首或拳头和敌人作战。

一整天下来，所有的斯巴达人都被杀死了，在他们原来站立的地方只有一堆尸体，而尸体上竖立着矛和剑。

薛西斯一世攻下了隘口，但是耽搁了很长时间。这段时间让他付出了极为惨重的代价。希腊海军得以聚集起来，而且不久之后，他们便将薛西斯一世赶回了亚洲。

许多年后，希腊人在瑟摩皮雷隘口竖起了一座纪念碑，碑上刻着这些斯巴达人勇敢保卫他们家园的纪念文：

“旅行者，先不要赶路，驻足追念斯巴达人，在此，如何奋战到最后。”

斯巴达人的勇敢与强悍举世闻名，几乎成为勇气的象征。他们是一群真正的勇士，并没有辱没“勇敢”这个高贵的字眼。同样，我们每个人都拥有自己辽阔而美丽的蓝天，也都拥有一双为飞上蓝天做准备的翅膀，那就是激情、意志、勇气和希望。但我们的翅膀也同样常会被折断，也同样常会变得疲软无力。此时，我们能忍受剧痛，拒绝怜悯，挑战自我，永不坠落地飞翔吗？一个不敢挑战自我的人，只能懦弱地活着。只有勇于挑战自我，才会拥有更多的机会和成功。有句格言说得好：“失败者任其失败，成功者创造成功。”胜利者天生是倾向行动的人、倾向挑战的人，人生到处充满挑战，成功的关键在于你是否有勇气敢于接受挑战，激发挑战挫折的气魄。

要记住，勇气很有理由被当作人的德行之首，因为这种德行保证了所有其余的德行。

第11次敲门

通用公司的面试通知像一缕阳光照亮了克里弗德焦急期待的心。面试那天，克里弗德精心地梳洗打扮了一番，又换了一条新领带，以祝福自己好运。上午10点，他走进通用公司人力资源部。

等秘书小姐向经理通报后，克里弗德静了静心，提着手提包来到经理办公室门前，

轻轻地敲了两下门。

“是克里弗德先生吗?”屋里传出问询声。

“面试官先生，你好！我是克里弗德。”克里弗德慢慢地推开门。

“抱歉，克里弗德先生，你能再敲一下门吗?”端坐在沙发转椅上的面试官悠闲地注视着克里弗德，表情有些冷淡。

面试官的话虽令克里弗德有些疑惑，但他并未多想，关上门，重新敲了两下，然后推门走进去。

“不，克里弗德先生，这次没有第一次好，你能再来一次吗?”面试官示意他出去重来。克里弗德重新敲门，又一次踏进房间，“先生，这样可以吗?”

“这样说话不好——”

克里弗德又一次走进去，“我是克里弗德，见到您很高兴，面试官先生。”

“请别这样，”面试官依然淡淡道，“还得再来一次。”

克里弗德又做了一次尝试，“抱歉，打扰您工作了。”

……

“这回差不多了，如果你能再来一次会更好，你能再试一次吗?”

当克里弗德第 10 次退出来时，他内心的喜悦和憧憬已消失殆尽，开始有些恼火，心想，进门打招呼哪有这么多讲究？这哪是招聘面试呀，分明是在刁难戏弄人。

克里弗德生气地转身离开，可刚走几步又停了下来，不行，我不能就这样逃开，即使公司不打算聘用我，也得听到他们当面对我说。于是，克里弗德稍稍地舒了一口气，第 11 次敲响了门。这次，他得到的不是拒绝，而是热烈欢迎的掌声。克里弗德没有想到，第 11 次敲门，叩开的竟是一扇成功之门。

原来，通用公司此次是打算招聘一名市场调查员。而一名优秀的市场调查员，不仅要具备学识素质，更要具备耐心和毅力等心理素质。11 次敲门和问候就是考查一个人心理素质的考题。

坚韧不拔是一个人捍卫意志、战胜懦弱的有力武器。只有拥有了坚韧不拔的意志，我们才能在遇到各种困难时不断努力，最终战胜险阻、战胜自己，向着最终的目标前进。

在人生道路上，坚韧执着是我们成功的法宝。缺乏坚韧品格的人，没有开拓的勇气，他们一旦失败，就会一蹶不振。但是对于成就大事的人，辛苦不会让他们灰心，困难不会让他们沮丧。在做一件事时，他们会全身心地投入，奋力拼搏，不去想是否会失败。即便失败了，他们也会立刻站起来，继续奋斗，直至成功。

坚韧可以使人们在面临灾祸困苦时不致覆亡：坚韧可以让纤弱的子女撑起家庭的重担；坚韧可以使残疾人同样走上辉煌的巅峰。总之，世界上的任何品质都比不上坚韧的品格，因为只有坚韧的品格才能够让人无坚不摧、无往不胜。

勇敢的小女孩

19 世纪 50 年代，有一天，美国一户黑人家里的一个 10 岁的小女孩被母亲派到磨坊里向种植园主索要 50 美分。

园主放下自己的工作，看着那个黑人小女孩远远地站在那里求着什么，便问道："你有什么事情吗？"小女孩没有移动脚步，怯怯地回答说："我妈妈说想要 50 美分。"

园主用一种可怕的声音和斥责的脸色回答说："我绝不给你！你快滚回家去吧，不然我用锁链锁住你。"说完继续做自己的工作。

过了一会儿，他抬头看到小女孩仍然站在那儿不走，便掀起一块桶板向她挥舞道："如果你再不滚开的话，我就用这块桶板教训你。好吧，趁现在我还……"话未说完，那小女孩突然像箭镞一样冲到他前面，毫无恐惧地扬起脸来，用尽全身气力向他大喊："我妈妈需要 50 美分！"

慢慢地，园主将桶板放了下来，手伸向口袋里摸出 50 美分给了那个黑人小女孩。小女孩一把抓过钱，便像小鹿一样推门跑了。留下园主目瞪口呆地站在那儿回顾这奇怪的经历——一个黑人小女孩竟然毫无恐惧地面对自己，并且镇住了自己，在这之前，整个种植园里的黑人们似乎还从未敢想过。

"跟生活的粗暴打交道，碰钉子，受侮辱，自己也不得不狠下心来斗争，这是好事，使人生气勃勃的好事。"正是勇气的支撑，使身体单薄的小女孩选择了抗争，"应当惊恐的时候，是在不幸还能弥补之时；在它们不能完全弥补时，就应以勇气面对它们。"

说到勇气，哈佛人最敬仰的学子——美国总统富兰克林·罗斯福在用他一生的言行向世人诠释什么叫勇敢。他让人们在怯懦时看到希望与力量，因为他就像一头雄狮一样勇猛、强健，这就是哈佛的精神。

甩掉怯懦的库柏法官

伊尔文·本·库柏是美国最受尊敬的法官之一，但这个形象与库柏年轻时怯懦的形象大相径庭。

库柏在密苏里州圣约瑟夫城一个准贫民窟里长大。他的父亲是一个移民，以做裁缝为生，收入微薄。为了能在家里取暖，库柏常常拿着一个煤桶，到附近的铁路去拾煤块。库柏因这样做而感到困窘，所以他常常从后街溜出溜进，以免被放学的孩子们看见。

但是，那些孩子时常看见他。特别是有一伙孩子常埋伏在库柏从铁路回家的路上，袭击他，以此取乐。他们常把他的煤渣撒遍街上，使他回家时一直流着眼泪。这样，库柏总是生活在或多或少的恐惧和自卑中。

有一件事发生了，这种事在我们打破失败的生活方式时总是会发生的。库柏因为读了一本书，内心受到了鼓舞，从而在生活中采取了积极的行动。这本书是荷拉修·阿尔杰著的《罗伯特的奋斗》。

在这本书里，库柏读到了一个像他那样的少年奋斗的故事。那个少年遭遇了巨大的不幸，但是他以勇气和道德的力量战胜了这些不幸，库柏也希望具有这种勇气和力量。

库柏读了他所能借到的每一本荷拉修的书。当他读书的时候，他就进入了主人公的角色。整个冬天他都坐在寒冷的厨房里阅读勇敢和成功的故事，不知不觉地汲取了勇气的力量。

在库柏读了第一本荷拉修的书之后几个月，他又到铁路去拾煤块。隔开一段距离，他看见三个人影在一个房子的后面飞奔。他最初的想法是转身就跑，但很快他记起了他所钦佩的书中主人公的勇敢精神，于是他把煤桶握得更紧，一直向前大步走去，他就像荷拉修书中的一个英雄。

这是一场恶战。三个男孩一起冲向库柏。库柏丢开铁桶，坚强地挥动双臂，进行抵抗，使得这三个恃强凌弱的孩子大吃一惊。库柏的右手猛击到一个孩子的鼻子上，左手猛击到这个孩子的胃部。这个孩子便停止打架，转身溜跑了，这也使库柏大吃一惊。同时，另外两个孩子正在对他进行拳打脚踢。库柏设法推开了一个孩子，把另一个打倒，用膝部撞击他，而且使劲儿连击他的胃部和下颚。现在只剩下一个孩子了，他是领袖。他突然袭击库柏的头部。库柏设法站稳脚跟，把他拖到一边。这两个孩子站着，相互凝视了一会儿。

然后，这个领袖一点一点地向后退，也溜跑了。库柏拾起一块煤，投向那个退却者，这是在表示他正义的愤慨。

直到那时库柏才知道他的鼻子在流血，他的周身由于受到拳打脚踢，已变得青一块紫一块了。这是值得的啊！在库柏的一生中，这一天是一个重大的日子。那天，他克服了恐惧。

库柏并不比一年前强壮，攻击他的人也并不是不如以前那样强壮。前后不同的地方在于库柏自身的心态。面对危险，他已经不顾恐惧。他决定不再听凭那些恃强凌弱者的摆布。他要改变他的世界，后来他也的确是这样做的。

库柏给自己定下了一种身份。当他在街上痛打那三个恃强凌弱者的时候，他并不是作为受惊骇的、营养不良的库柏在战斗，而是作为荷拉修书中的人物罗伯特·卡佛代尔那样大胆而勇敢的英雄在战斗。

约翰·穆勒说："除了恐惧本身之外没有什么好害怕的。""如果你是懦夫，那你就是自己最大的敌人；如果你是勇士，那你就是自己最好的朋友。"美国最伟大的推销员弗兰克如是说。

而维特根斯坦亦说："勇气通往天堂之途，懦弱往往叩开地狱之门。"懦弱是人心里勇敢品质的"腐蚀剂"，时时威胁着我们的心灵。只有在生命中注入勇气，才能帮助你斩断前进途中缠绕在腿脚上的蔓草和荆棘。

当我们迈开充满力量的第一步时，勇者无惧的形象将永远刻在我们的成长史上。

盲人跳伞

在休闲活动走向惊险刺激的潮流之下，许多人选择了跳伞训练来挑战自己的胆识。就在一次例行的业余跳伞训练中，学员们由教练引导，背着降落伞登上运输机，准备进行高空跳伞。

突然，不知哪个学员一声惊叫，随着这一声惊叫，大家才发现，竟然有一位盲人，带着他的导盲犬，正随着大家一起登机。更令人惊异的是，这位盲人和导盲犬的背上，也和大伙儿一样，有着一具降落伞。

飞机起飞之后，所有参加这次跳伞训练的学员们，都围着那位盲人，七嘴八舌地问他为什么会参加这一次的跳伞训练。

其中一名学员问道："你根本看不到东西，怎么能够跳伞呢？"

盲人轻松地回答道："那有什么困难的，等飞机到了预定的高度，开始跳伞的警告广播响起，我只要抱着我的导盲犬，跟着你们一起排队往外跳，不就行了。"

另一名学员接着问道："那……你怎么知道什么时候该拉开降落伞呢？"

盲人答道："那更简单，教练不是教过，跳出去之后，从一数到五，我自然就会把导盲犬和我自己身上的降落伞拉开，只要我不结巴，就不会有危险啊！"

又有人问："可是……落地时呢？跳伞最危险的地方，就在落地那一刻，你又该怎么办？"

盲人胸有成竹地笑道："这还不容易，只要等到我的导盲犬吓得歇斯底里地乱叫，同时手中的绳索变轻的刹那，我做好标准的落地动作，不就安全了?"

成功者与失败者的区别并不在于能力或意见的好坏，而在于是否相信自己的判断，是否具有适当冒险与采取行动的勇气。

真正的男子汉

劳伦斯教授的家在坎布里奇小镇上，他有一个名叫莫奈的邻居。莫奈先生很为他的孩子苦恼。因为他的儿子已经十五六岁了，可是一点男子气概都没有。于是，父亲去拜访一位中国武馆的武师，请他帮助自己的孩子。

武师说："你把孩子留在我这里。三个月以后，我一定可以把他训练成真正的男人，不过，这三个月内，你不可以来看他。"父亲同意了。

三个月后，父亲来接儿子。武师安排孩子和一个空手道教练进行一场比赛，以展示这三个月的训练成果。

教练一出手，孩子便应声倒地。他站起来继续迎接挑战，但马上又被打倒，他又站起来……就这样来来回回一共进行了16次。

武师问父亲："你觉得你孩子的表现够不够男子气概?"

父亲说："我简直羞愧死了！想不到我送他来这里受训三个月，看到的结果是他这么不经打，被人一打就倒。"

武师说："我很遗憾，因为你只看到了表面的胜负。你有没有看到你儿子那种倒下去立刻又站起来的勇气和毅力呢？这才是真正的男子气概啊!"

真正的巨人并不是他从未倒下过，而是他能在每一次倒下之后，又能迅速地、坚定地站起来，这才是真正的勇气。生活中从不失败的人根本不存在，但失败有时也是检验一个人意志的机会，因为有的人就此一跃飞天，有的人从此一蹶不振。这其中的差别就叫作坚韧。

什么是真正的勇气

一次，3名来自不同国家的海军上将谈论起什么是真正的勇气。

德国将军说："我告诉你们什么是勇气。"说完他召来一名水手，"你看见那根100米高的旗杆了吗？我希望你爬到顶端，举手敬礼，然后跳下来!"

德国水手立即跑到旗杆前，迅速爬到顶上，漂亮地敬了个礼，然后跳下来。

"啊，真出色!"美国将军称赞说。他对一名美国水兵命令道："看见那根200米高的旗杆了吗？我要你爬到顶，敬礼两次，然后跳下来。”

美国水兵非常出色地执行了命令。

“啊，先生们，这真是一次令人难忘的表演，”英国将军说，“但我现在要告诉你们，我们皇家海军对勇气的理解。”

他命令一名水手，“我要你攀上那根高 300 米的旗杆顶端，敬礼三次，然后跳下来。”

“什么？要我去干这种事？先生你一定神经错乱了！”英国水手瞪大眼睛叫了起来。

“瞧，先生们，”英国将军得意地说，“这才是真正的勇气”。

勇气如果没有智慧帮忙，那么它上演的一定会是一个闹剧。当智慧与勇敢携手合作，人生的这台大戏才会很有看头，才会精彩绝伦。所谓蛮力之勇并非是真正的勇敢，真正的勇气从来都来自一个充满智慧的心灵。

懦弱的卡夫卡

懦弱性格是否就注定一事无成呢？

事实证明并不是这样。

卡夫卡就找对了自己的职业。

这位伟大的作家身为男儿，却没有任何男子汉的气概和气质。在他身上根本找不到那种知难而进、宁折不弯、风风火火、刚烈勇敢的男子汉追求独立的精神，更谈不上清风傲骨了。他短暂的一生没有独立性，只有依赖性，一直对父母有比较强的依赖性。因此，卡夫卡身上最为突出的性格特征是懦弱，是一种男人身上少见的懦弱。

卡夫卡懦弱的性格是他生活的家庭造成的，或者说是他的父母后天塑造的。

1883 年，卡夫卡出生在奥匈帝国所辖布拉格的一个犹太商人家庭。父母给他起名“卡夫卡”。在当时，犹太人的地位是十分低下的，而且这个姓氏是强加给犹太人的，并且带有骂人的贬义。卡夫卡就是出生在这样一个地位低下的犹太人家庭，而且他的名字本身就意味着一种被压迫的屈辱。

卡夫卡的父亲出身贫寒，仅靠一家小商店来维持生计，在那样一个动荡的年代里，一方面没有任何的社会地位，另一方面经济状况十分窘迫，过着捉襟见肘的日子。然而，对卡夫卡来说，生活上的艰辛与困苦似乎是可以忍受的，给他幼小心灵留下累累的、终生难以治愈的创伤是父亲对他无休止的粗暴。卡夫卡一生都无法理解父亲对他的粗暴与专横。

年幼的卡夫卡日复一日地这样生活着。生活中的每一个细节、每一件小事对他来说都可能是一个不大不小的灾难，都可能成为父亲发火，乃至大发雷霆的借口。有时候，父亲对他发的火让他不知所措，弄得他左右为难，对干什么事情都没有把握，从根本上丧失了自信心。他的父亲本来利用他所设想的那种军队式的、高压的方式，达到他教育子女成材的目的，但他的叫骂、恐吓不但没有把卡夫卡造就成他热切盼望的男子汉，反而使他一步步逃离现实世界，性格变得格外懦弱。

卡夫卡

紧张、压抑、犹豫环境中成长的卡夫卡完全失去了自信心，也逐步丧失了自我，什么事情都显得动摇不定、犹豫不决。这种环境使卡夫卡早早地产生了逃离现实生活的想法。现实生活对他实在太残酷了，只有在他的非现实世界——内心世界里，他似乎才能摆脱现实世界的烦恼。犹太人的社会境地和备受排斥、压迫的现实，也在卡夫卡幼小的心灵上留下了创伤。随着年龄的增长，卡夫卡愈发感觉周围的一切是那么不可抗拒、不可改变，而只有在他的内心深处，在他自己用想象构造的世界里，他才能找到少许宁静和安慰。这种逃遁实际上是对现实生活的一种反抗，只是这种反抗和卡夫卡的性格一样，是非常软弱的。

卡夫卡直到进入学校，依然保持着这种懦弱的性格，很少与人交往，也没有朋友，整天活在自己的世界里。幸运的是，这时的他开始接触文学，并对此产生了浓厚的兴趣。于是，阅读和写作占据了他的大部分时间。

卡夫卡的懦弱让他选择了逃遁，逃向他钟爱的文学。文学不仅是卡夫卡心灵的家园，也是他生命中的唯一选择。文学是他的王国，在那里，人们处处可以看到卡夫卡的影子。只有文学，只有在文学的王国里，人们才能够看到卡夫卡有了勇气，摆脱了懦弱。是的，懦弱的卡夫卡选择了并不懦弱的事业，并且取得了并不懦弱的成就。因此，对一切懦弱者来说，没有必要去放弃。

懦弱性格的人胆小怕事，遇事好退缩，容易屈从他人。但是，性格懦弱的人又常常情感丰富，观察敏锐，感受细腻，他们是天生的文学艺术之才。在文学艺术的世界里，这一被人们唾弃的性格找到了理想的归宿，他们如鱼得水，任性畅游。

对于我们大多数人来讲，有时难免会出现懦弱的表现，例如逃避问题。忘却恐惧本身，告别懦弱，不要试图逃避，学会展现自己的特长，这必然会将你引入另一个全新的境地，任你肆意遨游驰骋，开创出一片别样的天地。

站起来，你也可以成为伟人

在一座寺院中，一位和尚跪在一尊高大的佛像前，一边敲着木鱼，一边读着经文。然而长期的修炼并未使他成佛，他为此苦闷、彷徨，渴望有人能够指点迷津。正好，一位闻名四海的智者路过此地，来到了这座庙里。

"施主，今日有缘相见，真是前世的造化！"和尚还没站起身，就十分急切地开口请教，"今有一事求教，请指点迷津：伟人何以称其为伟人？比如说，我们面前的这位佛祖……"

"伟人之所以伟大，是因为我们一直跪着……"智者从容地讲开了，声如洪钟，萦绕殿堂。

"是因为……跪着？"和尚怯生生地瞥了一眼佛像，又欣喜地望着智者，"这么说，我该站起来？"

"是的。"智者向他打了一个起立的手势，"站起来吧，你也可以成为伟人。"

"什么？你说什么？我也可以成为伟人？施主……你……你这是对神灵、伟人的亵渎。"说着，和尚双手合十，连声念"阿弥陀佛"。

"与其执着拜倒，不如大胆超越。"智者像是讲给和尚听，又像自言自语，然后头也不回地走了。

伟人和凡人都是一样的，因为构成伟大生命的每一种元素也同样属于你我，所不同的是，伟人有一种与生俱来的使命感和自信，正是这种信念上的差别造成了伟人与凡人的差异。认识到这一点，你就可以走出自卑心理的阴影，重拾生命的骄傲与自信。

推走心灵的巨石

有一个国王决定从他的10位王子中选一位做继承人。他私下吩咐一位大臣在一条两旁临水的大道上放置了一块"巨石"，想要通过这条路，都得面临这块"巨石"，要么把它推开，要么爬过去，要么绕过去。然后，国王吩咐王子先后通过那条大路，分别把一封密信尽快送到一位大臣手里。王子们很快就完成了任务。国王开始询问王子们："你们是怎么把信送到的？"

一个说："我是爬过那块巨石的。"一个说："我是划船过去的。"也有的说："我是从水里游过去的。"

只有最小的王子说："我是从大路上跑过去的。"

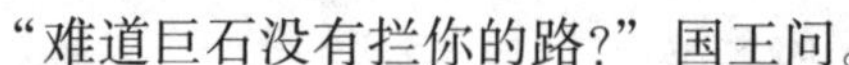

“难道巨石没有拦你的路？”国王问。

“我用手使劲一推，它就滚到河里去了。”

“这么大的石头，你怎么想用手去推呢？”

“我不过是试了试，”小王子说，“谁知我一推，它就动了。”

原来，那块“巨石”是国王和大臣用很轻的材料仿制的。自然，这位善于尝试的王子继承了王位。

很多时候，困难并不像我们想象的那么可怕，只要我们突破内心的恐惧，勇敢尝试，再大的困难也会被我们“推走”。

三、做最好的自己

黑气球也能升空

一天，几个白人小孩正在公园里玩，这时，一位卖氢气球的老人推着货车进了公园。白人小孩一窝蜂地跑了过去，每人买了一个，兴高采烈地追逐着放飞在天空中色彩艳丽的氢气球。在公园的一个角落里站着一个黑人小孩，他羡慕地看着白人小孩在玩，他不敢过去和他们一起玩，因为他很自卑。白人小孩的身影消失后，他才怯生生地走到老人的货车旁，用略带恳求的语气问道：“您可以卖一个气球给我吗？”老人用慈祥的目光打量了他一下，温和地说：“当然可以，你要什么颜色的？”小孩鼓起勇气回答：“我要一个黑色的。”脸上写满沧桑的老人惊诧地看了看黑人小孩，给了他一个黑色的氢气球。

黑人小孩开心地拿过气球，小手一松，黑色气球在微风中冉冉升起，在蓝天白云的映衬下形成了一道别样的风景。

老人一边眯着眼睛看气球上升，一边用手轻轻地拍了拍黑人小孩的后脑勺，说：“记住，气球能不能升起，不是因为它的颜色、形状，而是气球内有没有充满氢气。一个人的成败不是因为种族、出身，关键是你的心中有没有自信。”

那个黑人小孩便是基恩博士自己。

生活对任何一个人而言都非易事，我们必须要有坚韧不拔的精神，最要紧的，还是我们自己要有信心。我们必须相信，自己对一件事情具有天赋，并且下决心要把这件事情做好，当事情做好后，你会发现：如果你的信念还站立的话，没有人能使你倒下。

不自信的助手

风烛残年之际的柏拉图知道自己时日不多了，就想考验和点化一下他的那位平时看来很不错的助手。他把助手叫到床前说："我需要一位最优秀的继承者，他不但要有相当的智慧，还必须有充分的信心和非凡的勇气……这样的人选直到目前我还未见到，你帮我寻找和发掘一位好吗？"

"好的，好的，"助手很温顺、很诚恳地说，"我一定竭尽全力地去寻找，绝不辜负您的栽培和信任。"

那位忠诚而勤奋的助手，不辞辛劳地通过各种渠道开始四处寻找。可他领来一位又一位，却被柏拉图一一婉言谢绝了。有一次，病入膏肓的柏拉图硬撑着坐起来，抚着那位助手的肩膀说："真是辛苦你了，不过，你找来的那些人，其实还不如你……"

半年之后，柏拉图眼看就要告别人世，最优秀的人选还是没有眉目。助手非常惭愧，泪流满面地坐在病床边，语气沉重地说："我真对不起您，令您失望了。"

"失望的是我，对不起的却是你自己。"柏拉图说到这里，失望地闭上眼睛，停顿了许久，又不无哀怨地说："本来，最优秀的人就是你自己，只是你不敢相信自己，才把自己给忽略、给耽误、给丢失了……其实，每个人都是最优秀的，差别就在于如何认识自己、如何发掘和重用自己……"话没说完，一代哲人就离开了世界。

那位助手非常后悔，流下了羞愧的泪水。甚至整个后半生都活在自责中。

你可以敬佩别人，但绝不可忽略了自己，你也可以相信别人，但绝不可以不相信自己。每个向往成功、不甘沉沦者，都应该牢记柏拉图的这句至理名言：最优秀的人就是你自己。在一个人的心态与性格中，有非常重要的一点，那就是如何看待自我。如果一个人对自我没有一个清醒的认识，那也很难谈到客观地对待外部世界。自信是在客观地认清自己的现状之后而仍保持的一种昂扬斗志。自信就是成功者必须依赖的精神潜能。

有人在研究当代世界名人成长经历后发现，这些名人对自我都有一种积极的认识和评价，表现出相当的自信。因为他们首先自信，所以才会相信自己的选择、相信自己的事业有成功的可能，所以才会坚持到底，直至达到自己的目标。

焕然一新的经理

有一次，一名意志消沉的经理前去寻求美国著名成功学家拿破仑·希尔的帮助，他因为合伙人的破产而变得一无所有。拿破仑·希尔要求他站在厚窗帘的前面，告诉他："你将看到这世上唯一能使你重获信心并且克服困境的人。"藏在窗帘底下的其实是一面镜子，因此，当拿破仑·希尔把这片窗帘揭开，出现在经理面前的不是别人，正是他自己。

经理用手摸摸自己长满胡须的脸孔，对着镜子里的人从头到脚打量了几分钟，不禁陷入了沉思，过了一会儿便向拿破仑·希尔道谢，而后离去。

几个月后，经理再度现身在拿破仑·希尔面前，但他已非当时，而是从头到脚打扮一新，看起来精神焕发、信心十足的样子。他告诉拿破仑·希尔，"那一天我离开你的办公室时还只是一个流浪汉，我对着镜子找到了我的自信。现在我找到了一份薪水不错的工作，我确信自己从前的成功肯定还会降临。"

只有相信自己的价值，才会把握自己的未来，相信自己的价值具有独特性，而不在乎别人怎么评价自己。如果你不信任自己、不尊重自己，你自然不能抱怨别人也不信任你、不尊重你。其实，唯有自信，才是你成功的最可靠的资本。

106 个愿望

美国西部的一个小乡村，一位家境清贫的少年在 15 岁那年，写下了他气势非凡的一生的愿望："要到尼罗河、亚马孙河和刚果河探险；要登上珠穆朗玛峰、乞力马扎罗山和麦金利峰；要驾驭大象、骆驼、鸵鸟和野马；要探访马可·波罗和亚历山大一世走过的道路；要主演一部《人猿泰山》那样的电影；要驾驶飞行器起飞降落；要读完莎士比亚、柏拉图和亚里士多德的著作；要谱一部乐曲；要写一本书；要拥有一项发明专利；要给非洲的孩子筹集一百万美元捐款……"他洋洋洒洒地一口气列举了 127 项人生的宏伟志愿。不要说实现它们，就是看一看，也足够让人望而生畏了。

少年的心却被他那庞大的愿望鼓荡得风帆竟起，他的全部心思都已被那一生的愿望紧紧地牵引着，并让他从此开始了将梦想转为现实的漫漫征程，一路风霜雨雪，硬是把一个个近乎空想的夙愿，变成了活生生的现实，他也因此一次次地品味到了搏击与成功的喜悦。44 年后，他终于实现了"一生的愿望"中的 106 个愿望……

他就是 20 世纪著名的探险家约翰·戈达德。

当有人惊讶地追问他是凭着怎样的力量，让他把那许多注定的"不可能"都踩在了脚下时，他微笑着回答："很简单，我只是让心灵先到达那个地方，随后，周身就有了一股神奇的力量，接下来，就只需沿着心灵的召唤前进。"

成功是人人都渴望的，但是不达到目标不罢休的信念，以及为到达成功彼岸而付出一系列的努力，却不是人人都能做到的。究竟怎样才能走向成功呢？通过《心灵的召唤》这个故事，我们看到了探险家约翰·戈达德，用自己的生活演绎了一条公式：信念+努力=成功。

要想成功，首先要有成功的信念，并在心灵深处坚持不懈，这样就有了良好的开始，有了源自心底的动力。这就好比心里嵌上了火红的太阳，还会惧怕表面上的雨雪风霜吗？再有就是努力，如果约翰·戈达德仅仅是抱着他那气势非凡的“一生的愿望”想入非非，他能在44年内实现其中的106个愿望吗？锁在抽屉里的理想蓝图是一座空中楼阁，我们要把许多注定的“不可能”踩在脚下，就得对自己的理想付出努力。信念和努力是成功的一对车轮，没有信念的努力不会持久，没有努力的信念是画在墙上的饼。

信念+努力=成功，这就是20世纪著名探险家约翰·戈达德给我们的启示，也是哈佛精神中最为重要的一项内容。

给自己一面旗子

一天晚上，一位名叫杰克的青年站在一条河边，一脸忧郁。

这天是他30岁生日，可他不知道自己是否还有活下去的必要。因为杰克从小在福利院里长大，身材矮小，长相也不漂亮，讲话又带着浓厚的法国乡下口音，所以他一直很瞧不起自己，认为自己是一个既丑又笨的乡巴佬，连最普通的工作都不敢去应聘，没有工作，也没有家庭。

就在杰克徘徊于生死之间的时候，与他一起在福利院长大的好朋友汤姆兴冲冲地跑过来对他说：“杰克，告诉你一个好消息。”

“好消息从来就不属于我。”杰克一脸悲戚。

“不，我刚刚从收音机里听到一则消息。拿破仑曾经丢失了一个孙子。播音员描述的相貌特征，与你丝毫不差。”

“真的吗，我竟然是拿破仑的孙子？”杰克一下子精神大振。联想到爷爷曾经以矮小的身材指挥着千军万马，用带着泥土芳香的法语发出威严的命令，他顿感自己矮小的身材同样充满力量，讲话时的法国口音也带着几分高贵和威严。

第二天一大早，杰克满怀信心地来到一家大公司应聘。

20年后，已成为这家大公司总裁的杰克，查证出自己并非拿破仑的孙子，但这早已不重要了。

榜样的力量是无穷的。朋友的一句话，帮杰克找回了自信，从而改变了他一生的轨迹。当你觉得自卑和沮丧的时候，不妨为自己找一个伟人做榜样。这样可以帮你走

出自卑的阴影，重新找回自信和勇气。

你是无法代替的

山姆是一个啤酒厂的工人，有着一份稳定的工作，然而他总是觉得自己一无所长，感到自己比别人差。他总是抱怨上帝不公平，不能够赐予他像其他人一样的天赋。在一天晚上，他又坐在经常去的酒吧发牢骚，一个人拿着两只大小不同的酒杯坐在山姆的身边，将两个酒杯都倒上了酒，问："你能告诉我这两个酒杯有什么区别吗？"

"一个大一个小。"山姆看了一眼说道。

"不过，在我的眼里这两只酒杯一点区别都没有。它们都是用来盛酒的，"那个人看了一眼山姆继续说道，"我已经观察你很长一段时间，我真的不知道你有什么值得抱怨的。其实，在这个世界上人与人之间存在着差别，就像是这两个酒杯一样一个大一个小。但是，不管怎么样它们不能够改变的是要被装上酒才能够体现它们的价值和用处。人活在世上也是一样，不管老天爷给予我们什么样的聪明和财富，但是，只有我们努力地活着，才能够体会得出人生的意义所在。"

山姆似懂非懂地望着这个突然走过来的人。

"其实，你也用不着抱怨的，上帝偏爱这个世界上的每一个人，难道你没有发现自己在这个世界上是多么的重要吗？譬如，你是你孩子唯一的父亲，你给了他生命，甚至一切。你作为一个男人，在你的家庭之中起到的又是怎样的作用啊！如果没有你，我想你的妻子是很难一个人将这个家支撑下去。对于你年迈的父母来说，你便是他们全部的寄托和希望啊！你所做的每一件事情，他们都在密切地关注，你成功的时候，他们感到自豪，当你失败的时候，他们也同样为你难过……你看看，你在他们的心目中的位置是多么的重要。"那人语重心长地对山姆说道，"我想你在他们心目之中的位置是别人永远无法替代的。难道不是这样吗？我真的不知道你还有什么好埋怨的。"

听完这番话，山姆感激地对那个好心的陌生人点了点头，怀着一种重生的心情走出了酒吧！从此，山姆再也没有为自己抱怨过。

每个人在别人心目中都是很重要的。不要因为自己一无所长就自怨自艾，要看重自己的价值，因为你在别人心目中是无可替代的。

不屈服权威的设计师

他是英国一位年轻的建筑设计师，很幸运地被邀请参加了温泽市政府大厅的设计。他运用工程力学的知识，根据自己的经验，很巧妙地设计了只用一根柱子支撑大厅天

顶的方案。一年后，市政府请权威人士进行验收时，对他设计的一根支柱提出了异议。他们认为，用一根柱子支撑整个天花板太危险了，要求他再多加几根柱子。

年轻的设计师十分自信，他说："只要用一根柱子便足以保证大厅的稳固。"他详细地通过计算和列举相关实例加以说明，拒绝了工程验收专家们的建议。

他的固执惹恼了市政官员，年轻的设计师险些因此被送上法庭。

在万不得已的情况下，他只好在大厅四周增加了四根柱子。不过，这四根柱子全部都没有接触天花板，其间相隔了无法察觉的两毫米。

时光如梭，岁月更迭，一晃就是300年。

300年的时间里，市政官员换了一批又一批，市政府大厅坚固如初。直到20世纪后期，市政府准备修缮大厅的天顶时，才发现了这个秘密。

消息传出，世界各国的建筑师和游客慕名前来，观赏这几根神奇的柱子，并把这个市政大厅称作"嘲笑无知的建筑"。最让人们称奇的是这位建筑师当年刻在中央圆柱顶端的一行字：自信和真理只需要一根支柱。

这位年轻的设计师就是克里斯托·莱伊恩，一个很陌生的名字。今天，能够找到有关他的资料实在微乎其微，但在仅存的一点资料中，记录了他当时说过的一句话："我很自信。至少一百年后，当你们面对这根柱子时，只能哑口无言，甚至瞠目结舌。我要说明的是，你们看到的不是什么奇迹，而是我对自信的一点坚持。"

对权威应当尊重，但过分的尊重有时会贬低自己的才能。很多人在权威面前显得非常渺小，最大的原因，是他们对于自己的不肯定。而年轻的设计师面对权威时没有屈服，因为他自信。如同爱默生说过的一句话："相信你自己的思想，相信你内心深处认为是正确的。"自信不是要盲目地妄自尊大，它需要深厚的知识和经验积累作为其坚强后盾。

找到自信的支点，撑起自信的支柱。如果你确信你是正确的，那么就坚持它，因为最终能为你证明的肯定是事实，而非权威、官员和学者。

沉溺在自卑中的三毛

三毛小时候是一个非常勇敢而又聪明活泼的小女孩，她喜欢体育，常常一个人倒吊在单杠上直到鼻子流出血来。她喜欢上语文课，语文课本一发下来，她只要大声朗读一遍，便能够熟练地掌握其中的内容，有一次她甚至跑到老师那里，很轻蔑地说："语文课本编得太浅，怎么能把小学生当傻瓜一样对待呢？"

三毛12岁那年，以优异的成绩考取了台北最好的女子中学——台北省立第一女子

中学。在初一时，三毛的学习成绩还不错，到了初二，数学成绩一直滑坡，几次小考中最高分才50分，三毛心里很自卑。

然而一向好强的三毛发现了一个考高分的窍门。她发现每次老师出小考题，都是从课本后面的习题中选出来的。于是三毛每次临考前，都把后面的习题背过。因为三毛记忆力好，所以她能将那些习题背得滚瓜烂熟。这样，一连六次小考，三毛都得了100分。老师对此很怀疑，决定要单独测试一下三毛。

一天，老师将三毛叫进办公室，将一张准备好的数学卷子交给三毛，限她10分钟内完成。由于题目难度很大，三毛得了零分，老师对她很是不满。

接着，老师在全班同学面前羞辱了三毛。他拿起蘸着饱饱墨汁的毛笔，叫三毛立正，非常恶毒地说："你爱吃鸭蛋，老师给你两个大鸭蛋。"他用毛笔在三毛眼眶四周涂了两个大圆圈，因为墨汁太多，它们流下来，顺着三毛紧紧抿住的嘴唇，渗到她的嘴巴里。老师又让三毛转过身去面对全班同学，全班同学哄笑不止。然而老师并没有就此罢手，他又命令三毛到教室外面，在大楼的走廊里走一圈再回来，三毛不敢违背，只得一步一步艰难地将长长的走廊走完。

这件事情使三毛丢了丑，她也没有及时调整过来，于是开始逃学，当父母鼓励她要正视现实，鼓起勇气再去学校时，她坚决说"不"，自此休学在家。

休学在家的日子里，三毛仍然不能从这件事的阴影中走出来。当家里人一起吃饭时，姐姐弟弟不免要说些学校的事，这令她极其痛苦，她时常感到那件事情对她的压力，仿佛能看到老师与同学们嘲笑的脸孔。

如果一件非常糟糕的事情对我们已经造成伤害，那么我们苦苦回忆它，不能忘记它，这无异于在旧伤上又添了新创。

人要想活得自信、洒脱，最好的方法便是做个健忘的人。过去的事就让它过去吧，我们只能做好现在，为未来准备。要时刻记住，我们最重要的一个生活原则是：别让过去成为你现在的负担。

你的未来是州长

美国纽约州第一位黑人州长罗尔斯从小并不怎么受老师欢迎，跟那里很多孩子一样有着诸多不良习惯：总是口出秽语，还喜欢逃课打架……刚上任的教师奥里森煞费苦心地劝说这些孩子，却像对牛弹琴一样，一点儿效果也没有。

奥里森实在不甘心看到这些孩子照此发展下去，便想出了一个绝妙的方法。他知道这里的人们非常迷信，于是就在课堂上给孩子们看起了手相。起初孩子们都不太高兴，后来由于看到奥里森对大家手相的推测，一个个将来不是地位显赫就是腰缠万贯，因此孩子们也都乐意接受起来。

罗尔斯看到同伴们的命运都这么好，按捺不住，最终也走上讲台去，让老师帮自己也看一看。奥里森煞有介事地把这只黑乎乎的小手看了又看，“研究”了好半天，然后认真地说道：“你以后一定会是纽约州的州长。”

“这是真的吗？我会是一名州长？”罗尔斯有点不敢相信自己的耳朵。他疑惑地望着老师，但从此却在心里暗暗确立了当州长的信念。

从那以后，罗尔斯改掉了自己身上的种种恶习，在他看来一个真正的州长就应该是这样的。一直以来，他心中当州长的念头丝毫没有动摇，他始终朝着自己的目标奋斗着。51 岁那年，罗尔斯登上了纽约州第 53 任州长的宝座。他是有史以来，纽约当选的第一位黑人州长。

在一个人的内心里，如果常常有信念明灯支撑，那么很多困难也就可以迎刃而解了。海伦·凯勒说过这样一句发人深省的话：“当你面对阳光时，影子就被甩在身后；当你背对着阳光，那你将永远淹没于影子之中。”拥有足够坚定的信念，就像面对着阳光一样，那些邪恶的影子就会被甩在身后，这是人生的一块瑰宝。

信念可以创造奇迹，信念能够唤起一个人的自信。无论是谁，只要把自己的信念牢牢地根植于心，就能够克服重重困难，实现自己的理想。

活出生命的色彩

她站在台上，不规律地挥舞着她的双手；她仰着头，脖子伸得好长好长，与她尖尖的下巴形成一条直线；她的嘴张着，眼睛眯成一条线，看着台下的学生；她口中偶尔也会咿咿呀呀的，不知在说些什么。基本上她是一个不会说话的人，但是，她听力很好，只要对方猜中，或说出她的意见，她就会开心地大叫一声，伸出右手，用两个指头指着你，或者拍着手，歪歪斜斜地向你走来，送给你一张用她的画制作的明信片。

她就是黄美廉，一位从小就患脑性麻痹的人。病痛夺去了她肢体的平衡，也夺走了她讲话的能力。她从小就活在众多异样的眼光中。然而这些没有击败她的精神，她斗志昂扬地面对一切不可能，并且最终获得了加州大学艺术博士学位。她用画笔告诉人们“寰宇的力与美”，并且灿烂地“活出生命的色彩”。演讲会现场的学生都被她的精神震慑住了。

“请问黄博士，”一个学生低声问，“你从小就这个样子，你是怎么看你自己的？你怨恨过吗？”大家的心一紧，很担心黄美廉会受不了。“我怎么看自己？”她用粉笔在黑板上重重地写下这几个字。写完这个问题，她停下笔，歪着头看着发问的同学，然后笑了一下，继续写：一、我好可爱！二、我的腿很长很美！三、爸爸妈妈这么爱我！四、上帝这么爱我！五、我会画画，我会写稿！六、我有只可爱的猫！七、……

教室里忽然鸦雀无声。她最后在黑板上写下了她的结论："我只看我所有的，不看我所没有的。"

生活中，我们每个人都不是完美的，每个人都是优点和缺点的混合体。但是我们应该拥有自信，坚信自己是最优秀的。不要总是拿自己的短处与别人的长处去比较，而忽略了自己身上也有他人所不及的闪光点。也许你不擅长交流，但善于写作；也许你不能做一个好的领导，但是你可以是一个好的搭档。我们不能一味地盯着自己的缺点，每天在自己画的圈子里黯然神伤。我们应该燃起自信的火炬，相信自己是最优秀的，只有这样，才能充分发挥自己的长处，积极快乐地生活。

相信自己的眼光

威尔逊在创业之初，他的全部家当就是一台依靠分期付款买来的爆米花机，价值50美元。第二次世界大战结束后，威尔逊做生意赚了些钱，于是他决定从事地产生意。这是威尔逊的目标，这一目标的确定基于他对地产市场需求的预测并且他对这一预测充满信心。

当时，美国从事地产生意的人并不多，这是因为战后人们一般都很贫穷，买地去修房子、建商店、盖厂房的人几乎没有，地皮的价格也非常低。因此当亲朋好友听说威尔逊要做地产生意时，他们异口同声地反对。但威尔逊却坚持己见，他认为反对他的人目光短浅。他认为虽然连年的战争使美国的经济很不景气，但美国是战胜国，它的经济会很快进入大发展时期。到那时买地皮的人一定会大幅度增多，地皮的价格会暴涨。

于是，威尔逊用手头的全部资金再加一部分贷款在市郊买下了很大的一片荒地。这片土地地势低洼，不适宜耕种，所以鲜有人问津。可是威尔逊亲自观察以后，还是决定买下这一大片荒地。他的预测是：美国经济会很快繁荣，城市人口将会日益增多，市区将会不断扩大，最终必然向郊区延伸，在不远的将来，这片土地一定会变成黄金地段。他的那些亲朋好友看他如此坚决，也不再劝他，大家都想这样一个固执的人，给他一个教训也好。

但是事实却正如威尔逊所料。不到3年，这里的城市人口剧增，市区迅速发展，大马路一直修到威尔逊买的土地的边上。这时，人们才发现，这片土地周围风景宜人，是人们夏日避暑的好地方。于是，这片土地价格倍增，许多商人竞相出高价购买，但威尔逊不为眼前的利益所动，他还有更长远的打算。后来，威尔逊自己在这片土地上盖起了一座汽车旅馆，命名为“假日旅馆”。由于它的地理位置好，风景优美而且交通方便，开业后一直顾客不断，生意非常兴隆。从此以后，威尔逊的生意越做越大，他的假日旅馆逐步遍及世界各地。

后来有人向他请教成功的秘诀。他说：“信心。创业者如果抱有无比的信心，那么他就可以缔造一个美好的未来。”

威尔逊的经历告诉我们，一个人的成败和他的自信心紧密相关。如果一个人时刻对自己充满自信，能够坚定不移地去做自己心中认定的事情，那么即使他才能平平，也可以取得卓越的成就。自信是我们战胜困难，取得成功的重要动力。自信是成功的助燃剂，自信多一分，成功就可以多十分。

有一种自卑叫自信

尼克在大学时，被公认是全班最胆小、最怕事的人。大学毕业时大家挥手告别，许多人预言10年后相聚他不会有什么大作为——普通的人，普通的生活，庸庸碌碌的一生。

10年很快就过去了，全班的同学又聚在一起。当年许多意气风发、指点江山的同学如今被生活改变成了一言不发的旁观者，许多才华横溢的同学也在繁忙和庸碌的生活中失去了当年的锐气，变得倦怠消极。尼克——那个被公认的失败者，还是和当年一样平凡得如一粒尘土，不出众，不显眼，也不高谈阔论。

聚会到了高潮，每人依次上台讲述自己的现状和理想，还有对目前生活的满意程度。大多数人目前的生活状况不如当年跨出校门时的理想，对目前生活满意者几乎没有。

尼克上台后平静地说道：“我目前拥有数家公司，总资产上亿元，远远超出当年走出校门时的理想。如果说还有什么遗憾的话，就是我认为离那些我所欣赏的成功者还很遥远。是的，无论是在学校还是走向社会，我一直很自卑，感觉每个人都有特长，都比我强。所以我要努力学习每一个人的特长，并且丢掉自己的缺点。但是我发现无论我如何努力也总是无法赶上所有的人，所以我就一直自卑下去。因为自卑，我把远大理想埋在心底，努力做好手头的每一件小事；因为自卑，我把所有伟大目标一点点转化成向别人学习。每进步一点，就有一点战胜自卑的理由，同时又会发现一个自卑的借口。这样，永远让自己处在自卑之中，我就获得了源源不断的前进动力。”

在一阵长时间的沉默之后，那些曾经骄傲自信现在却平庸的人忽然之间明白了自己之所以失败是因为过于自信。因为自信，他们看不到别人的优点，不肯向他人虚心请教；因为自信，他们总是把目光盯在高处，而不知道低下头来埋首苦干，这样自信就成了自负，成为他们前进路上的一种阻力。

心理学家认为，每个人心中或多或少都会有一点自卑。自卑在一定程度上可以转化为前进的动力。许多伟人的成就都和自己早年的自卑经历有关，尼克的成功正说明了这样一个道理，当一个人把自卑化成了谦虚，转化成了自己上进的动力时，自卑又何尝不是一种自信呢？

成名前的大仲马

法国著名作家大仲马在成名之前，是一个生活潦倒，无所事事的青年。有一天，他跑到巴黎去拜访他父亲的一位朋友，请他帮忙找个工作。

他父亲的朋友问他："你能做什么？"

"没有什么了不得的本事，老伯。"

"数学精通吗？"

"不行。"

"你懂物理吗？或者历史？"

"什么都不知道，老伯。"

"会计呢？法律如何？"

大仲马羞愧地低下了头，第一次知道自己太差劲了，便说："我真惭愧，现在我一定要努力补救我的这些不足。我相信不久之后，我一定会给老伯一个满意的答复。"

他父亲的朋友对他说："可是，你要生活啊！将你的住处留在这张纸上吧！"大仲马无可奈何地写下了他的住址。他父亲的朋友笑着说："你终究有一样长处，你的名字写得很好呀。"你看，大仲马在成名前，也曾有过认为自己一无是处的时候。然而，他父亲的朋友，却发现了他的一个看似并不是什么优点的优点——把名字写得很好。

生活中，特别是不自信的人，往往会把优秀的标准定得太高，而对自身的优点却视而不见。事实上，每个人都不是一无是处的，每个人身上都有独特的天赋，如果你能够正视自己的价值，发现自己的优势，你就能够在自信中充分挖掘出自身的潜能。

信念的力量

1989 年发生在美国洛杉矶一带的大地震，在不到 4 分钟的时间里，使 30 万人受到伤害。在混乱和废墟中，一个年轻的父亲安顿好受伤的妻子，便冲向他 7 岁儿子上学的学校。他眼前，那个昔日充满孩子们欢声笑语的漂亮的三层教室楼，已变成一堆废墟。

他顿时感到眼前一片漆黑，大喊："阿曼达，我的儿子！"跪在地上大哭了一阵后，他猛地想起自己常对儿子说的一句话："不论发生什么，我总会跟你在一起。"他坚定地挺起身，向那片看起来毫无希望的废墟走去。

他每天早上送儿子上学，知道儿子的教室在楼的一层左后角，他疾步走到那里，开始动手。

在他清理挖掘时，不断有孩子的父母急匆匆地赶来，看到这片废墟，他们痛哭并大喊："我的儿子！""我的女儿！"哭喊过后，他们绝望地离开了，有些人上来拉住这位父亲："太晚了，他们已经死了。"

"这样做无济于事，回家去吧！"

"冷静些，你要面对现实。"

这位父亲双眼直直地看着这些好心人，问道："你是不是来帮助我？"没人给他肯定的回答，他便埋头接着挖。

救火队长挡住他："太危险了，随时可能发生起火爆炸。请你离开。"

这位父亲问："你是不是来帮助我？"

警察走过来："你很难过，难以控制自己，可这样不但不利于你自己，对他人也有危险，马上回家去吧！"

"你是不是来帮助我？"

人们都摇头叹息地走开了，认为他精神失常了。

这位父亲心中只有一个念头："儿子在等着我。"

他挖了 8 小时、12 小时、24 小时、36 小时，没人再来阻挡他。他满脸灰尘，双眼布满血丝，浑身上下到处是血迹。到第 38 小时，他突然听见底下传出孩子的声音："爸爸，是你吗？"

是儿子的声音！父亲大喊："阿曼达！我的儿子！"

"爸爸，真的是你吗？"

"是我，是爸爸！我的儿子！"

"我告诉同学们不要害怕，说只要我爸爸活着就一定会来救我们，因为他说过，'无论发生什么，我总会跟你在一起！"'

"你现在怎么样？有几个孩子活着？"

"我们这里有14个同学，都活着，我们都在教室的墙角。房顶塌下来架了个大三角形，我们没被砸着。我们又饿又渴又害怕，现在好了。"

父亲大声向四周呼喊："这里有14个孩子，都活着！快来人！"

这14个孩子最终得救了。

故事的奇迹般的结局让人庆幸，也为信念能产生如此大的力量而惊叹。

其实决定你是否处于最佳状态的因素便是你的信念。当你的心灵只为一种可能的结果所占据时，你的心灵将会产生一种魔力。你的思考过程和整个神经系统会将一切的力量都凝聚于产生这个结果。

信念会在许多方面以化学方式影响我们的心理和生理，让我们更确定成功的到来。我们的心理和生理会呈现的最佳状态包括：进取心更强、更为专注、注意力更为集中、更大的力量、更多的精力以及追求胜利的坚强意志和决心。

我们的信念是非常重要的。它代表了我们在过去针对自己及世界，以及我们期望或不期望去做的事所做的决定。只要我们不去挑战这些信念，它们的影响就会继续出现在我们的生活中，继续控制我们的思想，并且主导我们的行为，进而决定我们的实际表现。

"傻瓜"哈代

哈代是一个发明家，但他周围的朋友和同事都认为他是一个满脑子怪念头的"傻瓜"。当他发现电影发明的原理之后，便从电影胶卷的转盘中产生了灵感：他让胶卷上的画面一次只向前移动一格，以便老师能够有充足的时间详细阐述画面里的内容。

这个想法让哈代受到不少嘲笑，但是他没有因此退缩，经过反复试验之后，哈代终于成功地实现了让画面与声音同步进行的目标，创造了"视听训练法"。

另外，作为一名游泳运动员，哈代曾经两度入选美国奥运会游泳代表队，也曾经连续三届获得"密西西比河10英里马拉松赛"的冠军。哈代在游泳的时候，觉得大家在比赛时使用的游泳姿势不好，决心加以改进。

但是，当他把想法告诉教练时，教练认为他的想法太过荒唐，立刻加以拒绝。一位游泳冠军也告诫他不要冒险尝试，以免不小心在水里淹死。

当然，哈代还是没有理会他们的告诫，仍然不断地挑战传统游泳的姿势，最后终于发明了自由泳，现在成为国际游泳比赛的标准姿势之一。

不要怕被称为傻瓜，有时候，真理只站在少数人这边。要相信自己内心的想法，努力去实现它，而不是盲目听从他人的意见。如果你认为你做的事情值得坚持，那么就要有为它背负一切的勇气。

四、选择自己的未来

雕塑人生的罗丹

奥古斯特·罗丹，19世纪法国伟大的雕塑家，西方近代雕塑史上继往开来的一代大师，他的雕塑作品《思想者》是现代世界上最著名的塑像。

罗丹出身于巴黎拉丁区的一个公务员家庭。父亲一直希望罗丹能掌握一门手艺，过殷实的生活。但是罗丹从小醉心于美术，为此，父亲曾撕毁罗丹的画，将他的铅笔投入火炉。罗丹的功课都很差，上课时也在画画，老师曾用戒尺狠狠打他的手，使他有一个星期不能握笔。在姐姐的资助下，罗丹上了一所工艺美校，在此，他学习了绘画和雕塑的一些基本知识，并立下志向要当一名雕塑家，并把雕塑作为自己的使命。

罗丹去报考著名的巴黎美专，可能是由于他的作品太不合主考官的品位，一连三次都没有被录取。罗丹遭到这样挫折，决心再也不投考官方的艺术学校了。不久，一直资助他的姐姐病逝，罗丹心灰意懒，决心进修道院去赎罪。后来，在修道院院长的鼓励下，罗丹重新树立起从事艺术的志愿，于半年后离开了修道院。

在罗丹几乎丧失信心的时候，他在工艺美校时的老师勒考克一直鼓励着他。同时他遇到了他的模特儿兼伴侣罗丝，于是他开始了他的创作生涯。

罗丹创作的头像《塌鼻人》遭到了学院派的轻视，但罗丹仍是夜以继日地工作着。他曾在比利时和雕塑家范·拉斯堡合作，稍稍有了一点积蓄。利用这点钱，罗丹访问了意大利的佛罗伦萨、罗马等地，研究了那里保存的各个时期的艺术大师的作品。这次游历使罗丹获得极大的收获，回布鲁塞尔后就创作出了精心构制的作品《青铜时代》。

由于雕像过于逼真，罗丹竟被指控从尸身上模印。罗丹百般申辩，经过官方长时间的调查，才证明这确系罗丹的艺术创作，一场风波就此平息，而罗丹的名声也由此传开了。

他以但丁《神曲》中的“地狱篇”为题材，构思了规模宏大的《地狱之门》。这件作品整个创作前后费时达20年，最后也没有正式完成，但部分构思却在别的作品中有了体现。1891年，罗丹受法国文学协会之托制作的巴尔扎克纪念像再一次遭到非议，一些人认为作品太粗陋草率，像一个裹着麻袋片的醉汉。文学协会在舆论哗然之下，拒绝接受这个纪念像。

但是在1900年巴黎三国博览会上，一个专设的展厅陈列了罗丹的171件作品，成为艺术界的盛举。成千上万的人涌来看《地狱之门》《巴尔扎克》《雨果》，来自世界各国的艺术家和社会名流纷纷向罗丹表示祝贺和敬意。罗丹在法国之外的世界获得了极大的声誉，各国博物馆争相购买他的作品，以致能得到罗丹的作品成为一时的时髦事，罗丹终于获得了成功。

1904年，罗丹被设在伦敦的国际美术家协会聘为会长，罗丹的荣誉达到了一生的顶点。光荣的罗丹并未就此止步，他唯一的生命便是雕塑。罗丹开始雕塑比真人还大一倍的《思想者》。罗丹亲身感受到脱离了兽类之后的思想者承受的压力，他通过塑像来表现这种拼搏的伟大。这是罗丹最后一部史诗性的作品，当塑像完成后，他也筋疲力尽了。

小时候，每个人都有宏大的理想，想做伟人，成为世界首富，策划许多有创意的事……总之，希望自己拥有精彩的人生，成为最杰出的人。但是后来呢？当你年岁增长到可以去实现自己的理想时，四面八方的压力一拥而至。你耳边不断萦绕着别人的议论："别做白日梦了"，你的想法"不切实际、愚蠢、幼稚可笑"，"必须有天大的运气或贵人相助"或"你太老""你太年轻"。不可否认他人的建议会有合理性的成分，但自己的人生之路还是要自己去走，不能仰仗他人的帮助。

之所以要走自己的路，完全是因为我们每个人都是独特的——永远不要忘记这一点。要知道，梦想与坚持再加上一点主见，这是所有成功者的公式。一个勇于选择自己人生走向的人，往往具有顽强的意志力，能在一连串的挫折中经受住考验，从而锤炼自己的意志力，使自己成为一个勤奋、勇敢和富有创新精神的人。

牧师的结局

在美国得克萨斯州的一个小村庄里有一位对上帝非常虔诚的牧师，40年来，他照管着教区的人们，施行洗礼，举办葬礼、婚礼，抚慰病人和孤寡老人，是一个典型的圣人。有一次下起雨来，倾盆大雨连续不停地下了20天，水位高涨，迫使老牧师爬上了教堂的屋顶。正当他在那里浑身颤抖时，突然有个人划船过来，对他说道："神父，快上来，我把你带到安全地方。"牧师看了看他，回答道："我一直按照上帝的旨意做事，我真诚地相信上帝，因为我是上帝的仆人，因此你可以驾船离开，我将停留在这里，上帝会救我的。"

那人划着船离去了。两天之后，水位涨得更高，老牧师紧紧地抱着教堂的塔顶，水在他的周围旋转着。这时，一架直升机来了，飞行员对他喊道："神父，快点，我放

下吊架，你把吊带在身上系好，我们将把你带到安全地带。”对此老牧师回答道：“不，不。”他又一次讲述了他一生的工作和他对上帝的信仰。这样，直升机也离去了，几个小时之后，老牧师被水冲走，淹死了。

因为是一个好人，他直接升入天堂。他对自己最后的遭遇颇为生气，来到天堂时，情绪很不好。他气冲冲地在天堂中走着，突然间碰到了上帝，上帝说道：“麦克唐纳神父欢迎你！”

老神父凝视着上帝，说：“40 年来，我遵照你的旨意做事，而当我最需要你的时候，你却让我被淹死了。”

上帝微笑着说：“哦！神父，请原谅，我确信我给你派去了一条船和一架直升机。是你的偏执害了你。”

偏执与依赖是一种常见的不健康的心理。我们信奉上帝的存在是基于一种信仰，希望从他的身上获取战胜困难、永怀期待的力量。但是这一切，并非是要我们在险境逼近时坐以待毙。

你的世界地图是什么颜色，只有你自己才有涂抹它的权利。任何一种把命运拱手让于人的行为都是懦弱和愚蠢的表现，因为只有依靠自身的才智才有可能获得成功。

洛奇的忠告

有一次，美孚石油公司董事长洛奇到一家分公司去视察工作，在卫生间里，看到一位小伙子正跪在地上擦洗黑污的水渍，并且每擦一下，就虔诚地叩一下头。洛奇感到很奇怪，问他为何如此。这位小伙子答道：我在感谢一位圣人。

洛奇问他为何要感谢那位圣人。小伙子说：“是他帮助我找到了这份工作，让我终于有了饭吃。”

洛奇笑了，说：“我曾经也遇到一位圣人，他使我成了美孚石油公司的董事长，你愿意见他一下吗？”小伙子说：“我是个孤儿，从小靠别人养大，我一直都想报答养育过我的人。这位圣人若能使我吃饱之后，还有余钱，我很愿去拜访他。”

洛奇说：“你一定知道，南非有一座高山，叫胡克山。据我所知，那上面住着一位圣人，能为人指点迷津，凡是遇到他的人都会前程似锦。10 年前，我到南非登上过那座山，正巧遇上他，并得到他的指点。假如你愿意去拜访，我可以向你的经理说情，准你一个月的假。”这位年轻的小伙子是个虔诚的教徒，很相信神的帮助，他谢过洛奇后就真的上路了。他风餐露宿，日夜兼程，最后终于到达了自己心中的圣地。然而，他在山顶徘徊了一天，除了自己，什么都没有遇到。

小伙子很失望地回来了。他见到洛奇后说的第一句话是："董事长先生，一路我处处留意，但直至山顶，我发现，除我之外，根本没有什么圣人。"

洛奇说："你说得很对，除你之外，根本没有什么圣人。因为，你自己就是圣人。"

后来，这位小伙子成了美孚石油公司一家分公司的经理。有一次，在接受记者采访时，他向记者讲述了上面的故事，并补充了这么一句话："发现自己的那一天，就是人生成功的开始。任何人只要相信自己，就能够创造奇迹。"

一个人唯一可靠的是自己，除了你自己，没有另外一个人可以带给你成功。你发现自己的那一天，就是你人生成功的开始。

百折不挠的诺贝尔

1864年9月3日，寂静的斯德哥尔摩市郊，突然爆发出一声震耳欲聋的巨响，滚滚的浓烟霎时冲上天空，一股股火焰直往上蹿。仅仅几分钟时间，一场惨祸发生了。当惊恐的人们赶到现场时，只见原来屹立在这里的一座工厂只剩下残垣断壁，火场旁边，站着一位30多岁的年轻人，突如其来的惨祸和过分的刺激，已使他面无血色，浑身不住地颤抖着……这个大难不死的青年，就是后来闻名于世的弗莱德·诺贝尔。诺贝尔眼睁睁地看着自己所创建的硝化甘油炸药实验工厂化为了灰烬。人们从瓦砾中找出了五具尸体，四具是他的亲密助手，而另一具是他在大学读书的弟弟，五具烧得焦烂的尸体，令人惨不忍睹。诺贝尔的母亲得知小儿子惨死的噩耗，悲痛欲绝；年迈的父亲因大受刺激而引起脑溢血，从此半身瘫痪。然而，诺贝尔在失败面前却没有动摇。

诺贝尔

事情发生后，警察局立即封锁了爆炸现场，并严禁诺贝尔重建自己的工厂。人们像躲避瘟神一样地避开他，再也没有人愿意出租土地让他进行如此危险的实验。但是，困境并没有使诺贝尔退缩，几天以后，人们发现在远离市区的马拉仑湖上，出现了一只巨大的平底驳船，驳船上并没有装什么货物，而是装满了各种设备，一个年轻人正全神贯注地进行实验。毋庸置疑，他就是在爆炸中死里逃生，被当地居民赶走了的诺贝尔！

无畏的勇气往往令死神也望而却步。在令人心惊胆战的实验里，诺贝尔依然持之以恒地行动，他从没放弃过自己的梦想。

皇天不负有心人，他终于发明了雷管。雷管的发明是爆炸学上的一项重大突破，随着当时许多欧洲国家工业化进程的加快，开矿山、修铁路、凿隧道、挖运河等都需要炸药。于是，人们又开始亲近诺贝尔了。他把实验室从船上搬迁到斯德哥尔摩附近的温尔维特，正式建立了第一座硝化甘油工厂。接着，他又在德国的汉堡等地建立了炸药公司。一时间，诺贝尔的炸药成了抢手货，诺贝尔的财富与日俱增。

然而，初试成功的诺贝尔，好像总是与灾难相伴。不幸的消息接连不断地传来。在旧金山，运载炸药的火车因震荡发生爆炸，火车被炸得七零八落；德国一家著名工厂因搬运硝化甘油时发生碰撞而爆炸，整个工厂和附近的民房变成了一片废墟；在巴拿马，一艘满载着硝化甘油的轮船，在大西洋的航行途中，因颠簸引起爆炸，整个轮船葬身大海……

一连串骇人听闻的消息，再次使人们对诺贝尔望而生畏，甚至把他当成瘟神和灾星。随着消息的广泛传播，他被全世界的人所诅咒。

诺贝尔又一次被人们抛弃了，不，应该说是全世界的人都把自己应该承担的那份灾难给了他一个人。面对接踵而至的灾难和困境，诺贝尔没有一蹶不振，他身上所具有的毅力和恒心，使他对已选定的目标义无反顾，永不退缩。在奋斗的路上，他已经习惯了与死神朝夕相伴。

大无畏的勇气和矢志不渝的恒心最终激发了他心中的潜能，他最终征服了炸药，吓退了死神。诺贝尔赢得了巨大的成功，他一生共获专利发明权355项。他用自己的巨额财富创立的诺贝尔奖，被国际学术界视为一种崇高的荣誉。

百折不挠的诺贝尔向我们展示了勇气的力量。

要最终战胜困难，取得胜利，少不了胆量，也少不了勇气，胆量和勇气都是用来克服自己内心的恐惧。那些成功的人们，如果当初都在一个个人生的挑战面前，因恐惧失败而退却，放弃尝试的机会，绝不可能走向成功。没有勇敢的尝试，就无从得知事物的深刻内涵，而勇敢去做了，即使失败，也由于对实际痛苦的亲身经历，获得宝贵的体验。从而在命运的挣扎中，愈发坚强，愈发有力，愈接近成功。

记住，命运掌握在自己手中，只要你拥有健康的身体，拥有积极的思想，你就是无比富有的人，这些就是成功的最大资本。

不要只为面包而祈祷

小克莱门斯的老师玛丽是一位虔诚的基督徒，每次上课之前，她都要领着孩子们进行祈祷。有一天，玛丽老师给孩子们讲解《圣经》，当讲到“祈祷，就会获得一切”的时候，小克莱门斯忍不住站了起来，他问道：“如果我祈祷上帝，他会给我想要的东西吗?”“是的，孩子，只要你愿意虔诚地祈祷，你就会得到你想要的东西。”

小克莱门斯当时梦想是得到一块很大很大的面包，因为他从来没有吃过那样诱人的面包。而他的同桌，一个金色头发的小姑娘每天都会带着一块这么诱人的面包来到学校。她常常问小克莱门斯要不要尝一口，小克莱门斯每次都坚定地摇头，但他的心是痛苦的。

放学的时候，小克莱门斯对小姑娘说：“明天我也会有一块大面包。”回到家后，小克莱门斯关起门，无比虔诚地进行祈祷，他相信上帝已经看见了自己的表情，上帝一定会被自己的诚心感动的！然而，第二天起床后，当他把手伸进书包的时候，除了一本破旧的课本什么也没有发现。他决定每天晚上坚持祈祷，一定要等到面包降临。

后来，金色头发的小姑娘笑着问小克莱门斯：“你的面包呢?”

小克莱门斯已经无法继续自己的祈祷了。他告诉小姑娘，上帝也许根本就没有看见自己在进行多么虔诚的祈祷。因为，每天肯定有无数的孩子都进行着这样的祈祷，而上帝只有一个，他怎么会忙得过来？小姑娘笑着说：“原来祈祷的人都是为了一块面包，但一块面包用几个硬币就可以买到，人们为什么要花费这么多的时间去祈祷，而不是去赚钱买面包呢?”小克莱门斯决定不再祈祷。他相信小姑娘所说的正是自己想要知道的——只有通过实际的工作来获得自己想要的东西。而祈祷，永远只能让你停留在等待中。小克莱门斯对自己说：“我不要再为一件卑微的小东西祈祷了。”他带着对生活的坚定信心走向了新的道路。

多年以后，小克莱门斯长大成人，当他用笔名马克·吐温发表作品的时候，他已经是勤奋而且多产的作家了。他再没有祈祷上帝，因为在无数个艰难的日子中，他都记着：不要为卑微的东西祈祷！只有自己通过努力和辛勤的汗水换来的收获才是最真实的。

生活中，总有一种神秘的力量在推动我们追求更高的理想。人类的发展就像一条永无尽头的河流。为此，我们的进取心也是无法最终获得满足的。进取心，这种内在的推动力从不允许我们停下来，它总是激励我们为了更加美好的明天而努力。我们今天所达到的境地也许足以令人羡慕，但是我们却发现，我们今日的位置和昨日的位置一样，无法让自己完全满足。一旦我们想原地踏步时，我们的耳边就会响起那个声音，听到向更高目标努力的召唤。

一旦养成一种不断自我激励、始终向着更高目标前进的习惯，我们身上的很多不良习性就都会逐渐消失。进取心最终会成为一种伟大的自我激励力量，它会使我们的人生理想更加崇高。

炼金术

很久以前，有一个叫汉克的年轻人，一心想成为一个富翁。他觉得成为富翁的捷径便是学会炼金术。

因此，他把自己所有时间、金钱和精力都花在寻找炼金术这件事情上。很快他就花光了自己的全部积蓄，家中也因此变得一贫如洗，连饭都没得吃了。妻子无奈，跑到父亲那里诉苦。她父亲决定帮女婿改掉恶习。

于是他叫来汉克并对他说："我已经掌握了炼金之术，只是现在还缺少一样炼金的东西……"

"快告诉我还缺少什么？"汉克急切地问道。

"那好吧，我可以让你知道这个秘密。我需要3公斤香蕉叶的白色茸毛。这些茸毛必须是你自己种的香蕉树上的。等到收齐茸毛后，我便告诉你炼金的方法。"汉克回家后立刻将已荒废多年的田地种上了香蕉。为了尽快凑齐茸毛，他除了种以前就有的自家的田地外，还开垦了大量的荒地。当香蕉长熟后，他便小心地从每张香蕉叶下刮收白茸毛。而他的妻子和儿女则抬着一串串香蕉到市场上去卖。就这样，10年过去了。汉克终于收集够了3公斤茸毛。这天，他一脸兴奋地拿着茸毛来到岳父的家里，向岳父讨要炼金之术。

岳父指着院中的一间房子说："现在你把那边的房门打开看看。"

汉克打开了那扇门，立即看到满屋金光，竟全是黄金，她的妻子儿女都站在屋中。妻子告诉他这些金子都是他这10年里所种的香蕉换来的。面对着满屋实实在在的黄金，汉克恍然大悟。

真正的成功没有秘诀。只有脚踏实地，靠自己的双手辛勤劳动，才能够为自己赢得成功。

大鱼奔大江

旱季来了，河床就要干涸了。

这是在非洲，曾经湍急的河流已经变成了一个个小水洼。烈日下，龟裂的河床在急速扩展，远处，却隐隐传来了大江的涛声，鱼儿们从一个水洼跳到另一个水洼，奔涛声而去。

“还有多远呢?”一个不大的水洼里，一条大鱼喘着粗气，问躺着歇息的一条小鱼。

“远着呢！别费劲了，到不了大江的。”小鱼悠然地在水洼里游了一圈说，“做什么大江的梦啊，现实点，就在这儿待着吧!”

“可用不了多久，这水洼里的水就会干涸的。”

“那又怎样？长路漫漫，你又能走多远？离大江五十步和离大江一百步有什么区别？结局都是一样的，要看结局，懂吗?”

“即便真的到不了大江，只要我已经尽力了，也不后悔。”

“你已经遍体鳞伤了，老兄!”小鱼自如地扭动着自己保养得很好的身体，嘲弄着在小水洼里已经转不开身的大鱼：“像你这样笨重的身材，不老老实实在原处待着，还奔什么大江啊？你以为自己还年轻啊？就算真的有鱼能到达大江，也轮不到你。”

小鱼戳到了大鱼的痛处，它望着小鱼说：“真的很羡慕你们有如此娇小的身材，在越来越浅的水洼里，只有你们才能自如地呼吸。可是，再苦再难，我们大鱼也得朝前奔啊，我们也得把握自己的命运。”大鱼说完，一个纵身，跳入了下一个水洼，它听见了小鱼抑制不住的笑声。它知道，自己的动作很笨拙，它看见自己的鱼鳞又脱落了几片。而肚皮已渗出斑斑血迹，但它对自己说：此时此刻，除了向前，它已别无选择。

水洼的面积越来越小，大鱼知道，前面的路将越发艰难，它已很难再喝到水了，偶尔滋润干唇的是自己的泪。沿途，它看见大片大片的鱼变成了鱼干，其中，有许多是比它灵活得多的小鱼。

每一个水洼里都躺着懒得再动的伙伴，它们大口大口地喘着粗气，对大鱼说：“别跳了，省点力气吧！没用的。”而大鱼却分明听见了越来越近的涛声。“坚持，”它对自己说，“唯有坚持，才有希望。”

不知跳了多久，大鱼终于看见了大江的波涛。可是，它的体力已经在长途跋涉中消耗殆尽，通向大江的路上，最后的一个水洼也干涸了。虽然，只有一步之遥，可大鱼想，它是到不了大江了。就在这时，它听见了水声，接着，便看见一股小小的水流缓缓涌来，这是即将干涸的河床在这个夏季最后的一股水流吧！大鱼抓住了这个机会，在水流的帮助下，一鼓作气游向大江。而那些留在水洼里的鱼儿，却只是让这股水流稍稍往前带出了一步，一小步而已，大江离它们依旧遥不可及。而干旱却以无法阻挡的步伐占领了这片土地。

面对已然干涸的河床，只有跳入大江的鱼儿知道，机遇曾经来过。

在这个世界上，只有坚持不懈的人才能掌握自己的命运。就像故事中的大鱼一样，以一种永不屈服的斗志昂扬的精神和毅力，克服了重重困难，奔入大海。最终获得了自由，使生命得到了延续。

自信的小仲马

有一天，大仲马得知自己的儿子小仲马寄出的稿子总是碰壁，就告诉小仲马说："如果你能在寄稿时，随稿给编辑先生附上一封短信，说'我是大仲马的儿子'，或许情况就会好许多。"

小仲马断然拒绝了父亲的建议，他说："不，我不想坐在你的肩头上摘苹果，那样摘来的苹果没味道。"

小仲马

年轻的小仲马不但拒绝以父亲的盛名做自己事业的敲门砖，而且不露声色地给自己取了十几个其他姓氏的笔名，以避免那些编辑先生们把他和大名鼎鼎的父亲联系起来。

面对那些冷酷而无情的退稿笺，小仲马没有沮丧，仍然坚持创作自己的作品。他的长篇小说《茶花女》寄出后，终于以其绝妙的构思和精彩的文笔震撼了一位资深老编辑。这名编辑曾和大仲马有着多年的书信来往。他看到寄稿人的地址同大作家大仲马的丝毫不差，便怀疑是大仲马另取的笔名，但作品的风格却和大仲马的截然不同，带着这种兴奋和疑问，他迫不及待地乘车造访大仲马家。

令他大吃一惊的是，《茶花女》这部伟大的作品，作者竟是大仲马名不见经传的年轻儿子小仲马。

"您为何不在稿子上署上您的真实姓名呢？"老编辑疑惑地问小仲马。

小仲马说："我只想拥有真实的高度。"

老编辑对小仲马的做法赞叹不已。

《茶花女》出版后，法国文坛书评家一致认为这部作品的价值大大超越了大仲马的代表作《基督山恩仇记》，小仲马一时声名鹊起。

自我信任是成功的第一个秘诀。一个人的价值只有通过自己辛勤努力取得的成绩才能够证明。我们要清楚地认识自己，认识自己真实的高度，就应当凭借自己辛苦的努力获得一定的业绩，并根据别人对自己的认可来判断自己的高度。

没主见的年轻人

一名哈佛大学欧洲文学系的学生苦心撰写了一篇小说，请一位驻校作家点评。因为作家正患眼疾，学生便将作品读给作家听。读到最后一个字，学生停了下来。作家问道："结束了吗？"听语气似乎意犹未尽，渴望下文。这一追问，煽起学生的激情，立刻灵感喷发，马上接续道："没有啊，下部分更精彩。"他以自己都难以置信的构思叙述下去。

到达一个段落，作家又似乎难以割舍地问："结束了吗？"

小说一定摄魂勾魄，叫人欲罢不能！学生更兴奋、更激昂、更富创作激情了。他不可遏止地一而再，再而三地接续、接续……最后，电话铃声骤然响起，打断了学生的思绪。

电话内容找作家，是急事。作家匆匆准备出门。"那么，没读完的小说呢？其实你的小说早该收笔，在我第一次询问你是否结束的时候，就应该结束。何必画蛇添足、狗尾续貂？该停就停，看来，你还没把握情节脉络，尤其是缺少决断。决断是当作家的根本，否则，绵延逶迤，拖泥带水，如何打动读者？"

学生追悔莫及，自认性格过于受外界左右，作品难以把握，恐不是当作家的料。

不久以后，这名学生遇到另一位作家，羞愧地谈及往事，谁知作家惊呼：你的反应如此迅捷、思维如此敏锐、编造故事的能力如此强盛，这些正是成为作家的天赋呀！假如正确运用，作品一定能脱颖而出。

"横看成岭侧成峰，远近高低各不同。"凡事都难有统一定论，谁的意见都可以参考，但永不可代替自己的主见，不要被他人的论断束缚了自己前进的步伐。追随你的热情、你的心灵，它们将带你实现梦想。

遇事没有主见的人，就像墙头草，遇东风东倒，遇西风西倒，没有自己的原则和立场，不知道自己能干什么，会干什么，自然与成功无缘。

坚持到最后的柏拉图

开学第一天，苏格拉底对学生们说："今天咱们只学一件最简单也是最容易的事儿。每人把胳膊尽量往前甩，然后再尽量往后甩。"说着，苏格拉底示范了一遍。"从今天开始，每天做 300 下。大家能做到吗？"

学生们都笑了。这么简单的事，有什么做不到的？过了 1 个月，苏格拉底问学生们："每天甩手 300 下，哪些同学在坚持着？"有 90%的同学骄傲地举起了手。又过了 1

个月，苏格拉底又问，这回坚持下来的学生只剩下八成。

1 年过后，苏格拉底再一次问大家："请告诉我，最简单的甩手运动还有哪几位同学坚持了？"这时，整个教室里，只有一人举起了手。这个学生就是后来成为古希腊另一位大哲学家的柏拉图。

世间最容易的事常常也是最难做的事，最难做的事也是最容易做的事。说它容易，是因为只要愿意做、坚持做，人人都能做到；说它难，是因为真正能做到并持之以恒的，终究只是极少数人。半途而废者经常会说"那已足够了""这不值得""事情可能会变坏""这样做毫无意义"，而能够持之以恒者会说"做到最好""尽全力""再坚持一下"。要知道，巨大的成功靠的不是力量而是韧劲，竞争也常常是持久力的比拼。

五、逃出孤单的灵魂

孤寂的玛丽

5 年前，玛丽失去了自己的丈夫。她悲痛欲绝，自那以后，她便陷入了一种孤独与痛苦之中。"我该做些什么呢？"在她丈夫离开他近一个月之后的一天晚上，她对朋友哭诉，"我将住到何处？我将怎样度过一个人孤独的日子？"

朋友安慰她说，她的孤独是因为自己身处不幸的遭遇之中，才 50 多岁便失去了自己生活的伴侣，自然令人悲痛异常，但时间一久，这些伤痛和孤独便会慢慢减缓消失，她也会开始新的生活——从痛苦的灰烬之中建立起自己新的幸福。

"不！"她绝望地说道，"我不相信自己还会有什么幸福的日子。我已不再年轻，孩子也都长大成人，成家立业。我孑然一身还有什么乐趣可言呢？"抱着这种心态，玛丽得了严重的自怜症，而且不知道该如何治疗。好几年过去了，她的心情一直都没有好转。

有一次，朋友忍不住对她说："我想，你并不是要特别引起别人的同情或怜悯。无论如何，你可以重新建立自己的新生活，结交新的朋友，培养新的兴趣，千万不要沉溺在旧的回忆里。"她没有把朋友的话听进去，因为她还在为自己的孤独自怨自艾。后来，她觉得孩子们应该为她的幸福负责，因此便搬去与一个结了婚的女儿同住。

但事情的结果并不尽如人意，由于她的孤僻，她和女儿都面临一种痛苦的经历，甚至恶化到母女反目成仇。玛丽后来又搬去与儿子同住，但也好不到哪里去。后来，孩子们只好共同买了一间公寓让她独住，但这更加重了她的孤独。

她对朋友哭诉道，所有家人都弃她而去，没有人要她这个老妈妈了，玛丽的确一直都没有再享有快乐的生活，因为她认为全世界都在孤立她。她实在是既可怜，又可悲，虽然已年过半百，但情绪还是像小孩一样没有成熟。

在加州奥克兰的密尔斯大学，校长林·怀特博士在一次女青年会的晚餐聚会上，发表了一段极为引人注意的演讲，内容提到的便是这种现代人的孤寂感："20世纪最流行的疾病是孤独。"他如此说道，"用大卫·里斯曼的话来说，我们都是'寂寞的一群'。由于人口愈来愈增加，人性已汇集成一片汪洋大海，根本分不清谁是谁了……居住在这样一个'不拘一格'的世界里，再加上政府和各种企业经营的模式，人们必须经常由一个地方换到另一个地方工作——于是，人们的友谊无法持久，时代就像进入另一个冰河时期一样，使人的内心觉得冰冷不已。"

许多孤独的人之所以会如此，是因为他们不了解爱和友谊并非是从天而降的礼物。一个人要想得到他人的欢迎，或被人接纳，一定要付出许多努力和代价。要想让别人喜欢我们，的确需要尽点心力。情爱、友谊或快乐的时光，都不是一纸契约所能规定的。让我们面对现实。无论是丈夫死了，或太太过世，活着的人都有权利再快乐地活下去。但是，他们必须了解：幸福并不是靠别人来布施，而是要自己去赢取别人对你的需求和喜爱。

主动伸出你的手

从前，坦桑尼亚小镇有一对叫汤米和杰克的邻居。但他们确实不是什么好邻居，虽然谁也记不清到底是为什么。他们只知道不喜欢对方，这个原因就足够了。夏天在后院开锄草机锄草时车轮常常碰在一起，他们时有口角发生，但多数情况下双方连招呼也不打。

有一次，汤米和妻子外出两周去度假。开始杰克和妻子并未注意到他们走了。

但是一天傍晚，杰克在自家院子锄过草后，注意到汤米家的草已长得很高了，自家草坪刚刚锄过，看上去特别显眼。

对开车过往的人来说，汤米和妻子很显然是不在家，而且已离开很久了。杰克想这等于公开邀请夜盗入户，而后，一个想法像闪电一样攫住了他。

"我又一次看看那高高的草坪，心里真不愿去帮我不喜欢的人，"杰克说，"不管我多想从脑子里抹去这种想法，但去帮忙的想法却挥之不去。第二天早晨我就把那块长疯了的草坪锄好了！"

"几天之后，汤米和妻子多拉在一个周日的下午回来了。他们回来不久，我就看见汤米在街上走来走去。他在整个街区每所房子前都停留过。”

“最后他敲了我的门，我开门时，他站在那儿正盯着我，脸上露出奇怪和不解的表情。”

“过了很久，他才说话，‘杰克，你帮我锄草了?’他最后问。这是他很久以来第一次叫我杰克。‘我问了所有的人，他们都没锄。米库说是你干的，是真的吗?是你锄的吗?’他的语气几乎是在责备。”

“‘是的，汤米，是我锄的。’我说，几乎是挑战性的，因为我等着他为了我锄他的草而大发雷霆。”

“他犹豫了片刻，像是在考虑要说什么。最后他用低得几乎听不见的声音嘟囔说“谢谢”之后，转身走开了。”

汤米和杰克之间就这样打破了沉默。他们还没发展到在一起打高尔夫球或保龄球，他们的妻子也没有为了互相借点儿糖或是闲聊而频繁地走动，但他们的关系却在改善。至少锄草机开过的时候他们相互间有了笑容，有时甚至说一声“你好”。先前他们后院的战场现在变成了非军事区，谁知道呢?他们甚至会分享同一杯咖啡。

主动迈出和解的一步，并不是很难，不是吗?过多地考虑面子等因素，只会阻碍和解的步伐，延迟分享友谊的快乐。

在生活中，我们都需要获得友谊和帮助，但有时候又需要一个自己独自相处的空间，前者在我们的生活中起的作用更重要。主动伸出你的手吧，不要犹豫，你会发现伸出的手马上就会有人握住。

治愈孤独的良方

小镇上有个叫泰娜的女人，她善于烹饪，能够用人们送给她的菜头、芜菁、甘蓝、白薯等做出鲜美可口的饭菜。她的丈夫是一位牧师，他们家在美国密西西比州南部的小城中具有很高的威望，能够到这所小木屋来探望牧师和他的夫人，在当地确实是很大的荣耀。当有敲门声响起时，泰娜匆匆忙忙赶出去，用拥抱、接吻和热情的话语将客人迎进门。牧师总是穿着一身黑色的传统教士服，脖子上系着浆洗过的白色硬领，紧随在夫人身后伸出一只温暖的大手，脸上现出笑容道：“我的主保佑你，进来吧!”来访者不管是至近的亲戚、市长，还是身无立锥之地的乞丐，他们都是用这种热情的方式接待。

后来，泰娜的丈夫过世了，她就搬到另一个州靠近子女的港口城市住下来。她并没有被孤独吞噬，她还像15年前一样保持着早起的习惯，黎明前即起身，仔细地打扮

一番，穿上斗篷，戴上面巾，步行走到教堂。她开始擦拭牧师在礼拜仪式上要用到的各种器具。她喜欢干这种教堂杂役做的事情。在做完这些事之后，她走出教堂，到医院去拜访和照看所有孤独的病友。然后，她去看望那些不能出门的单身老人和病人，把她的欢乐与善良带给那些需要她的人们。

泰娜过世的那一天，她像往常一样去教堂做了杂务。回到家，把洗过的衣服从晾绳上收下来，将披巾搭在沙发背上。人们发现她时，她正坐在她最喜欢的客厅沙发上，合上两眼，嘴唇上带着温柔、甜蜜的笑容。那块面纱还盖在脸上。人们说，在这位非同寻常的夫人面前度过几个小时，就会比听任何布道或讲座所获的教益还要多。对于泰娜来说，孤独是一种需要照看和扫除的病痛；她把自己生命的每一分钟都用于给他人带去欢乐。

有人说世界上最大的贫穷与孤独在富豪们中间。的确，心灵的荒漠急需人们用爱的营养去浇灌。

孤独是一种常见的心理状态。被孤独感笼罩的人，精神压抑，心理失衡，甚至丧失生活的勇气和信心。

要想摆脱孤独感的折磨，就像身处一个无人的山谷，只有自己主动向外走，才能离开这片荒凉之境。同样，要获得丰富深刻的人际感情，你也需要走出自己的小天地，去和别人交往。其实人生来就是一种社会性的动物，单靠自己个人的力量生活在这个世界上显然是不够的。尤其在现代社会，人与人之间需要展开广泛深入的合作，才能共同完成一件事，所以学会交往和合作是非常重要的生存之道。而且，人只有在交往中，才能体会到各种情感体验所带来的愉悦。所以，交往是人生非常重要的课程，需要你努力用心地去学习和实践。最终你一定会发现，你的投入越多，获得的回报也越大，幸福感也越强烈。

蕨菜和无名小花

蕨菜和离它不远的一朵无名小花是好朋友。每天天一亮，蕨菜和无名小花都会在晨光中互致问候。日子久了，两人都把对方当成自己最知心的朋友。同时，它俩发现，由于相距较远，每天扯着嗓子说话很不方便，便决定互相向对方靠拢，它们认为彼此之间距离越近，就越容易交流，感情也越容易加深。

于是，蕨菜拼命地扩散自己的枝叶，它蓬勃地生长，舒展的枝叶像一柄大伞一样。无名小花则尽量向蕨菜的方向倾斜自己的茎枝。它俩的距离也越来越近了。

出乎意料的是，由于蕨菜的枝叶像一柄张开的大伞，它不仅遮住了无名小花的阳光，也挡住了它的雨露。失去阳光和雨露滋润的无名小花日渐枯萎，它在伤心之余，不再与蕨菜共叙友情，相反还认为是蕨菜动机不良，故意谋害自己，便在心里痛恨起蕨菜来。

蕨菜呢，由于枝叶过于茂盛，一次狂风暴雨之后，它的枝叶被折断得所剩无几，身子光秃秃的。看着遍体鳞伤的自己，蕨菜把这一切后果都归咎于无名小花，如果没有无名小花，它也绝不会恣意让自己的枝叶疯长的。

于是，一对好朋友便反目成仇了。

距离是人际关系的自然属性。再好的朋友如果天天见面，也未必是一件好事情。我们要和朋友形成良性的人际关系，既要注重心灵上的贴近，又要注意在接触上保持一定的距离，保持距离才能以礼相待。

迷惑的哈里森

哈里森在一家公司做一名管理人员。在公司产品遭遇退货、赔款而濒临倒闭，公司高层们急得团团转而又束手无策时，哈里森站了出来，提供了一份调查报告，找出了问题的症结。此举不仅一下子解决了公司的难题，还为公司赚了几百万。

因工作出色，哈里森深受老总的重视，不久就成为全公司的一颗明星。凭着自己的智慧和胆略，他又为公司的产品打开国内市场，立下了汗马功劳，两年时间内为公司赚回几千万利润，成为公司举足轻重的人物。

哈里森踌躇满志，以为销售部经理一职非他莫属，然而，他没有被提拔。本来公司董事会要提拔他为公司主管销售的副总经理，却由于在提名时遭到人事部门的强烈反对而作罢。理由是各部门对他的负面反映太大，比如，不懂人情世故，不和同事交往，骄傲自大……让这样一个刚愎自用的人进入公司的决策层显然不太适宜。

销售部经理一职被别人担任了，他只好拱手交出自己创建、培养成熟的国内市场。这就好比自己亲手种下的果树上所结的果子被别人摘走一样，令他非常痛苦和不解。

他不明白，公司怎么能这样对待自己呢？自己到底错在哪里？后来，还是一个同情他的朋友为他破解了他的迷惑。

难怪那一次，他出去为公司办理业务，需要一批汇款，在紧要关头却迟迟不见公司的汇票，业务活动“泡汤”，令他很难堪。实际上是一个出纳员给他穿了一次小鞋，因为，平时他对这个出纳不巴结、不献媚、不送小礼品，也就是说没有把她放在眼里。

还有一次他在外办事，需要公司派人来协助，却不料人刚到，就被公司撤回去了。原来是一些资格较老的人觉得他很孤傲，目中无人。在工作上从不与他们交流，所以

想尽办法拖他的后腿，让他的工作无法展开。

尽管哈里森工作业绩辉煌.但他忽视了人际关系的重要性。那些他不熟悉的、不放在眼里的小人物，在关键时刻照样会坏他的大事，阻碍他在公司的发展和成功。在无可奈何的情况下，他只好伤心地离开了公司。

一个人如果孤立无援，那他一生就很难幸福；一个人如果不能处理好人际关系，就犹如在雷区里穿行，举步维艰。“条条大路通罗马”，八面玲珑的人可以在每条大路上任意驰骋。

许多杰出的人士，之所以被能力不如自己的人击垮，就是因为不善于与人沟通，不注意与人交流，被一些非能力因素打败。在美国，如今罗宾汉式的孤胆英雄已被团队精英所取代，不能融入群体无异于自毁前程，把自己逼入死胡同。其实，穷困潦倒的英雄，是常见的事，但只要懂得与群体感情的投资，就能一飞冲天、一鸣惊人。

学会布施的故事

从前有一个非常吝啬的人，他从头上的每一根头发到脚上的每一根脚趾头都很吝啬。他从来没有想过要给别人东西，连别人叫他讲“布施”这两个字，他都讲不出口，只会“布、布、布……”个半天，好像一讲出这两个字，自己就会有所损失。

佛陀知道了这件事后，就想去教化他，于是到了他住的城镇去开示。佛陀告诉大家布施的功德：一个人这辈子之所以富有，比别人长得高、长得帅，所有一切美好的事物，都跟上辈子的布施有关。

这个吝啬的人听了佛陀的教示之后很感动，可是他仍然布施不出去，他为此深感烦恼，便跑去找佛陀，对佛陀说：“世尊呀！我很想布施，但是做不到。”佛陀从地上抓了一把草，把草放在他的右手，然后要他张开左手，佛陀说：“你把右手想成是自己，把左手想成是别人，然后把这把草交给别人。”这个吝啬的人一想到要把这把草给别人，就呆住了，急得满头大汗，仍然舍不得给出去。最后，他突然开悟：“原来左手也是我自己的手。”就赶紧把草给出去，自己也为此深感欣慰。第二次他只花了约一分钟，就把草给出去了。后来，他只要很简单地就可以把草给出去。佛陀又说：“现在你把草放在左手，把右手张开，将草交给别人。”第一次他也是想了半天才给出去，第二次他很容易就交出去。最后，佛陀对他说：“你现在把这把草给别人。”他便把这把草给了别人。经过不断的练习，这个有钱人便把财物布施给别人，最后把房子也布施给了别人，结果终于得到了他以前从未有过的幸福。

没有善良——一个人给予另一个人的真正的发自肺腑的温暖，就不可能有精神的美。施予的追求没有资格的限制，再吝啬、再冷漠的人，只要决心想给予，就可以通过训练开启布施之心。所以，在生活中，让我们学会“布施”吧，因为，只有如此，才能使我们得到更多，学会给予，才能收获幸福；懂得付出，才能有更多收获。

为友谊奉献一切

这是发生在越南的一个孤儿院里的故事，由于飞机的狂轰滥炸，一颗炸弹落在了这个孤儿院，几个孩子和一位工作人员被炸死了，还有几个孩子受了伤。其中有一个小女孩流了许多血，伤得很重。幸运的是，不久后一个医疗小组来到了这里，小组只有两个人，一个女医生、一个女护士。

女医生很快地对他们进行了急救，但在那个小女孩那里出了一点问题，因为小女孩流了很多血，需要输血，但是她们带来的不多的医疗用品中没有可供使用的血浆。于是，医生决定就地取材，她给在场的所有的人验了血，终于发现有几个孩子的血型和这个小女孩是一样的。可是，问题又出现了，因为那个女医生和女护士都只会说一点点的越南语和英语，而在场的孤儿院的工作人员和孩子们只听得懂越南语。

于是，女医生尽量用自己会的越南语加上一大堆的手势告诉那几个孩子，“你们的朋友伤得很重，她需要血，需要你们给她输血!”终于，孩子们点了点头，好像听懂了，但眼里却藏着一丝恐惧!

孩子们中没有人吭声，没有人举手表示自己愿意献血。女医生没有料到会是这样的结局，一下子愣住了，为什么他们不肯献血来救自己的朋友呢？难道刚才对他们说的话他们没有听懂吗?

忽然，一只小手慢慢地举了起来，但是刚刚举到一半却又放下了，好一会儿又举了起来，再也没有放下。

女医生很高兴，马上把那个小男孩带到临时的手术室，让他躺在床上。小男孩僵直着躺在床上，看着针管慢慢地插入自己细小的胳膊，看着自己的血液一点点地被抽走！眼泪不知不觉地就顺着脸颊流了下来。医生紧张地问是不是针管弄疼了他，他摇了摇头，但是眼泪还是没有止住。医生开始有一点慌了，因为她总觉得有什么地方肯定弄错了，但是到底在哪里呢？针管是不可能弄伤这个孩子的呀。

关键时刻，一个越南的护士赶到了这个孤儿院。女医生把情况告诉了越南护士。越南护士忙低下身子，和床上的孩子交谈了一下，不久后，孩子竟然破涕为笑。

原来，那些孩子都误解了女医生的话，以为她要抽光一个人的血去救那个小女孩。一想到不久以后就要死了，所以小男孩才哭了出来。医生终于明白为什么刚才没有人自愿出来献血了，但是她又有一件事不明白了，“既然以为献过血之后就要死了，为什么他还自愿出来献血呢?”医生问越南护士。

于是越南护士用越南语问了一下小男孩，小男孩不假思索地就回答了。回答很简单，只有几个字，但却感动了在场所有的人。

他说：“因为她是我最好的朋友!”

现实生活中，有些人可以对着电脑狂聊一天，但是和现实中的朋友相聚的时间却越来越少。这样做，是不是顾此失彼呢？这的确无法回答，也没有资格回答。因为，我们自己就是这其中的一个，有心事时，我们宁可找个素不相识的人倾吐，也不愿把它透露给自己的朋友。也许这样更加易于倾吐吧，但是，这是不是一种对自己朋友的不信任呢？

也许，在这个孩子面前，我们真的该反省一下了。扪心自问：当我的朋友真的需要时，我会为他献出我的一切吗？

学会倾听

安妮在一家肯德基连锁店做收银员，每天晚上到了下班时间孤独就会爬上安妮的心头：她总是一个人孤单地吃完晚餐，然后就随手拿起一本小说来打发时间。

纽约这么大的都市，拥有数百万人口，每天人来人往，有欢笑，也有惊奇，却没有任何一个人注意到她的存在，这世界还有比这更荒凉的吗？安妮一想到这般的冷清，就像一只受惊的小兔子，蜷缩在自己的小天地中一动不动。

这种日子已经过了几个月，她不知道该如何是好，她不知道怎样才能交到朋友，尤其是知心的男友，难道大学四年毕业之后，面对的就是这种生活吗？

这还不是最难过的，反正她可以借着阅读各种爱情小说，与书中女主角共度欢笑悲伤，让时间慢慢流逝。但是到了深夜，一个人躺在床上，这才是最难熬的时光，她不知道，是否每个正常人都会有这种需求。

有一天，安妮接到通知要去见公司人事部主管琳达女士，她不知道自己怎么会来这儿见人事主管，也不知道自己怎能对着她侃侃谈出自己的情况，因为她一向不善于表达自己，以往这种情形总是令她手足无措，说不出话来。

人事主管琳达是个善解人意的人，她语重心长地对安妮说：“只要你愿意，我可以帮你克服困难，并且交到朋友，不过，你必须抛开那些爱情小说，利用晚上到艺术学校去选修些课程，不要再读那些虚幻不真实的小说来自欺欺人。还有，你在公司的工作很有发展潜力，我希望你努力干，有一天能升到广告部门的执行组，也正因为如此，你更需要多学一些绘画及用色方面的技巧。最重要的是，你不要再整个晚上窝在家里了。”

安妮还记得经理说过，年轻人只要肯出去参加活动，很容易就可以交到朋友，只要学着去表现自己的特点，做个活泼的女孩，一定会有许多追求者。要有所改变，做自己想做的事。同时要注意看别人做什么，听别人说什么，让自己成为别人的一个好伴侣。不要轻信别人的谗言，除非自己也能给予别人一些回馈，世上不会有人平白无故地对别人好。

不久之后，安妮的生活真的变得多姿多彩，她已经克服她的困难，她真没想到只是学着多听别人讲话，就赢得了那么多的友谊。她想起这正如琳达女士曾经告诉她的：“大多数的人，自我意识都很强，都希望有表达自我的机会，所以，你根本不必担心该说什么，只需要静静地、专心地听对方说，这就够了。”

原来，良好的人际关系这么简单，以往安妮把自己关在小天地中，拒绝和别人沟通，现在情况完全不同了。

学会倾听，是突破交往障碍的一个有效行动。当你走出自己的小天地，试着站在别人的立场上，做一个好的听众，你就能够成为一个广受欢迎的交际高手，为自己赢得众多的朋友。

一位漂亮女士的交际技巧

卡耐基是著名的人际交往大师。他认为自己交际上最重要的一课，是一位容貌漂亮、姿态优雅的女士教给他的。回忆起当时的情形，卡耐基这样说道：

“有一天晚上，在人际关系的课堂上，我正和学生讨论到某些店员使我们受气的情形。我们举了很多例子，有些店员对顾客根本不理不睬，有的则更恶劣，没有礼貌。”

“最后轮到这一位女士发言，她说：‘我并不责怪这些可怜的店员，有时顾客对他们也很不客气，不尊重他们。我常常享受他们最亲切的服务，他们都对我很好，我有一套方法。’”

“于是她告诉我们她的方法：‘我走到店员面前，向她微笑着说，你可以帮忙吗？我几乎从来没有被拒绝过。’”

“有谁忍心拒绝一位笑脸迎人、可爱的小妇人的请求呢。”

“不过这只是秘诀的前半部。她继续解释后半部：‘我很快再补充说，我对我所要买的这个东西不是很了解，我需要店员提供意见。’不管我只是买一个小小的纽扣或买冰箱，我都运用同样的方法。那些店员总是急切地想帮我忙，而且尽可能拿所有的样

式出来给我。你可以将这种方法运用到机票柜台、百货公司、旅馆、计程车和餐厅，你还可以更广泛地运用到很多地方。”

用真诚的心和微笑去请求帮助，没有人会拒绝你的。因为你的请求能够让他人觉得自己受到了尊重和肯定，如果你觉得与人交往是一件困难的事情，就试着从寻求别人帮助开始吧！

“聪明”的罗曼太太

罗曼太太是美国一位有钱的贵妇人，她在亚特兰大城外修了一座花园。花园又大又美，吸引了许多游客，他们毫无顾忌地跑到罗曼太太的花园里游玩。

年轻人在绿草如茵的草坪上跳起了欢快的舞蹈；小孩子扎进花丛中捕捉蝴蝶；老人蹲在池塘边垂钓；有人甚至在花园当中支起了帐篷，打算在此过他们浪漫的盛夏之夜。罗曼太太站在窗前，看着这群快乐得忘乎所以的人们，看着他们在属于她的花园里尽情地唱歌、跳舞、欢笑。她越看越生气，就叫仆人在园门外挂了一块牌子，上面写着：私人花园，未经允许，请勿入内。可是这一点也不管用，那些人还是成群结队地走进花园游玩。罗曼太太只好让她的仆人前去阻拦，结果发生了争执，有人竟拆走了花园的篱笆墙。

后来罗曼太太想出了一个绝妙的主意，她让仆人把园门外的那块牌子取下来，换上了一块新牌子，上面写着：欢迎你们来此游玩，为了安全起见，本园的主人特别提醒大家，花园的草丛中有一种毒蛇，如果不慎被蛇咬伤，请在半小时内采取紧急救治措施，否则性命难保。最后告诉大家，离此地最近的一家医院在威尔镇，驱车大约50分钟即到。

这真是一个绝妙的主意，那些贪玩的游客看了这块牌子后，对这座美丽的花园望而却步了。可是几年后，有人再往罗曼太太的花园去，却发现那里因为园子太大，走动的人太少而真的杂草丛生，毒蛇横行，几乎荒芜了。孤独、寂寞的罗曼太太守着她的大花园，非常怀念那些曾经来她的花园里玩的快乐游客。

自我封闭，顾名思义就是把自己局限在一个狭小的圈子里，隔绝与外界的交流与接触。自我封闭的人就像契诃夫笔下装在套子中的人一样，把自己严严实实地包裹起来，因此很容易陷入孤独与寂寞之中。自我封闭的人在情绪上的显著特点是情感淡漠，不能对别人给予的情感表达做出恰当的反应。在这些人脸上很少能看到笑容，总是一副冷冰冰、心事重重的样子。这无形之中在告诉周围的人：我很烦，请别靠近我。周围的人自然也就退避三舍，敬而远之。他得到的后果是什么呢？在封闭自己的同时，也远离了快乐、幸福。

我们每个人心中都有一座美丽的大花园。如果我们愿意让别人在此种植快乐，同时也让这份快乐滋润自己，那么，我们心灵的花园就永远不会荒芜。打开你自己心灵的篱笆，让阳光进来，让朋友进来，让我们心灵的花园美丽起来。

冷漠是交友的天敌

有两个重症病人同住在一间病房里。房子很小，只有一扇窗子可以看见外面的世界。其中一个病人的床靠着窗，他每天下午可以在床上坐一个小时，另外一个人则终日都得躺在床上。靠窗的病人每次坐起来的时候，都会描绘窗外的景致给另一个人听。从窗口可以看到公园的湖，湖内有鸭子和天鹅，孩子们在那儿撒面包片，放模型船，年轻的恋人在树下携手散步，人们在绿草如茵的地上玩球嬉戏，头上则是美丽的天空。

另一个人倾听着，享受着每一分钟。一个孩子差点跌到湖里，一个美丽的女孩穿着漂亮的夏装……朋友的诉说几乎使他感觉到自己亲眼目睹了外面发生的一切。

在一个晴朗的午后，他心想：为什么睡在窗边的人可以独享外面的风景呢？我为什么没有这样的机会？他越是这么想，越觉得不是滋味，就越想换位子。这天夜里，他盯着天花板想着自己的心事，另一个人忽然被惊醒了，拼命地咳嗽，一直想用手按铃叫护士进来。但这个人只是旁观而没有帮忙——他感到同伴的呼吸变得渐渐微弱。第二天早上，护士来时那人已经停止了呼吸，他的尸体被静静地抬走了。

过了一段时间，这人开口问护士，他是否能换到靠窗户的那张床上。他们搬动他，将他换到了那张床上，他感觉很满意。人们走后，他用肘撑起自己，吃力地往窗外张望……

窗外只有一堵空白的墙。几天之后，他在自责和忧郁中死去。他看到的不仅是一堵冷漠的墙，还有自己丑恶的心灵。

在所有能够破坏友谊的因素中，冷漠与自私是来自人灵魂深处的丑恶。人活在世界上，最重要的不是被爱，而是要有爱人的能力。如果不懂得爱人，又如何能被人所爱呢？

朋友，丢掉你的冷漠，打开你尘封的心，释放心中的爱吧，你的生命会因爱而更精彩。爱是医治心灵创伤的灵药，爱是心灵得以健康成长的沃土。爱。以和谐为轴心，照射出温馨、甜美和幸福。爱把宽容、温暖和幸福带给了亲人、朋友、家庭、社会。无爱的社会太冰冷，无爱的荒原太寂寞。爱打破冷漠，让尘封已久的心重新温暖起来。

开放的花园最美丽

米契尔是一个有名的大富翁。他有美丽的洋房和大片的花园。但他也有一个令自己头痛的难题：这么多的财富肯定有好多人在打自己的主意。怎么办呢？于是米契尔让仆人在房子四周筑起高高的围墙。

春天一到，花园里鲜花怒放，阵阵花香飘过围墙，令全镇的人都很神往。几个好奇的孩子想：院子肯定种着奇花异草，听说有一种长着大眼睛的花还会给孩子唱歌呢。于是孩子们打起主意，决心探个究竟。

朦胧的夜晚，孩子们搭定人梯跳到院子里，他们在花丛中寻找着，踏坏了许多鲜花和嫩草。后来，他们被仆人发现，赶出了院子。

米契尔大为恼火，把这事讲给朋友听。

朋友笑着说："为何不把围墙拆了呢？"

米契尔说："那我会丢失好多的财产！"

朋友笑了，说："有围墙又怎样？连一群孩子都拦不住，何况身手不凡的大盗呢！"

米契尔终于听从了朋友的劝告，彻底拆掉了围墙。于是，孩子们首先冲入花园。他们仔细寻找心中的神花，结果，根本没有什么奇花异草。米契尔的朋友把孩子们请到客厅，并让他们美餐了一顿，然后对孩子们说："在花园中种下你们心中的神花吧！"孩子们高兴得跳起来，然后跑到花园里去了。

因为米契尔拆掉了围墙，全镇的人都可以欣赏到花园的美丽。米契尔得到了全镇人的爱戴和尊敬。

一天，一伙大盗闯入米契尔的家，准备将他家洗劫一空，刚闯入花园不远就被守护神花的孩子们发现。小杰克跑到洋房报告情况，小詹森跑去镇上通知大人们。结果大盗们被及时赶到的米契尔和镇上的人们赶跑了。

庆功宴上，米契尔对所有人说："我要感谢你们，你们使我懂得了一个伟大的道理——这个世界上只有敞开的花园最安全、最美丽。"米契尔的话博得了所有人最热烈的掌声。

生活中有些人喜欢将自己同别人对立起来，不愿意和别人一起分享自己的所得，但这往往是得不偿失的。事实上，打开心灵的围墙，学会同别人分享，你给别人一片灿烂的空间，别人也会给你最真心的呵护。

懂得分享，才能生存

从前有两个长途跋涉的人，一路走来非常饥饿，这时出现了一位白发长者。长者

给了他俩两样东西，一根鱼竿和一篓鲜活硕大的鱼，并祝愿两人能够顺利到达目的地。

老人走后，他俩将两样东西分了，一个人要了那篓鱼，另一个选择了鱼竿，然后他们就各奔东西了。得到鱼的那个人在原地用干柴搭起篝火煮起了鱼，他狼吞虎咽，还来不及细细品味鲜鱼的味道，连鱼带汤就已经被他吃了个精光。不久，他饿死在空空的鱼篓旁。选择了鱼竿的那个人则提着鱼竿，忍着饥饿，艰难地朝着大海走去。当他看到不远处那片蔚蓝色的海洋时，浑身一点力气也没有了，最后带着无尽的遗憾离开了人世。

又有两个饥饿的人，他们同样得到了长者恩赐的一根鱼竿和一篓鱼。但是他们没有选择分道扬镳，而是相约一起去寻找大海。他俩每次只煮一条鱼，经过长时间的奔波，他们终于来到了海边。从此，两个人捕鱼为生。几年后，他们在海边盖起了房子，有了自己的家庭，过上了幸福安康的生活。

每一个人都不是圣人，都有各自的缺点和优点。只有与他人合作，取长补短，才能互惠互利，双方都获得利益。与人合作可以营造一个和平安宁的生存环境，而彼此孤立或者无休止的斗争，只会导致毁灭。

懂得分享是一种聪明的生存之道。当我们摒弃自私、与人分享的时候，在很大程度上我们就是帮助了自己。在这个崇尚合作的世界里，没有人能承担得起全部责任。许多时候，与人分享自己所拥有的，才能找到自己的位置和方向。

救人终救己的丘吉尔

弗莱明是一个穷苦的苏格兰农夫。有一天，当他在田里工作时，听到附近泥沼里有人发出哭声。他赶快跑去，发现一个小孩掉到粪池里，他来不及思量，匆忙跳进去，把这个小孩从死亡边缘救出来。隔天，有一辆崭新的马车停在农夫家门前，一位优雅的绅士走出来，自我介绍是那个被他救了的小孩的父亲。绅士说："我要报答你，你救了我小孩的生命。"弗莱明说："我不能因救你的小孩而接受报酬。"就在那时，弗莱明的儿子从茅屋外走进来，绅士说："我们来个协议，让我带走他，并让他接受良好的教育。假如这小孩像他父亲一样，他将来一定会成为一位令你骄傲的人。"弗莱明答应了。后来弗莱明的小孩从圣玛利亚医学院毕业，并成为举世闻名的弗莱明·亚历山大爵士，也就是盘尼西林的发明者、诺贝尔奖的获得者。

数年后，绅士的儿子染上肺炎。之前，这是一种不治之症，但是，有了盘尼西林，他得救了。绅士是谁呢？上议院议员丘吉尔，他的儿子是谁？是英国政治家丘吉尔爵士。

帮助他人有时就是在帮助自己，能够在他人需要的时候，及时伸出援助之手，这样的人内心也是充满阳光的。他将因此而感到非常的快乐，要知道助人为乐是一种高尚的品质。

丘吉尔

两根蜡烛

汤姆是一个工程师，在生活中屡屡受挫。虽然人过中年，但事业还是一无所成，因此也常常无端地发脾气，抱怨别人欺骗了他。终于有一天，他对妻子说："这个城市令我失望，我想离开这里，换个地方。"无论朋友们如何相劝，都不能改变他的决定。

汤姆和他的妻子来到了另外一个城市，搬进了新居。这是一幢普通的公寓楼。汤姆忙于工作，早出晚归，对周围的邻居未曾注意。

一个周末的晚上，汤姆和妻子正在整理房间，突然，停电了，屋子里一片漆黑。汤姆很后悔来的时候没有把蜡烛带上，只好无奈地坐在地板上等着。

门口突然传来轻轻的、略为迟疑的敲门声，打破了黑夜的寂静。

"谁呀？"汤姆在这个城市并没有熟人，也不愿意在周末被人打扰。他很不情愿地起身，费力地摸到门口，极不耐烦地开了门。"你有蜡烛吗？"

"没有！"汤姆气不打一处来，"嘭"的一声把门关上了。

"真是麻烦！"汤姆对妻子抱怨道，"讨厌的邻居，我们刚刚搬来就来借东西，这么下去怎么得了！"

就在他满腹牢骚的时候，门口又传来了敲门声。

打开门，门口站着的依然是那个小女孩，只是手里多了两根蜡烛，红彤彤的，就像小女孩涨红的脸，格外显眼。"奶奶说，楼下新来了邻居，可能没有带蜡烛来，要我拿两根给你们。"汤姆顿时愣住了，他被眼前发生的一幕惊呆了，好不容易才缓过神来："谢谢你和你奶奶，上帝保佑你们！"

在那一瞬间，汤姆猛然意识到了很多，他明白了自己失败的根源就在于对别人的冷漠与刻薄。

屋子亮了，心也亮了。

想让自己的心灵照进阳光，先要打开一条对外的缝隙。不要总是抱怨别人对你冷

漠，也不要抱怨这个社会缺乏人情味，打开冷漠的心锁，积极去交往，你就能够走出人际的孤岛，体会到人与人之间情感的温暖。

爱说“早安”的传教士

20世纪30年代，在德国的一个小镇上，有一个犹太传教士，每天早晨总是按时到一条幽静的小路上散步。不论见到谁，他总会热情地打一声招呼：早安！

小镇上一个叫贝特的年轻人，对传教士每天早晨的问候，反应很冷淡，甚至连头都不点一下。然而，面对贝特的冷漠，传教士未曾改变他的热情，每天早晨依然给这个年轻人道早安。几年以后，德国的纳粹党上台执政。传教士和镇上的犹太人，都被纳粹党集中起来，送往集中营。下了火车，列队前行的时候，有一个手拿指挥棒的军官，在队列前挥舞着指挥棒，叫道：“左、右。”指向左边的将被处死，指向右边的则有生还的希望。轮到点传教士的名字了。当他无望地抬起头来，眼睛一下子与军官的眼睛相遇了。传教士不由自主地脱口而出：“早安，贝特先生。”

贝特虽然板着一副冷酷的面孔，但仍禁不住说了一声：“早安。”声音低得只有他们两人才能听到。然后，贝特果断地将指挥棒往右边一指。

传教士获得了生的希望……

真诚是一种心灵的开放。有时候，一句温馨的问候可以唤醒一颗冷漠的心灵。在我们的日常交往中也是这样，如果我们能够时刻保持微笑，充满爱心地对待周围的每一个人，我们就能够得到别人的爱和关心。

六、给心灵洗个澡

总是感觉饥饿的唐娜

已到天命之年的唐娜得了一种怪病——她一听到“饿”字，马上就饿得“前胸贴后背”，尽管两小时前她刚吃过饭。她一天吃十几顿饭依然感觉饥肠辘辘。

唐娜退休后不久，就陷入饥饿感中。“感到饿就吃，才吃一点马上就不饿了，过一会儿，又感到饿。”唐娜说，随着时间的推移，饥饿感的频率和强度不断加强。“吃完饭不到两个小时，就又饿得心慌，一听到别人说饿，马上就觉得自己腹中空空，就是晚上，也要爬起来吃上三四顿饭。”唐娜痛苦极了。

唐娜四处求医，有医生认为她患了胃溃疡，但检查结果却一切正常。

日子一天天过去，唐娜的饥饿感也越来越强烈，已经达到了只要别人一说“饿”字，她就会焦虑得“头发都竖立起来”的状态。她到心理医生那里看病时，还随身携带了大量的方便面、方便粉丝等食品，只要一饿，马上就吃。这一天她吃了 13 顿饭。

经过心理专家诊断，唐娜患的是非常严重的焦虑障碍，主要是对“饿”很敏感，产生了焦虑心理，这也与她一饿就吃，一吃就饱，每次食量只有一点点有关。

确诊后，心理卫生中心的专家用特殊治疗方案对她进行治疗，一周后，唐娜的饥饿感不再那么强烈；两周后，饥饿感得到初步缓解；到了第三周，唐娜和“饥寒交迫”的日子彻底告别了。

毕业于哈佛大学的著名心理学家威廉·詹姆斯指出，这种病是心理原因所致，因此保持一个良好的心态非常重要。

战胜焦虑的方法之一是客观冷静地分析、评估你所处的境遇。确定和估计一下可能发生的最糟糕的结果是什么。通过分析，会发现最坏的结果并没有糟到山崩地裂、地球爆炸的程度，而如果坏事一旦真的发生，你也可以承受并战胜它。有意思的是，我们所预先担忧的事通常不会发生。就算不幸真的发生了，也往往没有预计中的可怕和令你损失惨重。

心理医生与喜剧演员

弗洛姆是一位著名的心理医生，他每天要看许多病人，并且要很有耐心地倾听病人述说心中的忧郁和焦虑。他每天所接触的都是愁眉苦脸的病人，所以被那些不快乐的情绪感染得也很不快乐，日子一久，他觉得心中的压力非常大。为了平衡自己的情绪、缓解压力，他时常去看戏剧，而且专门挑喜剧节目让自己开怀大笑一番。

有一天，弗洛姆正低头在一位病人的病历卡上记录诊断结果，却听到一个很熟悉的声音说：“医生，我很不快乐，生活中没有能够让我开心的事情，活着实在是没有什么意义，我真想死。”

弗洛姆抬头一看，却看到一张熟悉的面孔，他居然是让自己捧腹大笑的喜剧演员。

这样的巧遇，让弗洛姆不禁哑然失笑。他低头想了一下说：“这样吧，你我交换，我当一天喜剧演员，你当一天心理医生，怎么样？”

喜剧演员原本以为弗洛姆在开玩笑，但是看他一脸认真的表情，又不像是开玩笑，于是考虑片刻，接受了这个建议。

喜剧演员扮演了一天“代理医师”，除了药方由在幕后的弗洛姆开列之外，他有模有样地询问病人的病情，并且努力开导病人要寻找一个正确的人生方向。

弗洛姆在喜剧演员的教导之下，也在剧院表演了一幕喜剧。他忘却了自己的医师身份，在舞台上装疯卖傻，惹得观众捧腹大笑。弗洛姆站在舞台之上，看到台下有这么多的笑脸，他的心情好极了。

之后两人又恢复各自的身份。有一天，喜剧演员又挂号来看心理医师。

“医师，我找到了平衡点，现在我知道了，其实我的工作非常有意义，我的每一个喜剧动作所带来的每个人的笑脸都是我的成就。我不想死了，因为我的存在可以帮助那么多不快乐的人，让他们获得生活上的平衡。”喜剧演员容光焕发地说。

弗洛姆微笑着点了点头说：“是啊，我也要谢谢你让我有机会知道，我也有能力制造许多的笑脸。”

从此以后，当病人坐在候诊室等候看病时，都能听到由弗洛姆的诊疗室中所传出来的幽默话语和病人地哈哈大笑声。

人的一生，就像一趟旅行，沿途有数不尽的坎坷泥泞，也有看不完的春花秋月。如果我们的一颗心总是被灰暗的风尘所覆盖，干涸了心泉、黯淡了目光、失去了生机、丧失了斗志，人生轨迹岂能美好？

心理学家曾指出：人是最会制造垃圾污染自己的动物之一。清洁工每天早上都要清理人们制造的成堆的垃圾，这些有形的垃圾容易清理，而人们内心诸如烦恼、欲望、忧愁、痛苦等无形的垃圾却不那么容易清理了。想要清理掉这些垃圾，就要找寻到一种独特的清扫的方法。而这种独特的清扫方法，正是保持心情的愉悦畅快。

心情愉快是肉体和精神的最佳卫生法。面对一成不变的生活，我们有时会失去耐性，认为自己所从事的事情既无聊又无趣，甚至会因此而产生厌世的心理。这时候，如果能让自己尝试另外一个角色，站在别人的立场上来审视自己的生活，你就会重新发现生活的意义和乐趣。

学会变通的小河

有一条小河从遥远的山上流下来，越过了很多村庄，穿过了很多森林，最后它来到了一片沙漠。它心想：“我已经越过了那么多障碍，这次肯定也可以越过这个沙漠。”

但是它发现它的河水渐渐消失在黄沙之中，它试了一次又一次，始终不能成功。于是，它灰心了：“也许这就是我的命运，我永远也到不了浩瀚的大海。”这时，忽然从四周传来一个低沉的声音：“如果微风可以跨越沙漠，那么你也可以。”原来是沙漠的声音。小河不服气地回答：“那是因为微风可以飞，可是我却不可以。”“如果你坚持你原来的样子，你将无法跨越这个沙漠。但是只要你愿意放弃现在的样子，让自己蒸

发到微风中，风就可以帮你飞过沙漠，到达你的目的地。”“放弃我现在的样子，消失在微风中？不，不！我不能同意！”小河无法接受这个建议，放弃自己现在的样子，那么不就是自我毁灭了吗？

小河怀疑地问沙漠：“这是真的吗？”“微风可以把水汽包含在它之中，飘过沙漠，到了适当的地点后，它就会把这些水汽释放出来，变成雨水，然后这些雨水会再次形成河流，继续向大海前进。”

“那我还是原来的河流吗？”“可以说是，也可以说不是，”沙漠回答，“不过不管你是小河还是水蒸气，你的本质都没有变。”此时小河隐隐约约地想起来，自己在变成河流之前，似乎也是由微风带着自己，飞到高山上，然后变成雨水才变成今日的小河。

于是，小河鼓起勇气，消失在微风之中，飞向内心无比向往的大海……

固执于自我是我们迈向成功的绊脚石。我们的生命历程往往也像小河一样，想要跨越生命中的障碍，有时候也要学着放下自我。我们可能无法改变生活中的一些东西，但是我们可以改变自己。有时候，我们放弃了盲目的偏执，选择了理智的变通，就可以“化腐朽为神奇”，也能让我们从“山重水复”走向“柳暗花明”。

有人说：心是一个人的翅膀，心有多大，舞台就有多大。当一条路走不通时，我们不妨学会变通，换一种方法，毕竟“条条大路通罗马”。换一种思想就是换了一片新的天地，很可能一个小小的变化反而能使我们更快地接近成功的终点。

骄傲的麦克阿瑟

自负的人总是把自己看得很重要，但事实上，少了谁，事情往往可以做得一样好。所以，自大的人历来就是成事不足，败事有余。你要切记这样一个道理：自大是失败的前兆。在第二次世界大战中，涌现出许多杰出的人物。麦克阿瑟就是一位值得人们记住的杰出将军。美国总统尼克松曾这样评价过麦克阿瑟：“麦克阿瑟是美国的一个巨人，一个体现了传奇人物的一切矛盾和对比的传奇式人物。他是善于思考的知识分子，又是威风凛凛、自负的军人；他是专制者，又是民主主义者：他天生口才好，演说时感染力很强，丘吉尔式的雄辩可以鼓舞千百万人——也使大多数自由派无招架之力。”

麦克阿瑟将门出身，他的父亲曾经担任入侵菲律宾的美军司令。他毕业于美国著名的西点军校。

第一次世界大战时，麦克阿瑟担任美军第42师参谋长，晋升上校军衔。他所在的师在欧洲战场战斗了大约4个月，因战功卓著，成为赫赫有名的部队。

1925年，麦克阿瑟被提升为少将，是当时美国陆军中最年轻的将军。1930年，50

岁的麦克阿瑟出任美国陆军参谋长，成为美国历史上最年轻的参谋长。他所创造的奇迹，更体现在他在第二次世界大战中的杰出表现。

在太平洋战役中，他提出了独特的“蛙跳战术”，即向几个重要目标的国家发动跳跃式进攻，集中兵力，打开一条通向日本东京的道路。当时，美国海军作战部部长欧内斯特·金和太平洋战区司令尼米兹都不同意他的计划。

麦克阿瑟没有顾及自己的处境和上下级的关系，坚持他的“蛙跳战术”，并获得了极大的成功。

“二战”后，麦克阿瑟对日本的政治、经济进行了大刀阔斧的改革，也取得了成就。

麦克阿瑟涉足政坛以来，他的自负个性使他与上级的关系及各届总统的关系都不融洽。

“二战”结束后，杜鲁门总统尽管对麦克阿瑟印象不佳，但仍重用他，他由此成为日本的绝对统治者。在没有经过华盛顿方面批准时，擅自将驻日美军削减一半，杜鲁门对此大为恼火，两人关系极为紧张。战争结束后，杜鲁门两次邀请他回国参加庆典，均遭拒绝。

麦克阿瑟还自作主张，去台湾访问。杜鲁门非常气愤，认为麦克阿瑟抛弃了他使台湾中立化的政策。

1950 年秋天，联合国军被堵在朝鲜半岛东南角的釜山。假如麦克阿瑟对釜山发动进攻，他的军队必然遭受重大伤亡。他采取了攻其不备的战术，突然从朝鲜半岛的西海岸港口仁川登陆，并取得了成功。关于朝鲜战争的性质另需讨论，这里仅就麦克阿瑟的战术看，与他自负的性格不无关系。

仁川登陆后，麦克阿瑟继续扩大战火，把战火烧到了鸭绿江边，中国人民志愿军入朝参战，重创美军。由于军事上的失败，杜鲁门已经考虑停战了，但麦克阿瑟认为杜鲁门是“绥靖主义”、是“投降”，并公开指责他。

1951 年 4 月，杜鲁门下令撤销麦克阿瑟的一切职务。

作为美国历史上杰出的五星上将，麦克阿瑟当之无愧是优秀的人物。“二战”中，他出任远东盟军统帅，以过人的胆识、坚强的意志，取得了令世人瞩目的战绩和荣誉。战争中，麦克阿瑟有叱咤风云、运筹帷幄的韬略，有临危不惧、亲临战场、出生入死的战争经历。在实际工作中，他也有狂妄自大、唯我独尊的一面。他的狂傲自负、恃才傲物使他很难处理好上下级的关系，以致最后断送了自己的前途。当他和艾森豪威尔一起竞选美国总统时，应该说凭着他的经历、战绩和他在美国人心目中的形象地位，

应该获胜，但最终人们选择了艾森豪威尔。从这点来看，人们更希望他们的总统是一个稳健的人，他们放弃了因自负性格而不断引起争议的麦克阿瑟。

俗话说“满招损，谦受益”。骄傲自满的人在人生的旅途中很容易因为小小的成功而自我膨胀，一旦自我膨胀，他便会很快迷失方向，而此时，失败也就离他不远了。

骄傲是对自己缺乏信心的表现。自信与自傲，有时只是一线之隔。高傲并不是自尊或自信，而是过度的自我意识使然。有一位哲学家说：“一个人若种植信心，他会收获品德。一个人若种下骄傲的种子，他必然收获众叛亲离的果子，甚至带来不可预知的危险。”此外，高傲也是脆弱的表现，并且是很不幸的，它是自卑的一种常见变相。高傲的人喜欢摆架子，抬高自己，装腔作势。

人因自谦而成长，因自满而堕落。成功固然值得自豪，然而自傲就是自暴，自满就是自弃。如果成功之后，只知自我陶醉，迷失于成果之中停滞不前，那就是为自己的成就画上了句号。

成功常在辛苦日，败事多因得意时。切记不要老想着出风头。一个人的成绩都是在他谦虚好学、伏下身子扎实肯干的时候取得的，一旦骄气上升、自满自足，那么他必然会停止前进的脚步。

学会感恩

汤姆的父母最近离异了。家庭的变故使他变得郁郁寡欢，不但学习成绩下降，还动不动对同学发脾气。也许是为了平衡自己内心的混乱，每天吃完晚饭他都一个人在操场上转圈，一圈又一圈。谁都知道他的痛苦，可是，就是没有人能够安慰他。就在这个时候，班里一个并不起眼的同学吉尔出现在他的身边。于是，在学校的操场上经常能够看到两个并肩而行的身影。就这样，又过了一段时间，汤姆完全从父母离婚的阴影中走了出来，又融入了温暖的大家庭。

在一次同学聚会上，大家又见到了吉尔，当同学们提起这段往事的时候，吉尔微笑着对大家说：“其实没什么神秘的，你们并不知道，我父母在我上中学的时候就离婚了。在那段痛苦的日子里，我发奋学习，结果考上了大学。回首那段生活，我发现自己成熟了、独立了、坚强了。我只不过是把自己的这段经历告诉了他而已。”

这样的答案让大家很吃惊，因为，整整 4 年，全班同学没有一个人知道吉尔的身世，而且，他还一直生活得那么快乐、豁达。当大家问他为什么会做到这样时，吉尔说：“我们需要感谢生活吗？很多人会自觉或不自觉地问起这个问题，尤其是当我们面对生活中的种种不如意的时候。我想当好运来临的时候，我们都会感谢生活。可是，当生活不尽如人意的时候，我们大多数人会抱怨生活。但是，生活常常不会因我们的抱怨而变得美好起来，有的时候，还会因为我们的抱怨而变得更加糟糕。经历了不如意，我学会了感谢生活。因为，正是那段家庭的变故，才成就了今天的我。”

感恩是爱的根源，同时也是快乐的必要条件。如果我们能够对生命中拥有的一切都心存感激，无论外界发生什么样的灾难和变故，我们都能够从容应对并从中获益，而不会轻易地陷入抑郁的情绪之中。

幽默的丘吉尔

一个具有幽默感的人，一定会具有强大的人格魅力，因为他总能从容面对各种尴尬的窘境。

英国首相丘吉尔正是这样的一个人。他不仅是一位声名显赫的政治家、军事家，也是一位机智的幽默大师。

有一次，萧伯纳为庆贺自己的新剧演出，发电报邀请丘吉尔：“今特为阁下预留戏票数张，敬请光临指教。并欢迎您带友人来——如果您还有朋友的话。”丘吉尔看到后回复：“本人因故不能参加首场公演，但愿意参加第二场公演——如果您的剧本能公演两场的话。”

即使在面对国家大事的时候，丘吉尔也能将幽默的作用发挥到最大。丘吉尔有一个习惯，就是一天之中无论什么时候，只要一停止工作他就会爬进浴缸中去洗澡，然后裸着身体在浴室里来回踱步，他用这种方法来休息。第二次世界大战期间，丘吉尔来到白宫，向美国请求军事援助。当他正在白宫的浴室里光着身子踱步时，有人敲门。“进来吧！”他大声喊道。门一打开，竟然是罗斯福。他看到丘吉尔一丝不挂，这是多么尴尬的场面，于是罗斯福转身要走。但是丘吉尔展开双臂，大声喊，“进来吧，总统先生，大不列颠的首相是没有什么东西需要对美国总统隐瞒的。”看到此景的罗斯福会心一笑，同时也非常佩服丘吉尔的睿智和幽默。就是用这样直白又幽默的方式，丘吉尔赢得了美国总统的信任，让美国和英国结成了同盟。

幽默不仅仅是一种单纯的说笑，它更是智慧的迸发，乐观精神的体现。人际交往中，幽默是良好的润滑剂，它让你和周围的人相处融洽，不仅能够加深彼此之间的情谊，也能把误解消除于欢乐的笑声中。幽默就像冬天里的一道阳光，使世界变得明媚。

在幽默的背后，是一个人所拥有的乐观的心态。求乐的人生观，才是自然的人生观，真实的人生观。很多时候，我们的压力都是内在的。这时，幽默可以帮我们缓解压力，舒缓心态，很多压抑的情绪都可以在幽默的气氛中一扫而光。

生活中的你是什么样的呢？舒展一下你紧绷的脸部肌肉，试着常常和别人大笑一场吧！痛苦是一天，快乐也是一天，为什么不选择快乐呢？

黄金准则

苏珊向来为人诚实正直。从前她一直没有仔细考虑过这条黄金准则——“你想要人家怎样对你，你就得怎样对人家。”她越想越觉得自己没能随时随刻恪守这条准则。最终，她只能向妈妈请教这一准则的含义。

妈妈说：“它首先意味着要摒弃任何私心。一个爱邻居胜于爱自己的人是不会将不愿发生在自己身上的事强加给邻居的。我们不仅不能去做那些事，而且我们对待别人的态度也要和我们希望别人如何对待我们的态度一样。记住，抵制住折磨我们的诱惑要比指责别人的过错困难得多。”

“有的人可能非常诚实，但却很自私，因此. 这条准则的含义不仅仅是诚实而已。除了正直，它还要求我们必须善良。那个好撒尔利人的故事恰好充分地解释了它的含义。故事里的那个人经过一个受伤的人，却对他视而不见，不向他提供任何帮助。那人或许非常诚实，但却不愿为可怜的陌生人做一点力所能及的事情。”

苏珊仔仔细细地思考着妈妈所说的话。当她回想自己从前的行为时，她的脸涨红了，眼里流露出惭愧的神色，自己过去的很多自私以及不友好的小举动一下子浮现在她的脑海里。她决定，今后不管遇上任何事情，都要用黄金准则去处理。

不久以后，一个考验苏珊的机会出现了。农场主汤普森的小店里有很多寄宿的人，苏珊的妈妈每周都给他们代洗衣物，报酬仅5美元。一个周六晚上，苏珊像往常一样去那儿替妈妈领钱。她在马厩里遇到这位农场主。

显然他正处于气头上，那些总和他讨价还价的马贩子激怒了他，令他火冒三丈。他手里的钱包打开了，被钞票塞得鼓鼓的。当苏珊问他要钱时，他没有像从前那样训斥她，说她打扰了正在忙碌的他，而是马上将一张钞票递给了她。

苏珊暗暗高兴自己能这么轻易地逃过一关，她急忙走出马厩。到了路上，她停下来，拿针将钱小心翼翼地别在围巾的褶皱里。这时她看到汤普森给了她两张钞票，而不是一张。她向四周望了望，发现附近没有人看到她。她的第一反应是为得到了这笔飞来横财而兴奋不已。

“这全是我的了，”她心想，“我要买一件新的斗篷送给妈妈，妈妈就能把她那件旧的给玛丽姐姐了。这样，下一个冬天玛丽就能同我一块儿去上学了。说不定还可以给弟弟汤姆买双新鞋呢。”

过了一阵子，她又认为这笔钱一定是汤普森在给她时拿错了，她没有权利使用它。正当她这样想时，一个充满诱惑的声音说："这是他给你的，你又怎么知道他不是想要把它作为礼物送给你呢？拿去吧，他绝对不会知道的。就算是他弄错了，他那大钱包里有那么多张5元钞票，他也绝不会注意到的。"

她一边往家走，一边进行着激烈的思想斗争。她一路上都在思考着是拿这笔钱买享受重要呢，还是诚实重要。

当她经过家门前那座小桥时，她看到了她与妈妈说话时坐的那把满是斑斑锈迹的椅子。她的耳边立刻响起了黄金准则："你想要人家怎样对你，你就得怎样对人家。"

苏珊猛地转过身，向前跑去。她跑得很快，快得让她差点连气都喘不过来了，仿佛是在逃离什么无形的危险。就这样，她径直跑回了农场主汤普森的店门口。那个粗鲁的老人见她又一次出现在他面前，忍不住惊讶地问："你这回又有什么事呢？"

"先生，您给我的钞票不是一张，而是两张。"苏珊一边颤抖，一边回答。"什么？两张？我看看，的确是两张。难道你刚刚发现吗？为何不早点把它送回来？"苏珊脸红了，她低下头，没有回答。

"我猜，你是想留下它自己用吧，"汤普森说，"唉，幸好你妈妈比你诚实，否则我可要白白丢掉5美元了。"

"我妈妈完全不知道有这回事，"苏珊说，"我在到家之前就把钱送回来了。"

老人注视着眼前这个小女孩，当他看到一颗颗泪珠顺着孩子的脸颊滚落下来时，被她的难受触动了。老人从口袋里取出一先令递给了苏珊。

"不，谢谢您，先生，"苏珊抽泣着说，"我不能仅仅因为做了件正确的事就得到报酬。我唯一希望的是，您不要把我看成是一个不诚实的人，因为那对我来说的确是个巨大的诱惑。先生，如果您曾看到过自己最爱的人连寻常的生活用品都买不起的话，您就能知道，要时刻做到对待别人就像希望别人如何对待自己一样，对我们来说是多么的困难。"

此时，这个一向自私的老人也深受感动。他对苏珊道了晚安，接着回到了屋子里。他喃喃自语道："这世上有些人虽然年纪小，但却非常明白事理。"老人也为自己的所为感到羞愧。苏珊如释重负地回到了她那简陋的家中。后来，她成了一个有益于社会的人。在她的一生中，她从没有忘记过她是如何抵制住那次诱惑的。

小苏珊以自己的美德给农场主汤普森上了一堂人生课，同时也给我们敲响了警钟：人类的美德不可丢。

诚实与知识、经验结合在一起，是一种人生智慧。因此，所谓智慧乃是行为中毫不掩饰的知识，是一个人的诚实在经过一段时间所显示出来的结果。一个人不诚实地面对自己，就无法真正拥有成功。用蜡塑成的人或物，在温度过高的情况下就会融化，内心不诚、不真的人，最终必将显露真面目，从而失去信用这一成功的资本。

今天，利害关系已取代了诚实与正直而成为更重要的考虑因素。只要你有钱，又有关系，就可买到任何东西，然而，你却买不到尊敬、信誉与荣誉。它们是非卖品，必定要用诚实才能得到。在事实与时间的检验下，它们都会历久弥新，永不褪色。

把烦恼写在沙滩上

威廉是一个事业有成的中年人。年轻时候的打拼使他的家庭、事业都有了基础，但他总觉生活空虚，感到彷徨而无奈，而且这种情况日渐严重，到后来不得不去看医生。医生听完他的陈述，说："我开几个处方给你试试。"于是给他开了四帖药放在药袋里，并对他说："你明天九点钟以前独自到海边去，不要带报纸、杂志，不要听广播，到了海边，分别在上午9点、中午12点、下午3点和5点依序各服用一帖药，你的病就可以治愈了。"

威廉对医生所开的药方半信半疑，但第二天他还是依照医生的嘱咐来到海边，一走近海边，尤其在清晨，看到广阔的大海，心情为之开朗。9点整，他打开第一帖药服用，里面没有药，只写了两个字"聆听"。他坐下来听海风的声音，慢慢地他仿佛听到自己心跳的节拍与海浪的节奏融合在一起。他已经很多年没有如此安静地坐下来静听，因此感觉到身心都得到了洗涤。

到了中午，他打开第二个处方，上面写着"回忆"两字。他开始从聆听外界的声音转回来，回想起自己童年到少年的无忧无虑，想到青年时期创业的艰辛，想到父母的慈爱，兄弟朋友的友谊，等等，生命的力量与热情重新在他的内心燃烧起来。

下午3点，他打开第三帖药，上面写着"检讨你的动机"。他仔细地想起早年创业的时候，是为了服务人群，热诚地工作；等到事业有成了，则只顾赚钱，失去了经营事业的喜悦；为了自身利益，则失去了对别人的关怀。想到这里，他已深有所悟。

到了黄昏的时候，他打开最后的处方，上面写着"把烦恼写在沙滩上"。他走到离海最近的沙滩，写下"烦恼"两个字，一波海浪，立即淹没了他的"烦恼"，洗得一片平坦。

生活节奏的加快常常让人们感到无所适从，忙碌的生活和工作让人不堪重负，然而一旦静下来却又会感到空虚和失落。

虽然精神家园比物质家园重要得多，但是很多人却出于各种原因不肯多费心思。

那些类似恐惧、烦恼、焦虑、不安等消极念头一旦成为精神家园的建材，那么它们便可能发霉、腐烂，我们的心灵世界就岌岌可危了。

所以，为了保持心灵家园的纯洁，我们必须选择勇敢、乐观、积极的思想，并且及时进行“精神扫除”。清扫心灵不像日常生活中扫地那样简单，它充满着心灵的挣扎与痛苦。不过，你可以告诉自己：每天扫一点，每一次的清扫，并不表示这就是最后一次。而且，没有人规定你必须一次扫完。但你至少要经常清扫，及时丢弃或扫掉拖累你心灵的东西。此外，你还需要学会及时调适自己的心理，给自己一个空间，让自己静一静，在心里留下快乐，忘掉忧伤。

不要和自己过不去

有一位年轻人，一天觉得自己好像生病了，就去图书馆借了本医学手册，要看看该怎样治自己的病。当他读完介绍癌症的内容时，方才明白，自己患癌症已经几个月了。他被吓住了，呆痴痴地坐了好几分钟。

后来，他想知道自己还患有什么病，就依次读完了整本医学手册。这下可明白了，除了膝盖积水症外，自己什么病都有。

他去图书馆时，觉得自己是个幸福的人，而当他走出图书馆时，却被自己营造的“心理牢笼”所囚禁，完全变成了一个全身都有病的老头。

他决心去找医生，一见到医生，他就说：“亲爱的朋友，我不给你讲我有哪些病，只说一下没有什么病。我的命不会长了，我只是没有害膝盖积水症。”

医生给他作了诊断，坐在桌边，在纸上写了些什么就递给了他。他顾不上看处方，就塞进口袋，立刻去买药。赶到药店，他匆匆把处方递给药剂师，药剂师看了一眼，就退给他说：“这是药店，不是食品店，也不是饭店。”

他很惊奇地望了药剂师一眼，拿回处方一看，原来上面写的是：煎牛排一份，啤酒一瓶，6 小时一次。10 英里路程，每天早上一次。

他照做了，一直健康地活到今天。

这位年轻人幸亏治疗及时，否则一定会被自己营造的“心理牢笼”所囚禁，最后非真得病不可。

有一些人总是担心自己的身体会出毛病，时间长了，就会成为一种心理疾病。人的许多生理疾病都是由心理不健康造成的，不要胡乱猜测你的健康。拥有良好的心态是身体安康的先决条件。

失去是另一种获得

有一位住在深山里的农民，经常感到环境艰险，难以生活，于是便四处寻找致富的好方法。

一天，一位从外地来的商贩给他带来了一样好东西，尽管在阳光下看去那只是一粒粒不起眼的种子。但据商贩讲，这不是一般的种子，而是一种叫作“苹果”的水果的种子，只要将其种在土壤里，五年以后，就能长成一棵棵苹果树，结出数不清的果实，拿到集市上，可以卖好多钱呢。

欣喜之余，农民急忙将苹果种子小心收好，但脑海里随即涌现出一个问题。

既然苹果这么值钱、这么好，会不会被别人偷走呢？于是，他特意选择了一块荒僻的山野来种植这种颇为珍贵的果树。

经过近五年的辛苦耕作，浇水施肥，小小的种子终于长成了一棵棵茁壮的果树，并且结出了繁茂的果实。

这位农民看在眼里，喜在心上。虽然因为缺乏种子的缘故，果树的数量还比较少，但结出的果实肯定可以让自己过上好一点儿的生活。

他特意选了一个吉祥的日子，准备在这一天摘下成熟的苹果挑到集市上卖个好价钱。

当这一天到来时，他非常高兴，一大早，他便上路了。

但当他气喘吁吁爬上山顶时，心里猛然一惊，那一片红灿灿的果实，竟然被外来的飞鸟和野兽们吃个精光，只剩下满地的果核。

想到这几年的辛苦劳作和热切期望，他不禁伤心欲绝，大哭起来。他的财富梦就这样破灭了。在随后的岁月里，他的生活仍然艰苦，只能苦苦支撑下去，一天一天地熬日子。

不知不觉间，几年的光阴如流水一般逝去。

一天，他偶尔又来到了这片山野。当他爬上山顶后，突然愣住了，因为在他面前出现了一大片茂盛的苹果林，树上结满了累累的果实。

这会是谁种的呢？在疑惑不解中，他思索了好一会儿才找到了一个出乎意料的答案。

这一大片苹果林都是他自己种的。

几年前，当那些飞鸟和野兽在吃完苹果后，就将果核吐在了旁边，经过几年的生长，果核里的种子慢慢发芽生长，终于长成了一片更加茂盛的苹果林。

现在，这位农民再也不用为生活发愁了，这一大片林子中的苹果足以让他过上温饱的生活。

只不过，他转念一想，如果当年不是那些飞鸟和野兽们吃掉了这小片苹果树上的苹果，今天肯定没有这样一大片苹果林了。

生活中，一扇门如果关上了，必定有另一扇门打开。失去了一种东西，必然会在其他地方有所收获。关键是要有乐观的心态，相信有失必有得。要舍得放弃，要正确看待失去，失去才能得到，有时失去也就是另一种获得。

两马克而已

尤利乌斯是一个画家，他是一个天性乐观的人，所以他画中的世界也充满了乐趣。但是买他画的人不多，所以他有时候会有些伤感，不过仅仅是有时候。

“买次彩票试试吧！”他的朋友们都劝他，“只要花两马克就可能赢很多钱哦。”于是尤利乌斯听从朋友的建议花两马克买了一张彩票，意外的是他真的中了奖，足足有50万马克。

“你瞧，你多走运啊！现在你还经常画画吗?”他的朋友们都很羡慕他。尤利乌斯开玩笑地回答他们，“我现在就只画支票上的数字。”

尤利乌斯用这笔钱买了一幢别墅，并对它进行了一番装饰。他很有品位，买了许多昂贵的东西：阿富汗地毯、维也纳柜橱、佛罗伦萨小桌、迈森瓷器，还有一个古老的威尼斯吊灯。尤利乌斯很满足地坐在崭新的画架旁，点燃了一支香烟静静地享受他的幸福。突然之间，他感到很孤单，于是把烟往地上一扔，出门去拜访老朋友们去了。在以前那个石头画室里他经常这么做，但是现在那个燃烧着的香烟是躺在华丽的阿富汗地摊上……一个小时之后，整个别墅变成一片火海。

朋友们知道这个消息后，纷纷赶来安慰尤利乌斯。“尤利乌斯，真是不幸呀！”他们说。尤利乌斯脸上挂着不解的表情问道，“怎么不幸了?”“损失呀！尤利乌斯，你现在什么都没有了。”“我不过是损失了两马克而已啊！”

人的内心经常会受到外界事物的影响而产生波澜。如果能够在这变幻万千的世界中保持一颗平常心，做到宠辱不惊，那真是达到了一种了不起的人生境界。

在我们的日常生活中，不可能总是圆圆满满的，每个人都注定了要跋山涉水，经历挫折。漫漫人生中，坎坷并不可怕，失意也不必悲伤。拥有一颗平常心不是玩世不恭，更不是自暴自弃，而是一种达观和洒脱。越是拥有一颗平常心的人，越能生活得幸福，那些整天斤斤计较的人反而苦恼无穷。拥有了平常心，我们才不会郁郁寡欢，才不会对生活求全责备，才不会被生活中的困难打击得一蹶不振。

可怜的柴可夫斯基

柴可夫斯基代表着 19 世纪末的作曲家，他是浪漫主义运动最后阶段的悲观主义者。

彼得·伊里奇·柴可夫斯基是个忧郁症患者兼忧郁狂——不论他愿意不愿意承认——直到死前几个月，他还未能适应自己的天性。

柴可夫斯基

有人说柴可夫斯基的音乐是痛苦的，而他的这些痛苦与他抑郁、痛苦的生活经历是有密切关系的。童年时的柴可夫斯基就表现出了忧郁、敏感、性格内向等特质，据他的家庭教师芳妮回忆说："他极其敏感，所以我必须小心地对待他，一点小事也会深深伤他的心。他像瓷器那样脆弱，对于他，根本不存在处罚的问题，对别的孩子来说根本不当回事的批评和责备，也会使他难过半天。"

青年时代起，他那敏感脆弱的性格，就深切地感觉到现实社会并不像他所希望的那样。他的怀疑主义和他那宿命论的思想，使他在落日的余晖里孤寂地去寻找对人生的妥协，音乐成了他蜗居斗室自我拯救的唯一生存方式。

在柴可夫斯基的一生中，他的生活有种种不如意，种种波折让他忧郁不堪，而忧郁又让他更加走向痛苦。他几次精神崩溃时都想到了自杀。在令人厌烦的社交活动中，忧郁像鬼魂那般死死地与他纠缠。这种性格自然会表现在他的音乐创作上。他总能写出一些眼泪汪汪的调子和伤感情怀的旋律。这种又酸又苦的忧伤和哀愁，影响了他中后期的许多作品。然而，忧郁症在某种情形之下，会有与症状完全相反的狂躁症倾向。这种反差极大、两极摆动的精神断裂，间接造成柴可夫斯基音乐中的许多断裂。很多作品中的一些优美旋律，常常被粗暴地打断，接踵而来的是跌跌撞撞、迅疾跳跃的不稳定音型。过去的评论家只认为他不善于构造交响的逻辑大厦，只是听凭他的情绪系列的相互交替，而且把这种交替变成一种性格上的对比。实际上，这并不是音乐结构的问题，而是音乐家的心理程序对作品程序的一种投射，是一种失去自我控制的断裂，而非局部和局部之间技巧性的衔接问题。尤其是在他晚年作品中，我们分明能感觉到那种响亮中的空虚，那种紧张中的惶恐，那种狂躁中的沮丧，那种虚假镇定中真正的绝望。

忧郁就好像透过一层黑色玻璃看一切事物。无论是考虑你自己，还是考虑世界或未来，任何事物看来都处于同样的阴郁而暗淡的光线之下。柴可夫斯基的忧郁人生和创作让我们不得不回想自己的过去，记忆中充满着一连串的失败、痛苦和亏损，而那些你曾经认为是成就或成功的事情，以及你的爱情和友谊，现在看来都一文不值了。你的回忆已经染上了忧郁的色彩。一旦戴上这副黑色的滤光镜，你就再也不能在其他的光线下观察任何事物。

一个成功的人生应当是快乐的，而一颗快乐的心灵则必定是健康的，因此甩掉忧郁的纠缠是我们共同的目标。

音乐家的热情

剑桥郡的世界第一名女性打击乐独奏家伊芙琳·格兰妮说："从一开始我就决定：一定不要让其他人的观点阻挡我成为一名音乐家的热情。"

她生长在苏格兰东北部的一个农场，从 8 岁起就开始学习钢琴。随着年龄的增长，她对音乐的热情与日俱增。不幸的是，她的听力却在渐渐地下降，医生们断定是由于难以康复的神经损伤造成的，而且断定到 12 岁，她将彻底耳聋。可是，她对音乐的热爱却从未停止过。

她的目标是成为打击乐独奏家，虽然当时并没有这么一类音乐家。为了演奏，她学会了用不同的方法"聆听"其他人演奏的音乐。她只穿着长袜演奏，这样她就能通过她的身体和想象感觉到每个音符的震动，她几乎用她所有的感官来感受着她的整个声音世界。

她决心成为一名音乐家，而不是一名耳聋的音乐家，于是她向伦敦著名的皇家音乐学院提出了申请。

因为以前从来没有一个聋学生提出过申请，所以一些老师反对接收她入学。但是她的演奏征服了所有的老师，她顺利地入了学，并在毕业时获得了学院的最高荣誉奖。

从那以后，她就致力于成为第一位专职的打击乐独奏家，并且为打击乐独奏谱写和改编了很多乐章，因为那时几乎没有专为打击乐而谱写的乐谱。

至今，她作为独奏家已经有十几年的时间了，因为她很早就下定决心，不会由于医生诊断她完全变聋而放弃追求，因为医生的诊断并不意味着她的热情和信心不会有结果。

对生活充满热情的人，都有着积极的心态、积极的精神状态。在人群中，热情是用一种极富感染力的表达方式。拥有热情的人，无论碰到什么事情，都能够以积极的心态去面对、去行动。

热情的源泉来自对生活的热爱和信赖，它可以通过各种方式表现出来。只要我们用积极和宽容的态度对待生活，由衷地欣赏、热爱并赞美我们所见到的每一个人和每一件事，我们周围的人就能体会到我们的热情。

七、找回自己的本真

扔掉面具的波波拉

有一个名叫波波拉的女人，是位女教师，她对自己的脸孔感到很不满意，哪儿看起来都不顺眼，因此她决定去整容。医师仔细地望着她，认为她长得并不难看，问题就在于她把自己估计得太低。医师还是动手术稍微改善了她的五官，但只是动了一些小手术，比她所要求的要少很多。

波波拉很不满意，她一边打量着镜中的自己，一边埋怨道："你并没有对我的脸孔做太大的改变。"医师说："你的脸孔本来就只需稍做改变，问题是你使用脸孔的方式错了，你把它当作是一个面具，用来遮掩你的真实感觉。"

波波拉伤心地低下头说："我已尽最大的努力了。"

医师理解地看着她，波波拉沉默片刻，然后袒露了心声：每一天她到学校去时，都像戴着面具，表现出最好的一面，把所有的感情全部隐藏起来，只留下她认为"正确"的一部分。3 年的教学生活，孩子们总是嘲笑她。

医师说："孩子们嘲笑你，是因为他们已看出你一直在演戏。身为一名教师，并不一定非要表现得十全十美，偶尔也可以表现得愚蠢一点，学生仍然会尊重你。拿掉你的面具，你会更喜欢你自己。"

离开诊所后，波波拉心情好多了。几个月后，她再也不担心她的脸孔，也不再抱怨。

人生苦短，何苦要给自己戴上面具，力求表现完美？美不是伪装，而是真实的释放。摘下面具，也就抛开了无谓的负担。真实的人生，才是最完美的人生。

一味模仿的鹦鹉

森林里正在举行一场演唱会，每位参赛选手都使出了浑身解数，节目一个比一个精彩。黄鹂清脆悦耳的啼鸣，夜莺婉转动听的独唱，雄鹰豪迈有力的高歌，大雁低回深沉的吟咏……

这些演唱博得了一阵又一阵热烈的掌声。唯有鹦鹉不以为然，脸上挂着嘲讽的冷笑："你们就那么两下子，有什么了不起？轮到我呀……哼！"

终于该鹦鹉上场了，它昂首挺胸地走上舞台，神气地向大家鞠了一躬，清清嗓子就唱了起来。

第一首歌，它学黄鹂啼；第二首歌，它学夜莺唱；第三首歌，它学雄鹰叫；第四首歌，它学大雁鸣……它唱了一首又一首，完全陶醉在自己的歌声里。

音乐会评奖结果公布了，鹦鹉以为自己稳拿第一，可是它从第一名一直找到第十六名，也没有找到自己的名字。它不相信自己的眼睛，又从头找了一遍，还是没有找到。就这样，它仔仔细细、反反复复、一口气找了12遍，却还是白费劲儿。

"怎么把我的名字漏了呢？"鹦鹉刚要挤出鸟群去找评奖委员会问问，快嘴喜鹊一把拉住它说："鹦鹉姑娘，你的名字在这儿呢！"

鹦鹉顺着喜鹊的翅膀尖一看，它的名字竟排在名单的尾巴上。

鹦鹉难过地哭了。它满腹委屈地找到评奖委员会主任凤凰说："我……我难道还……还不如乌鸦吗？为什么把我排……排在最末一名？"

凤凰诚恳地对她说："艺术贵在独创。你除了重复别人的调子外，有哪一个音符是你自己的呢？"

人生不是一场模仿秀，你要正确地认识自己，做一个真正的自己，保持自己独有的个性。一味地模仿别人只会让我们失掉自己的特色。

生活中，有人总想模仿别人，尤其是想模仿那些所谓的成功者或知名人士的举止行为，这就是为什么生搬硬套者失败的原因。学习别人是件好事，但不能去模仿别人的风格或说话的口吻，这种道理是很简单的，不用多解释，谁都会明白。就像那种喝了大量酒的人，他隐瞒不了自己喝了酒的事实，因为人们一闻就明白了。

在平时为人处世的时候，表现出自己自然的风格是上策，要努力发展你自己的独特风格，而不是去发展别人的独特风格。有些人，当他们与别人谈话时，认为自己有必要装腔作势，或者戴上一副假面具。有些人试图表现得过于友善，有的时候甚至表现出媚态。有些人急功近利，就像做电视商业广告一样。这些人的失误在于他们表现的都不是他们自己的本色，这样，别人自然不会买他们的账。你要记住我就是我，你看到的我是什么样我就是什么样，不管你喜欢不喜欢，但你总会相信同你谈话的那个人是真实的我，不是假冒的。这样无论对也好，错也好，你总会真诚地对待每一个人。

完美的代价

古代印度有一则发人深省的寓言故事，讲述了人们一味追求完美所付出的代价。

有一位先生娶了一个婀娜多姿、温柔善良的妻子。两个人感情一直很好，是人人羡慕的神仙眷侣。然而美中不足的是这位太太娇好的面庞上长了个酒糟鼻子。柳眉、凤眼、樱嘴、瓜子脸蛋上，却安了个酒糟鼻子，好像失职的艺术家对于一件原本足以称傲于世间的艺术精品少雕刻了几刀，显得非常的突兀怪异。

这位先生就一直对妻子的鼻子耿耿于怀。一日外出经商，他路过一个贩卖奴隶的市场，宽阔的广场上，人声沸腾，争相吆喝出价，抢购奴隶。广场中央站了一个身材单薄、瘦小清癯的女孩子，正以一双汪汪的泪眼，怯生生地环顾着这群如狼似虎，决定她一生命运的大男人。这位先生仔细端详女孩子的容貌，突然间，被她深深地吸引住了。好极了！这女子脸上长着一个端端正正的鼻子！

于是，这位先生就毫不犹豫地出高价买下了这个长着漂亮鼻子的女孩子，兴高采烈地带着女孩子日夜兼程赶回家里，想给心爱的妻子一个惊喜。到了家中，把女孩子安顿好之后。这位先生割下女孩子漂亮的鼻子，拿着血淋淋而温热的鼻子，大声疾呼：

“太太，快出来哟！看我给你买回来的最宝贵的礼物！”

“什么贵重的礼物，让你如此大呼小叫的？”太太疑惑不解地应声走出来。

“喏！你看！我为你买了个端正美丽的鼻子，你戴上看看。”

丈夫说完，突然出其不备，抽出怀中锋锐的利刃，一刀朝太太的酒糟鼻子削去。霎时太太的鼻梁血流如注，酒糟鼻子掉落在地上，丈夫赶忙用双手把端正的鼻子嵌贴在伤口处，但是无论丈夫如何努力，那个漂亮的鼻子始终无法粘在妻子的鼻梁上。

可怜的妻子，既得不到丈夫苦心买回来的端正而美丽的鼻子，又失掉了自己那虽然丑陋、但却货真价实的酒糟鼻子，并且还受到无妄的刀刃创痛。而那位糊涂丈夫的愚昧无知，更是叫人可怜！

读罢这个故事，我们会觉得故事中的这位丈夫的举动实在是荒唐可笑。然而，在现实生活中，我们却常常会像故事中的这位丈夫一样，整天对一些生活中无法改变的缺陷耿耿于怀，甚至要不惜一切代价去改变它，结果不仅是无法如愿以偿，而且也失去了生活中原本美好的东西。

你抬起头来真美

玛丽总是觉得自己长得不够漂亮，非常自卑，走路从来都是低着头的。有一天，她在饰物店看到了一只蓝色的蝴蝶结，试戴之后，店主称赞她戴上蝴蝶结很漂亮。玛丽虽然心存疑虑，但还是把蝴蝶结买了下来，高兴地戴到了头上。

为了向人们展示她那漂亮的蝴蝶结，她昂起了头，连出门与人撞了一下都没在意。玛丽兴高采烈走进教室，迎面碰上了她的老师。“玛丽，你抬起头来真美!”老师爱抚地拍拍她的肩说。

那一天，她得到了许多人的赞美。她想这一定是蝴蝶结的功劳，她站在镜子前面一照，猛然发现自己头上根本就没有蝴蝶结，一定是出饰物店时与人碰丢了。不过，玛丽知道，以后她再也不需要蝴蝶结了。

世界上每一个人每一件事物都有自身的优势，都有存在的价值。具有自卑心理的人，总是过多地看到自己不优秀的一面，而忽略了积极的一面。他们缺乏全面客观分析事物的能力和信心，总是轻视自己，不敢相信自己，这种情绪最终会腐蚀一个人的斗志，很多负面情绪也会接踵而至。

我们一定要根据自身的条件，扫除身上的自卑情结。当我们怀疑自己的时候，我们要客观地分析自己的长处和潜力，不能妄自菲薄，要相信自己的力量，相信自己就是自己生活中的主角。

保持自我本色

玛丽从小就是一个害羞内向的小女孩，她的身体一直很胖，而她的脸使她看起来比实际还胖得多。玛丽有一个很古板的母亲，她认为把衣服弄得漂亮是一件很愚蠢的事情。她总是对玛丽说：“宽衣好穿，窄衣易破。”母亲也总是这样来帮玛丽穿衣服。玛丽从来不和其他的孩子一起做室外活动，甚至不上体育课。她非常害羞而且敏感，觉得自己和其他人都不一样，会不讨人喜欢。

长大之后，玛丽嫁给一个比她大好几岁的男人，可是她并没有因此改变。她丈夫一家人都很好，对她充满了信心。玛丽尽最大的努力要像他们一样，可是她做不到。他们为了使玛丽开朗而做的每一件事情，都只是令她更退缩到家里去。玛丽变得紧张不安，躲开了所有的朋友，情形甚至坏到她怕听到门铃响。玛丽知道自己是一个失败者，又怕她的丈夫发现这一点。所以每次他们出现在公共场合的时候，她总是假装很开心，结果又常常做得太过分。事后，玛丽会为这个难过好几天。最后不开心到她觉得再活下去也没有什么意义了，玛丽开始想自杀。

后来，是什么改变了这个不快乐的女人的生活呢？只是一句随口说出的话。

是的，随口说的一句话，改变了玛丽的整个生活。有一天，她的婆婆正在谈论她怎么教养她的几个孩子，她说："不管事情怎么样，我总会要求他们保持本色。"

"保持本色。"就是这句话！在一刹那之间，玛丽才发现自己之所以那么苦恼，就是因为她一直在试着让自己适合于一个并不适合自己的模式。

玛丽后来回忆道："在一夜之间我整个人改变了。我开始保持本色。我试着研究我自己的个性，自己的优点，尽我所能去学色彩和服饰方面的知识，尽量以适合我的方式去穿衣服。主动地去交朋友，我参加了一个社团组织，起先是一个很小的社团，他们让我参加活动，把我吓坏了。可是我每发一次言，就增加一点勇气。今天我所有的快乐，是我从来没有想到可能得到的。在教养我自己的孩子时，我也总是把我从痛苦的经验中所学到的教给他们：'不管事情怎么样，总要保持本色。'"

玛丽的故事告诉我们，一个人要想生活得快乐，最重要的就是要保持自我的本色。只有坚持自我，保持本色，按照适合自己的模式去生活，你才会拥有快乐的人生。

坚持本色的模特

20世纪80年代，有位名叫安德森的模特公司经纪人，看中了一位身穿廉价服装、不拘小节、不施脂粉的大一女生。

这位女生来自美国伊利诺伊州一个蓝领家庭，唇边长了一颗触目惊心的大黑痣。她从没看过时装杂志，没化过妆，要与她谈论时尚等话题，好比是牵牛上树。

每年夏天，她就跟随朋友一起，在德卡柏的玉米地里剥玉米穗，以赚取来年的学费。安德森偏偏要将这位还带着田野玉米气息的女生介绍给经纪公司，结果遭到一次次的拒绝。有的说她粗野，有的说她恶煞，理由纷纭杂沓，归根结底是她唇边的那颗大黑痣。安德森却下了决心，要把女生及黑痣捆绑着推销出去。他给女生做了一张合成照片，小心翼翼地把大黑痣隐藏在阴影里。然后拿着这张照片给客户看，客户果然满意，马上要见真人。真人一来，客户就发现"货不对版"，客户当即指着女生的黑痣说："你给我把这颗痣拿下来。"

激光除痣其实很简单，无痛且省时，女生却说："对不起，我就是不拿。"安德森有种奇怪的预感，他坚定不移地对女生说："你千万不要摘下这颗痣，将来你出名了，全世界就靠着这颗痣来识别你。"

果然这位女生几年后红得发紫，日进斗金，成为天后级的人物，她就是名模辛迪·克劳馥。她的长相被誉为"超凡入圣"，她的嘴唇被称作芳唇（从前或许有人叫过驴嘴），芳唇边赫然入目的是那颗今天被视为性感象征的桀骜不驯的大黑痣。

有一天，媒体竟然盛赞辛迪有前瞻性眼光。辛迪回顾从前，一次次倒吸凉气，成名路上多么艰辛，幸好遇上“保痣人士”安德森。如果她摘了那颗痣，就是一个通俗的美人，顶多拍几次廉价的广告，就淹没在繁花似锦的美女阵营里面。暑期到来，可能还要站在玉米地里继续剥玉米穗，与虫子、蜗牛为伍，以赚取来年的学费。

这世上没有绝对的美与丑，美与丑通常是可以互相转化的。但有一点可以肯定，就是最美的往往都来自本色、来自自然。所以，不要在乎别人挑剔的眼光，保持自己的本色，你就是最美的。

轻视自己的爱丽莎

有一个叫爱丽莎的美丽女孩，总是觉得自己没有人喜欢，总是担心自己嫁不出去。她认为自己的理想永远实现不了，她的理想也是每一位妙龄女郎的理想：和一位潇洒的白马王子结婚、白头偕老。爱丽莎总以为别人都有这种幸福，自己却永远被幸福拒于千里之外。

一个周末的上午，这位痛苦的姑娘去找一位有名的心理学家，据说他能解除所有人的痛苦。她被请进了心理学家的办公室，握手的时候，她冰凉的手让心理学家的心都颤抖了。他打量着这个忧郁的女孩，她的眼神呆滞而绝望，声音仿佛来自墓地。她的整个身心都好像在对心理学家哭泣着：“我已经没有指望了，我是世界上最不幸的女人!”

心理学家请爱丽莎坐下，跟她谈话。最后他对爱丽莎说：“爱丽莎，我会有办法的，但你得按我说的去做。”他要爱丽莎去买一套新衣服，再去修整一下自己的头发，打扮得漂漂亮亮的，告诉她星期一他家有个晚会，要请她来参加。

爱丽莎还是一脸闷闷不乐，对心理学家说：“就是参加晚会我也不会快乐。谁需要我？我能做什么呢?”心理学家告诉她：“你要做的事很简单，你的任务就是帮助我照料客人，代表我欢迎他们，向他们致以最亲切的问候。”

星期一这天，爱丽莎衣衫齐整、发式得体地来到了晚会上。她按照心理学家的吩咐尽职尽责，一会儿和客人打招呼，一会儿帮客人端饮料，她在客人间穿梭不息，来回奔走，始终在帮助别人，完全忘记了自己。她眼神活泼，笑容可掬，成了晚会上的一道风景，晚会结束时，有三位男士自告奋勇地要送她回家。

在随后的日子里，这三位男士热烈地追求着爱丽莎，她终于选中了其中的一位，让他给自己戴上了订婚戒指。不久，在婚礼上，有人对这位心理学家说：“你创造了奇迹。”“不，”心理学家说，“是她自己为自己创造了奇迹。人不能总想着自己，怜惜自己，而应该想着别人，体恤别人，爱丽莎懂得了这个道理，所以变了。所有的女人都能拥有这个奇迹，只要你想，你就能让自己变得美丽。”

人的一双眼睛的作用应当是这样：一只眼睛观察世界，另一只眼睛发现自己。

哈佛大学有位名叫玛瑞丽·格林德尔的女教授，她在向他人展示自己无穷魅力的同时，总不忘幽默地告诉她的女弟子们：嗨，你们想变成美丽的天使吗？我的孩子们，那就从现在起喜欢你自己吧！要记住，一个从不欣赏自己的人，也就是一个永远也不被别人欣赏的人。

要想欣赏自己，不妨先学习赞美自己。学会赞美自己可以让我们更好地接纳自己。生活中人人都渴望得到赞美。赞美是一种肯定，是一种褒奖。赞美就像照在人们心灵上的阳光，能够带给人们信心和力量。当然，渴望得到别人的赞美不如自己赞美自己来得容易，既然我们需要赞美，既然赞美可以催人奋进，使人更上一层楼，那么我们就学着赞美自己吧！

过分关注自我的桃乐丝

桃乐丝身高不足 1. 55 米，体重 62 公斤。她唯一的一次去美容院的时候，美容师说桃乐丝的脸对她来说是一个难题。然而桃乐丝并不因那种以貌取人的社会陋习而烦忧不已，她依然十分快乐、自信、坦然。其实最初桃乐丝并不像现在这样乐观，那么是什么改变了她呢？

桃乐丝还记得自己第一次跳舞时的悲伤心情。舞会对一个女孩子来说总是意味着一个美妙而光彩夺目的场合，正值青春妙龄的桃乐丝对这样的场合自然充满幻想和期待。那时假钻石耳环非常时髦，桃乐丝在她为准备那个盛大的舞会练跳舞的时候老是戴着它，以致她疼痛难忍而不得不在耳朵上贴了膏药。也许是由于这膏药，舞会上没有人和她跳舞，整场舞会下来，桃乐丝在那里整整坐了一个晚上。当她回到家里，桃乐丝告诉父母亲，自己玩得非常痛快，跳舞跳得脚都疼了。他们听到桃乐丝舞会上的成功都很高兴，欢欢喜喜地去睡觉了。桃乐丝走进自己的卧室，撕下了贴在耳朵上的膏药，伤心地哭了一整夜。夜里她总是想象着，在 100 个家庭里，孩子们正在告诉他们的家长：没有一个人和他们的老师跳舞。

有一天，桃乐丝独自坐在公园里，心里担忧如果自己的朋友从这儿走过，在他们眼里她一个人坐在这儿是不是有些愚蠢。当她开始读一段散文时，读到有一行写到了一个总是忘了现在而幻想未来的女人，她不禁想：“我不也像她一样吗？”显然，这个女人把她绝大部分时间花在试图给人留下印象上了，而很少时候她是在过自己的生活。在这一瞬间，桃乐丝意识到自己整整数年光阴就像是花在一个无意义的赛跑上了。她所做的一点都没有起作用，因为没有人注意她。从此，桃乐丝完全改变了自己。

所有交往中的心理问题都是我们过于关注自我造成的，在交往过程中我们应该将注意力放在外界环境上，积极行动，跳出自我的小圈子，这样我们才能够避免交往过程中个人自我感觉过分扩张。

有龅牙的琳达

好莱坞著名的女歌星琳达原来只是一个电车车长的女儿，她自幼酷爱唱歌和表演，她想让自己成为一名当红的好莱坞明星。但是她的脸长得并不好看，她的嘴很大，还长了龅牙。在新泽西州的一家夜总会里，有一次公开演唱的时候，她一直想把上嘴唇拉下来盖住她的牙齿。她想要表演得很美，最终呢？她使自己大出洋相，注定了失败的命运。

但是，在那家夜总会里听琳达唱歌的一个人，却认为她很有天分。“我跟你说，”他很直率地说，“我一直在看你的演唱，我知道你想掩藏的是什么，你觉得你的牙齿长得很难看。”琳达当时一下子觉得无地自容，可是那个人继续说道：“难道说长了龅牙就罪大恶极吗？不要想去遮掩，张开你的嘴，观众看到你不在乎，他们就会喜欢你的。再说，”他很犀利地说，“那些你想遮起来的牙齿，说不定还会带给你好运呢。”

琳达接受了这位男士的忠告，不再去注意牙齿。从那时候起，她只想到她的观众，她张大了嘴巴，热情而高兴地唱着，使她成为电影界和广播界的一流歌星。其他的喜剧演员如今都还希望能学她的样子呢。

喜欢你自己，愉快地接纳你自己，培养自信心。每个人都是一个独特的个体，一个人只有全面地接受自己，才能走出自卑、自责的心灵沼泽，活出精彩的自己。凡是美好的东西都是真实的，也是永不磨灭的。

八、不做情绪的奴隶

控制自己的情绪

有一个富人脾气很暴躁，常常得罪人，事后又懊恼不已，所以他一直想将这暴躁的坏脾气改一改。后来，他听说佛经能让人平静，于是他决定好好修行，改变自己，于是花了许多钱，盖了一座庙，并且特地找人在庙门口写上“百忍寺”三个大字。

富人为了显示自己修行的诚心，每天都站在庙门口，向前来参拜的香客说明自己

改过向善的心意。香客们听了他的话，都十分钦佩他的良苦用心，也纷纷称赞他改变自己的决心。

这一天，他像平常一样站在庙门口，向香客们解释他建造百忍寺的意义时。其中有一位年纪大的香客不认识字，便向这个富人询问牌匾上到底写了些什么。富人面带微笑地回答香客说，牌匾上写的三个字是“百忍寺”。香客没听清楚，于是又问了一次。这次，这位富人有些不耐烦地又回答了一遍。等到香客问第三次时，富人已经按捺不住，他暴跳如雷，大声喊道：“你是聋子啊？跟你说上面写的是‘百忍寺’，你难道听不懂吗？”香客听了，笑着说：“你才不过说了三遍就忍受不了了，还建什么‘百忍寺’呢？”富人无言以对。

经济学教授詹纳斯·科尔耐曾说：“我把人在控制情感上的软弱无力称为奴役。因为一个人为情感所支配，行为便没有自主之权，而受命运的宰割。”因此，做自己感情的奴隶比做暴君的奴仆更加不幸，人应该完全掌握自己的情绪，征服自己的感情和愤怒就能征服一切。然而，总是有人陷于愤怒、忧郁、恐惧等消极情绪不能自拔。

每个人在生活中都会遇到不合自己心意的事情，这时候要学会保持冷静，否则就会为此付出代价。一个聪明的人，不应该让坏情绪控制自己，而是应该控制坏情绪，成为情绪的主人。只有在生活中懂得控制自己的情绪，懂得平和地对待别人，才能做到百忍而不怒。

买智慧

在一次暴雨之后，有一堵围墙被雨冲倒了，一个穷人从倒了的墙里挖出了一坛金子，他一夜暴富。有了钱之后，这位穷人想让自己变得更聪明一些。于是，他就向一位老人诉苦，希望老人能指点迷津。

老人告诉他说：“你有钱，别人有智慧，你为什么不用你的钱去买别人的智慧呢？”

于是，他就来到了城里，见到一个智者，问道：“你能把你的智慧卖给我吗？”

智者答道：“我的智慧很贵，一句话100两银子。”

那个穷人说：“只要能买到智慧，多少钱我都愿意出！”

这时，智者对他说道：“遇到困难不要急着处理，向前走三步，然后再向后退三步，往返三次，你就能得到智慧了。”

“智慧这么简单吗？”穷人听了将信将疑，生怕智者骗他的钱。

智者从他的眼中看出了他的心思，对他说：“你先回去吧，如果觉得我的智慧不值这些钱，那你就不要来了，如果觉得值，就回来给我送钱！”

当夜回家，在昏暗中，他发现妻子居然和另外一个人睡在炕上，顿时怒从心生，拿起菜刀准备将那个人杀掉。突然，他想到白天买来的智慧，于是前进三步，后退三步，各三次，正走着呢，那个与妻同眠的人惊醒过来，问道："儿啊，你在干什么呢?深更半夜的!"

穷人听出是自己的母亲，心里暗惊："若不是白天我买来的智慧，今天就错杀母亲了!"第二天，他早早地就给那个智者送银子去了。

哈佛学子梭罗认为动不动就发脾气是欠缺修养的表现。我们在遇到不如意的事情时，常常会不分青红皂白地大发雷霆，很多悲剧都是由于一时冲动和鲁莽造成的。如果我们遇事能够冷静，等了解了事实真相后再做决定，那么很多悲剧都可以避免。

谁经得起考验

大概是在20年前，在一个榆树成荫的礼堂里住着一位老绅士，他的脾气十分古怪。他大约60多岁了，非常富有，有些奇怪的习惯，但他的慷慨和仁慈没人赶得上。他对那些需要救济的农民，那些需要帮助的病人，甚至乞丐，都会慷慨解囊，没有一个求助于他的人空手离开过他的大厅。

现在，这位老绅士想请一个小孩照顾他的日常生活，帮他做些事情，因为他很喜欢年轻人。但他十分讨厌多数年轻人的好奇心，虽然他对年轻人的世界很感兴趣。他常说："偷看抽屉的孩子是试图从里边拿出一些东西，在年轻时偷过一分钱的人总有一天会偷一元钱。"

人们听到这个消息后，都想获得这个位置。不久老绅士就收到20多封来信。可是老绅士决定要找一位没有好奇心，不爱管闲事的人。

周一早上，大厅里来了7个穿着盛装，打扮漂亮的小伙子，每个人都暗下决心一定要得到这个工作。老绅士的脾气古怪，他准备好一间房子，这样，他很容易就会发现哪些人爱管闲事，喜欢往抽屉或壁橱里偷窥。他做好安排，让榆树大厅里的这些年轻人依次进入房间。查尔斯·布朗第一个被叫进房间，老绅士请他在里边等一会儿。查尔斯在门边的一把椅子上坐下。刚开始他很安静，坐在椅子上朝周围看。当他发现屋里有许多珍奇的东西后，终于站了起来偷偷地观察。

桌子上有一个罩子，他很想知道下面是什么，但他不敢掀开罩子。坏习惯对人有很大的影响，查尔斯又是那种十分好奇的人，他终于忍不住掀开罩子想看个明白。结果很使人扫兴，罩子下边是一堆轻飘飘的羽毛。羽毛被流动的空气卷起来，在房里飞来飞去。他十分害怕，赶忙把罩子放下，但桌上剩下的那些羽毛又被吹到地上了。

怎么办？他一根一根地捡着羽毛。老绅士一直就在隔壁，他听到这声音，就知道了发生的事情，他走了进来，正好碰见查尔斯·布朗慌成一团的样子。他很快就把他打发走了，因为他认为查尔斯连最小的诱惑都无法抵制。

老绅士又重新弄好房间，叫来亨利·威尔金斯。老绅士刚离开房间，亨利就被一盘诱人的樱桃吸引住了。他特别爱吃樱桃，他想，这么多樱桃，即使吃掉一个老绅士也不会发现，他想了又想，看了又看，正准备从椅子上站起来拿樱桃时，他好像听到门口有脚步声，幸好是他听错了。

他又鼓起勇气，小心谨慎地站起来，拿了一个很好的樱桃放进嘴里。美味极了！他想，再吃一个也没什么，于是又拿了一个匆匆地塞进嘴里。在这堆樱桃里，老绅士有意放了几个假樱桃，假樱桃里边全是辣椒。很不幸的是，亨利碰巧就拿到了一个假的，他嘴里立即像着了火一样刺痛起来。老绅士听到咳嗽声，明白是怎么回事了。这个孩子既然会拿樱桃，肯定会拿别的东西。老绅士不喜欢他，于是他也被打发走了。

接着，鲁弗斯·威尔森被叫进来了，独自待在房里。他刚待了不到10分钟就开始东摸西碰。他的脾气倔犟鲁莽，不受规则的约束，要是他能打开这里所有的壁橱、抽屉和储藏室而不被发觉的话，他肯定会这么做。

他向周围看了看，发现桌上有个抽屉，决心看看里边。他刚把手放在抽屉的拉手上，一阵清脆的铃声就响起来了。原来，桌子下面藏有一个电铃。老绅士听到铃声赶忙走了进来。鲁弗斯被这突如其来的铃声吓了一大跳。虽然他的脸皮厚，但这时也觉得羞愧。老绅士问他拉铃是不是想要什么东西。他结结巴巴地想要道歉，但这毫无用处，他被老绅士从候选名单上删除了。

随后，一名老管家把乔治·琼斯领到房里。他性格谨慎，什么也没碰，只是向周围看着。后来，他发现有一扇壁橱的门虚掩着，他想，要是把它打开一点，决不会有人发觉。于是，他看看门的下面，以免碰到东西发出声响，然后把门小心地打开了一英寸。要是他看上面而不看下面就好了，因为门上边系了一个小塞子，塞子堵住一个小桶，桶里装满了小铅球。他斗胆又把门打开了一英寸，接着又是一英寸，最后，塞子被拉了出来，蹦出了许多小铅球。壁橱的底部有个锡盘，小铅球滚到锡盘上发出很大的声音，乔治魂都吓掉了。

老绅士很快就来了。他把脸吓得像纸一样白的乔治打发走了。

所有的男孩几乎都被打发走了，没人知道他们在房中的经历。现在轮到阿尔伯特·杨金斯了。桌上放着一个带盖的小圆盒。阿尔伯特想里边的东西肯定很奇特，他坐立不安，很想打开盒盖。但当他刚刚打开盒子时里边就跳出一条假蛇来。它缠到他的胳膊上，他尖叫了一声向后退去。叫声引来了老绅士，他看见阿尔伯特一手拿着盖子一手拿着盒子，蛇掉在地上。“快起来，快起来！”老绅士说，“你快出去吧！屋里有一条蛇就够了。”就这样，老绅士任何解释都没听就打发了这个男孩。

接着走进来的是威廉·史密斯。老绅士离开后，他就好奇地左顾右盼。他不仅好奇、爱管闲事而且更不诚实。他发现钥匙还留在书柜的抽屉上，就踮着脚走过去。钥匙上系着一根与电机相接的电线。他被重重地击了一下，这下可够他受的。他刚恢复神智可以行走，老绅士就对他说，以后最好还是让抽屉的主人自己上锁开锁，并叫他离开了。

最后一个男孩叫哈里·戈登。他一个人在屋里待了20多分钟，在椅子上一动不动。他的头上也有眼睛，但他的心灵正直。罩子，樱桃，抽屉，把手，盒子，壁橱门和钥匙都没能使他离开座位。半小时后，老绅士留他在榆树大厅服务。后来，他一直服侍老绅士直到他去世。由于他的正直，他从老绅士那儿得到一大笔遗产。

最后一个男孩哈里·戈登之所以能够被老绅士留下来，其关键的一点应该是戈登较前几位有着更强的自制能力。

通常来说，自制力强的人，能理智地控制自己的欲望，分别以轻重缓急去满足那些社会要求和个人身心发展所必需的欲望，对不正当的欲望坚决予以抛弃。因此，我们就有必要在日常生活中锻炼自己的自制力，以期能更好地控制自己的情绪，培养良好的性格品质。

林肯的建议

有一天，陆军部长史坦顿怒气冲冲地来到林肯那里，抱怨一位少校公开指责他偏袒下属。林肯建议史坦顿立即写一封信回敬那位少校。

“可以狠狠地骂他一顿。”林肯说。

史坦顿立刻写了一封措辞激烈的信，然后拿给林肯看。

“对了，对了，”林肯高声叫好，“要的就是这个！好好教训他一顿，写得太棒了，史坦顿。”但是当史坦顿把信叠好装进信封里时，林肯却叫住他，问道：“你要干什么?”

“寄出去吗?”史坦顿有些摸不着头脑了。

“不要胡闹，”林肯大声说，“这封信不能发，快把它扔到炉子里去。凡是生气时写的信，我都是这么处理的。这封信写得好，写的时候你已经解了气，现在感觉好多了吧，那么就请你把它烧掉，再写第二封信吧！”

生气只能使自己失去理智，不能做出正确的判断。保持温和，你一定能从温和中受益很多。在成功人士的眼中，任何委屈都不足以让人心灰意冷，相反更加能鼓舞士气，激发起一定要做成事情的欲望。能忍一时的委屈，才会有将来的成功。

当我们和别人生气的时候，要注意合理控制自己的情绪，既不要把自己的愤怒压抑在心底，也不要直接将愤怒发泄给别人，而是找出一个缓解愤怒情绪的合理步骤。让自己的情绪缓一缓，等自己的内心平静了再做决定。

贪婪的军官

英国人统治印度时期，那些在印度的英国人十分骄横、傲慢。

有一天，一个英国军官骑着马在街头兜风。忽然，一个装得鼓鼓囊囊的钱包从他口袋中滑了出来，掉到马路上。过了一会儿，他发现钱包没有了，赶忙回头寻找。

一位好心的印度人捡到了钱包，他正在着急地寻找失主，见那位英国军官焦急的样子，便问他："先生，你在找什么?"英国军官回答说："我的钱包丢了，我正在寻找它。"好心的印度人马上把钱包还给了他。可是，那个英国军官见印度人老实可欺，便想趁机想敲他一笔。他打开钱包，数了数，然后威胁印度人说："我的钱包里装了70枚金币，现在只剩下60枚了，你快把拿去的10枚交出来，要不然我就对你不客气了。"印度人怎么也没想到这个英国佬会这样反咬一口。他想争辩，可是英国军官蛮不讲理。最后英国军官将他带到了警察局。警察记下了案情，又把他送到了法院。

法官听了各自的陈述，再打开钱包看了看，心想：要是这个印度人贪心，就不必还给他钱包了，又何必要10枚金币呢？再说，这个钱包已经很满，不要说再装10枚，就是再装进一枚也很困难。一定是英国佬仗势欺人。想到这里，法官开始裁决。

法官另外拿出10枚金币交给那位英国军官，说："请你把这10枚金币装进钱包。"英国军官费了全身力气，想把金币塞进钱包，可怎么也装不进去。

法官见此情形，拿过钱包，交给印度人，说："很清楚，这钱包是你的，那位军官的钱包大，能装70枚金币，而这只钱包只能装60枚。军官，你还是到别处找你的钱包去吧!"

英国军官偷鸡不成，反蚀把米，只好自认倒霉。

贪多必失，这是一条千古颠扑不破的真理，也是哈佛教授常给学生们讲述的做人箴言。贪婪是一个玩火自焚的游戏，最终一定是引火上身而不自知的下场。

在人类历史发展的过程中，贪婪完全可以说是人类最大的敌人。托尔斯泰说："欲望越少，人生就越幸福。"同理，我们也可以说欲望越多，就越容易致祸。的确，古往今来，多少人欲壑难填，多少人被贪婪打败。

事实上，我们所拥有的并不少，仅仅是因为欲望太多就使自己不满足，甚至憎恨别人所拥有的或期望比别人拥有更多，以致心里产生忧愁、愤怒和不平衡。欲望太多，就会导致心理贫穷。

所以，生活中，我们一定要减少欲望，懂得舍弃，只有这样才能从贪婪中解脱，从而获得心灵的安宁。要记住，在很多事情上，做到什么程度由我们自己控制。成功的人往往适可而止，而失败的人不是做得太少就是做得太多。要记住，多并不一定带来快乐，太多却一定会招来麻烦。

爱说闲话的女孩

圣菲亚斯是16世纪深受爱戴的罗马牧师。无论是贵族还是平民，大家都很喜欢跟随在他的左右，因为他是那么富于智慧而且善解人意。

有一次，一位年轻的女孩来到圣菲亚斯面前，向他倾诉自己的苦恼。其实女孩心地不坏，只是她常常说三道四，喜欢说些无聊的闲话。这些闲话传出去后，往往会给别人造成许多伤害。久而久之，人们都离她远远的了。因为没有朋友，所以，她觉得很孤独。

圣菲亚斯对女孩说："你不应该谈论他人的缺点，我知道你也为此苦恼，现在我命令你要为此赎罪。你到市场上买一只母鸡，走出城镇后，沿路拔下鸡毛并四处散布。你要一刻不停地拔，直到拔完为止。你做完之后，就回到这里告诉我。"

女孩觉得这是非常奇怪的赎罪方式，但为了消除自己的烦恼，她没有任何异议。她买了鸡，走出城镇，并遵照吩咐拔下鸡毛。然后她回去找圣菲亚斯，告诉他自己按照他说的做了一切，圣菲亚斯说："你已完成了赎罪的第一部分，现在要进行第二部分。你必须回到你散布鸡毛的路上，捡起所有的鸡毛。"

女孩照做了，可在这时候，风已经把鸡毛吹得到处都是了。她只捡回了一些，无法捡回所有的鸡毛。

女孩回来说："我没能捡回所有的鸡毛。"

圣菲亚斯说："没错，我的孩子，你是无法捡回所有的鸡毛的。你那些脱口而出的话语不也是如此吗？你不也常常从口中吐出一些不切实际的谣言吗？你有可能跟在它们后面，在你想收回的时候就收回吗？"

女孩说："不能。"

"那么，当你想说些别人的闲话时，请闭上你的嘴，不要让这些邪恶的羽毛散落路

旁。”圣菲亚斯说。

在生活中，我们要注意控制自己的言行和情绪。尤其在想谈论别人的缺点，想说别人的坏话时更应当注意克制自己，因为有些话一旦说出来，就好像扔出去的鸡毛一样，不是想收回就能收回的。

狐狸的阴谋

一个炎热的夏天，太阳像火一样炙烤着大地，森林的动物们都在四处寻找水喝。一只狐狸发现了一眼清泉，正想喝个痛快的时候，来了一头狮子，狮子蛮横地霸占了水源。

愤怒的狐狸看见不远处有一头野猪，马上迎上去说："野猪大哥，你想喝水吗？前面正好有一眼清泉，可惜被狮子霸占了，它说那泉水是它的，谁也不准去尝一口。"极度口渴的野猪一听这句话，顿时火冒三丈，它冲到狮子面前嚷道："喂，狮子，别以为自己是兽王，就可以蛮不讲理！请让一下，我也要喝点儿水。"

狮子轻蔑地看了野猪一眼，大喝一声："住口！这是本大王的清泉，谁也甭想抢。"

它俩唇枪舌剑，越吵越凶。狮子见野猪竟敢顶撞自己，便走上前去，把野猪往边上一推，趴在那儿就要喝水。野猪也不是好惹的，它誓死要捍卫自己的尊严，所以向狮子猛冲过去，最后它们两个厮打在一起。

可是，这么热的天气，不动还让人热得受不了，更何况他们打得这么凶呢？不一会儿，他俩都气喘吁吁，决定休息一会儿再继续战斗。

这时，站在不远处的狐狸却一个劲儿地呐喊助威："野猪大哥，加油呀，争口气，好好教训教训它。"

野猪听到这句话后，觉得不能败给狮子让狐狸笑话，于是站起来又和狮子打成一团，最后狮子和野猪连爬起来的力气都没有了，狐狸却蹦跳着跑到清泉边喝了个够。

生活中，当你受到攻击、侮辱、谩骂时，你一定要冷静下来，仔细分析事情的来龙去脉，然后再采取行动，这样才能避免因为一时冲动而犯下不可挽回的错误。在这种时刻，保持一颗冷静的心，比任何方法都更有效果。只有保持冷静，你的潜能才能得到发挥，事情才会朝着有利于你的方向发展。

遇事冷静是一个人素质的体现，是理性的深刻感悟。面对变幻莫测的世界，我们必须要学会冷静，否则，即使把成功送到我们面前，我们也很可能在毛躁中遭遇失败，甚至可能会像故事中的野猪一样被他人利用。

护士怀特小姐

怀特小姐在一家儿童医院做见习护士的时候，曾经非常喜欢一个叫汤米的小男孩。汤米有着一双像弯月一样明亮可爱的大眼睛，金色的卷发柔顺地覆盖在他红润的面颊上。在怀特小姐的眼中，汤米就像教堂玻璃窗里的小天使。但是，实际上，他是一个可怜的、孤独的，内心充满恐惧的孤儿。虽然他患了传染性疾病，可怀特小姐还是非常喜欢他。当怀特小姐为汤米哼催眠曲的时候，总是想有一天自己能够成为小汤米的全职母亲。

在度假期间，怀特小姐为汤米买了几件样子可爱的玩具。假期一结束，怀特小姐便匆匆忙忙地回去上班。在向住院部走去的路上，她急切地从汤米的窗户向里看。他的床被整理得干干净净，但是，床上没有人。

"你们把汤米挪到哪里去了?"怀特小姐问夜班护士。

"噢，他在星期六的夜里死了。你不知道吗?"

一个多么不经意的回答啊！然而怀特小姐却如同听到了晴天霹雳。她失魂落魄地走进护士休息室，在那儿，她可以任眼泪恣意流淌。

"怀特小姐!"护士长斯蒂克小姐严厉地说，"上班的时间到了。擦干你的眼泪，开始工作。现在就开始!"

听了她的话，怀特小姐所有的伤心和难过全部都发泄到了眼前这个"冷酷且冷漠"的女人身上。

"你怎能这样漠不关心呢?"怀特小姐冲护士长大声喊道，"汤米短暂的一生就这么结束了，而他甚至还没有一个妈妈去关心他，他是多么不幸啊！你关心过他，或者是关心过其他任何一个小孩子吗？不！你只是说'怀特小姐，去工作。假装一切都和以前一样。'噢，这不一样，我在意，我爱那个孩子!"眼泪像洪水一样从怀特小姐的眼睛里流淌下来。

"怀特小姐，"护士长斯蒂克小姐轻轻地把一方手帕放在怀特小姐的膝盖上，她的声音低低的，有些沙哑地说道，"在工作中，我们会遇到很多像汤米一样的孩子，如果我们不控制自己的感情，他们会把我们的心给毁掉。你和我的心都应该像果冻一样，是一种凝胶体，我们必须学会控制自己的情绪，不断去寻找方法宽慰自己，使自己更理智地面对悲剧。我们必须给予每一个孩子平等的注意力。"

斯蒂克小姐把怀特小姐脸上的眼泪擦干，继续对她说："如果你知道汤米并不是一个人孤独地死去，也许会觉得有一点安慰。死亡是从我的怀里把他带走的。"

怀特小姐和斯蒂克小姐一起坐在那儿，一起为死去的汤米哭泣。然后，她们抹去脸上的泪水，换上一副清新的微笑走出休息室，去爱护关心所有由她们看护的孩子们。

人是有感情的动物，但有时候我们需要用理智来克制自己冲动的情绪，保持冷静才能正确地面对自己的工作和生活。过喜过忧都对我们的健康生活不利，它们时刻都在挑战我们的心智。不被喜悦冲昏头脑，不为痛苦所淹没，这是成熟的象征。

睿智的老板

有一家电脑公司，赶了一批货交给一家新开发的客户，交货之后，却迟迟等不到客户将货款汇来。两个星期后，老板亲自到客户的公司拜访。老板在该公司等了很长一段时间之后，得到一张可立即兑现现金的支票。

老板拿着支票赶到银行，但是柜台小姐告诉他，这个账户内的存款不足，支票无法兑现。老板明白是那个客户故意要诈，想要刁难他，原本他想立刻冲回客户的公司和他大吵一架。但是，这个老板一向秉持着“和气生财”的经营原则，所以他压下自己的怒气，向银行的柜台小姐询问这张支票为什么无法兑现，到底差了多少钱。由于老板的态度很诚恳，所以柜台小姐也很热心地帮他查询。查询的结果是，户头内只剩下 9 万 8 千元，跟他的支票金额只差了 2000 元。

正如老板所料，这个客户是存心和他过不去。老板灵机一动，从身上拿出两千元，请柜台小姐帮他存到客户的账号里，补足支票的面额 10 万元后，再将支票轧进去。这样，他顺利地领到货款了。

其实，这位老板完全可以理直气壮、怒气冲冲地跑到客户的公司去抱怨，但是他却没有这么做。因为他知道，要是他这么做的话，不但浪费自己的时间，而且也会因此永远失去这个客户。所以，他把时间花在解决问题上，而不是用来制造新的问题。

面对自己始料不及的情况时，很多人往往会失去理智并迁怒于他人，但这样只会把问题弄得更糟。如果我们把生气的时间花在解决问题上，那么事情就会变得顺利多了。

温和能够为你带来好运

第二次世界大战期间，丹尼尔先生为了躲避战争逃到了瑞典，身无分文的他很需要找份工作。由于他能说会道，并能写好几国的语言文字，所以他希望能够在一家进出口公司里找一份秘书工作。可是，绝大多数的公司都回信拒绝了他。甚至一家公司在写给丹尼尔的信上说：“你对我生意的了解完全错误。你既差又笨。我根本不需要任

何替我写信的秘书。即使我需要，也不会请你，因为你连瑞典文也写不好，信里全是错字。”

当丹尼尔看到这封信的时候，简直气得发疯。于是，他也写了一封措辞激烈的信回敬该公司。但接着他对自己说：“等一等，瑞典文并不是我家乡的语言，也许我确实犯了很多我并不知道的错误。如果是那样的话，我想要得到一份工作，就必须再努力地学习。此人可能帮了我一个大忙，虽然他本意并非如此。他用这种难听的话来表达他的意见，并不表示我就不亏欠他，我应该写信感谢他一番。”

于是，丹尼尔另外写了一封信说：“您这样不嫌麻烦地写信给我实在是太好了，尤其是您并不需要一个替你写信的秘书。对于我把贵公司的业务弄错的事我觉得非常抱歉，我之所以写信给您，是因为我向别人打听，而别人把您介绍给我，说您是这一行的领导人物。我并不知道我的信上有很多语法上的错误，我觉得很惭愧，也很难过。我现在打算更努力地去学习瑞典文，以改正我的错误，谢谢您帮助我走上改进之路。”

不到几天，丹尼尔就收到了那个人的信，请丹尼尔去看他，丹尼尔因此得到了一份工作，丹尼尔由此发现温和的回答能带来好运。

温和的回答能够给一个人带来好运，当我们面对一件令人生气的事情时，愤怒应对只会让事情变得更糟，如果采用温和的态度来对待，说不定坏事也可以变成好事。

控制情绪的玻璃球

芬妮是一个脾气暴躁，容易出现情绪波动的女孩，经常因为小事和别人吵架，她的人际关系因此愈来愈紧张，男友也难以忍受她的坏脾气，和她分手了。终于有一天，她觉得自己已经处于崩溃边缘。

她打电话向她的一个朋友詹森求救。詹森向她保证：“芬妮，我知道现在对你来说是有点糟，可是只要经过适当的指引，一切就会好转。”

“你现在的第一件事是让自己安静下来，好好地享受一下宁静的生活。”

听了詹森的话，芬妮开始试着放弃先前忙碌的生活，好好地放松一下自己，给自己休了一个长假。当她已经稳定了一段时间之后，詹森又建议道：“在你发脾气之前，不妨想想，究竟是哪一点触动了你？”

“你可以拥有两种思考，一种是让每件事情都在脑海里剧烈地翻搅，另一种则是顺其自然，让思想自己去决定。”说着，詹森拿出了两个透明的刻度瓶，然后分别装了一半刻度的清水，随后又拿出了两个塑料袋。芬妮打开来，发现分别是白色和蓝色的玻璃球。詹森说：“当你生气的时候，就把一颗蓝色的玻璃球放到左边的刻度瓶里；当你

克制住自己情绪的时候，就把一颗白色的玻璃球放到右边的刻度瓶里。最关键的是，现在，你该学会控制自己的情绪，如果你不试着控制自己的情绪，你会继续把你的生活搞得一团糟。”

此后的一段时间内，芬妮一直照着詹森的建议去做。后来，在詹森的一次造访中，两个人把两个瓶中的玻璃球都捞了出来。他们同时发现，那个放蓝色玻璃球的水变成了蓝色。原来，这些蓝色玻璃球是詹森把水性蓝色涂料染到白色玻璃球上做成的，这些玻璃球放到水中后，蓝色染料溶解到水中，水就成了蓝色。詹森借机对芬妮说：“你看，原来的清水投入‘坏脾气’后，也被污染了。你的言行举止，是会感染别人的，就像玻璃球一样。当心情不好的时候，要控制自己。否则，坏脾气一旦投射到别人身上的时候，就会对别人造成伤害，再也不能恢复到以前。所以一定要控制好自己的言行。”

芬妮后来发现，按照詹森的建议去做时，人真的不会那么混沌了，事情也容易理出头绪。在此之前，她的心里早已容不下任何新的想法和三思而后行的念头，已经形成了一种忧虑的习性，这些让她恐惧慌乱而情绪化。

当詹森再次造访的时候，两个人又惊喜地发现，那个放白色玻璃球的刻度瓶竟然溢出水来——看来芬妮对自己的克制成效不小。慢慢地，芬妮已学会把自己当成一个思想的旁观者，来看清自己的意念。一旦有了不好的想法就很快发现，想法失控的时候就及时制止。这样持续了 1 年，她逐渐能够信任自己并且静观其变，生活也步入正轨，并重新得到了一个优秀男士的爱，美好在她的生活中渐渐展现。

当你要发脾气的时候，应该做的第一件事就是尽量让自己安静和放松下来，想一想目前出现了什么情况，而不是顺其自然让脾气发作，被情绪牵着走。

马克和乔森

马克和乔森在大学里既是知心好友又是同班同学，更巧的是他俩同时接到同一家公司的录用通知书，并且还分在同一个部门——市场部。两人自是非常高兴，都下决心一定要在新的工作环境中更加努力，并且一定做出一些成绩来。

由于刚参加工作，两人多多少少都有一些不太适应，年终总结大会时，两人的业绩也都不是很理想。看到自己在公司业绩排行榜中始终处于最低的位置，两人的情绪大不一样。马克与部门经理认真分析了造成业绩不好的原因，并觉得一次评估并不能代表一切。于是在他调整好了自己的情绪后，又以更大的热情投入到工作中，他认真钻研业务，凡事都虚心向人请教，还积极参加公司组织的业务培训班，业绩很快得到提升。

而乔森看到业绩单后则是很愤怒地将其揉作一团，扔进垃圾筐里，并垂头丧气地独自离开。在日后的工作中，他也无精打采，连公司安排的最低工作任务，也完成不了，每次月底评估的业绩不仅没上涨，反而下滑了很多。马克找到他，他也不理不睬，总是独自一人待着，最终因不能胜任工作被公司炒了鱿鱼。

在我们做的许多事情当中，总有受到情绪影响的时候。因此，我们必须掌控好自己的情绪。

当你无法控制住自己的情绪，你的一生很可能会毁在你的冲动上面。如果你真希望改变自己的一生，不妨每天 5 次，每次 1 分钟地面对镜子摆出你的大笑脸。千万别小看这个看起来有点傻傻的动作，只要你够勤快，它便能使你的神经系统搭上线，进而形成一条渠道，促使你养成快乐的习惯。

球王贝利不抽烟

世界球王，被人们称为“黑珍珠”的巴西足球运动员贝利，自幼酷爱足球运动，并很早就显示出他超人的才华。

有一次，小贝利参加了一场激烈的足球赛，累得喘不过气来。

休息时，贝利向小伙伴要了一支烟。他得意地吸起烟，嘴里吐出一缕缕淡淡的烟雾。小贝利有点陶醉了，似乎刚才极度的疲劳也烟消云散了。

这一切，全被他父亲看到了，父亲的眉头皱起了一个大疙瘩。

晚上，父亲坐在椅子上问贝利：“你今天抽烟了？”

“抽了。”小贝利意识到自己做错了事，红着脸，低下了头，准备接受父亲的训斥。

但是，父亲并没有发火。他从椅子上站起来，在屋里来来回回走了好一阵子，才平静地对贝利说：“孩子，你踢球有几分天资，也许将来会有出息。可是，抽烟会损坏身体，你现在要是抽烟了，你在比赛时就发挥不出应有的水平。”

小贝利的头更低了。父亲又语重心长地接着说：“作为父亲，我有责任教育你向好的方向努力，也有责任制止你的不良行为。但是，无论向好的方向努力，还是向坏的方向滑去，做决定的都是你自己。我只想问问你，你是愿意抽烟呢？还是愿意做个有出息的运动员呢？孩子，你该懂事了，自己选择吧！”说着，父亲还从口袋里掏出一沓钞票，递给贝利，并说道：“如果你不愿意做个有出息的运动员，执意要抽烟的话，这点钱就作为你抽烟的经费吧！”父亲说完便走了出去。

小贝利望着父亲远去的背影，仔细回味父亲那深沉而又恳切的话语，不由得哭了。

他哭得好难过，过了好一阵，才止住哭声。小贝利猛然醒悟了，他拿起桌上的钞票还给了父亲，并坚决地说："爸爸，我再也不抽烟了，我一定要做个有出息的运动员。"

从此以后，贝利不但与烟无缘，还刻苦训练，球艺飞速提高。15 岁参加桑拖斯职业足球队，16 岁进入巴西国家队，并为巴西队永久占有"女神杯"立下奇功。如今，贝利已成为拥有众多企业的富翁，但他仍然不抽烟。

自制是种力量，更是一些难得的品质。许多原本特别优秀的人由于缺乏应有的自制力，因而走上了歧途。比如打架、斗殴、吸毒等违法犯罪行为，常常是由于自制力的匮乏，而非他们本性所致。

因此，我们作为社会群体中的一员，更应该懂得自制，学会自制自己的不理性行为。

国王与猎鹰

有一位骁勇善战的国王，他带领军队进军中原与波斯，攻占了许多领土。很多国家的人都在讲述他的英勇战绩，人们说，自亚历山大大帝以来，还没有像他这样的帝王。

一天上午，打完仗回家后，他骑马到林中打猎。他的许多朋友和他在一起，他们手拿弓箭，欢快地驱马奔腾。仆人与猎狗跟在后面。

这次狩猎非常愉快，森林里荡漾着他们的欢声笑语。国王打算在傍晚时满载猎物而归。他的手腕上站着心爱的猎鹰。在那个时代，人们训练鹰用来狩猎。听到主人一声命令，鹰就会立即飞向高空，四处寻找猎物，一旦发现一只野鹿或兔子，就会像离弦的箭向猎物俯冲而去。国王与同伴们整整一天都在树林中驰骋，但发现的猎物却没有他们预想的那么多。

接近傍晚时，国王打算回家。国王经常在树林中穿行，对各条路都很熟悉。其他人抄近路往回赶，而他却选了一条穿越山谷、路途较远的路。

天气很热，国王非常渴。他心爱的猎鹰已经从他的手腕上飞走，猎鹰一定能够找到回家的路。

国王沿路信马由缰。他以前在这条路附近看到过一股清澈的泉水，要是现在能找到它，该多好啊！但是夏日炎炎，山涧的许多小溪已经干涸了。

让他喜出望外的是，他终于在一块岩石底下发现了一丝细流。他知道远处一定有泉水，在湿润的季节，这里总有一股溪水在流淌，但是现在却只有水滴在渗出。

国王下马，从打猎用的袋子中取出一个很小的银杯，然后双手捧着杯子去接水。

要把水杯接满，需要很长一段时间。国王渴得要命，简直再也等不下去了。水杯终于快接满了，他赶紧把杯子端到嘴边，正要喝，突然天空中传来一阵呼啸声，他手中的水杯被打落在地，杯中的水洒在地上。

国王抬头，却发现是自己心爱的猎鹰打落了杯子。

猎鹰围着国王飞了几圈，然后落到泉水旁的岩石丛中。

国王捡起水杯，又去接水。

这次他再也等不了刚才那么长的时间了。刚接了半杯水，他就迫不及待地端到唇边。然而还没等他喝进口，那猎鹰又俯冲下来，将水杯从他的手中打落。

国王开始生气了。他又试了一次，但那猎鹰还是没有让他成功。

国王这次真的生气了。

“你怎么胆敢这样做?”他喊道，“如果我抓住你，一定要把你的脖子拧断。”然后，他又开始接水。但是这次在喝水之前，他抽出了腰间的宝剑。

“嘿，猎鹰先生，”他说道，“这可是最后一次了。”

他还没有说完，那猎鹰就俯冲下来，把他的水杯打翻在地。然而国王也做好了准备，他手中的宝剑一挥，正好砍在猎鹰的身上。

可怜的猎鹰跌落在地，血如泉涌，不一会儿就死在了主人的脚下。

“这是你罪有应得。”国王说道。

他转身开始找水杯，却发现水杯已经滚到两块石头之间，无法取出了。

“不管怎样，我必须喝点泉水。”他自言自语道。

想到这里，他开始沿着陡峭的石壁向泉水的源头爬去。路很不好走，他越往上爬，越是感到干渴难忍。

最后他终于来到了目的地。那里确实有一个小水潭。但水潭中躺着一个什么东西，差不多把水潭都填满了，原来是一条带有剧毒的死蛇。

国王停住脚步，他忘记了干渴，想起了死去的猎鹰。

“原来是猎鹰救了我一命，”他大声喊道，“而我刚才却那样回报它。它是我最好的朋友，我却把它杀死了。”

他爬下石壁，轻轻将猎鹰拾起，放到行李袋中。然后上马，疾驰而归。他对自己说：“今天我吸取了一条惨痛的教训，那就是，无论干什么，千万不要意气用事。”

如此忠诚的猎鹰，却因国王的意气用事而不幸失去生命，实在令人痛心。从中也让我们可以感悟到：做事切勿盲目。特别是我们个人的成长中在对待目标的问题上更应如此。

既然，一个人确立的目标或者理想有可能出错，那么我们在做一件事之前就必须记住：三思而后行。

生存还是毁灭

约翰尼·卡特早有一个梦想——当一名歌手。参军后，他买到了自己有生以来的第一把吉他。他开始自学弹吉他，并练习唱歌，他甚至自己创作了一些歌曲。服役期满后，他开始努力工作以实现当一名歌手的夙愿，可他没能马上成功。没人请他唱歌，就连电台唱片音乐节目广播员的职位也没能得到。他只得靠挨家挨户推销各种生活用品维持生计，不过他还是坚持练唱。他组织了一个小型的歌唱小组在各个教堂、小镇上巡回演出，为歌迷们演唱。最后，他灌制的一张唱片奠定了他音乐工作的基础。他吸引了 2 万名以上的歌迷. 获得了金钱、荣誉，并在全国电视屏幕上露面。他对自己坚信不疑，这使他获得了成功。然而，卡特又接着经受了第二次考验。经过几年的巡回演出，他被那些狂热的歌迷拖垮了，晚上须服安眠药才能入睡，而且还要吃些“兴奋剂”来维持第二天的精神状态。他开始沾染上一些恶习——酗酒、服用催眠镇静药和刺激兴奋性药物。他的恶习日渐严重，以致对自己失去了控制能力，他不是出现在舞台上而是更多地出现在监狱里。到了 1967 年，他每天须吃一百多片药物。

一天早晨，当他从佐治亚州的一所监狱刑满出狱时，一位行政司法长官对他说：“约翰尼·卡特，我今天要把你的钱和麻醉药都还给你，因为你比别人更明白你能充分自由地选择自己想干的事。看，这就是你的钱和药片，你现在就把这些药片扔掉吧，否则，你就去麻醉自己，毁灭自己，你选择吧！”

人的一生要面临不同的诱惑与选择，大大小小、林林总总，有的无足轻重，有的则事关生死，如何去做事，每个人心中都应当有一杆秤。

著名的戏剧家莎士比亚在名剧《哈姆雷特》中，用句“To be or not to be? That’sa question.”将生命的意义摆在我们面前。的确，生存还是毁灭，这是个值得深思的问题。

命运的严肃性使得我们必须学会选择，在面对一些可能致命的诱惑前，一定要学会自制，这是来自我们内心的力量。

暴躁的巴顿

1943 年，巴顿在去后方医院探访时，发现一名士兵蹲在帐篷附近的一个箱子上，显然没有受伤，巴顿问他为什么住院，他回答说：“我觉得受不了了。”医生解释说他得了“急躁型中度精神病”，这是第三次住院了，巴顿听罢大怒，多少天积累起来的火气一下子发泄出来，他痛骂了那个士兵，用手套打他的脸，并大吼道：“我绝不允许这样的胆小鬼躲藏在这里，他的行为已经损坏了我们的声誉！”说完后他气愤地离开。第二次又见一名未受伤的士兵住在医院里，巴顿顿时变脸，问：“什么病?”士兵哆嗦着答道：“我有精神病，能听到炮弹飞过，但听不到它爆炸。”（炸弹恐惧症）巴顿勃然大怒，骂道：“你这个胆小鬼！”接着打他耳光，“你是集团的耻辱，你要马上回去参加战斗，但这太便宜你了，你应该被枪毙。”说着便拿出手枪在他眼前晃动。很快巴顿的行为传到艾森豪威尔耳中，他说：“看来巴顿已经达到顶峰了……”

狂躁易怒的性格，使本有前途的巴顿没有再晋升一步，面对有心理障碍的士兵，不是认真了解情况，加以鼓励，而是大打出手，完全失去了一个指挥官应有的风度修养，破坏了在人们心目中的形象，因此失去了攀上顶峰的机会，“遗憾”之余，让人想起了一句老话：性格决定命运。

俗话说：“怒从心头起，恶向胆边生。”暴躁是一种特殊情况下痛苦和压抑毫无理性的释放。暴躁是在听到不顺耳的话或遇见不如意的事的时候，火气不加克制的喷发。暴躁的人，容易让健康过早地逝去，而且经常表现为精神恍惚，无精打采的状态。平和是化解暴躁的一剂良药，只要拥有了平和，我们就能抚平暴躁的心。

九、享受诗意的生活

温暖的脚

有一次，我换班的时候在外面扫地，看见一名老妇人坐在角落。她身穿旧式印花洋装，褪色的黄毛衣，一双褴褛的黑鞋。那一晚奇冷无比，我不禁注意到她没穿袜子。

我问她袜子在哪里，她说她连一双袜子也没有。我低头看着这位瘦弱的老妇，我知道她需要的东西很多，不过那时我能给她的就是一双温暖的袜子。我脱下运动鞋，拉下白色的新袜子，就在停车场上把袜子穿在了她的脚上。我想这只不过是举手之劳，可是她的回答叫我终生难忘。她用充满爱意的眼神抬头看着我，仿佛祖母看着自己的孙子，她说：“谢谢你，非常谢谢你。如果有什么是我最爱的，那就是晚上睡觉有双暖和的脚。这种感觉我已经记不得了。”那晚我开车回家，内心洋溢着喜悦。

隔天晚上我在那间热汤供应站轮班时，有两名警察走进来。他们想打探一个女人的消息，她的邻居发现她死了。他们拿那个女人的照片给我看，她就是接受了我的袜

子的那个人。

我难过地问："发生了什么事?"

警察告诉我，她是个老寡妇，没家人也没什么朋友。她住在一间没有暖气的简陋房子里，就在两条街外。有位邻居偶尔去看她，就发现她死了。警察抬起头来继续说："你知道吗？验尸官处理尸体的时候，我也在场。很奇怪，我看到她一脸祥和。她面部的表情既满足、安详又平静。我希望我走的时候也能看起来像那个样子。"

我想起了我把袜子穿在她脚上时她所说的话："如果有什么是我最爱的，那就是晚上睡觉时有双暖和的脚。"

所谓内心的快乐，是一个人过着健全的、正常的、和谐的生活所感到的快乐。放飞心灵，你将收获快乐。生命有时虽然黯淡，但只要心中有月，眼中有星，心灵就会感受到一抹光亮。给生活一个微笑，你将收获满满一篮子的快乐与幸福。

快乐的种子在哪里

上帝把一捧快乐的种子交给幸福之神，让她撒播到人间，如果人们能够找到这些快乐的种子，就可以获得幸福和快乐。

上帝告诉幸福之神，快乐不能那么轻易地被人找到，否则人们不会懂得珍惜。幸福之神点点头，满怀信心地接受了这个任务。

幸福之神临行前，上帝不放心地问她："你准备把它们撒在什么地方呢?"幸福之神昂起头，胸有成竹地回答说："我已经想好了，我要把这些种子放在最深的海底，我希望那些想要寻找快乐的人只有在经过与惊涛骇浪的搏斗后，才能找到它。"上帝听了，微笑着摇了摇头。幸福之神很疑惑，她思考了一会儿，继续说："那我就把它们藏在高山之巅吧，让寻找快乐的人，通过艰难的长途跋涉才能发现它的存在。"上帝听了之后，又摇了摇头。

幸福之神茫然无措，她问上帝："到这两个地方寻找快乐还不够艰难吗?"上帝意味深长地对她说："你选择的这两个地方其实都不难找到。你应该把快乐的种子撒在每个人的心底。因为，人类最难到达的地方，就是他们自己的心灵。"

心就是快乐的根。快乐是发自内心的喜悦，它不是教科书里的专有名词，也不是严肃的理论，它是生活中的点点滴滴。生活中有许多美好的事物和许多快乐，关键在于我们能不能发现它。而要发现快乐，关键在我们自己。如果我们能用阳光的心态去看待一切，时时都在用心感受着周围的快乐，你会发现阳光可以一直照耀着你的心灵，温暖愉快。

快乐藏身的地方

心理学教授塞德兹因为有感于恩师詹姆斯的赏识，给他的儿子取名为威廉·詹姆斯·塞德兹，这位少年天才11岁就考进了哈佛大学。不过，对于他来讲是不是天才并不是最主要，而是要懂得享受生活，有一颗快乐的心。这个故事就是他讲述的。

传说在天堂的某一天，上帝和天使们召开一个头脑风暴会议。上帝说："我要人类在付出一番努力之后才能找到幸福快乐，我们把人生幸福快乐的秘密藏在什么地方比较好呢？"有一位天使说："把它藏在高山上，这样人类肯定很难发现，非得付出很多努力不可。"

上帝听了摇摇头。

另一位天使说："把它藏在大海深处，人们一定发现不了。"

上帝听了还是摇摇头。

又有一位天使说："我看呢，还是把幸福快乐的秘密藏在人类的心中比较好，因为人们总是向外去寻找自己的幸福快乐，而从来没有人会想到在自己身上去挖掘这幸福快乐的秘密。"上帝对这个答案非常满意。

从此，这幸福快乐的秘密就藏在了每个人的心中。

心理学家指出，每个人都已经具备使自己成功快乐的资源，像谦虚、合作精神、积极的态度，还有爱心。这些成功的特质几乎可以在每个人的身上找到，只是许多人没有把这些"成功快乐的资源"运用得好而已。

情绪、压力或困扰都不是源自外界的人、事、物，而是由自己的信念和价值观产生出来的，有能力为自己制造出困扰的人，当然也有能力替自己消除困扰。相信自己有能力或凡事有可能，是对自己成功快乐最有效的保证。

要记住，生活乐趣的大小是随我们对生活的关心程度而定的。

老人的回答

一位老人，每天都要坐在路边的椅子上，向开车经过镇上的人打招呼。有一天，他的孙女在他身旁，陪他聊天。这时有一位游客模样的陌生人在路边四处打听，看样子想找个地方住下来。

陌生人从老人身边走过，问道："请问大爷，住在这座城镇还不错吧？"

老人慢慢转过身来回答："你原来住的城镇怎么样？"

游客说："在我原来住的地方，人人都很喜欢背后议论人。邻居之间常说对方的闲话，总之那地方很不好住。我真高兴能够离开，那不是个令人愉快的地方。”摇椅上的老人对陌生人说：“那我得告诉你，其实这里也差不多。”

过了一会儿，一辆载着一家人的大车在老人旁边的加油站停下来加油。车子慢慢驶进加油站，停在老人和他孙女坐的地方。

这时，一位中年人从车上走下来，向老人说道：“住在这座城镇不错吧？”老人没有回答，又问道：“你原来住的地方怎样？”中年人看着老人说：“我原来住的城镇每个人都很亲切，人人都愿帮助邻居。无论去哪里，总会有人跟你打招呼，说谢谢。我真舍不得离开。”老人看着这位中年人，脸上露出和蔼的微笑：“其实这里也差不多。”

车子开动了。中年人向老人说了声谢谢，驱车离开。等到那家人走远，孙女抬头问老人：“爷爷，为什么你告诉第一个人这里很可怕，却告诉第二个人这里很好呢？”老人慈祥地看着孙女说：“不管你搬到哪里，你都会带着自己的态度；那地方可怕或可爱，全在于你自己。”

在交际中，我们对待别人的态度直接影响别人对待我们的态度，当你抱怨自己周围人际冷漠，觉得处处有人与自己作对时，不妨反省一下自己平时的态度和行为，看看问题是不是出在自己身上。

一切都会过去

古希腊有一位国王，拥有至高无上的权势、享用不尽的荣华富贵，但他并不快乐。他可以主宰自己的臣民，却难以操控自己的情绪，种种莫名其妙的焦虑和忧郁不时让他闷闷不乐、寝食难安。

于是，他召来了当时最负盛名的智者苏菲，要求他找出一句人间最有哲理的箴言，而且这句浓缩了人生智慧的话必须有一语惊心之效，能让人胜不骄、败不馁，得意而不忘形、失意而不伤神，始终保持一颗平常心。苏菲答应了国王，条件是国王将佩戴的那枚戒指交给他。几天后，苏菲将戒指还给了国王，并再三劝告他：“不到万不得已，别轻易取出戒指上镶嵌的宝石，否则，它就不灵验了。”

没过多久，邻国大举入侵，国王率兵拼死抵抗，但最终整个城邦沦陷于敌手。国王四处逃命。

有一天，为逃避敌兵的搜捕，他藏身在河边的茅草丛中，当他掬水解渴，猛然看到自己的倒影时，不禁伤心欲绝——谁能相信如今这个蓬头垢面、衣衫褴褛的人，就是那个曾经气宇轩昂、威风凛凛的国王呢？

就在他双手掩面欲投河轻生之际，他想到了戒指。他急切地抠下了上面的宝石，只见宝石里侧镌刻着一句话——这也会过去。

顿时，国王的心头重新燃起希望的火花。从此，他忍辱负重、卧薪尝胆，重招旧部并东山再起，最终赶走了外敌，赢回了王国。

而当他再一次返回王宫后，所做的第一件事便是将“这也会过去”这句五字箴言，镌刻在象征王位的宝座上。

后来，他被誉为最有智慧的国王而名垂青史。据说，在临终之际，他特意留下遗嘱：死后，双手空空地露出灵柩之外，以此向世人昭示那五字箴言。

普希金说，一切都是暂时的，转瞬即逝……因此，在我们身处顺境时，要学会惜福与感恩；身处逆境时，要学会坚忍和等待，要相信逆境只是暂时的。告诉自己：这也会过去，一切都将会过去。

幸福的味道

从前，有一个人，他生前善良且热心助人，所以在他死后，升上天堂，做了天使。他当了天使后，仍时常到凡间帮助人，希望感受到幸福的味道。

一日，他遇见一个农夫，农夫的样子非常苦恼，他向天使诉说：“我家的水牛病死了，没它帮忙犁田，那我怎能下田作业呢？”

于是天使赐他一头健壮的水牛，农夫很高兴，天使在他身上感受到幸福的味道。

又一日，他遇见一个男人，男人非常沮丧，他向天使诉说：“我的钱被骗光了，没盘缠回乡。”

于是天使给他银两做路费，男人很高兴，天使在他身上感受到幸福的味道。

又一日，他遇见一个诗人，诗人年轻英俊、有才华且富有，妻子貌美而温柔，但他却过得不快活。

天使问他：“你不快乐吗？我能帮你吗？”

诗人对天使说：“我什么都有，只欠一样东西，你能给我吗？”

天使回答说：“可以。你要什么我都可以给你。”

诗人直直地望着天使：“我要的是幸福。”

这下子把天使难倒了，天使想了想，说：“我明白了。”

然后把诗人所拥有的都拿走了。

天使拿走诗人的才华，毁去他的容貌，夺去他的财产和他妻子的性命。

天使做完这些事后，便离去了。

一个月后，天使再回到诗人的身边，他那时饿得半死，衣衫褴褛地在躺在地上

挣扎。

于是，天使把他的一切还给他。

然后，又离去了。

半个月后，天使再去看诗人。

这次，诗人搂着妻子，不住向天使道谢。

因为，他得到幸福了。

幸福是什么？一千个人有一千种答案。幸福本没有绝对的定义，在梭罗看来也许淳朴的生活就是幸福，在林肯总统看来也许是国家的安定团结……你的幸福就是你此刻能拥有与已拥有的一切，人应当懂得感恩和知足。

凡事多往好处想

艾伦还是单身汉的时候，和几个朋友一起住在一间只有七八平方米的小屋里。尽管生活非常不便，但是，他一天到晚总是乐呵呵的。

有人问他："那么多人挤在一起，连转个身都困难，有什么可乐的？"

艾伦说："朋友们在一起，随时都可以交换思想，交流感情，这难道不是很值得高兴的事吗？"

过了一段时间，朋友们一个个相继成家了，先后搬了出去。屋子里只剩下了艾伦一个人，但是他每天仍然很快活。

那人又问："你一个人孤孤单单的，有什么好高兴的？"

"我有很多书啊！一本书就是一个老师。和这么多老师在一起，时时刻刻都可以向它们请教，这怎能不令人高兴呢？"

几年后，艾伦成了家，搬进了一座大楼里。这座大楼有七层，他的家在最底层。底层在这座楼里环境是最差的，楼上的住户总是往楼下泼污水，丢死老鼠、破鞋子、臭袜子和杂七杂八的脏东西，那人见他还是一副自得其乐的样子，好奇地问："你住这样的房间，也感到高兴吗？"

"是呀，你不知道住一楼有多少妙处啊！比如，进门就是家，不用爬很高的楼梯；搬东西方便，不必费很大的力气；朋友来访容易，用不着一层楼一层楼去叩门询问……特别让我满意的是，可以在空地上养一丛一丛的花，种一畦一畦的菜，这些乐趣呀，数之不尽啊！"艾伦情不自禁地说。

过了一年，艾伦把一层的房间让给了一位朋友，这位朋友家有一个偏瘫的老人，上下楼很不方便。他搬到了楼房的最高层——第七层，可是他每天仍是快快乐乐的。

那人揶揄地问："先生，住七层楼是不是也有许多好处呀！"

艾伦说："是啊，好处可真不少呢！举几个例子吧：每天上下几次，这是很好的锻炼机会，有利于身体健康；光线好，看书写文章不伤眼睛；没有人在头顶干扰，白天黑夜都非常安静。"

生活中不如意的事很多，如果你总是因为这些事情而担忧的话，那么你永远也不会有快乐的时候。因此，当自己的处境不好的时候，不妨想想艾伦的做法，凡事多往好处想想，或许你就会变得轻松快乐起来。

琼斯夫人的快乐法则

琼斯夫人已经92岁高龄了，身材娇小但仪态自若，并略带几分矜持。她每天早晨都在8点钟前穿戴完毕，头发做成时髦的样式，面部的化妆也是十分完美，而她实际上已经双目失明。今天，她要被送进一家养老院。她70岁的丈夫前不久去世了，她不得不住进养老院。

在养老院的大厅等候了数小时，当有人告诉她，她的房间已准备就绪时，她的脸上露出了甜甜的笑容。她转动步行器进入电梯，护士对她那小小的房间进行了一番描述，包括挂在窗户上的镶有小圆孔的窗帘。

"我真喜欢！"她说道，流露出的热情简直和一个8岁的孩子得到一个新的小狗一样。

"琼斯夫人，您还没有看到房间……"

"这和看不看没有什么关系，"她回答，"快乐是你事先决定好的。我喜欢不喜欢我的房间并不取决于家具是怎样安排的，而在于我怎样安排我的想法。我已经决定喜欢它……"

"这是我每天早晨醒来后做的决定：我可以选择接受变化，并且在种种变化中寻找最佳；我还可以选择担忧那些可能永远不会发生的'假如'。我可以整天躺在床上，琢磨我身体哪些部分不灵了，给我带来这样或那样的困难；我也可以从床上起来，对我身体还有许多部位能工作心怀感激。每一天都是一份礼物，只要我睁开眼睛，我就决定不去老想那些已经'发生在我身上'的事情，而是专注于我已使之发生的事情，我有5条简单易行的快乐法则：1. 心中不存憎恨；2. 脑中不存担忧；3. 生活简单；4. 多点给予；5. 少点期盼。"

多么聪明而睿智的老人，从不给自己"找不快乐"，这要求她的胸襟多么宽广、豁达。每个人都有自己的想法，怎么想是由自己决定的。同样，每个人都有自己的快乐，

想不想快乐也是由自己决定的。自己的想法由自己来安排，自己的快乐也由自己来安排，这样才能拥有快乐的生活。

上帝是公平的

有一位事业上一帆风顺的女高音歌唱家，年纪轻轻就已经举世闻名。更幸运的是，在别人看来，她拥有一个幸福美满的家庭，有一个善解人意的丈夫和一个活泼可爱的儿子。

在一次成功的音乐会之后，歌唱家和她的丈夫、儿子被一群狂热的观众团团围住。人们七嘴八舌地与歌唱家攀谈起来，赞美与羡慕之词洋溢了整个会场。

有的人恭维歌唱家技艺高超，大学刚毕业就走进了国家级剧院，成了一名主要演员；有的人恭维歌唱家 25 岁就被评为世界十大女高音之一，年轻有为；也有的恭维歌唱家有一个优秀的丈夫，而膝下又有个活泼可爱，脸上永远绽放着笑容的小男孩。

在人们议论的时候，歌唱家只是静静地听，什么也没有表示。当大家把话说完后，她才缓缓地说："首先我要谢谢大家对我和我家人的赞美，我希望在这些方面能够和你们共享快乐。但是，你们只看到了一个方面，还有另一方面你们没有看到，那就是你们夸奖的活泼可爱，脸上总带着微笑的小男孩，是一个不会说话的哑巴，而且他还有一个经常要被关在屋里的精神分裂的姐姐。"

人们震惊了，你看看我，我看看你，似乎很难接受这样的事实。这时，歌唱家又心平气和地对人们说："这一切说明什么呢？恐怕只能说明一个道理，那就是，上帝是公平的，给谁的都不会太多。"

每个人都有自己的得意事，也有不为人知的心酸。因此，要想保持快乐的心情，就要懂得只看自己拥有的，不看自己欠缺的。

因为每个人的人生都有不如意，正所谓"人生不如意事十之八九"，快乐的人不是因为他们总遇到开心的事情，而是由于他们习惯常思"一二"。

寻找快乐

一天，一个终日愁苦的青年去拜见一位大师，想要求得获得快乐的良方。大师说："只有世界上你认为最好的东西才能使你快乐。"于是，他辞别妻儿，开始寻找世界上最好的东西。

他首先遇到了一位重病患者，他问："你知道世界上最好的东西是什么吗？"病人无精打采地看了他一眼，说："那还用问吗？当然是健康的体魄。"青年想，健康我每天都拥有，那算不上世界上最好的东西。第二天，他遇见了一个正玩耍的小孩，他问："你说世界上最好的东西是什么？"孩童眨着眼睛告诉他："是一大堆玩具。"这个人无奈地摇了摇头，继续去寻找世界上最好的东西。接着，他先后遇到了一个老者、一个商人、一个画家、一个囚犯、一个母亲和一个女孩。老者说："年轻是世界上最好的东西。"商人说："利润是世界上最好的东西。"画家说："色彩是世界上最好的东西。"囚犯说："自由是世界上最好的东西。"母亲说："我的孩子是世界上最好的东西。"女孩说："我爱过一个青年，他脸上那灿烂的笑容是世界上最好的东西。"

他对这些答案都很失望，最后，他穿过熙熙攘攘的人群，带着各种奇怪的答案又回到了大师那里。大师见他回来了，微笑着说："先不要去追究你的问题，它永远不会有唯一的答案。现在你来回答我这个问题——你最喜欢的东西和情景是什么？"

此时，青年饥肠辘辘、蓬头垢面。他想了一会儿，对大师说："我出门很多天了，我想念我亲爱的妻子和可爱的孩子，想念一家人冬天围着火炉谈笑的情景……"说到这里，他长叹一声："那是我现在最喜欢的东西！"大师拍了拍他的肩，说："现在回去吧！你最好的东西就在你的家里，它们可以使你快乐起来。"青年疑惑地问："可我就是从那里走出来的啊？"大师笑了，说："你出来之前，不知道自己喜欢什么东西；你出来之后——比如现在，你已经知道自己喜欢什么样的东西了，而那些会给你快乐。"

现实生活中，我们大多数人和这个青年一样，不知道最好的东西是什么，不知道什么东西能够给自己带来快乐，往往非常苦闷地去寻找最好的东西。在我们心中，关于快乐的答案总是各不相同，五花八门，谁也无法判断哪个更好一些。很多时候，只要我们用心去感受身边的点点滴滴，在平凡的小事中发现美丽。快乐，其实就围绕在我们身边。

享受诗意人生

一位得知自己不久于人世的老先生，在日记簿上记下了这样一篇文字：

如果我可以从头活一次，我要尝试更多的错误，我不会再事事追求完美。

我情愿多休息，随遇而安，处事糊涂一点，不对将要发生的事处心积虑地计算着。其实人世间有什么事情需要斤斤计较呢？

可以的话，我会多去旅行，翻山涉水，再危险的地方也要去一去。以前不敢吃冰淇淋，是怕健康有问题，此刻我是多么的后悔。过去的日子，我实在活得太小心，每一分每一秒都不容有失，太过清醒明白，太过合情合理。

如果一切可以重新开始，我会什么也不准备就上街，甚至连纸巾也不带一块，我

会放纵地享受每一分、每一秒。如果可以重来，我会赤足走出户外，甚至彻夜不眠，用这个身体好好地感觉世界的美丽与和谐。还有，我会去游乐场多玩几圈木马，多看几次日出，和公园里的小朋友玩耍。

只要人生可以从头开始，但我知道，不可能了。

生活本是丰富多彩的，除了工作、学习、赚钱、求名，还有许许多多美好的东西值得我们去享受：可口的饭菜，温馨的家庭生活，蓝天白云，花红草绿，飞溅的瀑布，浩瀚的大海，雪山与草原，大自然的形形色色，包括遥远的星系、年代久远的化石……还有诗歌、音乐、沉思、友情、谈天、读书、体育运动、喜庆的节日……

享受生活，是要努力去丰富生活的内容，努力去提升生活的质量。愉快地工作，也愉快地休闲。散步、登山、滑雪、垂钓，或是坐在草地或海滩上晒太阳。在做这一切时，使杂务中断、使烦忧消散、使灵性回归、使亲伦重现。用乔治·吉辛的话说，是过一种“灵魂修养的生活”。

为自己赚取快乐

有一对夫妻感情很好，生活也过得很富裕。丈夫在外面开了一家公司，生意红火。他没日没夜地忙碌，很少回家。女儿在外地读大学，每逢寒暑假才回家。妻子一个人在家，终日无所事事，日子过得一点也不快乐。

丈夫看到妻子在家闷闷不乐的样子，担心她闷出病来，就对她说：“你去亲戚朋友家串串门吧，跟她们聊聊天、打打麻将，你会开心的。不要整天待在家里，会很闷的。以前的生活是围着孩子转，没有自己的生活空间，现在好了，有时间了，好好利用。”

于是妻子就去亲戚、朋友、邻居家里串门、聊天、打麻将。果然开心了一段时间。但是话题聊完了，麻将打腻了，她又变得不开心了。

在家的这几天，妻子想了好多，她觉得丈夫说得很对，现在要好好规划一下，充分地享受生活，不能再这样浑浑噩噩下去了，要为自己而生活。

丈夫回来后她对他说：“我想开间花店。这里还没有人开，一定能赚钱。而且我一直很喜欢花，以前就有过这样的想法，只是一直没有去做。既能赚钱又感兴趣，一定会做得非常好的。”丈夫说：“这主意不错。只要是你喜欢就放手去做吧，我支持你！”

花店很快就开张了。妻子每天去花店做生意，她变得忙碌起来了。来买花的人很多，妻子干得很开心，还认识了不少人。看着她开心的样子，他也很开心。可是过了几个月，丈夫算了一笔细账，发现妻子根本不是经商的料。

她经营的花店不但不赚钱，反而赔进去不少。

后来有一个朋友问他："你老婆的那家花店还开吗？"他说："还开。"

"是赚是赔？"他说："赚。""赚多少？"他神秘地一笑。经再三追问，他才悄悄告诉朋友："钱是一分没赚到，赚的是快乐。"

萧伯纳说过，保持快乐的秘诀之一就是让自己忙起来，使自己没有时间去想自己到底快不快乐。行动可以带给一个人自信和快乐，当你发觉自己不快乐时，不妨试着从身边的小事做起，当你忙起来的时候，你的心情也会随着行动豁然开朗。

你是世界上最幸福的人

假如将全世界的人口压缩成一个 100 人的村庄，那么这个村庄将有：57 名亚洲人，21 名欧洲人，14 名美洲人和大洋洲人，8 名非洲人；52 名女人和 48 名男人，30 名基督教徒和 70 名非基督教徒，89 名异性恋和 11 名同性恋，6 人拥有全村财富的 89%，而这 6 人均来自美国，80 人住房条件不好，70 人为文盲，50 人营养不良，1 人正在死亡，1 人正在出生，1 人拥有电脑，1 人（对，只有 1 人）拥有大学文凭。

如果我们以这种方式认识世界，我们就可以理解下列信息：

如果你今天早晨起床时身体健康，没有疾病，那么你比其他几千万人都幸运，他们甚至看不到下周的太阳。

如果你从未尝试过战争的危险、牢狱的孤独、酷刑的折磨和饥饿的煎熬，那么你的处境比其他 5 亿人更好。

如果你能随便进出教堂或寺庙而没有任何被恐吓、强暴和杀害的危险，那么你比其他 30 亿人更有运气。

如果你的冰箱里有食物可吃，身上有衣可穿，有房可住，有床可睡，那么你比世界上 75%的人更富有。

如果你在银行有存款，钱包里有现钞，口袋里有零钱，那么你属于世界上 8%最幸运的人。

如果你父母双全没有离异，那你就是很稀有的地球人。

如果你读了以上的文字，说明你就不属于 20 亿文盲中的一员，他们每天都在为不识字而痛苦。

俗话说："知足常乐。"拥有一颗知足的心，比拥有一颗攀比的心，更易感知快乐与幸福的存在。

"人比人，气死人。"这句俗语其实是说我们与比我们处境好的人比较，就会产生怨气。设想一下，如果我们是用"比下有余"的心态来面对生活，那将是另外一番景象。

快乐其实很简单

从前，在一条小河边住着一个磨坊主，他是英格兰最快乐的人。他从早到晚总是忙忙碌碌，同时像云雀一样快活地歌唱。他是那样的乐观，以致使其他人都和他一样乐观起来。这一带的人都喜欢谈论他愉快的生活方式。终于，国王听说了他。

“我要去找这个奇怪的磨坊主谈谈，”国王说，“也许他会告诉我怎样才能快乐。”

国王刚踏进磨坊，就听到磨坊主在唱：“我不羡慕任何人，不，不羡慕，因为我要多快活就有多快活。”

“我的朋友，”国王说，“我羡慕你，只要我能像你那样无忧无虑，我愿意和你换个位置。”磨坊主笑了，给国王鞠了一躬。

“我肯定不和您调换位置，国王陛下。”他说。

“那么，告诉我。”国王说，“什么使你在这个满是灰尘的磨坊里如此高兴、快活呢？而我呢，身为国王，每天都忧心忡忡、烦闷苦恼。”

磨坊主又笑了，说道：“我不知道你为什么忧郁，但是我能简单地告诉你，我为什么高兴。我自食其力，我爱我的妻子和孩子。我爱我的朋友们，他们也爱我，我不欠任何人的钱。我为什么不应当快活呢？这里有这条河，每天它使我的磨坊运转，磨坊把谷物磨成面，养育我的妻子、孩子和我。”

“不要再说了，”国王说，“我羡慕你，你这顶落满灰尘的帽子比我这顶皇冠更值钱。你的磨坊给你带来的，要比我的王国给我带来的还多。如果有更多的人像你这样，这个世界该是多么美好啊！”

快乐其实很简单。无论什么人，只要热爱自己的生活，爱自己的家人和朋友，自食其力，辛苦工作，你的内心就会时刻充满着快乐。

你不是最悲惨的那一个

卡特曾经是一个对一切都不满意的人，所以整天都不快乐。但是在1934年春天，当他在威培城道菲街散步的时候，目睹了一件事，使他的一切烦恼从此消解。这件事发生在10秒钟内，而他自称在这10秒钟里所学到的东西，比从前10年还要多。

当时卡特在威培城开了一家杂货店，经营2年，不但把所有的积蓄都赔掉了，而且还负债累累。就在上一个星期六，他这家杂货店终于关门了。当时，他正在向银行贷款，准备回老家找工作。他很失落，连他走路的样子看起来都像是一个毫无生气的人，因为他已经失去了信念和斗志。

这时，卡特突然瞧见一个没有腿的人迎面而来，他坐在一个木制的有轮子的木板上，他两只手各撑着一根木棒，沿街推进。卡特恰好在他过街之后碰见他，他正朝人行道滑去，他俩的视线刚好相碰了。他微笑着，向卡特打了个招呼："早，先生！天气很好，不是吗？"他的声音是那样富有感染力，那样有精神，好像根本就不是一个身体有缺陷的人。

当卡特站着瞧他的时候，他感觉到自己是多么富有呀！自己有两条腿，还可以走。可是面对那个坐在轮椅上的先生自信的目光，卡特觉得自己才是一个残疾者。他对自己说："既然他没有腿也能快乐高兴，我当然也可以。至少我还有腿。"

顿时，卡特感到心胸豁然开朗，他本来只想向银行借 100 元钱，现在有勇气向银行借 200 元了。他本来想到的只是回老家求人帮忙，随便找一件事做。但是，现在他自信地宣布："我要到堪萨斯城找一份好工作。"最后他钱也借到了，工作也找到了。

后来，卡特把这次经历中的感想组织成几句话写了下来，贴在自己浴室的镜子上，每天早晨刮脸的时候。他都要大声地朗读一遍：

"我苦恼，因为我没有鞋。

"直到在街上遇见一个人，——他没有腿！"

总有一些人觉得自己很不幸，这里不如意，那里不顺心，每天都在怨天尤人。或许，在你面前的风景并没有想象中的那么差，只是眼前的障碍物挡住了你的视线。

请不要抱怨，假如有一天，你人生的道路上遇到了阻碍，请停下脚步，上帝又为你准备了一条崭新的道路。

著名散文家爱默生曾说："其实我们知道自己能够成为什么样的人，我们最需要的是，有人鼓励我们去成为这样的人。"

十、点亮善良的心灯

收养——做人的楷模

一个冬天的晚上，洛华德的妻子不慎把皮包丢在了一家医院里。洛华德焦急万分，连夜赶回医院去找，因为皮包里边装着 10 万美元，更重要的是还有一份机密的市场信息。

当洛华德赶到医院时，他看到一个瘦弱的女孩靠着墙根蹲在走廊里，怀里紧紧抱

着他的皮包。这个女孩子叫丽莎，是到医院来陪妈妈治病的。妈妈的病很严重，需要一大笔钱。她是在医院走廊发现这个皮包的，里面的钱足以给妈妈治病，但她最终决定把这个皮包还给失主。

洛华德感激不已，主动提供了她们急需的帮助，但是，丽莎的母亲还是不幸去世了。洛华德决定收养丽莎。后来丽莎接受了良好的教育，并且成为洛华德的得力助手。洛华德弥留之际，留下这样一份遗嘱："在我认识丽莎母女之前我就已经很有钱了。但她们让我领悟到了人生最大的资本是品行。我收养丽莎不是因为同情，而是为了请一个做人的楷模。她在我身边，生意场上我就会时刻铭记哪些该做、哪些不该做，什么钱该赚、什么钱不该赚。这才是我事业更加发达的根本原因。我死后，我的亿万资产全部留给丽莎。这不是馈赠，而是为了我的事业更加兴旺。我深信，我聪明的儿子能够理解他爸爸的良苦用心。"

洛华德的儿子从国外回来，仔细看过父亲的遗嘱后，毫不犹豫地在财产继承协议书上签了字："我同意丽莎继承父亲的全部资产，但是我希望丽莎能做我的夫人。"丽莎看完洛华德儿子的签字，微微一笑，也提笔签了字："我接受先辈留下的全部财产，包括他的儿子。"

丽莎在巨大的诱惑面前，仍然有着一颗爱别人、为别人着想的心，这让洛华德的心灵产生震撼。

一个人的成功总是与他对其他人的爱相关联的，因为爱别人一定会给自己带来好运。爱人者，人自爱。无论世界上发生了什么，我们都要敞开心扉，真诚地去帮助别人。这样，你的仁爱之心会像玫瑰一样散发出芬芳，你的微笑会像清风一样抚慰他人的心灵。

爱心能够创造奇迹，可以带来温暖，任何一种博大的爱在现实中都会得到应有的回报。所以，当我们抱怨人间的爱太少时，应该先反省一下自己是否首先付出过爱心。当你用善良的心给别人带去关怀和温暖时，你也一定能体会到人间的真情。

贪婪又愚蠢的狼

狐狸和狼是死对头，在动物王国中，它们一直在明争暗斗，渴望更高的位置和权力。但是狼比狐狸走运，狼被提拔了，而狐狸却什么也没得到。

怎么搞垮狼呢？狐狸冥思苦想，终于想出一条计策。

狐狸去拜见狼，诚恳地说："狼大哥，过去我有对不起你的地方，是我错了，你一定要原谅我呀。"

狼见狐狸登门认错，心里得意，摆出虚怀若谷的样子说："没什么，过去的事情就别提了，咱们团结一致向前看。"

狐狸与狼倾心长谈，并积极为狼出谋划策，临走时，狐狸非要留下小礼品不可。狼觉得也不能太不给狐狸面子，就收下了，反正狐狸也没有什么要求。

狐狸隔三岔五来走动，每次来都带些礼品，不轻不重，狼渐渐地也就习以为常了。有一天，狐狸对狼说："现在羊和猪在争一块草地，羊跟我关系不错，你看能不能帮羊说句话?"

这件事狼是知道的，不是什么大事，就替狐狸办了，之后，狐狸拿了更多的礼品来感谢。长此以往，狐狸求狼办的事也越来越多，当然礼品也越来越多，不知不觉中，超过原则的范围也越来越多。

终于有一次，狐狸让狼办一件很危险的事，许诺事成之后定有重谢，狼不干。狐狸取出一个小本，上面记着狼每次受贿的时间、事由等，各种证据俱全，这些就足以毁掉狼的前程。不得已，狼答应再帮狐狸一次忙，下不为例。

没有下一次了，狼东窗事发，将在狱中度过自己的余生。

在人类历史发展的过程中，贪婪可以说是人类最大的敌人。它是人性中无法隐藏的重要缺陷之一。人的欲望是无穷的，尤其是对于外部物质世界的占有欲，更是一个无底深渊。

现实生活中，到处都充满诱惑，人的占有欲往往就这样被强烈地激发起来。贪婪的人是欲望的奴隶，他们在欲望的驱使下忙忙碌碌，被人利用，最终害人害己。因此，我们一定要时刻警告自己减少欲望，只有这样我们才能逃离贪婪的魔爪，获得心灵的宁静。

一碗无人喝的汤

在一家餐馆里，一位美丽的小姐点了一碗汤，在餐桌前坐下，突然想起自己忘记拿餐具。于是她起身去拿餐具，然后又返回餐桌。然而令她惊讶的是，自己的座位对面坐着一个黑人，正在喝着自己的那碗汤。

"这个无赖，他无权喝我的汤，"美丽的小姐气呼呼地寻思，"可是，也许他太穷了，太饿了。我还是一声不吭算了，不过，也不能让他一人把汤全喝了。"

于是，美丽的小姐装作若无其事的样子，与黑人同桌，面对面地坐下，拿起了汤匙，不声不响地喝起了汤。

就这样，一碗汤被两个人共同喝着，你喝一口，我喝一口，两个人互相看看，都默默无语。

这时，黑人突然站起身，端来一大盘糕点，放在她面前，糕点上插着两把叉子。

两个人继续吃着，吃完后，各自直起身，准备离去。“再见。”美丽的小姐友好地说。“再见!”黑人热情地回答。他显得特别愉快，感到非常欣慰。因为他自认为今天做了一件好事帮助了一位穷困而又美丽的小姐。

黑人走后，美丽的小姐这才发现，旁边的一张饭桌上，放着一碗无人喝的汤，正是她自己的那一碗。

人际交往中常常会有误会和隔阂的产生，为我们的交往带来猜疑和怨恨，只要我们相互理解，误会和隔阂就能变成令人感动的回忆。

理解是伟大的，它拉近了心与心之间的距离，增进了人与人之间的感情，加深了友谊，避免了无意义的争端。理解是一座舒心桥，只有理解别人，才能得到别人的理解。理解既给别人带来快乐，也让自己免受烦恼之苦，可谓既利人又利己。

奇怪的钓鱼人

几个人在岸边垂钓，旁边有游客在欣赏海景。只见一名垂钓者竿子一扬，钓上了一条大鱼，足有 3 尺长，落在岸上后仍腾跳不止。可是钓者却用脚踩着大鱼，解下鱼嘴里的钓钩，顺手将鱼丢进海里。

周围围观的人发出一阵惊呼声，“这么大的鱼还不能令他满意，可见垂钓者雄心之大。”就在众人屏息以待之际，钓者的渔竿又是一扬，这次钓上的是一条 2 尺长的鱼，钓者仍是不看一眼，顺手扔进海里。

第三次，钓者的钓竿再次扬起，只见钓线末端钩着一条不到 1 尺长的小鱼，围观的人以为这条鱼也肯定会被放回大海，不料钓者却将鱼解下，小心翼翼地放回自己的鱼篓中。

众人百思不得其解，就问钓者：“为何舍大而取小?”想不到钓者的回答是：“因为我家里最大的盘子只不过有1尺长，太大的鱼钓回去，盘子装不下。”

生活就像一杯水，杯子的华丽与否显示了一个人的贫与富。但杯子里的水清澈透明、无色无味，对任何人都一样。接下来，你有权利加盐、加糖，只要你喜欢。

现实中，有多少人为了让自己的这杯水色香味俱佳，而无谓地往里面添加各种各样的作料，诸如，爱情、友谊、金钱、喜……所以他们都感到活得很“累”。

因此，做人千万不要太贪，有贪必有失，只有适可而止的人才是真正的智者。

加温的选择

在一次交战中，年轻的亚瑟国王被邻国的士兵抓获。邻国的国王十分欣赏亚瑟的勇敢和才华，没有杀他，并承诺只要亚瑟能回答一个非常难的问题，就释放他。亚瑟用一年的时间来思考这个问题。如果一年的时间还不能给出答案，他就会被处死。这个问题是：女人真正想要的是什么。

万般无奈之下，亚瑟接受了国王提出的问题——在这一年的最后一天给他答案。

亚瑟回到自己的国家，开始向每个人征求答案：公主、妓女、牧师、智者、宫廷小丑，他问了所有的人，但没有人可以给他一个满意的回答。人们告诉他去请教一个老女巫，可能只有她知道答案。但是他们提醒亚瑟，女巫的收费非常高，她昂贵的收费在全国是出名的。

一年的最后一天到了，亚瑟别无选择，只好去找女巫。女巫答应回答他的问题，但他必须首先接受她的交换条件：和亚瑟王最高贵的圆桌武士之一、他最亲近的朋友——加温结婚。亚瑟王惊骇极了，看看女巫，驼背，丑陋不堪，只有一颗牙齿，身上发出臭水沟般难闻的气味，而且经常制造出猥亵的声音。他从没有见过如此不堪入目的怪物。他拒绝了，他不能强迫他的朋友娶这样的女人而让自己背负沉重的精神包袱。

加温知道这个消息后，对亚瑟说："我同意和女巫结婚，没有比拯救亚瑟王的生命和保存圆桌会议更重要的事了。"婚礼宣布了，女巫回答了亚瑟的问题：女人真正想要的是主宰自己的命运。于是，亚瑟得救了。

来看看加温和女巫的婚礼吧，这是怎样的婚礼呀！亚瑟为此而深感痛苦与自责。然而加温却一如既往地谦和，而女巫却在庆典上表现出她最坏的行为，让所有的人都感到厌恶和恶心。

新婚的夜晚来临了，加温依然坚强地面对可怕的夜晚，走进新房。是怎样的景象在等待着他呢？一个他从没见过的美少女半躺在婚床上！加温惊呆了，问她到底是怎么回事。美女回答说，因为当她是个丑陋的女巫时加温对她非常好，于是决定一天的一半是美丽的，让加温选择让她在白天呈现她可怕的一面，还是白天呈现她美少女的一面。

多么残酷的问题呀！加温开始思考他的困境：在白天向朋友们展现一个美丽的女人，而在夜晚，在他自己的屋子里，面对的是一个又老又丑如幽灵般的女巫呢，还是选择白天拥有一个丑陋的女巫妻子，但在晚上与一个美丽的女人共度良宵？

最后，加温没有做任何选择，只是对他的妻子说："既然女人最想要的是主宰自己的命运，那么就由你自己决定吧！”于是女巫选择白天夜晚都是美丽的女人。

理解与尊重他人正体现了一个人的善良所在。然而在现实中却有很多人喜欢别人按照自己的意愿去生活，不管别人愿不愿意。事实上，当你在交往中试着替别人考虑，理解并尊重别人的意愿时，你将得到更多。

考验人性的苹果

有一天，两位患难与共、形同兄弟的朋友在大沙漠中迷失了方向，面临死亡。这时，一位老人出现了：“我的孩子，前面一棵树上有两个苹果，吃下大的那个，就能抗拒死亡，走出沙漠；小的那个，只能令你苟延残喘，最终还会极痛苦地死去。”

两个朋友向前走了一段路，果然发现了一棵苹果树，也发现了树上的两个苹果。可是，他们谁也不去碰那个会给一个人带来生命之光的果子。

夜深了，两个好朋友深情地凝望着对方，他们都相信，这是他们的最后一晚。

当太阳从沙漠的一端再次升起的时候，其中一个朋友醒了过来。他发现，另一位不在了，而树上只剩下了一个干干巴巴的小苹果。他失望了，不是因为死亡，而是因为朋友的背叛。他悲愤地吃下了这个苹果，继续向前方走去。

大约走了半个多小时，他看见了倒在沙漠中的朋友，朋友已经停止呼吸了，他的手上紧紧握着一个更小的苹果。

在无利害观念之外互相尊敬似乎是友谊的另一要点。

什么是真正的友谊？一个人为了朋友能够舍弃自己的性命，只为把生的希望留给他，这是多么诚挚而稀有的真情。

一位伟大的哲人曾说过：“想要我为一个朋友去死，这并不困难。难的是找不到值得我一死的友人。”如果有幸在尘世间寻觅到一份真挚的友谊，真要感慨一句：“夫复何求！”最伟大的爱是怎样的？恐怕也不过如此吧！

要经受住善恶的考验

一个很恶毒的农妇死了，她生前没有做过一件善事，鬼把她抓去，扔在火海里。

守护她的天使站在那儿，心想：我得想出她的一件善行，好去向上帝求情。

他想啊想，终于回忆起来，就对上帝说：“她曾在菜园里捡过一根绳，施舍给一个女乞丐。”上帝说：“你就拿那根绳，到火海边去打给她。让她抓住，拉她上来。如果能从火海里拉上来，就让她到天堂去。如果绳断了，那女人就只好留在火海里，像现在一样。”

天使跑到农妇那里，把一根绳打给她，对她说："喂，女人，你抓住了，等我拉你上来。"他开始小心地拉她，差一点就拉上来了。

火海里别的罪人也想上来，女人用脚踢他们，说："人家在拉我，不是拉你们；那是我的绳。不是你们的。"

她刚说完这句话，绳就断了，女人再度落进火海，天使只好无奈地走开了。

农妇后来才知道，这绳其实是可以拉许多人的，上帝想借此再度考验一下她，但她没有经受住这种考验。

作恶一生的农妇最终没有经得起考验。一个人活在世上，不能只顾自己，而不顾别人的死活。关键时刻正是考验一个人的时候，人性也会在此时显现出来。只有心怀善念的人，才会经受住考验，到达想去的地方；而心怀邪念的人，则会把自己送入地狱。

爱的力量

有一位国王想励精图治。他觉得如果有三件事能够解决，国家就能够变得富强昌盛。第一，如何预知最重要的时间。第二，如何确知最重要的人物。第三，如何辨明最紧要的任务。大臣们纷纷献策说，把时间支配得正确，最好是列表；国家最重要的任务是培养教师或科学家；当务之急是弘扬科学与严明法律。

国王对这些答案不满意。他带着这三个问题去问一个隐士，隐士正在种地。国王先后提出这三个问题，恳求隐士的答案，但隐士并没有回答他。过了一会儿，这个隐士挖土挖累了，国王就帮他的忙。天快黑时，远处忽然跑来一个受伤的青年。国王与隐士帮助他，替他裹好了伤，抬到隐士家里，翌日醒来，这位青年看了看国王说："我是你的敌人，昨天知道你来访问隐士，准备在你回程时截击。可是被你的卫士发现了，他们追捕我。我受了伤逃过来，却正遇到你。感谢你的救助，我不再是你的敌人了，我要做你的朋友。"

过了几天，国王又去见隐士，还是恳求他解答那三个问题。隐士说："我已经回答你了。"国王说："你回答了我什么？"隐士说："你若不怜悯我的劳累，不帮我挖地而耽搁了时间，你昨天回程时，就被他杀死了。你若不怜恤他的创伤并且为他包扎，他不会这样容易地臣服你。你所问的最重要的时间是'现在'，只有现在才可以把握。你所说的最重要人物是你'左右的人'，因为你立刻可以影响他们。而世界上最重要的是'爱'。没有爱，活着还有什么意思？"国王听后，满意地笑了。

强力可以劈开盾牌，但唯有爱才能让人敞开心灵。爱的力量很强大，在这个世界上，没有人能够抵抗爱的威力。即使是你的敌人，也可能因为你的爱心而成为你的朋友。

我们的生活是由我们的思想造就的，如果我们每个人都能爱护自己，保持自己善良、朴实的天性，让自己的内心始终成为一块纯净生动、仁爱无私的净土。永不放弃对真诚的情感，对善良的人性，对美好的人生毫不犹豫、执着坚定地追求，即使不能使所有人的世界变得更美好，也能使自己的世界更美好。

爱、财富和成功

有一位少年走出家门，看见三个须发皆白的老人坐在门前的石阶上，他们风尘仆仆，好像很久没歇息过了。心地善良的少年虽然不认识这三位老者，但仍热情地邀请他们进屋去坐坐。

老人们相视一笑，为首的问："你们家的人都在吗？""不，他们现在都不在家。"三位老人谢绝了少年的好意："那我们现在不进去了。"

晚上，少年的父母从外边回来了，少年把门口那三个老人的话告诉了他们。少年的父母一听就说："那你赶快把他们叫进来，给他们好好地做一顿吃的。"

少年走出去对那三位老人说了，他们站了起来，却仍没有进门，其中一个指着他的同伴说："他叫财富，他叫成功，我叫爱。我们不能同时走进一所房子，去问问你家里人，看他们想让我们中的哪一个进去。"

少年进去和家里人一说，家里就炸开了锅。父亲说："我们请财富进来吧！他一进门，我们就有花不完的钱了。"少年却不同意："我们该请成功进来。谁不渴望成功呢？成功就意味着拥有一切。"父子俩为此争得不可开交。这时一直在旁边沉默不语的母亲说："我们为什么不请爱进来呢？只要我们家里充满了爱，什么苦都会变成甜的了。"儿子赞同母亲的观点，最后父亲也同意了。他们一起走出去，热情地邀请爱进屋。

他们刚刚簇拥着爱进了家门，家里立刻充满了欢声笑语。才过了一盏茶的工夫，他们惊奇地发现财富和成功竟不请自来，悄然坐到了他们的中间。父亲问："不是说只能进来一位吗？现在我们只让爱进来，你们怎么也进来啦？"成功笑着回答："不错，如果你们选择了我或者财富，那另外的两位就会留在门外。但是你们选择了爱，他是我们的老大，不管他在哪儿，我们都要跟在他的后面。有爱的地方，就一定有成功和财富。"

爱是人生最伟大的信念，有了爱才会有一切。因为心中有爱，你才会对自己的工作和生活充满热情，你才不会让自己在困境中沉沦。

爱是情感的升华，它如阳光照耀大地，给万物一股生长的力量，使其欣欣向荣。爱是可以传播的。如果你播种了爱的种子，给予你所能给予的，那么，爱之果必会循环回报你。爱在人与人之间不停地循环运转，使所有的人都得到爱的实惠。如果每个人都能播种爱、传播爱，那么，一个小小的善举就能改变世界。

要相信这个世界上有爱，加入传播爱的队伍，你慢慢就会发现，爱拥有传染的魔力，它可以进入任何人的心灵，即使是那些所谓的坏人，在他们灵魂的深处也还保留着一块温软的园地，可以感受爱，可以感动。谁不愿意生活在美好的世界里呢？毕竟，大家的心中有爱，爱才会让这个世界充满温馨和感动。

乐善好施的卡尔森太太

“今天，我一定要断然拒绝他们的要求。”出门之前，卡尔森太太在心里对自己这么说道。

天下着很大的雨，到处都是水。卡尔森太太之所以冒雨出门，是为了把眼前这件事尽快处理完。

卡尔森太太平时以乐善好施而出名。她经常捐东西给遭到灾祸的人，或买很多衣料，送给本市的贫民。可是，这一次的事，性质大不相同，使她无法像平时那样，爽口答应。虽然目的是为了贫苦无依的孤儿们着想，但要她捐出祖传的土地来建造孤儿院，她实在无法同意。她对世世代代传下来的那片土地，有无限的感情，何况她已上了年纪，此后生活的主要收入来源就靠那块土地。这是跟她以后的生活有直接关系的事。说得严重一点，她若失去这块土地，她的生活马上就要受到影响。

“不管对方如何恳求，也不能起一丁点同情心，否则……”想着，想着，卡尔森太太的脚步就越来越快了。

雨越来越大，风也吹得更起劲了。不多久，她到了目的地。她推开大门，走进去。由于是个大雨天，走廊上到处湿湿的。她在门口寻找拖鞋来穿。

“请进！”这时候，随着一个甜美的声音，女办事员玛丽笑容可掬地站在了卡尔森太太面前。玛丽看到地板上没有拖鞋了，立刻毫不考虑地脱下自己的拖鞋给卡尔森太太穿。

“真抱歉，所有的拖鞋都给别人穿了。”玛丽小姐诚恳地说道。

卡尔森太太看到玛丽小姐的袜子，踏在地板上，一刹那间就给弄湿了。

卡尔森太太被玛丽小姐的举动感动了。瞬间，卡尔森太太明白了施予的真正含义。她想：“平时，我被大家称为慈善家，可是，我做的慈善行为，到底是些什么？我捐出

来的，全是自己不再使用的旧东西，要不就是捐出多余的零用钱罢了。而真正的施予，应该像这位小姐一样，拿出对自己来说最重要的东西，那才有莫大的价值呀！”

突然，卡尔森太太心中有了180度的大转变——她决定捐出那块祖传的土地，为可怜的孩子们建立设备完善的孤儿院。

卡尔森太太对办事员玛丽说：“好温暖的拖鞋。”

玛丽脸红了，不好意思地说：“对不起，我一直穿着，所以……”

卡尔森太太连忙打断她的话：“不，不，我没有怪你的意思，我是说，你的心，令人感到温暖，也让我明白了许多！”

卡尔森太太向她投以亲切的微笑。然后，朝着募捐办公室急步走去……

真正的爱心和施予，需要真情与真心，要真诚地关怀别人。只有心里时刻装着别人的人，才能给别人最贴心的帮助。

沙漠中的抽水机

有一个人在沙漠中旅行，不慎迷失了方向。

两天后，难以忍受的干渴几乎摧毁了他生存的意志。沙漠就像一座极大的火炉要蒸干他的血液。绝望中的他意外地发现了一幢废弃的小屋。他拼尽了最后的气力拖着疲惫不堪的身子，爬进堆满枯木的小屋。在小屋里，他发现枯木中隐藏着一架抽水机，他立刻兴奋起来，拨开枯木，上前抽水。但折腾了好一阵子，也没能抽出半滴水来。

绝望再一次袭上心头，他颓然坐下，却看见抽水机旁有个小瓶子，瓶口用软木塞堵着，瓶上贴了一张泛黄的纸条。上边写着：你必须用水灌入抽水机才能抽水！不要忘了，在你离开前，请再将水装满瓶子！

他拨开瓶塞，望着那瓶救命的水，早已干渴的内心立刻爆发了一场生死决战：我只要将瓶里的水喝掉，虽然能不能活着走出沙漠还不一定，但起码能活着走出这间屋子！倘若把瓶中这些救命的水倒入抽水机内，或许能得到更多的水，但万一抽不上水，我恐怕连这间小屋也走不出去了……

最后，他把整瓶水全部灌入那架破旧不堪的抽水机，接着用颤抖的双手开始抽水……水真的涌了出来！他痛痛快快地喝了一顿，然后把瓶子装满，用软木塞封好，又在那泛黄的纸条后面写上：相信我，真的有用。

几天后，他穿过沙漠，来到绿洲。每当回忆起这段生死历程，他总要告诫人们：在取得之前，要先学会付出。

我们在渴望得到别人的关怀时，首先要学会付出。当你尝试着主动向身边的人伸出关爱之手时，你也会得到别人更多的关爱。

卖住宅

在英国有位孤独的老人，无儿无女，又体弱多病，他决定搬到养老院去。老人宣布出售他漂亮的住宅。

因为这是一处有名的宅院，所以购买者闻讯蜂拥而至。住宅的底价是 8 万英镑，但人们很快就将它炒到 10 万英镑，而且价钱还在攀升。老人深陷在沙发里，满目忧郁。是的，要不是健康状况不好的话，他是不会卖掉这处陪他度过大半生的住宅的。

一个衣着朴素的青年来到老人面前，弯下腰低声说："先生，我也想买这处住宅，可我只有 1 万英镑。""但是，它的底价就是 8 万英镑，"老人淡淡地说，"而且现在它已经升到 10 万英镑了。"青年并不沮丧，他诚恳地说："如果您把住宅卖给我。我保证会让您依旧生活在这里，和我一起喝茶、读报、散步，相信我，我会用整颗心来照顾您!"

老人站起来，挥手示意人们安静下来，说道："朋友们，这处住宅的新主人已经产生了，就是这个小伙子。"

青年不可思议地购得了这处住宅，众人识趣地离去了。

世界上最强大的不是你多么富有，而是你有一颗仁慈的爱心。故事中的小伙子拥有一颗善良仁慈的心，因而得到老人的青睐而成为住宅的主人。

在人的一生中，都无法避免困难和问题：物质上需要帮助、支持；精神上需要理解、鼓励；兴趣上需要满足、发挥……如果我们能想他人之所想，急他人之所急，及时给予他人物质和精神上的帮助和安慰，在他人心里就会产生巨大的震撼力，而对自己，则减掉了许多原来扔也扔不掉的精神负担。

拾海星的老人

有一天，杰克在海滩上散步，忽然看见远处有一个人往海里扔什么东西。走近看，才发现原来是一位当地的土著老人在沙滩上拾起一些海星，然后把那些海星用力地扔到海里去，并且重复不停地扔。

杰克对老人的做法感到很奇怪，他不解地对老人说："晚上好，老爷爷，我不明白您究竟在干什么?"

老人对杰克说："我在把这些海星送回海里。"

"你把它们送回海里干吗?"杰克问道。

老人说："现在正是退潮的时候，海滩上的这些海星全是被潮水冲到岸上来的，如果我不把它们送回去，那它们自己肯定回不去，到时候这些海星就会因缺氧而死掉的！"

杰克说："噢，我明白了。可是这里的海星成千上万，别说你一个一个拾了，就是数也得数好长时间，你有能力把它们全部送回大海吗？即使你真能做到，试想，这海岸有许多海滩，凭你一个人的力量，你又怎能把它们都处理完呢？你这样做效果可不大啊！"

那位老人微笑着，继续拾起另一个海星，一边抛一边说："但最起码我改变了这个海星的命运啊！"

一个人的善举，往往会改变另一个人甚至更多人的命运。也许是一件微不足道的小事情，就能够为别人带来很大的帮助。因此，不要放弃自己对他人小小的帮助，一个人的爱心就是在这一点一滴的小事中积累起来的。

20元的关爱

一座城市来了一个马戏团。有五个孩子穿着漂亮的衣服，牵着他们父母的手排在队伍中等候买票。他们不停地谈论着上演的节目，一个个兴高采烈，好像已经看到了台上的表演似的。终于轮到他们了，售票员问要多少张票，父亲小心地回答："请给我五张小孩的和两张大人的。"

售票员说出了价格。

母亲的心颤了一下。转过头把脸垂了下来。父亲咬了咬唇，又问："你刚才说的是多少钱？"售票员又报了一次价。

父亲眼里透着痛苦的目光。他实在不忍心告诉他身旁兴致勃勃的孩子们：我们的钱不够！一位排队买票的男士目睹了这一切。他悄悄地把手伸进口袋，把一张20元的钞票拿出来，让它掉在地上。然后，他蹲下去，捡起钞票，拍拍那个父亲的肩膀说："先生，你掉钱了。"

父亲回过头，他眼眶一热，紧紧地握住男士的手，"谢谢你，先生。这对我和我的家庭意义重大。"

所谓关爱就是在别人最困难的时候挺身而出，为他们提供最需要的帮助。虽然仅仅是20元钱，甚至是一句话，对别人来讲也是具有重大意义的。

仁慈的报酬

一个周末的晚上，松树堡的寡妇正和她5个年幼的儿女围坐在火堆旁。虽然和孩子们说笑着，但她心里却愁云密布。在这个广阔却寒冷的世界里，她没有一个朋友，没有任何人可以依靠。这一年来。她一个人用那瘦弱的肩膀支撑着整个家庭。

如今正值寒冬，森林早已披上了洁白的银装，北风吹得松枝哗哗作响，连她的小屋也颤动起来。屋内的火堆上正烤着一条青鱼，这是她们全家唯一的一点食物。当她看到孩子们欢笑的脸庞时，心里便充满了无限的凄楚和焦虑。是的，她相信上帝一直保佑着她，并了解她的疾苦和贫困，她也知道上帝曾经答应帮助那些孤儿寡母，而上帝绝不会食言，可她现在仍然感到万分的凄苦和无助。

几年前，上帝带走了她最大的儿子。他离开家庭，到遥远的地方去寻找宝藏，从此便杳无音信。不久，上帝又派死神带走她的伴侣和依靠——她的丈夫。但她从来都没有沮丧过。她艰辛地劳动，不仅供养着自己的孩子，还时不时地帮助其他的穷人。

懒惰的人只要还能够生存，就能忍受着贫穷。而自私的人即使在寒冬中也不会受到考验，因为他的情感不会因此而痛苦，心灵也不会因别人而悲伤。只要在闹市之中，即便是最无助的人也还怀有希望，因为面对痛苦，仁爱还没有完全收回她同情的双手。

可是松树堡的这位寡妇，却丝毫感受不到人类的仁爱，上面所说的一切都不能安慰她。她如今只能无奈地弯下身，将最后的食物分给孩子们。这时，一股神奇的激情忽然鼓舞了她，她的脑海中浮现出考珀优美的诗句：

“上帝不会通过简单的感觉便下判断，我们应该坚信他是仁慈的；在他眉头紧锁的严肃后面，是一张仁爱和微笑的脸庞。”

她刚把这最后的食物放在桌上，就听到一阵敲门声和狗叫声。全家人的注意力都被吸引过来了，孩子们争先恐后地跑去开门。门口站着位十分疲倦的流浪汉，他衣衫褴褛，但十分健康。流浪汉走进屋，请求留宿一夜，并想要一些吃的。他说：“我一整天滴水未进了。”寡妇听了十分难过，现在她心里关心的不只是自己的事了。她毫不犹豫地把最后一点食物分了一份给流浪汉，并微笑着告诉孩子们：“我们绝不会因为这小小的善举而被遗弃，也绝不会因此陷入更深的困苦之中。”

流浪汉于是来到盘子旁，当他发现盘中的食物少得可怜时，抬头惊奇地望着这一家人：“天啊，你们只有这一点食物吗？”他叫道，“但却仍然把它分给一个陌生人？你们真是太善良了。可是，”他继续问，“你们慷慨地分给我最后一点食物，这些可怜的孩子不就要挨饿了吗？”

“是啊，”寡妇忽然泪流满面，“可我还有一个儿子，如果他还没有被上帝带走的话，现在不知在世界的哪个角落。我如此待你，也祈祷别人能如此待他。上帝的仁爱遍施大地，像他保佑以色列人那样，他同样会保佑我们。就是此刻，我的儿子可能也在四处流浪，和你一般疲惫饥饿，我只希望他能被一户人家所收留，即使这户人家和我们一样的贫困。因此我又怎能背叛上帝，不真诚地收留你呢？”

寡妇刚说完话，流浪汉便激动地跑过去抱住了她。“上帝果真使你儿子被一个善良的家庭所收留，并且赐予了他财富，使他能感谢真诚收留他的人：我的妈妈！哦，亲爱的妈妈！”原来流浪汉正是寡妇多年未见的大儿子，他刚从印度归来。为了给家人一个惊奇，他掩藏了自己的身份。当然，这是一份最令人感动，也最令人快乐的惊喜。

故事中的女主人给我们上了一堂人生哲理课，她向我们展现了人性中的善和美。使得我们感悟到：善行必有善报。

给别人以帮助和鼓励，自己不但不会有损失，反而会有所收获。通常，一个人给别人的帮助和鼓励越多，从别人那儿得到的收获也越多。而那种吝啬的人，对他人不表同情、不予赞助的人，无异于使自己陷于孤独无助的境地。

贪婪的罗森

1856年，俄亥俄州的亚历山大商场发生了一起盗窃案，共失窃8只金表，损失16万美元，在当时，这是相当庞大的数目。

就在案子尚在侦破中，纽约商人罗森到此地批货，随身携带了4万美元现金。当他到达下榻的酒店后，先办理了贵重物品的保存手续，接着将钱存进了酒店的保险柜中，随即出门去吃早餐。

在咖啡厅里，他听见邻桌的人在谈论前阵子的金表盗窃案，因为是当时的新闻，这个商人并没有太在意。

中午吃饭时，他又听见邻桌的人谈及此事，他们还说有人用1万美元买了两只金表，转手后净赚3万美元，其他人纷纷投以羡慕的眼光说：“如果让我遇上，不知道该有多好。”

然而，罗森听到后，却怀疑地想：“哪有这么好的事？”

到了晚餐时间，金表的话题居然再次在他耳边响起，等到他吃完饭，回到房间后，忽然接到一个神秘的电话：“你对金表有兴趣吗？老实跟你说，我知道你是做大买卖的商人，这些金表在本地并不好脱手，如果你有兴趣，我们可以商量看看，品质方面，你可以到附近的珠宝店鉴定，如何？”

罗森听到后，不禁怦然心动，他想这笔生意可获取的利润比一般生意优厚许多，所以他便答应与对方会面详谈，结果以4万美元买下了传说中被盗的8只金表中的3只。

但是第二天，他拿起金表仔细观看后，却觉得有些不对劲，于是他将金表带到熟人那里鉴定，没想到鉴定的结果是，这些金表居然都是假货，全部只值 2000 美元而已。直到这帮骗子落网后，罗森才明白，从他一进酒店这伙骗子就盯上了他，而他一整天听到的金表话题，也是他们故意设计的。

歹徒的计划是，如果第一天罗森没有上当，接下来，他们还会有许多花样诱骗他，直到他掏出钱为止。

因为贪婪，而迷失方向的人比比皆是；因为贪婪，而丧失天良的人也随处可见。贪婪不仅可怕，也是导致许多人失败的原因。

人不能没有欲望，没有欲望就没有前进的动力；但不能有贪欲，因为，贪欲是无底洞，你永远也填不满它，贪欲只会给你带来无穷无尽的烦恼和麻烦。

在现代社会，如何控制好自己心中的欲望，不仅关系到脚下的人生，更关系到我们每日的心情。生命属于个人，每个人都有权设计自己的生活和人生道路。所有的心愿，只要符合法律和道德的要求，都应该受到尊重。但是我们必须明白：生命的过程中，一切物质及肉体都是不可靠的奴仆，想让自己的人生得以升华，就必须放下这些本性之外的东西，去追求生活本身的淳朴，这样才能活得惬意，活得洒脱。诚如托尔斯泰所说的那样——欲望越少，人生就越幸福。同理，我们也可以说欲望越多，就越容易致祸。一个追求简单而又善于放松自己的懒人常常能拥有充实的人生。一个人如果追求复杂而奢侈的生活，则苦难没有尽头，贪欲无度就会烦恼不断。

古往今来，有多少人因欲壑难填，被贪婪打败。所以，我们一定要减轻欲望、懂得舍弃，才能从贪婪中解脱，从而获得心里安宁。

自私就是自毁

一个美国士兵在越南战争中受伤，成了残疾人，他不知道父母还肯不肯接受自己，就先给家里打了一个电话："爸爸，妈妈，我要回家了。但是我有一个战友在那可恶的战争中踩响了一颗地雷，少了一条腿和一只手。他已无处可去，我希望他能和我们一起生活。"

"我们为他感到遗憾，孩子。不过，他恐怕不能和我们住在一起，他会给我们造成很大的拖累，我们有我们的生活。"父亲的话没说完，儿子的电话就挂断了。几天后，父母接到警察局打来的电话，被告知他们的儿子跳楼自杀了。悲痛欲绝的父母在停尸房内认出了他们的儿子，父母惊愕地发现：他们的儿子少了一条腿和一只手。

"我们无法想象留给那对父母的是怎样的悔恨与悲哀，但我们却能够深深意识到自

私留给自己心灵以及生活的惨重戕害，然而自私之心不分时空不分人群，它如影随形般存在于我们的生活中。”这是莫顿教授在听到这个故事时所说的一段话。

自私是一种极端利己的心理，自私的人不顾他人和社会的利益，只计较个人得失，不讲公德；更有甚者会为私欲铤而走险，最后受到法律的制裁，自私也是诱发贪婪、嫉妒、报复等病态心理的根源。

历史一再证明，自私的人是没有好的结局的。从某种意义来说，自私就是自毁，自私者到最后只能独自吞噬恶果。

卢克莱修说：“自私是人类的一种本性，高尚者和卑劣者的区别在于：前者能够克制这种本性而代之以无私的给予，而后者则任其肆意横行。”

自私是一种潜藏在心灵深处的人的本能欲望，它的存在与表现不为本人所察觉。私欲强的人不顾社会和他人的利益，一味地满足自己的需求，而在自己私欲得到满足的时候却心安理得地享受。所以，自私的人，没有人愿意与其共事，因而他也永远难以取得成功。

十一、做快乐的主人

是谁捆住了你

有一个年轻人四处奔走，希望能够早日找到解决烦恼的秘诀。

有一天，他来到一个山脚下。只见一片绿草丛中，一位牧童骑在牛背上，吹着横笛，笛声悠扬，逍遥自在。

年轻人走上前去询问：“你看起来很快活，能教给我摆脱烦恼的方法吗？”

牧童说：“骑在牛背上，笛子一吹，什么烦恼也没有了。”

年轻人试了试，不灵。于是，他又继续寻找。

年轻人来到一条河边。看见一位老渔翁坐在柳荫下，手持一根钓竿，正在垂钓。他神情怡然，自得其乐。年轻人走上前去鞠了一个躬：“请问老翁，您能赐我摆脱烦恼的办法吗？”渔翁看了他一眼，平静地说道：“来吧，孩子，跟我一起钓鱼，保管你没有烦恼。”

年轻人试了试，还是不灵。

于是，他又继续寻找。

不久，他来到一个山洞里，看见洞内有一个老人独坐在洞中，面带满足的微笑。

年轻人深深鞠了一个躬，向老人说明来意。

老人微笑着摸摸长髯，问道：“这么说你是来寻求解脱的?”

年轻人说：“恳请前辈不吝赐教。”

老人笑着问：“有谁捆住你了吗?”

“没有……”

“既然没人捆住你，又谈何解脱呢?”

我们每个人内心都需要有一间恬静的房子，在那里你可以躲避一切的压力和侵扰。一个人想要退到更安静、更能免于困扰的地方，莫过于退入自己的灵魂里，让自己沉潜到一个平静的心绪中。无论你的事业是什么，你都要为自己保留一个开阔的心灵空间，保留一份内在的从容和悠闲。

陶罐里的鲜花

约翰和汉斯是好朋友。有一次他们合伙做卖米的生意。那天晚上他们把米堆在商店外面，第二天早上，米少了许多。约翰记得汉斯起了好几次夜，很可能是他把米转移到其他地方想独吞，因此他认为汉斯占了他的便宜，心中大为不悦。汉斯说他没有看见那些米，约翰不相信，两人吵了起来，发誓不再往来。

第二天，约翰一大早外出做生意，推开门发现门口放着一个陶罐，罐里装着几根骨头。按照风俗这是很不吉利的象征。约翰想，肯定是汉斯诅咒他，他非常生气地将陶罐扔到花园里，就出门了。结果那天他的生意很不好，回到家中他给院子里的花松土施肥时，无意中看到那个破陶罐，就顺便移了几株花栽了进去。

过了几天，约翰的邻居打电话对他说：前一段时间自家的小孩夜里在外面玩，把一个准备泡药的陶罐和一副兽骨药给弄丢了，不知他看见了没有。约翰回家去找陶罐，他惊喜地发现，破陶罐里开满了鲜花。这让他很高兴，没想到用来出气的陶罐竟给他带来了意想不到的欢乐。

他把陶罐和兽骨还给了邻居。邻居给了他几袋米，并解释说：就在他们把米放在外面的那天夜里，淘气的小孩偷偷拿了一些米，现在很抱歉地还给他。

约翰觉得自己错怪了汉斯，他为自己的狭隘心胸感到脸红，觉得自己当初不应该迁怒于汉斯，应该心平气和地向他解释。于是，他决定主动向汉斯道歉，并带上了从陶罐里采摘的鲜花。后来约翰与汉斯又成为朋友。

猜疑心理既伤害了别人，同时也囚禁了原本美好和谐的心灵。不了解人，不了解世界，缺乏判断力是造成好猜疑、神经过敏、误会产生的主要原因。因此，要克服猜

疑的心理缺陷，就应当走出以自我为中心的心理，相信别人，相信自己。

监狱中的选择

有一位黑人青年，从小在一个环境很差的贫民窟中长大，由于缺乏教育和引导，他跟别的坏孩子学会了逃学、破坏财物和吸毒。刚满12岁的他就因抢劫一家商店被逮捕；15岁时因为企图撬开办公室里的保险箱，再次被逮捕；后来，又因为参与对邻近的一家酒吧的武装打劫，他作为成年犯第三次被送入监狱。

一天，监狱里一个年老的无期徒刑犯看到他在打垒球，便对他说："你是有能力的，你有机会做些你自己的事，不要自暴自弃。"

年轻人反复思索老囚犯的这席话，突然意识到，虽然他还在监狱里，但他具有一个囚犯能拥有的最大自由：他能够选择出狱之后干什么；他能够选择不再成为恶棍；他能够选择重新做人，做一个对社会有价值的人。

5年后，这个年轻人成了明星赛中底特律老虎队的队员。底特律垒球队当时的领队马丁在友谊比赛时访问过监狱，由于他的努力使年轻人假释出狱。不到一年，年轻人就成了垒球队的主力队员。

在遇到人生的岔路口时，我们更要学会自爱自重，人生不怕走弯路，就怕误入歧途而不知悔改。

不要做一只章鱼

有一位即将步入社会的年轻人对自己未来的生活充满了彷徨和忧虑，一次他去拜访一位心理医生，向他倾诉了自己长久以来的烦恼：没有考上研究生，不知道自己未来的发展；女朋友将去一个人才云集的大公司，很可能会移情别恋……

心理医生让他把烦恼一个个写在纸上，判断其是否真实，同时将结果也记在旁边。

经过实际分析，年轻人发现其实自己真正的困扰很少，他看看自己那张困扰记录，不禁说："无病呻吟。"心理医生注视着这一切，微微对他点头。接下来，心理医生启发他说："你看过章鱼吧?"年轻人茫然地点点头。

"有一只章鱼，在大海中，本来可以自由自在地游动，寻找食物，欣赏海底世界的景致，享受生命的丰富情趣。但它却找了个珊瑚礁，然后动弹不得，呐喊着说自己陷入绝境，你觉得如何?"心理医生用故事的方式引导他思考。他沉默一下说："您是说我像那只章鱼?"年轻人自己接着说："真的很像。"

于是，心理医生提醒他："当你陷入烦恼的习惯性反应时，记住你就好比那只章鱼，要松开 8 只爪，让它们自由游动。系住章鱼的是自己的手臂，而不是珊瑚礁的枝丫。”

人心很容易被种种烦恼和物欲所捆绑，那都是自己把自己关进去的，是自投罗网的结果，就像章鱼，作茧自缚。

生活中有很多烦恼和压力都是我们自己通过想象力编造出来的，我们的心灵也很容易因此而受到困扰和束缚。要摆脱这些困扰心灵的枷锁，我们就要跳出烦恼的圈子，正视烦恼，这样，它们就会变得不堪一击。

即将失明的帕克

帕克在一家汽车公司上班。很不幸，一次机器故障导致他的右眼被击伤，经过抢救后还是没有保住. 医生摘除了他的右眼球。

帕克原本是一个十分乐观的人，现在却成了一个沉默寡言的人。他害怕上街，因为总是有那么多人看他的眼睛。

他的休假一次次被延长，妻子艾丽丝负担起了家庭的所有开支，而且她在晚上又做了一份兼职。她很在乎这个家，她爱着自己的丈夫，想让全家过得和以前一样。艾丽丝认为丈夫心中的阴影总会消除的，只是时间问题。

糟糕的是，帕克的另一只眼睛的视力也受到了影响。在一个阳光灿烂的早晨，帕克问妻子谁在院子里踢球时，艾丽丝惊讶地看着丈夫和正在踢球的儿子。在以前，儿子即使到更远的地方，他也能看到。艾丽丝什么也没有说，只是走近丈夫，轻轻地抱住他的头。

帕克说：“亲爱的，我知道以后会发生什么，我已经意识到了。”

艾丽丝的泪禁不住流了下来。

其实，艾丽丝早就知道这种后果，只是她怕丈夫受不了打击而要求医生不要告诉他。

帕克知道自己要失明后，反而镇静多了，连艾丽丝也感到奇怪。

艾丽丝知道帕克能见到光明的日子已经不多了，她想为丈夫留下点什么。她每天把自己和儿子打扮得漂漂亮亮，还经常去美容院。在帕克面前，不论她心里多么悲伤，她总是努力微笑。

几个月后，帕克说：“艾丽丝，我发现你新买的套裙很旧!”

艾丽丝说：“是吗?”

她奔到一个他看不到的角落，低声哭了。其实，她那件套裙的颜色在太阳底下绚

丽夺目。

她想，还能为丈夫留下什么呢？

第二天，家里来了一个油漆匠，艾丽丝想把家具和墙壁粉刷一遍，让帕克的心中永远有一个新家。

油漆匠工作很认真，一边干活还一边吹着口哨。干了一个星期，终于把所有的家具和墙壁刷好了，他也知道了帕克的情况。

油漆匠对帕克说："对不起，我干得很慢。"

帕克说："你天天那么开心，我也为此感到高兴。"

算工钱的时候，油漆匠少算了100元。

艾丽丝和帕克说："你少算了工钱。"

油漆匠说："我已经多拿了，一个等待失明的人还那么平静，你告诉了我什么叫勇气。"

帕克却坚持要多给油漆匠100元，帕克说："我也知道了原来残疾人也可以自食其力，生活得很快乐。"油漆匠只有一只手。

哀莫大于心死，只要自己还持有一颗乐观、充满希望的心，身体的残缺又有什么影响呢？人的潜力是无穷的，世界上没有任何事情能够将人的心完全压制。只要相信自己，人生就没有承受不了的事。同一件事，想开了就是天堂，想不开就是地狱。人生的成功与失败，快乐与悲伤，幸福与坎坷，全在我们的一念之间。

最对不起的人是自己

20世纪20年代，美国有一位著名的珠宝大盗，名叫贝利。他偷盗的对象，都是有钱有地位的上流人士。他还是位艺术品鉴赏家，所以有"绅士大盗"之称。后来，贝利因偷盗被捕，被判刑18年。出狱后，全国各地的记者都纷纷前来采访他，其中有位记者问了一个有趣的问题："贝利先生，你曾偷了许多很有钱的人家，我想知道，蒙受损失最大的人是谁？"

贝利不假思索地说："是我。"

记者们哗然。贝利接着解释说："以我的才能，我应该成为一个成功的商人、华尔街的大亨，或者是对社会很有贡献的一分子；但我不幸选择了做小偷，成了一个向自己偷盗东西最多的人——各位都知道，我生命中四分之一的时间，是在监狱里消耗掉的。"

同样的事例并不鲜见，有一位造诣很深的画家。他曾经花费了很多精力，以巧夺天工的技艺，一笔一画地绘制了一张20美元的钞票。和贝利一样，他也因触犯法律而被捕了。具有讽刺意味的是，这位画家画一张20美元钞票所消耗的时间，跟他画一张可以卖到500美元的肖像所需的时间几乎是相同的，但这位天才的画家，却去绘制只值20美元的假钞。结果，损失最惨的人不是别人，正是他自己。

天生我材必有用，但这个有用的前提就是将个人价值与社会价值统一起来，做一些对他人有用的事，这样我们才能充分施展自己的才华，实现自己的理想。

忘掉仇恨

很早以前，有一个著名的雕刻师傅，他雕刻的东西栩栩如生，几乎可以达到以假乱真的地步，因为他的雕刻技巧不错，所以附近一个村庄的寺庙就邀请他去雕刻一尊“菩萨像”。

可是，要到达那个村庄，必须越过山头与森林。偏偏这座山传说“闹鬼”，有些想越过山的人，若夜晚仍滞留在山区，就会被一个极为恐怖的女鬼杀死。因此，许多亲人、朋友就力劝雕刻师傅，等隔日天亮时再起程，免得遇到不测。但是师傅担心天亮起程会耽误行程，就谢绝了众人的好意，收拾好行李和工具，当天晚上就出发了。

他走啊走，天色逐渐暗下来，月亮、星星也都出来了。师傅突然发现，前面有一个女子坐在路旁，草鞋也磨破了，似乎十分疲倦、狼狈。师傅问这女子，是否需要帮忙？当师傅得知女子也是要翻越山头到邻村去，就自告奋勇要背她一程。

月夜中，师傅背着她，走得汗流浃背后，停下休息。此时，女子问师傅：“难道你不怕传说中的女鬼吗？为什么不自己快点赶路，还要为了我而耽搁行程？”

“我是想赶路呀。”师傅回答，“可是如果我把你一个人留在山区，万一你碰到危险怎么办？我背你走，虽然累，但至少有个照应，可以互相帮忙啊！”

在明亮的月色中，师傅看到身旁有块大木头，就拿出随身携带的凿刀工具，看着这女子，一斧一刀地雕刻出“一尊人像”来。

“师傅啊，你在雕什么啊？”

“我在雕刻菩萨的像啊！”师傅心情愉悦地说，“我觉得你的容貌很慈祥，很像菩萨，所以就按照你的容貌来雕刻一尊菩萨。”

坐在一旁的女子听到这话，哭得泪如雨下，因为她就是传说中的“恐怖女鬼”。

多年前，她只身带着女儿翻越山头时，遇上一群强盗，她无力抵抗，除了被奸污外，女儿也被杀害。悲痛的她，纵身跳下山谷，化为“厉鬼”，专在夜间取过路人性命。

可是，这个“满心仇恨”的女子，万万没想到，竟会有人说她“容貌很慈祥，很像菩萨”。刹那间，这女子突然化为一道光芒，消失在月夜山谷里。

第二天，师傅到达邻村后，大家都很惊讶他竟能在半夜中，活着越过山头。而从那天后，再也没有夜行旅人遇到传说中的“女厉鬼”了。

在这个纷乱的社会中，很多人都有着很强的自我防卫心理，小心翼翼地提防着，生怕中了别人的圈套。其实，我们提防别人的同时也在为自己设防，如果我们能够打开心窗，忘掉仇恨，主动地接纳别人，就会重新找回轻松快乐的生活。

没有什么不可以改变

有一天，珍妮整理旧物，偶然翻出几本过去的日记。

日记本的纸张有些发黄了，字迹透着年少时的稚嫩，她随手拿起一本翻看。

“今天，老师公布了期末成绩，我万万没有想到，我竟然考了第五名，这是我入学以来第一次没有考第一，我难过地哭了，晚饭也没有吃，我要惩罚自己，永远记住这一天，这是我一生最大的失败和痛苦。”

看到这里，珍妮自己忍不住笑了，她已经记不得当时的情景了，也难怪，自离开学校后这十几年所经历的失败与痛苦，哪一个不比当年没有考第一更重呢？

翻过这一页，再继续往下看。

“今天，我非常难过，我不知道妈妈为什么那样做。她究竟是不是我的亲妈妈？我真想离开她，离开这个家。过几天就要选择大学了，我要申请其他州的大学，离家远远的，我走了以后再不回这个家！”

看到这，珍妮不禁有些惊讶，努力回忆当年，妈妈做了什么事让自己那么伤心难过，但是怎么想也想不起来。又翻了几页，都是些现在看来根本不算什么事可是在当时却感到“非常难过”“非常痛苦”或是“非常难忘”的事。看了不觉好笑，珍妮放下这本又拿起另一本，翻开，只见扉页上写道：“献给我最爱的人——你的爱，将伴我一生！我的爱，永远不会改变！”看了这一句，珍妮的眼前模模糊糊地浮现出一个男孩的身影。曾经以为他就是自己生命的全部，可是离开校门以后，他们就没有再见面，她不知道他现在在哪儿，在做什么，她只知道他的爱没有伴自己一生。她的爱，也早已经改变。

没有什么不可以改变。失败通过努力可以转化为成功，痛苦经过时间的淘淹可以转化为幸福的记忆。无论遭遇什么样的挫折和变故，我们都要以一个轻松、豁达的心态来看待。

唯一不变的是变化

芙妮18岁只身一人到加拿大留学的时候连一句英文都不会讲。在入境时，海关人员操着当地方言问她的行李包里有什么东西，她听不懂，也说不清楚，对方大为紧张，用许多先进仪器把她的行李探测了个仔细，才敢打开检查。就这样，她只身踏上加拿大的土地，一边学英语，一边在多伦多大学修读电脑课程。毕业后她跟随丈夫移居卡尔加利。

那时候，卡尔加利还是一个小城市，当时经济也不太好，芙妮很难找到一份正式的工作。于是，她就开始为一个私人雇主编写程序。半年之后她前往雇主家中查询，发现雇主已人去楼空，过去几个月的工作完全白费，工资报酬自然没有拿到。

没有报酬的第一份工作成了敲门砖。芙妮随后找到一个公司电脑部门的编程工作，后来也换过几家公司，经过多年的努力和经验积累，她做到了贝尔加拿大地区的副总裁。然而半个月前，在为贝尔公司工作了10多年后，她在机构重组中和其他20多位副总裁一同被请出大门。她坦然相告，这是她职业生涯中的一次巨变。她笑言：终于可以休一个长假了，好好调整身心。说到今后的打算，她把这次变更看作是新的机遇和挑战，可以去做一些自己真正喜欢做的事情。

这位在一般人眼中的成功女性，从一句英文都不会的留学生到加拿大最大的电话通讯公司的副总裁，到现在和许多人一样重新面临职业和事业的选择，是不是可以给我们一些启示呢？

现代社会唯一不变的就是变化，面对生活中的困难和变故，我们要调整好自己的心态，时刻以一个积极的心态面对生活中的变故。

很多时候大部分人之所以不成功，是因为他们不“想”成功，或者说他们不具备成功者的心态。知识与才能是成功的发动机，而积极的心态则是发动机中的润滑剂。通过对大量成功者的研究，我们可以得知，几乎所有的成功者都表现出一个共同的特征，那就是拥有积极的心态。有的人仿佛天生就具备积极乐观、善于自我激励等特征，而有的人则是经过苦难的磨砺主动地培养了积极的个性。没有什么比积极的心态更能使一个普通平凡的人走上成功道路的。从这个角度讲，积极的心态是成功理论中最重要的原则之一。如果你已具有积极的心态，那么恭喜你；如果你能培养积极的心态，那么你也必定能走向成功。

数绵羊的商人

有一位经营服装批发的商人，由于经营不慎，赔了几笔生意。为此他整天心情郁闷，每天晚上都睡不好觉。

妻子见他愁眉不展的样子十分担心，就建议他去找心理医生看看。于是，他前往医院去看心理医生。

医生见他双眼布满血丝，便问他："怎么了，是不是受失眠所苦？"商人说："可不是嘛。"心理医生开导他说："这没有什么大不了的，你回去后如果睡不着就数数绵羊吧！"商人道谢后离去了。

过了一个星期，他又来找心理医生。他的双眼又红又肿，精神更加不振了，心理医生非常吃惊地说："你是照我的话去做的吗？"商人委屈地回答说："当然是呀。还数到3万多只呢！"

心理医生又问："数了这么多，难道还没有一点睡意？"商人答："本来是困极了，但一想到3万多只绵羊有多少毛呀，不剪岂不可惜。"心理医生说："那剪完不就可以睡了？"商人叹了口气说："但头疼的问题来了，这3万只羊的羊毛所制成的毛衣，现在要去哪儿找买主呀？一想到这儿，我更睡不着了。"

信念能够产生巨大的力量。在生活中，想想积极的事，有助于心态的改变。凡事若不从好的方面去想，往往可能还没有去做某件事，就失去了信心，其结果十有八九会朝着不利的方向发展。所以，做什么事，都要有积极的信念，都要从好的方面去想。当你想象自己会成功时，你就会增强信心，并在实践中想方设法去做。往好的方面想，才会有好的结果。

总而言之，无论做人还是做事。我们都要想得长远一些。但有些事想得太远，就会形成太多的压力，烦恼也会随之而来。因此我们要学会静心，不牵挂那些不该牵挂的事情，这样才能轻松快乐。

生命在，希望就在

有一个阿拉伯富翁，在一次大生意中亏光了所有的钱，还欠了债。他卖掉房子、汽车，才勉强还清了债务。

此刻，他孤独一人，无儿无女，穷困潦倒，唯有一只心爱的猎狗和一本书。在一个大雪纷飞的夜晚，他来到一座荒僻的村庄，找到一个避风的茅棚。他看到里面有一盏油灯，于是用身上仅存的一根火柴点燃了油灯，拿出书来准备读书。这时一阵风忽然把灯吹灭了，四周立刻漆黑一片。这位孤独的商人陷入了黑暗之中，对人生感到痛彻的绝望，他甚至想到了结束自己的生命。但是，趴在身边的猎狗给了他一丝慰藉，他无奈地叹了一口气沉沉睡去。

第二天醒来，他忽然发现心爱的猎狗也被人杀死在门外。抚摸着这只相依为命的猎狗，他突然决定要结束自己的生命，世界再没有什么值得他留恋的了。于是，他最后扫视了一眼周围的一切。这时。他不由发现整个村庄都沉寂在一片可怕的寂静之中。他不由得急步向前，啊，太可怕了，尸体，到处是尸体，一片狼藉。显然，这个村庄昨夜遭到了匪徒的洗劫，连一个活口也没留下来。

看到这可怕的场面，他心念急转，啊！我是这里唯一幸存的人，我一定要坚强地活下去。此时，一轮红日冉冉升起，照得四周一片光亮，他欣慰地想，我是这个世界上唯一的幸存者，我没有理由不珍惜自己。虽然我失去了心爱的猎狗，但是，我得到了生命，这才是人生最宝贵的。

他怀着坚定的信念，迎着灿烂的太阳又出发了。

人生总有得意和失意的时候，一时的得意并不代表永久的得意；然而，在一时失意的情况下，如果你不能把心态调整过来，就很难再有得意之时。

故事中的富翁，在失意甚至绝望的状态下，重新寻回了希望，赶走了悲伤。这不能不说是他人生中的又一大转折。

要主宰自己，做自己的主人。沮丧的面容、苦闷的表情、恐惧的思想和焦虑的态度是你缺乏自制力的表现，是你弱点的表现，是你不能控制环境的表现。它们是你的敌人，要把它们抛到九霄云外。

请记住：生命在，希望就在！

从肥皂泡里看到彩虹

《我希望能看见》一书的作者彼纪儿·戴尔是一个几乎瞎了50年之久的女人，她写道："我只有一只眼睛，而眼睛上还满是疤痕，只能透过眼睛左边的一个小洞去看。看书的时候必须把书本拿得很贴近脸，而且不得不把我那一只眼睛尽量往左边斜过去。"

可是她拒绝接受别人的怜悯，不愿意别人认为她"异于常人"。小时候，她想和其他的小孩子一起玩跳房子，可是她看不见地上所画的线，所以在其他的孩子都回家以后，她就趴在地上，把眼睛贴在线上瞄过来瞄过去。她把她朋友所玩的那块地方的每一点都牢记在心，不久就成为玩游戏的好手了。她在家里看书，把印着大字的书靠近她的脸，近到眼睫毛都碰到书本上。她得到两个学位：先在明尼苏达州立大学得到学士学位，再在哥伦比亚大学得到硕士学位。

她开始教书的时候，是在明尼苏达州双谷的一个小村子里，然后渐渐升到南德可

塔州奥格塔学院的新闻学和文学教授。她在那里教了13年，也在很多妇女俱乐部发表演说，还在电台主持谈书和作者的节目。她写道："在我的脑海深处，常常怀着一种怕完全失明的恐惧，为了克服这种恐惧，我对生活采取了一种很快活而近乎戏谑的态度。"

然而在她52岁的时候。一个奇迹发生了。她在著名的梅育诊所施行了一次手术，使她的视力提高了40倍。一个全新的、令人兴奋的、可爱的世界展现在她的眼前。

她发现，即使是在洗衣房水槽前洗衣服，也让她觉得非常开心。她写道："我开始玩着洗衣盆里的肥皂泡，把手伸进去，抓起一大把肥皂泡沫，我把它们迎着光举起来。在每一个肥皂泡泡里，我都能看到一道小小的彩虹闪出来的明亮色彩。"

哈佛人说要懂得感恩与满足，因为上帝是如此厚待我们。当我们的眼睛还能看见蓝天白云，要懂得微笑地满足；当我们的耳朵还能听到春日里清脆的鸟鸣，我们要懂得感受大自然的馈赠……生命的过程不在长短，而在于在这趟人生的旅途中你是否快乐，你经历了什么又记住了什么。

化劣势为优势

一位神父要找三个小男孩，帮助自己完成主教分配的1000本《圣经》销售任务。

神父觉得自己只能完成300本的销售量，于是他决定找几个能干的小男孩卖掉剩下的700本《圣经》。神父对于"能干"是这样理解的：口齿伶俐，言辞美妙，让人们欣喜地做出购买《圣经》的决定。于是按照这样的标准，神父找到了两个小男孩，这两个男孩都认为自己可以轻松卖掉300本《圣经》。可即使这样还有100本没有着落，为了完成主教分配的任务，神父降低了标准，于是第三个小男孩找到了。给他的任务是尽量卖掉100本《圣经》，因为第三个男孩口吃很厉害。

5天过去了，那两个小男孩回来了，并且告诉神父情况很糟糕，他们俩总共只卖了200本。神父觉得不可思议，为什么两个人只卖掉了200本《圣经》呢？正在发愁的时候那个口吃的小男孩也回来了，他没有剩下一本《圣经》，而且带来了一个令神父激动不已的消息：他的一个顾客愿意买他剩下的所有《圣经》。这意味着神父将能卖掉超过1000本的《圣经》，神父将更受主教青睐。

神父彻底迷惑了。被自己看好的两个小男孩让自己失望，而当初根本不当回事的小结巴却成了自己的福星，神父决定问问他。

神父问小男孩："你讲话都结结巴巴的，怎么会这么顺利就卖掉我所有的《圣经》呢？"小男孩答道："我……跟……见到的……所有……人……说，如……果不……买，我就……念《圣经》给他们……听。”

哈佛学子海伦·凯勒说：“由于人们自身条件的不同，人们必须学会善用上帝赋予的一切。不要因为天生抓了一副坏牌就沮丧、诅咒。”坏牌并不一定就意味着输，只要你是一名高明的打牌者。

要学好，要做得对

唐纳德认为妈妈真是个了不起的女人。爸爸因心脏病去世时，他才 21 个月大，哥哥 5 岁。妈妈虽无一技之长，又没有受过教育，却毅然担负起抚育两个孩子的责任。

唐纳德 9 岁时找到了一份在街上卖《杰克逊维尔日报》的工作。他需要那份工作是因为他们需要钱——虽然是那么一点点钱。但是唐纳德害怕，因为他要到闹市区去取报、卖报，然后在天黑时坐公共汽车回家。他在第一天下午卖完报后回家时，便对妈妈说：“我绝不再去卖报了。”

“为什么？”她问道。

“你不会要我去的，妈妈。那儿的人粗手粗口非常不好。你不会要我在那种鬼地方卖报的。”

“我不要你粗手粗口，”她说道，“人家粗手粗口，是人家的事。你卖报，可以不必跟他们学。”

她并没吩咐唐纳德该回去卖报，可是第二天下午，他照样去了。那年稍晚时候，唐纳德在圣约翰河上吹来的寒风中冻得要死，一位衣着考究的女士递给他一张 5 美元的钞票，说道：“这足够付你剩下的那些报纸钱了，回家吧，你在这外面会冻死的。”结果，唐纳德做了他确信妈妈也会做的事——谢谢她的好心，然后继续待下去，把报纸全卖掉后才回家。他知道：冬天挨冻是意料之中的事，不是罢手的理由。

等到唐纳德长大了以后，每次要出门时，妈妈都会告诫他：“要学好，要做得对。”人生可能遇到的事，全用得上这句话。最重要的是，她教他一定要苦干。她说：“要是牛陷在河里，你非要拉它出来不可。”

心态具有十分神奇的力量，它可以让一个人在浑浑噩噩中发奋图强，它也可以使一个人在安逸清闲中堕落。你未来要走的道路，完全取决于你的心态。

能够在面对困境时保持健康的心态，是一个人成功的必要条件。只有心态健康，我们才能成为一个优秀的人。只有这样，我们才能在面对外界诱惑的时候，做出正确的选择；也只有这样，我们才能不理会外界的诽谤踏实地走好我们自己应该走的路。

积极的克里蒙·斯通

斯通生于1902年，父亲早逝，母亲把他抚养大。斯通的母亲早在斯通十几岁的时候，就把辛辛苦苦积攒下的一点钱，投到底特律的一家小保险经纪社。这家保险经纪社替底特律的美国伤损保险公司推销意外保险和健康保险。推销员仅一人，那就是斯通的母亲。每推出一笔保险，她就会收到一笔佣金——这是她唯一的收入。

斯通16岁时，念中学。那个夏天，母亲指导他去推销保险。他走到一幢大楼前，犹豫不决。这时，他默默地念着自己信奉的座右铭："如果你做了，没有损失，还可能有大收获，那就放手去做。马上就做！"

于是，他勇敢地走入大楼，逐门进行推销。结果，只有两个人买了保险；但在了解自己和推销术方面，他收获不小。第二天，他卖出了4份保险；第三天，卖出了6份。假期快结束时，他居然创造了一天卖10份保险的好成绩，后来一天卖10份、20份。

那时他发觉，他的成功，是因为自己有积极的心态并能积极行动起来的缘故。

20岁时，他在芝加哥开了一家保险经纪社——联合登记保险公司，全公司只有他一个人。开业头一天销出54份保险。后来，事业一天比一天兴旺。有一天，居然创造了122份的纪录。

后来，他在各州招人，在各处扩展他的事业；各州有一名推销总管，领导推销员，他自己管理各地总负责人，那时，斯通还不到30岁。

但那时候，整个美国笼罩在经济大恐慌之中，大家都没有钱买健康和意外保险，真有钱的又宁愿把钱存下来以防万一。这时，斯通给自己加了几条应付困难的座右铭："销售是否成功。决定于推销员，而不是顾客。如果你以坚定的、乐观的心态面对艰难，你反而能从中找到益处。"结果，他每天成交的份数保险，竟与以前鼎盛时期相同。

1938年年底，斯通成了一名百万富翁，而他所领导的保险公司，也成为美国保险业首屈一指的大企业。

积极的心态缔造积极的人生，消极的暗示带来灰色的失败。如果翻阅成功人士的成功史，我们不难发现，他们之所以能够领先于别人而出人头地，是因为他们都能保持积极的心态并能积极行动起来的缘故。积极的心态加上积极的行动，是取得成功的秘诀。

换个角度看世界

汤姆斯现在处于情绪上的低谷期，他常常一个人发呆，看不惯周围的每一个人，而且感觉周围的一切事情都是那么不顺心。他觉得人生看起来灰暗极了，朋友们都劝他去看看心理医生。

汤姆斯说明情况之后，心理医生让他把自己觉得心烦的事情都列举在纸上。汤姆斯想了想，写下了以下这么几件事情：1. 我的老板经常冲我大声吼叫。2. 我今年要比去年多缴 2000 元的税。3. 我没有多余的钱去买礼物给女朋友。4. 事情总会在我即将成功的时候失败。

心理医生看了看，称赞他做得很好，然后，心理医生提笔在他的第一条后面写下这样一句话："太好啦！老板还能告诉你他的感受，真好。这说明他还十分看重你，否则你早就被开除了。"然后，他又把纸放回汤姆斯面前，说："请你模仿我的样子，在每一条的后面都写上这样的话，并且都要以'太好啦'作为开头。"

这可把汤姆斯给难坏了，他绞尽脑汁，终于把后面的三条也写了出来："1. 我今年要比去年多缴 2000 元的税。——太好啦！这证明了我今年的收入比去年多，这是一个好兆头。""2. 我没有多余的钱去买礼物给女朋友。——太好啦！这样我就有机会发挥想象力，做一份特别的礼物给她。""3. 事情总会在我即将成功的时候失败。——太好啦！我能察觉出过去失败的原因，有机会找出它们，并且记得永不再犯。"

医生笑着问汤姆斯："你现在的感觉怎么样，汤姆斯？"汤姆斯笑了，说："很奇怪啊，我在写这些东西的时候，心里也渐渐轻松起来，我发现事情原来也有好的方面。"

汤姆斯只看到了事情的悲观面，而医生的治疗实际上很简单，那就是培养他的乐观情绪，使他学会看到生活中积极的一面，让他热爱生活。

思维方式是有惯性的，也许一开始，你必须要勉强自己才能做到乐观面对生活。但是当你养成习惯的时候，你就会自然地变成一个昂扬向上的人。任何人都能拥有积极乐观的心态，天生悲观或者正陷入消极情绪的人，通过学习和自我调控也可以变成一个乐观的人。

乐观的人凡事都会往好处想，他们的生活也会因此充满快乐和希望。其实很多时候，事情往往并不像我们想象的那么糟，只要保持一种乐观的态度，我们的人生就会有更多的美丽。

幸运的士兵

傍晚，有一座城池被敌军团团围住，情况十分危急。守城的将军派一名士兵去河

对岸的另一座城市求援，假如救兵在明天中午赶不回来，这座城市就将失陷。

很快，这名士兵就策马来到了河边，然而面对着冰冷的河水，士兵却不由得皱起了眉头。平时渡口这里会有几只木船摆渡，但是由于兵荒马乱，船夫全都避难去了。本来他是可以游泳过去的，但是现在是冬天，河水太冷，河面太宽，而敌人的追兵随时可能出现。

他的头发都快愁白了，假如过不了河，不仅自己会当俘虏，就连城池也会落在敌人手里。万般无奈，他只得在河边静静地等待。这是一生中最难熬的一夜，他想：自己不是冻死，就是饿死，要么就是落在敌人手里被杀死。更糟的是，天空刮起了北风，后来又下起了鹅毛大雪。他冻得瑟缩成一团，他甚至连抱怨自己命苦的力气都没有了。

此时，他的心里只有一个念头：活下来！

他暗暗祈求：上天啊，求你再让我活一分钟，求你让我再活一分钟！

也许他的祈求真的感动了上天，当他气息奄奄的时候，他看到东方渐渐发亮。等天亮时他惊奇地发现，那条阻挡他前进的大河上面，已经结了一层冰。他往河面上试着走了几步，发现冰冻得非常结实，他完全可以从上面走过去。

他非常高兴，就牵着马从上面轻松地走过了河面。

正如一个人不可能永远走运一样，一个人也不可能永远倒霉。面对生活的挫折与磨难，过早地失去希望是不明智的。有时候当我们抱怨困难过于强大的时候，恰恰是因为它还不够强大，当我们承受的挫折达到一定程度后，它就会转化为我们前进的助力。

十二、懂得宽容的艺术

安德森的宽恕

第二次世界大战期间，一支部队在森林中与敌军相遇，相互激战后，这支部队的两名战士与部队失去了联系。这两名战士来自同一个小镇。

两人在森林中艰难跋涉，他们互相鼓励、互相安慰。十多天过去了，仍未与部队联系上。这一天，他们打死了一只鹿，依靠鹿肉又艰难度过了几天，因为战争使动物四散奔逃或被杀光。这以后他们再也没看到过任何动物。仅剩的一点鹿肉背在一个叫安德森的战士的身上。这一天，他们在森林中又一次与敌人相遇，经过再一次激战，他们巧妙地避开了敌人。就在自以为已经安全时，只听一声枪响，走在前面的安德森中了一枪——幸亏伤在肩膀上。后面的战士惶恐地跑了过来，他害怕得语无伦次，抱着战友的身体泪流不止，并赶快把自己的衬衣撕下包扎战友的伤口。

晚上，未受伤的士兵一直念叨着母亲的名字，两眼充满了无奈的感伤。他们都以为熬不过这一关了，尽管饥饿难忍，可他们谁也没动身边的鹿肉。天知道他们是怎么过的那一夜。第二天，部队救出了他们。

事隔30年．安德森说："我知道谁开的那一枪，他就是我的战友。当时在他抱住我时，我碰到他发热的枪管。我怎么也不明白，他为什么对我开枪，但当晚我就宽恕了他。我知道他想独吞我身上的鹿肉，我也知道他想为了他的母亲而活下来。此后30年，我假装根本不知道此事，也从不提及。战争太残酷了，他母亲还是没有等到他回来，我和他一起祭奠了老人家。那一天，他跪下来，请求我原谅他，我没让他说下去。我们又做了几十年的朋友，我宽恕了他。"

在日常生活中，难免会发生这样的事：亲密无间的朋友，无意或有意地做了伤害你的事，你是宽恕他，还是从此不再理他，或伺机报复？有句成语叫"以眼还眼，以牙还牙"，不再理他或报复似乎更符合人的本能心理。但这样做了，怨会越结越深，仇会越积越多，真是冤冤相报何时了。

人生就像是一块肥沃的土地，它既种植希望和成功，也会播种仇恨。但你要记住，最好不要在人生中播撒仇恨的种子。生活的经验告诉我们，不管我们的理由如何，怀恨总是不值得的。

高大的士兵

这个故事发生在美国南北战争时期。

在一次战斗中，北军指挥官龙德上尉与两名敌兵短兵相接。一番殊死搏斗之后，两名敌兵被他刺倒在地，而他自己也伤得不轻，肩部的肉还被削去了一大块。疼痛几乎使他昏厥过去，凭着顽强的意志，他包扎好伤口，正准备离开战场时，身边一个微弱的声音吓了他一跳。"请等等……请不要走……"那个刚被他刺倒的敌兵向他祈求着，鲜血正缓慢地从他的嘴角向外流淌。

龙德上尉猛转身，两眼死盯着这个尚未死的士兵，没有说话。

"你当然不会知道，被你杀死的两人是亲兄弟。他是我哥哥罗捷，我想他已经不行了。"他挣扎着看了看另一个士兵，喘着粗气说："我们原本无冤无仇，可是这可恶的战争……我不恨你，何况是以二对一。但你确实太早一点把我们这对兄弟送入地狱了。看在上帝的分上，请帮帮我们！"

“你想要我为你做什么？”龙德问。

“我叫厄尔，莎莉·布莱克曼是罗捷的妻子，他们结婚就要满两年了。不久前罗捷错怪了莎莉，她赌气跑回了父亲的农场，罗捷对此后悔不已。就在半个钟头前，我们还在谈论她，罗捷刚为她雕了一个……一个小像……”

这个自称厄尔的士兵没等说完便昏迷了。

“醒醒，醒醒！”龙德扶起厄尔，大声喊道。

厄尔吃力地睁开眼说：“请告诉莎莉，罗捷爱她，我也……”说着，厄尔再次昏迷过去。龙德放下厄尔，匆忙收拾了罗捷的遗物：一张兵卡；一块金表，上刻一行小字：“ONLY MY LOVE！SL”（我唯一的爱！莎莉）显然是莎莉送给罗捷的礼物；一个握在手里的精美的女人头小雕像。而后，龙德背起厄尔，飞快地向战地救护所跑去。

战争结束已经是两年之后了，厄尔回到家乡见到莎莉时，两人泪流满面。

“对不起！莎莉，我没能保护罗捷，回来的不应该是我，应该是他。”说完厄尔愧疚地低下了头。

“不，厄尔，别这么说！你很坚强，龙德已全告诉了我。”莎莉说，“罗捷牺牲了，你负伤被俘，当时我也不想活在这个世界上了，是龙德救了我，他好几天不离我左右，直到我有点信心了才离开，临走时留下了这张字条：‘上帝知道我是无罪的，但我愿意死后承受炼狱的烈火！’别过度悲伤了，厄尔，上帝会原谅我们的！”

此后，尽管厄尔和莎莉多方打听龙德的消息，但龙德却始终没有出现，然而，在厄尔和莎莉的心中，龙德的形象永不磨灭。

残酷的战争让人们失去了理智，几近疯狂。那么，在没有温暖充斥的战场上，是否就意味着我们要违背一切做人的原则，甚至是本性？

显然不能，然而就是这一点动摇才显示出人性的高贵来。一点善良与关怀常会令人感动一生，也只有温情才会让人们卸下心灵的盔甲，这是冷漠与残酷所不能做到的。人性最能闪烁动人光辉的，莫过于在任何地点都能看到的善良之举。

总统敌人斯坦顿的“下场”

林肯竞选总统的时候，他的强敌斯坦顿想尽一切办法在公众面前羞辱他，毫不留情的攻击他的外表，故意制造事端为难他。很多民众都为林肯打抱不平。

林肯当选美国总统后，他必须找几个人当他的内阁大臣，与他一同策划国家大事，其中必须选一位最重要的参谋总长，他没选别人，而是选了斯坦顿。

这个消息一传出来时，整个美国一片哗然，街头巷尾的民众议论纷纷。有人好心地提醒林肯说："你是不是选错人了？你难道忘记了他以前是如何诽谤你的吗？他一定会故意扯你的后腿，你要三思而后行啊！"林肯不为所动，他回答说："我认识斯坦顿，我也知道他从前对我的批评，但为了国家前途，我认为他是最适合这个职务的人。"

果然，斯坦顿为国家以及林肯做了很多有益的事。过了几年，林肯被暗杀后，有许多话都在赞颂这位伟大的领袖，但是在这所有的话中，斯坦顿的话最有分量。他对躺在福特戏院里的林肯说："这里躺着一位有史以来最完美的统治者。"

林肯的一生是仁爱的一生，他用宽容这种高贵的力量征服了一个又一个政治对手，有许多人还因此成为他的忠实追随者。对当时的战争部长斯坦顿，以及著名的"拖延将军"麦克莱伦，他都用一颗博大的心来宽恕他们的辱骂与诅咒，并最终赢取了他们的心。

气量是一种高尚的人格修养，一种成大事的大将风度。是否拥有气量，关键看三点：一是平等的待人态度，不自认为高人一等，保持一颗平常心，平视他人，尊重他人；二是宽阔的胸襟，胸怀坦荡，虚怀若谷，闻过则喜，有错就改；三是宽容的美德，能够仁厚待人，容人之过。气量实际上反映了一个人的素养和品性。气量的真正内容是宽容，用博大的态度对待他人，就等于给自己送了一份价值不菲的礼物。生活里多一点宽容，生命就会多一份空间和爱心，生活也就多一分温暖和阳光。

没拿金牌的冠军

2004年8月23日，雅典奥运会男子单杠决赛正在激烈进行。28岁的俄罗斯名将涅莫夫第三个出场，他以连续腾空抓杠的高难度动作征服了全场观众，在比赛中不仅出现了6个飘逸的空翻，而且几乎完美地完成了比赛，精彩的表演征服了现场的观众，赢得了满场的掌声与喝彩。只是在他落地的时候，出现了一个小小的失误——向前移动了一步，裁判因此只给他打了9.725分，仅仅排在第三位。涅莫夫没有争辩，大度地原谅了评委们并不公平的待遇。

但是看到这个成绩，全场观众都开始为涅莫夫感到不平了。全场的观众都不停地喊着"涅莫夫""涅莫夫"，并且全部站了起来，不停地挥舞手臂，用持久而响亮的"嘘"声表达自己对裁判的愤怒。比赛被迫中断，第四个出场的美国选手保罗·哈姆虽已准备就绪，却只能尴尬地站在原地。

面对这样的情景，已经退场的涅莫夫从座位上站起来，向朝他欢呼的观众挥手致意，并深深地鞠躬，感谢他们对自己的喜爱和支持。可是，涅莫夫的大度进一步激发了观众的不满，整个体操馆内响彻着观众的嘘声，一部分观众甚至伸出双拳，拇指朝下，做出不文雅的鄙视评委的动作。

由于场面趋于失控，比赛无法继续进行。裁判们马上围拢在一起，紧张地进行讨论。面对如此巨大的压力，裁判被迫重新给涅莫夫打了 9. 762 分。可是，这个分数不仅未能平息观众的不满，反而使嘘声再次响成一片。

这时，涅莫夫显示出了他非凡的人格魅力和宽广胸襟。他重新回到赛场，举起右臂向观众致意，并深深地鞠了一躬，表示感谢。接着，他伸出右手食指做出噤声的手势，然后将双手下压，劝慰观众保持冷静，给保罗·哈姆一个安静的比赛环境。

涅莫夫的宽容，让中断了十几分钟的比赛得以继续进行。在那次比赛中，涅莫夫虽然没有拿到金牌，但他仍然是观众心目中的冠军；他没有打败对手，但他以自己的宽容征服了世界。

一个成功的人不仅自己的胸怀宽广，更会注意别人的自尊。“得理且让人”就是要照顾他人的自尊，避免因伤害别人的自尊而为自己树敌。

宽容是一种大度，能容下人世间的酸甜苦辣，能化解所有恩怨是非。在“山重水复疑无路”时，学会宽容，便会“柳暗花明又一村”。原谅别人不等于窝囊，是有意为之的高尚。宽以待人是一切行为中最伟大的行为，是一门艺术。掌握了这门艺术，你也许会获得意想不到的收获。

朋友是这样炼成的

曾经获得诺贝尔和平奖的奥地利犹太和平主义者阿尔弗雷德·弗里德从小就是一个宽宏大量的孩子。

他小的时候家里比较穷，为了减轻父母的负担，他摆了一个小书摊。有一天，4 个和他差不多大的孩子围了过来。小阿尔弗雷德冷不防被其中一个孩子绊倒了，这时，4 个孩子一起冲上来，把他压在身子下面。一个孩子厉声问道：“你的钱呢？钱在哪里？快点拿出来给我们！”当 4 个孩子在小阿尔弗雷德身上乱搜的时候，他又气又急，慌乱中，他忽然看见街对面有一个警察，就大喊了一声：“警察来了！”那 4 个孩子惊慌地抬起头来，果然看见警察正在朝这边走来，于是他们慌慌张张地爬起来就跑。4 个孩子中有一个孩子比较小，跑得慢，所以被小阿尔弗雷德一把给抓

阿尔弗雷德·弗里德

住了。

那位警察过来了，很严肃地问道："你们刚才做什么了？"小阿尔弗雷德看了看旁边那个因惊恐而瑟瑟发抖的孩子，说："他想……他想租书看，可是我要收摊回家吃晚饭了，所以他就帮我收拾摊子。"警察见没有发生什么事情，就微笑着说："那你们赶快回家去吧！"

警察一走，那个孩子便迷惑不解地问："刚才我们那么对你，你……你为什么不报告警察？"小阿尔弗雷德并没有回答，却反问那个孩子："那你们为什么要来抢我的钱呢？"那个孩子认真地看了看小阿尔弗雷德，说："我们已经观察你好几天了，本来也没想抢你的钱的，可是我们今天一天没吃饭，都饿坏了，所以才……""就因为我看你们的衣服很破旧，所以我知道你们抢钱肯定也是迫不得已，我也是穷人家的孩子，所以我才没有报告警察。"小阿尔弗雷德非常认真地说道。

那个孩子听到小阿尔弗雷德这样说，他很不好意思地低了下了头。小阿尔弗雷德又笑着说："欢迎你们明天还到我这里来，我可以让你们免费看书。"第二天，他们果然又来了，但是这次，他们是来帮助小阿尔弗雷德的。

后来这 4 个孩子都成了小阿尔弗雷德很要好的朋友。

生活中，我们要学会宽容、大度。如果一个人能够有宽宏的度量，那么他的身边就会聚集大量的知心朋友，所以小事不要太计较，要学会原谅别人的过失。不如意的事情来临之时，要泰然处之，不为所累；受到别人的讥讽时，不要睚眦必报，要学会吃亏，同时多看到别人的优点，少盯着别人的缺点不放。如果你能够学会宽容的对待身边的人，不让一些鸡毛蒜皮的小事侵蚀我们的心，那么你会发现周围的每一个人都是可爱的，你也会发现周围的人都喜欢和你在一起，到处都是你的朋友。

你是什么官

亚历山大是俄国最有名的沙皇之一，不仅因为他三次打败了雄心勃勃的拿破仑，还因为他的人生充满了神秘和离奇的经历。他对待敌人冷酷无情，可是对待自己的子民，哪怕是冒犯了他的权威，他也绝不生气，非常宽容，因此有人称他是"俄国历史上的两面神""北方的斯芬克斯"。

一次亚历山大骑马旅行到俄国西部的一家乡镇小客栈，为进一步了解民情，他决定徒步而行。当他穿着没有任何军衔标志的军装回来时，走到一个三岔路口时，却忽然想不起回客栈的路了。

他看见有个军人站在一家旅馆门口，于是，他走上前去问道："朋友，你能告诉我

去客栈的路吗?”那军人叼着一只大烟斗，头一扭，把身着普通军装的亚历山大上下打量一番后，傲慢地答道：“朝右走。”亚历山大又问道，“请问离客栈还有多远?”“一英里。”那军人生硬地说，并瞥了亚历山大一眼。

“谢谢你。”亚历山大抽身道别，刚走出几步又停住了，回来微笑着对那个军人说：“请原谅，我可以再问你一个问题吗？如果你允许我问的话，我想问你的军衔是什么?”

军人猛吸了一口烟说：“你猜猜。”亚历山大风趣地说：“中尉?”那烟鬼的嘴唇动了一下，意思是说不止中尉。“上尉?”烟鬼摆出一副很了不起的样子说：“还要高些。”“那么，你是少校?”“是的。”他高傲地回答。亚历山大敬佩地向他敬了一个礼。

这时，在亚历山大面前受到尊敬的少校转过身来，摆出一副对下级说话的高傲姿态，问道：“假如你不介意，你是什么军衔?”亚历山大乐呵呵地回答：“你猜。”“中尉?”亚历山大摇头说，“不是。”“上尉?”“也不是!”少校走近仔细看了看说：“那么你也是少校?”亚历山大静静地说：“继续猜。”少校取下烟斗，那副高傲的神情一下子消失了。他用十分尊敬的语气低声说：“那么，您是部长或将军?”“快猜着了。”亚历山大说。“殿……殿下是陆军元帅吗?”少校结结巴巴地说。亚历山大说：“我的少校，再猜一次吧!”“皇帝陛下!”少校的烟斗从手中一下掉到了地上，猛地跪在亚历山大面前，忙不迭地喊道：“陛下，饶恕我！陛下，饶恕我!”

“饶你什么？朋友。”亚历山大笑着说，“你没伤害我，我向你问路，你告诉了我，我还应该谢谢你呢!”

那些能够改变历史或者震撼人心的大人物，都是胸襟广阔的人。胸襟广阔的人，不会因为他人的冒犯和无礼而勃然大怒，相反，他们会温和谦恭地对待那些冒犯他们的人。人都是有感情和尊严的，既需要别人的理解体谅，也应该谅解宽容他人。宽容是一种高尚的人格修养，是一种大将风度。心怀坦荡，宽容他人，这一点是伟大人物的标签。

面对别人的冒犯，宽容的人能够时刻保持谦恭有礼的态度。事实上，他们能取得成功，和这种宽容的胸怀是分不开的。生活中，能得到别人宽容的人是幸福的，能宽容别人的人是高尚的。如果我们每一个人都以自我为中心，彼此之间不能宽容忍让，那么我们的社会将会是一团乱麻，无法进步，更不要提实现每个人的价值了。

沙漠中的刁难

一场惨烈的战争之后，几乎所有的士兵都丧命于敌人的刀剑之下。命运将两个地位悬殊的人推到了一起：一个是年轻的指挥官，一个是年老的炊事员。他们在奔逃中相遇，两个人不约而同地选择了相同的路径——沙漠。追兵止于沙漠的边缘，因为他们不相信有人会从那里活着出去。

“请带上我吧，丰富的阅历教会了我如何在沙漠中辨认方向，我会对你有用的。”老人哀求道。指挥官下了马，他认为自己已经没有了求生的资格，他望着老人花白的双鬓，心里不禁一颤：由于我的无能。几万个鲜活的生命从这个世界上消失，我有责任保护这最后一个士兵。于是他扶老人上了战马。

沙漠深处到处是金色的沙丘，在这茫茫的沙海中，没有一个标志性的东西，使人很难辨认方向。“跟我走吧！”老人说。指挥官跟在他的后面。灼热的阳光将沙子烤得炙热无比，他们没有水，也没有食物。老人说：“把马杀了吧！”年轻人怔了怔，唉，要想活着也只能如此了。

“现在，马没了，我走不动，只能你背着我走了！”年轻人愣了一下，心想，你有手有脚，为什么要人背着走，这要求着实有点过分。但连日以来，他都处在深深的自责之中，老人此时要在沙漠中逃生，完全是因为他的不称职。他此刻唯一的信念就是让老人活下去，以弥补自己的罪过。他们就这样一步一步地前行，大漠上留下了一串深陷且绵延的脚印。

一天，两天……十天。茫茫的沙漠好像无边无际，到处是灼烧的沙砾，满眼是弯曲的线条。白天，年轻人是一匹任劳任怨的“骆驼”；晚上，他又成了体贴周到的仆从。然而，老人的要求却越来越多，越来越过分。他会将两人每天总共的食物吃掉一大半，会将每天定量的马血多喝掉好几口。年轻人从没有怨言，他只希望老人能活着走出沙漠。

他俩越来越虚弱，直到有一天，老人奄奄一息。老人对他说：“你走吧，别管我了。我不行了，你还是自己逃生去吧！”“不，因为我的失职，我害死了那么多生命。我已经没有了活下去的理由，即使活着，我也不会得到别人的宽恕。”

一丝苦笑浮上了老人的面容，“说实话，这些天来难道你没有感觉到我在刁难、拖累你吗？我真没想到，你的心可以包容下这些难堪的待遇。”“我只想让你活着，你让我想起了我的父亲。”年轻人痛苦地说。老人此刻解下了身上的一个布包，说：“拿去吧，里面有水，也有吃的，还有指南针，你朝东再走一天，就可以走出沙漠了，我们在这里的时间实在太长了……”老人闭上了眼睛。“你醒醒，我不会丢下你的，我要背你出去。”老人勉强睁开眼睛，缓缓地说道：“唉，难道你真的认为这沙漠漫无边际吗？其实，只要走三天，就可以出去，我只是带你走了一个圆圈而已。我亲眼看着我两个儿子死在敌人的刀下，他们的血染红了我眼前的世界，这全是因为你。我曾想与你同

归于尽，一起耗死在这无边的沙漠里，然而你却用胸怀融化了我，我已经被你的宽容大度所征服。只有能宽容别人的人，才配受到他人的宽容。孩子，走出沙漠吧，相信其他的人也会和我一样被你的宽容征服的。"这一次，老人永久地闭上了眼睛。

年轻的指挥官震惊了，仿佛又经历了一场战争。一场人生的战斗。此时他才明白：武力征服的只是人的躯体，只有靠爱和宽容大度才能赢得人心。

哈佛人认为，宽容和忍让能够换来最甜蜜的果实。一个人经历过一次忍让，就会使心胸宽广。多一分宽容，就会多一个朋友，少一个敌人。

故事里的年轻指挥官宽容了老人种种无理的要求，而故事的最后，老人大度的原谅了曾经铸成大错的年轻人。怨恨是一种毁灭性的情绪，如果不能把怨恨抛下，心灵将困在自设的监牢中无法解脱。对待磨难和怨恨，一颗宽容的心能够使灵魂自由呼吸，不再经受怨恨的折磨和腐蚀，宽容会带来心灵真正的解脱。

宽容的史瓦兹

服装界有名的商人史瓦兹是一个善于容人的经营者，他的成功就和自己善于包容不同个性的人才有很大关系。

史瓦兹刚入服装行业的时候，有一次他拿着样衣经过一家小店时，无缘无故地被店主讥讽嘲笑了一番，这位店主说他的衣服只能堆在仓库里，再过 10 年也卖不出去。史瓦兹对这位店主的无礼感到震惊，但是并没有反唇相讥，而是诚恳地请教，结果这个小店主说得头头是道。史瓦兹大惊之下，想要高薪聘请这位怪人。没想到这人不仅没有接受，反而又讽刺了史瓦兹一顿。史瓦兹没有放弃，通过多方打听. 他终于知道这小店主实际上是一位极其有名的服装设计师，只是因为他自诩天才、性情怪僻而与多位上司闹翻，一气之下发誓不再设计服装，改行做了小商人。

史瓦兹弄清原委后，三番五次登门拜访，并且诚心请教。这位设计师仍然是火冒三丈，劈头盖脸地骂他，坚决不肯答应。史瓦兹毫不气馁，仍然常去看望他，经常和他聊天并给予热情的帮助。这位怪人设计师到最后也很不好意思了，终于答应史瓦兹，但是条件非常苛刻，其中包括他一旦不满意可以随意更改设计图案，允许他自由自在地上班等。史瓦兹都一一答应。

果然。这位设计师经常顶撞史瓦兹，让他下不了台，但是史瓦兹并没有生气，他还虚心地接受了这位设计师的意见和建议。这位设计师因为史瓦兹的宽容，他的天性得到很自由地发挥，而这也给史瓦兹创造了巨大的商业效益，在这位设计师的帮助下，史瓦兹建立了一个庞大的服装帝国。

想要做到善于容人就要掌控好自己的情绪，这样才可能去容忍他人个性上的缺点。这位设计师的脾气不可谓不怪异，甚至有点恃才傲物，但是史瓦兹慧眼识金，懂得他的价值所在，对他的缺点和不足一一宽容，使他帮助自己走上了事业的成功之路。

面对别人的冒犯，我们要保持宽容和冷静，不要轻易出手反击，这既是对别人的一种包容，也是对自己的一种尊重。

宽宏大量的格兰特

前些年，曼彻斯特的一位出版商出版了一本小册子，里面的言辞低级粗野，竭尽全力地丑化“格兰特兄弟”公司，使其受到公众的讥笑。威廉姆·格兰特十分气愤，他说写这册子的人一定会后悔的。一些爱看热闹的人又把此话告诉了诽谤者，这个出版商毫不在意地说：“他不就是认为我以后会欠他债吗？我会小心行事的。”但一个生意人是不可能自己选择债主的，不巧的是，这个出版商后来真的破产了，而格兰特手中恰好有一张他的承兑汇票。那是另一个破产的商人转让的，上面还有他的转让认可签名。

受诽谤者居然成了诽谤者的债主！他们现在可以让那些诽谤者为自己不负责任的言行而后悔了，如果没有债主的签名，诽谤者便拿不到证明和执照，也就再不能经商了。现在，这个出版商已得到了债主的全部签名，除了格兰特那一个，但是，他又怎么能够奢望“格兰特兄弟”公司补上这最后一个签名呢？让受到谣言伤害的人们对造谣者毫不计较，这怎么可能！出版商感到十分绝望。他的妻子和孩子劝他还是去试一试，于是他忐忑不安地来到了格兰特公司。

格兰特先生独自一人在办公室，他对造谣者的第一句话是：“关上门，先生。”语气严肃而有力。造谣者紧张而愧疚地站在格兰特面前，面红耳赤地说明了自己的情况，然后递上证明。格兰特先生接过证明边看边说：“你曾出版过一本诽谤我的册子。”出版商于是感到一切都完了，可事实却超出他的想象，格兰特先生很快便在文件上写了几句，然后把它还给破产者。这个灰心失望的造谣者认为上面一定写着大骂他诽谤的坏话，可当他绝望地看时，映入眼帘的却是“格兰特兄弟”公司清晰的签名。

“这是我们的规定，”格兰特先生说，“任何时候都不会拒绝为一个诚实的商人签名，而在这一方面，我们认为你没什么不好。”出版商热泪盈眶，而格兰特先生则继续说道：“我说过会让你为从前的作为后悔的，现在不是做到了吗？那并不是威胁，只是要你在了解我们之后，为自己曾伤害过这样的人们而难过。我想你如今已经后悔了。”

“当然，事实如此。”出版商激动地叫道，“我从没有如此强烈地后悔过。”

接着，他们进行了平和的谈话，这个破产者谈到今后的打算，拿到证明执照后，他会有朋友来帮助自己。“那你现在还剩多少钱呢?”格兰特问。出版商坦白地说，家里稍微值钱的东西全抵给债主了，而为了凑够办理执照证明的钱，他必须缩减家里的日常开支。“伙计，这样可不行，”格兰特先生摇摇头，“怎么能忍心让你的家人在贫苦中挣扎呢？把这10万英镑交给你妻子吧！不要哭，别这样，一切都会过去的。燃起斗志，像真正的男子汉一样拼搏，你很快就会为之骄傲和自豪。”出版商感动极了，他想感谢格兰特先生，却什么也说不出来，最后捂着脸，像孩子一样呜咽着走出去了。

这是一位英裔哈佛教授所讲述的真人真事，他只想告诉哈佛的学子们，只有宽宏的心灵才能装下整个宇宙，包括成功与荣誉。

宽容的力量常常能使误入歧途的人返回正常轨道，也能够化敌为友。它就是那么神奇，比任何道理的叙述都更有说服力。它的魅力来源于发自内心的真诚与崇高，因此才会拥有格外迷人的温暖。

宽容能救赎心灵

一个匈牙利的骑士，被一个土耳其的高级军官俘获了。这个军官把他和牛套在一起犁田，而且用鞭子赶着他工作。他所受到的侮辱和痛苦是无法用文字来形容的。因为那个土耳其军官所要求的赎金是难以想象的高，这位匈牙利骑士的妻子变卖了她所有的金银首饰，典当出去他们所有的房子和田产，他的许多朋友也捐募了大批金钱。终于凑齐了这个数目。匈牙利骑士才从羞辱和奴役中获得了解放，但他回到家时已经病得支持不住了。

没过多久，国王颁布了一道命令，征集大家去跟敌人作战。这个匈牙利骑士一听到这道命令，再也安静不下来。他无法休息，片刻难安。他叫人把他扶到战马上，气血上涌，顿时就觉得有力气了，而后向胜利驰去。他把那位曾羞辱他、使他痛苦万分的将军变成了他的俘虏。那个土耳其军官，已经是俘虏的土耳其人现在被带到他的堡寨里来，一个钟头后，那位匈牙利骑士就出现了。他问这个俘虏说：“你想到过你会得到什么待遇吗?”“我知道，”土耳其人说，“报复。但是我怎样做你才能饶恕我呢?”“一点也不错，你会得到一个犹太教徒的报复，”骑士说，“耶和华的教义告诉我们要爱我们的同胞，宽恕我们的敌人。上帝本身就是爱。放心地回到你的家里，回到你的亲爱的人中间去吧！不过请你将来对受难的人温和一些，仁慈一些吧！”这个俘虏忽然大哭起来：“我做梦也想不到能够得到这样的待遇。我想我一定会受到酷刑和痛苦的折磨。如今看来确实如此，这种悔恨的折磨让我倍感痛苦。”

法国作家罗曼·罗兰说：“人们对于不十分看重的人，要宽容得多。”这是普通人的宽容，伟大的人的心胸也许会更加广博。

一个宽容别人的人时刻保持着一种恬淡、安静的心态，做着自己应该做的事情。一个善意的微笑，一句幽默的话语，也许就能化解人与人之间的怨恨和矛盾，填平感情的沟壑。宽容是一种非凡的气度、宽广的胸怀，是对人对事的包容和接纳。

原谅他人的过错

包布·胡佛是一位著名的试飞员，并且常常在航空展览中做飞行表演。一天，他在圣地亚哥航空展览中表演完毕后飞回洛杉矶。正如《飞行》杂志所描写的，在空中300米的高度，两个引擎突然熄火。由于技术熟练，他操纵飞机成功着陆，但是飞机严重损坏，所幸的是没有人受伤。

在迫降之后，胡佛的第一个行动是检查飞机的燃料。正如他所预料的，他所驾驶的第二次世界大战时的螺旋桨飞机，居然装的是喷气式飞机燃料而不是汽油。

回到机场以后，他要求见见为他保养飞机的机械师。那位年轻的机械师为所犯的错误极为难过。当胡佛走向他的时候，他正泪流满面。他造成了一架非常昂贵的飞机的损失，差一点还使3个人失去了生命。

你可以想象胡佛必然大为震怒，并且预料这位极有荣誉心、事事要求精确的飞行员必然会痛斥机械师的疏忽。但是，胡佛并没有责骂那位机械师，甚至没有批评他。相反地，他用手臂抱住那个机械师的肩膀，对他说：“为了表示我相信你不会再犯错误，我要你明天再为我保养飞机。”

我们平时大概会习惯责骂他人的错误，尤其是当他们的错误对我们的生活产生了不利的影响时，我们可能会因此而失控。当怨恨之情占据我们的心灵，辱骂就会随之而来。但若细想一下便会发现，辱骂除了让我们的情绪变坏外别无所获，有时甚至会越骂越糟，导致双方关系的破裂或留下伤痕。因此，无论怎样比较都会发现原谅是一个有益的选择。

化敌为友

金大中经过漫长岁月的奋斗和努力，终于在耄耋之年当上了总统。在正式就职之后，他做了一件令世人敬佩的举动，就是公开在青瓦台总统府，招待了曾经迫害过他的4位前任韩国总统，包括全斗焕、卢泰愚、金泳三和崔圭夏。

在那场晚宴中，金泳三一直板着脸，沉默不语，而全斗焕和卢泰愚对金泳三则恨

之入骨，根本不愿和他坐在一起，所以只好由国务总理坐在中间。而这位国务总理不是别人，就是当年的中央情报局局长，也是下令要暗杀金大中的人。当时若不是美国适时阻挡，金大中可能早就被装入麻袋，丢入海中淹死。

他以具体行动化解了政治仇恨，也展现了伟大的宽人之道。在轰动一时的光州大审中，他曾被政府判处死刑。当时他曾立下遗书，要求他的家人和同志不要报仇，让政治迫害就到他这里为止。

他的宽广心胸和高尚的情操，赢得无数人的尊敬。

原谅自己的对手、敌人，尽管他们曾给我们带来无尽的痛苦。当宽容的行为一旦产生，我们的内心便会获得永远的安宁与平静。胸襟广博的人也会因此而受到他人的敬重与信任，因为人们会觉得如此高尚的人做事会更稳妥。

大海因为能够容纳百川，所以可以成为浩瀚的海洋。莎士比亚忠告人们说："不要因为你的敌人而燃起一把怒火，只会烧伤你自己。"假如别人伤害了自己，千万不要只会怨恨，关键是要学会宽容，并避免被别人再次伤害。

放下怒火与怨恨，永远是一条让自己开心也让他人快乐的真理。

原谅恶意的竞争者

一位名叫卡尔的卖砖商人，由于另一位对手的恶意竞争，生意陷入困境之中。对方在他的经销区域内不断走访建筑师与承包商，并且告诉他们：卡尔的公司不可靠，砖块不好，生意面临歇业。

卡尔对别人说他不认为对手会严重伤害到他的生意。但是这件事却使他很生气，他很想"用一块砖来敲碎那人肥胖的脑袋"。

"一个星期天的早晨，"卡尔说，"牧师讲道的主题是：要施恩给那些故意为难你的人。我把每一个字都记录下来。就在上个周五，那个竞争者让我失去了一份 25 万块砖的订单。但是，牧师却在教我们要以德报怨，化敌为友，他还列举了很多例子来证明他的理论。当天下午，我在安排下周日程表时，发现一位住在弗吉尼亚州的顾客，正要盖一间办公大楼，而他所指定的型号不是我们公司制造的，却与那个竞争对手的产品很类似。而且我也确定那个满嘴胡言的家伙完全不知道有这笔生意。"

卡尔感到左右为难，要遵从牧师的忠告，告诉给对手这笔生意的机会，还是按自己的意思去做，让对方永远也得不到这笔生意？到底该怎么办呢？卡尔的内心挣扎了一段时间，最后他拿起了电话，也许牧师的忠告震撼了他的心灵，也许他只是想证实牧师是错的。

接电话的人正是那个竞争对手，当时那个对手拿着电话，难堪得一句话也说不出来。但是卡尔还是礼貌地告诉他有关弗吉尼亚州的那笔生意。那个对手很感谢卡尔。

卡尔说："我得到了令人吃惊的结果，他不但停止了散布有关我的谣言，还把他无法处理的一些生意转给我做。"卡尔的心里好受多了，他与对手之间的阴霾也被扫清了。

以德报怨，化敌为友，是迎战那些终日想让你出丑的人的最好的方略。宽容产生的道德上的震动比责罚抱怨产生的效果要强烈得多。

宽容是一种美德，是以退为进，积极地应对和防御。同时它也是一种极高的个人修养，它能融洽气氛，交流情感，活跃思想。宽容别人的过失，就意味给别人醒悟的时间和悔过的机会。

监狱中的曼德拉

南非总统曼德拉在哈佛有相当一部分拥戴者，他因致力于南非种族斗争而遭逮捕，在荒凉的大西洋罗宾岛度过了将近 27 年监禁岁月。当时曼德拉年事已高，但牢房看守依然像对待年轻犯人一样对他进行残酷的虐待。

罗宾岛上岩石密布，到处是海豹、蛇和其他动物。曼德拉被关在总集中营一个"锌皮房"里，白天打石头，将采石场的大石块碎成石料。他有时还要下到冰冷的海水里捞海带，或干采石灰的活儿——早晨排队到采石场，然后被解开脚镣，在一个很大的石灰石场里，用尖镐和铁锹挖石灰石。因为曼德拉是要犯，看管他的看守就有 3 人。他们对他并不友好，总是寻找各种理由虐待他。

曼德拉

然而，曼德拉出狱当选南非总统以后，并没有计较前嫌，他在就职典礼上的一个举动震惊了世界，被人们尊称为"神迹"。

总统就职仪式开始后，曼德拉起身致辞，欢迎来宾。他依次介绍了来自世界各国的政要，然后他说，能接待这么多尊贵的客人，他深感荣幸，但他最高兴的是，当

初在罗宾岛监狱看守他的3名狱警也能到场。随即他邀请他们起身，并把他们介绍给大家。

曼德拉的博大胸襟和宽容精神，令那些残酷虐待了他27年的人汗颜，也让所有到场的人肃然起敬。看着年迈的曼德拉缓缓站起，恭敬地向3个曾虐待他的看守致敬，在场的所有来宾以致整个世界，都静下来了。

后来，曼德拉向朋友们解释说，自己年轻时性子很急，脾气暴躁，正是狱中生活使他学会了控制情绪，因此才活了下来。牢狱岁月给了他时间与激励，也使他学会了如何处理自己遭遇的痛苦。他说，感恩与宽容常常源自痛苦与磨难，必须通过极强的毅力来训练。

获释当天，他的心情平静："当我迈过通往自由的监狱大门时，我已经清楚，自己若不能把悲痛与怨恨留在身后，那么我其实仍在狱中。"

大多数人一直以为，只要我们不原谅对方，就可以让对方得到一些教训，也就是说：只要我不原谅你，你就没有好日子过。而实际上，不原谅别人，表面上是对方不好，其实真正倒霉的人却是我们自己，因为不肯宽容会产生愤恨和沮丧，愤恨首先影响的是你自己的健康。

要做到宽容，应做到两点：首先，你发现自己也有很多的缺点，自己也有亏欠他人的地方，自己本身并不是一个完人；而发现你原来认为最不好的人，也有一些你没有的优点。所以，要学会看到自己的缺点，别人的优点。考虑问题时要试着从对方的角度出发，以求大同、存小异。这样你才能够善待他人，也善待自己。

其次，你得承认，自己也得到过别人的宽容，自己也需要别人的宽容。这样一想，我们还有什么不能宽容他人的呢？

善待战俘

1944年冬天，苏联军队已经把德军赶出了国门，同时上百万的德国兵被俘虏。

一天，一队德国战俘面容憔悴地从莫斯科大街上穿过。当他们从街道上走过时，所有的马路都挤满了人。苏军士兵和警察站在战俘和围观者之间，警惕着随时可能发生的流血事件。

大部分围观者是妇女，这些人当中的每一个人都是战争的受害者。他们家人中的父亲、丈夫，或者是兄弟、儿子，都被德国兵杀死了。站在这里的每一个人，都和德国人有着不共戴天的血债。

妇女们怀着满腔仇恨等待着俘虏的出现。当他们出现时，她们的手攥成了拳头。

士兵和警察们竭尽全力阻挡着她们，生怕她们控制不住自己冲动的情绪。这时，出现了令人意想不到的一幕：一位穿着战争年代破旧长袍的上了年纪的犹太妇女颤巍巍地走到一个警察身边，恳请警察让她走近俘虏。警察最终同意了这个老妇人的请求。她走到俘虏身边，从怀里掏出一个用印花布方巾包裹的东西，里面是一块黑面包，她不好意思地把它塞到了一个疲惫不堪的、饿得几乎站不住的俘虏的口袋里。

她回头看了看身后那些充满仇恨的同胞们，开口说道："当这些人手持武器出现在战场上时，他们是敌人。可是当他们解除了武装出现在街道上时，他们是跟所有的人，跟'我们自己'是一样的人。"

顿时整个气氛改变了。妇女们从四面八方涌向俘虏，把面包、香烟等各种东西塞给这些战俘。

仇恨只能激化矛盾，酿造灾难，而宽容却能轻易地化解恨意，把紧张的气氛化作缕缕的温情。安德鲁·马修斯说："一只脚踩扁了紫罗兰，而紫罗兰却把香味留在那脚跟上，这就是宽容。"能将宽容之心给予敌人，即便只是一个贫苦的犹太老妇人，也完全担得起"伟大"二字。

在得到别人原谅后，没有多少人会得寸进尺，他们大多会真心悔悟。宽容是一种崇高的境界，达到了这种境界，人会变得豁达成熟。它是对别人的释怀，也是对自己的善待。宽容的人更容易获得快乐，这是因为在原谅了他人之后，他们的内心会卸下一份沉重的负担，增添一份愉悦。

放下手中的枪

小男孩哈根有一条非常可爱的狗，不幸的是，有一天下午他的狗被邻居家的狗咬死了。小男孩简直气疯了，发誓要打死凶手，为他的宝贝狗报仇。

哈根的父亲很理解儿子的心情，他知道凭语言无法说服儿子，于是他把哈根领到了邻居家的院子后面。"那条狗在这儿，"父亲对哈根说道，"如果你还想干掉它的话，这是最容易的办法。"父亲递给哈根一把短筒猎枪。哈根疑虑地瞥了父亲一眼，点了点头。

哈根拿起猎枪，举上肩，黑色枪筒向下瞄准。邻居家的大黑狗用一双棕色眼睛看着他，喘着粗气，张开长着獠牙的嘴，吐出粉红的舌头。就在哈根要扣动扳机的一刹那，千头万绪闪过脑海。父亲静静地站在一旁，可他的心情却无法平静。涌上心头的是平时父亲对他的教诲——我们对无助的生命的责任，做人要光明磊落，是非分明。他想起他打碎妈妈最心爱的花瓶后，她还是一如既往地爱他；他还听到别的声音——

教区的牧师领着他们做祷告时，祈求上帝宽恕他们如同他们宽恕别人那样。

于是，猎枪变得沉甸甸的，眼前的目标模糊起来。哈根放下手中的枪，抬头无助地看着爸爸。爸爸脸上绽出一丝笑容，然后抓住他的肩膀，缓缓地说道："我理解你，儿子。"这时他才明白，父亲从未想过他会扣扳机。他要用一种明智、深刻的方式让他自己做出决定。

哈根放下枪，感到无比轻松。他跟爸爸跪在地上，帮忙解开大黑狗，大黑狗欣喜地蹭着他俩，短尾巴使劲地晃动，仿佛在庆幸自己免遭枪杀。

宽容是消除报复的良方。宽容是心与心的交融，无语胜有声，宽容是仁人的虔诚，是智者的宁静。正因为深邃的天空容忍了雷电风暴一时的肆虐，才有风和日丽；辽阔的大海容纳了惊涛骇浪一时的猖獗，才有浩渺无限。对于心底宽容的人来说，没有什么是不可以饶恕的。在你宽恕别人的同时，也会将自己内心的仇恨一并消除。

宽容，对人对己都可成为一种最高尚的精神援助。宽以相容，不仅有益于身心健康，而且对赢得友谊，保持家庭和睦、婚姻美满，乃至事业的成功都有很大帮助。

仇恨袋的报复

古希腊神话中有一位大英雄叫海格里斯。一天，他走在坎坷不平的山路上，发现脚边有个袋子似的东西很碍脚，海格里斯踩了那东西一脚，谁知那东西不但没有被踩破，反而膨胀起来，加倍地扩大着。海格里斯恼羞成怒，操起一条碗口粗的木棒砸它，那东西竟然长大到把路堵死了。

正在这时，山中走出一位圣人，对海格里斯说："朋友，快别动它，忘了它，离它远去吧！它叫仇恨袋，你不犯它，它便小如当初；你侵犯它，它就会膨胀起来，挡住你的路，与你敌对到底。"

我们在茫茫人世间，难免与别人产生误会、摩擦。如果不注意，在我们轻动仇恨之时，仇恨袋便会悄悄成长，你的心灵就会背负上报复的重负而无法获得自由。

报复会把一个好端端的人驱向疯狂的边缘，使你的心灵不能得到片刻安静。

有一位好莱坞的女演员，失恋后，怨恨和报复心使她的面孔变得僵硬而多皱纹，她去找一位最有名的化妆师为她美容。这位化妆师深知她的心理状态，中肯地告诉她："你如果不消除心中的怨和恨，我敢说全世界任何美容师也无法美化你的容貌。"

圣人说："怀着爱心吃蔬菜，也要比怀着怨恨吃牛肉好得多。"

如果我们的仇人了解我们对他的怨恨使我们精疲力竭，使我们疲倦而紧张不安，使我们的外表受到伤害，使我们得了心脏病，甚至也许使我们折寿的时候，他们不是会拍手称快吗？即便我们不能爱我们的仇人，至少我们要爱我们自己。我们要使仇人不能控制我们的快乐、我们的健康和我们的外表。就如莎士比亚所说的："不要由于你的敌人而燃起一把怒火，让心中的烈焰烧伤自己。"

所以，要想生活中永远拥有安静和欢乐的心理，永远不要去尝试报复我们的仇人，因为如果我们那样做，受到伤害的只有我们自己。不要浪费时间去做那些毫无意义的报复，不要让自己的心因为报复更加痛苦。

报复是人性中的一处心理死结。它像一个盘踞在人内心深处的毒瘤，当人能控制它时，它就不会带来危害。可一旦它失去控制，就会给人带来致命的伤害。

报复心理是一种不健康的心理状态，它不仅会对报复对象造成这样或那样的威胁，而且有损自己的心理健康。

所以，面对生活中的一些伤害时，不要产生报复心理，更不要采取报复的手段，要心胸开阔，提高自制能力，用宽容去化解一切怨恨，让大家都生活在宽容的阳光和轻风下。

宽容的是别人，受益的是自己

从前有一个富翁，他有3个儿子，在他年事已高的时候，富翁决定把自己的财产全部留给3个儿子中的一个。可是，到底要把财产留给哪一个儿子呢？富翁想了一个办法：他要3个儿子都花1年时间去游历世界，回来之后看谁做了最高尚的事情，谁就是财产的继承者。

1年时间很快就过去了，3个儿子陆续回到家中，富翁要3个人都讲一讲自己的经历。大儿子得意地说："我在游历世界的时候，遇到了一个陌生人，他十分信任我，把一袋金币交给我保管，可是那个人却意外去世了，我就把那袋金币原封不动地交还给了他的家人。"二儿子自信地说："当我旅行到一个贫穷落后的村落时，看到一个可怜的小乞丐不幸掉到湖里，我立即跳下马，从湖里把他救了起来，并留给他一笔钱。"三儿子犹豫地说："我，我没有遇到两个哥哥碰到的那种事，在我旅行的时候遇到了一个人，他很想得到我的钱袋，一路上千方百计地害我，我差点死在他手上。可是有一天我经过悬崖边，看到那个人正在悬崖边的一棵树下睡觉，当时我只要抬一抬脚就可以轻松地把他踢到悬崖下，我想了想，觉得不能这么做，正打算走，又担心他一翻身掉下悬崖，就叫醒了他，然后继续赶路。这实在算不了什么有意义的经历。"

富翁听完3个儿子的话，点了点头说道："诚实、见义勇为都是一个人应有的品质，称不上是高尚。有机会报仇却放弃，反而帮助自己的仇人脱离危险的宽容之心才是最高尚的。我的全部财产都是老三的了。"

你在憎恨别人时，心里总是愤愤不平，希望别人遭到不幸、惩罚，却又往往不能如愿，一种失望，莫名烦躁之后，使你失去了往日轻松的心境和欢快的情绪，从而心理失衡；另外，在憎恨别人时，由于疏远别人，只看到别人的短处，言语上贬低别人，行动上敌视别人，结果使你的人际关系越来越僵，以致举步维艰。

你"恨死了"别人，这种忌恨的心理对你的不良情绪起了不可低估的作用。而且，今天忌恨这个，明天忌恨那个，结果朋友越来越少，成为"孤家寡人"。在遭到别人伤害，心里憎恨别人时，不妨做一次换位思考，假如你自己处于这种情况，会如何应付？当你熟悉的人伤害了你时，想想他往日在学习或生活中对你的帮助和关怀，以及他对你的一切好处。这样，你心中的火气、怨气就会大减，就能以包容的态度谅解别人的过错或消除相互之间的误会，化解矛盾，和好如初。

十三、从逆境中崛起

与世隔绝的辛蒂

在美国艾奥瓦州的一座山丘上，有一座不含任何合成材料、完全用自然物质搭建而成的房子。住在里面的人只能依靠人工灌注的氧气生存，以传真的形式与外界联络。

住在里面的人叫辛蒂。1985年，当时的辛蒂还在医科大学读书。有一次，她到山上散步，带回了一些蚜虫。回来后，她拿起杀虫剂为蚜虫去除化学污染，就在这时，她突然感觉到一阵痉挛。她以为那只是暂时的症状，没有在意。

但是从那以后，她对香水、洗发水以及日常生活中可以接触到的所有的化学物质都开始过敏，甚至连空气也能使她的支气管发炎。原来，这种杀虫剂内所含的一种化学物质破坏了辛蒂的免疫系统，使她得了一种叫作"多重化学物质过敏症"的奇怪慢性病，这种病到目前为止仍无药可医。

患病的前几年，辛蒂一直流口水，尿液变成绿色，有毒的汗水刺激背部形成了一块块疤痕；她甚至不能睡在经过防火处理的床垫上，否则就会引发心悸和四肢抽搐——辛蒂所承受的痛苦是令人难以想象的。1989年，她的丈夫吉姆用钢和玻璃为她盖了一所无毒房间，一个足以逃避所有威胁的"世外桃源"。辛蒂所有吃的、喝的都得经过选择与处理，她平时只能喝蒸馏水，食物中不能含有任何化学成分。

多年来，辛蒂没有见到过一棵花草，感受不到阳光、流水和风等正常人毫不费力

就可以拥有的美好东西。她躲在没有任何装饰品的小屋里，饱尝孤独之苦。更可悲的是. 无论怎样难受，她都不能哭泣，因为她的眼泪跟汗液一样也是有毒的物质。

在最初的一段时间里，辛蒂每天都沉浸在痛苦之中，想哭却不能哭。随着时间的推移，她渐渐改变了生活的态度，她说："在这寂静的世界里，我感到很充实。因为我不能流泪，所以我选择了微笑。"因为她知道每一种生命都有自身的价值，因为在绝境中她仍然能看到自己的价值所在。

辛蒂在生病后的第二年创立了"环境接触研究网"，以便为那些致力于此类病症研究的人士提供一个窗口。1994 年辛蒂又与另一组织合作，创建了"化学物质伤害资讯网"，保证人们免受化学物质的威胁。目前这一资讯网已有来自 32 个国家的 5000 多名会员，不仅发行了刊物，还得到美国上议院、欧盟及联合国的大力支持。

当自己陷于痛苦之中时，请试着微笑一下吧，至少为生命减少一份沉重和悲壮，平添一份勇气和轻松。当你学会在苦难中微笑的时候，你已经不同凡响。生活是你自己的，选择快乐还是痛苦都由你决定。

要想赢得人生，就不能总把目光停留在那些消极的东西上，那只会使你沮丧、自卑、徒增烦恼，最终，你的人生就可能被失败的阴影遮蔽它本该有的光辉。乐观是无形的，但它是有力量的，而且力量又是超乎想象的。乐观的人总能在困难和不幸中发现美好的事物。他们总向前看，他们相信自己，相信自己能主宰一切，即使在乌云的笼罩之下，他们也会充满对美好未来的期待。

生活在折磨中升华

被誉为"经营之神"的松下幸之助并不是一个幸运儿，不幸的生活却促使他成为一个永远的抗争者。家道中落的松下幸之助 9 岁起就去大阪做一个小伙计，父亲的过早去世使得 15 岁的他不得不担负起生活的重担，寄人篱下的生活使他过早地体验了做人的艰辛。

1910 年，松下幸之助独自来到大阪电灯公司做一名室内安装电线练习工，一切从头学起。不久，他诚实的品格和上乘的服务赢得了公司的信任。22 岁那年，他晋升为公司最年轻的检察员。就在这时，他遇到了人生最大的挑战。

松下幸之助发现自己得了家族病。已经有 9 位家人在 30 岁前因为家族病离开了人世，这其中包括他的父亲和哥哥。当时的境况使他不可能按照医生的吩咐去休养，只能边工作边治疗。他没了退路，反而对可能发生的事情有了充分的精神准备，这也使他形成了一套与疾病做斗争的办法：不断调整自己的心态，以平常之心面对疾病，调

动机体自身的免疫力、抵抗力与病魔做斗争，使自己保持旺盛的精力。这样的过程持续了 1 年，他的身体也变得结实起来，内心也越来越坚强，这种心态也影响了他的一生。

患病后，松下幸之助希望改良插座得到公司采用的愿望受挫，使他下决心辞去公司的工作，开始独立经营插座生意。

松下电器公司不是一个一夜之间成功的公司，创业之初，正逢第一次世界大战，物价飞涨，而松下幸之助手里的所有资金还不到 100 元，困难可想而知。公司成立后，最初的产品是插座和灯头，然而千辛万苦才生产出来的产品却遇到棘手的销售问题，工厂到了难以为继的地步，员工相继离去，松下幸之助的境况变得很糟糕。

但他把这一切都看成是创业的必然经历，他对自己说："再下点功夫. 总会成功的。已有更接近成功的把握了。"他相信坚持下去取得成功，就是对自己最好的报答。功夫不负有心人，生意逐渐有了转机，直到 6 年后拿出第一个像样的产品，也就是自行车前灯时，公司才慢慢走出了困境。

走出困境的松下电器公司所面对的并不是一帆风顺的坦途。而是一波又一波的狂风巨浪。1929 年经济危机席卷全球，日本也未能幸免，松下的产品销量锐减，库存激增。

日本的战败使得松下幸之助变得几乎一无所有，剩下的是到 1949 年时达 10 亿元的巨额债务。为抗议把公司定为财阀，松下幸之助不下 50 次去美军司令部进行交涉。

一次又一次的打击并没有击垮松下幸之助，他以 94 岁的高龄，向人们表明，一个人只有从心理上、道德上成长起来时，他才可以长寿。他之所以能够走出遗传病的阴影，安然渡过企业经营中的一个个难关，得益于他永葆一颗年轻的心，并能坦然应对生活中的各种挫折。松下幸之助说过："你只要有一颗谦虚和开放的心，你就可以在任何时候从任何人身上学到很多东西。无论是逆境或顺境，坦然的处世态度，往往会使人更聪明。"

没有经过风雨的禾苗永远不能结出饱满的果实，没有经过磨炼的雄鹰永远不能高飞……这些是自然界告诉我们的一个很简单的道理，一切事物如果想要变得更强，必须经过磨炼。人也一样，只有历经磨炼的人，才能更快、更好地成长。生活，永远只能在磨炼中得到升华。

要记住，在人生的道路上，每一次辉煌的背后肯定都有一个凤凰涅槃般的经历，世上没有不弯的路，人间没有不谢的花。磨炼原本就是生命旅途中一道不可或缺的风景。生命，也总是在各种各样的磨炼中茁壮成长。

苦难是最好的学校

正当贝多芬精力充沛、充满热情地献身他所钟爱的音乐事业时，不幸的事情发生了，由于患耳病，贝多芬渐渐失去了听觉。

一天，他和朋友到野外散步，朋友们听到从远处传来一阵悠扬的笛声，赞叹道："这笛声多么优美呀。"贝多芬侧耳倾听，可他什么声音也没有听到。他们继续往前走，朋友们又听到牧童清脆的歌声，赞美道："这歌声多么动人。"贝多芬全神贯注地听，仍然什么也没听到。贝多芬这才知道自己的耳朵聋了。

对于音乐家来说，世界上还有什么能比耳朵更宝贵呢？音乐家要用耳朵去辨别音的高、低、强、弱，要用耳朵去欣赏优美的旋律、丰富的和声和多变的节奏，音乐就是声音的艺术啊！这个打击对年轻的贝多芬来说，来得太突然了。

贝多芬陷入了极大的痛苦之中。他绝望了，甚至想到了自杀，连遗嘱都写好了。但是，经过一番激烈的思想斗争以后，贝多芬还是坚强地活了下来，因为他热爱生活，热爱音乐。他对别人说："是艺术，只是艺术挽留了我，在我尚未把我的使命完成之前，我不能离开这个世界。"

贝多芬勇敢地向命运展开了挑战，他在给朋友的信中豪迈地写道：

"我要扼住命运的喉咙，它休想使我屈服！"

这句话成为贝多芬一生的座右铭。

贝多芬比以前更加发奋、努力。尽管他的耳病越来越严重，他听不到鸟儿的鸣叫、小溪的歌唱。也听不到雷鸣、风吼，世界上的任何声音他都听不到。但是，贝多芬没有灰心，也没有气馁，他坚韧不拔地与命运搏斗。贝多芬与命运搏斗的艰苦时期，正是他一生中创作力最旺盛、成就最辉煌的时期。他的大部分成功之作都是耳聋以后创作的。他一生成就最卓著的九部交响乐都是在他患了耳疾，听力减退的情况下完成的。贝多芬以他惊人的毅力、辉煌的成就掀开了欧洲音乐史上崭新的一页。这个时期，他创作的几部具有代表性的交响乐，一直享誉全球。

苦难是一笔巨大的财富，苦难缔造了强者健康有力的品格，丰富了强者的斗争经验，锻炼了强者非凡的才干。总之，"苦难是成功之母"。不经风雨怎么见彩虹？如果你想摘玫瑰，就不要怕刺。人的一生不可能只有成功的喜悦而没有遭受挫折的痛苦，一个人如果能在失望中与绝望中看到希望，抓住新生，那他就已经有了成功的可能。

冬天总会过去，春天总会来临。我们的人生就像无花果树一样，虽然要遭遇酷寒和严冬，但是只要我们不轻易放弃，冷静耐心地为自己积蓄力量，我们就会等到春暖花开的那一天。

竭尽所能突破困境

约翰是一个汽车推销商的儿子，是一个典型的美国孩子。他活泼、健康，热衷于篮球、网球、垒球等运动，是中学里众所周知的优秀学生。后来约翰应征入伍，在一次军事行动中他所在部队被派遣驻守一个山头。激战中，突然一颗炸弹飞入他们的阵地，眼看即将爆炸，他果断地扑向炸弹，试图将它扔开。可是炸弹却爆炸了，他被重重地炸倒在地上，当他向后看时，发现自己的右腿右手全部被炸掉了，左腿变得血肉模糊，也必须截掉。那一瞬他想哭，却哭不出来，因为弹片穿过了他的喉咙。人们都以为约翰再也不能生还，他却奇迹般地活了下来。

是什么力量使他活了下来？是格言的力量。在生命垂危的时候，他反复诵读贤人先哲的这句格言："如果你懂得苦难磨炼出坚韧，坚韧孕育出骨气，骨气萌发不懈的希望，那么苦难会最终给你带来幸福。"约翰一次又一次默念着这段话，心中始终保持着不灭的希望。然而，对于一个三截肢（双腿、右臂）的年轻人来说，这个打击实在太大了。在深深的绝望中，他又看到了一句先哲格言："当你被命运击倒在最底层之后，能再高高跃起就是成功。"

回国后，他从事了政治活动。他先在州议会中工作了两届。然后，他竞选副州长失败。这是一次沉重的打击，但他用这样一句格言鼓励自己："经验不等于经历，经验是一个人经历之后所获得的感受。"这指导他更自觉地去尝试。紧接着，他学会驾驶一辆特制的汽车并跑遍全国，发动了一场支持退伍军人的事业。那一年，总统命他担任全国复员军人委员会负责人，当时他34岁，是在这个机构中担任此职务最年轻的一个人。约翰卸任后，回到自己的家乡。1982年，他被选为州议会部长，1986年再次当选。

今天，约翰已成为亚特兰城一个传奇式人物。人们可以经常在篮球场上看到他摇着轮椅打篮球。他经常邀请年轻人与他进行投篮比赛。他曾经用左手一连投进了18个空心篮。引用一句格言说："你必须知道，人们是以你自己看待自己的方式来看你的。你对自己自怜，人家则会报以怜悯；你充满自信，人们会待以敬畏；你自暴自弃，多数人就会嗤之以鼻。"一个只剩一条手臂的人能成为一名议会部长，能被总统赏识并担任一个全国机构的要职，是这些格言给了他力量。同时，他的成功也成了这些格言的有力佐证。

英国诗人雪莱说："除了变，一切都不会长久。"有些人宁可在困境中沉沦，也不期冀在改变中挣扎。他们害怕林荫小路后是万丈悬崖，而不敢去采撷那份芳菲；害怕改变是更大痛苦的序言，而不敢走出熟悉的圈子。正如司汤达所言：“一个真正的天才，绝不遵循常人的思想途径。”当众人在困境中负隅抗争时，你是否看到困境外那缕阳光呢？成功也许就这么简单。

画饼充饥的巴尔扎克

巴尔扎克是法国伟大的批判现实主义作家，一生创作了96部长、中、短篇小说和随笔，他的作品传遍了全世界，对世界文学的发展和人类进步产生了巨大的影响。他曾被马克思、恩格斯称赞为“超群的小说家”“现实主义大师”。

但是巴尔扎克的成名之路并不顺利。在成名之前，巴尔扎克经历过一段困顿和狼狈的日子，几乎没人能想象得出他所经历的窘迫和艰辛。

巴尔扎克

巴尔扎克的父亲一心希望儿子可以当律师，将来在法律界有所作为。但巴尔扎克根本不听父亲的忠告，学完四年的法律课程后，他偏偏想当作家，为此父子关系相当紧张。盛怒之下，父亲割断了巴尔扎克的经济来源。而此时，巴尔扎克投给报社、杂志社的各种稿件被源源不断地退回来。他陷入了困境，开始负债累累。

然而，他丝毫没有向父亲屈服的意思。有时候，他甚至只能就着一杯白开水吃点干面包。但他依然那么乐观，对文学的感情已经深深地在他的内心生根发芽，他觉得没有什么困难可以阻挡自己向智慧女神膜拜的脚步。他想出一个对抗饥饿与困窘的办法，每到用餐时，他就随手在桌子上画上盘子，上面写上“香肠”“火腿”“奶酪”“牛排”等字样，在想象的欢乐中，他开始狼吞虎咽。

为了激励自己，穷困潦倒的巴尔扎克甚至还花费了700法郎买了一根镶着玛瑙石的粗大的手杖，他在手杖上刻了一行字：我将粉碎一切障碍。正是手杖上这句气壮山河的话支持着他夜以继日，不断地向创作高峰攀登。最终，他获得了巨大的成功。

查尔斯·詹姆士·福克斯对那些面对挫折从不灰心丧气的人，总是寄予厚望，他说：“年轻人首次登台亮相就博得满堂喝彩当然不错，不过我更欣赏在失败后还能一再尝试的年轻人，这才是生活的强者，他们往往比首战告捷的人发展得更好。”

哲学家尼采曾经说过："那些能将我杀死的事物，会使我变得更有力。"历史上很多的英雄人物都是置之死地而后生的典范，他们不怕苦难，相反他们把苦难看作人生最好的礼物。苦难锻炼了一个人的意志，磨炼了一个人的精神。经过苦难的洗礼，弱者会变强，而强者会变得更强大。如果巴尔扎克没有经过苦难的考验，也许他就不会写出脍炙人口的佳篇了。正是这些苦难，让他更加贴近社会，贴近现实；正是这些苦难给了他无穷的素材和灵感，成就了他的伟大。下次面对困难时，记得对它笑一笑，因为它给了你变得更加完美的机会。

艰苦的小加缪

1957 年，诺贝尔文学奖的获得者阿尔贝·加缪出身在一个贫苦的家庭。在他还不懂事的时候，父亲就在战场上牺牲了，只剩下母亲与他相依为命。因为家里没有什么积蓄，小加缪和妈妈的生活特别艰难。但是，为了不让儿子在同伴中感到自卑，在小加缪到了上学年龄，妈妈还是毫不犹豫地把他送到了学校。可是，懂事的小加缪很快就发现，因为自己上学又增加了学费和其他一些开销，妈妈肩上的担子更重了。妈妈每天都努力地工作着，由于经常熬夜，才三十几岁的人，脸上就已经早早地爬满了皱纹。懂事的小加缪看在眼里，疼在心里。

一天晚上，小加缪又伏在那盏小煤油灯下复习功课，写完作业之后，他看见妈妈还在忙碌，自己又帮不上忙，就早早地上床睡觉了。半夜里，小加缪忽然被一阵咳嗽声惊醒了，睁开眼睛一看，妈妈还没有睡觉，她正借着微弱的灯光缝补衣服呢。小加缪再也忍不住了，他一骨碌从被子里爬起来，"妈妈，我以后再也不能让你这么辛苦了，你看，我已经长大了，是个小男子汉了，我想出去找点活儿干，减轻一下家里的负担。"

儿子善解人意的话，让妈妈的眼睛湿润了。她把小加缪紧紧地搂在怀里，泪水顺着面颊流了下来。

看见妈妈流下眼泪，小加缪有些不知所措，"妈妈，难道我说错了吗？你为什么哭了？"

"好孩子，你没有说错。可是你现在还太小了，妈妈怎么舍得让你去干活儿呢？你现在需要的是好好学习，只有等你长大了，才能帮助妈妈减轻负担呀。"妈妈抚摩着小加缪的头轻轻说。

听了妈妈的话，小加缪认真地点了点头，从那以后，他学习更认真了。但是，无论妈妈怎么努力，他们家的生活还是很困难。读完小学以后，在小加缪的一再央求下，妈妈终于同意了他的要求，让他去做些事情，帮助家里减轻负担，但前提是不能耽误自己的学习。从那以后，小加缪一边读书，一边劳动。一开始，他找到了一份扫大街的工作。对小加缪来说，这份工作无疑是份苦差事。因为他每天不仅需要很早起床，还要拿着几乎跟他一样高的扫帚去扫大街，人小，扫的地方又大，小加缪常常累得满头大汗。

为了给妈妈减轻负担，小加缪努力着坚持过来了。后来，小加缪又到一个饭馆里去洗碗。这个工作和扫大街的工作比起来更辛苦，小加缪和几个小伙计每天都拼命干活，还常常不能按时洗完那些小山一样高的碗碟。

艰难的生活让小加缪经受了磨炼，也养成了他刻苦勤奋的优良品质。后来，他通过自己的不懈努力，考取了大学，并最终获得了诺贝尔文学奖，成为举世瞩目的大文学家。

你也许会用完时间，但是你不会用完能力，能力是越用越多的，如同智慧一样。因此，不要躲避任何发挥自己能力的机会，承担责任吧，责任是开启能力的钥匙，唤醒责任之心，你也将最大限度地唤醒你沉睡的潜能。

恐怖小说大师的悲惨生活

有一位熨衣工人住在拖车房屋中，周薪只有60元。他的妻子上夜班，虽然夫妻俩都工作，但赚到的也只能勉强糊口。他们的婴儿耳朵发炎，只好连电话也拆掉，省下钱去买抗生素给孩子治病。

这位工人希望成为作家，夜间和周末都不停地写作，打字机的噼啪声不绝于耳。他的余钱全部用来付邮费，寄原稿给出版商和经纪人。

他的作品全给退回了。退稿信很简短，非常公式化，他甚至不敢确定出版商和经纪人究竟有没有真正看过他的作品。

一天，他读到一部小说，令他记起了自己的某本作品，他把作品的原稿寄给那部小说的出版商，出版商把原稿交给了皮尔·汤姆森。

几个星期后，他收到汤姆森的一封热忱亲切的回信，说原稿的瑕疵太多。不过汤姆森相信他有成为作家的希望，并鼓励他再试试看。

在此后的18个月里，他又给编辑寄去两份原稿，但都被退还了。他开始试着写第四部小说，不过由于生活逼迫，经济上捉襟见肘，他开始放弃希望。

一天夜里，他把原稿扔进垃圾桶。第二天，妻子把它捡回来，并告诉他：“你不应该半途而废，特别是在你快要成功的时候。”

他瞪着那些稿纸发愣。也许他已不再相信自己，但他妻子却相信他会成功。一位他从未见过面的纽约编辑也相信他会成功。因此，每天他都写 1500 字。

写完以后，他把小说寄给汤姆森，不过他以为这次又准会失败。可是他错了，汤姆森的出版公司预付了 2500 美元给他。

这个人就是史蒂芬·金，史蒂芬·金的经典恐怖小说《嘉莉》也就这样诞生了。这本小说后来销了 500 万册，还被摄制成电影，成为 1976 年最卖座的电影之一。

哈佛大学的一位影视审美学教授说：如果大家看过《肖申克的救赎》一定还能记得“强者自救，圣人救人”这样的话，这是改编自史蒂芬·金的电影，而作家用他的人生来演绎了“强者自救”的神话。能承受挫折，面对逆境是种重要的生存能力，同时也是心理健康的一个最为重要的标准。要记住，没有人能一步登天，失败只是暂时的。不要因为暂时的失败而半途而废。尤其是在快要成功的时候，只要再坚持一下，就会获得成功。

别让自己的心智老去

纽约市的一位著名雕塑家安娜，作品常年在一个很有威望的美术馆展出。馆长去世后，美术馆停业了。当时，安娜四十刚出头，没有第二个美术馆愿意接纳她的作品，这个结果令她大吃一惊。她整整奔走了两年，结果还是一无所获。她百思不得其解，难道作品不够好？还是她的性情招人厌？难道老天是在惩罚她早年的成功？她终日郁郁寡欢，无法工作。

一天，一位喜欢她作品的馆长对她说：“你想知道，我为什么不展出你的作品吗？”安娜求他说出来。他平静地看着她说：“你太老了。”安娜当时不过才 43 岁，她简直不敢相信自己的耳朵。馆长解释说，他只喜欢两种人：不是初出茅庐者，就是十分成熟的艺术家，他们的作品价格合理而且可供批评家们来“挖宝”。而安娜两者都算不上。尽管馆长的这番话颇为伤人，安娜还是洗耳恭听。刹那间，她一切都明白了。

安娜痛苦地告诉自己：“我在纽约，也许再也找不到一个伯乐了。”她不再漫无目的地从这家美术馆奔走到另一家美术馆，她决定做自己的主人。如今，她为自己寻觅场地办展览，她邀请人们边喝咖啡，边欣赏她的作品。她不懂艺术的商业性，但学会了应对逆境的办法，很讽刺的是，她从未像现在这样成功。

成功之路难免坎坷和曲折，有些人把痛苦和不幸作为退却的借口，也有人在痛苦和不幸面前寻得复活和再生。只有勇敢地面对不幸和超越痛苦，永葆青春的朝气和活力，用理智去战胜不幸，用坚持去战胜失败，才能真正成为自己命运的主宰，成为掌握自身命运的强者。其实，失败就是强者和弱者的一块试金石，强者可以愈挫愈勇，弱者则是一蹶不振。想成功，就必须面对失败，必须在千万次失败面前站起来，用持久心战胜一切。

拥有面对挫败的勇气是强健心理的标志，也是走向新生活的必备能力。毕竟，没有战胜过困难，没有承担过重任的人，不能成为真正的人。

苦水里泡大的高尔基

高尔基从小跟着外祖父母一家生活。外祖母是一个非常慈祥的老人。她经常给小高尔基讲故事，比如，圣母怎样救苦救难的故事，武士伊万的故事，埃及强盗妈妈的故事，等等。

这些故事离奇古怪、生动有趣，小高尔基常常听得呆呆地入了迷。外祖母还会编许多有趣的诗歌，高尔基常常是听着外祖母的歌谣入睡的。童年的高尔基，脑袋里装满了外祖母的诗歌。

1878 年，高尔基到城郊的小学念书了。这是专门为城市贫民子弟办的一所学校，即使是进这样的学校，对高尔基来讲也是相当艰难的。因为原先富有的外祖父破产了，家里一无所有。懂事的小高尔基每天放学以后就背着一个破袋子，走遍郊区的街道捡破烂，骨头、破布、碎纸、铁钉，什么都要，然后卖给收垃圾的，换取一点点钱补贴家用。

家里的情况越来越糟糕，实在无法支付哪怕一丁点的学费了。就在这一年的秋天，小高尔基不得不离开学校到一间鞋店当学徒。日子过得真苦啊！除了要做好店里的工作，还得帮老板干各种家务活：洗衣服、拖地板、带小孩……每天都累得腰酸背痛，吃不好，睡不好。有一次做饭时，老板催着快点上菜，高尔基心里一急，拿着汤碗的手也不由得颤抖了起来，一不小心，刚煮沸的菜汤洒了一地，双手被严重烫伤，他被送进了医院。出院后，他被解雇了。

后来，高尔基去建筑工程制图师兼营造师谢尔盖耶夫那儿做学徒。说是学徒，其实根本学不到任何手艺，而是每天做婢女和洗碗工的活儿。店主只负责供给他一天三顿饭，此外没有工资也没有任何自由。但是为了给家里减轻一点负担，高尔基默默地接受了这个事实。他每天都要擦洗铜器、劈柴、生炉子、洗菜、带孩子、跟老板娘上市场当跑腿，逢周六还要擦洗全部房间的地板和两座楼梯。小小的高尔基，很早便尝到了人世的艰辛。

在这痛苦的现实面前，高尔基唯一的乐趣就是读书。但是在谢尔盖耶夫家里，读

书被看成是不务正业，被逮到了难免一顿毒打。高尔基总是千方百计地去找书，然后冒着很大的风险，深夜爬到阁楼上，钻进棚子里，借着月光看书。高尔基读的书五花八门，龚古尔、福楼拜、斯丹达尔的作品让高尔基如痴如醉，俄罗斯美妙的古典文学让高尔基神魂颠倒，他贪婪地吮吸着知识的甘露。

16岁的时候，高尔基决心要去读书，上大学。他希望通过上大学为自己寻找光明的前途。于是高尔基来到了喀山。但是对一个穷孩子来说，填饱肚子都得努力挣扎，上大学根本就是不切实际的幻想。他每天一早就出去找活儿干，跟流浪汉们一起劈柴，搬运货物，晚上就住在城市的公园里，岸边的窑坑里，甚至树洞里，沟渠边。他不再对上大学抱什么期望了，他清楚地知道，社会就是自己的大学，在社会的大课堂里，他将学到许多书本上没有的知识。后来，高尔基根据自己的经历，写出了他的"自传体三部曲"——《童年》《在人间》《我的大学》。这些作品成为世界文学史上不朽的经典。

生活的贫苦磨炼了高尔基的意志，使得他在饱尝苦水的日子后变得更加坚强。

人生在世，遭遇凄风苦雨实属自然。没有始终波澜不惊的大海，也没有永远平坦的大道。纵使惊涛骇浪，沟壑纵横，跨过去了，人生也就变得多彩而丰富。璞玉需要精心打磨才能晶莹光亮，生命也需要锤炼才能饱满厚重。

生命的天空总是异彩纷呈。面对不幸，面对潦倒，我们所要做的不是怨天尤人、自暴自弃，而是应不断捕捉生存的机会，学会勇敢和坚强。要知道，上帝永远是公平的。等到有一天，你真正将自己打磨成一块金子时，任何人都掩不住你灿烂夺目的光辉。

永远进取的施罗德

1944年4月7日，施罗德出身在下萨克森州的一个贫民家庭。他出生后的第三天，父亲就战死在罗马尼亚。母亲当清洁工，带着他们姐弟二人，一家三口相依为命。

生活的艰难使母亲欠下了许多债。一天，债主逼上门来，母亲抱头痛哭。年幼的施罗德拍着母亲的肩膀安慰她说："别伤心，妈妈，总有一天我会开着奔驰车来接你的。"40年后，母亲终于等到了这一天。施罗德担任了下萨克森州总理，开着奔驰车把母亲接到一家大饭店，为老人家庆祝80岁生日。

1950年，施罗德上学了。因交不起学费，初中毕业他就到一家零售店当了学徒。贫穷带来的被轻视和瞧不起，使他立志要改变自己的人生："我一定要从这里走出去。"他想学习，他在寻找机会。1962年，他辞去了店员之职，到一家夜校学习。他一边学习，一边到建筑工地当清洁工。不仅收入有所增加，而且圆了他的上学梦。

四年夜校结业后，1966 年他进入了哥廷根大学夜校学习法律，圆了上大学的梦。

毕业之后，他当了律师。32 岁时，他当上了汉诺威霍尔律师事务所的合伙人。回顾自己的经历，他说，“每个人都要通过自己的勤奋努力，而不是通过父母的金钱来使自己接受教育。这对个人的成长至关重要。”

通过对法律的研究，他对政治产生了兴趣。他积极参加政党的集会，最终加入了社会民主党。此后，他逐渐崭露头角、步步提升。1969 年，他担任哥廷根地区的主席；1971 年得到政界的肯定；1980 年当选议员；1990 年，他当选为下萨克森州总理，并于 1994 年、1998 年两次连任。政坛得志，没有使他放弃做联邦政治家的雄心。1998 年 10 月，他走进联邦德国总理府。

总是有一种神秘的力量在推动我们追求更高的理想。人类的发展就像一条永无尽头的河流，为此，我们的进取心也是无法最终获得满足的。进取心，这种内在的推动力从不允许我们停下来，它总是激励我们为了更加美好的明天而努力。我们今天所到达的境地也许足以令人羡慕，但是我们却发现，我们今日的位置和昨日的位置一样，无法让自己完全满足。一旦我们想原地踏步时，我们的耳边就会响起那个声音，听到向更高目标努力的召唤。

坚持到最后的林肯

1832 年，林肯失业了。这显然使他很伤心，但他下决心要当政治家，当州议员。糟糕的是，他竞选失败了。在一年里遭受两次打击，这对他来说无疑是痛苦的。

接着，林肯着手自己开办企业，可 1 年不到，这家企业又倒闭了。在以后的 17 年间，他不得不为偿还企业倒闭时所欠的债务而到处奔波，历尽磨难。

随后，林肯再一次决定参加竞选州议员，这次他成功了。他内心萌发了一丝希望，认为自己的生活有了转机：“可能我可以成功了。”

1835 年，他订婚了。但离结婚还差几个月的时候，未婚妻不幸去世。这对他精神上的打击实在太大了，他心力交瘁，数月卧床不起。1836 年，他得了神经衰弱症。

1838 年，林肯觉得身体状况良好，于是决定竞选州议会议长，可他失败了。1843 年，他又参加竞选美国国会议员，但这次仍然没有成功。

林肯虽然一次次地尝试，但却是一次次地遭受失败：企业倒闭、未婚妻去世、竞选败北。要是你碰到这一切，你会不会放弃？放弃这些对你来说很重要的事情？

林肯没有放弃，他也没有说：“要是失败会……” 1846 年，他又一次参加竞选美

国国会议员，最后终于当选了。

2 年任期很快过去了，他决定要争取连任。他认为自己作为国会议员表现是出色的，相信选民会继续选举他。但结果很遗憾，他落选了。

因为这次竞选他赔了一大笔钱，林肯申请当本州的土地官员。但州政府把他的申请退了回来，上面指出："做本州的土地官员要求有卓越的才能和超常的智力。你的申请未能满足这些要求。"

接连又是两次失败。在这种情况下你还会坚持继续努力吗？你会不会说"我失败了"？

然而，林肯没有服输。1854 年，他竞选参议员，但失败了；两年后他竞选美国副总统提名，结果被对手击败；又过了 2 年，他再一次竞选参议员，还是失败了。

林肯尝试了 11 次，可只成功了 2 次。他一直没放弃自己的追求，一直在做自己命运的主宰者。终于，1860 年他当选为美国总统。

人在面对压力时会激发出巨大的潜能。因此，我们不必因惧怕逆境和挫折而去当温室里的花朵。温室里的花朵固然可以安全舒适地生活，但人生不可能一帆风顺，一旦逆境来临，首先被摧毁的就是失去意志力的温室里的花朵，经常接受磨炼的人却能创造出崭新的天地，这就是所谓的"置之死地而后生"。

因此，一个人要想让自己的人生有所转机，就必须懂得在关键时刻把自己带到人生的悬崖。给自己一个悬崖，其实就是给自己一片蔚蓝的天空。

十四、迈过心理那道坎

弗兰克的"自由"

弗兰克是一位犹太裔心理学家，第二次世界大战期间，他被关押在纳粹集中营里受尽了折磨。父母、妻子和兄弟都死于纳粹之手，唯一的亲人是他的一个妹妹。当时，他本人常常遭受严刑拷打，随时面临着死亡的危险。

有一天，他在赤身独处囚室时，忽然悟出了一个道理：就客观环境而言，我受制于人，没有任何自由；可是，我的自我意识是独立的，我可以自由地决定外界刺激对自己的影响程度。弗兰克发现，在外界刺激和自己的反应之间，他完全有选择如何做出反应的自由与能力。于是，他靠着各种各样的记忆、想象与期盼不断地充实自己的生活和心灵。他学会了心理调控，不断磨炼自己的意志，他的自由的心灵早已超越了纳粹的禁锢。

这种精神状态感召了其他的囚犯。他协助狱友在苦难中找到了生命的意义，找回了自己的尊严。弗兰克后来这样写道：

“每个人都有自己特殊的工作和使命，他人是无法取代的。生命只有一次，不可重复，实现人生目标的机会也只有一次。然而，最可贵的是，一个人可以自由地选择自己的思想，无论是身陷囹圄，还是行将就木，他都能够按照自己的意志自由地决定外界对自己产生的影响。”

在弗兰克生命中最痛苦、最危难的时刻，在弗兰克精神行将崩溃的临界点，他靠自己的顿悟，靠成功的心理调控，不仅挽救了他自己，而且挽救了许多患难与共的生命。

无法选择的是境遇，不是我们的态度。真正的自由取决于你的内心，而不是取决于外部条件，无论你处于什么样的环境下，都可以自由地决定外部条件对自己的影响程度。

与过去道别

第二次世界大战期间，一位名叫伊丽莎白·妮可的女士在庆祝盟军在北非获胜的那一天收到了一份电报，她的侄儿——她最爱的亲人死在战场上了。她无法接受这个事实，她决定放弃工作，远离家乡，把自己永远藏在孤独和眼泪之中。

正当她清理东西，准备辞职的时候，忽然发现了一封信，那是她侄儿在她母亲去世时写给她的。信上这样写道：“我知道你会撑过去。我永远不会忘记你曾教导我的：不论在哪里，都要勇敢地面对生活。我永远记着你的微笑，像男子汉那样，能够承受一切的微笑。”她把这封信读了一遍又一遍，似乎他就在她身边，一双炽热的眼睛望着她：“您为什么不照您教导我的去做？”

妮可打消了辞职的念头，一再对自己说：我应该把悲痛藏在微笑下面继续生活，因为事情已经是这样了，我没有能力改变它，但我有能力继续生活下去。

如果你的过去有太多悲伤、不快，如果你不能做到遗忘，那就掩埋、封存，不要时刻惦念它、触摸它，让它静静地安于心灵一隅吧！

怀旧是种病

一个夏天的下午，在洛杉矶的一家中国餐厅里，奥里森·科尔在等待着，他感到沮丧而消沉。由于他在工作中有几个地方出现错误，使他没有做成一项相当重要的项目。即使在等待见他一位最珍视的朋友时，也不能像平时一样感到快乐。

他的朋友终于从街那边走过来了，他是一名了不起的精神科医生，同时也在哈佛医学院做客座教授。医生的诊所就在附近，科尔知道那天他刚刚和最后一名病人谈完了话。

“怎么样，年轻人，”医生不加寒暄就说，“什么事让你不痛快?”对他这种洞察心事的本领，科尔早就不意外了，因此他就直截了当地告诉他使自己烦恼的事情。然后，医生说：“来吧，到我的诊所去。我要看看你的反应。”

医生从一个硬纸盒里拿出一卷录音带，塞进录音机里。“在这卷录音带上，”他说，“一共有 3 个来看我的人所说的话。当然没有必要说出他们的名字。我要你注意听他们的话，看看你能不能挑出支配这 3 个案例的共同因素，只有 4 个字。”他微笑了一下。

在科尔听起来，录音带上这 3 个声音共有的特点是不快活。第一个是男人的声音，显示他遭到了某种生意上的损失或失败。第二个是女人的声音，因为照顾寡母的责任感，以至于一直没能结婚，她心酸地述说她错过了很多结婚的机会。第三个是一位母亲，因为她十几岁的儿子和警察有了冲突，而她一直在责备自己。

在这 3 个声音中，科尔听到他们一共 6 次用到 4 个文字：“如果，只要。”

“你一定大感惊奇，”医生说，“你知道我坐在这张椅子上，听到成千上万用这几个字作开头的内疚的话。他们不停地说，直到我要他们停下来。有的时候我会要他们听刚才你听的录音带，我对他们说：‘如果，只要你不再说如果、只要，我们或许就能把问题解决掉!”医生伸伸他的腿。“用‘如果只要’这 4 个字的问题，”他说，“是因为这几个字不能改变既成的事实，却使我们面朝着错误的方面，向后退而不是向前进，并且只是浪费时间。最后如果你用这几个字成了习惯，那这几个字就很可能变成阻碍你成功的真正的障碍，成为你不再去努力的借口。”

“现在就拿你自己的例子来说吧！你的计划没有成功。为什么？因为你犯了一些错误。那有什么关系，每个人都会犯错误，错误能让我们受到教训。但是在你告诉我你犯了错误，而为这个遗憾、为那个懊悔的时候，你并没有从这些错误中学到什么。”

“你怎么知道?”科尔带着一点辩护地说。

“因为，”医生说，“你没有脱离过去式，你没有一句话提到未来。从某些方面来说，你十分诚实，你内心里还以此为乐。我们每个人都有一点不太好的毛病，喜欢一再讨论过去的错误。因为不论怎么说，在叙述过去的灾难或挫折的时候，你还是主要角色，你还是整个事情的中心人……”

在医生的开导下，科尔终于意识到，自己沉浸在过去错误的阴影中，还没有真正走出错误，并没用积极上进的态度去改变现在的处境。医生告诉科尔，他患上了严重的“怀旧病”，而采用“如果”“只要”这类字眼是“怀旧”病的主要特征。

应该说，一个人适当怀旧是正常的，也是必要的，但是一味地沉湎于过去而否认现在和将来，就会陷入病态。

每个人都应当谨记：昨天就像使用过的支票，明天则像还没有发行的债券，只有今天是现金，可以马上使用。今天是我们轻易就可以拥有的财富，无度的挥霍和无端的错过，都是一种对生命的浪费。

这世上再也没有什么能比今天更真实了。不要回避今天的真实与琐碎，走脚下的路，唱心底的歌，把头顶的阳光编织成五彩的云裳，遮挡风霜雨雪。每一个日子都向人们敞开，让花朵与微笑回归你疲惫的心灵，让欢乐成为今天的中心。如果有荆棘刺破你匆匆的脚底，那也是今天最真实的痛苦。

只有把持今天，才能让生命感知生活的无边快乐。

寄往天堂的信

彼得是一个快乐的邮递员，他十分喜爱自己的工作，并且做得非常好。凡地址不详或字迹不清的死信，经他辨认试投，几乎无不一一救活。彼得每天下班回到家，总是会把一天内开心的事情讲给妻子听。晚饭后，他会带着妻子和一双儿女到屋子外边去散步。他的生活像是一片晴空，没半点云影。

可是在一个晴朗的早晨，他的小儿子病了。连医生也一筹莫展。第二天，孩子就死了。跟着，彼得的心也死了。他以后的生活就像是一封地址不详的死信，失去了寄托。他每天早早起床，出门上班，走路像个梦游者。他坐在办公桌前，默默办公，下班回到家，默默吃饭，吃完饭，早早上床。可他妻子知道，他常常整夜整夜盯着天花板看。

妻子看在眼里，急在心里，对丈夫百般安慰，但总是不见效。

圣诞节临近了，周围的欢乐气氛也不能冲淡这一家的悲哀。本来是年初便跟弟弟一起翘首盼望年尾的安，也变得沉默寡言。

一天，彼得坐在自己的屋子里分发一摊信件。他捡起一个用彩色纸做成的信封，但见上边用蓝铅笔写着“寄交天堂奶奶收”几个大字。——真是来无头去无尾！彼得轻轻嘘口气，正要顺手丢到一旁，但“寄交天堂”的字样似乎把他的心触动了。他拆开信，信里写道：

亲爱的天堂奶奶：

弟弟死了，爸爸妈妈很难过。妈妈说好人死了到天堂，弟弟跟奶奶在一起。弟弟有玩具吗？弟弟的木马我也不骑了，积木我也不玩了，我藏起来了，怕爸爸看见伤心。爸爸烟也不抽了，话也不说了。我爱听故事，也不要爸爸讲了，让他早点睡。有一次我听见妈妈说："只有主能解救他。"奶奶，主在哪里呢？我一定要找他，请他来解救爸爸的痛苦，叫爸爸仍旧抽烟斗，讲故事。

安

这天下班时，街灯已经亮了。彼得快步回家，也没注意自己的影子一会儿在前，一会儿移后，因为他把头抬起来向前看了。他踏上门阶，没有马上推门，而是静静地站在门外，他整理了一下自己的衣服和头发，缓缓地吐了一口气，他要让自己的家重新看到自己脸上久违的笑容。

人有悲欢离合，月有阴晴圆缺。人生难免会遭遇生死离别，但是，我们不能让自己长久地沉湎于悲伤的忧郁之中，要尽快摆脱忧郁的心理，享受正常的生活。

这一切都会过去

著名演员拉莎·贝诺有一次坐船时遇到风暴袭击，不幸在甲板上滚落，足部受了重伤。当她被推进手术室，面临锯腿的厄运时，突然大声地念起自己所演过的一段台词。记者们以为她是为了缓和一下自己的紧张情绪，可她说："不是的，是为了给医生和护士们打气。你瞧，他们不是太严肃了吗？"

拉莎·贝诺在面对无法抗拒的灾难时，没有恨天怨地，没有抱怨命运不公。相反，她勇敢地跳出悲伤、焦虑的圈子，重新燃起生活的激情。一句"他们不是太严肃了吗？"说这话时，她心中的情绪转换器一定调整到了最佳状态。拉莎手术圆满成功后，她虽然不能再演戏了，但她还能讲演，她那充满生命热情的讲演，使她的戏迷再次为她鼓掌。

面对无法改变的不幸和自己无能为力的事，一味地悔恨和抱怨都是无济于事的，这时不妨提醒自己忘掉忧伤，因为无论是顺境还是逆境，这一切都将过去。

过去不等于未来

1920年，美国田纳西州的一个小镇上，有一个中国小姑娘出生了，妈妈只给她取了个小名叫"小芳"。由于她是个私生子，人们明显地歧视她，这种歧视一直伴随她长大。直到小芳13岁那年，镇上来了一个牧师，这个牧师改变了她的人生。

小芳破天荒地鼓起勇气偷偷溜进了教堂，牧师的一番话深深震撼了她。第一次听过后，就有了第二次，第三次，一直到后来的那一次。小芳听得入迷而忘记了时间，当教堂的钟声响起时，她已经来不及离开了。她被堵在人群后面，低着头慢慢朝前移动。

突然，一只手搭在了她的肩上，她惊慌地顺着这只手臂望上去，正是牧师。“你是谁家的孩子？”牧师温和地问道。这句话是她10多年来最最害怕听到的。它仿佛是一支烧红的烙铁，直落在小芳的心上。

人们停止了走动，几百双惊愕的眼睛一齐注视着小芳，教堂里静得连根针掉在地上都听得见。小芳完全惊呆了，她不知所措，眼里噙着泪水。

这时候，牧师脸上浮起慈祥的笑容，说：“噢——知道了，我知道你是谁家的孩子——是上帝的孩子。”

牧师抚摸着小芳的头说：“这里所有的人和你一样，都是上帝的孩子。过去不等于未来。无论你过去怎么不幸，这都不重要。重要的是你对未来必须充满希望。孩子，人生最重要的不是你从哪里来，而是你要到哪里去。只要你对未来保持希望，你现在就会充满力量。不论你过去怎样，那都已经过去了。只要你调整心态，明确目标，乐观积极地去行动，那么你就会获得成功。”

顿时，教堂里爆发出热烈的掌声——掌声就是理解、是歉意、是承认、是欢迎。整整13年了，压抑心灵的陈年冰封，被“博爱”瞬间融化，小芳终于抑制不住，眼泪夺眶而出。从此，小芳变了。40岁那年，小芳荣任田纳西州州长，之后，她弃政从商，成为全球赫赫有名的成功人物。67岁时，她出版了自己的回忆录《攀越巅峰》。在书的扉页上，她写下了这样一句话：过去不等于未来！

小芳由一个人人看不起的私生子变为叱咤政商两界的成功人士，是什么让她脱胎换骨，发生翻天覆地的变化呢？是心态！积极的心态让她能够准确地把握未来，把握自己的命运。无论你的过去是如春花般千娇百媚，还是如秋草般枯败，它们都不是决定你未来的因素。

关上身后的门

曾任英国首相的劳合·乔治有一个习惯——随手关上身后的门。有一天，乔治和朋友在院子里散步，他们每经过一扇门，乔治总是随手把门关上。“你有必要把这些门关上吗？”朋友很是纳闷。

“哦，当然有这个必要。”乔治微笑着说，“我这一生都在关我身后的门。你知道，这是必须做的事。当你关门时，也将过去的一切留在后面，不管是美好的成就，还是让人懊恼的失误，然后，你又可以重新开始。”

朋友听后，陷入了沉思中。

“我这一生都在关我身后的门。”多么经典的一句话。漫步人生，我们难免会经历一些风吹雨打，心中多少要留下一些心痛的回忆。我们需要总结昨天的失误，但我们不能对过去的失误和不愉快耿耿于怀，伤感也罢，悔恨也罢，都不能改变过去，不能使你更聪明、更完美。如果总是背着沉重的怀旧包袱，为逝去的流年感伤不已，那只会白白耗费眼前的大好时光，也就等于放弃了现在和未来。

要想让自己成为一个开心快乐的人，就要记着随时将一些懊恼、忧虑、遗憾拒之门外，将以往的痛苦抛于脑后。这样，你才能充满希望地走向未来。

着火的实验室

爱迪生是一位不知疲倦的发明家，在他孜孜以求的一生中，共有近2000项发明创造，他为人类的文明和进步做出了巨大的贡献。但是爱迪生的发明之路并不是一帆风顺的，他是克服了重重困难、挫折之后，才到达了光辉的顶点。

1914年12月，爱迪生的实验室在一场大火中化为灰烬。因为实验室是钢筋混凝土结构，按理说应该是防火的，所以爱迪生只投保了23.8万美元的保险，但是经过实际估计，这次火灾损失超过200万美元。

那个晚上，爱迪生一生中很多的心血和成果在熊熊大火中化为一片灰烬。大火烧得最凶猛的时候，爱迪生的儿子查里斯在浓烟和废墟中发疯似的寻找着父亲。最后，当他看到爱迪生平静地看着火势，他的脸在火光摇曳中闪亮，他的白发在寒风中飘动着时，查里斯的心里涌起一阵悲凉的感觉。“我真为他感到难过，”查里斯后来写道，“当时，他都67岁了，已经不再年轻了，可是这一切却付诸东流了。但他看到我时竟大声嚷道：‘查里斯，你母亲去哪儿了？去，快去把她找来，她这辈子恐怕再也见不着这样壮观的场面了！’”

大火后的第二天早上，爱迪生看着一片废墟说道：“灾难自有它的价值。瞧，我们以前所有的谬误、过失都被大火烧了个一干二净，感谢上帝，这下我们又可以从头再来了。”大火并没有烧掉爱迪生的发明热忱，火灾才刚过去三个星期，爱迪生就开始着手推出他的第一部留声机。然而这只是爱迪生发明创造的开始。在接下来的数十年中，一项又一项的发明在他手中产生，他除了在留声机、电灯、电话、电报、电影等方面的发明和贡献以外，在矿业、建筑业、化工等领域也有不少著名的创造和真知灼见。

一个面对困难仍然满怀信心、充满勇气的人是一定能够东山再起的，就如同大发明家爱迪生一样，在这场大火之后，他马上就投入了新的发明中，很快世界上第一部留声机就诞生了。

在遭遇了困难之后，我们要及时整理心情，不能因为害怕再次遇到困难就不站起来继续前进，成功就是屡败屡战，跌倒了再站起来。不要因为一次跌倒，就丧失了前进的动力。挫折只是对我们的一种考验，它会让我们在收获的时刻，感到更加幸福和喜悦。面对挫折，我们要坚定自己的信念，拿出十倍的勇气与它勇敢作战。选择勇敢面对，重新打开一个崭新的开始，你会看到更多更美的风景，同时你会得到更大的收获和快乐。

根本不存在的椅子

毕业典礼上，平时总是一脸严肃的老校长忽然说："今天，大家就要离开学校了，我们一起来做个游戏吧，名字叫作障碍赛。"然后，他指挥学生在礼堂中间拦上一高一低两根绳子，又在讲台跟前摆了几把椅子。

这是在学校的最后一天，所以学生们都很踊跃，就连平时害羞胆小的学生也举起了手。老校长随机选取了五名学生，并宣布了游戏规则。游戏是这样的：参赛选手要蒙上眼睛，先后要钻过、跨过这两根绳子，然后从椅子中间穿过去，再走上讲台。在这个过程中，身体任何部位都不能接触到障碍物，否则就算失败。游戏前，可以不蒙眼睛先试着走两次，适应一下。游戏开始了。五位选手都被蒙上了眼睛。一号选手虽然十分小心，但还是一脚踢翻了椅子。旁观者哄堂大笑，这让其余四位蒙着眼睛的选手都紧张起来。二、三、四、五号选手陆续上场，学生们一边起哄提示"抬脚，抬得高一点""弯腰，低点，再低点""向左一点，要碰到椅子了"，一边笑得开心无比——因为这时，其他学生已经在老校长的示意下，悄悄地撤去了绳子，搬走了椅子。其实选手们面前已经没有任何障碍了，看他们还是做出那样谨慎而夸张的动作，怎能不让人觉得好笑？当后边的四位选手站在讲台上，一起取下蒙眼的手绢时，他们看着空荡荡的礼堂全都呆住了。过了一会儿，他们又一起不好意思地笑了起来。

等大家都笑过后，老校长示意大家安静，然后开口道："你们就要离开学校，到社会上打拼去了。我没有什么礼物送给你们，只是想通过这个游戏让你们明白：在人生中，有些你以为的障碍，其实并不存在。而最大的障碍，就在你们自己的心中。"

其实，后边的四个人之所以那么小心翼翼是因为他们听见了第一个人踢倒椅子的声音，这给他们的心理造成了阴影。

实际上，很多的困难和障碍都没有我们想象的那么严重，甚至很可能并不存在。只要你鼓足勇气，走出别人带给你的阴影，微笑着迎接挑战，相信自己有能力战胜它，它就不再可怕了。要记住，没有什么障碍是不能跨越的，只要你不被吓倒。

徒步游华盛顿

有一位大学生安杰森独自到美国旅行，第一站是首都华盛顿，他在酒店住下后，预付了住宿费。他的上衣口袋放着到芝加哥的机票，裤子口袋里放着护照和现金。可是当他准备睡觉时，却惊讶地发现他的护照和现金不见了，他赶忙下楼告诉了酒店的经理。“我们一定会尽力为您寻找的。”经理说。

第二天一早，他的钱包仍然没有找到。他独自一个人待在陌生的城市，感到手足无措。怎么办呢？打电话向芝加哥的朋友求援？到丹麦使馆报告遗失护照？还是呆呆坐在警察局里等消息？

突然，他告诉自己：“事情已经发生了，我不能让昨天发生的事情再影响我的今天。我要去看看华盛顿。我可能没有机会再来了，今天非常宝贵。毕竟，我还有今天晚上到芝加哥的机票，还有很多时间处理钱和护照的问题。我可以进行徒步游览，我还是我，和昨天丢掉东西之前并没有两样。来到美国，我要去享受大都市的一天。不能把时间浪费在丢失物品的不愉快之中。不能让心情全部变坏。”

于是他开始徒步旅游，参观了白宫和博物馆，爬上了华盛顿纪念碑。虽然有许多想看的地方他没有看到，但对于所到之处，他都尽情畅游了一番。

回到丹麦之后，他说美国之行中最难忘的就是徒步畅游华盛顿。他不仅充分地享受了大都市的一天，而且他还知道了无论怎么样，把握现在最重要。更加幸运的是，五天之后，华盛顿警局找到了他的护照，寄给了他。

问题的关键不在于发生了什么事情，而在于我们怎样看待发生在自己身上的事情。无论发生了什么事情，你都必须接受既定的事实，把个人的悲伤掩藏在微笑下面，平静地继续生活，这是你应对压力的最好方式。

琼斯的成功

美国有一种美食叫作“琼斯乳猪香肠”，它的诞生起源于一段与厄运做斗争的感人故事。

琼斯是一位在威斯康星州经营农场的农场主，他身强体壮，工作认真勤勉，从来都不妄想飞来横财。即便他这样勤勤恳恳的工作，家人的生活也并不宽裕，只够温饱。但是一家人在一起充满天伦之乐，日子过得很幸福。

可是天有不测风云，在一次意外的事故中，琼斯瘫痪了，从此他躺在床上不能动

弹。亲人们悲痛欲绝，大家都认为他这辈子完了，再也没有希望了。

然而事实却与他们所想的情形完全相反。琼斯的身体虽然瘫痪了，但是他的意志却丝毫没有受到影响。他决定让自己活得乐观、开朗、充满希望，做一个有用的人，继续养家糊口而不要成为家庭的负担。他说："虽然我的身体不能劳动了，但是我的大脑可以继续思考和计划。"

他把自己的构想告诉家人："从此以后，我要用大脑来养活你们，而你们就要代替我的双手。我们一家人一定会继续幸福下去的。以后我们的农场全部改种玉米，用收获的玉米来养猪，趁着乳猪肉质鲜嫩的时候制成香肠出售，一定会很畅销！这种产品一定能够像蛋糕一样畅销！"

家人按照他说的去做，"琼斯乳猪香肠"果然一炮打响，成为家喻户晓的美食。而他们的生活变得比以前更加富裕。

琼斯之所以能够成功，是因为他相信生活丢给我们一个个难题之后也会给我们解决问题的能力。他在困难面前没有低头，更没有面对挫折一蹶不振，他选择了另辟蹊径。最终，他迎来了属于自己的成功。

在人生中，各种各样的挫折都可能与我们不期而遇。幸运和厄运，都有令人难忘的地方，无论我们得到什么或者失去什么，我们都没有理由张狂或沉沦。对于许多人来说，挫折本身并不可怕，可怕的是心灵被挫折彻底打败，以致落得无可救药的境地。所以，在遇到黑暗的时刻，请不要退缩，勇敢走出黑暗，重整旗鼓，自然就能开辟出新的人生战场。

"我不能"先生的葬礼

贝勒夫人是阿肯色州一所乡村中学的文学教师，她性情活泼、和蔼可亲，深受学生爱戴。

有一天，她为学生们带来了别开生面的一节课。她让学生们在纸上写出自己不能做到的事。

所有的学生都全神贯注地埋头在纸上写着，一个 10 岁的女孩，她在纸上写道，"我无法完整地背出太长的课文""我不会骑脚踏车""我不知道怎样才能让别人喜欢我"等。她已经写完了半张纸，但却丝毫没有停下来的意思，仍然在认真地写着。每个学生都很认真地在纸上写下了一些句子，述说着他们做不到的事情。贝勒夫人也正忙着在纸上写着她不能做到的事情，像"我不知道如何才能让孩子的家长都来"、"我不知道怎样帮助玛丽提高她对数学的兴趣"等。

大约过了10分钟，大部分学生已经写满了一整张纸，有的已经开始写第二张了，“同学们，写完一张纸就行了，不要再写了。”这时，贝勒夫人用她那习惯的语调宣布了这项活动的结束。学生们按照她的指示，把写满了他们认为自己做不到的事情的纸对折好，然后按顺序依次来到老师的讲台前，把纸投进一个空的鞋盒里。

等所有学生的纸都投完以后，贝勒夫人把自己的纸也投了进去。然后，她把盒子盖上，夹在腋下领着学生走出教室，沿着走廊向前走。走着走着，队伍停了下来。贝勒夫人走进杂物室，找了一把铁锹。然后，她一只手拿着鞋盒，一只手拿着铁锹，带着大家来到运动场最边远的角落里，开始挖起坑来。

学生们你一锹我一锹地轮流挖着，10分钟后，一个约1米深的坑就挖好了。他们把盒子放进去，然后又用泥土把盒子完全覆盖上。这样，每个人的所有“不能做到”的事情都被深深地埋在了这个“墓穴”里，埋在了1米深的泥土下。

这时，贝勒夫人注视着围绕在这块小小的“墓地”周围的31个十几岁的孩子们，神情严肃地说：“孩子们，现在请你们手拉着手，低下头，我们准备默哀。”学生们很快互相拉着手，在“墓地”周围围成了一个圆圈，然后都低下头来静静等待着。“朋友们，今天我很荣幸能够邀请到你们前来参加‘我不能’先生的葬礼。”贝勒夫人庄重地念着悼词，“‘我不能’先生在世的时候，曾经与我们的生活朝夕相处，他影响着、改变着我们每一个人的生活；有时甚至比任何人对我们的影响都要深刻得多。他的名字几乎每天都要出现在各种场合。当然，这对于我们来说是非常不幸的。”“现在，我们已经把他安葬在了这里，并且为他立下了墓碑，刻上了墓志铭。希望他能够安息。同时，我们更希望他的兄弟姊妹‘我可以’、‘我愿意’，还有‘我立刻就去做’等能够继承他的事业。虽然他们不如‘我’的名气大，没有您的影响力强，但是他们会对我们每一个人、对全世界产生更加积极的影响。”“愿‘我不能’先生安息吧，也祝愿我们每一个人都能够振奋精神，勇往直前。阿门。”

接下来，贝勒夫人带着学生又回到了教室。大家一起吃着饼干、爆米花，喝着果汁，庆祝他们越过了“我不能”这个心结。作为庆祝的一部分，贝勒夫人还用纸剪成一个墓碑，上面写着“我不能”，中间写上“安息吧”，下面写着这天的日期。

贝勒夫人把这个纸墓碑挂在教室里。每当有学生无意说出：“我不能……”这句话的时候，她只要指着这个象征死亡的标志，孩子们便会想起“我不能”先生已经去世了，进而去想出积极的解决方法。

面对生活中的困境，很多人都被“我不能”这三个字困禁着，不敢正视现实中的困难和挑战，导致自身的潜能不能得到充分的发挥。面对问题，我们不妨试着把自己的“我不能”埋进坟墓，用积极的心态来面对一切，这样很多困难就可以迎刃而解。

没有什么不可以

1968 年，在墨西哥奥运会的百米赛场上，美国选手海恩斯撞线后，激动地看着运动场上的计时牌。当指示器打出 9. 9 秒的字样时，他摊开双手，自言自语地说了一句话。

后来，有一位叫戴维的记者在回放当年的赛场实况时再次看到海恩斯撞线的镜头，这是人类历史上第一次在百米赛道上突破 10 秒大关。看到自己破纪录的那一瞬，海恩斯一定说了一句不同凡响的话，但这一新闻点，竟被现场的 400 多名记者忽略了。

因此，戴维决定采访海恩斯，问问他当时到底说了一句什么话。

戴维很快找到海恩斯，问起当年的情景，海恩斯竟然毫无印象，甚至否认当时说过什么话。

戴维说：“你确实说了，有录像带为证。”

海恩斯看完戴维带去的录像带，笑了。他说，“难道你没听见吗？我说：‘上帝啊，那扇门原来是虚掩的。’”

谜底揭开后，戴维对海恩斯进行了深入采访。

自从欧文斯创造了 10. 3 秒的成绩后，曾有一位医学家断言，人类的肌肉纤维所承载的运动极限，不会超过每秒 10 米。

海恩斯说：“30 年来，这一说法在田径场上非常流行，我也以为这是真理。但是，我想，自己至少应该跑出 10. 1 秒的成绩。每天，我以最快的速度跑 5 公里，我知道百米冠军不是在百米赛道上练出来的。当我在墨西哥奥运会上看到自己 9. 9 秒的纪录后，惊呆了。原来，10 秒这个门不是紧锁的，而是虚掩的，就像终点那根横着的绳子一样。”

后来，戴维撰写了一篇报道，填补了墨西哥奥运会留下的一个空白。不过，人们认为它的意义不限于此，海恩斯的那句话，给我们留下的启迪更为重要。

我们心中唯一的限制，就是我们为自己设置的那个局限。高度并非无法超越，只是我们无法超越自己思想的限制，更没有人束缚我们，只是我们自己束缚了自己。

猜一猜谁会成为伟人

位于新泽西州市郊的一座古老小镇上，教学楼最里面一间光线昏暗的教室里，26 个孩子被编在同一个班。这 26 个孩子都有过不光彩的历史：有人进过管教所、吸过毒，有一个女孩甚至在一年里堕胎 3 次。家长对他们束手无策，老师和学校也几乎对他们失去了信心。

这个时候，一个叫腓娜的女教师被安排担任这个班的辅导老师。新学期开学头一天，腓娜没有像以前的老师那样，首先对这些孩子训斥一顿，给他们来个下马威，而是给孩子们出了一道题：

有这样 3 个候选人，他们分别是——

A. 迷信巫医，有两个情妇，嗜酒如命，有多年的吸烟史。

B. 曾经两次被从办公室赶出来，每天要到吃午饭时才起床，每个晚上都要喝将近 1 公升的白兰地，而且曾经吸食过鸦片。

C. 曾获国家授予的“战斗英雄”称号，有良好的素食习惯，有艺术天赋，偶尔喝点酒，青年时代从没做过违法的事。

腓娜给大家的问题是：

倘若我告诉你们，在上面这 3 个人中间，有一位会成为名垂青史的伟人，你们认为最可能是谁？猜想一下，这 3 个人将来可能会有怎样的命运？

对于第一个问题，可以想象，孩子们一致把票投给了 C；第二个问题，大家也几乎一致认为：A 和 B 将来肯定不会有好的结局，要么成为人人唾弃的罪犯，要么成为需要社会照顾的寄生虫。而 C 呢，必定是一个品德高尚的人，肯定会成为伟大的人物。

然而，腓娜的答案却大大出乎孩子们的意料。“你们的结论也许符合一般的判断，”她说，“但实际上，你们都错了。这 3 个人大家都不陌生，他们是第二次世界大战时期的三个大名鼎鼎的人物——A 是富兰克林·罗斯福，他身残志坚，是美国历史上唯一一位连任四届总统的伟大人物；B 是温斯顿·丘吉尔，拯救了英国的著名首相；C 的名字同学们也很熟悉，他是阿道夫·希特勒，一个夺去了几千万无辜生命的法西斯头目。”孩子们都听得目瞪口呆，简直不敢相信自己的耳朵。

“孩子们，”腓娜继续说，“你们的人生才刚刚迈出第一步，过去的错误和耻辱只能说明过去，真正能代表人一生的，是他现在和将来的作为，没有人会是完人，连伟人也会犯错。走出旧日的阴影吧，从今天开始，努力做自己最想做的事情，你们都将成为人人景仰的杰出人才……”

腓娜的这番讲话，使 26 个孩子一生的命运得以改变。多年过去，今天这些孩子都已长大成人，他们中有的做了法官、有的做了心理医生、有的当了飞机驾驶员。值得一提的是，当年班里那个最爱调皮捣蛋的小个子罗伯特·哈里森，现在已经成了华尔街最年轻的基金经理人。

“原来我们都觉得自己已经无药可救，因为几乎所有的人都这样看我们。是腓娜老师第一次让我们认清这一点：过去并不是最重要的，重要的是如何把握现在和将来。”孩子们长大后这样说。

昨天是使用过的支票，今天才是可以马上使用的现金。我们的昨天也许会有很多的遗憾，以前我们不好好学习，我们爱打架……但是如果为了昨天的遗憾而错过了今天的精彩，进而形成明天的悔恨，那是一件得不偿失的事情。其实，我们需要做的只是从昨天的失败中总结经验，让这些经验指导着我们在今天的道路上大步前进。

过去的一切都不代表未来，不管是辉煌的历史，还是令人羞愧的经历都只是曾经，只有从过去的阴影中走出来，才能走向更加美好的未来。不光彩的过去并不可怕，可怕的是不能从不光彩的过去中走出来，还走进了一个不光彩的未来。

每天送给自己一个希望

有一位医生医术精湛，生活幸福美满，但不幸的是，在某一天，身体一向很健康的他却被诊断患有癌症。这对他可谓是当头一棒，他一度情绪低落。最终他不但接受了这个事实，而且他的心态也为之改变，变得更宽容、更谦和、更懂得珍惜所拥有的一切。在勤奋工作之余，他从没有放弃与病魔搏斗。就这样，他已平安度过了好几个年头。有人惊讶于他的事迹，就问他是什么神奇的力量在支撑着他。这位医生笑盈盈地答道：“是希望，几乎每天早晨，我都给自己一个希望，希望我能多救治一个病人，希望我的笑容能温暖每个人。”这位医生不但医术高明，做人的境界也很崇高。

每天给自己一个希望，就是给自己一个目标、给自己一点信心。希望是什么？是引爆生命潜能的导火索，是激发生命激情的催化剂。每天给自己一个希望，我们将活得生机勃勃、激昂澎湃，哪里还有时间去叹息、悲哀，将生命浪费在一些无聊的小事上？

每天给自己一个希望，我们就能够信心满满地面对自己的生活，而不是将时间浪费在无尽的悲哀和苦闷上，生命有限但希望无限，每天给自己一个希望，我们就能够拥有一个丰富多彩的人生。

附录　心理测试

自我心理测试

你了解自己的个性吗？

如果你有一处自己的别墅，而且你可以按照自己的意愿去设计，你会给它设计一个什么样的栅栏呢？

A. 房子周围有铁栅栏包围。　　B. 房子周围种许多花草树木。

C. 房子周围被砖包围。　　D. 房子周围用木栅栏围起。

结果分析：

选择 A：

你活泼开朗，与任何人都能轻松应酬，拥有众多同性与异性朋友，属社交家类型。你虽然心胸开阔，接纳任何类型的人，但如果一味地当老好人，恐怕难免招来不必要的误会。

选择 B：

你对异性缺乏尊重，甚至态度强硬，常有不专情的行为。同时，你的个性较消极，沉默寡言，交际并不很广，但非常重视自己的家人和朋友，是个保守型的人。

选择 C：

你常常孤高自诩，因为不服输的个性，常常会将主导权掌握在自己手里。选择这种类型的你，很重视自己的私生活。

选择 D：

你好恶分明，对你喜欢的人，你会热情相交，融洽相处，对你不喜欢的人，你则冷若冰霜，爱理不理。因此，对你不了解的人，常会对你产生误会。不过，你会心甘情愿为自己的意中人献身，希望两人共谱一段轰轰烈烈的恋曲。

你的生活品位如何？

刚买了一套度假别墅，你打算在客厅里添一套座椅，你会选择什么材质的呢？

A. 木制椅。　　B. 藤制椅。　　C. 绒毛椅。　　D. 真皮椅。

结果分析：

选择木制椅：

你是一个注重生活情趣的人，就算牺牲佳肴、华服，你也不会放弃一场演唱会或音乐会。说白了，你颇有点自命清高，但是很遗憾，你的知音不太容易找到。

选择藤制椅：

你比较在意物质生活，但也不愿意放弃精神生活。如果两者相冲突的话，你还是会考虑物质上的问题。你这个人有一点吝啬，但是又比较好面子，个性上有些矛盾之处。

选择绒毛椅：

你是标准的空壳子，就算没钱也喜欢摆阔。对你来说，精神生活是多余的，物质生活上才是你终生的志向。你呀，确实有点俗气！

选择真皮椅：

你的精神生活很独特，你对一般时下流行的东西没有兴趣，一味陶醉在你认为有价值的艺术里。你的物质生活还是很充裕的，所以你很少担心这一类的问题。

你的情绪是否健康、稳定？

要想用正常的心态和人交往，和别人建立良好和谐的关系，首先必须保证自己有一个健康稳定的情绪，如果你总是神经质的乍喜乍悲，那么别人就无法适应、也懒得去适应你。所以，健康稳定的情绪是人际交往中所必须培养的交际素质。试做以下测验题，看看你是否已具备健康稳定的情绪？

1. 你是否觉得从来没有人真正地理解你？

A. 是。　　B. 否。　　C. 说不清楚。

2. 你对你周围人的表现是否满意？

A. 不满意。　　B. 非常满意。　　C. 基本满意。

3. 有什么食物让你吃后有强烈的反应？

A. 有。　　B. 没有。　　C. 记不清。

4. 你是否明知道事实并非如此还总是怪家人对你不好？

A. 是。　　B. 否。　　C. 偶尔。

5. 你是否曾看到、听到或感觉到别人无法觉察到的东西？

A. 经常这样。　　B. 从不这样。　　C. 偶尔这样。

6. 夜深人静时醒来，是否总觉得会有恐怖的事情发生？

A. 经常。 B. 从来没有。 C. 极少有。

7. 你是否经常因做噩梦而惊醒？

A. 经常。 B. 没有。 C. 极少。

8. 你的梦里是否会经常出现同一个梦境？

A. 有。 B. 没有。 C. 说不清。

9. 你是否被身边的人起过绰号或嘲笑过？

A. 常有的事。 B. 从来没有。 C. 偶尔有过。

10. 你是否觉得自己内心有很隐秘的世界？

A. 有。 B. 没有。 C. 记不清。

11. 你是否时常觉得自己是被收养的孤儿？

A. 时常。 B. 没有。 C. 偶尔有。

12. 你是否曾经觉得有一个人暗地里爱你或尊重你？

A. 是。 B. 否。 C. 说不清。

13. 你出门后是否会经常回头检查门是否锁好？

A. 经常如此。 B. 从不如此。 C. 偶尔如此。

14. 看到自己最近一次拍摄的照片，你有什么感觉？

A. 不称心。 B. 很好。 C. 可以。

15. 你是否曾经感觉有人跟着你走而心里不安？

A. 是。 B. 否。 C. 不清楚。

16. 每到秋天，你经常的感觉是什么？

A. 淫雨霏霏、连月不开。 B. 秋高气爽或艳阳高照。

C. 不清楚。

17. 你是否认定自己会有恐高症？

A. 是。 B. 否。 C. 不肯定。

18. 你平时是否觉得自己很健壮？

A. 否。 B. 是。 C. 不肯定。

19. 你是否觉得总有人在密切关注着你的一举一动？

A. 是。 B. 否。 C. 不清楚。

20. 当你一个人走夜路时，是否觉得一定会有危险发生？

A. 是。 B. 否。 C. 偶尔。

21. 你是否很难干脆地下决定？

A. 是。　　B. 否。　　C. 偶尔是。

22. 你对别人自杀有什么想法？

A. 可以理解。　　B. 不可思议。　　C. 不清楚。

23. 你是否常常会受到意外的身体伤害？

A. 是。　　B. 否。　　C. 偶尔

24. 你是否经常因为难以入睡或提前醒来而缺少睡眠？

A. 经常这样。　　B. 从不这样。　　C. 偶尔这样。

25. 你是否总为没有到来的不幸或灾难而心神不宁？

A. 经常如此。　　B. 从没有过。　　C. 偶尔。

26. 你是否觉得自己有某种特异功能？

A. 是。　　B. 否。　　C. 不清楚。

27. 清晨起床后的第一感觉经常是：

A. 忧郁。　　B. 快乐。　　C. 讲不清楚。

28. 你是否一进家门就立刻把门关上？

A. 是。　　B. 否。　　C. 不清楚。

29. 你坐在小房间里把门关上后，是否觉得心里不安？

A. 是。　　B. 否　　C. 偶尔是。

30. 你是否常常用抛硬币、排纸牌、抽签之类的游戏来测凶吉？

A. 是。　　B. 否。　　C. 偶尔。

计分方法：

以上各题的答案，选 A 得 2 分，选 B 得 0 分，选 C 得 1 分。请将你的得分统计一下，算出总分。

结果分析：

0~20 分：

你一定是个开朗而受人欢迎的人。你的情绪总能保持在稳定的状态，自信心强，具有很好的心理状态。你有一定的社会活动能力，能理解别人的心情，顾全大局，会有良好的人际关系。

21~40 分：

你的情绪还是比较稳定的，但较为深沉，对事情的考虑过于冷静，处事淡漠消极，不善于发挥自己的个性。你的自信心受到压抑，办事忽冷忽热，易瞻前顾后，踌躇不

前。所以虽然情绪比较健康，但你却没有好好利用，不会有很强的交往能力。

41~49分：

你应该稍微考虑一下周围人的感受，而不是任由自己的性格随意地处理问题。你情绪极不稳定，日常烦恼太多，使自己的心情处于紧张和矛盾之中。所以你经常会郁闷或歇斯底里，很容易得罪人哦。

50分以上：

你的情况已经非常危险，请求助心理医生做进一步诊断。否则你很难和别人正常地相处。

你有依赖性吗？

独立自主是人的性格中非常可贵的一面，但是人与人相处的过程中难免会有相互的扶持和帮助，你的性格中依赖成分有多高呢？如果你明天有要事要办，必须早起，你会定一个闹铃叫你，那你会把闹钟放在哪？

A. 伸手可及的地方。　　B. 放在枕边，吵醒自己。

C. 能听见就行，尽量远点。

结果分析：

选择A：

你很想什么事都自己去做，不想有求于人，而且凡事也表现出一副我自己能行的潇洒样子，可你也非常在意他人的看法。也许对方说什么你不一定会接纳，但是你总会征询别人的意见。因为你不想给人留下嚣张跋扈的印象，给别人一个面子，给自己增加一些人际关系，不是一箭双雕吗？

选择B：

你总是那么人见人爱！你非得将闹钟放在耳畔，才觉得自己可以按时起床、才能安心入睡。你容易依赖别人，同时由于这个特质，你会比较容易融入一个群体，容易让人产生亲切感和保护你的欲望。

选择C：

你在一个团体中大都能够自然发挥你过人的领导能力，能够镇定自若，很容易出众。但树大招风，你也是最容易成为众矢之的的那种人，你做事干脆，不喜欢依赖他人，热爱自己，拥有自己独特的风格。根据统计，将闹钟放得越远，越不容易亲近。

你对未来有信心吗？

假设你独身一人来到一个度假胜地，住到预先订好的旅馆房间后，发现这个房间

有一个很大的窗户，你最希望从这扇窗户中看到什么景色呢？

A. 远方若隐若现的美丽小岛。 B. 一望无际的海面。

C. 露天的游泳池和游泳的人。 D. 干净的阳台。

结果分析：

选择A：

开朗热情的乐观主义者。可以看到那么远的距离的话，你的将来是不是很安乐、无忧无虑呢？不过，比起忧郁地沉思，还不如开朗一点更能招来运气。你对未来有着坚定的信念，不会轻易改变自己的想法，即使遇到了挫折，你也能从容面对，笑看人生！

选择B：

你喜欢做长远的打算，能站在一个合适的高度观察问题。因为有远虑所以就较少有近忧，看得到旅馆外的东西的距离感，表示你多少对长远的将来抱有一点展望，一般说来，这是认为自己的将来很乐观。

选择C：

有些消极啦。旅馆的游泳池之类的设施，一般说来都在窗边，而且游动的人群显得有些杂乱，没有条理。这种距离感转换成时间轴时，以长久的态度而言，觉得将来是抓不住的，稍微有点悲观的成分存在。不过你还是可以乐观起来的。

选择D：

保守的悲观主义者。只看到这么近的东西，你的未来实在是非常悲观，已经很少有乐观想法，总把事情想得太过严重，这样怎么会有信心呢？即使天塌了，那还有比你高的人顶着呢！何必把脸拉得那么长呢？

你有责任感吗？

作为社会大家庭的成员，我们都必须扮演一定的社会角色，承担一定的社会责任，尤其是对你周围熟悉的人。如果你有强烈的责任感，那你就会取得别人的信任，反之，你就无法取得他们的信任，如果那样的话，他（她）的父母可不会同意你们继续交往哦。

1. 小时候，你经常会帮妈妈做家务吗？
2. 你自己认为你这个人可靠吗？
3. 你会为了人生的大事而提前做准备吗？
4. 发现朋友犯法，你会劝他去自首或通知警察吗？

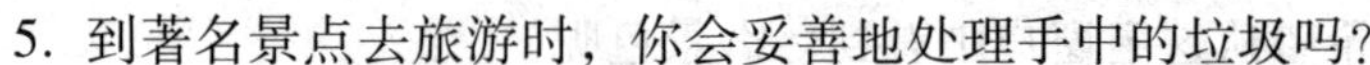

5. 到著名景点去旅游时，你会妥善地处理手中的垃圾吗？

6. 你会尽量准时地去赴约吗？

7. 你会经常为自己和他人的健康提出一些必要的建议吗？

8. 你永远将工作放在第一位，然后再去进行其他的娱乐和休闲吗？

9. 你认真地对待你所拥有的选举权利吗？

10. 你经常运动以此来保持健康吗？

11. “既然决定做一件事情，那么就要把它做好。”你同意这句话的观点吗？

12. 答应别人的事就一定会真正地尽全力去做，你做到了吗？

13. 收到别人的信，你总会在一两天内就回信吗？

14. 在学生时代，你会尽量减少拖延作业的时间和次数吗？

15. 你曾经做过违法的事情而不敢公之于众吗？

计分方法：

“是”为1分，“否”为0分。

结果分析：

10~15分：

你是个非常有责任感的人。你行事谨慎、懂礼貌、为人可靠，并且相当诚实，值得别人信赖。

3—9分：

大多数情况下，你都很有责任感，只是偶尔有些率性而为，没有考虑得很周到。

2分以下：

你是个完全不负责任的人。有些朋友的母亲可能会对你有成见，力劝儿女少跟你来往。你一次又一次地逃避责任，最终连你自己都不相信自己的时候，你就会万分苦恼了。

你是一个疑心重的人吗？

《三国演义》中，周瑜因心胸狭窄、多虑多疑而命丧黄泉。你是一个多疑的人吗？你容易对人起疑心吗？

1. 你怀疑别人在背后说你坏话吗？

2. 你认为每个人做每件事都是有目的的吗？

3. 你怀疑许多人逃税吗？

4. 如果事先知道谎言不会被识破，你怀疑很多人都会欺骗别人吗？

5. 你很难信任别人吗？

6. 你不喜欢借东西给别人，因为你怀疑对方不会还吗？

7. 你会把日记本放在桌上，而不锁起来吗？

8. 你经常查对银行账单吗？

9. 付完账后，你总会数一下找回的零钱吗？

10. 你不会随便将皮包放在自己看不到的地方吗？

11. 你相信别人随时都可能骗你吗？

12. 一时找不到东西，你会怀疑被别人拿走了吗？

13. 在陌生的城市向人问路，你会怀疑你所问的那个人有可能会骗你吗？

14. 如果对方临时取消约会，你会费尽心思地去猜测原因吗？

15. 你认为每个人都有诚实的时候吗？

计分方法：

依下面结果计算你的分数：

1. 是-0　　否-1

2. 是-0　　否-1

3. 是-0　　否-1

4. 是-0　　否-1

5. 是-0　　否-1

6. 是-0　　否-1

7. 是-1　　否-0

8. 是-0　　否-1

9. 是-0　　否-1

10. 是-0　　否-1

11. 是-0　　否-1

12. 是-0　　否-1

13. 是-0　　否-1

14. 是-0　　否-1

15. 是-1　　否-0

结果分析：

10~15 分：

你是个非常容易对别人产生信任感的人。你认为人基本上都是可靠的，你会把你的信任建立在一个很薄弱的基础上，这样你容易获得友谊，当然，你可能会因此而常常失望。有些人甚至会利用你的这种天性而故意欺骗你，不过，像你这样的人通常会活得比较快乐些。只要你坚持自己的心态，未尝不是一件好事。

5~9 分：

你已经开始怀疑人性中美好的成分，本来很清澈的心因为一些不好的记忆而多了一些复杂的成分。你本来是很信任别人的，然而经验告诉你，这个世界上仍有许多不诚实者存在，所以你的信任中往往带有怀疑的成分。

4 分以下：

你是一个非常多疑的人。这样的心理会让你失去很多本来很容易拥有也很美好的东西，如果你继续固有的状态而不试着去做一些改变，迟早你会成为一个偏执狂。

你的戒备心是否很强？

忽然间，有个不太熟的人百般讨好你，你会：

A. 以平常心与对方交往。

B. 不拒绝，但心有戒备，认为对方必定有所图。

C. 马上拒绝，不给对方机会。

D. 自认为有人缘，高兴开心。

结果分析：

选择 A：

你不会预设立场地去给人套上敌人或朋友的帽子，你愿意相信对方只是想跟你做朋友，所以你会选择以平常心来和对方交往。由于这样的心态较没压力，而且可以坦诚地表现自我，所以你的心中不会有任何防卫意识来隔离对方。假如对方真有所图，相信他也会自动打消念头，你没有预设立场，自然也不会受到对方的影响，被对方所利用。所以，你的这种心态一般是不会和人树敌的。

选择 B：

你是一个很有戒心的人，尤其是面对陌生人，你的自我防卫系统会自动开启，静待对方的攻势。由于你有这样谨慎的态度，所以你的人际关系通常是四平八稳的，就算有敌人打算暗算你，也不是一件很容易的事。此外，你也有很沉着的一面，即使知道对方有所图，你也不会轻易拆穿对方的把戏，这是一种成熟稳重的做法，使你不会无端得罪人。

选择 C：

你的自我防卫系统有些反应过度，所以才会一口回绝，不给对方机会。这种做法多少会影响到你的人际关系。假如对方是诚心想和你做朋友，那你就会增加一个敌人。你对任何人都没有安全感，尤其是陌生人，你随时都处在戒备状态，所以才会有这种过于激烈的反应。或许你曾经受过伤害，或许你曾经受过刺激，或许你是天生的神经质。最好稍微开放一点心灵空间，不要太自我封闭，不然你的人际关系将处于一种封闭状态，这对你的心理健康会有很大的伤害。有些时候，敌人只不过是你心里制造出来的假象，你才是自己最大的敌人。

选择D：

你的自我意识很强烈，只为自己着想。由于你心中想的都是自己，所以你很容易被人抓住弱点，让那些有所企图的人接近你。只要对方对你稍微殷勤一点，对你说点好话，你就会轻易陷入自己的期待中，认为自己真的是很受欢迎的人，你的心也会全部打开。接下来，你只好乖乖地任有心人摆布了。

你经得住诱惑吗?

现实社会就像一个大染缸，其中的每一种色彩都会让没有自制力的人眼花缭乱。在我们的周围存在太多的诱惑，它们总是展示迷人的一面，引诱我们渐渐远离自己的理想与目标。每个人都会面对种种诱惑，如果不是这么多的道德规范与法律约束的话，也许我们已经无数次成为各种诱惑的俘虏了。

下面的问卷，可以测量你抵制诱惑的能力。请仔细阅读以下10个陈述，根据自己的实际情况回答“是”与“否”。

1. 你时常去幻想那些不切实际的事，并深深地沉溺其中。
2. 你总是有很多处理不完的麻烦事。
3. 你经常不能完成自己制定的学习目标。
4. 你总是会在逛街时买回很多不需要的东西。
5. 你总是会提前预支自己的薪水。
6. 你经常做出令自己后悔的事。
7. “这是最后一次了”是你常用的口头禅。
8. 你经常赖床。
9. 你的保证与诺言已不太被相信了。
10. 你总是不能把自己的想法坚持到最后。

计分方法：

“是”为1分，“否”为0分。

结果分析：

0~3分：雷打不动型。

你具有相当顽强的自制力，能够有效地控制和调节自己的行为。你的理智常占据上风，对“我想做”与“应当做”的关系把握得很清醒。你能够完成一些自我要求，从而对未来的新计划充满信心。你需要注意的是，不要对自己过于苛刻。

4~10分：易于屈服型。

你总是抵制不了诱惑，一而再再而三地做了诱惑的俘虏，你的设想与计划常半路夭折，以致对自己不抱什么幻想了。如果你是这种情况，不要泄气。人身上总是存在这样那样的缺点，而人生的挑战就在于发现这些缺点，并想方设法加以克服。要从小事做起，例如强迫自己坚持每天锻炼身体的习惯，或者找个人来强迫自己执行。要让自己树立一种坚持到底的信念，如果慢慢地建立一种自制力，哈哈，即使美女如云，你也会不为所动了。

你能走出人生的低潮吗？

假如现在是秋风萧瑟的季节，一对情侣坐在公园的亭子里聊天。不久，女孩开始掉泪，这时一阵秋风吹落了枯叶。请接着想象一下后来的情形，并选出一个最接近的答案。

A. 女孩流着泪说“再见”，然后离去……

B. 女孩一直默默注视着枯叶，直到眼泪流完为止。等恢复平静之后，说了一句“再见”，然后离去。

C. 女孩一直注视着男孩，凄婉地说：“我走了，你自己要好好照顾自己。”然后踩着落叶离去。

结果分析：

选择A：

争强好胜型。由于人生不服输的个性，即便是陷入低潮时，也能尽最大的努力，替自己争取到相当利益。因此，可以先为将来早做准备，多充电或结交各种朋友，或许在你摆脱低潮的时候，都能对你有很大的帮助哦！

选择B：

坚强自省型。此种人一旦陷入低潮时，会耐心等待恢复正常，或是研究最好的对策。与其勉强想挣脱困境，倒不如静待心情慢慢转好。人生总是会遇到挫折，相信在

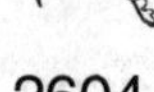

逆境中得到的启示必能发挥最大的作用。

选择 C：

善解人意型。此种人一旦陷入低潮时，有感而发，反而更能包容别人的弱点和缺点。他们能透过自己的困境，培养对他人的包容力。因此，可以把人生的低潮当成成长的契机。

你的心理适应能力怎么样？

在我们的周围，每天发生的事情像 6 月的天气一样变幻莫测，而我们不能被动地接受，必须学会主动地去适应。只有这样，我们才能做好自己的工作，才能生活得幸福快乐。你的心理适应能力到底如何呢？

1. 一件很重要的东西不见了，这时你会：

A. 急忙把那些可能有的地方找一遍。3 分

B. 疯狂地掀起地毯来搜索。5 分

C. 镇静地回想一下可能会放在哪里。1 分

2. 你急着去开会，半路却遇到严重堵车，你会：

A. 变得急躁不堪，同时想象等候者恼火的样子。5 分

B. 设想等候者会体谅你是不得已而迟到。1 分

C. 很着急，但想想急也无益，干脆不去想了。3 分

3. 当你值班时，收到一封来自环保局的信，你会：

A. 试着自己来弄清事情的缘由。1 分

B. 装作没看到，随便谁捡起谁去处理。3 分

C. 找个理由推给办公室其他同事去处理。5 分

4. 你向来用水笔写字，现在要你换钢笔书写，你会：

A. 感到别扭。5 分

B. 有时有点不顺手。3 分

C. 感觉与用水笔没什么差别。1 分

5. 你在大会上演说的姿态、表情、条理性及准确性与你在办公室里讲话相比怎样？

A. 基本上没什么差别。1 分

B. 说不准，看具体的情况而定。3 分

C. 显然要逊色多了。5 分

6. 到了聚会的地方后，发现全是陌生的面孔，你会：

A. 先灌几杯酒让自己放松一下。5 分

B. 有时感到不自在，有时又能从这种状态中摆脱出来，与人相叙甚欢。3 分

C. 积极加入进去，不感到一丝的陌生。1 分

7. 已经到了递交论文的最后期限了，你会：

A. 变得更有效率了。1 分

B. 开始错误百出。5 分

C. 心中暗急，但仍尽力维持正常状况。3 分

8. 刚与人进行了一番唇枪舌剑，你会：

A. 转回到工作上，但有时难免出神。3 分

B. 唠叨个不停，工作效率大减。5 分

C. 不受影响，继续专心工作。1 分

9. 你出差或旅游到外地，住进招待所或旅馆，睡在陌生的床铺上，你会：

A. 失眠得厉害，换一种睡眠姿势，换一个枕头也会引起新的失眠。5 分

B. 有时会失眠。3 分

C. 和在家感觉没什么差别。1 分

10. 调了工作部门之后，尽管你很努力，还是没有以前的工作效率高，是吗？

A. 对。5 分

B. 说不上。3 分

C. 不是这样的。1 分

11. 你们公司的工作时间做了调整，你的反应是：

A. 在相当长一段时间内发生紊乱。5 分

B. 起初的两三天感到不习惯。3 分

C. 很快就习惯了。1 分

12. 有人莫名其妙地把你骂了一顿，你会：

A. 头脑清醒，冷静而适度地予以回击。1 分

B. 一下蒙了，过后才去想当时该如何进行反击。5 分

C. 在当时就还了几句，但没有切中要害。3 分

13. 你和朋友约好了时间去喝咖啡，当你赶去的时候，他却说不能来了，这时，你会：

A. 有些不满，但既来之则安之，自己喝呗。3 分

B. 总是在想这件事。5 分

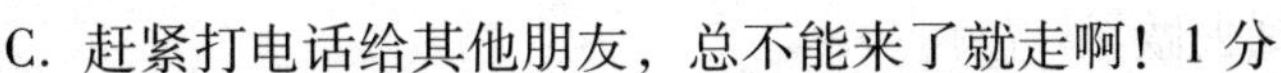

C. 赶紧打电话给其他朋友，总不能来了就走啊！1 分

14. 同学们总说小李脾气古怪，特难相处，你

A. 倒觉得小李蛮好接近的，大家恐怕太不了解他。1 分

B. 说不上对他什么感觉。3 分

C. 也有同感。5 分

15. 你正在看书，外面突然很嘈杂，你会因此而分心吗？

A. 是的。5 分

B. 看吵闹的程度而定。3 分

C. 不，只要不是跟我吵，坐在集市货摊之间也照读不误。1 分

计分方法：根据你的选项累计加分。

A：15~29 分　　　B：30~57 分　　　C：58~75 分。

结果分析：

A 型：心理适应性强

世界千变万化而你“游刃有余”，生活中的各种压力你常能化之于无形；你过得心情愉快、万事如意，这种精神品质有利于你的心理平衡与健康。你是个生命力强的人。

B 型：心理适应性中等

事物的变化及刺激不会使你失魂落魄，一般情形你都能做出相应的适度反应，可是如果事件比较重大、出现得比较突兀，那你的适应期就要拖长。你了解自己的这种情况之后，最好预先准备，锻炼自己的快速适应能力。

C 型：心理适应能力差

你对世界的变化、生活的摩擦很不习惯，如此磨损你会过早“断裂”的。不过，只要意识到了，还是有希望改善状况的。首先，你要从思想上对那些你总看不惯的东西冷静地剖析一番，它们真是十分难以忍受吗？其次，要在心理上具备灵活转移、顺应时变的快速反应能力，不要将自己拘泥在惯有的固定模式中。

你的心理年龄有多大？

一个人的心理年龄与其实际年龄总是不一致的。有的人虽然年纪轻轻，心态却十分保守，一副老气横秋的样子；有的人虽然已近知天命之年，却总是充满朝气，心态积极乐观，性格开朗。

不妨测试一下你的心理年龄，看看你的心态属于哪个年龄段。每道题有 3 种答案：是、否、中间，选择最适合你的答案。

1. 下决心做某事后便立刻去做。

是0　　否2　　中间1

2. 往往凭经验办事。

是2　　否0　　中间1

3. 对任何事情都有探索精神。

是0　　否4　　中间2

4. 说话慢而且啰唆。

是4　　否0　　中间2

5. 健忘。

是4　　否0　　中间2

6. 怕烦心，怕做事，不想活动。

是4　　否0　　中间2

7. 喜欢计较小事。

是2　　否0　　中间1

8. 喜欢参加各种活动。

是0　　否2　　中间1

9. 日益固执起来。

是4　　否0　　中间2

10. 对什么事情都有好奇心。

是0　　否2　　中间1

11. 有强烈的生活追求。

是0　　否4　　中间2

12. 难以控制感情。

是0　　否2　　中间1

13. 容易嫉妒别人，易悲伤。

是2　　否0　　中间1

14. 见到不合理的事不那么气愤了。

是2　　否0　　中间1

15. 不喜欢看推理小说。

是2　　否0　　中间1

16. 对电影和爱情小说日益失去兴趣。

是 2　　　　否 0　　　　中间 1

17. 做事情缺乏持久性。

是 4　　　　否 0　　　　中间 1

18. 不愿意改变旧习惯。

是 2　　　　否 0　　　　中间 1

19. 喜欢回忆过去。

是 4　　　　否 0　　　　中间 4

20. 学习新鲜事物感到困难。

是 2　　　　否 0　　　　中间 1

21. 十分注意自己身体的变化。

是 2　　　　否 0　　　　中间 1

22. 生活兴趣的范围变小了。

是 2　　　　否 0　　　　中间 1

23. 看书的速度加快。

是 2　　　　否 0　　　　中间 1

24. 动作不够灵活。

是 2　　　　否 0　　　　中间 1

25. 消除疲劳感很慢。

是 2　　　　否 0　　　　中间 1

26. 晚上不如早晨和上午头脑清醒。

是 2　　　　否 0　　　　中间 1

27. 对生活中的挫折感到烦恼。

是 2　　　　否 0　　　　中间 1

28. 缺乏自信心。

是 2　　　　否 0　　　　中间 1

29. 难以集中精力思考。

是 2　　　　否 0　　　　中间 1

30. 工作效率低。

是 2　　　　否 0　　　　中间 1

结果分析：

75 分以上：

心理年龄为 60 岁以上。

65~75 分：

心理年龄为 50~59 岁。

50~65 分：

心理年龄为 40~49 岁。

30~50 分：

心理年龄为 30-39 岁。

0~30 分：心理年龄为 20~29 岁

社交心理测试

你会给人留下好的第一印象吗？

每个人都很在意自己给别人留下的第一印象如何，而你给别人留下怎样的第一印象与你固有的性格特质有很大的关系，你想知道你会给别人留下怎样的第一印象吗？我们来一个很简单的测试：从性格、爱好、特质和受欢迎程度等多个方面来比较，你觉得你最像哪一种动物？

A. 狗　　B. 猫　　C. 马　　D. 牛

结果分析：

选择 A：

不易给人强烈的印象，稍不留神，你就会被混入人群，看不见踪影。

选择 B：

男孩：不会给人留下好的印象，太过女性化。

女孩：具有诱人的魔力，总想引起别人的注意，也往往会取得成功。

选择 C：

在人群中总是突出的，因为你有着凌人的气质，而且会在你的一举一动中时刻体现。

选择 D：

“俯首甘为孺子牛”，你有着惊人的耐力，不达目的誓不罢休，但是你的牛脾气也往往会成为别人无法忍受之处。

你具备圆滑的社交技巧吗？

不恃才傲物可能被视为平庸无为；不投机取巧可能被看作不思进取；开口先笑可

能被认为是笑里藏刀。恃才傲物、投机取巧、开口先笑本身并无好坏之分，关键是你将它们发挥得张弛有度、浑然得体。简单地说，关键在你是否具备圆滑的社交技巧。

那么，你具备这种技巧吗？不妨测一测：

1. 当老板让你去做一件你觉得很难做到的事情，你会怎么办？

A. 你会咬紧牙关，花费几小时拼命为他工作。

B. 做到某种程度而发觉不行时，即将情况向老板汇报。

C. 即使求助于他人也要把工作做好。

D. 是自己无法做的事，会放弃不做。

2. 如果有两位相熟的异性同时向你示爱，你会怎么处理？

A. 把两人叫过来加以详谈后分开。

B. 在两人中只与一位适合自己的人交往。

C. 在两人之间周旋。

D. 将两人视为普通朋友，同时交往。

3. 当在工作上感到不顺心不如意时，用哪种方式来发泄呢？

A. 到常去的酒吧喝酒。

B. 出去散步使心情平静。

C. 到一些娱乐场所消遣。

D. 到朋友家向他诉苦。

4. 如果你由朋友口中得知另一个朋友在背后说你坏话，你会怎样？

A. 默默地承受而不加理会。

B. 与忠告者一起出游，将误解澄清。

C. 直接找说坏话的人去算账。

D. 找说坏话的人问清情况。

计分方法：

A. 5 分　　B. 3 分　　C. 1 分　　D. 0 分

累计相加，得出总和。

结果分析：

20 分~18 分：

如果你能再成熟些，即可体会爱的真义。你的心理在社交方面相当成熟，而个人生活方面就不太成熟了；而这种不平衡也是你性格上的魅力，因为它令人有新鲜感，会让人产生想要探知的欲望。

17 分~14 分：

你的心理正在成长中，因为兴趣广而无法局限在一件事上，对要紧的事应该立即着手；如能有所取舍，你的心理会成熟得更快。你是个有前途的人，你会很快掌握社交技巧的。只是要在这个过程中承受住一些心理上的考验。

13 分~8 分：

你的社交技巧可以说是相当贫乏的，你的心理还很幼稚，甚至未考虑成熟问题。对这种年轻人而言，实践比学习更重要，但学习也不能忽略。

7 分~0 分：

你对爱的看法相当成熟；但心理成熟是没有界限的，所以应该想办法，使自己能与人相处得更好。你现在需要加紧努力的是，注意与周围人搞好关系，千万别脱离集体，要合群。

你是否善于自我表达?

也许你对朋友充满真诚，也许你对爱人充满怜惜，也许你对周围的人充满爱心，但是他们却不一定能够完全感受到，那是因为你和他们缺少沟通或者你不善于与别人进行开放、真诚、直接和适当的沟通，也就是你的自我表达有所欠缺。完美的自我表达可以增加一个人选择的自由度，当一个人拥有选择的自由时，自尊自重的感受会取代压抑、委屈或愤怒等伤害人的情感。请根据自己实际情形如实回答以下问题。

1. 当一个人让你受了委屈，你是否让他知道?

A. 从来没有。 B. 很少。 C. 有时。 D. 大多是。 E. 经常是。

2. 你是否能控制你的脾气?

A. 从来没有。 B. 很少。 C. 有时。 D. 大多是。 E. 经常是。

3. 在讨论或辩论中你是否觉得很容易发表意见?

A. 从来没有。 B. 很少。 C. 有时。 D. 大多是。 E. 经常是。

4. 你是否易于开口赞美别人?

A. 从来没有。 B. 很少。 C. 有时。 D. 大多是。 E. 经常是。

5. 你是否因很难对推销员说不，而买些自己实际不需要或并不想要的东西?

A. 从来没有。 B. 很少。 C. 有时。 D. 大多是。 E. 经常是。

6. 当你有充分的理由退货给店方时，你是否迟疑不决?

A. 从来没有。 B. 很少。 C. 有时。 D. 大多是。 E. 经常是。

7. 你是否觉得别人在言行中很少表示不欢迎你?

A. 从来没有。 B. 很少。 C. 有时。 D. 大多是。 E. 经常是。

8. 如果有位朋友提出一种无理要求，你能拒绝吗？

A. 从来没有。 B. 很少。 C. 有时。 D. 大多是。 E. 经常是。

计分方法：

A. 5 分 B. 4 分 C. 3 分 D. 2 分 E. 1 分

结果分析：

33 分以上：

你非常善于自我表达，经常能适当、及时地表露自己的意见与感受。

25~32 分：

你大多数时候能表露自己的意见与感受，但偶尔做不到。

16~24 分：

你偶尔能自我表达，但大多数时候不能表达自己的意见和感受。

8~15 分：

你习惯自我否定，经常不能表露自己的意见与感受。

你是不是一个社交高手？

当一个人能在众人面前谈笑自如，周旋得如鱼得水，游刃有余，我们一定会心生羡慕，其实一个真正的社交高手远不止这些，一个人事业与家庭的全方位成功，是以良好的社交能力为基础的，是以有一个好人缘为保障的。因为人是在社会中存在的，在人群中是否受到他人的喜欢和尊重，是一个人成功的重要因素。

如果你有一个好人缘，在你发达时，不会招致同行的嫉妒，相反会从朋友的鼓励与支持中谋求到更大的成功；在你遭遇挫折时，良好的人际关系会给予你温暖与同情，会令你在逆境中奋起，而免受落井下石的重创。就算在亲友之中，如果你极具亲和力，也会让你在 8 小时之外享尽更多的天伦之乐。但你到底是不是一个社交高手呢？

1. 在麦当劳休息的时候点了一杯鲜橙汁，而服务生却送来一杯奶茶，这时你会怎么说呢？

A.“你是新来的吧？好像弄错了哦？”

B.“虽然和我点的不一样，不过没关系。”

C.“……”心中暗想：完了？完了？比我原先点的贵。

D.“请拿去换，这不是我点的。”

2. 晚上因为加班而太晚回家，结果门锁上了，家人好像都睡着了。想从窗户进去，

窗户也都锁起来，要用电话叫醒，公用电话却在车站，车站离家要半个小时的路程。但是，仔细一看，二楼的灯亮着，好像有人在那里。

A. 找东西丢向窗户。　　B. 回车站用公用电话打电话回家。

C. 到别人家借电话。　　D. 拼命地敲门。

3. 有几个长舌的女人在"咬耳朵"，这几个人到底在说什么事呢？请选择你想的答案。

A. 关于一位女同事的流言。　　B. 商量这个星期天逛商场。

C. 公司上司的流言。　　D. 今晚要打麻将。

4. 去上班的路上，一个抱着大包的女人朝你撞了过来，行李掉下来了，这当然不是你的错，但你会怎么办？

A. 捡起行李给她，然后问："有没有弄坏什么？"

B. "对不起，是我不小心。"

C. "……"不说话转身走开。

D. "我已经很小心地在走路了。是你自己撞过来的呀……"

5. 你亲眼目睹你的一个好友和你的情人正要进入宾馆，但他们并没有发现你，你会怎么样？

A. 当天装作不知道，事后再询问他们。

B. 直接上前质问。

C. 只在事后对他抱怨。

D. 一直埋在心里。

6. 如果你有一位瘫痪在床的小妹妹，害得你无法和喜欢的人结婚，你会怎么想？

A. 我是个不幸的人。　　B. 照顾妹妹是兄长的责任。

C. 想将她送到大医院给她治病。　　D. 想办法甩掉这个包袱。

计分方法：

选A为5分，选B为3分，选C为1分，选D为0分。

结果分析：

21~30分：

有人缘的大哥大姐型人物。

你会被刚开始对你有敌意的人喜欢，只要和你说话就会觉得人生很快乐。不介意小事、乐天派的你，即使在大家都垂头丧气的情况下，也能创造出开朗的气氛。和异性交往时，常会在第一次见面时就被求婚，或是意外的人对你有好感。同性的伙伴也

信赖你，想和你说话，和你交往的人一定很多。但你虽然有这些优点，却不会加以炫耀。你的才能有很强的内敛性。

11~20分：

直率而不善讨巧的人，容易得罪人。

轻率的用词，可能会使你失去难得的好朋友。也就是说，你是很情绪化的人，有温柔体贴的时候，也有冷淡的时候，容易受当天的心情左右。对异性也一样，如果在工作场合也是这样，将有不好的影响。

周围的人也许会认为你是个相当反复无常的人。非常善变，若心情好，就可以为人尽心尽力，表现体贴；但只要有一点讨厌的事，就会立即表现在脸上。也许别人会认为你是不好对付的人，其实你只是很重视自己，会坦率地表达自己的情绪。只是，对讨厌的人过于直接表达自己的情绪，似乎不太会做人。有人会因为你善变的情绪而生气，但你大部分都没有注意到。

0~11分：

你已经有些惹人讨厌了。

你是非常认真、事事分明的人，容易树立敌人，受到无聊的反驳。你会坦率地将自己的情绪表现出来，但周围的人会受不了你的话或是你的直率。同时，你会因为无法传达自己的想法或无法掌握对方的心思而感到焦躁不安。误解变成了麻烦的根源，若能获得合作或同伴的协助，就能发挥你的长处。

值得注意的是，你常被认为对异性冷淡，以致得不到他人的好感。言语间时常会因态度问题而与对方造成不愉快，事后才后悔如果当时亲切一点就好了。你在和人交往时，如果对方是异性，就会确实考虑对方的心情而后适当表现你的诚实。态度谨慎，注意不去伤害对方。但是，太过敏感就无法表现你自己，这也是无法坦率地和任何人交往的原因。因此，喜欢你的人也许很少。

你是否总是多嘴呢？

如果用兰花来代表女人，那你会用什么花比喻代表男人？

A. 天堂鸟　　B. 荷花　　C. 菊花　　D. 火鹤花

结果分析：

选择天堂鸟：

虽然平日不善言辞，但是你往往能做出一针见血的结论。由于你深藏不露，所以常常一说话就引起大家的高度重视。真是“会咬人的狗不吠”。

选择荷花：

你是一个深思慎行的胆小鬼，只会对着镜子装模作样，星期假日还偷偷跑去口才训练班。可是，等到需要正式发表意见的时候，你又八竿子打不出一个屁来。小心，千万别得自闭症。

选择菊花：

有你的地方，就有热闹，而且保证绝无冷场。你的话满多的，特别是遇上话题投机的人，如同天雷勾动地火，叽叽喳喳地聊个没完。但是，你绝对算不上令人嫌恶的长舌族，因为你懂得节制，而且会看人说话。一般来说，你是个很好的聊天对象。

选择火鹤花：

你的话有点儿过多了，而且老爱打听别人隐私。节制一下你的嘴巴，你长舌已经让你得罪了很多人，请好自为之。

你的交际弱点在哪里？

每个人的性格爱好都是不尽相同的，这就决定了每个人的处事方式中总有别人不习惯或者无法忍受的一面，而个人本身很难对自己的这一面有所察觉。下面这个测试题就可以帮你分析出来。

你在学校度过的时间里，特别是心理上极度叛逆的时期，你觉得老师身上最不能让你忍受的是什么？

A. 情绪不稳定，容易“歇斯底里”，对学生实行精神压迫。

B. 专制，不听取学生的意见。

C. 不公平，偏袒所谓的好学生。

D. 对学生使用暴力。

结果分析：

选择 A：

这个选择其实就是自我缺陷的自然暴露。你一有什么不如意的事就会“歇斯底里”，不是四处大声叫嚷，就是突然大声哭泣……你这种自我表现的方式也许太过幼稚，而且很容易引起别人的情绪疲劳。为了使人际关系更加融洽，你必须对周围的人多一份爱心，同时要注意克制自己的情绪。

选择 B：

你具有站在阵列前缘将周围人猛推向前的统帅能力，在集体中往往起到决定性的作用。但是你需要有多吸取一些周围人意见的谦虚态度，否则，最终有可能谁也不会再顺从你。你的缺点就是很少听取他人的意见和建议。

选择 C：

你可能有一些心理恐慌症的表现。你的交际范围容易往纵向深入，而很难向横向扩展。你往往把自己讨厌的人彻底排除在外，似乎只愿意与某一个特定的人建立更好的关系。所以，你属于不善扩大交际圈的一类人。你甚至会要求与你关系亲近的友人“不要与不喜欢的人交往”。你要懂得博爱的内涵。

选择 D：

你这样的处世方式是很危险的。你的缺点是动辄变得粗暴无礼。你的问题不仅表现在行为上，而且语言暴力也很激烈。假如是因为对方态度恶劣导致你正当防御还情有可原，而你往往却是稍不如意就出手或出口伤人。一定要注意控制自己的情绪，你很容易会和不了解你的人产生激烈的矛盾。

你的心机深几许？

在一个晴空万里的日子，你和朋友一起出游。你和你的朋友正漫步在森林之中，你们无意间发现了一座隐藏的建筑物，依你的直觉，你会认为它是什么建筑物？

A. 小木屋。　B. 宫殿。　C. 城堡。　D. 平房住家。

结果分析：

选择小木屋：

你心胸宽大，是一个能忍别人所不能忍的人。你对任何的事物都抱着以和为贵的态度，基本上是一个完美的人。

选择宫殿：

你是一个思路极细的人，能合理的安排身边的事物，凡事都在你的掌握之中。虽说不上城府极深，但却能处理好复杂的人际关系，在交往中总是如鱼得水。

选择城堡：

你算得上本世纪最厉害的人际高手。与选宫殿的人相比，你对事物的观察更敏锐，更能看透人心。在这方面，别人总是望尘莫及，而你也一直以此自豪，并且乐此不疲。

选择平房住家：

你是一个生平无大志的人，也没有什么太大企图心。虽然对周围事物的感应能力并不差，但你凡事都抱着一个平常心。因为平凡，所以你没有烦恼与压力。

你会永远忠诚于朋友吗？

不管遇到什么情况，你都会一如既往地珍惜你们之间的友谊，绝不会背叛朋友吗？

还是另有其他的情况呢？做了下面这个测验，你就可以得知自己背叛朋友的可能性有多大。

某天，你正在沙漠中旅行，突然发现前面有个会发光的东西，你觉得那东西是什么材质的？

A. 玻璃　　　　B. 金属　　　　C. 塑胶

结果分析：

选择 A：

你很少会有背叛朋友的想法。但是，有时为了保护自己，你可能会背叛朋友。

选 B：

你是那种宁愿自己吃亏也不会背叛朋友的人。

选择 C：

虽然没有恶意，但是你会轻易地背叛朋友，说不定已经有人在恨你了。

你会得罪朋友吗？

你经常有被孤立的感觉吗？你经常觉得每一个人都对你有敌意，每个人看你的眼光都充斥着轻蔑、嘲讽和不快吗？快来测试一下，看你是否在社交圈内真的扮演着得罪人的角色。

假如你的朋友不小心弄坏了你心爱的东西。你会：

A. 要求对方照价赔偿。　　B. 宽宏大量，不会生气。

C. 算了，自认倒霉，只能气在心里。　　D. 大发雷霆，把对方骂得狗血淋头。

结果分析：

选择 A：

你觉得你和所有的朋友之间都是对等的，没有谁该怕谁、谁该让谁的说法。

你的态度很客观，也很中立，不会预设立场，把自己的敌对意识先摆出来，或者是先设定自己的受害。你这样的处理方式，大多数的人都可以接受。不过，要是遇到一些自我意识较强烈的人，你就会被认为太不讲人情，以致得罪对方。基本上来说，你的这种做法不会伤害你的人际关系，但也阻隔了人际关系的进一步发展。毕竟人都是要面子的，你要对方赔偿，就表示你们的情谊还不够深，对方在你心目中所占的分量并不是大到可以不用计较一件心爱的东西，即使对方表面上不会在意，但在他心底多少也会有疙瘩。

选择 B：

你是一个老好人，你懂得尊重对方的自尊和价值，让对方受到你的暗示，觉得他自己是一个很受重视的人。除了感谢之外，他还会以对等的态度回报你，将你当成最好的朋友。在处理人际关系的时候，你清楚地知道人的价值重过一切，在处理事情的时候，你总是会不自觉地从他人的立场来考虑利害得失。由于你重视朋友、给朋友面子，所以你的人际关系应该非常圆满。

选择C：

你是一个怕得罪人的人，表面上你自认倒霉，但是你在心底会愤怒不已，只是你不敢表现出来罢了。在处理人际关系的时候，你有点委曲求全的味道，可能是你怕和别人形成敌对状态。你觉得这种敌对状态会给你带来很大的心理压力和精神负担，而你没有信心去处理好这些关系，所以你宁可退一步，以求大局和平。通常压抑自己来维持人际关系的做法，对你自己其实是一种伤害。由于怕得罪人而压抑自己，长此以往，你可能会渐渐地脱离人群，自我封闭起来。到时候，全天下的人都是你的敌人。

选择D：

在你的观念里，朋友远没有你所喜爱的东西重要，因此，你的朋友到最后都会成为你的敌人。在处理人际关系时，你的出发点就有偏差，虽然你的敌我意识不是很强，但是你对于人际关系的力量和需求不是很肯定。你总是认为朋友是一种暂时的关系，真正可以给你安全感的是那些摸得到、看得到的财富或物质。由于你有这样的唯物观念，把朋友的价值放在物质之后，那些曾经是你的朋友的人都会因不受尊重而离开你。假如你的这种观念还是不改，你的敌人可能会愈来愈多。

测试你的交友原则

如果你也有幸像晋朝的那个渔人一样偶然进入到一个人间仙境似的世外桃源，那里没有受到世俗的污染，同样是“土地平旷，屋舍俨然，有良田美池桑竹之属”，这时你第一眼注意到的会是什么呢？

A. 在河边轻挽衣袖的浣纱少女。　B. 正在交换物品的人群。

C. 在家门口嬉戏的黄发小孩。　D. 和蔼慈祥的老人。

结果分析：

选择A：

你总认为人生得一知己足矣，不会不加选择地广交朋友，而且你选朋友完全凭感觉，只要自己看上眼的人，就会想尽方法亲近对方，和对方成为好朋友，可是如果你觉得与自己合不来的人，你连看都不会看一眼。你的朋友圈应该是很窄的，但友谊会

很深厚，和其他人的人际关系要多注意。不然可能会引起别人的不快。

选择 B：

你的朋友遍天下。你不会在意自己有多少推心置腹的知己，但是你却努力让自己成为一个交友广阔的人，到处都有可以投靠和帮助自己的朋友，你觉得不同的朋友可以为自己带来不同的视野和生命的契机。你应该是个很有活力的人，只是要学会多长点心眼，以免上当受骗。

选择 C：

你的个性孤僻，对于交朋友这件事，你不太关心，在人群里，你就像是来去不定的缥缈的云，不会去管别人的闲事，也不希望别人介入自己的生活，这可不是现在的流行趋势哦。因为你可以称得上朋友的人实在是寥寥可数，所以时间久了，心灵会变得闭塞，试着和周围的人交往，如果别人愿意接纳你，你却自己封住自己的心，那岂不是很不明智的做法。

选择 D：

你对于交朋友，是非常顺其自然的，从来都不强求，不会主动地想和哪一种类型的人在一起，更不会攀龙附凤地交一些和自己生活理念不同的有钱人，你讲求自然、随缘的交友原则。这种心态也是最理想的交友心态。

他（她）是你的至交好友吗？

在茫茫人海中，能够相遇，能够走到一起，能够相互了解、成为朋友，实在是一种缘分。但是，他会跟你推心置腹吗？

有一天，你临时缺钱，向身边的朋友借钱，他的反应是：

A. 马上翻皮包，东找西找，有多少借给你多少

B. 双手交叉胸前，问你要借多少

C. 想了一下，手摸着鼻子或遮着嘴巴，说他也没带钱

D. 双手叉在背后，慢条斯理地问你要多少

结果分析：

选择 A：

他是一个难得的患难之交。

他确实热心助人，不过似乎也太冲动了些。或许他是信得过你，或许他是本性如此，像他这样热心有余、细心不足的人，是很容易被人骗的。所以，奉劝你一句，如果你有这种朋友，跟他借钱之后千万别赖账。因为这种敦厚老实的好人不多了，而且

一旦他对你失去信心，你以后再也别想找他借钱了。相反，如果你能诚心地对待他，不管你还要借多少次、借多少钱，他都会借给你的。

选择 B：

在借钱时，你最好能察言观色一番。虽然嘴上问你要借多少钱，但是他心底有一百个不愿意。他的双手会不自觉地交叉在胸前，这个动作其实是一种潜意识的反映，是在暗示你最好不要借。或许他有钱，可是又不好意思不借你，但是要借给你，他心底又很不放心，于是出现这种小动作。如果看到这样的肢体语言，你最好去找别人借吧，不然就多说几句好话，或者多给对方一些好处，也许成功的机会会比较大。

选择 C：

这种朋友不交也罢，他的动作已经很明显地表示他根本就不想借给你钱，而且跟你说没钱。从他的动作中，你可以很清楚地看出来，他在讲话的时候，总是会摸摸鼻子，或者假装嘴边很痒，要去抓一抓，不然就是很明显地遮着嘴巴说话。这些小动作都是人在说谎时的下意识动作，只是他自己没发觉罢了。如果看到对方有这样的举动，你还是趁早打消念头的好！

选择 D：

把双手藏在背后，很明显是不肯对你坦诚相见。而且他说话时还慢条斯理的，更说明了他是个很聪明且心机很重的人。这种人最大的特色就是：从来不说不经过大脑转三圈的话。说白一点就是，从他嘴里说出的话都是经过大脑分析过的话。

之所以会把双手藏在背后，就是因为他担心自己的手会不听使唤地露出潜意识的讯息。而当他问你要借多少时，就表示他仔细评估过了，认为你还有放款效益，至少不会给他造成损失，所以才会答应借给你。但是，先不要高兴得太早，他通常都会有一些条件的，因为天下没有白吃的午餐。

最关心你的人是谁？

假如你是一位新娘，第一次在老公家吃团圆饭，你会先从哪里开始吃呢？

A. 先吃几口白饭。

B. 先从你喜欢吃的菜开始。

C. 只要不用剥壳的就好。

D. 使眼色叫另一半帮你夹。

E. 从最近的菜开始吃。

结果分析：

选择 A：

长辈或资历久的前辈是最关心你的人。

你很有礼貌，尤其是对长辈和前辈，所以会很得长辈以及前辈的疼爱。不管是工作上或者是生活上，你都会受到大家的照顾。

选 B：

各个阶层的同性友人是最关心你的人。

你没有什么心眼，在工作上和生活上会让人觉得没有什么压力，所以同性的朋友很喜欢跟你在一起。

选择 C：

呵护着你的另一半是最关心你的人。

在内心深处，你有比较多女性化的特质，比较喜欢当小女人或小男人。当两个人在一起的时候，你会很得另一半的疼爱。

选择 D：

各种年龄的异性同胞是最关心你的人。

你是大而化之的个性，所以异性会认为你很好相处。大家在一起的时候，很融洽，感觉很像哥们儿，所以你很容易得到异性朋友的喜爱。

选择 E：

重量级的上司或老板是最关心你的人。

无论是在工作上还是在生活上，你都属于默默努力型，上司和老板往往会看中你的才华，并因此提拔你。

谁会是你身边的小人呢?

任何人的身边都会存在小人，那么什么样的人容易成为你身边的小人呢？下面这个测试将会告诉你，你应该远离哪些人。

如果有机会让你当一个作家，你会选择成为哪类作家？

A. 散文诗词类作家，以唯美的文字闻名。

B. 小说作家，目标是创作类似《哈利·波特》那样轰动于世的畅销小说。

C. 以才貌双全出名的“美女作家”，个人曝光率远高于作品曝光率。

D. 以言辞辛辣独到而著名的撰写评论、杂文的作家。

结果分析：

选择 A：

你要远离那些第一眼看起来“天真无邪”、说话嗲声嗲气的小女人。

心地单纯的你最容易把这类假装清纯的女人当作“自己人”，跟她们无话不谈、知无不言、言无不尽。其实，她们和你是迥异的两类人，当出现利益冲突的时候，她们最先想到的就是牺牲你的利益。由于对你了如指掌，她们想要陷害你简直轻而易举。

选择 B：

你应该和头脑精明的女人保持一定距离。

由于本身没有心机，你很容易被一些“精明”女人笼络。一方面，她们想让你这样看起来不太聪明的人给她们当绿叶；另一方面，她们也需要你这样不太有戒心的人做她们的备份“炮灰”。遇见这类“朋友”时，一定要多观察周边的人对她的看法和评价。除非已经对对方的性格非常了解，或者她真的是人见人夸的超级大好人，否则最好绕道而行。

选择 C：

跟你身边的性感美女划清界限。

选择这个选项的朋友通常是以下两种情况：

一、本身是自信满满的大美女，那么当另一位性感美女出现的时候，无论是对你还是对她，你们都是双方的劲敌，不是你死就是我活。

二、你对于自己的外形很自卑，一遇到美女，你就完全丧失信心，做什么事都觉得不顺手。如果是这样的话，还是离美女们远一点吧！

选择 D：

你需要远离那些行为放纵嚣张、自由得没边的小女生。

愤世嫉俗又有责任感的你，看她们那类人总是不顺眼，其实她们看你也不顺眼。“宁得罪君子莫得罪小人”，最好不要招惹上她们。像她们这种做事不考虑后果的人，还不知道会给你制造多大麻烦呢。

你能与朋友们相处得和谐融洽吗？

尽管朋友之间可以相互理解和宽容，但有时也会难免产生一些小的矛盾或摩擦，这些矛盾和摩擦产生的根源在哪里呢？赶紧自己反省一下吧！如果今天是你的生日，你兴致勃勃地请一些同学和同事来参加你精心准备的生日宴会，新朋旧友齐聚一堂，其中有个家伙竟然穿着一身“乞丐服”出场，使你觉得浑身不自在，请问你会怎么处理这件事情呢？

A. 直接对他说：“你不觉得破坏了今天的盛会吗？”

B. 在他背后贴个标语整整他。

C. 调侃着说：“不错嘛，选这身打扮很适合你。”

D. 一句话都不说，一笑而过。

E. 间接地提醒他，并说出自己的感受。

结果分析：

选择 A：

你的个性十分爽直，做事从不拖泥带水，也不会像一些敢怒不敢言的变色龙一样心口不一，颇具“将相本无种，男儿当自强”的气魄。可是这种性格最显著的缺点就是不给自己和别人留后路，容易得罪人。

选择 B：

你的方式总是很特别，而且你很容易和周围的人打成一片，这个“打”字有两种意义，第一是热烈的意思，第二是真的“打”起来。无论如何，你的开放性格，是这个社会动力的源泉，值得提倡。不过要注意场合和分寸，方式不能太过激。

选择 C：

你总是喜欢故作神秘状，但是任谁都知道你在讽刺他，但也只是心照不宣。幸好，你善于和颜悦色，颇有人缘。你的危险之处在于说话时流露出的恶意的讽刺，这样很容易伤人的。

选择 D：

你总是含蓄地不肯表达对别人的看法，让人觉得很冷。不善人际关系是你的隐忧，因为你的本质较为内向，行事太过保守，不能给他人特别的帮助，不过本性是非常善良的。

选择 E：

你始终不能和亲戚朋友以不拘小节的方式进行沟通，人际关系虽好，但不见得真实。即使是再亲密的朋友，总给人一种刻意经营的感觉，不够自然，不够真实。乍看之下，你好像是真心对待朋友，时间久了，就会让人产生疏离感。

谁的肩膀是你可以依靠的？

在人生中，每个人都不可避免地会遇到苦难。在遇到苦难的时候，谁的肩膀是可以让你依靠呢？

假如你是一个 80 岁的老太太，终于要跟初恋情人约会，发生什么事会让你觉得最糗？

A. 不小心露出下垂奶。

B. 喝汤假牙掉下来。

C. 甩头假发飞出。

D. Hello Kitty 内裤不小心曝光。

结果分析：

选择 A：

遇到困难时家人可以让你依靠。

在外虽然有很多的朋友，但你始终还是觉得家人最亲。当你碰到困难的时候，家人让你会觉得是个避风港，让你觉得安心。

选 B：

遇到困难时朋友可以让你依靠。

你个性比较成熟，认为很多事情不能让家人担心，可以让好朋友一起分享，跟他们分担你的痛苦或你的快乐。在你心情不好或情绪低落的时候，你的朋友就是你的避风港。

选 C：

遇到困难时你的另一半可以让你依靠。

在你内心深处，有一块最温柔的地方，当你很痛苦的时候，那一块最温柔的地方就是你的另外一半，你最亲密的爱人。在遭遇挫折或不开心的时候，你会觉得跟另一半在一起很安全，他就是你最安稳、最开心的避风港。

选择 D：

遇到困难时你会靠自己。

你非常坚强，你觉得假如靠别人，别人可能会不耐烦，靠自己才是最安稳的。在碰到任何困难的时候，你都会让自己先冷静下来，然后开始反省，以便找到问题的根源，好让自己一一化解。把心结打开之后，你会觉得自己已经调适好了，然后再走出来。你就是你自己的避风港。

职场情商心理测试

求职时，你最引人注目的是什么？

要想拥有一份好工作，必须要抓住来之不易的好时机，而要想抓住好时机，就必须把你最好的一面展示出来，这样才能让别人把机会交给你。什么才是你赢得机会的最佳武器呢？

你是一个经常迟到的学生，有一天你迟到时又被教导主任发现，这时你怎么办呢？

A. 主动承认错误，以期得到原谅。

B. 找寻新的借口。

C. 大声地哭。

D. 静静地听着训斥，找机会逃脱。

结果分析：

本测试可以诊断出你在求职面试时适合于你的有效的自我推销法。

选择 A：

你的最佳武器是你的坚强。你有自己独立的见解，不会轻易改变自己的观点。假如能够重点突出你的这一优点，会给对方留下“此人对工作不会半途而废，定会善始善终”的好印象。

选择 B：

你最大的武器是脑筋灵活，你能够举一反三。突出你的这一优势，对方会产生“此人工作肯定敏捷利落”的印象。但是此类人往往容易轻视别人，务必克服这个缺点。

选择 C：

你可以通过突出你的女性魅力给面试官留下好印象。但是，如果一味地以性感来突出女性魅力则会产生负面效果。以后即便进了公司，也会有人说你是凭“女色”进入公司的……这样可就不好了。

选择 D：

你的“卖点”在于富有知性与教养。通过突出你的这种优点，可以给面试官留下很好的印象。你甚至可以谈及与公司业务无关的领域，总之要紧的是显示出你的博学多闻。尽量把自己的知识领域拓宽，以显示自己的综合素质。

你的职业优点在哪里？

现在的社会竞争是非常激烈的，我们要把握住每一个来之不易的机会推销自己、展示自己。要把自己最好的一面展示出来，首先要了解自己的优点在何处？这样无论是在情场还是在商场或职场，你都能抓住更多有利的机会，拥有更广阔的空间展示自己最完美的一面。

假如世上真的有时光隧道，可以让时间轮回，能够带领你进入各个时空幻境，甚至于连书中的虚构世界都能成为现实，你最希望去哪个时空拜访仰慕已久的人物？

A. 和摩西一起将红海开出一条路。

B. 和哈利·波特同乘光轮 2000 参加球赛。

C. 追随堂吉诃德出征全世界。

D. 与福尔摩斯一同侦破世上最离奇的案件。

结果分析：

选择 A：

你面对困难时会有耐心和毅力，能长时间保持一种状态。你的努力全都看在老板的眼里，所以过不了多久，你就能升到不错的位置，这都是靠你的毅力所挣来的。你很有企图心，想要在事业上开拓自己的版图。

看过很多人的丰功伟绩，你认为自己只要努力，也能够办得到。你会孜孜不倦埋头苦干，在别人都放弃的时候，还是会坚持到最后一分钟。

选择 B：

你对人，尤其是作为消费者的人的心理能够掌握得很透彻。你是个称职的业务人员，能够清楚掌握市场的脉动，也深谙客户的心理，可以把商品成功推销出去。所以在以业务挂帅的公司里，你是个“红”人，所有人说话都要让你三分，因为你的意见是最有分量的。你是一个超级业务员，同时也会是一个不错的领导者，可以将企业成功推入市场，继续朝这个方向努力吧！

选择 C：

你的思绪会一直处于波动不定的状态，所以你很适合从事创意工作，尤其是需要动脑筋的企划案，你更是擅长。你能够想出一些好点子，然后交由其他人执行，若是可以正确分工，你们会是一个默契绝佳的工作团队。可是假如交给你一些行政工作，你马上会不知所措，毫无头绪，也因为不爱做重复而烦琐的事情，表现的绩效也会一路下滑。千万别强迫自己做不感兴趣的事情，那样无论是对你自己还是你所处的团体都是一个不小的损失。

选择 D：

你的最大的优点就是你做事很细心，可以在稳定的环境中，看出一些不确定的因素，找到需要改变之处。所以你一直都保持着清楚的头脑以及对事情的好奇心，这样才能看到别人所没见到的问题，是个最合适的智囊团成员。你所找出来的问题可能会扭转整个公司的走向和命运，所以老板也挺看重你的意见。你可要充分发挥这个优点，你的运气一直都会很不错。

你有团队合作的精神吗？

如果你不是在自己的地盘，做自己的老板，那么一般情况下，你就必须要有合作精神，无论是跟自己的上司还是下级。只有通力合作才能用最短的时间、最少的资本去赚取更多的利润。你有良好的团队合作的精神吗？在你的团队里你又能承担什么角色呢？

1. 当你就某一个问题与另一个人争论不休时，你会：

A. 顽固地坚持自己的看法。3 分

B. 再试着沟通一下彼此的想法。4 分

C. 坚持自己是正确的，但不会强求对方的认同。2 分

D. 请旁观者公平论证。1 分

2. 当你做了一件错事，不巧被别人发现了，你会：

A. 主动承认错误。3 分

B. 拒不承认。4 分

C. 找很多合理的借口来掩饰自己的错误。2 分

D. 一股脑儿把错误的责任推掉。1 分

3. 假如你和同伴去游玩，饥渴难忍时，看见一棵挂满果实的梨树，你会：

A. 叫上同伴一起去摘梨。4 分

B. 先自己解渴后再说。2 分

C. 让同伴去摘。3 分

D. 只叫上最好的同伴。1 分

结果分析：

11~12 分：

你很适合团体工作，你的人际关系也会因你这种合群的观念而拓展顺利。但是你也不须为了要讨好同事，而委屈自己的本意。因为这样一来，你的主见和个性便会荡然无存，埋没在一个团体之中，既不起眼，也不受尊重。这应该不是你所想要的吧？

为了你的形象和期待，你死都不会承认，因为一旦承认了，就表示你即将彻底失去个人完美的形象。这对你而言，不仅是不能接受的事实，对你的人际关系来讲，更暗示着角色的贬低。在这之前，你努力地维护形象，是为了得到大家对你的认同。你也许是个有领导欲又好面子的人，为了面子问题，你会不惜得罪大家，也不肯承认自己的缺点。如此一来，你不但会给别人一种没有胆量的感觉，而且对你的形象也将有不良的影响。

9~10 分：

你是一个很有主见、对自己很有信心的人。或许因你太自信、太主观、自我意识太强烈，使你成为不站在别人立场设想的自大狂。

你的自信或许是你成功的条件和本钱，但也非常有可能是你人际关系的致命伤。因此，你最好多听听别人的意见，即使要坚持己见，也要通过沟通让别人心服口服。你是一个很在意别人对你有何看法的人。你希望你的人际关系能得到大家的肯定，而

不是你自己的主观意识在欺骗自己。因此，你一旦犯了错，也会以诚恳的态度来寻求大家的肯定。

6~8分：

你这种放弃自己主见和权益的做法，会让人家觉得你根本不重视这个工作，也不尊重团体中的参与者。你的心态可能是怕和别人形成一种对立状态，加上本身又不善于处理这种敌我关系，所以你选择退缩让步的做法，来逃避这种敌我关系。

你之所以会有这种表现，暗示你的人际关系非常薄弱，绝不能有任何不好的行为，给大家留下不好的印象。为了维护自己的人际关系，你会设法减轻自己的过失，好挽救自己的人际关系。或许这种做法能减轻别人对你的敌意，却不能挽回你的形象。

3—5分：

以第三者的角度来评断，应该算是个比较客观，且不涉及个人主观意识之争的最好方法，而且也可以避免对立的双方，直接面对面地对抗，产生敌对的状态。

如果你选择这种方式来说服对方，可见你是一个很有智慧，并且是个很有度量的人。你的人际关系正因为你淡化个人的主观意识，而让人觉得你不是一个很自大、很专制的人。这种做法不仅有利于团体作业，相对地，也会提升你的公信度，日后就不会有人针对你个人而大做批评了。

基本上，你把过错完全推给别人，最主要的目的就是保护自己。但你这种不敢担当、找替死鬼的做法，对你的人际关系有非常大的伤害。本来，你是想保护自己，避免你的人际关系被孤立，然而，却害得自己得罪更多人。这是一个最笨的方法。

你是一个什么样的工作伙伴？

想知道你在搭档眼里是怎么样吗？假设有四位FANS/拥护者想要跟你握手，而你需要跟其中的一位握手，你会选择哪一位呢？

A. 一双手指发白又流手汗的手。

B. 一双手上长满茧又破皮的手。

C. 一双长满黑毛的猩猩手。

D. 一双指甲手掌都是泥垢的黑手。

结果分析：

选择A：

你爱搞笑，你幽默感十足，常带给大家欢乐。你很单纯，对于工作看得较淡，总是觉得开心就好，凡事不必太认真，你的工作态度让工作团队都会非常欢乐。

选择B：

你是个婆婆妈妈，苦口婆心的人，总是唠唠叨叨的。不管你实际是几岁，在你的

内心深处永远住着一个老灵魂。你总认为自己经过很多事情，并想要把经验跟大家分享，尤其是在工作方面。

选择 C：

你有自己的想法，而且你的想法总是异于常人，你根本就是一个怪胎。你一直活在自己的世界里，有一些与众不同的想法，虽然大家刚开始很难接受，可是时间长了之后就会发现你的想法很不错。

选择 D：

你是一个默默耕耘、用心打拼、稳扎稳打的人。只要一开始工作，你就会变成工作狂，为了工作能三天三夜不睡觉。在工作伙伴眼中，你简直就像一个超人。

面对竞争，你会轻易服输吗？

胜败乃兵家常事。只要你参与竞争就不免有赢有输，暂时的输赢并不能代表最后的结果。关键在于你用什么心态去面对这暂时的结果。如果你轻易服输，那你最终的结果还是一个字“输”，如果你能在失利后继续努力，那结果可就是另一番景象喽。下面就通过体育运动来测一下你的竞争力吧！

下列体育运动中，你觉得哪一项最能体现运动精神？

A. 赛跑　　B. 障碍赛　　C. 投球　　D. 集体舞

结果分析：

选择 A：

你是一个不服输的人。你最好不要反常地故作镇静，那样反而会让你白白丧失成功的最佳时机。无论对何事何人，你都毫不掩饰你的竞争心理，要求一决胜负。你往往过分狂热，这不能不说是你的缺点。但是你的专心致志有时却能够令你发挥出巨大的力量。

选择 B：

在潜意识里，你往往以竞争为乐。你的特点是，只享受竞争的过程，不太看重竞争的结果。你属于愈有问题或麻烦就愈来劲的人。在这种状态下，你的竞争心理之强令人瞠目结舌。你的成功带有很大的机遇性。

选择 C：

你注重的是事情最终的结果，你不太喜欢竞争本身，却也不甘心认输。总之，你的性格比较难对付，嫌麻烦却又不肯服输。当事情的结果让你一时无法接受时，你有可能会走向极端或干脆采取一些不合理的方式。假如用体育运动来界定的话，你适合参加集体比赛。你擅长聚众结党互相挑战，并依靠周围人的努力取得胜利。

选择 D：

你没有竞争意识，跟这个社会很不协调。你属于极端不愿意破坏和谐的人，你心地善良，即便自己失败了，也会为胜利者大声呐喊助威。但是，人生在世，必定会有一决胜负的时候。摆在你面前的课题是：面对竞争时，你该怎么办？难道要束手就擒，不战而败？

能力心理测试

你的记忆能力如何？

记忆能力可以反映出一个人的智商高低，有些工作，如秘书、助理、书记员等，对记忆能力有着特殊的要求。你的记忆能力怎么样呢？下面的测试可以帮助你了解自己的记忆能力。

请在 10 分钟之内完成下列试题，据实回答即可。

1. 从以下四个选项中选择一个与你相符的：

A. 你很轻易地就能把以前看到的东西清晰地回忆起来。

B. 你需要一些提示，但是还能比较清晰地辨别出以前看过的东西。

C. 即使有一些零碎的片段，也已经把东西都忘光了。

D. 你经常把以前的记忆与其他记忆混淆，把东西记错。

2. 平常用什么方式记东西？

A. 用整体来记忆，也就是把要记的东西综合归纳。

B. 以部分来记忆，也就是把对象分开，然后逐一记忆。

3. 在记忆一件东西后，你是否会很快再重温一遍，以便记得更牢？

是　　　　　　　否

4. 你能在记忆时仔细观察对象，并考察与其相关联的事物，以便记得更清楚吗？

是　　　　　　　否

5. 你能不能在面对大量信息时，把最重要的部分找出来并单独记忆？

是　　　　　　　否

6. 你会借助一些方式，如听、说、写或亲身的经历，来加深你对记忆对象的认可，使自己记得更牢吗？

是　　　　　　　否

7. 当你所碰到的只是日常琐事或无关紧要的事时，你是否很快会忘记？

是　　　　　　　　否

8. 当你面对一些比较枯燥的东西，比如字母和数字，你是否用理解或关联的方法进行记忆？

是　　　　　　　　否

9. 你平时习惯用阅读，尤其是精读的方式，来搜寻并储存信息到大脑中吗？

是　　　　　　　　否

10. 当碰到难题时，你是否能够不求助他人，自己单独解决？

是　　　　　　　　否

11. 在面对一件比较重要的事时，你是否能集中自己的注意力，告诉自己一定要记住？

是　　　　　　　　否

12. 你对所要记住的东西有兴趣，并且很想一探究竟吗？

是　　　　　　　　否

13. 你是否在面对众多信息时，也能把对自己有用的东西很快找到？

是　　　　　　　　否

14. 当面对一个较为复杂的事物时，你能够找出其中的联系以及各个部分的相同点和不同点吗？

是　　　　　　　　否

15. 在记忆比较疲劳的时候，你会不会把要记忆的东西撤换成另一种东西？

是　　　　　　　　否

16. 你是不是习惯将有关联或有相似点的事物归纳到一起记忆？

是　　　　　　　　否

17. 你能利用其他辅助的方法，如表格、图样或总结等来帮助你记忆？

是　　　　　　　　否

18. 你平时是否会随身携带笔记本以便随时记录信息，你是否有写日记或感想的习惯？

是　　　　　　　　否

19. 你是不是一定要先理解了才能记住某件东西？

是　　　　　　　　否

20. 在记忆的过程中，你是否会用将对象与其他事物相关联的方法，以此来更好地记忆？

是　　　　　　　　否

结果分析：

在第1题中，选A的人记忆力较强；选B的人记忆力一般；选C的人记忆力不够好；选D的人记忆力比较混乱、模糊。

在第2题中，选择前一种记忆方式的人拥有较强的记忆力。

在第3~20题中，答“是”表示你懂得记忆的正确方法，记忆力较强；答“否”表示你的记忆方法欠妥，记忆力需要提高。

你的思维优势在哪里？

每个人在思维领域都有自己独特的优势，这就是为什么许多人在学习上会偏科的原因。想要知道自己的优势在哪里，就赶紧进行下面的测试吧！

根据自己的实际情况，用“是”或“否”回答下列问题。

1. 别人有时会询问我，要我解释我所说的话，或我所写的文章的含意。
2. 我对文字游戏，譬如拼字游戏、填字游戏等，都很感兴趣。
3. 我最近写了些东西，自己觉得很不错，或是别人觉得很不错。
4. 当我在高速公路上开车时，比较注意巨幅看板上的文字，而不太注意风景。
5. 我从听收音机或录音机所吸收的，要比我从看电视或电影所吸收的多。
6. 我在谈话时，经常会提到我读过或听过的事情。
7. 在我未读、未说、未写之前，我可在脑中先听到这些字。
8. 我很喜欢以绕口令、打油诗或是双关语来自娱或与人同乐。
9. 书籍对我非常重要。
10. 对我而言，学习语文、社会学科和历史要比学习数理化容易。
11. 我喜欢尝试“如果……会如何”的小实验。（例如，如果我浇花时将水量增为两倍的话，结果会如何？）
12. 我相信所有的事物都有合理的解释。
13. 当事物经过度量、分类、分析或计量之后，我才觉得比较安心。
14. 我最喜欢数理学科。
15. 有时，我的思维里会有一些清晰、抽象、无字、无图的观念。
16. 我可以在脑中轻而易举地计算数目。
17. 我会思索各种事物所蕴含的规则、周期或逻辑关系。

18. 我喜欢指出人们在日常言行中的不合理、矛盾之处。

19. 我对科学的新发展很感兴趣。

20. 我喜欢玩需要逻辑思考的游戏。

21. 每晚，我的梦境都很逼真。

22. 我觉得几何比代数容易学。

23. 我比较喜欢看有很多图画的读物。

24. 当我闭上双眼时，我常看见清楚的影像。

25. 我喜欢随意涂写。

26. 我常用相机或摄影机拍摄身边的事物。

27. 我很能想象当我临空鸟瞰某一事物时，该事物将呈现何种形象。

28. 我很喜欢玩拼图游戏、迷宫游戏和其他的视觉猜谜游戏。

29. 我对色彩反应灵敏。

30. 在不熟悉的地方，我不太会迷失方向。

计分方法：

答“是”得1分，答“否”得0分。

结果分析：

得分为1~10分：

你具有文字方面的智慧。

得分为11~20分：

你具有数学方面的智慧。

得分为21~30分：

你具有空间方面的智慧。

逻辑推理能力测试

想知道你的逻辑推理能力如何吗，在保证正确的前提下，完成测试的速度越快结果越真实。

1. 假如你有一些小核桃，你自己吃了一个，然后把剩下的核桃分了一半给同事麦克；然后你又吃了一个，继续把剩下的核桃分了一半给同事露西；现在你数了一下，发现自己还有5颗小核桃。请问你原来共计有多少颗核桃？

A. 22　　B. 23　　C. 24　　D. 25　　E. 46

2. 有兄妹俩，1993年的时候，哥哥21岁，妹妹的年龄当时是7岁，请问到什么

时候，哥哥的年龄才会是妹妹年龄的两倍？

A. 1997 年　B. 1998 年　C. 1999 年　D. 2000 年　E. 2001 年

3. 击鼠标比赛开始了，参赛者保罗 20 秒钟能击 20 下，安 10 秒钟能击 10 下，汤姆 5 秒钟能击 5 下。以上各人所用的时间是这样计算的：从第一击开始，到最后一击结束。请问，在比赛中他们是否能打成平手？如果不能，谁将最先击完 60 下鼠标？

A. 能打成平手　B. 保罗先击完 60 下

C. 安先击完 60 下　D. 汤姆先击完 60 下

4. 学校数学竞赛，ABCDE 五名同学得了前五名，他们五人预测名次的谈话如下：

A 说：B 是第三，C 是第五。　B 说：D 是第二，E 是第四。

C 说：A 是第一，E 是第四。　D 说：C 是第一，B 是第二。

E 说：D 是第二，A 是第三。

结果出来发现，每人的预测都只对了一半，那么他们的实际名次应该是：

A. DAECB　B. EBACD　C. DBAEC　D. BADCE

5. A 城在 B 城的东北，C 城在 B 城的东北，下列陈述中正确的一个是：

A. A 城与 C 城的距离要比 C 城与 B 城的距离远。

B. A 城与 B 城的距离要比 A 城与 C 城的距离远。

C. B 城在 C 城的西南。

D. A 城在 C 城的西南。

E. 以上说法都不对。

6. 一青蛙掉进了一口 18 英尺深的井里，每天白天它向上爬 6 英尺，晚上向下滑落 3 英尺。按这一速度，青蛙多少天能爬出井口？

A. 3 天　B. 4 天　C. 5 天　D. 6 天

7. 托比、罗勃和弗兰克都吃盒饭，萨姆、乔和汤尼都在小卖店购买午饭，弗兰克、萨姆和乔乘公共汽车上班，乔、罗勃和汤尼都已婚。请问谁已婚并吃盒饭？

A. 托比　B. 罗勃　C. 弗兰克

D. 萨姆　E. 乔　F. 汤尼

8. 如果下列每个人说的都是假话，那么到底是谁打碎了花瓶？

道夫：吉姆打碎了花瓶。

汤姆：道夫会告诉你谁打碎了花瓶。

夏克：我没打碎花瓶，可能道夫打碎了花瓶。

吉姆：我打碎了花瓶。

哈伯特：艾力克打碎了花瓶，所以道夫和夏克不太可能。

A. 道夫　B. 汤姆　C. 夏克

D. 艾力克　E. 吉姆　F. 哈伯特

9. 大卫为庆祝父亲生日买了一个大蛋糕，可是却被人给偷吃了。大卫非常气愤，于是询问了四个可疑的人，他们的回答是：

约翰说："是高斯吃的。"

高斯说："是比利吃的。"

柯林说："我没有吃。"

比利说："高斯在撒谎。"

这四人中，只有一个人说的是真话，到底是谁偷吃了大卫的蛋糕？

A. 高斯　B. 约翰

C. 比利　D. 柯林

10. 某案件的六个嫌疑分子 ABCDEF 做了如下交代：

A：B 与 F 作案。　B：D 与 A 作案。

C：B 与 E 作案。　D：A 与 C 作案。

E：F 与 A 作案。　F：我不知道。

可司法人员确定的是：此案是由两人合作的，其中有四个人各说对了一个罪犯的名字，一个说的全不对。请问哪两个人是罪犯？

A. A 与 D　B. B 与 E　C. A 与 E

D. A 与 B　E. 以上都不对

11. 埃普尔、杰克、菲利三位青年，一个当了歌手，一个考上了大学，一个加入了军队。现已知：

菲利的年龄比战士的年龄大。

大学生的年龄比杰克的年龄小。

埃普尔的年龄和大学生年龄不一样。

请问，这三个人中，谁是歌手，谁是大学生，谁是士兵？

A. 埃普尔是战士，杰克是大学生，菲利是歌手。

B. 埃普尔是战士，杰克是歌手，菲利是大学生。

C. 埃普尔是歌手，杰克是战士，菲利是大学生。

D. 埃普尔是大学生，杰克是歌手，菲利是战士。

12. 英国剑桥大学的学生来自世界各地，波德、苏克、里奇就在其中，他们一个是法国人，一个是日本人，一个是美国人。现已知：

波德不喜欢面条。

里奇不喜欢汉堡包。

喜欢汉堡包是日本人。

喜欢面条是法国人。

苏克不是美国人。

请说出这三名留学生分别来自哪个国家？

A. 波德是美国人，苏克是日本人，里奇是法国人。

B. 波德是法国人，苏克是日本人，里奇是美国人。

C. 波德是美国人，苏克是法国人，里奇是日本人。

D. 波德是日本人，苏克是法国人，里奇是美国人。

问题答案：

1. B　2. D　3. B　4. C　5. C　6. C　7. B　8. C　9. D　10. C

11. B　12. D

计分方法：

先计算出正确的答案数（R），并写下完成测试花了多少时间（M），然后用以下的公式计算一下计算出测试分数（S）。

S=（R-M）×5+105

结果分析：

75 分以下（包括 75 分）：

恐怕你得努力学习了，可以经常做一些类似的训练，以提高自己的逻辑推理能力。

76~124 分：

你的逻辑推理能力处于中等水平。

125 分以上（含 125 分）：

恭喜你，你具有非凡的逻辑推理能力，这说明你更适合做分析师、会计师、数学家或其他方面的科学家。

抽象思维能力测试

只有具备高度的抽象思维能力，一个人才能有深刻的理解能力及对全局的把握能力。你的抽象思维能力怎么样呢？做完下面的测试就能知道了。每道题有三个答案，请根据自己的实际情况回答。

1. 你在电影和电视剧中发现过不合情理的情节吗？

A. 多次发现　　B. 偶尔发现　　C. 没有

2. 在朋友们面前发觉自己不小心做了不得体的事时，你是否能迅速给自己找一个台阶下（如开一句玩笑），以摆脱困境？

A. 是　　B. 不能确定　　C. 不

3. 你写信时常常觉得不知如何表达吗？

A. 不　　B. 不能确定　　C. 是

4. 大多数情况下，你只要一看（小说或影视）故事的开头，就能猜到正确的结局吗？

A. 是　　B. 不能确定　　C. 不

5. 你善于分析问题吗？

A. 是　　B. 不能确定　　C. 不

6. 你爱看侦探小说或影视片吗？

A. 是　　B. 不能确定　　C. 不

7. 你说话富有条理吗？

A. 是　　B. 不能确定　　C. 不

8. 你觉得想问题是件很累的事吗？

A. 是　　B. 不能确定　　C. 不

9. 你有时将问题倒过来考虑吗？

A. 是　　B. 不能确定　　C. 不

10. 你可以很轻松地弄清一篇文章的要点吗？

A. 通常能　　B. 有时能　　C. 不能

11. 你常与他人辩论吗？

A. 是　　B. 不能确定　　C. 不

12. 当你发觉说错话时，是否窘得再也说不出话来？

A. 不　　B. 不能确定　　C. 是

13. 你是否能轻易地找到一些笑料使大家都笑起来？

A. 常常能　　B. 有时能　　C. 不能

14. 有人认为你说话常不着边际吗？

A. 不　　B. 不能确定　　C. 是

15. 你对世界上很多事物及其活动规律看得比较透彻吗？

A. 是　　　　　　　B. 不能确定　　　　C. 不

16. 当你告诉别人什么事情时，你常会有词不达意的感觉吗？

A. 不　　　　　　　B. 不能确定　　　　C. 是

17. 你在下棋、打扑克这些智力游戏中常取胜吗？

A. 是　　　　　　　B. 不能确定　　　　C. 不

18. 你的提议常被别人忽视或否定吗？

A. 不　　　　　　　B. 不能确定　　　　C. 是

19. 当你的同事或朋友有问题时是否会向你咨询？

A. 是　　　　　　　B. 不能确定　　　　C. 不

20. 你常不假思索地接受别人的意见吗？

A. 不　　　　　　　B. 不能确定　　　　C. 是

21. 在别人与你寒暄而尚未切入正题之前，你常常已大致猜到对方的意图吗？

A. 是　　　　　　　B. 不能确定　　　　C. 不

22. 看完一篇文章，你是否能马上说出文章的主题？

A. 通常能　　　　　B. 有时能　　　　　C. 不能

计分方法：

选 A 计 2 分，选 B 计 1 分，选 C 计 0 分。各题得分相加，统计总分。

结果分析：

0~15 分：

你讲话、想问题缺乏逻辑，抽象思维能力较弱。

16~30 分：

你的抽象思维能力一般。

31~44 分：

你的抽象思维能力较强，你善于抓住问题的关键，说话也很有条有理。

你具有思考能力吗？

善于思考的人往往更容易获得成功，一个人的思考水平直接影响着他的工作效能。作为一名职场人士，同样需要独立思考、善于发现问题及解决问题的能力。审视一下自己，看看你的思考能力如何？

当你还是个小女孩的时候，似乎总觉得大人的世界很神秘，一直希望自己能快一点长大。在你心中，最羡慕大人的是什么？

A. 不必考试　　　　　　　　B. 可以为所欲为

C. 穿着打扮　　　　　　　　D. 权威感

结果分析：

选择 A：

你总是与别人的想法大相径庭，能把事情想得更充分、更周全。从不同的角度看，那将是另一个风景，但是一般人不会想到，如果没有拥护者的话，你可能要一个人独立与团体奋战，这是一件相当艰辛的工作。

选择 B：

虽然不会是会议中的头头，不过你具有很强的吸收力，可以快速了解别人在说什么。你可以迅速消化别人的表达，并转化成你熟悉的做事程序。所以，虽然大家看你好像闷闷的，好像什么都不懂的样子，其实你心中已经有一套很完整的方案，并可以一步一步将计划完成。最终，你会让所有人都叹服你是心中有数的人。

选择 C：

你会关注问题的细节部分，当多数人已经把握住大方向之后，你的意见可以让事情变得更完美，使问题解决得更充分。当大家正在热烈讨论的时候，你会将自己卡在一个小框框里，不过，经过大家的分析，你的思路很快就清晰了，你的意见不可或缺。有你在的会议，常常会出现鸡同鸭讲的热闹景象。

选择 D：

与选择 C 的人恰好相反，在思考一件事的时候，你会最先找出主要的宗旨，确定施行的范围之后，然后才开始进行大纲的架构。你进入状态较快，对事情的全貌能有清晰的概念。不过，你的性子也比较急，确定了方向之后，就认为已经完成大半，接下来的冲劲就不如开始阶段。由于执行力较差，所以完成度也不如预期。

你的处事能力如何？

这个世间有很多种人，有的人讨人喜欢，有的人却惹人厌，有的人占了便宜还能博得同情的目光，有的人满怀善意却不受欢迎，这中间的奥秘可就深了。下面有 14 个问题，每一个问题设计了一种具体的时间、地点、背景，并且列出了四个备选方案。请你设身处地地考虑一下，如果你面临这种背景，你的表现将与哪一段叙述更符合，请把它前面的字母代号圈出来。

1. 你买了一个崭新的球拍，自己还未用过，但有朋友向你借，你怎么办？

A. 勉强借给他，但是满腹牢骚。

B. 你把脸色、语气变坏，使得朋友不得不改口。

C. 撒谎说已经借给别人了。

D. 告诉他自己要试用一下，检查了球拍的质量后，再借给他。

2. 当你正专注于做某件事，一位朋友上门来找你倾诉苦恼，你怎么办？

A. 放下手中的工作，耐心倾听。

B. 很不高兴，流露出不耐烦的神态。

C. 表面应酬，似听非听，脑子里还在想自己的事情。

D. 向他直言自己的情况，同他另约时间。

3. 在公共汽车上，你无意踩了别人一脚，马上说了声“对不起”，而那个家伙却对你骂个不停，你怎么办？

A. 只当没听见，随他去骂，骂够了也就完了。

B. 与他对骂，看谁骂过谁。

C. 解释因为太拥挤自己才踩到他的，说对方不该怪自己。

D. 请他原谅，同时提醒他骂人是不文明的。

4. 你辛苦地干完了工作，自以为干得很不错，不料老板却说“怎么弄成这样？”很不满意，你怎么办？

A. 默默地听老板埋怨，但心中感到十分委屈。

B. 愤怒地拂袖而去，因为你觉得自己不应受埋怨。

C. 解释因客观条件限制，自己已尽了最大努力。

D. 留意听取自己做得不够的地方，以待改正。

5. 当你觉得与公司的同事在各方面都合不来时，你怎么办？

A. 勉强应付，尽量凑合下去。

B. 故意找碴儿，与他吵架，迫使领导注意并解决。

C. 向领导打他的小报告，要求领导把他调到其他部门。

D. 尽你所能谅解对方，实在不行，则向领导如实说明，待机解决。

6. 在电影院看电影时，旁边的人总在炫耀他知道的剧情，使你感到讨厌，你怎么办？

A. 盼望有人能出面向他们提意见或他们知趣停止。

B. 声色俱厉地指责他们。

C. 叫工作人员来制止他们。

D. 有礼貌地请他们小声点。

7. 如果你公司的同事分成两派并且对立冲突起来，夹在中间的你应该怎么办？

A. 哪一边更有权就倒向哪一边。

B. 采取不介入态度，明哲保身，不得罪任何一边。

C. 哪一边是正义的就站在他那一边，态度明确。

D. 来回奔走，设法调解两派人之间的矛盾。

8. 你最近搬家了，周围邻居都不认识，显得较生疏，你怎么办？

A. 尽量不与邻居交往。

B. 故意显出自己是很有来头的，让人家有种敬畏感。

C. 观察邻居对自己的态度再决定。

D. 马上与邻居打招呼，表现出友好的姿态。

9. 当你的对手恶意攻击你取得的成绩时，你将怎么办？

A. 以后尽量显得平凡一些，因为树大招风。

B. 同他挑明了大吵一通，让他知道你的厉害。

C. 走自己的路，让别人去说吧！

D. 一如既往地工作，但同时注意反省自己的做法，尽量照顾他人。

10. 如果你的朋友虚荣心太强，让你看不惯，你将怎么办？

A. 反省一下对方的虚荣心是否同自己有关。

B. 利用各种机会经常劝导他？

C. 顺着他，随他怎么做，以保持亲密关系。

D. 只要他有追求虚荣的表现，就同他一刀两断。

结果分析：

选择答案 A 的次数最多：

当人们起初了解你的时候，也许会同情你，但时间长了又会对你产生反感。因为你处世态度过于消极，只是害怕与人相争，实际上心中并不一定服气。对任何有争议的事，你都不愿意表态，希望他人自觉承担责任。你不介入的原因并不是你不喜欢争名夺利，而是你害怕失败而故意做出一种所谓的高姿态。切忌凡事“自我中心”。

选择答案 B 的次数最多：

这种人往往属于好斗型。你处世能力较差，不善于待人接物，表面看来，你好像占了上风，其实得不到他人对你的尊重，结果往往使人因厌恶和害怕而躲开你。遇不顺心的事容易暴跳如雷，甚至粗鲁地骂人，时间长了你就会发现周围人对你的不满。就算你是好意，往往达不到预期的效果。

选择答案 C 的次数最多：

说明你有一定的处世所需要的克制能力，比较理智清醒，能把怨气或不满情绪隐藏起来。比前面两种人更善于处理人与人之间的关系，你只是有时为人不够真诚坦率，结果是使人们对你有虚伪的印象而不能真正理解你。为人可不能显得太过圆滑，否则会起到相反的效果。

选择答案 D 的次数最多：

说明你有积极的处世态度，遇事清醒，有较强的克制能力。尊重他人，对人诚恳坦率，不喜欢虚假和装模作样，结果是人们尊重你，愿意和你交往，建立和谐互助的双边关系。即使有的时候需要别人的帮助或者需要双方的互相利用，别人也会很乐意与你合作，甚至无条件地帮助你。

你的组织、协调能力如何？

无论是作为一个集体中的一员，还是作为一个集体的组织者和领导者，只要你和其他个体之间存在联系，就必须具备一定的组织和协调能力。这对于你能否成功完成任务或目标很关键，做得好，就能增加凝聚力；做不好，你所在的集体就会是一盘散沙，什么事情也做不成。

你的朋友行为不当时你做出的反应，是你的协调能力的表现。假设你目前还是一个初中生，学校要进行黑板报的评比，老师把这个任务交给你和其他几位同学来完成，可有些同学总是嬉笑打闹、不专心，你会怎么做呢？

A. 一起玩。

B. 不理会嬉戏的朋友继续扫除。

C. 向老师报告。

D. 大声劝告。

结果分析：

选择 A：

你的特点就是人云亦云。你的协调性一般，容易随波逐流，而不是坚持自己的正确做法。即便别人的意见与自己不一致，也绝不会坚持自己的主张，而是去适应周围的人。说得好听些是具有灵活性，说得不好听则是缺乏自主性。可能会有很好的人缘，但不易有大成就。

选择 B：

你总是把牺牲自己看成是化解矛盾的最佳方式。表面上你的协调性超群，能够与任何不同意见者达成沟通，不会把自己的意志强加于人。但是，你有时显得爱讲道理。即便你说得都对，也请注意，如果太过穷根究底，别人会对你敬而远之。只要你稍微改变一下方式就会更好地发挥自己的协调能力。

选择 C：

你善于把周围的人朝你所期望的方向调动，但往往效果并不明显。你擅长调动并组织周围的人，所以在大家的眼里你具有协调能力。你的这种能力只能依赖于外物或者持续时间很短。从某种意义上讲，你是一个非常精于世故的人。

选择 D：

你一定是一个相当负责的人，但你缺乏协调能力。“看不惯”是你常说的口头禅。也许是太过强烈的正义感干扰了你协调能力的发挥。正义感的确非常重要，但是一旦过度，特别是在重视协调关系的环境里，更是无法生存。你应该寻找一种解决问题的最佳途径。

你拥有怎样的决策力？

要想做出杰出的业绩，要想取得非凡的成就，你需要具备多方面的卓越能力，而决策力就是其中最重要的一种。也可以说，你的决策力决定了你领导的力度。那么，你的决策能力如何呢？请做下列测试：

1. 你的分析能力如何？

A. 我喜欢通盘考虑，不喜欢在细节上考虑太多

B. 我喜欢先做好计划，然后根据计划行事

C. 认真考虑每件事，尽可能地延迟应答

2. 你能迅速地做出决定吗？

A. 我能迅速地做出决定，而且不后悔

B. 我需要时间，不过我最后一定能做出决定 C. 我需要慢慢来，如果不这样的话，我通常会把事情搞得一团糟

3. 进行一项艰难的决策时，你有多高的热情？

A. 我做好了一切准备，无论结果怎样，我都可以接受

B. 如果是必需的，我会做，但我并不欣赏这一过程

C. 一般情况下，我会避免这种情况，我认为最终会有结果的

4. 你有多恋旧？

A. 买了新衣服，就会捐出旧衣服

B. 旧衣服有感情价值，我会保留一部分

C. 我还有高中时代的衣服，我会保留一切

5. 如果出现小错误，你会?

A. 立即道歉，并承担责任

B. 找借口，说是失控了

C. 责怪别人，说主意不是自己出的

6. 如果你的决定遭到大家的反对，你的感觉如何?

A. 我知道如何捍卫自己的观点，而且通常我依然可以和他们做朋友

B. 首先我会试图维持大家之间的和平状态，并希望他们能理解

C. 这种情况下，我通常会听别人的

7. 在别人眼里你是一个乐观的人吗?

A. 朋友叫我“队长”，他们很依赖我

B. 我努力做到乐观，不过有时候，我还是很悲观

C. 我的角色通常是“恶魔鼓吹者”，我很现实

8. 你喜欢冒险吗?

A. 我喜欢冒险，这是生活中比较有意义的事

B. 我喜欢偶尔冒冒险，不过我需要好好考虑一下

C. 不能确定，如果没有必要，我为什么要冒险呢

9. 你有多独立?

A. 我不在乎一个人住，我喜欢自己做决定

B. 我更喜欢和别人一起住，我乐于做出让步

C. 我的配偶做大部分的决定，我不喜欢参与

10. 让自己符合别人的期望，对你来讲有多重要?

A. 不是很重要，我首先要对自己负责

B. 通常，我会努力满足他们，不过我也有自己的底线

C. 非常重要，我不能冒险失去与他们的合作

计分方法：

选 A 计 10 分，选 B 计 5 分，选 C 计 1 分，最后汇总分数。

结果分析：

24 分以下（含 24 分）：

你的决策力很差。

你现在的决策方式会导致“分析性瘫痪”，对你的职场开拓来讲是一种障碍。你可能有下列几个方面需要改进：太喜欢取悦别人，分析性过强，过于依赖别人，常常因为恐惧而退却，因为障碍而放弃，害怕失败，害怕冒险，无力对后果负责。你需要阅读一些有关决策方式的书籍，咨询一些专业顾问。

25~49 分：

你的决策力中下。

你的决策方式可能比较缓慢，而且会对你的职场开拓有所影响。你可能有下列一个或几个方面需要改进：太在意别人的看法和想法，把注意力集中在别人的观点之上，做决策时畏畏缩缩，不敢对后果负责。你需要好好调整自己的心态。

50~74 分：

你的决策力一般。

你有可能成为一个好的决策者，不过你需要克服一些弱点。可能是你太喜欢取悦别人，或者你的分析性太强，或者你过于依赖别人，或者因为恐惧而止步不前。要确定到底哪些方面需要改进，你可以重新看题，将你的答案和选项 A 进行对照，选项 A 代表了一个有效的决策者所需要的技能和行为。

75~99 分：

你的决策力不错。

你是一个效率很高的决策者。虽然有时可能会在思想上遇到的障碍，减缓你前进的步伐，但是你有足够的精神力量继续前进，并有能力为自己的生活带来变化。不过，要随时警惕在前进的道路上所出现的障碍。充分发挥你的力量，它们将决定一切。

100 分：

你的决策力很棒。

一个完美的分数。你的决策方式没有任何问题，对于你的职场开拓是一笔真正的财富。

你管理能力如何？

当你的事业发展到一定的程度，你就不能仅仅在自己的专业上是个出色的人才，而且必须具备高超的管理素质。如果你已经是个管理者或者就要成为一个管理者，那你能做得很出色吗？如果你在以下的测试中合格优秀的话，在这里就先向你表示祝贺了。

测试 1：

首先来看一下你是否懂得宽容。

宽容是一种人生的处事技巧，也是你赢得尊重和理解的重要因素，如果你想让别人服从你，首先你要做个宽容的人。参考下面的画面，一个中年男子和一个时髦女郎相对而立，女子肩上挎包，男子低着头。由这幅画面你能想到什么呢？

A. 中年男子在向女郎求爱并等待回答。

B. 他们的爱情结束了。

C. 中年男子向人问路后正在道谢。

D. 向女儿借钱零花的父亲。

结果分析：

选择 A：

态度干脆，绝不容许任何恶事，是你最了不起的地方。须经过社会的磨炼，才会懂得体谅他人，因为你是没有心机的人。你的大度给你带来的也许并不是好运。

选择 B：

把人生看得很淡，不过若有人求助，也能尽全力帮助，是个具有义气的人。与其说是体贴，不如说是显露男性气概。

选择 C：

生活平淡，总是把自己不好的一面隐藏起来，即使有体谅人的度量，也不知表达，总觉得好意会被取笑。喜欢顺其自然，是个快乐型的人。

选择 D：

如果别人的苦难事是自己曾经历过的，他不会袖手旁观，总是设身处地为他人着想，体谅他人的心较别人多一倍。

测试 2：

看你是否够谨慎。

如果你知道一个房间内藏着定时炸弹，离爆炸时间只剩五分钟。你必须在爆炸前解除爆炸装置，你会先从哪儿开始搜查呢？在最危险的时候才能真正体现出你处理事情的谨慎度。

A. 壁橱　　B. 沙发

C. 床　　D. 桌子

结果分析：

选择 A：

谨慎度百分之九十，了不起的慎重派。若从犯人想尽快设置炸弹并逃走的心理来

考虑，离入口最近的壁橱是最可疑的地方，而且隐藏的地点也非常合适。综合思考后，将注意力放在壁橱的你，论理性、思考力而言，都非常出色。

选择 B：

最容易找寻的地方大概就是沙发吧？因为构造单纯，可以立刻知道有没有炸弹。就某种意义上来说，依这样的顺序可能没错，但你却错过了某些警告暗示。该警戒的地方疏忽了，却在没什么大不了的地方慎重过度，希望性格上没有浮躁不安的特征。你的慎重程度是百分之五十。

选择 C：

谨慎度还过得去，你认为最可能隐藏的地方就是床，便直接向每个人都会起疑的床寻找，就此意义上来说可能过于认真、一板一眼，使人担心你不够变通。谨慎程度百分之七十。

选择 D：

桌子的抽屉较多，是寻找时最花时间的地方。在一分一秒都需争取的时刻，将时间花在费时的桌子上，只会增加危险性。如果将它放在最后来寻找，可能较具效率。你的谨慎程度为百分之十。你可能有被人欺骗或常发生疏忽漏失的情况，且今后仍然会为这些麻烦而持续烦恼。

你是否有识人之能？

俗话说："画龙画虎难画骨，知人知面不知心。"可见，识人也是一种能力。那么，你具有识人的慧眼吗？对小时候看过的童话故事，你是否就其内容质疑过？

在《卖火柴的小女孩》的童话里，下列哪一项最令你感到不解？

A. 小女孩不从父亲那里逃出来。

B. 没有一个人向她买一盒火柴。

C. 没有一个人帮助那小女孩。

D. 小女孩卖火柴。

结果分析：

选择 A：

在家被酗酒的父亲虐待，还要出来赚钱养他。不离开父亲，所以不断被折磨受苦；离开父亲的魔掌，就可能脱离苦海。能看出这原因与结果的矛盾，表示你对别人的言行有冷静的分析能力。

选择 B：

太着眼于表象，重视结果甚于过程。对你来说，要紧的是结果怎样，而不是如何费心思做出来。在经商上，这也许行得通。不过，与靠努力与实力得到的 6 分相比，你会对作弊得来的 95 分给予更高的评价。

选择 C：

对“没有人帮助小女孩”觉得奇怪，正是中了原作者的下怀，这也说明你看人的眼光稍差。为人正直是件好事，但你竟毫无疑人之心，人家说的话照单全收，丝毫没有防人之心，这并不是好事。

选择 D：

贫苦的小孩需要钱过圣诞，怎么会跑去卖火柴？在这喜气洋洋、家家狂欢的年节，再奢侈的东西大家也舍得买。这时卖火柴，不是很不谐调吗？能表达这种观点，说明你看人的眼光一级棒。

认清你身边的人

“字如其人”是真的吗？

俗话说：“字如其人，人如其字”。作为人们传达思想感情、进行思维沟通的一种手段，笔迹也是个人信息的一种载体，是大脑中潜意识的自然流露，所以看一个人的字可以了解其性格。

他（她）的字体有什么特征呢？

A. 字体有棱有角、字迹潦草。

B. 字体方正、有规律。

C. 字体有棱有角，笔画细小。

D. 字体大、线条大气、有力。

E. 字的大小、形状、角度都不定。

结果分析：

字体为 A 的人：

他有理性的一面，处事认真负责，具有较强的逻辑思维能力。他性格笃实，考虑全面，有时近乎循规蹈矩。他稍欠热情，不善交际，对与自己有关的事情非常敏感，对他人不甚关心，有时冷酷无情。

字体为 B 的人：

他处事认真、仔细、慎重，有时过于拘泥，有板有眼，规规矩矩。他意志坚强，

热衷于工作。他有时主观臆断，固执，听不进他人的劝告，有时缺乏幽默感，显得没有活力。

字体为 C 的人：

他气量狭小，对自己没有信心，办事犹犹豫豫，不果断，非常在乎别人的看法和态度，具有神经质性格。同时，他有把握全局的能力，能够统筹安排，积极听取他人的意见，关注他人的长处，可以成为很好的合作伙伴。

字体为 D 的人：

他平易近人，好相处，善于社交，为人真诚亲切，有时有些暴躁和抑郁。他趋于外向，兴趣广泛，思维开阔，做事雷厉风行。他能够不拘小节，有缺乏耐心、不够精益求精等小毛病。

字体为 E 的人：

他虚荣心强，重视自己的外表，谈话中总是强调自己的观点，因此说话特别多。他不能够站在对方的立场考虑问题，总是伤害别人，缺乏同情心和合作精神。为了事业，他可以付出一切代价，只是偶尔有点粗心大意。

因为常常以自我为中心，他容易受到鼓动和干扰，有歇斯底里倾向。他看问题很实际，有时很消极，遇到问题只看阴暗面，容易悲观失望。他情绪不稳定，自控能力差，常常因受外界的影响而忽喜忽忧。

从双脚识性情

每个人都有一张与众不同的脸，就连站势、坐姿都是各有不同。你想在最短的时间里了解对方吗？请做下面的测试吧！

当你坐在一个人的对面，注意观察对方的脚是如何摆放的：

A. 双脚并拢，脚由左向右斜

B. 脚尖叉开，脚跟贴近

C. 只有脚掌交叉，鞋子仍靠在一起

D. 双脚呈十字形交叉

E. 双脚整齐地并拢

结果分析：

选择 A：

跟这种人谈话时，话题千万不可过于俗气，因为他们是那种喜欢把自己当成贵妇或绅士的人。大多数的明星或模特都是这种坐姿，他们很注重礼节，举止温文秀气，自尊心很强。如果想取得这种人的好感，你得和他们谈论一些关于流行时尚或专业性很强的话题，才能引起他们的兴趣。

选择 B：

他属于好恶分明、疾恶如仇的“侠客”型人物。他身材一般高壮、结实，做起事来也相当带劲。因此，是否能给他留下美好的第一印象关系到以后是否有交往的可能性。他们很容易受外界因素的影响而改变自己的想法，而且这种改变是非常快速的，所以和这种人交流起来一般比较容易。

选择 C：

标准的少女型动作，即便她不是少女，也一定是那种个性内向、害羞、警戒心特强的人。所以，对待她们千万要十分小心、温柔，不管你想要达到什么目的，都不可贸然行事，不然只会事倍功半。

选择 D：

和这种人交往应该很轻松，他们一般不会有太深的城府，喜怒皆会表现在脸上。他们拥有开朗的性格，对周围事物向来不甚在意，“合则来，不合则去”是他们一贯的交友态度。他们最大的优点就是真诚。

选 E：

他的警戒心一般很强。双脚紧紧并拢，说明她想压抑内心的情绪。为了取得对方的信任，你必须尽量将气氛缓和下来，谈些轻松的家常话题，先让对方的心渐渐松弛，然后再切入明确的话题。

他喜欢什么样的运动？

心理学家指出，一个人对体育运动的态度与他对生活的态度有很大关系。因此，一个人所喜好的运动可以反映出一个人的性格。

他（她）喜欢下列哪类运动项目？

A. 喜欢可以用数字清楚地确认自己技能的运动，如高尔夫、田径、游泳等。

B. 喜欢一对一比赛的运动，如网球、羽毛球或桌球等。

C 喜欢团队运动，如棒球、足球、排球、橄榄球等。

结果分析：

选择 A：

他喜欢独立自主，克制力强。他对让自己吃苦、跟自己战斗感到愉悦。他也有孩子气的一面。

选择 B：

他喜欢竞争胜负和赌输赢，而且会自己一个人扛起比赛的结果与责任，从来不会归咎于他人。他做事干脆利落、清楚明白，并会在竞赛中营造一种氛围，表明他希望拥有深厚的人际关系。他喜欢那些让人提心吊胆、忐忑不安的事物，总是直截了当地表达自己的情感。

选择 C：

他重视团队精神，只要为了团队（也就是公司），就算是不符合自己能力与期望的事情，他也仍然会去做。不论是悲是喜，他都会热衷于集体行动，希望全体人员一起分享。也可说，他"想与人同在"的亲近欲求相当高。

他喜欢什么样的电视节目？

由于个性差异，每个人都有自己所喜爱的电视节目。知道一个人所喜爱的电视节目类型，我们就可以从侧面了解其性格特征。

你想要了解的他（她）喜欢看什么电视节目呢？

A. 喜欢喜剧性节目

B. 喜欢戏剧性节目

C. 喜欢有奖游戏或猜谜式节目

D. 喜欢家庭伦理方面的连续剧

E. 喜欢看恐怖或罪案故事片

F. 喜欢大型综合性娱乐节目

G. 喜欢体育节目

结果分析：

选择 A：

他一般会利用幽默感去隐藏内心真实的情感，表面上幽默风趣、漫不经心，内心却炽热如火。他家庭观念浓厚，个性比较含蓄，对生活要求不高。

选择 B：

他自信心强，富有冒险精神。他具有浓厚的英雄主义色彩，好急人之急，比较霸道，喜欢领导和左右别人。

选择 C：

他智商很高，推理能力强，对任何问题都能冷静分析，寻根问底。他最不能忍受无知和愚蠢。

选择 D：

他幻想力强，是非分明，富有正义感，为人处世极有分寸。

选择 E：

他好奇心重，好胜心强，凡事都能有始有终，全力以赴，喜欢追求刺激，不甘于平凡。

选择 F：

他凡事只看好的一面，最能体谅别人，乐观开朗，心地善良，不记仇。

选择 G：

他竞争心极强，喜欢接受挑战，压力越强，表现越佳。做事时，他总是谋定而动，计划周详，而且尽力追求完美。

从付款方式看性格

如果注意观察你就会发现，在吃饭的时候，每个人都会采取不同的付款方式，这在很大程度上与处理生活中其他的琐事有一些相似之处，从中也可以窥探出一个人的性格。

你跟几个朋友一起去吃饭，在饭后付款时，他们都有怎样的表现呢？

A. 亲自主动去账台付款

B. 不积极主动去付款，而采取拖延的态度

C. 不亲自付款，把付款任务推给别人

D. 收到账单后立刻付款

结果分析：

选择 A：

他们比较传统和保守，对新鲜事物的接受能力比较差，而且偏重于循规蹈矩，守着一些过时的东西，缺乏冒险精神。他们缺乏安全感，有些自卑，但又希望获得他人的肯定和认同。只有凡事亲自参与了，他们才会觉得有所保障。

选择 B：

他们多有占便宜的心理，比较自私，缺乏公平的观念，总是想着自己少付出或是不付出就得到尽可能多的回报。在一般情况下，他们不会轻易地去关心和帮助别人，对人虽不会太冷淡，但也算不上热情。

选择 C：

他们常无法坚持自己的原则和立场，而习惯于服从和听命于他人，被他人领导。

他们的责任心不是很强，总会找理由和借口为自己开脱，在挫折和困难面前会胆怯、退缩。

选择 D：

他们多是很有魄力的，凡事说到做到，拿得起、放得下，当机立断，从来不拖泥带水。他们的个性很独立，为人真诚坦率，不管在哪一方面，从来不希望自己欠他人的，倒是他人可以欠自己的。

小动作里的性格秘密

一些不经意的小动作往往能彰显出一个人的性格，你想知道如何做到这一点吗？这就是以小见大的道理，操作起来也非常简单，赶紧来完成下面这个小测试吧！

当你和他谈心事的时候，他的姿态是：

A. 一只手撑着脸颊

B. 不停地搓揉着耳朵

C. 手不停地抚摸下巴

D. 拇指托着下巴，其余手指遮着嘴巴或鼻子

结果分析：

选择 A：

他属于比较没有冲劲的人。会一只手撑着脸颊，说明他无法专心地听你讲话，只期待你快点结束话题，或者是轮到他发言。其实，他也不是真的有什么话要讲，只是觉得你的谈话很烦而已。

他通常是整天懒懒散散的，做什么事都提不起劲，对于朋友的事也不会很热心，似乎整天都在发呆。如果跟他不是很熟，你在讲话时看见他一只手撑着脸颊，那你最好尽快结束话题，不然就换一个他感兴趣的话题，这样才不会得罪对方。

选择 B：

会不停地搓耳朵，说明他属于那种静不下来的人，不然就是一个很喜欢讲话、不喜欢当听众的人。通常情况下，当一个人不耐烦的时候，他可以控制自己的声调和表情，让别人不会发现他的不耐烦，但是他的肢体却会在下意识中做出一些透露他心中讯息的动作，而这些是无法伪装的。就算一个人的掩饰能力很强，他也会不自觉地露出一些破绽。

如果你发现你的听众不停地在摸耳朵，你最好停下来征求一下对方的意见。不然，很有可能出现你说你的、他烦他的，这样你们的关系就不容易处理好了。

选择 C：

他是一个很喜欢思考的人，经常一个人陷入沉思，恐怕连你在讲什么他都听不见。如果不信的话，下次再遇到这种情况时，你可以问他你刚刚讲了什么，他一定答不出来。

虽然喜欢想东想西，但是他还不至于去算计别人，只不过有时候会钻牛角尖，容易一个人陷入思考的迷宫中走不出来。因为他容易胡思乱想，所以在人际关系方面也比较神经质。既然了解他的人际特性，你就要尽量避免给他一些暗示，他是很敏感的人，什么事没讲开就会一个人乱想。

选择 D：

他属于很有主见的人。会用手捂住嘴巴附近的部位，这就说明他似乎不是很同意你的说法，只是不好意思说出来罢了，而这种动作，就是担心一不小心说漏嘴的防卫姿势。通常情况下，会用手遮住嘴巴或鼻子的人在心理反应上有两种可能：一是想反驳你，一是在说谎。

了解了这种肢体的反应之后，如果再遇到这种姿态，你就可以仔细地观察他，看他是在听你讲话时遮嘴，还是在自己说话时遮嘴。如果是在他自己说话时，那就说明他言不由衷；如果是在听你说话时，那就说明他不同意你的说法，这时你说话最好有所保留。

他是如何表现幽默的？

幽默，是聪明和智慧的体现。一个具有强烈幽默感的人，往往更容易获得成功。其实，每一个人都是具有幽默感的，只是表现方式不同，并且会受到时间、空间等各种条件的限制。当一个人将他的幽默感表现出来的时候，他的性格也就显示出来了。

他（她）如何表达他（她）的幽默呢？

A. 自嘲式

B. 嘲笑、讽刺他人

C. 挖苦别人

D. 制造一些恶作剧似的幽默

结果分析：

A 类型的人：

他的心胸多半比较宽阔，能够接受他人的意见和建议，而且能够经常地反省自己，进行自我批评，寻找自身的错误，进行改正。他的这种气质，很容易让他人产生一股敬佩之情，从而为自己带来比较好的人际关系。

B 类型的人：

他给人的第一印象往往是相当机智、风趣的。对任何事物，他都会细致入微的观察，能够关心和体谅他人。但是，实际上这种人是相当自私的，他最在乎的可能还是自己。在为人处世各个方面，他总是非常小心和谨慎，凡事总是赶着要比别人快一步。他有仇必报，不管谁伤害过自己，他一定会想方设法让对方付出代价。他有较强的嫉妒心理，当他人取得成就的时候，会故意地贬低对方。

C 类型的人：

他的心胸多半比较狭窄，有强烈的嫉妒心理，有时甚至做一些落井下石的事情。他有较强的自卑心理，生活态度较消极，常常进行自我否定。他最擅长讽刺和挖苦他人，整天地盘算，自己却从未真正地开心过。

D 类型的人：

他多半是活泼开朗、热情大方的人，活得很轻松，即使有压力，他也会想办法缓解这种压力。在言谈举止等各方面，他都表现得相当自然和随和，不喜欢受到约束。他比较活泼，爱和人开玩笑，并在这个过程中进行自我愉悦，并希望能够将这份快乐带给他人。

如何甄别知己好友？

在你的社交圈中，经常会出现很多不同的面孔，你能够透过表面现象甄别出哪个人能成为你的知己吗？赶紧来做下面的测试吧！

1. 他会以什么方式诱你同流合污？特别是第一次，互相都不自然，他是以什么方式来引诱你的？

A. 以强硬方式，强拉到饭店请客　　B. 先制造气氛

C. 不知所措，不懂得如何做　　D. 很难开口要求

2. 他送你的礼物以什么居多？

A. 流行的饰品或衣物　　B. 送他亲手做的很有创意的小玩意儿

C. 有时会送保值的宝石或贵重金属　　D. 经常送一些廉价的小东西

3. 他和你的朋友碰面的机会不多，但现在你们两个人的关系很不错，见面的次数也增加了，难免有和你朋友无意间碰面的机会。他对你的朋友表现出什么态度？

A. 和往常一样　　B. 变成逗人发笑的小丑

C. 不知为何变得很冷淡　　D. 比只有两个人时更为自然

4. 周末他做些什么？

A. 很隐秘，一般不主动告诉别人　　B. 做他平时没时间做的事情

C. 经常跟几个朋友一起去做户外运动　　D. 逛街、购物

5. 他偏好哪种服装呢？

A. 常穿属于自己风格的衣服　　B. 流行服饰

C. 罗曼蒂克的服装　　D. 很典雅的服装

6. 他的周围都是些什么朋友？

A. 年长者较多，长辈都很照顾他　　B. 朋友很多，三教九流都有

C. 数量不多，但都是要好的朋友　　D. 年轻的居多

7. 喝酒时，他常去哪种地方？

A. 经常去的饭店　　B. 年轻人多的迪厅

C. 走到哪儿就到哪儿喝酒　　D. 很恬静的酒廊

8. 他平常喜欢穿什么颜色的上衣？

A. 绿色系列　　B. 红色系列　　C. 蓝色系列　　D. 茶色系列

9. 在众目睽睽下点菜，尤其是在高级餐厅里，他的点菜方式是：

A. 马上点以前在这吃过的菜

B. 点和你相同的菜

C. 连你的都一起决定了

D. 一直看菜单，总是犹豫不决，无法决定

10. 他喜欢吃哪种菜？

A. 以肉为主的西餐　　B. 口味较重的中国菜

C. 清淡的日本料理　　D. 家常菜

计分方法：

选 A 为 3 分，选 B 为 2 分，选 C 为 1 分，选 D 为 0 分，计算出总分。

结果分析：

0~8 分：

他是有避世倾向的人。

他淡漠于周围的任何事，既不会同情你刚受到上司的斥责，也不会妒忌你刚为公司签下了一份高利润的合同，更不会因为你受到奖赏而为你高兴。他会给你一种冷冰冰的感觉。对这样的人，你不需要担心他会在背后下黑手，但也不要奢望他为你帮忙助阵。他最忌讳的就是别人干扰他的生活，你千万不可离他太近。只要你能尊重他的一切习惯，他便会与你相安无事。

9~16 分：

他是最可怕的人。

他算得上最难惹的人，向他示好，会被疑心你有企图；对他冷漠，会被疑心你在陷害他。跟他做敌人很可怕，跟他做朋友也很麻烦。出尔反尔是他的拿手好戏，不要相信他的任何承诺。最好的办法就是不认识他，如果已经认识了，那最好跟他保持距离。

17~25分：

他是容易相处的人。

他天生一副笑脸，笑对人生，也笑对朋友，是最佳的朋友人选。在社交圈中，他是大家的开心果。他心胸开阔，不计前嫌，跟他在一起你总会非常快乐。他不会为小事跟你怄气，就算是因大事与你发生矛盾，三分钟后便会忘记。但是，他只能是同甘的朋友，不一定能成为共苦的伙伴。这就是他的缺点，不善于与人分忧，他一般不会费心费力地为你付出气力。

26~30分：

他是有情有义的人。

你应该想方设法、真挚执着地交他这样的朋友。他们大多是社会的中坚分子，多亲近他们，你也会在不知不觉中受到正面的影响。

他是你一生寻觅的知音，他具有积极向上、锐意进取的斗志，具有坚强的意志和信念。他做事踏实，一言九鼎，跟这样的人交朋友，不仅能激发你蓬勃的干劲，而且也会使你从他那里得到两肋插刀的鼎力支持。人生有这样一个知己足矣！

他送你什么礼物？

你的生日到了，很多朋友、同学、同事都来会为你庆祝，那么他们都选择什么样的礼物送给你呢？

A. 精心选择与众不同的礼物

B. 送幽默礼物，如电动狗之类

C. 按自己喜好而选择的礼物

D. 很便宜的礼物

E. 很昂贵的礼物

F. 自己精心制作的礼物

结果分析：

送A礼物的人：

他送礼不是为了讨好对方，或者让对方做一些关照自己的事情，而是希望对方能够重视和尊重他们。在人多的地方，他喜欢使用特殊的方式显露自己，而且不怕受打击，具有很强的表现欲望。他野心勃勃，在别人支持的情况下大多能取得成功。

送 B 礼物的人：

他热情大方，随和而又善良，富有智慧，而且敏感，能窥透到他人的内心深处。但是，他不善于表达自己的感情，别人在接受他快乐的一面后，还要面对他的严肃与郑重。

送 C 礼物的人：

他以自我为中心，有很强的自私心理。凡事都依照自己的喜好进行判断，很少考虑他人的感受。在生活和工作中，他没有长远的目光，只注重眼前的既得利益。值得庆幸的是，他有较强的自信心，虽然脾气得不到大家的认可，但不断进取常常使他获得成功。

选 D 礼物的人：

他追求表面现象，希望通过视觉上的假象让人相信自己是真心诚意的，其实他的做法只是在掩耳盗铃，最终受到欺骗的将会是他自己。他自控能力较差，常常会心血来潮，凭借一时的冲动而想干出一番轰轰烈烈的业绩来，结果花费了很多时间、精力和金钱，最后才发现成功和自己实在是无缘。他心胸狭隘，经常为鸡毛蒜皮的事大动肝火，总是期望用最少的付出换来巨大的回报，所以在现实中总是碰到一个又一个钉子。

送 E 礼物的人：

他认为礼品的价格越高，花的钱越多，价值就越大，自己就越有面子。在送礼之前，他要经过认真的考虑，想对方会喜欢什么样的礼物，对方值得自己花多少钱，其实这都是主观臆断，他根本无法确定对方是否真正喜欢自己送的礼物。

选 F 礼物的人：

他有丰富的想象力和创造力，能够制作出令人满意的礼品来，而且非常自信自己制作的礼品能博得对方的喜欢。他善良勤劳，喜欢和周围的人一起分享劳动后的快乐和成功。但是，他有些传统和保守，特别看重家庭和亲情，富有同情心。在条件允许的情况下，周围的人都能得到他无私的帮助，所以他常常被别人想念。

走姿识男人

借助“走姿”来观察人，世界各国古已有之。看一个男人怎样走路，然后从走姿中揣测出其性格，你肯定会觉得妙趣横生。

A. 走路步伐急促的男人。

B. 走路步伐平缓的男人。

C. 走路身体前倾的男人。

D. 用军事步伐走路的男人。

E. 走路踱方步的男人。

结果分析：

选择A：

这类男人属于典型的行动主义者。他们大多精力充沛、精明能干，敢于面对现实生活中的一切挑战，适应能力特别强。他们凡事讲求效率，做事从不拖泥带水。

选择B：

走路时，他们总是一副慢腾腾的样子，无论别人说得如何急，他都好像不在乎似的。

这类男人是典型的现实主义派。他们行事稳重，凡事三思而后行，绝不好高骛远。如果他们在事业上被提拔和重视，一般不是因为他们有什么“后台”，而是他们那种务实的精神给自己创造了条件。

选择C：

走路时，他们习惯于身体向前倾斜，严重的看上去像猫着腰。

这类男人大多较温柔、内向，见到漂亮的女性时多半会脸红。但是，他们为人谦虚，一般都有良好的修养。他们不喜欢花言巧语，非常珍惜自己的友谊和感情，只是平常不苟言笑罢了。与其他类型的人相比，他们总是受伤害最多，而且不愿向人倾诉，常常一个人生闷气。

选择D：

走路时，如同上军操，步伐齐整，双手有规则地摆动。

这类男人意志力较强，对自己的信念非常专注，一旦选定目标，他们就不会被外在的环境和事物的变化所影响。这种男人在感情上很执着，往往是最让女人欢心也最让女人讨厌的类型。一旦看上某个女人，他们就会非缠到手不可，只要你答应跟他交往，他愿意每天拉着人力车来接送你。

如果能充分发挥自己的长处，他们一定会收效颇丰，因为他们对事业的执着度是其他人无法比拟的。但是，如果这种人是你的上司的话，你的日子恐怕就不好受了，你可能会“吃不了兜着走”，因为他们大多比较“独裁”，而且有时候甚至会不惜牺牲任何代价去实现他的理想和目标。

选择E：

这类男人非常稳重，他们认为面对任何困难事情时，最重要的是保持清醒的头脑，不可以感情左右了自己的判断力和分析力。虽然有时也觉得累，但为了保持自己的尊严，他们很少在人前笑口常开，这是他们做人的准则。他们严格控制自己的身体形态，被他人所敬畏，但又不喜欢一人独处，那会让他感到压抑。因为他们涉世极深，所以看透了人情冷暖。

特别提示：

本书在编写过程中，参阅和使用了一些报刊、著述和图片。由于联系上的困难，和部分作品的作者（或译者）未能取得联系，对此谨致深深的歉意。敬请原作者（或译者）见到本书后，及时与本书编者联系，以便我们按照国家有关规定支付稿酬并赠送样书。

联系电话：010-80776121　联系人：马老师